美国哥伦比亚大学图书馆学硕士
从事图书馆工作六十年成果荟萃

金云铭文集

金云铭　著
福建师范大学图书馆　编

国家图书馆出版社

图书在版编目（CIP）数据

金云铭文集 / 金云铭著；福建师范大学图书馆编 . -- 北京：国家图书馆出版社，2017.10

ISBN 978-7-5013-6069-7

Ⅰ . ①金…　Ⅱ . ①金… ②福…　Ⅲ . ①图书馆学—文集　Ⅳ . ① G250-53

中国版本图书馆 CIP 数据核字（2017）第 069347 号

书　　名　金云铭文集
著　　者　金云铭 著　福建师范大学图书馆 编
责任编辑　苗文叶
封面设计　翁　涌

出　　版　国家图书馆出版社（100034　北京市西城区文津街 7 号）
（原书目文献出版社　北京图书馆出版社）
发　　行　010-66114536　66126153　66151313　66175620
66121706（传真），66126156（门市部）
E - mail　nlcpress@nlc.cn（邮购）
Website　www.nlcpress.com →投稿中心
经　　销　新华书店
印　　装　河北三河弘翰印务有限公司
版　　次　2017 年 10 月第 1 版　2017 年 10 月第 1 次印刷

开　　本　710 × 1000（毫米）　1/16
字　　数　560 千字
印　　张　35.5

书　　号　ISBN 978-7-5013-6069-7
定　　价　98.00 元

金云铭先生工作照

1948 年金云铭先生在美国留学期间留影

1955 年福建师院图书馆工作人员合影

1960 年金云铭先生与福建师院同仁到庐山疗养时留影

1962 年冬郭沫若先生到福建师院图书馆搜集创作资料，与金云铭先生亲切交谈

1982 年，金云铭先生与到馆访问的外国友人亲切交谈

1962 年 12 月，金云铭先生参加省政协会议时与福建师院参加省政协会议的委员合影

1984 年 2 月，福建师大图书馆隆重举行“庆贺馆长金云铭教授从事图书馆工作六十周年暨首届学术讨论会”，下图为图书馆全体参会人员合影

金云铭母亲李闺官（五姐）遗像

20 世纪 70 年代末，“文化大革命”结束，金云铭夫妇在自家庭院中合影

1986 年，福建画报记者在金云铭家中拍摄的金云铭全家福照片

《金云铭文集》编委会

主　编：方宝川

副主编：江向东　余深冬　阮延生　韦衣昶

编　委：（按姓氏笔画排序）

马例文　刘思得　李延贵　林碧烽　郑家杰　郑辉

编　辑：（按姓氏笔画排序）

陈旭东　林林

序

方宝川

2014年，是福建近现代图书馆学的奠基人之一、福建师范大学图书馆已故馆长金云铭教授（号宁斋）诞辰一百一十周年。为了纪念金馆长为福建近现代图书馆事业，特别是对福建师大图书馆发展所作出的杰出贡献，经福建师大图书馆党政联席会议研究，决定编辑出版《金云铭文集》一书，以此表达我们对作为图书馆学家、文献学家与历史学家的金云铭教授的缅怀和崇敬。

一、作为图书馆学家

1924年，金云铭先生由福州鹤龄英华书院考入私立福建协和大学社会学专业学习。在学期间，即作为义务馆员协助学校图书馆管理图书。由于其勤奋认真的工作态度和日常工作中流露出的对于图书馆事业的热爱之情，毕业之后就正式留校图书馆担任管理员，成为福建协大图书馆第一个中国籍的正式管理员。其时，福建协大没有统一的图书分类法可遵循。他深入研究美国杜威的十进分类法，结合中国传统的“经、史、子、集”四部分类法，编成《中国图书分类法》和《著者符号编列法》，首创了依著者符号排列的分类法，后简称“金氏分类法”或“金法”，在图书馆界产生了重大的影响。“金法”被福建师大图书馆采用近半世纪之久，直至1974年统一使用了《中国图书馆分类法》。

1934年，金云铭先生被任命为私立福建协大图书馆主任。1938年，因抗战原因福建协大由福州迁往邵武。金云铭先生全面负责组织福建协大图书馆的图书搬迁至邵武的工作。同年，即在邵武校区负责主持筹建两层的图书馆大楼，并以福建协大的第二任校长高智（John Gowdy）之名，命其大楼为“高智楼”。

该楼成为抗战时期福建协大邵武校园标志性的建筑。在极端困难的情况下，带领图书馆的全体工作人员克服了一切困难，在邵武校区建立起一所被教育界称为“战时中国较为完备的图书馆”。

1948 年，金云铭先生获哈佛大学燕京学社奖学金，被福建协大选送赴美国哥伦比亚大学图书馆学院攻读图书馆学硕士学位。在美求学期间，他详细了解了纽约大学城图书馆的管理、藏书等各方面情况，最终写成毕业论文《纽约城大学图书馆报告》，并取得了硕士学位。1949 年 9 月，金云铭先生在美国得知福州解放，毅然放弃哥伦比亚大学图书馆的聘约，历经千辛万苦，终于于当年 12 月 5 日，辗转回到福州。回国后，继续担任福建协大的图书馆主任。

1951 年，福建协大、华南女子文理学院、福建省立师专等合并成立福州大学。1953 年，福州大学更名为福建师范学院。金云铭先生初任福建师范学院图书馆采编科科长，后任福建师院图书馆副馆长，当时馆长由原华南女子文理学院院长王世静教授担任，实际馆务则均由金云铭先生主持。在担任福建师范学院图书馆副馆长期间，他十分注意提高图书馆管理人员的业务水平，亲自讲授“图书馆图书组织”“图书检字法”“图书目录学”和“版本学”等专业知识。1956 年，金云铭先生还亲自负责设计并筹建福建师范学院长安山校区的图书馆大楼。1958 年，新馆落成。该图书馆大楼至今依然屹立在长安山脚下，依然是福建师范大学长安山校区中旧楼群的标志性建筑。

1960 年 3 月，福建省政府正式任命金云铭先生为福建师范学院图书馆馆长。他在长期担任福建师院图书馆馆长的工作中，特别注重提高工作人员的素质，亲自为馆员讲授各种专业知识。

“文革”初期，福建师范学院停办，金云铭先生被扣上了种种罪名，虽然深受迫害，却能处之泰然，未尝有戚戚乎其心而汲汲乎其言者。在身心俱疲的境况中，他毅然坚持工作，为保护图书馆的藏书不致于散失，呕心沥血，奇迹般地把图书馆馆藏几乎完整地保存了下来。

1972 年，福建师范学院复办，更名为福建师范大学。1978 年，福建师范大学正式发文《关于为金云铭同志平反的决定》，推翻“文革”时期强加在他头上的一切不实之词，为他彻底平反，恢复名誉。已经七十四岁高龄的金云铭先生，复任福建师范大学图书馆馆长。同年，当选中国图书馆学会第一届理事会理事、福建省图书馆学会第一届理事会理事长。

1981年，他不顾年事已高和日益衰弱的身体，以福建师范大学历史系教授的身份，为该系辅修史料学专业的学生讲授“图书分类法”“中国书籍发展史”等课程，并为参加福建省高校图书馆第一期业务培训班的学员授课。1982年，又为福建师大图书馆工作人员讲授古字画鉴定等课程。

1984年2月25日，福建师范大学图书馆隆重举行“庆祝馆长金云铭教授八十寿辰暨从事图书馆工作六十周年大会”。与会的领导与专家学者，对金云铭教授的工作经历、学术生涯及其研究成果，尤其是对福建近现代图书馆事业发展的贡献，做出了全面的总结与极高的评价，后于《福建画报》刊成《一代师表启后昆》一文。1986年，八十二岁高龄的金云铭先生从福建师范大学图书馆馆长任上光荣退休。

1987年8月14日，金云铭先生与世长辞于福州。

二、作为文献学家

金云铭先生一生，以搜集乡邦文献为己任，几十年如一日，足迹遍布北京、上海、苏州等各地古旧书肆及福建民间私家藏书楼，网罗丛残，搜辑遗佚，同时悉心收藏了为数不少的历代名家书画和碑刻拓片，使福建师范大学图书馆馆藏古籍文献蔚为大观，尤以福建古代地方文献及闽人著述最为丰富，驰名东南。至今部分秘籍佳本，以专制木箱庋藏，缥缃琳琅，古朴书香，不乏稀世宝藏，展示了福建师范大学图书馆深邃厚重的文化底蕴。

金云铭先生长期坚持爬梳抉剔，钩玄提要，编目叙录，启示津梁。尤其是为了承传乡邦典籍，发扬桑梓文化，早在1931年12月，他就参与筹办私立福建协和大学的季刊《福建文化》，后任主编。在整理福建协大“陈氏书库”的基础上，陆续于福建协和大学校刊《协大学术》及《福建文化》等刊物上，发表了《朱子著述考》《上海徐家汇天主堂藏书楼所见福建方志》《本校陈氏书库福建人集部著述解题》《福建协和大学陈氏书库所藏清代禁书述略》《福建文化研究书目》等大作，为专门研究福建地方文献及闽人著述开风气之先。

20世纪60年代，金云铭先生主编了《福建地方文献及闽人著述书目》，著录了有关书目一千八百多种，为学术界研究福建地方史奠定了坚实的文献史料基础，具有特别重要的学术参考价值。后又陆续撰写了《宁斋序跋集》，以序跋的文体，叙录了福建师范学院图书馆馆藏九十四种古籍善本的版刻源流、作者概况、内容提要、得书缘由等等，进一步使得馆藏珍稀文献，发扬深显，嘉惠士林。

1972年7月，金云铭先生主编了《台湾、琉球资料联合目录》。1973年2月，又主编《南海诸岛资料联合目录》，以坚实丰富的文献史料事实，强有力地论证了钓鱼岛、西沙及南海诸岛自古以来就是中国神圣不可侵犯的领土，从而获得了中央有关部门的嘉奖和社会各界的好评。

三、作为历史学家

1937年，金云铭先生在《福建文化》第五卷第三十六期上发表了《郑和七次下西洋年月考证》论文。该文鞭辟入里地考证了《明史》中关于郑和七次下西洋具体时间的许多疏漏与讹误，同时也辩驳与修正了当时颇具权威的法国学者伯希和及日本学者山本达郎的有关错误论点，获得史学界一致好评。该文考证的郑和七次下西洋各次具体时间点，至今依然是学术界普遍认同的观点。

1939年，金云铭先生在《福建文化》第五卷总第二十七期上发表译作《禁烟考》；同年，在《协大周刊》第四卷第八期发表译作《中国抗战》，第五卷第四、五期连载《中国抗战第三阶段》等；1941年，在《福建文化》（季刊）第一卷第二期发表《邵武协和大学校地南宋古墓发掘研究报告》一文；1944年，在《福建文化》（季刊）第二卷第二期上发表译作《十八世纪以前游闽西人考》；1948年，在《福建文化》第三卷第三、四期连载了《中国豢鸬捕鱼起源考》。上列每篇文章，无不融通中外，立论有据，考订入微，辨析缜密，旁征博引，创意新颖。

金云铭先生自日寇步步进逼华北的1937年，开始撰写《陈第年谱》，在详细研究明代福建著名学者陈第关于古音韵学的论述之外，特别提及陈第年轻时在福建连江跟随抗倭名将戚继光从事政治与军事活动的动人事迹。这部著作直到抗战胜利后的1946年，才得以以《福建协和大学中国文化研究会文史丛刊之四》之名署为《陈一斋先生年谱》印刷发行。该书后来收入台湾银行经济研究室编辑出版的《台湾文献丛刊》第三百零三种（又改名《陈第年谱》），成了研究陈第的开创性著作。

此外，金云铭先生兴趣广泛，工作研究之余，尤好集邮，吟诗填词，涵养性情。著有《湖上吟草》《湖上词草》《闽南游草》《覆瓿余草》《覆瓿续草》《覆瓿剩稿》《忆游律集》《尾声集》等诗词集。这些作品，或寄情山水，或纪事感怀，或师友唱和，或论学弘道，无不言为心声，溢于楮墨，旨沉以深，意境清逸。

总而言之，金云铭先生的一生，管理书城六十载，自行设计建造了两座图书馆，独创“金氏分类法”；矢志搜集乡邦文献，网罗闽士丛残，胸怀万卷，书海导航；视图书馆事业与学术研究为安身立命之乐土，著述不辍，立言弘博；培养人才，奖掖后生，春风化雨，桃李成林，一代师表，图界楷模。先生之风，山高水长！

特别感谢国家图书馆出版社欣然将金云铭先生文集付之枣梨。该书编委会委我作序，有愧才疏学浅，难膺重任，拟婉言谢绝。然有感于作为福建师范大学图书馆的晚辈后学，入馆工作之初的三十五年前，曾趋庭拜谒金馆长，其谦和儒雅、安贫乐道、博古通今、持志弥坚的形象与精神，至今依然如在眼前，感佩不已！今又忝列该书之主编，当尽绵薄之力。遂不揣浅陋，欣然提笔，勉力而作，爰之为序。又幸此机缘，在时隔数十年之后，得以再次拜睹博文，品读宏论，有如回到当初聆听教诲、如坐春风的日子。虽然我对金云铭先生之学问，至今难窥崖岸，但有肤浅之认识。所序即使挂一漏万，亦权当重温先生大作之点滴体会。管窥蠡测，不尽惬当，若非蛇足，聊作芹曝之献，旨在作为福建师范大学图书馆的晚辈后学，再拜对老前辈、老馆长的无限景仰之至情！

本文集汇录了作者从事图书馆工作六十年之主要著述，厘为：“文集（包括学术论文、回忆录、译作、工作笔记与课堂讲义）、专著、诗词集”等三大部分。在整理的过程中，作者的手稿、抄件以及发表在各类报刊上的文章，一律在文末一一注明；为了最大限度地保持原作的原貌，对作者原作的行文习惯，原则上均不作改动，可以完全确认为当时的衍脱讹误，则予以改正；原作的繁体、异体、俗体字等均改为目前通行的简体字；另根据最新的现代汉语标点符号规范，对原文中的标点及数字等，亦作了规范化的处理；原作中的缺字及字迹漫漶无法辨认者，未敢轻率揣测，随意妄补，均以“□”代替，并依数标出。

囿于编者学识及时间所限，本文集在编排上的疏漏和不妥之处，在所难免，敬祈方家识者，不吝赐教，补益斧正。

2016 年 9 月 26 日序于福建师范大学图书馆

（本文作者：福建师范大学图书馆馆长、教授、博士生导师）

目 录

一 文集

一　文集

（一）学术论文

中国图书著者符号编列法之又一商榷

在现在图书馆学渐行发达之下，有许多人就讨论着中国书籍编目法。现在总算是有几种分类法出现了：例如沈祖荣先生的仿杜威书目十类法，杜定友先生的图书分类法，王云五先生的中外图书统一分类法，和刘国钧先生的中国图书分类法等，但我却不揣冒昧，也来做点小小的贡献，就是久久不能解决的著者符号的编制法。外国的著者符号当然是用着二十六字母做次序，日本当然是用着五十音做次序；但我们中国的字呢，既是没有次序的，而字的数目又多，所以著者符号编列法就成为图书编目中一种难于解决的问题了。近来虽然有人主张将每一种姓用一个数码来代表它，那么有几百种姓就有几百种的数目了。这种法子有好几种不便的地方：（1）就是每姓有一个数目做代表，这是不容易记得的；（2）数目太多，没有一定的法子来助记，势不得不来对表，那样长的表，对起来是很费事的；（3）太硬板，并且在中国还有许多不平常的姓不经列入的，那么他的次序就无法可编了；（4）同姓著者太多（我们中国的姓比不得外国的姓变化那样多），比方同一类的书，著者姓林的有一百，或五十个，如果只用一种数目来代表，那么在这一百或五十本同一类目的书籍中间，就没有次序了。也有人主张用国音罗马字的首二个字母做著者符号，那却是一个大大的错误，因为用英文的拼法，程、陈、郑、江、金、詹、朱、邱、卓、张、邹、周、章等都是“ch”的起首，那如果通用“ch”做著者符号那是更糟了。近来虽有王云五先生主张用四角号码做著者的符号，并且把已有的英文著者符号也化作数目的符号，这个法子未免太勉强，并且分类符号与著者符号容易混淆不清。所以据我个人这几年来，在图书馆工作经验之下，就规定一种著者符号编列法觉得是一种很简单的法子，非常容易学习和记忆，并且变化甚多，虽然有几百个同姓的著者，只要他们的名字有点不同，就有法子把他们的次序分别出来。若照这样的编列，那么把同类的书陈列到架子上时，就不至于没有精密的次序，换句话说，就可以使每本书都有一定的位置，使取书的人更容易找到某本书了。现在把它发表出来，供大家共同研究，有什么不对的地方，请你们指正罢。

这种著者符号编制法，也并不是一种大发明：不过仿着 C.A.Cutter's Two-figure Huthor Table 的意思，加以变化，使适用于中国的著者编目法子。这是用十种笔画，用有次序的字母或符号来代表它们。现在先把这种符号表列出来，然后再讲用法：

起筆符號表

筆名	劃稱	筆劃樣式		起筆符號		起筆數目
正	橫	—	=	A	=	1
旁	橫	—○	=	B	=	2
正	點	'	=	C	=	3
旁點或	捺	、○或㇏	=	D	=	4
正直或	直鈎	丨或亅	=	F	=	5
旁	直	丨○	=	G	=	6
斜	撇	丿	=	H	=	7
上	啄	㇀	=	K	=	8
上	曲	㇖,㇇,㇆	=	L	=	9
下	曲	ㄥ,く,乚	=	M	=	0

末筆符號表

筆名	劃稱	筆劃樣式		末筆之代表符號		末筆之代表數目
正	橫	—	=	O	=	1
旁	橫	○—	=	P	=	2
正	點	'	=	R	=	3
旁點或	捺	○、或㇏	=	S	=	4
正直或	直鈎	丨或亅	=	T	=	5
旁	直	○丨	=	U	=	6
斜	撇	丿	=	w	=	7
走	馬	㇏	=	X	=	8
上	曲	㇇,㇆,㇈	=	Y	=	9
下	曲	ㄥ,乚,㇏	=	Z	=	0

更要简单一点的话那也可以把它缩微成像下面的表一样：

筆劃名稱	筆劃首末筆樣式		姓首筆代表符號		姓末筆代表符號		名首末筆之代表數目
正橫	—	=	A	=	O	=	1
旁橫	一○	=	B	=	P	=	2
正點	，	=	C	=	R	=	3
旁點或捺	，○或㇏	=	D	=	S	=	4
正直或直鈎	！或亅	=	F	=	T	=	5
旁直	｜○	=	G	=	U	=	6
斜撇	ノ	=	H	—	w	=	7
上啄或走	ノ或 ～	=	K	=	X	=	8
上曲	一，㇆，⺄	=	L	=	Y	=	9
下曲	ㄥ，く，L	=	M	=	Z	=	0

表上面所用的符号代表姓的是用 A、B、C、D，也许会受人反对的，因为那是英文字母。但是我相信现在英文字母在中国已经像 1、2、3、4 那样普通了，只用高小的程度，恐怕英文字母总会认识的罢；所以现在新文艺里面总有许多 S 埠、T 村、A 市一类的字样。就是不知道的话，那也不用拘泥，尽可用ㄅ、ㄆ、ㄇ、ㄈ来代表，总而言之，因地或因人而施，就可以了。

用法是很简单的，就是把著者姓的起笔和末笔，用英文字母代表出来，做著者符号；再把著者名的第一字起笔和末笔用数目代表出来，做著者数目。例如著者姓“郭”，“郭”字首笔是“旁点”，末笔是“旁直”，所以“郭”字的代表符号就是“Du”，例如著者名字是“沫若”，那么“沫”字的起笔是“旁点”，末笔是“捺”，根据表上面“旁点”所用的代表数目是 4，“捺”也是 4，所以合起来就成为 44；那么“郭沫若”的著者编目就是 Du44 了。照这样的做法，是变化无穷的。现在举几个例子在下面，就更可明了了。

丁福保 =At42，于树德 =At24，元遗山 =Az68

李延寿 =Ao88，李仲 =Ao76，李商隐 =Ao31

郁达夫 =Bu18，胡适 =By38，胡怀琛 =By44

章太炎 =Ct14，叶（葉）绍钧 =Cs02，谢无量 =Ds10

这种法子有几种好处，现在把它们写在下面当作这篇的结论：

（1）符号简单，编目者可以把这表列在一方小卡片上，用时不论著者是什么姓名，只要看他的起笔和末笔，然后向表一对，就可以写出著者的编目来。

（2）在很短的时间练习之下，就可以熟记某种笔画常用某种记号，那么编目的时候，并不用看表就也可以直写出来了。

（3）变化甚多，在某种同类书籍之下，很少很少会碰到不同的姓名，须用同样的符号和数目的。这样可以使书籍得到更精密的编目次序，要拿某本书的时候，非常便捷的。

（4）可以使英文和汉文书籍排在一起，有同等的著者编目符号，因为英文书籍上的著者编目，是取著者的第一字字母，现在我们用这间接的法子，就也可以用字母了，那么就不至于有的书，单用数目做著者编目，有的又用英文字母和数目做著者编目了。

（5）本法不用笔画直接做著者编目的符号，而却将英文字母来代替，理由就是：笔画的写法，容易混淆不清，而且没有次序的。

（6）本法不单用数目作著者编目的理由就是：①著者号码不至和类目号码混淆，因为同用数目的话，借书的人往往把它们上下倒置写在借书纸上，那就差之毫厘失之千里了；②可以使著者编号最多不过二位数目，这就是仿 Cutter 的意思做的。

以上不过据我个人的管见，和数年来的实施和经验所得的结果，至于是否有当，还望海内图书馆学家加以指正。

（原载私立福建协和大学编《协大学术》1932 年第二卷，总第六期）

朱子著述考

朱熹著述自宋迄今，其流传者固甚多，而散佚不传者亦不少。盖晦翁著述等身，时有草创未完之本，未及删正刊刻，即行弃置亡失，间有未定草稿，其名称自属未定，有易名至数次者，故其与故旧往来书札，门人问答中常有提及书名，然而遍考书目，竟无其书，盖多未定之初名或别名也。兹篇皆就其传本，或曾经前人收存证实者录之，他皆从略，并就其范围，分为撰著、编次、注释、校刊，及朱子著述经后人代为编次而成者，别其部属，末附后人研究朱子之著作，以供探究朱学者之线索焉耳。

1. 朱子撰著之书

《周易本义》十二卷。四册。据贵池刘氏玉海堂景宋本。是书以上下编为二卷，《十翼》为十卷，共十二卷。前有《易图》，后附《筮仪五赞》，与明永乐中割裂朱书，附于程颐《易传》作四篇者不同。又有宝应刘本获古斋重刊宋本，附有《吕氏音训》，惟不载《九图》及《筮仪》。又康熙五十年曹寅刊本，皆佳本也。熹作此篇，盖以补《程传》之不足，因程学偏于言理，而未言教，故于篇首冠以《九图》，为讲《易》之立场。

《易传》十一卷。是书目见《宋史·艺文志》卷一，陈直斋《书录解题》及《文献通考》。《四库》云为“未定稿”，恐已佚。惟《陆渭南文集》有《跋朱氏易传》一文，则当时实有传本可知。

《古易音训》二卷。是书目见《宋史·艺文志》。朱竹垞《经义考》云“未见”。谢启昆《小学考》云“已佚”。惟近见朱氏《经学丛书》有是书，宋咸熙辑，为严厚民重校本，可见其尚在。

《易学启蒙》四卷（《宋志》作三卷，《文献通考》作一卷）。兹据御儿吕氏刊《朱子遗书》本及通志堂本。是书共分四篇：（一）本图书，（二）原卦书，（三）明蓍策，（四）考变占。盖熹以《易》为卜筮之书，故既推义文之意作《周易本义》，又惧学者未明厥旨，乃作此四篇，以象数为立场。按，是书于明时有长沙知府山阴季本者，以朱子《启蒙》仍有郭雍旧说，未尽圣人彰往察来之用，乃作《蓍法别传》二卷。

《蓍卦考误》一卷。是书见朱竹垞《经义考》卷三十一。其自序《考误》云："揲蓍之法见于大传，虽不甚详，然徐读而徐究之，使其前后复互相发明，则亦无难晓者。但疏家卜失其旨，而辨之者又大失焉。是以说愈多而法愈乱也，因读郭氏（雍）辨疑为考其误"云。

《元亨利贞说》一篇，《损益象说》一卷。目见《福建艺文志》引黄幹跋云，"晦庵先生以授学徒江君孚先，孚先以示其同学，黄幹三复敬玩，刻之临川县学，以勉同志"云云。

《诗经集传》八卷。《宋史·艺文志》《书录解题》等皆作二十卷（按此应为胡一桂本），今本并为八卷。朱熹于经学其用力最勤者，除《四书》外即为《诗经》。其解说不落前人窠臼，以怀疑态度，不主毛郑之说，而以《国风》中之《郑》《卫》等二十四篇，为男女淫佚之作，谓《诗序》不足凭信，为后人杜撰，先后增益凑合而成，可谓独具只眼矣。惜其尚为时代环境所支配，未敢离经，故其说每不甚彻底，然心下未尝无怏怏，观其《与吕伯恭书》云："《诗》不知竟作如何看，近来看得前日之说犹是泥里洗土块，毕竟心下未安稳清脱。"

《诗序辨说》一卷。是书系文公受郑樵《诗传辨妄》之影响，乃一变毛郑之说，将《诗大序》《小序》别为一篇而辨之，称为《诗序辨》，或附于《诗集传》之后，见《朱子遗书》本。

《仪礼经传通解》三十七卷。是书系熹晚年罢黜之后绝笔之作，大要以《仪礼》为本，分类附疏，而以小戴诸义，各缀其后，其见于他篇可互为发明者，皆附于经或附于义。自卷一至卷二十三为《家礼》五卷、《乡礼》三卷、《学礼》十一卷、《邦国礼》四卷中缺《书数》一篇。自卷二十四至卷三十七为《王朝礼》十四卷，系草创未完之本，故用《仪礼集传集注》之旧名。其未完丧祭部分，后由其门人黄幹及杨复等续成，有《仪礼经传通解》二十九卷，现有通行本。

又按，该书陈氏《解题》作《古礼经传通解》二十三卷，《集传集注》十四卷，谓为其子在刻之南康。

《仪礼释宫》一篇。《经义考》云“存”。按是篇已收入朱子《文集·杂著》卷内。或云是篇实为李如珪所作，编文集者误收入朱集，其说详见《福建艺文志》及《四库总目》。

《明堂图说》一卷。是书目见《经义考》云“存”。

《乡射疑义》一篇。见同上。

《壶说》一篇。《经义考》云“存”。按，投壶为古代游戏之一种，《太平御览》云：“古者投壶击鼓为节，带剑十二，倚十八，狼壶二十，剑骁七十八，三百六十筹得一马。”

《深衣制度》一卷。目见《经义考》，云“存”。按，深衣为古服制之一，大抵曲裾圆袂，衣裳幅数连续，所谓“续衽钩边”是也。朱子病其古制之荡然，乃取《家礼》考正之，故其晚年所服有异。《福建艺文志》云：“朱子所著，名《深衣考》，是书为王普所著。”又按，《深衣考》一卷，见于八卷本《家礼》。

《大学章句》一卷《或问》二卷，《中庸章句》一卷《或问》二卷。《直斋解题》云：“其说大略宗程氏，会众说而折其中。又记所辩论取舍之意，别为《或问》，以附其后，皆自为之序。至《大学》则颇正其脱简阙文。”按，《章句》后则另与《语》《孟》合成《四书章句集注》。

《论孟或问》三十四卷，中《论语》二十卷、《孟子》十四卷，有《朱子遗书》本，与《论孟精义》有别，其体裁系以问答式解明其义理所在。

《论语详说》八卷。朱彝尊《经义考》云“已佚”。初名《训蒙口义》，真德秀《西山集》有《论语详说序》可考。

《孟子要略》。是书为熹晚年之作，有叶贺孙及陈时举所记语录可考。《孟子》于宋以前向列子部儒家，与《荀子》并称。自宋儒理性之学兴，始升《孟子》以配《论语》，与《学》《庸》共称四书。今是书已佚不可考。《年谱考异》云：“《要略》又名《指要》，一名《要指》，盖一书也。书今不传。”《福建艺文志》引真德秀序云：“太守陈侯既刊文公朱先生《论语详说》于郡斋，又得《孟子要略》以示学者曰：‘先生之于《孟子》，发明之也至矣，其全在《集注》，而其要在此篇。’……”云云。

《孟子问辨》十一卷。《经义考》云《孟子问辨》“存”。

《伊雒渊源录》十四卷。是书记周敦颐以下交游门弟子言行，为宋人谈道学宗派门户之首书，尤为治学术思想之要籍。书有元苏天爵序，至明谢铎又有《伊洛雒渊源续录》六卷，盖即续朱子之作也。起自罗从彦，至王柏止，共收二十三家。

《释奠仪式》一卷。是书目见《宋史·艺文志》。按该书现有《指海》本，作《绍熙州县释奠仪图》是也。此书熹凡三易其稿，此为绍熙五年最后定本。《四库总目》有考释颇详。

《舜典象刑说》一篇。目见《经义考》卷九十三，云“存”。

《九江彭蠡辨》一篇。目见《经义考》卷九十四，云“存”。

《考正武成次序月日谱》。目见《经义考》卷九十五《书类》，云“存”。

《西铭解义》。是书成于乾道八年冬十月，在《纲目》完成之后，盖因横渠张子之《西铭》，朱子为之发明其义，文集有《西铭后记》可考，亦见《张子全书》。

《太极图说解》《通书解》。是二书因周濂溪之《太极图》及《通书》四十篇而作。朱子以其“言约而道大，文质而义精，得孔孟之本源，大有功于学者”，二程性命之学且由之出，恐后世失其微旨，不知有所统摄，乃为之传解。《文集》有《太极通书后序》《太极图说后记》《再定太极图说后记》《再定太极通书后序》《通书后记》《题太极西铭解后》诸篇可考。有朱子成书本，元刊本，及旧刻巾箱本。

《小学》六卷。熹既发挥《大学》以开悟学者，又惧其失序无本，乃辑是书使培其根以达，以达其支。凡内篇四：曰立教，曰明伦，曰敬身，曰稽古；外篇二：曰嘉言，曰善行，所以示修身齐家治国平天下之道也。书成于淳熙十四年，现存版本颇多。按，陈氏《解题》作四卷，误。

《童蒙须知》一卷。《福建艺文志》引熹自序云：“夫童蒙之学，始于衣服冠履，次及语言步趋，次及洒扫涓洁，次及读书写文字及杂细事宜，皆所当知，今逐日条列成篇，名之曰《童蒙须知》”云云。

《政训》一卷。《福建艺文志》引彭韵序云：“文公闲与门弟子问答时政皆指示病源，亲切的实，读之使人凛然知惧”。

《杂学辨》一卷附《记疑》一卷。是书系熹斥当代诸儒，如苏轼、苏辙、张九成、吕希哲等之经解谬说流入佛老者。有《朱子遗书》本。

《困学恐闻编》若干卷佚。《年谱》(王本)云："先生尝以困学名其燕坐之室，因目其杂记之编曰《困学恐闻》。"《文集》有《困学恐闻编序》。

《朱文公游艺至论》若干卷，已佚。是目见钱谦益《绛云楼书目》，惜其书尽付一炬，无从知其内容。

《琴律说》不分卷。目见《福建艺文志・谱录类》。按是书已收入《文集》。

2. 朱子编次之书

《孝经刊误》一卷。是书为熹据其怀疑之精神，反对《孝经》为孔子所自著，指其首节为孔子曾子问答之言，为曾氏门人所记，其他则为后人所传会。乃依据古文分《孝经》为《经》一章、《传》十四章，删改旧文二百三十三字，不存其说于注以就己说，此后儒所以不满于《刊误》也。现有《朱子遗书》本及《经苑》本。

《论孟精义》三十四卷。凡《论语》二十卷，《孟子》十四卷。是书成于乾道八年，时年四十三岁。是书后名《要义》又改名《集义》，盖取二程之说而附以张横渠、范氏、吕希哲、吕大临、谢氏、游氏、杨氏、侯氏、尹氏九家之说而成。见《朱子遗书》本。

《论语要义》若干卷佚。《文集》有《论语要义序》云："熹年十三四时，受二程先生《论语》说于先君，未通大义，而先君弃诸孤，中间历访师友……遍求古今诸儒之说合而编之，诵习既久，益以迷眩……乃慨然发愤尽删余说，独取二先生及其门人朋友数家之说补缉订正以为一书，目之曰《论语要义》"云云。按是书为不传本，疑即《论语集义》之未定稿。《浙江采集遗书总目》有《论语集义》十卷写本。

《孟子集注》十四卷。目见《宋史・艺文志》。按朱熹答蔡季通及答何叔京书皆有持及《孟子集解》恐即是书。其成书当在《孟子精义》之前。

《资治通鉴纲目》五十九卷。是书系朱熹因司马光之《资治通鉴》为之编成纲目。或云惟凡例一卷出于熹之手定，其纲皆其门人赵师渊等依凡例而修，而熹时加订正。全篇以《春秋》书法，意寓褒贬，读之亦可见考亭学派思想之一斑。按《宋史·艺文志》又有《资治通鉴纲目提要》五十九卷。盖是书尝刻于温陵，别其纲谓之提要。庐陵所刊，则纲目并列不复别也。

《五朝名臣言行录》十卷，《三朝名臣言行录》十四卷。据《四部丛刊》景海盐张氏涉园藏宋刊本。是书《直斋书录解题》作《八朝名臣言行录》二十四卷是也。前五朝载太祖至英宗五十五人，后三朝载由神宗至徽宗四十二人，皆南渡以前人也。其南渡以后一百五十三年，另由李朋溪所续录，亦仅止绍熙以前，其绍熙以后则由清强望泰所补编。有道光刊本。

《二程遗书》二十五卷附录一卷。是书为程子门人所记，全书所录杂出并行，间颇为后人窜易，熹乃编次而去取之，使成精审。盖熹之学间接得自二程，兹编该书，足表彰其师说也。《年谱》作《程氏遗书》。

《二程外书》十二卷。是书初为《程氏遗书》二十五篇，皆诸门人所记，然于二程之语，多有遗漏，熹乃取诸集录，叁伍相除，得百五十二条，分为十二篇，以其取之杂，或不能考其所自来，乃名为外书云。

《近思录》十四卷。是书为朱熹与吕祖谦同撰。淳熙二年，取周敦颐、二程、张横渠等之言，择其切要者六百二十二条，掇其梗概以便初学，盖朱子之学，传自李侗、罗从彦，而间接本于程颐之“涵养须用敬，进学在致知”二语，而确立其哲学系统。兹编皆录北宋诸子之精要语录而成，为当时最新思想，故称《近思录》。后建安叶采作《近思录集解》十四卷，系取朱书参以《升堂纪闻》及诸儒辩论删编而成。

《上蔡语录》三卷。谢上蔡名良佐，字显道，学于程子之门，是篇本为其弟子曾恬、胡安国所录，熹初得吴任写本一篇，后又得吴中版本一篇，皆曾恬所记，最后又得胡安国本，以相参校，版本独多出五十余章，至诋程氏，以助佛学，熹乃为之删去，初不过以理推知其决非上蔡语，然未有左验，亦不知其出自何人也。后由其友吕祖谦得江民表《辨道录》一篇读之，则尽与向所削去之五十余章合，然后知其为江氏所著，而非谢氏之语也。见《文集·谢上蔡后序》。

《延平答问》一卷附录一卷。该书为朱熹与其师李侗往来论学问答之书札，附录一卷则为熹之门人取其师论侗之语及祭文行状等编辑而成。有《朱子遗书》本及《道南三先生遗书》本。

《古今家祭礼》二十卷。目见元马端临《文献通考》及《宋史·艺文志》(按

《宋志》作《二十家古今祭礼》二卷有误)。陈氏《直斋书录解题》云:“朱子集《通典》《会要》所载以及唐、本朝诸家祭礼皆在焉,凡二十卷。”又详见《年谱考异》卷一。

《家礼》五卷,附录一卷。汲古阁有宋刊本,杨复注,与今世行本不同。元刊本《纂图集注》作十卷,刘垓孙增注,刘璋补注。昭文张氏有《纂图集注文公家礼》十卷题杨复附刊,刘垓孙增注,为钱遵王家物,张氏又有景宋刊本十卷。又邓钟岳仿宋本,康熙辛巳汪氏刊本,明邱文刊本多所更定非原书,编为八卷。近有洪氏刊宋本,详见《郘亭知见传本书目》。《绛云楼书目》亦收有是书。按王懋竑《白田草堂杂记》著有《家礼考》,谓是书非朱子所作,反复辩论其文甚长,近人陈石遗先生之《石遗室书录》考该书实为朱子之作,谓朱子平生著述甚多,时有未及删正不甚自珍,故亡失亦不甚惜,然此书实是朱子稿本,故其季子与勉斋、安卿诸人序之跋之,载于行状年谱,且瞿氏《铁琴铜剑楼书目》所云之宋刊本“前有朱子手书自序之文字,尤非他人所能伪”云云。按是书版本甚多,八卷本者,《通礼》及《冠》《昏》《丧》《祭》各一卷,《图》一卷,《深衣考》一卷,附录一卷。七卷者不计附录之谓,五卷者又去图及深衣考也。

《四家礼范》五卷。目见《宋志》《通考》及《书录解题》云系张栻、朱文公所集司马、程、张、吕四家之言,建安刘珙为刻于金陵。

《朱氏家礼》一卷。目见陈氏《直斋书录解题》。

《朱氏世谱》一卷。目见《绛云楼书目》。按熹有《婺源茶院朱氏世谱后序》一文盖即指是编。

3. 朱子注释之书

《四书章句集注》十九卷。是书有《大学章句》一卷,《论说集注》十卷,《孟子集注》七卷,《中庸章句》一卷。为朱熹于经学中致力最勤之书,而合《论》《孟》《学》《庸》称为四书亦自熹始。盖朱子之学实以四书为基础,所以殚精悉力从事训释,剖析毫厘,故于该书后又撰《四书或问》三十九卷,《论孟精义》三十四卷,《中庸辑略》二卷,其他如《大学集解》《大学详说》《孟子集解》《四书音训》等目散见于往来书札者甚多,或皆为《集注》之未定初稿欤。

《论语训蒙口义》若干卷佚。《训蒙口义序》云："先生既编《论语要义》，以其详于义理而略于训话，非启蒙之要，乃本之注疏以通其训诂，参之释文以正其音读，然后会其说以发其微，一句之义系之本句之下，一章之旨，列以本章之左，间又附以己见以取便于初习之意也。"按《玉海·艺文志》及《经义考》以是书又名《论语详说》，姑而存之。

《朱文公百古图小学注解》。目见钱谦益《绛云楼书目》，未详何书。

《张子全书》十五卷。是书为朱子注释横渠张子之书。读之亦足知朱学之所本，及理气思想之大略。

《楚辞集注》八卷，《辩证》二卷，《后语》六卷。是书朱子以原有之王逸《章句》及洪兴祖补注，皆详于训诂名物，而忽于大义微言，乃于治经穷理之余，为之粗加概括，厘为八卷，以贯其"文以载道"之旨，盖亦自况其晚年不受知于君，而感慨其徒蔡季通、吕子约等之死于贬所之作也。旧版本颇多，尚有通行本及扫叶石印本等。

4. 朱子校刊之书

《书古经》四卷序一卷。是目见陈氏《书录解题》，谓为侍讲朱熹晦庵所录，与序仍为五十九篇以存古也。按此书疑即临漳刊本四经之一，《文集》卷八十二中有《书临漳所刊四经之后》一文可考。四经者《书》《诗》《易》《春秋》也。

《临漳刊本诗经》。熹以毛公序冠于篇首，病世人只知有序，不知有诗，乃为之更定，刻于临漳，有后序一编见《文集》。

《诗风雅颂》四卷序一卷。是目亦见于陈氏《解题》谓为朱熹所录，以为序出后世，不当引冠篇首，故别为一卷。

《春秋经》一卷。是书为朱熹于临漳所刻四经之一。按熹于《春秋》独无论著，此本以左氏经文刻之。《文集》中有跋一篇。

《四子》四卷。目见《宋志小学类》。按此应是在临漳所刊《四子书》，盖即今之《四书》也。朱子以前无此名。

《中庸辑略》二卷。是书熹因石子重之《中庸集解》芜杂乃为删定，初附于章句之末，后仍别行。有《朱子遗书》本及明嘉靖吕信卿刊本。又康熙乙卯石佩玉刊本，前有朱序，《鼓山碑记》及石子重《传略》，陈大典及石佩玉序另订一册。

《阴符经考异》一卷。自署邹䜣，盖假名也。是书本为唐李筌伪作，熹以其时有精警语，因加以参证考定。有《朱子遗书》本，《指海》本，《纷欣阁》刊本。

《周易参同契考异》一卷。是书系熹于晚年，与蔡季通共同校正。《年谱》卷四饯别蔡季通于净安寺条，引《语录》云“蔡自府乘舟就贬，过净安寺，先生出寺接之，坐方丈寒暄外无嗟劳语，以连日所读《参同契》所疑扣之，蔡应答洒然……明日独与季通会宿寒泉，相与订正《参同契》终夕不寐”。现有《朱子遗书》本，《指海》本等。署名空同道士邹䜣。

《校正禆正书》三卷。唐陈黯昌晦著。书凡四十九篇，朱子因其文多奇涩伪谬，乃为之校正，有《禆正书序》一篇可考。略谓“(昌晦)洁身江海之上，不污世俗之垢纷，次辑旧文以为此书，虽非有险奇放绝之行，瑰怪伟丽之文，然其微词感厉实能发明理义之致，而有功于名教亦可谓守正循理不惑之士矣”云云。

《周子通书遗文遗事》一卷。是书为朱熹集周敦颐遗文刊于南康，目见陈氏《书录解题》。

《朱文公校昌黎先生文集》四十卷，《外集》十卷，《遗文》一卷，八册。《四部丛刊》景元刊本。是书卷首有朱子序，其所著《韩文考异》本别行，王伯大取以散入本文，良便检寻。

《韩文考异》十卷。《韩集》诸本每互有异同，熹于六十八岁时始详加考订，勒为十卷。其体例但摘正文大书，而以所考夹注于下，为别行本，此外又有别本《韩文考异》四十卷，《外集》十卷，《遗文》一卷，朱子原本，王伯大重编，版本颇多，详见《郘亭知见传本书目》。

5. 朱子著述经后人代为编次而成者

《朱子五经大全》。明黄越校订，康熙间刊本中分《易经大全》二十卷，《书经大全》若干卷(原缺)，《诗经大全》十五卷，《礼记大全》三十卷，《春秋大全》三十七卷。目见《丛书书目汇编》。

《朱子六经图》十六卷。刊本清知县桐城江为龙辑。是书因朱子《六经图》之旧，复取《四书图》参订异同，以附于后。目见《浙江采进遗书总目》。

《晦庵经说》三十卷。是书为宋黄大昌、王于一编次,《经义考》云“未见”,恐已失。《郡斋读书志》称是书为《易说启蒙》三卷,《大易问答》二卷,《尚书问答》三卷,《毛诗问答》一卷,《礼记问答》一卷,《中庸问答》二卷,《大学问答》二卷,《周礼春秋问答》一卷,《论语问答》并拾遗八卷,《孟子问答》并拾遗并《孝经刊误》四卷,附《太极问答》《西铭解义问答》三卷,共为三十卷。凡六经要旨论孟奥义悉可以类而求之。案是书董鼎《书传辑录纂注》作《武夷经说》《千顷堂书目》作黄大昌撰。

《朱子五经语类》八十卷。清钱塘程川鄘渠编雍正刊本。是书分《易》四十卷,《书》九卷,《诗》七卷,《春秋》三卷,《礼》二十一卷，门分部居颇便参考。

《朱文公易说》二十三卷。见《通志堂经解》本,是书为文公嫡孙书鉴（子明）取语录中之论易者会萃而成，多与本义、启蒙相发明,《书林清话》引《瞿目》云淳祐壬子建阳县斋刻晦庵先生《朱文公易说》二十三卷，盖即是书。

《书传集说》七卷。是书为熹之弟子黄子毅集其师之遗说而成。目见《宋志》(作《书说》),《直斋书录解题》(作《晦庵书说》),《文献通考》及朱竹垞《经义考》。按熹于《书经》独缺训传,无专著之书。只《文集》有《二典》《禹谟》《金滕》《召诰》《洛诰》《武成》诸篇有解，其他皆散见于《语录》，其主张则对于东晋晚出之古文《尚书》及孔安国《尚书传》加以怀疑，指斥其伪，实开后世明清学者辨伪之端。及其晚年始口授其徒蔡沈使作书传，有《书传集解》十二卷，分别今古文之有无，其后明梅鷟、清阎若璩、惠栋等始据之作尚书考证，辨明伪孔，盖熹实开其端。

《文公诗传遗说》六卷。见纳兰成德刻《通志堂经解》。是书亦熹之嫡孙鉴辑语录文集及其亲闻于文公之论诗者，别为是篇，鉴有后序见于《经义考》卷一百〇八。

《朱子四书语类》五十二卷。是书为清周在延就《朱子语类》中专取关于《四书》之语录别为刊行，未加增损考订。按《福建艺文志》作八十卷，或是别行本，待考。

《四书朱子异同条辨》。清李岱云、李兆恒同订，康熙壬午刊本，中分《大学》三卷，《中庸》三卷，《论语》二卷，《孟子》十四卷。

《论语语类》二十七卷。宋潘墀编。目见《直斋书录解题》及《文献通考》。《经义考》云佚。

《朱子资治通鉴纲目集览》五十九卷。王幼学编，目见《书林清话》引《孙记》。

《朱子全书》六十六卷。有清内府刊本及古香斋袖珍本等。是目为康熙五十二年李光地等奉敕撰。系合《语类》及《文集》二部而成，因《语类》一书，系门弟子记录，中间不无讹误冗复，其未理《文集》一部则是其平生议论问答、应酬、杂著、奏牍等粗细兼收，今览者苦其烦多，故合其二书，撮精取要，以类相次，大抵以论学为编首，盖以朱子所论小学蒙养之方，大学进修之法，使学者先知此，然后进而可以读《四书》、群经而与闻乎神妙精微之奥，故次以《四书》《六经》而继以性命、道德、天地、阴阳、鬼神之说，至于篇末之志传碑诔、奏牍移文诗文、词赋等之有关于谈经论学者则存之，出于应求徇请纪游者皆略焉。

《朱子遗书》一百三卷。是书为丛刻之类，内含初刻《近思录》十四卷，《延平答问》一卷，《后录》一卷，《杂学辨》一卷，《附录》一卷，《中庸辑略》二卷，《论孟或问》三十四卷，《伊雒渊源录》十四卷，《上蔡语录》三卷，《论孟精义》二十四卷，《易学启蒙》四卷，《诗序辨》一卷，《孝经刊误》一卷，《参同契注》一卷，《阴符经注》一卷。

《朱子戒书》十卷。目见《绛云楼书目》，瞿氏《铁琴铜剑楼书目》云，至正元年辛巳刻，昭文张氏存有残本。按是书为元端节辑，朱熹《太极图》《通书》《正蒙》《西铭》各解及《易启蒙》《家礼》《律吕新书》《皇极经世》《阴符经》《参同契》各注，共十种书刊行。

《晦翁学案》二卷。见《宋元学案》卷四十八、四十九。黄宗羲原本。是篇首为传略，次列语录问答之辞。

《论语语类》二十七卷。宋潘墀编。陈氏《解题》作《晦庵语类》二十七卷，谓为蜀人以《晦庵语录》类成篇，潘墀取其《论语》一类，增益其未备刊于学宫。

《朱子语类纂》十三卷。清王钺取黎靖德所编《语类》，摘取理气、鬼神、性理、论学四门，余皆不取，四门之外，又各删存大略，其间附以己说，多穿凿附会之语。目见《四库》儒家存目。

《朱子语类》一百四十卷。宋黎靖德编。是书集朱熹与门人问答之语，分为二十六门，有成化九年陈炜刊本，石门吕氏刊本等。目见《知见传本书目》。

《朱子语略》二十卷。是书为宋杨与立编，姚惜抱文后集有跋语。《四库》未收入。目见《郡斋读书志》《郘亭知见传本书目》。有道光金陵甘福刊本。

《朱子语录》四十三卷。是书为熹门人等所记。目见《宋志》子类，《郡斋读书志》云系廖德明、辅广、余大雅、陈文蔚、李闳祖、李方子、叶贺孙、潘时举、董铢、窦从周、金去伪、李季札、万人杰、杨道夫等以下三十三人所记。庾节刻于池阳，黄干书于目录之后。

《朱子语录》一卷。宋顺昌余大雅编。目见《福建艺文志》。按余氏《儒林宗派》作上饶人。

《晦庵语录》四十六卷。宋李道传贯之集朱子及其门人三十二家之说，刻于九江。传本不可考。目见陈氏《书录解题》。

《晦庵续录》四十六卷。宋李贯之弟传成又集黄干、何镐等以下四十一家及前录所无者，刻之，合贯前录，益见赅备云。目见《陈氏解题》。按《郡斋读书志》作《晦庵先生语录》四十六卷，谓李性传序，而刻之鄱阳。

《文公语录》，宋晋江杨至编。至为熹之弟子。目见《福建艺文志》。

《晦庵先生朱文公语后录》二十卷。《郡斋读书志拾遗》谓为王佖所记，黄干等以下所录，皆池本（贵池刻本）、饶本所未及刊者。

《晦庵先生朱文公语续录后集》二十五卷。《郡斋读书志拾遗》云为杨方、黄干等以下二十二人记录晦庵先生之语也。

《紫阳宗旨》二十四卷。宋王佖著。《四库总目》云其书采辑朱子文集语类，分诲人、析理、明经、论事四门。每门又各分子目，其中注语有出朱子原书者，亦有由佖所增识者。按《内阁书目》有佖《紫阳宗旨》三十八卷,《千顷堂书目》则作二十八卷。

《文公问答录》。建阳吴雉辑。《福建艺文志》引道光《福建通志》云朱子晚卜居考亭，乡人作聚星亭，欲书荀阳遗事于屏，从雉得本。雉考究车服制度，时称博雅。

《郡斋录》。此为朱子弟子陈淳所录朱子语录之一。《北溪全集》有序云：

“……区区所录，姑以愚钝不敏，私寓其书伸请事之意而已。”

《竹林精舍录》。此亦为陈淳所录朱子语录之一。《文公易说》曾引《精舍纪闻》《诗传遗说》曾引《精舍朋友杂记》，当即是书。按《福建艺文志》曾引淳后序可考。

《玉溪师传录》一卷，附录一卷。宋瓯宁童伯羽辑，《四库总目》云是篇所录朱子语录，本名《晦庵语录》，明成化中其九世孙，训以语类诸本参校补订改题今名。

《朱子语录类要》十卷。宋叶士龙辑。分为四十八类，目见《宋史艺文志补》，有元刊本。

《朱子抄释》二卷。明吕柟撰。见《惜阴轩丛书》，道光宏道书院板。是书系取朱子门人杨与立所编语录，遗其重复，取其切近，抄出一帙，条释其下，以便初学，为四子抄释之一。前有吕序，后有明童承叙及郑汝舟跋。

《文公经世大训》十六卷。明余祐编。《四库目》云是书采朱子《文集》《语类》二书，分类排纂，为三十六门，别无一字之发挥云。

《朱子语类》八卷。是书在张伯行《正谊堂全书》，目见《丛书书目汇编》。

《朱子语类四纂》五卷，《朱子语类》无下数十种，此篇为清李光地所辑，其序云“自始读语类苦其已多，于是芟冗重录精要，以备忘遗。”其分类共分十门，即学、师友渊源、学语孟庸、六经、通礼、治道、圣贤诸子异端、历代、天道、心性命是也，见《榕村全书》。

《朱子文语纂编》十四卷。目见《四库》儒家存目云：“是书不著编辑名氏，取朱熹文集语类以类相从，不分门目，盖为草创未完之本。”

《朱子书要》。是书不著编辑名氏，亦无卷数，系取朱熹《语类》《文集》抄撮成帙，前无序目，盖为分类编排未竟之本云。目见《四库》儒家存目。

《近思续录》四卷。清刘源渌著。《四库总目》云是书因朱子《近思录》篇目，采辑朱子《或问》《语类》《文集》分门编辑，前有康熙辛巳，其门人陈舜锡、马恒谦二序。按清张伯行亦有《续近思录》十四卷，盖亦取朱子之语，分隶而为之注，然自宋以来如《近思要录》《文公要语》《朱子学的》《朱子节要》之类，载籍纷繁，人著一编，然核其大旨，则大同小异耳。

《朱子学归》二十三卷。清棘津郑端辑，系摘录朱子《文集》《语类》中之语，分次之。始德性，终诗教凡二十三类。有康熙癸巳自序。见《浙江采集遗书总录》及《四库》存目。

《朱子学的》二卷。明丘濬编辑，张伯行重订，旧刊本。民国五年福建经学会排印本。是书系采朱子《语录》次为《学的》。分上下卷以拟小学，总二十篇以拟《论语》。上篇自下学以至天德，由事达理而终之以韦斋，所以记朱子生平之言行也。下篇自上达以至斯文由理以散事，而终之以道统，所以记濂、洛、关、闽之学之所由来也。

《朱熹辨伪书语》一册。近人白寿彝辑《语类》《文集》《诗传遗说》等书之关于考订伪书谬说者，共四十余条而成，朴社出版。

《朱子读书法》四卷。宋张洪、齐熙同裒集朱子《语录》之关于读书方法者刊行，分居敬持志、循序渐进、熟读精思、虚心涵泳、功己体察、著紧力行六项。分门排比，纲目井然。现有元至顺刊本尚存。叶德辉《书林清语》引陆心源《皕宋楼存书志》云咸淳丙寅二年，鄞县伴官刻朱子《读书法》四卷，是为宋刻本。清王甡亦有集朱子《读书法》一卷，见《积书岩六种》本。

《白鹿洞规条》二十卷。清王澍著。是书取朱子白鹿洞规为纲，而分类条析，证以经史百家之语。

《家山图书》一卷。《福建艺文志》云朱子撰，《四库全书总目》云“不著撰人名氏”，《永乐大典》题为“朱子所作”，今考书中引用诸说，有文公《家礼》，且有朱子之称，则非朱子手定明矣。钱曾《读书敏求记》云《家山图书》晦庵私淑弟子之文，盖逸书也。《永乐大典》尚备载其原文，首列小学本旨，图中多曲礼、内则、少仪之事，先图后说，根据礼经，依类标题，词义明显，自入学以志成人，序次冠昏、丧祭、宾礼、乐、射、御、书、数诸仪至详且备。盖朱子《小学》一书，详于义理，此则详于名物度数之间，二书相辅而行，本末互资，内外兼贯，均于蒙养之学，深有所裨云。

《朱子礼纂》五卷。是书见李光地《榕村全书》本。系光地裒集《语录》《文集》中说礼之言而成，共分总论、冠昏、丧祭、杂仪五卷。

《朱子家礼辑要》一卷。清漳浦蔡世远著。自序有云：“我闽承文公遗泽，又际圣化翔洽礼教修明之会，臣庶率由凛遵，顾穷乡僻壤间，有不见全书，狃于习尚者，是用备考成书，辑其简要，以合于乡俗之易行”云云。

《文公家礼仪节》八卷。明丘濬著。《艺风堂藏书续记》云:“前有朱子原序,及黄氏干等诸儒论说。书本为五卷,丘濬衍以图式,参酌编次,一通礼,二冠礼冠图,三婚礼婚图,四丧礼丧图,五丧葬丧图,六丧虞,七祭礼祭图,八杂录。”按汪氏《振绮堂书目》作四册。

《晦庵先生朱文公文集》一百卷又《续集》十卷,《别集》十一卷,目录二卷。是书由卷一至卷十为词、赋、琴操、诗等,大抵多纪游之作,卷十一至二十三皆应诏、策札之类。卷二十四至六十四皆与时人往来书札问答议论时政之属。卷六十五至七十四皆说经谈理读书诸杂著。卷七十五至一百皆序、记、跋、铭、祭文、墓志等应酬之作。若与年谱互相参证,则略可窥见晦翁一生行事论学之旨矣。初刻有咸淳元年建宁府建安书院刻本,见《书林清话》卷二引《陆志》。其后版本甚多,兹据《四部丛刊》影印明嘉靖闽本。又按是书在宋称《大全集》只百卷,汪氏《振绮堂书目》有《朱子大全》一百卷,三十二册,系清臧眉锡、蔡方炳重订本。

《朱子文集》十八卷。是书为节略本。见清张伯行编《正谊堂全书》,左宗棠校正刊本。

《朱子文集大全类编》百一十卷。是书目见《四库》别集存目云系朱熹十六代孙清朱玉编,以朱熹正续三集合而为一,俾诸体各以类从,每体之中又以编年为先后。

《朱文公大同集》十三卷。是书为朱子门人陈利用辑熹在同安时所作之诗文,至明林希元又加增补。同安于唐时为大同故以名。集目见《四库总目》集部存目及钱氏《绛云楼书目》。

《朱子论定文钞》二十卷。清吴震方编。是书取经传子史,以至唐宋诸家之文,曾经朱子论定者,摘录成编,皆先列朱子之论,而以其文列于后,目见《四库总集》存目。

《朱文公经济文衡》十五册。目见《绛云楼书目》。按《天禄琳琅》六载元泰定甲子(元年)梅溪书院刻马括《类编》,标注文公先生《经济文衡前集》二十五卷,《后集》二十五卷,《续集》二十二卷,即是书也。汪氏《振绮堂书目》云旧题宋滕珙编,或题明马季玑编,其所收为明正德刊本。

《重锓文公先生奏议》十五卷。明朱吾弼编。《天禄琳琅书目》云明叶向高序。大抵皆自晦庵集中所抄出者。

《朱文公感兴诗》卷数不可考。目见《绛云楼书目》。

《南岳唱酬集》一卷，附录一卷。是编乃熹与张栻、林用中南岳记游之诗，凡五十七题，附录一卷，系朱熹与用中书三十二通，遗事十则，目见《四库全书总目》集类，按明祝完刊本，《朱张唱酬诗》一卷即是书。

《晦庵诗话》一卷。嘐城沈爚编。目见《绛云楼》及《述古堂书目》，近见来青阁有售是书，为明抄本一册，索价四十八元。

《朱子文说》一卷。《直斋书录》云："熹门人包扬所录文公论文之语，萃为一篇"。

《晦庵文钞》七卷，诗钞一卷。明吴讷编，《四库简明书目》（邵编）云刊本尚存。

《晦庵文钞续集》四卷。明崔铣编，系继吴讷所作，《四库》存目。

附录　后人研究朱子之书

《朱文公年谱》三卷。宋李方子编。目见《郡斋读书志》，云卢壮父刻于端阳者为三册，倪灼刻于康庐者为一册，按陈氏《解题》作《紫阳年谱》，云朱熹门人通判辰州昭武李方子公晦撰。汪氏《振绮堂书目》作《朱子年谱》二册五卷，盖为李方子编，明李默深增修本也。

《朱子年谱》一卷。宋袁仲晦著。《福建艺文志》因引道光《通志》云："《朱子年谱》宋洪友成刻者称洪本，闽省刻者为闽本，明李默刻者为李本，前有朱子后裔怀庆序，谓因各本不同，乃订正重刊。然后以王懋竑本，此本尤多漏略，不能一一精核也。"

《朱子年谱》六卷。清建阳朱世润编。《四库总目》传记存目云，"世润，朱子十八世孙，袭翰林院五经博士，《朱子年谱》旧本明戴铣增之为《实纪》，李默修之复称《年谱》，国朝又有洪去芜本、王懋竑本。诸家之中惟懋竑本最精核……是编意主铺张，不求考核，故未免踵讹袭谬……且以年谱为名，而年谱仅居第三卷，自第四卷为行状外，其余皆褒崇题咏之类，乃占前后四卷，末大于本于体例亦未协"云云。

《朱子年谱》四卷，《考异》四卷，《附录》二卷。清王懋竑纂订白田草堂版，是书为予中先生经二二余年之厘订，凡易四稿而后定，大抵依明李古冲及清洪去芜刻本，严审而慎采之，正其舛误，次其先后，凡与各本有所出入者，皆别为一书，曰《年谱考异》。其附录则载朱子最切要之论学语，散见于《文集》《语录》与《年谱》有关系者以便参证。

《朱子年谱》二卷，附录一卷。清黄中撰。《四库》存目云大旨主于颂美无所考证。

《朱文公行状》一卷。朱熹弟子黄干撰，目见《宋志》卷二。

《朱子实纪》十二卷。明戴铣编。《四库》传记存目云，是书详述朱子始末，首曰道统源流，世系源流，次年谱，次行状、本传，次庙宅，次门人，次褒典，次赞述，次纪题。

《考亭朱氏文献全谱》十二卷。《浙江采集遗书》作十册，刊本。是书为朱子十二世孙明歙县朱锺文辑，于万历年间重修，溯唐茶院公以来支派纂纪本末，而于文公生平事迹，及历代褒典，并后贤纪述搜讨颇详，分广睦至杂记共十三门，实为继朱子之《婺源茶院朱氏世谱》之作也。

《考亭渊源录》三十四卷。《绛云楼书目》作十一册，《浙江采集遗书总录》作明福建按察使泰和、胡直撰，以朱子为主，先之延平、籍溪、屏山、白水四先生，以发其端，旁及同时之南轩、东莱、复斋、梭山、象山、同甫、君举诸公，而凡在朱门者共三百八十三人，悉以次录焉。末一卷录考亭叛徒三人，则赵师雍、傅伯寿、胡纮也。或云此书本宋端仪初稿，而胡直足成之。

《紫阳大旨》八卷。清秦云爽著，是书成于顺治辛丑，专为王守仁《朱子晚年定论》而作，分八门：一曰朱子初学，二曰论已发未发，三曰论涵养本源，四曰论居敬穷理，五曰论致知格物，六曰论性，七曰论心，八曰论太极，见《四库总目提要》。

《朱子晚年定论》八卷。清李绂编，是编以陈建之书，与朱子之论据未全，且以语录为门人所记，不足为据，乃取朱子正续别三集，所载自五十岁至七十一岁，与门人答问及讲义题词之类，排比编次，每条附以考证，以成是书。目见《四库》儒家存目类，按《绛云楼书目》有《朱子晚年定论》为别行本，或即王本。待考。

《考正晚年定论》二卷。清孙承泽著。《四库总目》云：“是书以王守仁所作

《朱子晚年定论》，不言晚年始于何年，但取偶然谦抑之辞，或随问而答之语，及早年与人之笔录之，特欲借朱子之言以攻朱子，不足为据。乃取朱子《年谱》《行状》《文集》《语类》等书，详为考正。”逐条辩驳，辑为是篇。

《朱子为学考》三卷。清连城童能灵著。《四库总目》云是编考朱子为学之次第，分年记载，而于讲学诸书，各加案语，以推阐辨论之。盖继《学蔀通辨》而作也。同时宝应朱泽沄亦有是书，大致皆互相出入云云。

《朱子圣学考略》十卷。清朱泽沄撰。是编详叙朱子为学始末，以攻金溪、姚江之说，目见《四库》儒家存目。

《朱子文公传道经世言行录》八卷。清舒敬亭撰。系取朱子言行汇为一编，目见《四库》传记存目。

《读朱随笔》四卷。清陆陇其撰。有康熙戊子张伯行正谊堂刊本，并为之序。按是书系取朱集除札记诗赋二十九卷不加发明外，自三十卷至一百卷旁逮别续诸集，究研讨搜，务见其精意，并于每条之末，缀以按语数言。

《近取编》二卷。明胡缵宗著。《四库》云是编取朱子要语，厘成二卷。名曰近取者，谓取诸日用切近之语，以救宗金谿（王守仁）之弊云。

《朱氏传授支派图》。已佚。宋王力行著。力行字近思，朱子弟子，是目见《福建艺文志》。

《朱子学派》。近人谢无量著，中华书局本。是书第一篇为序论，分三章，第一章为朱子传略，第二章为朱子学术之渊源，第三章为关于朱子之评论，第二篇为本论，分四章，（一）朱子哲学，（二）朱子伦理学，（三）教育说，（四）古今学术评论。末附朱子门人及宋以来朱子学略述。

本文重要参考书，除本校图书馆所藏朱子著述外，尚有下列各书：

《郡斋读书志》二十卷宋晁公武撰

《直斋书录解题》二十二卷宋陈振孙撰

《宋史·艺文志》八卷志补一卷元脱脱修

《文献通考·经籍考》七十六卷元马端临撰

《经义考》三百卷清朱彝尊撰

《福建艺文志》七十六卷附录四卷陈衍修

《郘亭知见传本书目》十六卷清莫友芝撰

《四库全书总目提要》二百卷清纪昀撰
《浙江采集遗书总目》十册清锺音等奉敕撰
《皕宋楼藏书志》一百二十卷陆心源撰
《绛云楼书目》抄本二册钱谦益撰
《铁琴铜剑楼书目》二十四卷常熟瞿镛撰
《振绮堂书目》四卷汪曾唯编
《书林清话》十卷叶德辉著
《宋元学案》清黄宗羲原本
《朱子年谱》清王懋竑白田草堂本
《朱子文集》一百卷《四部丛刊》景明本

（原载私立福建协和大学编《福建文化》1934年第二卷，总第十六期）

本校陈氏书库福建人集部著述解题

本校陈氏书库者，螺江陈弢庵先生及其哲嗣几士先生之贻赠也。全库为书共两万一千八百余册，三千余部，都八万卷有奇。其间不乏佳本秘笈，缥缃琳琅，盖陈氏本闽中望族，世代簪缨，积书之富，甲于全闽。兹以其一家藏不如举而公之同好，乃于二十二年秋，与林景润校长接洽就绪，移储本校，俾得永久保存，嘉惠士林，良非浅鲜。全藏各书类为四部旧籍，其间尤以福建乡贤遗著为多。本校对于福建文化之研究尤不遗余力，得此正可作他山之助，惟学者多未明其内容何者为闽人著述，兹以整理之余复于此数万卷中，穷数月之力，爬梳抉剔，探讨搜求，得闽士著述之关于集部者百四十余部皆略为涉猎一过，仿《四库总目提要》例，分别载明作者之姓名爵里，朝代经历，或著其书之流源旨要，或叙其书之版刻纲目，间亦参考诸家之评语考证等，作为解题，分朝录出，俾钩稽本省文化者，有所取资，亦所以表彰乡先辈之遗文轶事也。其他尚有经史子丛诸部，以限于篇幅，当另行发表。

唐人著述

《林邵州遗集》二卷，林蕴著

蕴字复梦，为邵州刺史，故称邵州。莆田人，兄弟九人皆为刺史，世称九牧林者是也。蕴世通经，于贞元四年（788）及第，为闽越人进士之第一人，韩昌黎以为始于欧阳詹者非也。四川节度使刘辟反，蕴晓以顺逆，不听，复上书切谏，辟怒械于狱且杀之，将就刑，辟阴戒刑人抽剑磨其颈，以胁服之。蕴叱曰，“死即死，我项岂顽奴砥石耶”。辟知不可屈舍之。蕴名重京师。其文最可传者为上宰相李吉甫、李绛、武元衡、张宏靖诸书，其一见《唐儒学传》，其二见《唐文粹》。其原集《直斋书录解题》、郑樵《通志·氏族略》均云一卷。康熙癸巳，裔孙锡周镌本，称原书有书十、序十二、记九、表六、铭五、文十四、赋十一、风十、律三十六、说三、考五、碑二，今皆不存。兹集为嘉庆十八年（1813）福鼎贡生王遐春取明成化本托陈寿祺考定所刻。上卷掇辑遗文八，诗二首，并附邵州父兄之作若干首。附录一卷，为史传，杂记邵州弟兄之佚事。首有陈寿祺序及蔡沈旧序一篇。

《唐欧阳四门集》八卷，欧阳詹著

詹字行周，晋江人，贞元八年进士，亦为闽人登进士之先者，与韩愈、李观、李绛等联第，皆天下选，时称龙虎榜。为国子四门助教，与愈同为博士，与柳宗元等相友善，事父母至孝，与朋友信义。其文章切深往复明辨，卒年四十余。愈作哀辞吊之。唐黄璞作《闽川名士传》谓其因恸妓而死。其集亦称《欧阳行周集》，亦名《唐欧阳先生文集》。今所存为嘉庆十五年福鼎王遐春刊本，系所刻《唐四家文集》之一。首有张士诚、赵在翰等序，并列明曹学佺原序，唐李贻孙、蔡清虚旧序。末附录诸家传记、哀辞、跋语、记事等，皆从他书辑出者。全书为诗三卷，文五卷，附录一卷。其诗与鲍明远、孟东野并称，其文雅质有六朝风度。

《黄御史集》八卷，黄滔撰

滔字文江，莆田人。乾宁二年（895）进士，光化中，迁四门博士，官至监察御史。王审知为闽节度使，滔为推官，卒能规正闽主，使终身为开国节度，不作闭门天子者，滔之力也。时闽中所为碑碣皆出其手。今浮图荒陇旧刻犹存。中州名士若李绚、韩偓等避地于闽，悉与之游。有《泉山秀句》三十卷。兹集为赋一卷，诗四卷，文三卷，末附录九则。书为其八世孙宋尚书公度等所辑。首有淳熙三年（1176）杨万里序，庆元二年（1196）洪迈序，淳熙四年谢谔序及万历曹学佺等序。

《书锦集》一册不分卷，福清翁承赞著

一作五代莆田人。字文尧，尝读书于福清蒜岭之漆林书堂，后改书锦堂。赞举乾宁进士，擢弘词科，任京兆府参军。天祐初，以右拾遗受诏册封王审知为琅琊王。梁开平间复为闽主诏礼副使，寻擢福建盐铁使，加左散骑常侍，御史大夫，留相闽卒，葬崇安新礼乡。本库所存为校抄福鼎王学贞所编次本，共三十余首，盖多由《南唐雅》《全唐诗》等所辑出者。末附抄本传及黄滔送翁承赞诗等数首。聊见其断简残篇耳。

《徐正字集》四卷，徐寅撰

寅字昭梦，莆田人。博学经史，尤长于赋。举乾宁进士，才思敏绝，授正字，游大梁以赋谒朱全忠，全忠时与李克用有恨，寅句有“一眼胡奴望，英风而胆落”，盖指克用也。全忠大喜酬以缣五百。时海内多故，乃回闽依王审知掌书记。克用子李存勗因闽使问寅，谓其指斥先帝（克用）讽审知欲杀之。寅遂与妻月君偕隐以终。兹集四卷亦为福鼎王遐春所刻唐四家之一，存赋一卷计七首，诗三卷计二百六十余首。附录一卷辑诸书之关于寅者八则。王学贞有书后一篇,《四库总目》谓“寅所著有《探龙钓矶》二集共五卷目,《唐书·艺文志》已不著录，诸家书目亦不载其名，意当时即散佚不传，此福建巡抚采进本仅存赋二卷计八首，各体诗计二百六十八首，盖其后裔从《唐音统签》《文苑英华》诸书裒辑成篇，附刻家乘之后，已非五卷之旧矣”云云。今集卷数又略异，亦无所谓《御沟水》《人生几何》等赋，疑另为别行本。

宋人著述

《蔡忠惠公集》三十六卷、《别纪补遗》二卷并附序及本传等一卷，蔡襄撰

襄字君谟，兴化仙游人，天圣进士，为西京留存推官。范仲淹等以言事忤丞相吕夷简，因而去国，襄作四贤一不肖诗以讽之，都人士争相传写。仁宗间，知谏院，直史馆兼修起居注，论事正直，以龙图阁直学士知开封府，再知福州，聘郡士周希孟、陈烈等以经术授学者，尝躬至学舍，执经讲问，作五戒以教民，巫觋、浮屠、蓄蛊之害一切禁止，福州大治。徙知泉州建洛阳桥长三百六十丈，以利济者。闽人勒碑颂德称为蔡福州。后以端明殿学士移守杭州，卒谥忠惠。平生善书，时称第一，仁宗尤爱重之。是集为诗八卷，制诰六卷，奏议四卷，国论一卷，书疏一卷，表状、札子、箴铭、书各一卷，他皆记序启笺斋文传赞五卷，杂著荔枝谱二卷，哀辞、祭文、碑铭等五卷，别纪补遗二卷，为徐𤊹等所编，皆由诸书中辑出关于蔡襄之记载，分为志行、政术、书法、谈艺、鉴赏、茶事、荔品、恩遇、遗迹、述异、逸编等共三百六十二则。此集版刻甚多，陈振孙曰“王龟龄刻于泉州者三十六卷”,《文献通考》载《蔡君谟集》十七卷,《宋史》载《蔡襄集》六十卷，又奏议十卷，陈四游刻为四十卷，今本则为襄之裔孙蔡鹤村等刻本，晋江徐居敬逊敏斋等重校刻本。

《杨龟山先生集》四十二卷，杨时撰

时字中立，将乐人，自少颖异，登熙宁进士，调汀州司户，不赴，往河南师程颢，及归颢目送之曰，吾道南矣，后又见颐于洛，颐偶瞑坐，时与游酢侍立不去，颐既觉，门外雪深一尺矣，时尝疑张载西铭近于兼爱，与二程往复辩论，卒闻“理一分殊”之说。杜门力学者十年始出仕，高宗时官至龙图阁直学士，以指陈时务不遇，致仕以著书讲学为事，东南学者称龟山先生，有《二程集》等，兹集文三十八卷，诗五卷，卷首为本传、墓志、行状、年谱等，版本颇多，宋刊本为三十五卷，明弘治李熙刊本为十六卷，后常州东林书院刊本为三十六卷，宜兴刊本三十五卷，万历辛卯林熙春刊本为四十二卷，经顺治庚寅、康熙丁亥二次重刊，兹集为光绪五年（1879）补修本，首有张国正等序。

《游荐山先生集》十卷，游酢撰

酢字定夫，建阳人，与兄醇俱以文行知名，与杨时同师事河南二程子，世传立雪程门者是也。酢笃志圣学，载道南归，遂为建州理学之始，于是有胡、刘、朱、蔡诸子后先继起，成闽中道学之统。与濂洛关中并称。酢为元丰五年（1082）进士，累官御史，历知和、舒、濠三州政事。卒谥文肃。学者称荐夫先生。是集首列图表传赞等，卷一至卷三为论语杂解、中庸义、孟子杂解等，卷四为易说、二南义，卷五为朱子四书，卷六为先儒之说，卷七为朱子遗书、先儒之语等，卷八至十则皆为序跋、祭文、铭、诗赋等，杂以朱熹、陈瓘等之作，盖系后人掇拾重编，不但非其原本且并非完书也。张伯行刻于福州正谊书院。

《罗豫章先生集》十二卷，罗从彦著

彦字仲素，其先世自豫章避寇来剑浦，复迁于沙，是为沙县人，从学于杨时，尽得其秘传，尝筑室罗浮山中，绝意仕进，静坐以体验天地万物之理，从游者甚众。若李侗、朱松等皆先生高弟也。绍兴二年（1132），先生六十一岁，始授博罗县主簿，六十四岁自广回，遇草寇窃发，乃卒于汀州武平县学。又数年，门人李侗始为归葬于郡之罗源里，其著述皆散佚。至元进士曹道振始搜得全集刊行于世，淳佑七年（1247）从闽邢宪杨栋之请赐谥“文质”，从祀孔庙。今集卷一至卷八皆《遵尧录》，系辑宋太祖以下李沆等十余人之言行论之，卷九为二程语录，卷十为议论要语，皆阐发仁义礼智之说，卷十一为《春秋指归》《序》《韦斋记》等杂纂四种，卷十二则为诗。卷首有序文、年谱、本传等一卷，卷末附录一卷，是书版本甚多，此为光绪八年谢甘棠等重刊本。

《屏山全集》二十卷，刘子翚撰

翚字彦冲，崇安人，父韐死于靖康之难，痛愤成疾，以不堪吏事，辞归武夷山不出者凡十七年，讲学不倦。妻死不再娶，与籍溪胡宪、白水刘勉之交相得。朱松死，以子熹相托，子翚教以为学之道，卒成儒宗。卒年四十七。学者称屏山先生。是集卷首为序文、本传、墓表、谥议等，卷一至五皆为论、记、序文等篇，卷六为杂著十四篇，卷七表及劄子，卷八启，卷九祭文墓表等，卷十至二十皆赋诗词等。卷末附跋及《屏山集考异》一卷。原书为其嗣子坪所编，朱子有序。后之版本颇多，此为光绪二十年武彝潘政明重刊本。集中谈理之文辨析明快，曲折尽意，无南宋人语录之习。论事之文洞悉时势亦无迂阔之见。古诗风格高秀，不袭陈因，惟七言近体颇多禅语，盖其早年尝接佛老之徒所致也。

《朱子集》一百〇四卷目录二卷，朱熹撰

熹字元晦，一字仲晦，号云谷老人，亦曰晦翁，又号遁翁。父籍婺源，因侨寓建州尤溪生熹，登绍兴进士，历事高、孝、光、宁四朝，凡所奏闻皆正心诚意治平之道，累官至宝文阁侍制。庆元中致仕讲学，其学大抵穷理以致知，反穷以践实，而以居敬为主，卒谥“文”，赠太师追封“徽国公”，从祀孔庙，清康熙间升位于十哲之次。所著甚多，兹集为咸丰庚申夏刊本紫霞洲祠堂存版，其二十二世孙朱振铎有叙云：“文公文集原本八十八卷，季子侍郎公手编也，淳祐己酉得续集五卷编辑姓氏无考，景定间建通守余公师鲁补别集七卷合百卷，为建安嫡裔存本，元末建罹兵燹，版寖失，明洪武初取浙本置南痈，成化、嘉靖间，重镂版存闽浙藩臬署，国朝康熙壬寅建安派从祖石中公玉留心搜辑，综三卷而详参原委，序次补入，汇抄成帙，颜曰《文集大全类编》……版存玉继存考亭书院，咸丰八年七月院遭逆毁，版化乌有，振铎惧先籍之失坠也，白建侯程公梦龄甫，购版，旋解任去。阅年呈督学徐公，慨然允所请，谕建楼为妥存之地，公回省百计营捐，雕刊就绪……至同治癸亥祠两楼成，然版已镂完，省留三年矣，甲子春赴省请督学章公沐饬检付振铎归之建，永为紫霞洲祠堂藏本。”故此本编目与别本亦略有异，卷一至卷十三为奏疏，分封事、奏劄、讲义、状劄、奏状、表、申请、辞免等，卷十四、十五为牒谕，卷十六至六十四为书，皆以人分卷，六十五至七十二为论著，卷七十三至七十五为序，卷七十六至七十七为记，卷七十八为铭、箴、赞，卷七十九至八十二为跋，卷八十三至九十三为碑文、墓表、墓志铭、行状等，卷九十四为启、疏、祭文等，卷九十五至一百四为赋、诗、词，末并附补遗诗九题，首目录二卷有朱子遗像。

《韩集考异》十卷，朱熹撰

此书因韩集诸本互有异同，方崧卿所作《韩文举正》虽参校众本，弃短取长，然犹以其不尽载诸本同异，而多折衷于祥符杭本、嘉祐蜀本及李谢所据馆阁本为定，而尤尊馆阁本，虽有谬误，往往曲从，他本虽善，亦弃不录，故朱子更为校定，悉考众本之同异，而一以文势义理及他书之可证者决之。其体例但摘正文一二字大书，以所考夹注如下。此本为光绪乙酉新阳赵元益据旧本翻雕，颇为精善。末有李光地跋一篇。盖光地又曾于康熙间取吕晚村家存宋刻本刊之也。

《云庄文集》十二卷，刘爚撰

爚字晦伯，建州建阳县人，朱子弟子。登绍兴八年进士，历官会昌、山阴、饶州、连城、闽县、赣州等地。嘉定二年（1209）除尚书左郎官兼国史院编修官，实录检讨，迁刑部侍郎工部尚书，九年以三乞致仕，卒年七十三。其学以不欺为主，有修身践言之实，博闻强识，所著甚富，兹编卷首为传、叙、年谱等，卷一为奏疏、表、请等，卷二经解，卷三春端、帖子、诗赋等，卷四答诏，卷五诏制，卷六书启，卷七序，卷八记，卷九文，卷十祝文，十一墓表，十二公移。集为门人李公晦编次。十世孙刘稳重刊。首有成化二十一年（1485）赵文序，李坚等原序。

《东塘集》二十卷，宋袁说友撰

说友字起岩，建安人，流寓潮州，号东塘居士。生于绍兴庚申岁，登隆兴进士，历官至同知枢密院参知政事加大学士。官至宣奉大夫致仕。嘉泰甲子岁薨于德清。年六十五。学问淹博。是集为诗七卷，文十三卷，其诗纪昀谓其五言近体谨严，而微伤局促，七言近体警快，而稍嫌率易，至于五七言古体则格调清新，意境开拓，置之石湖，剑南集中，淄渑未易辨别矣。其文则曲折畅达，究悉物情，具有欧苏之体，奏章敷陈，多切时病，非迂儒所能及也。所存为三山陈氏居敬堂写本，其集《书录解题》《宋史·艺文志》皆不载，殊不可解。

《北溪全集》五十四卷，陈淳著

淳字安卿，漳州龙溪人，北溪先生之产地也，后人乃举以称之。少从朱子学，尽得其传，熹尝语人曰，南来吾道喜得陈淳。又积十年之学，凡所读圣贤之书，讲明义理，洞究渊微，日用之间，行著习察，藉以洞见天理流行之妙，胸中洒落，随其所处，莫不有从容顺适之意。丁丑以特试寓中都，四方多来请质，严州守郑之悌乃延入学宫讲道，嘉定十六年以特恩授安溪县簿，未任而卒，年六十五。所著关于经义者甚多，《四库总目》谓其"平生不以文章名故其诗文皆如语录"良有以也。是集共分五门，第一门讲义四卷，皆对诸生之讲解。第二门书问四卷，乃先生所质于师者。第三门答问八卷，乃先生所答于弟子者。第四门各体文三卷，皆说经指事杂著日记论辩之属。第五门各体诗四卷，附铭、箴、赞、疏七题，后又附《北溪字义》二卷，为语录之类，后人所补刊也。又附外集一卷，皆先生墓铭传记之属，末有补遗数则，合成五十四卷，为光绪辛巳其宗裔文芳重刊之本。盖自宋迄明万历已四开雕，于兹为五次之刊本也署。种香别业存版。

《蔡氏九儒书》九卷，卷首一卷，清蔡从龙等重辑

是书集宋蔡发、蔡元定、蔡渊、蔡沆、蔡沈、蔡格、蔡模、蔡杭、蔡权等九人之书于一处，为建阳庐峰派下二十二代裔孙合族重刊以表彰祖德也。按蔡发字神与，晚号牧堂老人。博学强记，杜门不仕，专以读书教子为事，著天文地理发微等篇行世。是集共收其著作二十余篇。蔡元定，发之子，字季通，号西山，谥"文节"，幼承庭训，长从朱熹游，熹扣其学大惊曰，此吾友也，不当在弟子列，遂与对榻论经义，四方求学者必俾先从元定质正。韩侂胄兴伪学之禁，疏诋朱熹并及元定，谪道州至春陵，远近来学者日众。是集收其《皇极经世指要》二卷，《律吕新书》二卷，书札等十余篇，诗十余首而已。蔡渊字伯静，号节斋，元定之长子也，沆与沈均其弟。沆字复斋，沈字仲默，号九峰，谥"文正"，均熹之弟子，兹集各收其著作若干篇。蔡格字伯至，号素轩，渊之长子，兹集收其文三篇诗十四首。蔡模字仲觉，号觉轩，沈之长子，操行高洁，是集收其论《四象大旨》等十余篇。蔡杭字仲节，号久轩，谥"文肃"，沈之次子，诏定进士，历官工部侍郎，兹集收其文四十余篇诗数首。权字仲平，号静轩，沈之季子，聪明嗜学，授庐峰书院山长，兹集收其文六篇诗六首，九儒各有像及附录若干篇，首卷为序，总述祠院、道统、祀典等之记载。庐峰书院存版，光绪丙戌重刊本。

《詹元善先生遗集》二卷，宋詹体仁撰

体仁字元善，建宁浦城人，尝从朱子学，登隆兴元年（1163）进士第，为泉州晋江丞。宰相梁克家荐于朝，升太学博士，迁太常丞，寻直龙图阁知福州，以议孝宗山陵事被劾罢，家居八载，后复直龙图阁，知静江府，蠲免杂赋甚多，乃迁司农卿，总湖广饷事，卒年六十四。其学以存诚慎独，尽心平心为主，其平生著述若《家数总义》《历学启蒙》《庄子解》皆不传，兹集为邑人朱秉鉴就各书中录出，语录数十条，文六篇，诗九首，存其梗概而已。卷首附本传行状诸篇。

《艾轩集》十卷，宋林光朝撰

光朝字谦之，号艾轩，莆田人，专心圣贤践履之学，动必守礼。南渡后以伊洛之学为东南倡，隆兴初第进士，乾道五年（1169）入为秘书省正字，兼国史编修，九年提点广西刑狱。淳熙改元移广东。茶寇薄岭南，光朝击败之，除中书舍人，后知婺州引疾，提举江洲太平兴国宫。五年五月六日卒，谥“文节”。兹所藏为旧抄本，首有陈宓、刘克庄、林希逸诸序，为诗一卷，文八卷，末一卷附录遗事及时人与之往还书札祭祝文等，原集应作二十卷，此盖郑岳删定之本也。克庄称其文高者逼《檀弓》《谷梁》，平犹与韩并驱，虽为推崇之辞，然其文实与俗格迥殊。

《梁溪全集》一百八十卷附录一卷，宋李纲撰

纲字伯纪，邵武人，政和进士，靖康初为兵部侍郎，金人来侵，力主迎战被谪，高宗即位首召为相，修内治，整边防，讲军政，力图恢复，惜为黄潜善等所阻，七十余日而罢，卒年五十八，谥“忠定”。纲负天下重望，远人畏服。其诗文雄深雅健，以喜谈佛理为南宋诸儒所不道。兹集首刊朱子序及陈俊卿序，陈序谓其子秀裒集其表章奏劄八十卷，是原刊本只八十卷。此为后人续以诗文，厘并而成，全书为赋四卷，诗二十八卷，杂文一百三十八卷，《靖康传信录》三卷，《建炎进退志》四卷，《建炎时政记》三卷，附录卷首有年谱，末有行状、谥议、祠记、祭文、挽赞等。

《晞发集》十卷、《晞发遗集》二卷、《补录》一卷附《天地间集》《冬青树引注》《西台恸哭记注》诸篇，宋谢翱著

翱字皋羽，自号晞发子，福安穆洋人。后徙浦城，咸淳初试进士不第，慨然以古文倡作，时值元兵取宋，宋相文天祥走闽，檄州郡大举勤王之师，翱倾家资以从，遂参军事，后天祥被执死，翱走吴越依蒲阳江方凤。尝登会稽、吴会诸山，所至歔欷流涕，又浮七里濑，登子陵钓台北向设文山位再拜而恸，以竹如意击石作楚歌以招魂，又作《西台恸哭记》一篇，一时义声震海内。乙未以肺疾死，年四十七，其友为葬之钓台之南。兹集为《宋铙歌鼓吹曲》一卷，《宋骑吹曲》一卷，诗六卷，文二卷。其诗奇古，不作近代语。文尤崭拔峭劲。本书版本甚多，兹所藏系光绪二年丙子叶绍桐依平湖陆大业重刻本所刻。首多叶绍桐序一篇，其他序传碑跋等十四篇。末附《晞发遗集补》二卷，《天地间集诗》二十首，为翱所录者。《冬青树引注》则为浦阳张丁撰，蓝水渔人《冬青树引重注》并附录八则，又附张丁《登西台恸哭记注》，末附各家评语数十则。

元人著述

《安雅堂集》十三卷，元陈旅撰

旅字众仲，莆田人，弱冠笃志于学，为闽海儒学官。中丞马祖常（石田）按事闽中，奇其才举诸朝，由是通馆籍，馆阁诸老又推重之，以荐除国子助教。至元初迁国子监丞。其文典雅峻洁，气肃而辞不泛。其诗亦绵丽藻拔不徇世好。是集为其子吁裒集成书，前有元张翥及林泉生序。本库所藏为旧抄本六册，张翥序缺半叶。《铁琴铜剑楼书目》云："此本旧本元椠七卷，八卷以下依明刊本抄补遂成完书。考《传是楼书目》有元版《陈众仲集》十三卷，此未经阙佚者也。元本诗三卷系编年，明刻易为分体，且原注多漏去，已尽失初刻之真矣"云云。

《续轩渠集》十卷补遗一卷，元洪希文著

希文字汝质，号去华，莆田人，其父岩虎号吾圃，为兴化教谕，有《轩渠集》，故希文之集以续为名。希文之学博而邃，继其父为训导，卒年八十余，几与元代相终始。其诗情遒激壮，林以顺云其得意处皆自肺腑流出，至于造语练字颇费工夫，间多警句，有季唐之风焉。希文门人刘宗传跋云："集中夏耘一联云'非其种者锄而去，毋使蔓然难以图'。语句浑然……《山谷玩月》'河汉无云天万里，溪山不夜月三更’。《雪髭》则曰‘功名不建头颅老，日月如驰髀肉生’。《筑城垣》‘凄其死者无归地，羞与仇人共戴天’。令人痛心切齿”云云。今集首八卷为诗，九卷为词十三首，十卷为杂文十六篇，其补遗皆据顾嗣立《元诗选》补抄而出。并附其父吾圃翁遗诗三首，书为杭州丁氏传抄本，光绪六年刊，前有序文十篇，为王凤灵、蔡宗兖、徐㶿等所作，颇详其生平出处及该集流传始末，有后序一篇。

明人撰述

《蓝山集》六卷，蓝仁撰

仁字静之，崇安人。《崇安县志》作蓝山，师清江杜本，谢科举，一意为诗，洪武初辟武夷书院山长，迁邵武尉不赴，其诗规摹唐调，和平雅淡，词义融怡。纪昀称“闽中诗派明一代皆祖十子，而不知仁兄弟为之开先，遂没其创始之功非公论也”。《明史・艺文志》载仁集六卷，朱彝尊《明诗综》犹见之。原本流传甚少，兹集系《四库》本，由《永乐大典》中采掇辑得其诗五百余首，虽厘为六卷，然与原本相较，所缺尚多。光绪戊寅枕石草堂刊本。郭伯苍有后序一篇。

《蓝涧集》六卷，明蓝智撰

智字性之或作明之，仁兄。洪武十年（1377）授广西按察司佥事，著廉声。十四年谢事归里，与武夷诸隐者唱和为乐，故其集中多与羽流赠答之语。纪晓岚谓其诗五言结体高雅，翛然尘外，虽雄决不足，而隽逸有余。七言顿挫浏亮，亦无失唐人矩矱，与蓝山一集，卓然可称二难。惟因原籍散佚，传本甚稀，故杭世骏《榕城诗话》云“二蓝集闽人无知之者”。今集系由《永乐大典》辑得古今体三百余首，厘为六卷收入四库，侯官郭伯苍为其校刊，并附后序一篇。

《柯竹岩集》十八卷，补遗一卷，附录一卷，明柯潜撰

潜字孟时，号竹岩，莆田人。景泰二年（1451）以进士第一人及第，官至詹事府，当时颇负词林宿望，邃于文学。性高介，为学士时尝就后圃结清风亭一区，植二柏，数百年传为古迹，即柯亭学士柏也。其文集传本甚稀，《四库》只收得诗集一卷，文集一卷，另由《莆风清籁集》中录出诗十首，文二首为补遗一卷而已。今集为其裔孙维骐所校编，原书刻于嘉靖间，嗣毁于倭寇之乱。光绪戊子间，始由其从孙玉树等觅得原本，重锓以行，全集为文十四卷，诗四卷。纪昀谓其诗冲澹清婉，不落蹊径，文亦峻整有法度，信乎哉。

《郑少谷集》二十五卷，明郑善夫撰

善夫，闽侯人，字继夫，号少谷。弘治乙丑进士，授户部主事，以清操闻，愤嬖倖用事，弃官去，筑室金鳌峰下。嘉靖初起南吏部郎中，便道游武夷，风雪绝粮得病死。平生敦行谊，所交尽名士，善画工书，除《少谷集》外，尚有《经世要录》等书。全集计诗八卷，古乐府一卷，骚赋一卷，卷十一以下为各体文。其诗力追杜甫，多忧时感事之作，故其五言一首云："大哉杜少陵，苦心良在斯。末流但叫噪，古意漫莫知。凤鸟空中鸣，众会反见嗤。"盖其抒论有不谐于俗也。《四库总目》引王世懋《艺圃撷余》云："闽人家能占毕，而不甚工诗，国初林鸿、高廷礼、唐泰辈皆称能诗，号闽南十才子，然出杨、徐下远甚，无论季迪，其后气骨崚崚，差堪旗鼓中原者，仅一郑善夫耳。其诗虽多摹杜，犹是边、徐、薛、王之亚。"王世贞《艺苑卮言》亦称其诗得杜骨，近人陈石遗则谓其诗甚多游览闲适之作，颇学晋宋，模杜者实甚少云云。

《山斋集》二十四卷，明郑岳撰

岳字汝华，号山斋，莆田人，弘治六年（1493）进士。授户部主事，改刑部主事，迁湖广佥事，寻改迁江西左布政使，宸濠夺民田亿万计，岳持不可，为所讦，罢为民，宸濠败后，起复江西巡抚，寻召为大理寺卿，又迁兵部侍郎，以争议大礼不听，乞休归，十五年而卒。是集卷首为序文及传记等，卷一至卷七皆为诗，卷八至卷二十四皆为文，其诗邕容夷旷，朴厚蕴藉，冲然有正始之致，其文简重类退之，纡徐隽永类永叔、子固。原书有《蒙难录》《西行纪》《南还录》《山斋吟稿》《漫稿》《续稿》《奏议》等。因经岛夷之乱，稿遭灰烬，此为公之曾孙炫矢志搜罗，得诗文若干首，汇为二十四卷刻之，盖十未能存二三耳，万历辛卯刊本。

《马忠节父子合集》不分卷一册，明马思聪及子明衡撰

思聪字懋闻，号翠峰，莆田人，弘治末进士。为象山知县，以溉田有功，累迁南京户部主事，督粮江西，驻安仁，值宸濠叛，公由南京督饷至，被执系狱不屈绝食六日死。世宗立，谥"忠节"。其子明衡字子莘，号师山，幼承庭训，忠孝性成，登正德十二年（1517）进士，嘉靖间授御史，甫旬日值帝嫡母昭圣太后生辰，旨免命归朝，盖帝欲尊生母兴国太后，而群臣必欲尊昭圣，相持未决，衡疏入抗争，帝恚甚且怒，立诏下狱拷讯几置死，赖申救者众，杖之成废，罢职归田。二公生平著作，多毁于倭寇之乱，今集为佘翔等得于灰烬之余，刘尚文及其裔孙鸿年为之重编成书，计《马忠节轶诗》二十四首，《马侍御轶诗》五十四首，轶文五篇而已。卷首有佘翔、郑泰枢、张僖、刘尚文等序，张景祁题词，附二公《明史》本传，末附祭文行状及墓志铭等。并附刻时人如王守仁等与衡赠答诗文，而殿之以江葆熙跋一篇。光绪戊戌刻本。

《陈紫峰文集》十三卷、年谱一卷，明晋江陈琛撰

琛字思献，紫峰其别号也。世家晋江青阳山后，定居涵江碧溪，杜门独学，举正德十二年进士，历官南京户部考功主事等，以母年逾七十，乞终养归。嘉靖八年起江西按察司佥事，辞不赴，卒于嘉靖二十四年，年六十九岁。有《四书浅说》《易经通典》《正学编》《紫峰集》等书，是篇卷一为五言古诗十六首，卷二为七言古诗二十三首，卷三为绝诗，卷四、五为律诗，卷六至十二皆为序、记、书、疏、志铭等杂文，卷十三则为《正学篇》，首附年谱及丁自申等序，乾隆戊子仲春涵江家祠镌本。

《半洲诗集》七卷，明张经撰

经字廷彝，号半洲，侯官人，初冒蔡姓，久之乃复。正德十二年进士，除嘉兴知县，嘉靖四年，召为吏科给事中，擢太仆少卿，历右副都御使，十六年进兵部右侍郎，总督两广军务，大破断藤峡贼侯公丁于宾州。三十三年起南京户部尚书，改兵部，朝命讨倭寇，经日选将练兵，为捣巢计，赵文华劾经糜饷殃民，畏贼失机，诏逮经，时经正大破倭兵，严嵩力讦之，乃论死，与巡抚李天宠、杨继盛俱斩，天下冤之。隆庆初复官，谥“襄愍”，是集共收诗六百又七首，有北寓、南行、西征、苍梧诸稿。皆以体分编，其诗多即景兴思，抚绪畅怀，其闻《雷静坐诸》什皆计阅天下，即登眺、旅寓、应酬之作亦皆冲逸隽永，不烦绳削，矩度森严，非气之完者而能之乎。

《小山类蒿选》二十卷，明张岳撰

岳字维乔，号净峰，惠安张坑人，正德进士，授行人，为人沉毅简重，朴古忠正以谏正德帝南巡，杖几死。嘉靖间，累迁都御使，总督两广。讨平封州、柳州、连山、贺县诸贼，又平贵苗龙许保、吴黑苗等，卒谥“襄惠”。其学以程朱为宗，与陈琛、林希元等同研心理之学，排斥阳明，时称“泉州三狂”。

今集文十九卷，诗一卷。王慎中谓其文气象宏裕，而敢发时见；法度谨严，而豪纵有余。如山岳之为重、河海之为涵，出云兴雨，姿态百变；怒浪悠波，伏起靡常。非虚语也。

《群玉楼稿》八卷十四册，明李默著

墨字古冲，建安人，正德十四年进士。嘉靖中历官吏部尚书，以鲠直执正不阿之故，忤严嵩罢为民。嘉靖三十二年召复原职，加太子少保，终与严嵩、赵文华等结怨，妄指考选监生策题有犯忌讳，嘉靖三十七年冤死狱中，朝野哀之。至穆宗即位始昭雪，邀恤典。全集之镕意铸词，不涉蹊径，往往于纪情叙事之中，发奇崛俊逸之气。如《上三阁老书》可以见忠谠之节，《坦上翁传》可以见冲澹之风，其他诸文皆浑雄古雅，每至靖难死事诸臣，辄为之表扬企慕，持论慷慨，读之使人欲涕零焉。其诗法盛唐，格律严整，其得意处仿佛曲江。群玉楼者，公所存书处也，故以名集。

《石门集》七卷，明高瀔撰

瀔字宗吕，号石门，又号霞居子、髯仙子、庖羲谷老农，侯官人，高鉴之子也。工画山水人物花鸟，出入宋元四大家，尤善隶草八分，盖本家学之渊源也。好山水，闻有奇胜，虽千里亦游之，偶有得，辄寄之诗歌，故其诗有云："惯随白鸟行偏健，贪看青山坐不辞。"性狷介，嗜酒不仕，啸傲山林，卒于嘉靖壬寅。年四十九。其诗与郑继之、傅木虚齐名，称十才子，以瀔居首。卷首有莆田林向哲序，称其诗峻而不刻，清而不矫。郭柏苍谓"石门之诗异于少谷，洪永之风革于石门……石门可谓闽诗之药石矣"。继为林榛序，并附刻何乔远所作两传及其自传墓铭等。

《傅木虚集》十五卷，明傅汝舟著

汝舟一名舟，字远度，一字木虚，号丁戊山人，一曰磊老，或称七幅庵主人、扶桑下臣、唾心道士，又称步天长、前邱生，时或自署紫白山人、箜篌主人，侯官人。与高瀔友善，而瀔长于画，汝舟则长于书。中岁好神仙，轻别妻子，棕鞋箬笠，求仙访道，遍游吴会、荆湘、齐鲁、河洛之间，朱竹垞谓其诗渊致萧散，多发之性情，上下魏晋，抗声于武德天宝之间。王元美评其诗如言法华，作风语，凡多圣少，然奇崛处亦颇能独造。其诗实学郑善夫，喜为荒怪诡谲之语。兹集分《七幅庵》一卷，《吴游记》一卷，皆文也。《唾心集》二卷，《步天集》

二卷，《英雄失路集》二卷，《拔剑集》三卷，《箜篌集》二卷，《嗱呓存卷》二卷。皆诗也。《福建艺文志》作《傅山人集》，今集为郭柏苍昆季所编，首刊诸家传记，每集之首各有序或自序。

《王遵岩家居集》七卷，明王慎中撰

慎中字道思，号遵岩居士，又号南江。晋江人，嘉靖进士，授礼部主事，与诸名士讲学大进，惟以才名，多迕于时。会诏简部郎为翰林，众首拟慎中，大学士张璁欲一见之，辞不赴，乃迁吏部郎中，仕终河南参政，以忤夏言落职归。辞官时，年才三十有三。因其壮年废弃，益肆力为古文，卓然成家，与唐顺之等齐名。天下称王唐。今集七卷，一二为序，卷三记，卷四志铭，卷五墓表，卷六行状，卷七传祭文。其文气畅而辞瑰，理析而藻敷，论议辩驳，折衷群言，效法欧曾，自成杼轴。集为同安洪朝选所编次，其弟惟中校正，金山高尚志堂影印明句吴书院本。

《石溪先生文集》八卷，明王希旦撰

希旦字文周，号石溪，侯官人。明嘉靖间，官至吏部，其事迹不见于《明史》。此集为《四库》未收本，《福建艺文志》亦无其名，今考其版本确为明刻本，为其友人马森、陈元珂、陈公升、黄鳌，门人陈仕贤、陈一贯、吴从义、潘应元等所选，其子应治、侄应钟等梓行，曾孙国珪重刊。卷一至卷三为奏疏及叙文，卷四为赞颂、题跋、传记、论说、书启等。卷五为奠文、墓志、行状、训诫等，卷六为乐府，五七言古诗，五言律等，卷七为七言排律绝句等。卷八则附录时人如福建提学江以达、河南参政王慎中、佥事王问、考功员外刘思唐等与其酬答之书诗等。

《云冈文集》二十卷，明龚用卿著

卿字鸣治，“云冈”其号也，初名相，以字行，世居侯官。嘉靖壬午，领乡荐，丙戌中状元。昔福州有“南台沙合，官口路通，乃出状元”之谶，后景验，而公应之。时年方二十六也。出使朝鲜，宣扬国恩，远人钦服，历官左春坊左谕德，兼经筵讲官，南京国子监祭酒，以恶严嵩故，乃乞病归，时年四十六也。构别野曰“云冈”，觞咏其间，凡十八年，所著诗文皆以“云冈”名之。不及百年，明社邱墟，若古今体诗，若诗余，若玉堂讲义，使朝鲜录等各若干卷，悉付劫灰。《四库》亦只收得诗余选稾。此文集于三百年后，乃由杨继六搜得，付其十九世从孙彝图重刊于光绪二十九年以行世。全集凡八，曰《金台稿翰撰集》，曰《玉堂稿山居集》，曰《玉堂稿北征集》，曰《玉堂稿使东集》，曰《青坊稿宫谕集》，曰《金陵稿成均集》，曰《琼河稿卧疴集》，而终之曰《琼河稿山居集》。卷首并附云冈公传及墓铭，并附公之孙懋墀字克丹，又字玉屏，公崇祯六年以上津县殉难流寇记三篇。

《正气堂集》十六卷、又《近稿》一卷，《镇闽议稿》一卷，明俞大猷著

大猷字志辅，号虚江，晋江人。《明史》本传谓其少好读书，习兵法，举嘉靖十四年会试，除千户守御，金门海寇频发，上书监司论其事，监司怒其小校上书，杖之夺其职。尚书毛伯温与论兵，奇其才，用为汀漳守备，连破海贼，擢广东都司，平峒贼交黎等有功，进参将，移浙东，屡以舟师破倭寇，先后杀倭四五千，时称俞家军。为诸酋所惮。擢广东总兵官，平惠湖群盗，又经略广西，平古田獞，积寇尽除，威名震南服，改福建总兵，征蛮将军，与戚继光复兴化城，共破海倭，其为将廉，驭下有恩。万历初因忤巡按李良臣劾之，因夺职，卒谥"武襄"。其用兵先计后战，不贪近功，忠诚许国，老而弥笃，所在有大勋。武平、崖州、饶平皆为祠祀。是集所收皆为平贼时书揭、疏、谕等，论用兵委曲，策划经纶，较史为详。古人所谓经国之远猷，不朽之盛事，皆于是集见之。道光二十一年（1841）味古书室刊本。

《陈一斋全集》三十五卷，明陈第撰

第字季立，号一斋，连江人。万历时诸生，为戚继光、俞大猷所赏识学兵法，以京营提调起家，出守古北口，历蓟镇游击将军，在镇十年，边备修饬，年四十三致仕归，母殁后周历天下名山，遍及五岳，此《寄心集》《两粤游草》《五岳游草》所由作也。卒年七十七，所居世善堂，存书甚富。全集为《伏羲图赞》二卷，《尚书疏衍》四卷，《毛诗古音考》四卷，《屈宋古音义》三卷，《松轩讲义》一卷，《意言》一卷，《谬言》一卷，《书札》一卷，《塞曲》一卷，《两粤游草》一卷，《寄心集》六卷，《五岳游草》七卷，《蓟门兵事》二卷，《考终录》一卷。

《水明楼全集》十三卷，明陈荐夫著

荐夫，闽县人，名藻，以字行，更字幼孺。少孤而贫，年三十始中万历甲午举人，应试南宫，不第而归，贫益甚，至丧厥明，末年病呕死。其于诗文之道，独负俊才，能为汉魏六朝文，诗尤工丽。兄价夫，字伯孺，亦以诗名，盖承家学之渊源也。是集以水明楼名者，盖取杜诗“四更山吐月，残夜水明楼”之句也。卷首有曹学佺序，全集为其友陈一元所选定，为诗九卷，诗余一卷，赋及杂文四卷，诗以七言律最多，五言律七言绝句次之，五言古诗共三十七首皆学魏晋六朝，七言古多转韵，七言律颇近王元美，诗余六首亦清新俊逸，其文兼骈散，只存三卷，应作四卷，末卷缺，所存为道光丁未重镌本归乐堂存版。

《晋安风雅》十二卷，明徐熥选辑

熥字维和，闽县人，万历举人。与弟𤊹俱擅才名，有《幔亭集》，未见，是集陈荐夫为之校订，董养斌为之编次，前有熥自序及陈荐夫序各一篇，全书集明季晋安一郡六十余人之诗，人无显晦存殁之分，但取其情采适中，声调尔雅者录之，闽得十六，侯官、长乐各得十一，怀、福共得十一，古田、永福、连江仅得十一，首附诗人姓氏爵里，颇便检寻，本馆所存为明万历可闲堂刻本，前有赵在田等印记。

《崇相集》不分卷六册，明董应举撰

举字崇相，闽县人，万历戊戌进士，除广州府教授，迁南京国子博士，再迁吏部主事，历考功郎。天启间官太常少卿，因陈急务屯田、鼓铸数事，大著成效，擢大仆卿，官至工部侍郎，兼理盐政，巡盐御史恶其侵官劾之，魏忠贤传旨落职，闲住武夷八曲之涵翠洞及琯江之百洞山，与生徒讲学老而不倦，卒年八十三。因所举皆有德于乡，海滨人祠祀之，至今不替。是集为近年林焕章借邑人家存刻本刊行，原刊书为十八册缩印六册，第一册为疏、表、启，二册为议书，三册书，四册传、序，五册寿文、志、记、碑铭、颂及杂文，六册则为祭文、墓志铭、诗及大学略，首有吕纯如、董可威序，叶向高序则自《苍霞草》而增录之。

《叶向高集》三十八册，明叶向高撰

向高福清人，字进卿，号台山。万历进士，累官吏部尚书，兼东阁大学士，天启间进为首辅，后魏忠贤用事，知朝事不可为，乃上六十余疏乞休终养，与董应举辈优游林下以自娱，卒谥“文忠”，是间所存《纶扉奏草》三十卷，《续纶扉奏草》十四卷，皆为入阁时奏疏，《苍霞草》二十卷，《苍霞余草》十四卷，则多为论议、赋、颂、序、传、碑铭等杂文，所存尚缺《苍霞续草》二十二卷，《诗草》八卷,《纶扉尺牍》十卷，是书颇难得因系清季禁书。苍霞者其所居之名也。

《曹大理集》十三卷十二册，明曹学佺著

佺字能始，号石仓，侯官人。万历进士，天启间官广西参议，初挺系狱兴，学佺著《野史纪略》直书本末，刘廷元劾其私撰野史，遂削籍。崇祯初起副使，辞不就，唐王时官至礼部尚书，明亡入鼓山投缳死。是集分《金陵初稿》一卷，《金陵集》三卷,《浮山堂集》一卷,《夜光堂近稿》一卷,《福庐游稿》一卷，末六册未分卷，叶向高谓其诗刻意三百篇，取材汉魏下及王右丞、韦苏州，其文则如韩昌黎所谓凿凿乎惟陈言之是去也。

《林茂之诗选》二卷，明林古度著

度字茂之，福清人，与曹学佺相友善，时相唱和，兹集为济南王士祯所选，首有祯序略云:“林翁古度亦闽人也，少赋挝鼓行，为东海屠隆所知……翁及其兄君迁皆好为诗歌，又出交当代名士，声誉日起，而翁尤与曹氏(学佺)相友善，故其诗清绮婉缛亦复似之……又三四十年天下大乱……而诸君亦零落老死无复存者，翁独无恙……别卜数椽真珠桥南，陋巷掘门，蓬蒿蒙翳，弹琴读书不辍，有所感激，尚时发于诗……康熙甲辰，自携其万历甲辰以后六十年之诗，来广陵属余删定……乃为披拣而精择之，仅存百数十篇。”按是集亦作《挂剑集》，渔洋谓少其作，具江左初唐之体，后一变而为函隐钩棘之词，故兹所录皆辛亥以前之作，而国破后老年颠沛之作，皆不可得见矣。渔洋弟子程哲为之刊行，有跋一篇。

《黄漳浦集》五十卷，明黄道周撰

道周字幼平，漳浦人，尝居漳海铜山孤岛中石室，故自号石斋。登天启二年(1622)进士，为庶吉士授翰林编修，充经筵展书官，初与郑鄤共劾魏忠贤不果，乃告归。崇祯己巳起故官，以疏劾温体仁、周延儒削籍归。讲学四方，从者甚众。乙亥起补原官，迁翰林侍讲，复上疏自劾三罪四耻七不如，复疏论杨嗣昌，直声震天下，黜为江西布政司都事，未任，会江西巡抚解学龙以地方人才荐之，上疑为党，下之狱，既而得赦归，寻天下鼎革，清兵南下，乃立主闽中，愤郑芝龙之不出兵也，乃出信州，会七闽及诸门人子弟之兵，可四千人，与清兵抗于婺源，师溃被执，不屈，死于南京之白下桥。所著甚多，兹集为陈寿祺重订本，盖取郑白麓、洪石秋等诸本重为厘定，为疏、表、论、辩等文二十八卷，杂著七卷，骚赋一卷，诗十四卷，卷首附录上谕、传记、杂记、年谱目录等二册。

《蔡忠烈公遗集》四卷，明蔡道宪撰

宪字元白，号江门，晋江人。崇祯十年（1637）进士，为长沙推官。张献忠攻长沙，吉藩及抚藩监司相率遁去，道宪摄太守事，为死守计，总兵尹先民叛附于贼，城陷被执，百计胁降不屈，怒骂愈甚。贼遂锥其胸，断其手，割鼻舌，毁齿，寸磔以死，并杀其从卒九人。事闻赠太仆，谥“忠烈”。葬岳麓山醴陵坡。是集卷一为御制诗、序、小像、祠墓图、序文本传及行状等。卷二为年谱、传、申文、墓志铭、墓表等。卷三始为公之遗集，计诗二百余首，词八首，赋一首，文五篇。卷四则为后之人遗集考异、祠田记、祭文、吊文、挽诗、祠墓联、书后跋、殉难传录及逸事等。原书为长沙邓显学编，光绪时新建夏献云为之重辑，闽蓬莱山房版与邓本有异。

清人撰述

《寒支集》初集十卷二集四卷，李世熊撰

世熊字元仲，宁化人，号愧庵，自号寒支道人，又号檀河先生，明季廪生。国变后遁迹空门，游身世外，累征不出。自谓其为文凡三变，少时不蹈绳检，好为驰骋无涯涘之文，已又一变为沉深窅渺之文，后又变为纵横曲折之文。先生尤好管、韩、庄、屈之书，故其文实胜于诗，大抵甲申以前多激发之响，乙酉以后多呜咽之音。初集有叶颖、释本峣及彭士望等序，分古今诗二卷，文八卷。二集有陈增序，卷首为《寒支岁纪诗》一卷，余均书简序传之作，刻于同治甲戌年秋月，庚子徐茂林重印本。

《史感》一卷、《物感》一卷，宁化李世熊著

世熊以明末遗民遁迹山林，目击满人入主中夏，顽钝嗜利、弃信背义之徒，毁三纲裂四维，靦颜北向，诡诈贪鄙，乃借史事寓意褒贬，或指斥事实，或隐匿姓名，庄言正论，以声其讨，成《史感》五十九则，虽篇幅不多，而先生之气节孤诣皆寓于是矣。其《物感》一书，共二十则，皆借虫鳞鸟兽隐寓讽刺，义正辞严，亦庄亦谐，有如伊索之寓言，其劝惩人心，扶植世教，有足多者。

惜以清代文网森严，此书湮没无闻者随二百余年，至民国七年，湘阴吴暲知宁化事，始觅得该书付修志局重为刊刷，以广流传，为世道人心之助，惜尚有《狗马史记》一书终不可得，盖亦清代之禁书也。

《天潮阁集》六卷，附年谱一卷。明末刘坊撰

坊，原名琅，字季英，号鳌石，世居上杭。祖廷标，字霞起，为明云南永昌通判，父之谦，明户部主事，明末全家殉难者八十余口，事详《明史》忠义传。坊少经丧乱，胸中抑郁牢愁，常迫发而不能自已，故其发为文章，多自寄其悲愤，痛祖父二世死忠前代，终身不仕不娶，遨游四方，靡定厥居，卒流落以死，李世熊等为之营葬于宁化泉上里。其生平著述甚富，皆散佚，仅存此集寥寥数卷。兹集为民国五年，邑人丘复等倡刻之，本为文抄一卷诗抄五卷，末附诗余十首，卷首附本传、序文等。集中文字，皆力避禁网，不敢畅所欲言，故多系纪游酬答之作，其集得以流传至今不列为禁书者，以此耳。

《耻躬堂文集》二十卷，清王命岳撰

命岳字耻古，晋江人。以顺治进士入中秘，官至刑部给事中。邃于性命之学，躬行实践，其言论风旨及奏疏条对，多忠君爱国忧时济世之言。康熙初谪官闲住，以圣祖幼冲，宜披览古今以为法戒，乃录夏商至元明故实，名曰《千秋宝鉴》，书成未及上而卒。是集为其殁后李光地所辑，其子锡卣等校刊之，计为奏疏五卷，议策、诏谕三卷，论说、序记、尺牍等八卷，赋一卷，诗二卷，周易杂卦读诗二卷。其奏疏等多关君国大计，通达剀切，洞识时务，序赋铭诔诸作皆自鸣己意，能令受者感发而兴起，富鸿基谓其文旨远味长，迁、固之雄健，韩、欧之温醇，无不兼而有之，虽近阿好，然非无因而发也。陈肇昌亦谓其文波澜壮阔，气魄浑雄，兼广川、洛阳之长而必根极理要，无一家一句戾于圣人之旨云云。书刻于康熙间，首有富鸿基、李光地、陈迁鹤、陈肇昌等序，有侯官杨浚雪沧氏印记。

《何氏学》四卷，清何治运撰

治运字郊海，自署东越人，卷端有陈若霖序云："邑子何郊海，东越法度士也。"若霖闽县人，则治运亦为闽县人无疑。若霖称其聚书十万卷，从子辈欲之即举以畀之，无吝色，又称其在东越与游礵田侍御，陈恭甫太史风义兼师友，抗辞幽说闳意眇指，不蹈前人一字一句。嘉靖间游岭南，阮云台聘为《广东通志》总纂，所著有《公羊精义》《论语解诂》《孟子通义》《东越志》《周书后定》《姓苑钩沉》等书。是篇卷一卷二皆经说，卷三论说辨议答问叙及各体文，卷四书后跋记书祭文连珠各体文字。是书以《何氏学》称者，用汪中《述学》体例也。陈寿祺于《左海文集》中有与何郊海书驳其命名之失，谓其“书体近于随笔纪闻之作，可以称杂记，而不可称一家之学。其下二卷论说辨议答问叙跋记祭文连珠纪梦凡若干首，其体一皆杂著，可以入文集，而不可以入经说，非经说则尤不可名为一家之学又益明矣。求之古人撰述从未有驳杂夸大，名与实乖若是之甚也”云云。

《古愚心言》八卷，清彭鹏著

鹏字奋斯，号无山，一号古愚，莆田人，顺治举人，康熙间耿精忠叛，逼胁受职，凡九拒之，有拒伪自誓篇，卒能不污伪命，由三河知县累擢给事中，直声震海内，官至广东巡抚，生平崇尚气节，清苦刻厉，罢官后贫，无以自存。是集第一册为自誓及疏牒状跋，第二册为述语题辞祝辞等，第三册为传铭祭文等，第四册为记说约吟歌行等，第五册为书，第六册为启札榜帖等，第七册为详文，第八册为条议告示等。集以《心言》名者，谓所存皆肝膈语，非有摹拟所谓秦汉六朝唐宋元明之谓，故其诗文多不入格。

《慎修堂诗集》八卷二册，清将乐廖鹏烇著

烇字占五，号莲山，康熙举人，官至户部侍郎。当耿精忠之变烇遁迹山中，逆党物色之不得，将大肆屠戮，卒以计获免，乱平始出。集凡八草，其《山居草》则遁迹山中之诗也，他如《计偕草》《扈行草》《南围草》《燕台草》《使闽草》《山东草》诸篇皆大雅不群之作。

《秋江集注》六卷，清黄任著，长乐王元麟注

黄任字莘田，永福人，康熙壬午举人，官至四会县知县，工书好宾客，诙谐谈笑一座尽倾，其诗芳馨悱恻，《榕城诗话》称其诗源出温、李，往往刻露清新，别深怀抱。兹集由王元麟为之笺注，麟字芝田，一字心端，举丁酉科拔贡，年七十始选建宁府松溪县学训导。自谓竭十余年之力，寝食弗倦，借书按诗详注简端，壮岁以后，砚田为业，非借书不入城市，日积月累又二十余年，手自细书分为六卷，用徒谈艺，为言某卷某题某句，数典弗忘，咸以为便，盖十数易其稿矣。《石遗室书录》谓此集与《香草斋诗》小有出入，香草斋每卷较多数首，香草斋注太简，出处多不载书名，此注较详。惟往往引诗话云云，不载是何诗话，与陈注同病，书为道光癸卯刊，东山家塾存版，前有苏廷玉序及自序，后有芝田先生家传及王有树跋。

《香草笺》一册不分卷，黄任著

任传见前，自罢官旋里后，卜居会城，日以吟咏为乐，阮恕斋云，莘田操履纯白，襟度冲夷，生平所为诗无虑数千首，若《十研斋稿》《秋江集》多与一时公卿士大夫酬赠及纪游感遇之篇，并皆春荣尔雅，嗣响唐音，而笺中诗独写闺房儿女之事，流连往复，纯以绮语摅其深情，或疑为香奁之续，至拟之陶征士白璧微瑕，今读笺中无题诗序，有无聊笔墨云云，则莘田于是诗有微旨焉，知言者以为有托而逃谅之矣。书为中华民国二十一年系春社印行本，为该社小品丛刊之一。

《米友堂诗集》不分卷一册，清许友著

友初名宰，又名友眉，一作有眉，字有介，一字瓯香。师会稽倪元璐。善书画，诗尤孤旷高迥，酷慕米芾，故名其所居曰米友堂，今光禄坊早题巷即其旧址。康熙间以诸生终。是集为不完本，原书为连江刘东明所存，录五言近体百余首为一类，七言绝句百余首为一类，七言律诗五十余首为一类，五言短古二十首为一类。《静志居诗话》云其篇章如俊鹘生驹，未可施以韝靮，故牧斋《吾炙集》独选其作十九首，卷首有黄莘田、林吉人印章，确为初稿本。近为刘氏影印，末附陈衍题跋及黄宝鸿题词，首印许友墨画三帧，极为精工。

《朴学斋集》十卷，清林佶撰

佶字佶人，号鹿原，侯官人，为林侗之弟。康熙四十五年（1706），以举人值康熙出巡，献日月合璧五星连珠赋一册，手书御制诗二函，得赐进士出身，在武英殿办事授内阁中书，家多存书，徐乾学锓《通志堂经解》、朱彝尊选《明诗综》皆就传抄。是集为古体诗三卷，今体诗七卷。首附献赋始末，《御览赋》及《朴学斋稿》一卷。道光乙酉荔水斋重刊本。

《秋水堂遗集》六卷，清庄亨阳著

亨阳字元冲，一字复斋，漳州南靖人，康熙辛卯举人，戊戌进士。初知山东潍县，以迎养其母道亡，乃不复仕，以事其父。乾隆元年（1736），以杨名时之荐，授国子助教，迁吏部主事，寻知徐州府，以治水积劳卒，年六十一。性坦易刚方而有旷度，素湛心性理书，好奖诱后进。其诗古文词雅健清刚如其人，尝从李文贞相国学九章之术，著有算法河防诸书。兹集为诗二卷，文四卷，卷末附有杂录，为其曾孙树金等补辑，并附时人之挽诗传志等。首有官献瑶序。嘉庆丙子夏刊本，龟山存版。按《福建艺文志》作诗集六卷，文集六卷，误。

《二希堂文集》十一卷，清蔡世远撰

远字闻之，号梁村，世居漳浦之梁山，学者称梁山先生。康熙进士，雍正间官至礼部侍郎，卒谥“文勤”。尝受业于张伯行，崇朱子之学。主讲鳌峰书院，其学说以立志为始，孝悌为基，以读书体察克己躬行为要。此集共收文一百七十一篇，不以文艺为专门，所言多研究心性之学。理醇词正，吐属渊雅。“二希”者其所居之堂名也，“二希”者何？其自记曰：“学问未敢望朱文公，庶几其真希元乎；事业未敢望诸葛武侯，庶几其范希文。”

《蛟湖诗钞》四卷一册，清黄慎著

慎字恭寿，号瘿瓢山人，宁化人。雍正间布衣，侨居扬州。鬻书养母，性颖慧，其于绘事也，落纸栩栩欲活，善书又工诗，事母至孝，为人脱落无城府。人多喜从之游。与郑板桥相友善。是集收山人诗三百十三首，大率自抒胸臆，浑朴古茂，绝无俗韵。七绝尤得晚唐神髓。雷寿彭称山人字与画可数百年物，诗且传之不朽，非谀语也。

《崇本堂文集》十二卷，清徐时作著

时作字邺侯，号筠亭，邵武建宁县人，雍正四年（1726）举于乡，明年成进士，选成安县，又二年调知邢台县，强直有异政，擢知沧州一年，以母老乞归，年才四十九。倡建濉川书院，立学约，资诸生膏火，又置义田千数百亩以赡族人，自奉菲陋，岁入皆贮之仓，凶年则出之平粜，一邑之民赖以不饥，卒年八十一，其为学务博综而立言雅正。是集多记其所行之事，若崇先、收族、修圣宫、建书院、构餐堂、续邑乘及乡会资费、生徒膏火，与为宰时一切爱人下士于州县。著有成绩者，悉载于文。朱仕琇谓其文不假雕琢，文采灿然，信然也。盖其居官则言政事，居家则立德行，发以为文，宜其炳炳麟麟有所本也。计书启三卷，序三卷，记一卷，传赞一卷，墓表一卷，铭一卷，行述祭文一卷，其他杂文二卷，乾隆四十九年刊本，啸月亭存版。

《蔗尾诗集》十五卷，清郑方坤撰

方坤字则厚，号荔乡，建安人，雍正癸卯进士，官兖州知府。博学有才藻，于书无所不贯，于文伟丽酣适，而尤嗜攻诗。兹集凡分十五集，即《删余草》《公车草》《木石居草》《公车后草》《木石居后草》《丁年小草》《丛台稿》《春明草》《广川稿》《酒市稿》《一粟斋稿》《瓶花斋稿》《杞菊轩稿》《诗话轩稿》《青衫词》。本馆只存十一卷，缺《一粟斋》以后诸稿。其诗纵横挥霍，每变愈工，所谓跌宕波澜，沉郁顿挫，兼撮韩、杜、欧、苏之胜。其赋物理，指情状，悉能摹刻端倪，琢写精工，真闽中诗人之尤者也。《四库全书总目》谓“方坤天分既高，记诵尤广，故其诗下笔不休，有凌厉一切之意，尤力攻严羽《沧浪诗话》，无诗不关学之非，然于涩字险韵，恒数千叠，虽间见层出，波澜不穷，要亦不免于炫博，此又以学富失之”。集以蔗尾名者，谓其淡味可削弃之，盖自谦之辞也。

《梅崖居士集》三十八卷，清朱仕琇撰

仕琇字斐瞻，号梅崖，建宁人。年十五补诸生，博通经传，乾隆十三年进士，官夏津知县，缘足疾改福宁府学教授，被延主讲鳌峰书院者十年，年六十六卒。工古文，自晚周以讫元明百余家究悉其利病，其文始学韩昌黎，后更博采秦汉以来诸家之长，醇古冲澹，自成一家，与大兴朱筠、朱珪、桐城姚鼐等相友善，皆推重其文。是集为《梅崖居士文集》三十卷，外集八卷，首有朱珪、雷鋐、林明伦等序。陈衍谓“福建人以古文词名家者绝鲜，先生敝精力于为文，在吾乡千百年来当首屈一指，次则高雨农先生，遵岩散体中间以骈语，抑又其次也”。按文集中多书札墓志铭之作，此外多寿序书启之作，末附《梅崖山人诗偶存》三十三首。《注韩居诗话》云：“梅崖生平以古文词自力，不喜作诗，顾每一篇出，辄渊古清深，卉然有合于六经之旨，与所为文相埒。”乾隆四十七年镌本。

《青墅读史杂感》十三卷，清郑大谟著

大谟字孝显，福州人，诗人少谷十世孙。乾隆庚戌进士。是书咏由周至隋诸帝王，皆七言绝句，每首下皆自注史事，间亦举出书名出处。计周秦楚四十首，西汉八十三首，东汉八十五首，蜀汉并魏吴四十一首，两晋计五十五首，两晋僭国计二百二十首，南朝计一百首，北朝计一百二十八首，隋计二十四首。嘉庆戊寅重刊本。

《孟氏八录》十四卷，清孟超然撰

超然字朝举，号瓶庵，闽县人。乾隆进士，累官吏部文选，迁考功郎，视学四川，廉政不苟，遇士有礼。年四十二以亲老告归，主教鳌峰书院，其学以惩忿窒欲、迁善改过为修身立命之门。士从之学者麕集，横舍不能容，则数人共一室。超然钜人长德重于乡，解弃一切束缚，但励以诚，人人皆自奋于学。兹所谓“八录”者，皆编于解组后，盖为居丧礼时采士丧礼戴记，荀子及司马光、程子、朱子说正闽俗丧葬之失，为《丧礼辑略》二卷。伤不葬其亲者，惑形家言以速祸，取孟子“掩之诚是”之语，辑自唐以来言葬者，为《诚是录》一卷。记检身实践之要为《焚香录》一卷。取周易复卦之义，归之损益二象，采先儒格言比类为《求复录》四卷。辑朱子与友朋弟子问答以资规诲，为《晚闻录》一卷。辑古今杀诫为《广爱录》一卷。训子孙为《家诫录》二卷。杂考经史、谈识遗佚为《瓜棚避暑录》二卷。为嘉庆乙亥锓版，亦园亭存版，首有游光绎、陈若霖序，后有陈寿祺跋。

《瓶庵居士诗文钞》八卷附《使粤日记》二卷、《使蜀日记》五卷，清孟超然撰

超然传见前。兹集为诗抄四卷，文抄四卷，其诗缠绵芊丽，绰有中唐风味。《石遗室书录》云：“各体皆流利自如，七言律尤工稳，似得力于朱晦翁而逊其深厚。”其文亦特具深造，取多用宏，有自得之诣，其《使粤日记》则为乾隆三十年主广西乡试时，途中所见风土人情行事等记之綦详。《使蜀日记》则皆为督学四川时所记。全书为其门人陈寿祺、冯缙所校刊，末有缙跋一篇。

《绿筠书室诗钞》十八卷，清叶观国撰

观国字毅庵，闽县人，乾隆辛未进士，官至翰林侍读。蒋士铨称其诗为：“含英咀华，出入风雅”，又云：“凡密咏恬吟，隐然皆适于道，历唐宋之精华，写天真之情性，足以抗迹前贤，津梁后学。”《石遗室书录》云毅庵先生与孟瓶庵先生一时有二庵之称，诗亦相伯仲。诗分《台江集》《瀛洲集》《滇南集》《瀛洲二集》《岭右集》《垂橐集》《瀛洲三集》《循陔集》《炳烛集》《瀛洲后集》《得槐轩集》《蜀道集》《江左集》《得槐轩后集》《人扶集》。以年岁分，共收古今体诗一千九十首。乾隆壬子刊本。

《秋坪诗存》十四卷二册，清陈登龙撰

登龙字寿朋，号秋坪，闽县人，乾隆甲午举人。尝出监西藏里塘粮务，迁建昌同知，均已慈惠闻。其为诗五言学选，七言学盛唐明人，不力求鲜新深刻以自异。朱竹垞谓其所宗伊然十子风调，李元叙则云其取法三唐，精心孤诣，机杼自成，有曹能始、谢在杭之风。是篇裒集生平所为诗千有余篇，自择其尤存四百余首，分为《道山亭草》《蜀道草》《雅雨山堂草》《塞外草》等十四卷。其格炼而纯，其气清而古，自入蜀后，徙阳塞外诸什，原本山川、极命草木、黎风雅雨、雪帐冰灯、蛮歌梵筴、蕃马羌禽、忧愉喜愕之状靡不一一记之于诗。读之足以振衰起懦，而为盘空顿挫之思也。

《林太史集》十四卷，清林兆鲲撰

兆鲲字南池，莆田人。举乾隆丙戌春官，入国史馆编修，以亲老假归卒。是集卷一赋六首，卷二五言古诗八首，卷三七言古诗，卷四五言律诗，卷五七言律诗，卷六十五七言排律，卷七十五七言绝句，卷八集苏，卷九诗余，卷十至十四为杂文。末附存时人与其酬答之诗三十余首。此集为其子泰校刊，首有李殿图等序，翰香堂存版。

《书屏诗文钞》六卷，清郭文铦撰

文铦字可典，号书屏，闽县人。乾隆辛卯举人，授鄞县知县。是集为《鹳井集》一卷，《后鹳井集》四卷，文钞一卷。以“鹳井”名者，盖取《酉阳杂俎》所载鹳鸟绕旋飞谓之“鹳井”。可典值台湾之变，尝奉差由海道运军粮赴闽，同时取道建溪，度岭旋浙，周转如环，同于“鹳井”之谓。后集亦以“鹳井”名者，盖奉命采铜于滇，往回二万里，亦如鹳鸟之绕旋飞。故其所咏皆途中景物记程之作。《书屏文钞》共文八题，多记事之作。前集有朱珪题辞，纪昀、文宁序，后有屠可播跋。后集有清安泰题辞，阮元、李赓芸序，伊秉绶、陈焯等跋。世美堂存版。

《祖氏遗编》十卷，清祖之望编

之望字戴璜，晚字子久，号舫斋。浦城人。乾隆进士，嘉庆初任湖北布政使，教匪起，大吏督兵出，之望坐镇防御，下游以宁，官至刑部尚书。兹编盖为表彰祖德之作，盖辑祖氏之自商周下至宋元以迄于清，凡姓祖者之遗文轶事，得诗文若干篇，类事若干条，类为十卷。卷一至卷六为著述，卷七至卷九为赠遗，卷十则附以传志及阙亡焉。皆山草堂校刊本。

《惕园全集》十九卷十册，清陈庚焕撰

焕长乐人，字道由，号惕园。嘉庆岁贡生，世居会城之鳌峰坊。生于乾隆丁丑，卒于嘉庆庚辰，卒年六十四。入祀乡贤祠。其文章行谊卓然为闽中文献学者所钦。所撰述有《五经补义》《二十二史图》《于麓塾谭》《师门瓣香录》《尊闻录》《庄岳谈》《童子摭谈》《北窗随笔》《畜德随笔》《崇德同心录》等。所学均以程朱为宗，兹集为《愓园初稿》十六卷，《外稿》一卷，《诗稿》二卷。《遗稿》八种则为：《书札仅存》二卷，《庄岳谈》二卷，《童子摭谈》一卷，《谬言意言附识》一卷，《日记仅存》一卷，《故纸随笔》一卷，《约语追忆》一卷，《约语补录》一卷，均为其门人林祖瑜、余潜士等于先生死后，咸丰元年（1851）假聚珍版印数百部行世。

《澹静斋全集》二十卷十二册，清龚景翰著

瀚字惟广，一字海峰，闽县人也。乾隆三十三年举人，三十六年成进士，四十九年选甘肃靖远知县，有善政。嘉庆间擢知州，参督府宜绵军事。时教匪蔓延，景瀚从督府连破贼巢，又上坚壁清野之策，数年间川东川北、陕甘湖北各省之匪先后得以荡平。擢升兰州知府，年五十六卒。著述颇多，兹集分文抄六卷，皆论说书记传铭题跋之属。外篇二卷，皆疏议说帖告示之属。诗抄六卷分《少草》《游草》《双骖亭草》《栖凤草》《小草》《思存草》《庚戌以后草》等。《邶风说》二卷，为主讲永定凤山书院时说《诗》之作。《离骚笺》二卷，为集王逸、洪兴祖、朱熹三家之注，加以己意，笺其大义。《祭仪考》四卷，为研究禘祫之义，时祭之礼，以礼为纲，而旁引经传以证之。《说祼》二卷，为研究古礼祭神之器也，末附图说。全书为其子式谷校刊于道光六年，陈寿祺为之作传。

《林希五诗文集》七卷，清林雨化著

雨化字希五，榕城之螺江人，乾隆戊子举人。授教谕，以径直忤上官，下狱戍乌鲁木齐三年，遇赦归，晚年授徒闽中。其人工时文，亦用力古文，文笔颇清矫。兹集分古文初集二卷，时文一卷分《大学》《中庸》诸讲。时文外编一卷，分《大学》《论语》《中庸》《孟子》。诗集三卷，分初中晚三编，初编得诸北上司铎时，中编得诸狱中、遣吹，及轮台，晚编得诸友教登临感喟及与名流相酬答。书由其子金缄编次，首有陈若霖、陈大煜等序。道光庚寅仲冬镌，灯花窗存版。

《樱桃轩诗集》二卷，清谢震著

震字甸男，号尉东，福州侯官人，宋谢枋得之裔。举乾隆五十四年乡试，后试礼部屡黜，乃约闽县林芳春、林一桂、赵在田、李大瑛等十人倡通经复古之业，号会所曰殖榭。震性亢直，多翘人过，落落鲜合于时。熟三礼治经，断断持汉学，好击宋儒。以不遇故，尝久羁旅次，往来河洛、关陇、荆益之间，周览山川形势，时以愤世嫉俗之怀抱，发为文章。久之以教职用，寻补顺昌校长，困顿卒，年四十。弟子辑其遗草为《礼案》一卷，《四圣年谱》一卷，《四书小笺》一卷，多皆散佚。兹集为诗百余篇，律格孤苍，不入凡响，多感愤纪游之作，其曾孙贤霖为之剞劂，前有陈寿祺为之作传，谢章铤为之作序，其门人赵在翰有后序。嘉庆十六年十二月小积石山房刊本。

《续东轩遗集》二册不分卷，清高均儒著

均儒字伯平，原籍闽县，其先世官于浙，遂入秀水邑庠。幼即嗜学，治经精训诂之学，不好制义，故屡踬于有司，不计也。尤专三礼，主郑康成，故自号郑斋。笃守程朱之学，不为苟异。晚尤狷介，主东城讲舍，卒于同治八年（1869），年五十八。门人私谥“孝靖先生”。兹集署闽高均儒著，不忘本也。读其文可以觇其自少至老贫悴流离、确然不移之节。其诗亦多患难之作。吴昆田谓其“坦夷似陶靖节，倔强似韩昌黎”。下册皆策问，则为东城讲舍课徒之作，刊于光绪七年。

《亦佳室诗文钞》八卷，清苏廷玉撰

廷玉字鳌石，同安人。嘉庆进士，官至四川布政司，护总督。寻以猓夷骚动，廷玉疏请挞伐，不称旨，降大理寺少卿，后谢政归卒。是集为诗钞四卷，文钞四卷，多系归田后所作。计骈散文共七十余篇，古近体诗二百数十首。其文关于时务，如练兵、造船、御寇、安边之作尤有绰见。徐宗幹序谓“如时务说，本忠愤所蓄以发为不易之论，至今读之犹凛凛有生气。其示子士准书，论战阵之法，悉本杨忠武公之言为训，惜乎遽归道山，不能与当世将兵者，大声疾呼，以作士气，而张国威”云云。

《榕园全集》三十一卷，清李彦章著

彦章字兰卿，侯官人。年十三乡试第一，年十六登嘉庆进士，授内阁中书，寻入军机参枢密，出守粤西。首辟书院，日与诸生讲明孝悌忠信之义，虽土司亦咸至受学。又有兴农弭盗诸善政，后调山东盐运使，以疾卒。平生工书善诗，精于鉴存。兹集为《榕园文钞》六卷，《槐忙吟草》一卷，《榕园诗钞》一卷，《归槎杂咏》一卷，《都门旧草》二卷，《薇垣集》三卷，《恋春园诗草》二卷，《出山小草》二卷，《江山文选楼集》一卷，《双石斋诗草》一卷，《载酒堂集》二卷，《润经堂自治官书》六卷，《榕园楹帖》一卷，《榕园识字编》一卷，《江南催耕课稻编》一卷。其文长于考据纪事，征引繁富，规画详明，多官粤西后所作。其治人、兴农、育士、保甲、招徕土司之设施咸于此可考。所谓集文章政事于一处，诚经世之书也。其古今体诗亦穷力追新，雄深雅健。归安叶绍本谓其才调婉丽，出入于中晚诸家，而神韵悠然，若孤桐朗玉，风神四映，又如凤箫独奏，天籁纡徐焉，惜其年不永，未得大用。

《绛雪山房诗钞》二十卷续钞六卷、试帖三卷，清杨庆琛撰

庆琛字雪茮，福州人，嘉庆甲子举于乡，六赴春官，庚辰始成进士，历官至山东布政使，内召补光禄寺卿，耆年致政归里。其气节才名，雅望一时，性喜为诗，所至辄留题。是集前二十卷多为未遇时所作，皆登临怀古因时感遇之作。续钞六卷，皆为晚年归田后课子之暇所作。亦皆江山吊古，风雨怀人，以及鸟语花香，流连景物之咏。凡闽中景物，如九仙、乌石、越王、欧冶、钓龙台、梅花坞、妙峰寺、喝水岩以及节令掌故皆一一见之于诗。老年以游山伤足，不能远出，惟拥书吟啸，夜分不休，老而弥笃。试帖三卷，则其生平应试课徒所为。试帖诗录存者一百六十余首。书刻于道光戊申，首有彭蕴章、季芝昌、刘韵珂、黄赞汤、郑祖琛等序。

《抑快轩文集》三十卷，清高澍然撰

澍然字雨农，光泽人，与李默（古山）等相友善。嘉庆辛酉举人，为中书舍人，旋解职归，闭门读书，喜为古文自娱。尤嗜韩昌黎之文，出入必挟以行，著有《韩文故》十卷。此外又著《春秋释经》《诗音》《论语私记》诸书，兹文集三十卷，为同治间睹棋山庄抄本，首有谢章铤手书记一篇，略云："往金门林瘦云从先生学古文，所作多经润色，予读其集，益思先生之文不置也。闽县何道甫亦从先生游者，传《抑快轩文集》有七十三卷，此尚不及其半，同年刘炯甫与先生习，告余先生晚年区分其文定为甲乙丙丁集，殆所谓七十三卷者，当尚有精诣之作在其中，属寄书其冢嗣屺民明经问之。未知何日得以快睹。此本旧存恭甫先生，后为雪沧所得，予从之转写。予自三十以后见可写之书不胜写，无力遂辍。兹特写先生集，则予之倾倒先生久矣。三十卷中完善可六七，其余虽稍涉应酬，然亦依附义法，无甚芜者。大抵先生之文以养胜，其体洁，其气粹，不必张皇以为工，平淡出之，令人有悠然不已之思。盖积真其内，而宁静淡泊之修，有以固其外。故生平致力韩子，而所得和易乃近欧、曾，于欧去剽，于曾去滞，道气酝酿者深，岂饰章绘句所能袭取哉。……”另有道光建宁张绅序一篇。正文之前有“道光十年福州陈寿祺读”“道光壬辰仲春侯官李彦彬、李彦章同读”“道光十二年秋仁和陈善读”“道光十二年冬福州翁吉士读”“道光癸巳初夏全椒郭应辰读”“同治己巳荷花生日侯官杨浚所得”“中元节后装补完善，翻读一过。”又朱书“同治辛未谢章铤从雪沧选写，并校，祀灶前三日记”各字样。全部为章铤所点校，实为难得佳本，与《福建艺文志》所称文集乙篇四十八卷，丙篇十六卷，丁篇九卷者异。

《李习之先生文读》十卷，清高澍然撰

澍然既作《韩文故》，又作《习之文读》，盖其文本学习之，以其易良也。故其自序有云：“韩取源《孟子》，故广博与易良并，李得《论语》之易良，吾于韩为公好，则李为私嗜。”故是书与《韩文故》实相表里。每题之后，皆有总评，此外有旁批甚详，皆曲当质雅，足以启悟来学。文凡九十九篇，末卷无评语，盖为拟删者。惟自序乃云亦加评，岂刻时所漏耶。全书刻于同治十年冬月于福州，版存光泽抑快轩。首有宝庆王凯泰序及自己序，并附校对同人姓氏。末有闽县刘存仁跋一篇。

《竹柏山房四种》十二卷，清林春溥著

春溥字鉴塘，号观我道人，闽县人。嘉庆壬戌进士，官翰林院编修，晚老林泉，所居曰竹柏山房。著书计十余种百余卷。兹所存为《宜略识字》二卷，《识字续编》一卷，《论事约编》七卷，《闲居杂录》二卷。《宜略识字》者乃取经史诗文常用之字，学者日习不察者，别其点画音义，以免差之毫厘谬以千里之讥，续编一卷，列举双声叠韵之字，而殿之以今韵补遗。《论约编》皆史论之属，起自太古迄于明代，择精举要，了如指掌。计分《绎史摘论》《春秋王霸》《列国世纪编录要》《春秋提纲录要》《春秋大事表叙论录要》《春秋大势集论》《鲁政下逮始末》《战国辑略》《读史论略》《路史摘论》《闲居杂录》皆读书札记，多九流杂说，野乘卮言，分别部居，颇便检览。

《增默庵文集》八卷，清郭尚先著

尚先字兰石，又字元开，号伯抑，莆田人。嘉庆十四年进士，选庶吉士，习国书散馆，授编修，历典贵州、云南、广东、山东等试。嘉庆八年，督四川学政，力除积弊。迁赞善、洗马、侍读、庶子、侍讲学士、光禄寺卿、大理寺卿各职。卒年四十八。为人工书，善画墨兰，博学能文，与林则徐交莫逆。在翰林时，相与研究舆地象纬及经世有用之学，尤熟于郑樵《通志》。是集为曾孙嗣蕃编校，与《郭大理遗稿》有异，原为抄本，于民国二十年始印行，编次分骈散，以类相从。

《增默庵遗集》五卷，清郭尚先著

尚先传见前。兹集为其子镂龄、婿许祖芳所辑。为《增默庵遗集》二卷，多题画题字之作，盖其书画本名于诗文者也。诗多七言近体，气韵颇清稳。《芳坚馆题跋》二卷，则为品骘古今以及自书自画各帖之作也。又《使蜀日记》一册不分卷，则为嘉庆八年督学四川时所作，所记皆途中景物，日常生活之语，对于裁使署诸陋规、考场积弊皆略不一语及之，盖以为分内事，视哓哓曒曒者不可同日而语也。

《吉雨山房遗集》八卷、补遗一卷、词抄一卷，清郭镂龄撰

龄字子寿，尚先子，官至司马。全集为文四卷，诗四卷，补遗一卷，《北山樵唱词》一卷。《石遗室书录》谓其诗文时有新意，文较透辟，以颇究考据之学也。光绪庚寅孟夏刊本。

《云左山房诗抄》八卷附诗余试帖，清林则徐撰

则徐侯官人，字元抚，一字少穆，晚号竢村老人。嘉庆进士，道光时官两广总督，以禁鸦片与英人战，迨和议成，谪戍伊犁，旋起用，官云贵总督，加太子太保。洪、杨乱起，召为钦差大臣，中途卒，谥“文忠”。兹集所作皆其政事余暇与同僚酬唱题贺之作，顾其所发固不只以志节勋业彪炳寰区，而其吟咏之道，则于嘉道之间，殆亦称雄海内也。卷末诗余十首，亦皆稳健俊逸。试帖诗二十余首，皆应试之作也。书刻于光绪丙戌家刻本，前有上谕御祭御碑文及像赞等。谢章铤有序一篇。

《金粟如来诗龛集》四卷，清翁时稺撰

稺字蕙卿，福州南台人，于嘉道间以诸生伏处里门，诗名蔚然。与张松廖、林香溪、郑修楼、许秋史等时相唱和，造怀指事，各出其磊落慷慨之气，一时旗鼓张于东南。是集初为抄本，存之林欧斋家，光绪辛卯，欧斋火，先生之稿亦从之而烬焉。幸其从孙仙孙存有副本，其从子婿魏祯甫出资刊之，首有陈衍及林纾序。畏庐称其诗“晚年益遽，虽松寥之豪恣不可一世，而先生未尝自屈，先生初师青莲，间出以昌谷之凄艳，近世拘于格调，与务为涩体者颇引为病，然吾乡欧斋林公，诗雄一时，于先生则盛加推引”云云。

《怡亭文集》二十卷《诗集》六卷，清张绅著

绅字怡亭，建宁人。嘉道间诸生，肆力于诗古文，性耽山水，而喜独游，流连光景，日入忘返。尝浮彭蠡，游汉沔以归，所著益富。与高雨农、李古山、姚石甫、张亨甫等相友善。道光己丑，应陈左海聘来省修志，居二年为忌者中伤，遽谢去。入泰宁天成岩遁迹无人之境以老。今集二十六卷，前十六卷为各体文，后四卷本为通志稿，凡宋代列传二十六篇，谢事志局时所收回也，今刻于此。其文淳古冲淡而孕奇气。周凯谓“其文学韩文公，而隐秀沈裕又似李文公、欧阳文忠公，其清明纯固之气，渊懿充积之理，皆发于身心”。诗六卷，高澍然序云：“怡亭具敏赡之才，而未尝少见于诗，然世之负才名者每绌然，盖怡亭静者也。其于诗牢笼万状，归于自得，无所迎而悠焉与之会，无所拒而泊然与之忘，无所倚箸，而浩然与之深，杳然其自高也。”今观其诗，多览物兴怀离忧寄慨之作，盖多得于扁舟作客，历豫章、江汉、孤山、鄱湖之时也。刻于道光癸巳年，留香书屋存版。

《西云诗文钞》十卷，清李枝青著

青字兰九，号芗园，别字西云。福宁府福安县人。道光二年举人，十五年以孝廉历官余杭、新昌、龙泉、长兴、仁和、嘉兴、西安等县者二十余年，卒于咸丰八年，年六十。兹集为《西云文钞》二卷，《西云诗钞》二卷，《西云札记》四卷，其诗文博赡明达，直抒己意，不屑规仿古人，札记言必据典，不为空谈，每多创获。集为其门人张鸣珂、子世铤等校刊。

《听秋山馆诗钞》十卷，清林枫撰

枫字芾庭，侯官人。道光甲辰举人，因屡困场屋，晚年以医自给，且勤于著述，对于闽之地理掌故特精，皆有成书。诗学特其余绪耳。是集分《卧湖剩草》，则为戊寅至乙酉之诗。《漳南游草》则自丙戌至丁亥之作，《环翠楼集》则自戊子至己丑。《梅溪草》为庚寅所作，《寄巢草》为辛卯至壬辰。《宜秋斋草》自甲午至癸卯。《再北集》自甲辰至丁未。《蛙吹寮集》自戊申至辛亥七月。《湖上草堂集》自乙卯七月至庚申。《湖西草堂集》自辛酉至甲子。其诗多吟闽中风物掌故，颇饶趣味。

《耕村姑留稿》六卷，清余潜士撰

潜士字时缵，号耕邨，永福人。道光癸卯举人，以困于一第，晚藉笔耕为活，绩学数十年，暗然修省，耻为空言。兹集卷一、二皆序文，卷三为题跋，卷四皆与朋友往来之书，卷五皆论说疏辨考证之文，卷六多记事杂文。其文皆即事即理抒所心得，无掩饰虚矫之弊。其与朋友往来书札中，深可见其为人潦倒中亦不忘道也。他如论说解经之文，如《织文鸟章说》《端衣考》《袒裼袭解》《黄霸张敞治术优劣论》《鲁两生论》《洛书为洪范九畴辨》等篇，皆具特识。集为其弟子陈宗英所编，首有潜士自序，咸丰壬子务本堂刊本。

《黄鹄山人诗初编》十八卷，清林寿图著

寿图闽县人，字颖叔，号黄鹄山人。道光乙巳进士，官京兆尹，迁陕西布政使，署巡抚。雅负时望，尝与辇下士大夫时为文酒之会。是集十八卷独缺第十一卷，云皆刺时之作，以罹祸故未刊布。《石遗室诗话》云其诗少壮时尝濡染于张亨甫，后自谓学黄山谷，然亦不尽然。集中工力最肆者，在由京兆尹外放以后诸作，多愤时感世之章，慷慨凭吊，雄深妙远，读之使人罣然有高瞻远瞩之想。卷首有王拯序及自序各一篇，末有门人冯煦跋。

《羲亭山馆集》二十六卷，清王景贤撰

景贤闽县人，字子希，号希斋。登道光己亥乡试，咸丰元年举孝廉方正，卒年七十六。其讲学宗朱子汉唐诸儒，不屑措意于明儒，主格物在致知之说。其所著甚多，兹已刻者有《周易玩辞》一卷，《论语述注》十六卷，《性学图说》一卷，《困学琐言》一卷，《伊园文钞》四卷，《伊园诗钞》三卷。其自序《周易玩辞》有云："今不敢求诸象数之繁迹，论说之异同，惟即其切于身心学问者，为之引而伸之。触类而长之。"云云。余潜士序其《论语述要》亦称其不为高远之论，只求为己之学之切于身心日用之实者。《性学图说》为图共二十八，以解明天地阴阳理气之学，盖本之于程朱之说也。《困学琐言》则为语录。其诗文钞亦多多阐明道体，师法朱子，尤多关于乡邦掌故也。

《张亨甫全集》三十四卷，清张际亮撰

际亮字亨甫，建宁人，尝肄业鳌峰书院。道光举人，榜名亨辅，号松寥山人。

少负气节，有狂名，因之屡困场屋，尝历游天下山川，穷探奇胜，为诗歌沉雄悲壮，负海内重名者将三十年。年四十五卒于京师，生平著作甚富，多散佚。同邑孔庆衢为之刊校于咸丰年间。全集为诗凡二十七卷，为文凡六卷。卷前附序传各家评语一卷。原本本为际亮所自编，名《思伯子堂稿》为诗凡万余首，已刻者为《松寥》《娄光》《南来》《匡庐》《金台》《翠眉》诸集，约千四百余首。查寄吾刻本有二千二百余首，而遗漏尚多。是集所收不过二千六百五十首，文仅九十九首，骈体词赋仅十七首，亦残失大半。潘世恩评其诗“如天马行空，瞬息千里，又如神龙变化，不可捉摸，殆得力于李青莲而激昂慷慨，可泣可歌忠孝之忱时流露于楮墨间，则少陵之嗣响也”云云。同治丁卯麦秋镌本。

《思伯子堂诗集》三十二卷，清张际亮撰

是集与前集名虽异而内容则大略相同，特此集繁简有异耳。收诗三千五十一首，为亨甫临终时所手定。诗稿原本初存于其友姚石甫（莹）处，至同治己巳，石甫子濬昌乃为之刊刻。集以思伯子名者，以际亮幼孤，赖伯兄资之，得力学有成，故名以志不忘也。其稿自嘉庆乙亥至道光甲申曰《松寥山人初集》，乙酉至戊子曰《娄光堂稿》，己丑至壬辰曰《谷海前编》，癸巳曰《豫粤游草》，甲午乙未亦曰《谷海前编》，丙申至庚子曰《谷海二编》，辛丑至壬寅曰《谷海后编》。今集每卷前不复标题，惟仍以编年分。其癸卯岁诗二十余首原载别本，以兵燹佚去，故今集所编讫于壬寅。首刊姚石甫所作《张亨甫传》及临桂朱琦濂志哀诗一篇。版本与孔庆衢重刊本有异。

《屺云楼全集》四十三卷，清刘存仁撰

仁字炯甫，又字念莪，晚号蘧园，闽县人。道光丙午优贡生，己酉举人，年已宿矣。历官直隶州知州，笃于程朱之学，与张际亮、林昌彝等十数人为莫逆交。曾出任甘肃令，时回乱方殷，急军饷，不急吏治，其求归不得之情历见于诗，后调署泰州，因贼乱道弗得通，乃以病告归，被聘为道南书院院长，卒年七十。是集为《屺云楼文钞》十二卷，《屺云楼集》三十一卷，内含《屺云楼诗选》八卷，二集诗四卷，三集诗十二卷，《影春园词》一卷，《诗经口义》二卷，《劝学刍言》四卷。其文抄所录多为记序书札等言事之作，大都自道甘苦，凄婉沉痛之情。盖由其自少至老，备尝艰苦，郁勃之气藉此宣泄也。其诗皆以年代排比，吐属尤温雅和平，合于诗人忠厚之旨。其三集归田诸草，尤多感慨身世之作，盖当其仕宦边疆，浮沉于盗贼戎马之中，两子皆殁，屋亦易主，老妻与稚孙困于饥寒，特借诗以浇胸中垒块耳。其《诗经口义》《劝学刍言》皆为晚年讲学之作，盖亦有慨于身世之故，贯穿经群，写其伤心，所谓引而进之于道也。

《笃旧集》十八卷，清刘存仁撰

存仁有《屺云楼集》已著录，兹集系集其生平故旧友朋之诗，得八十五家，首列陈寿祺等，每人收数题以至数十题不等。朱伯韩为之名曰“笃旧”，所以顾名思义也。首叙诗人之平生出处，后列其诗。有钱塘陈墉序及自序，咸丰九年秋八月刻于兰州，盖作者就官甘肃时也。

《籀经堂类稿》二十四卷，清陈庆镛撰

庆镛字颂南，一字乾翔，晋江人。道光壬辰进士，改翰林庶吉士，历官至御史。时海事方亟，中外啃啃议未定，群僚各慝其私意，迭为兴蹶。公于是有申明刑赏之疏，指斥贵近，得旨嘉纳，于是直声震天下。文宗即位，仍以言官召用，寻以闽境盗起泉漳、兴永之间，乃回籍办理团练，解散群盗有功，以道员候选，而镛竟因病卒，年六十四。其生平精研汉学，而服膺宋儒，精古籀篆文，家富存书，披览辄忘倦。是集为论策奏疏三卷，经说二卷，赋二卷，古今体诗三卷，序跋考铭等七卷，钟鼎考释一卷，余均为传记墓志祭文等。其文章朴懋渊古，晚而益进，尤长于考证金石声音文字之学。书为其门人何秋涛所编，陈棨仁重编，光绪癸未秋刊本。

《齐侯罍铭通释》二卷，清晋江陈庆镛撰

庆镛有《籀经堂类稿》已著录，兹篇为考证扬州阮相国芸台存器及苏州曹氏存器之铭文，详订其律度、地域、系族、音韵，与文贻朱氏茮堂吴氏子苾所考颇异。因庆镛于经谊小学，咸辟奥窔，宜其对此恒精眇独至也。署道光丙午闰月一镫书舍刊版。

《侯官郭氏家集》三十三卷，清郭柏苍撰

苍字蒹秋，号青郎，字弥苞，侯官人，道光庚子举人。是集为《补蕉山馆诗》二卷，《鄂跗草堂诗》二卷，《三峰草庐诗》二卷，《沁泉山馆诗》二卷，《柳湄小榭诗》一卷，《葭柎草堂集》四卷，《竹间十日话》六卷，《海错百一录》五卷，《闽产录异》六卷，《七月漫录》二卷附《左传臆说》，《闽中郭氏支派大略》

一卷附《我私录》。其诗文多咏述闽中景物逸事，皆编年无序跋。《竹间十日话》则为笔记闽中遗闻掌故等。《海错百一录》则记闽中鱼介壳石虫豸盐菜海鸟海兽海草等，盖补王世懋《闽部疏》及屠本畯《海错疏》之不足也。《闽产录异》则分谷属、货属、木属、竹属、藤属、花属、草属、毛属、羽属、鳞属、虫属等。凡闽中物产皆详记之。《七月漫录》则为研究《豳风》之作,《郭氏支派大略》则为家谱。

《冠悔堂全集》二十一卷，清杨浚撰

浚字雪沧，侯官籍，后迁晋江。为人形体魁梧，才气超迈，弱冠举于乡，橐笔徽省，交游皆一时英俊。中岁遍历吴、楚、兖、豫、幽、并诸州。咸丰间又尝从左文襄西征逾年，故其诗文均深稳有骨，七言律尤高迈，有似太白、玉溪生者，而风格转胜。是集为《冠悔堂诗钞》四卷,《冠悔堂骈体文钞》六卷,《冠悔堂楹语》三卷，皆极工整。子幼雪、希沧刻于光绪壬辰季秋。

《周莘仲广文遗诗》一卷，清周长庚著

庚字莘仲，侯官人，咸丰壬戌举人。官彰化教谕，爱人弥至。光绪十四年秋，彰化奸民倡乱，为说平之。乱定彰化令欲甘心于二十四庄之胁从者，庚争于统帅沈应奎，卒得保护良民，令乃劾其通匪，持之急，乃弃官遁。殁后李茂才为梓其遗诗。其诗古体发源于眉山近体，极仿义山，所咏多在台时纪行揽胜之作，足补志乘之不及也。前有林纾一序及台湾彰化明宦一传。

《乌石山房诗稿》十六卷，清龚易图撰

易图字少文，闽县人。咸丰己未进士，历官滇豫，隶于军籍者十余载。是集所记皆其生平骨肉离合之端，朋友言笑之乐，羁旅艰危之况，以及从军游宦之所至，名山胜景之所流连也。诗以编年纪次，初集自甲寅至己巳为十卷，续集自壬申至丁丑为六卷，盖为游宦吴中之作。以乌石山房名集者，盖以其所居近乌石山，为少时嬉游钓戈所经，亦以此系怀乡土之思也。附刻《谷盈子》十二篇一卷，为研究诸子之说，盖其读《老子》至“天地不仁以万物为刍狗，圣人不仁以百姓为刍狗”之句，味乎其言，又至周子《太极图说》曰“一动一静，互有其根”，有感于心，乃融会而贯通之，作是篇。分一元，二运，三泰，四因，五极，六合，七复，八守，九究，十变，十一萌，十二育，凡十二篇。盖有所会心寻绎而得之言，初无剿袭依傍之见也。光绪己卯仲冬刊本。

《藤花吟馆诗录》六卷二册，晋江陈棨仁撰

仁字铁香，号戟门，先世自闽县徙晋江，幼有神童之目。同治甲戌成进士，官至刑部主事，以封公年高假归，遂不出，先后主书院若泉州之清源，晋江之石井、鹏南，同安之双溪，厦门之玉屏、紫阳，漳州之丹霞，龙溪之霞文凡三十余年。晚益嗜书，自四部迄稗官杂说，靡不钩索钞纂。所著有《闽中金石录》《说文丛义》《闽诗纪事》《海纪辑要》等书。又注岑嘉州诗数万言，诗文丛稿甚夥，颇感愤世变，辄束置高阁而已。卒于光绪二十九年，春秋六十有七。集中多纪游之作，亦长于金石考据之咏，有《咏闽中石刻》等章。

《春草堂诗钞》十卷，清谢士骥撰

士骥字宏卿，沈阳沈廷玉方伯莅闽藩时，奇其才，赠以别字曰汝奇。闽县人。幼颖异，嗜学工诗，性潇洒诗境如其人。善草书，好端砚，随意琢镂，皆合古制，为名流所赏誉。雅不乐仕进，构逸斋居之，卒栖隐以老。兹集分《榕巢小草》《拱极楼初稿》《河上草堂集》《蓉圃闲吟》《游吴草》《秋槎集》《闽山吟社自存草》等十卷，其诗冲和澹雅，一洗叫嚣绚丽之态，足迹所经，辄成吟咏。近游乡井，远涉燕吴，山水友朋之乐，时流露于歌词赠答间，而磊落抑塞之气，时亦见于笔墨之外。其草书篆刻，特其余技耳。集为其子曦编次，其曾孙婿王溱校刊，首有朱景英撰传，汪新、沈维基、吉梦熊等序。

《书带草堂诗钞》二卷，清郑廷滟著

廷滟字慕林，侯官人。好读书，家藏书甚富，名其居曰“注韩居”，贾而不仕，好文章士，为人朴茂真纯，暇辄饮酒赋诗以自娱。其子昌英亦有名于时，尝刻《注韩居》七种书行世，本本原原足订诸家之讹。是集为闽县谢曦发川所写刻，其诗多纪游之作，不事雕饰，其味渊然。凡生平所历甘苦之迹，即事写怀，不为掩饰，盖欲自留其真云。

《写经斋全集》十七卷，清叶大庄撰

大庄闽县阳岐人，号损轩，又号恣父。同治癸酉举人，署松江同知，精于考证之学，耽吟咏。是集分编如下，初稿四卷，续稿二卷，词一卷，初稿为其自刊，续稿为陈衍代刊于武昌，其自序有云：“少好泛览诸家，故屡变其格。”然其诗实学厉樊榭，颇长于寻幽揽胜之作。石遗谓其“喜用冷隽字，冷僻典，而间近饾饤”。续稿分《淞水集》《峄阳集》，前者为往来于吴淞江上所得，而后者则为渡淮以北之作也。词三十阙，名《小玲珑阁词》，颇有南宋风格。《写经斋文稿》二卷，卷一为《近媿盦稿》，卷二为《小止观室稿》，陈石遗谓其服膺樊榭，又喜言禅说，故所为文在牧斋、樊榭间。按其文亦多叙闽中掌故及其家事。《礼记审议》二卷，系取《礼记》中字句注释加以按语，《石遗室书录》谓“损轩治经用高邮派，多言句例，多破字。言句例其得也，多破字则单文孤证，得失相参矣，此二卷心得处不少”云云。《大戴礼记审议》二卷，其体例与《礼记审议》略同。《丧服经传补疏》二卷，是书为讲解《仪礼·丧服篇》之作，《石遗室书录》云“损轩治经喜破碎，而丧服却不能不稍贯串者，此二卷较他作用功较力，故颇能贯通。”按是书各条先传后笺，讲解颇为透彻。署玉屏山庄刊版。《退学录》二卷，是书为其读书时札记也。计《穆天子传》凡三十条，《大戴记》凡十八条，《国语》凡四十四条，《孙子》凡十九条，《司马法》凡十九条，《尸子》凡十五条，《牟子》凡十五条，《韩诗外传》凡三十一条。

《一镫精舍甲部稿》五卷，清何秋涛撰

秋涛字愿船，光泽人。道光间，年二十举于乡，逾年试礼部为贡士，又逾年殿试，授刑部主事。博览群书，精汉学，于经史百家之词，事物之理，考证钩析，务穷其源委。尝研究俄罗斯，以其未有专集也，乃采官私载籍，为《北徼汇编》六卷，复增衍图说为八十五卷，缮以进，赐名《朔方备乘》，惜毁于火，旋为莲池书院院长，卒穷困以终，年三十九。是篇皆为经部论文计二十五题，缺者凡七题，其文皆旁征博考，对于小学字说诸篇，尤为精当，惜其稿多散失，百不存一也。首有黄彭年作墓表一通，光绪五年淮南书局版。

《外丁卯桥居士初稿》八卷、《东洋小草》四卷附《斫剑词》一卷，清刘家谋撰

家谋字芑川，侯官人，道光壬辰举人，屡试礼部不第，乃司训于宁德东洋学舍。兹集以“外丁卯桥”名者，盖其屡梦至一桥，有“外丁卯”字，以后知为谢枚如所居，谓有夙缘，故与枚如特厚（见《赌棋山庄余集》）。其自序有云：初秋取庚寅以来诗删存五之一为《外丁卯居士初稿》八卷，续编丙午四月以后诗四卷，题曰《东洋小草》，并词一卷附焉。卷首有谢章铤序，谓其诗似张亨甫之愤时感事，长歌当哭，一发声辄令人凄然泪下也。按其诗多咏闽中掌故风物。

《东岚谢氏明诗略》四卷，清谢世南编

世南字慈田，长乐人。是集系集其先世孟安、仲仁、仲简、邦实、邦用、汉甫、其贤、其盛、在杭诸公之诗，各若干首，前有曾孙章铤序，略云谢氏初籍浙江绍兴上虞县，其支祖星于宋末出知玉融州事，今之福清县也，遭乱不得归，乃渡海寓东岚村，今之平潭厅，俗称海山，终元之世，务农不仕。明初遂卜居长乐之江田里，数传至孟安公以下，乃居省城。兹篇亦以表彰祖德，使后之人读其诗仰其人，数典不忘其祖，所以为门户光也。

《赌棋山庄所著书》七十三卷二十九册，清谢章铤撰

铤字枚如，长乐人，为谢世南之曾孙。光绪丁丑进士，不殿试而归，被聘为致用书院山长。平生著述甚多，此篇已刻者为文集七卷，文续二卷，文又续二卷，余集五卷，诗集十四卷，《酒边词》八卷，《说文闽音通》二卷，《词话》十二卷，《词话续》五卷，《围炉琐忆》一卷，《籐阴客赘》一卷，《稗贩杂录》四卷，《课余偶录》四卷，《课余续录》五卷，附《八十寿言》一卷。未刻者尚多，其文集所收，不分体裁，以先后为序，亦杂有骈俪数篇。其文皆自写胸臆，所谓放笔为直干也。《石遗室书录》则谓其文大旨皆亦宗桐城姚氏说，合性理考据词章三者而成，而益以经济。其诗则深于情，喜山水游，尝三登太华，游必有诗，以出游岭南后为胜，游秦游赣为更胜，体格在张亨甫、林欧斋之间。江湜尝劝以当学山谷，谢不能从，然其诗实居古文词长短句之右。《围炉琐忆》以下杂记之文，多关于掌故者，盖为晚年回里后所作也。

《秋影庵遗诗》一卷，清王景撰

景侯官人，字兰生，与石遗、余琇莹等相友善。性喜为诗，曾从蜀学使者校文，遍历蜀中山水，旬月得诗数百首，又渡台为林朝栋幕友，以病辞归。从琇莹督学河南者一年，光绪辛卯，始举于乡，终以体弱卒，年四十三。其诗力学宋人，多近幽峭，游蜀诸作尤为壮健。

《木庵居士诗》四卷补遗一卷，清陈书撰

书侯官人，字伯初，号木庵，陈衍之伯兄也。年二十为举人，少通达以文章名于时。丁日昌督闽时，奇其才，为荐浙江巡抚梅启照，会办洋务局，年六十二始以知县赴迁直隶博野，适拳乱起，百计镇抚之得无事，以年高乞归，于光绪三十一年八月卒于里居。生平喜为诗，屡弃少作，与陈琇莹、龚易图、陈宝琛辈时为唱和之乐，其诗天才超逸，胸中不滞于物，与乐天、东坡为近。晚年尤精律诗，圈点老杜、山谷全诗。诗境益严，与陆放翁、诚斋为近，尤善说杜诗，其难解之句，一经说明，无不爽然。其诗二千余首，此集先刊六百余首，大抵为纪游感兴之作。

《天遗诗集》十三卷，近人林苍撰

苍字天遗，闽县人，光绪甲辰进士，官江西知县。鼎革后弃官归里，与朋辈徜徉无虚日，尤好小西湖，故其诗千首，湖上之诗占十之五六。全集又名《梦禅室诗集》，皆以甲子分。近体七言律居十之七八，为忧时感世、穷愁潦倒而发者，居十之五六。盖其诗皆为罢官后在里所作也，卷首有陈衍序一篇。

《匏庐诗存》九卷，近人郭曾炘著

炘字匏庵，号福庐山人，侯官人。光绪朝，曾官礼部，垂三十年。自序有云："近作诗无格律，无家数，触绪成吟，亦以言志已也。"陈弢庵则谓其诗婉曲至类遗山，沉厚类亭林，其取材隶事，典切工雅。全集前四卷为《亥既集》，盖志其作于辛亥以后，取干支一字为识，以别于旧也。中三卷为《徂年集》，末二卷为《云萍簏稿》，后有常熟孙雄师郑后序一篇，其《亥既集》有别行本，较此略有增减，为民国八年京华印书局铅印本一册。

《匏庐论诗绝句》一卷，亦郭曾炘作

盖以有清二百余年，作者林立，即以诗论，卓然成家者不啻千数，兹篇为其浏览所及，间摭一二本事，以韵语代札记，以资谈助耳。手书影印本。

《无辩斋诗》一卷，近人郑容撰

容字国容，号无辩，以布衣优游里巷，教授为业，足不出门，间以吟咏自适。兹篇为何枚生、林雪舟为之校录百余首印行，其后造诣益深，其友萧奇斌等惧其散佚，乃又为之搜集数十首，合前集付手民。陈石遗、何振岱为之叙，其诗学唐宋，能独写其天，大抵早岁邃于情，中更世故，更为冲澹。陈弢庵、郑苏龛等皆称之。

《畏庐文集》《续集》《三集》各一册，近人林纾撰

纾字畏庐，号琴南，闽县人，光绪举人，鼎革后不仕，以授徒、译著、书画为活，专治古文辞，其文泰半为思君念亲之作，真情流露，出之血性，故其文能不胫而走也。

《畏庐诗存》二卷，林纾撰

琴南自谓肆力为文，诗非所注意，此集为其自裒壬戌以前诗古近体计三百余首，大半皆怆时念乱悲凉激楚之音，独弦哀歌，读之足想见其怀抱也。故此本首叶有其手书呈政螺江太傅云“愿一生感恩怀旧之心，所旦夕未能忘怀者，先帝耳，不名为诗，名为由衷之言，想我公见之当洞烛其肺腑也”云云。

《春觉斋诗文》一册不分卷，林纾著

是集详叙为文之法，既论其流别，又分为文八则，即意境、识度、气势、声调、筋脉、风趣、情韵、神味等。次论十六忌及用笔八则，并换字法、拼字法、“矣”字用法、“也”字用法等皆一一列举，详为解说，诚作文修辞之佳著也。

《石遗室诗文集》二十三卷，近人陈衍撰

衍字叔伊，石遗其别号也。二十七岁，举于乡，孝胥、琴南皆其同榜也。自是屡北游，足迹遍南北，卖文教授为活，著述甚富。其学问事迹，关系数十年来学界政界者不少。兹篇为文集十二卷，附《木庵文稿》数篇，续集一卷，诗集十卷，另年谱七卷，则为其子声暨、门人王真、叶长青等所编。

总集及诗话

《闽中十才子诗》三十卷，明福州袁表、马荧辑

袁表字邦正，官至临江通判，为人耿介，尝以事忤权贵系狱，人叹其直。长于诗歌，有《江南春集》。马荧字用昭，与袁表相友善。十子者曰福清林鸿，字子羽，官至膳都员外郎，晚致仕归，闭门肆力为诗，有《膳部集》。曰长乐陈亮，字景明，故元儒生也。累征不出，自老山中，其诗冲澹，有陶孟风，作《储玉斋集》。曰长乐高廷礼，字彦恢，工山水画，有《啸亭集》《水天集》。曰闽县王恭，字安中，采樵不仕，明文皇帝四年强起至京，授翰林典籍，有《白云樵唱》《凤台清啸》《草泽狂歌》等集。曰闽县唐泰，字亨仲，洪武间进士，官至陕西副使，有《善鸣集》。曰闽县郑定，字孟宣，有《澹斋集》不传。曰永福王偁，字孟扬，永乐初授翰林检讨，为《永乐大典》副总裁官，后以坐事系狱死，有《虚舟集》。曰闽县王褒，字中美，永乐间擢为翰林修撰，协修大典，有《养静集》。曰闽县周玄，字微之，永乐中拜礼部尚书，有《宜秋集》不传。曰侯官黄玄，字玄之，为泉州训导，著诗若干卷，皆佚。十人皆明初人，其集已不尽传，此为万历时所选，计林鸿诗五卷，陈亮四卷，高棅五卷，王恭五卷，唐泰一卷，郑定一卷，王偁一卷，王褒二卷，周玄一卷，黄玄一卷，其诗千篇一律，成闽中诗派。此编采撷菁华，存其梗概，尤可见一时之风气焉。今集为郭柏苍据郑杰注韩居本所刻。

《闽诗录》四十一卷，清郑杰原辑，侯官陈衍补订

杰字人杰，又字昌英，乾隆间贡生，存书数万卷，其存书之所曰“注韩居”。兹集首有陈衍序云“嘉庆间侯官郑昌英辑有《全闽诗录》，已刻者惟《国朝诗录》，自顺治至乾隆而止，其自唐迄明稿百余册，辗转流落于乡先生之家……后全书原稿入谢枚如先生家，先生既逝，鬻于武昌柯巽庵抚部，余客鄂中久，抚部……乃举以还吾闽……己酉正月乃取而翻阅之，则残缺重复，舛误失次者居多。盖搜集未成之书也……原稿于唐五代家数遗漏尚少，稍补订移写，已足成书，至于宋元则宋一代原稿仅百余人，补辑至五百余人，元一代原稿仅十余人，补辑至百余人。而后规模粗具，分集写定，仍名《闽诗录》”云。全书目次以一代为一集，唐为甲集，共六卷，五代为乙集共四卷，宋为丙集共二十三卷，金为丁集一卷，元为戊集共七卷，明以下待刻。各卷首叶先列原辑者姓名，次列补订者姓名，其全卷补辑者则于首叶载明陈衍补辑，以别其原本，宣统三年（1911）夏刊成。

《全闽明诗传》五十五卷，郑杰原本，郭柏苍补编刊行

此郑杰《全闽诗录》之一部分也，杰死后其集曾辗转入于郭手，乃独取明一代之稿，改名《闽明诗传》。柏苍熟于闽中掌故，于原稿多所订正补足，并于各诗人之姓名爵里下，添加《柳湄诗传》若干则。书刻于光绪己丑，首有谢章铤及郭柏苍序，皆叙该书原委，全书收九百四十五人，以时次分，末附诗僧五人，惟不录闺秀。

《国朝全闽诗录初集》二十一卷，《续集》十一卷，侯官郑杰辑

《石遗室书录》云“杰辑《全闽诗录》自唐至清稿百余册，皆未成之书，已成者惟清代，自顺治至乾隆四朝，盖杰为嘉庆间人也。两集系杰自付梓工，未及半而病卒。其父与友齐弼足成之。每人考其生平出处，缀以各家评品，并附自撰《注韩居诗话》，间存轶事，皆《明诗综》之例也。惟驳蓝涟诗书画及文章，墨守明人之说，至张远滕王阁诗有“岂无词赋惊阎帅”句，称阎君为阎帅，可谓恶诗，不必入选。讥魏宪选本朝百家诗多显官。列己于末，为竹垞所指摘，又凡平日与己倡和者，美恶悉登，颇为芜滥，而颇采其论诗之言，诗称“全闽”而不收闺阁及方外之作，当为补录云云。

《莆风清籁集》六十卷，清郑王臣辑

王臣字慎人，一字兰陔，工诗绩学，乾隆拔贡，官至兰州知府，有吏才以病归卒，年仅逾艾。是集所收莆邑先哲诗至三千余篇，自唐宋至明清，上至仕宦，下至方外闺秀，著录者凡一千九百余人，并附谶语、杂谣、神怪等，其搜讨之富可谓至矣。首有仁和钱琦序，后有刘尚文跋，钱塘杭世骏参订，门人陈夔校阅。

《全闽诗话》十二卷，清郑方坤辑

方坤传见《蔗尾集》条，是编皆荟萃闽人诗话，及他诗之有关于闽者。闽在周时，列于九貊八蛮，语言须译而后通，风俗僻陋，歌谣不可入诗。至唐始有薛令之、欧阳詹辈，故六朝以上，所收无多，至宋元明而大盛。若杨文公、蔡忠惠、谢景山、王深甫、刘后村、郑善夫等皆以诗文雄视天下矣。是书核据广博，自游寓释老、神仙、鬼怪以及方言、土产等搜括无隐。计所引书目有四百三十余种之多，上下千余年，使一方文献得以有征，其功诚不可没也。凡六朝唐五代一卷，宋元五卷，明三卷，国朝一卷，附无名氏宫闺一卷，方外一卷，神仙鬼怪杂缀一卷，首有朱仕琇序及例言。

《本朝名家诗抄小传》二卷，亦清郑方坤撰

兹篇专传清朝诗人名家，所收凡九十余人，采摭淹博，文笔娟雅，本库所存为杞菊轩藏本，首有缺页及目录。

《国朝名家诗钞小传》四卷，清郑方坤撰，李登云校刊本

兹与原本略异，原本二卷，此则厘为四卷。原本无序，此有光绪十二年戴罄序。盖述登云校刊此书之缘起也。至于篇幅方面，原本与此本亦略有不同。原本多《查浦诗钞小传》《檗子诗钞小传》二篇，而少《三十二芙蓉斋》《田间》《石臼》《畬山》《西河》《东痴》《弱水》诸篇，或为登云所添入者乎。又原本《西堂诗钞小传》作《看云诗钞小传》，《香昊草堂》误作《香草堂》等多处，校刊本则多改正之。书系万山草堂存版，光绪丙戌孟夏刊，又按登云字孝牲，衡山人。

《闽中摭闻》十二卷，清陈云程撰

云程字孙鹏，晋江人，生于乾隆间。是编所辑皆名胜古迹，遗闻逸事，里巷习见之事，前有自序一篇略云“事不一类，例不一格，悉撷华于前人，不敢妄为传会，缘欲锓为片版，乃删之以就约”。其分类皆以地方为次，首福州，次兴化、泉州、漳州、延平、建宁、邵武、汀州、福宁、台湾、永春州，而殿之以龙岩州。

《闽川闺秀诗话》四卷，清梁章钜撰

章钜字闳中，又字茝林，号芷林，长乐人，嘉庆进士，道光间官至江苏巡抚，兼两江总督。尝五任苏抚，于江苏地方利弊，了然胸中，用人理财，独持大体。生平著述甚富，计七十余种。有《二思堂丛书》。兹集系与其妹蓉函同辑，起自明代，首二卷多据《闺秀正始集》《福建通志》《全闽诗话》《闽诗录》等抄入，末二卷则以梁氏一家子妇及内外眷属之作居多，卷首有梁韵书（蓉函）序，是书初刻入《二思堂丛书》无单行本，此为永福力钧于光绪辛卯，用活字版印成，有跋一篇。

《闽川闺秀诗话续编》四卷，清丁芸辑

芸字耕邻，侯官人，以布衣终，年三十六。谢章铤为之作墓志。兹集以章钜所辑犹有未尽，乃旁搜博采，得百三十余人，皆首载所采原书之名，较之梁氏所辑，有过之无不及。丁芸著述颇富，惜不寿穷没。兹集为其友力钧，闽县林昌虞所参订，其子震校刊。首有侯官女士薛绍徽序，末有杨蕴辉书后一篇，并补遗三人，光绪甲寅镌于京师。

《南浦诗话》八卷，长乐梁章钜撰

章钜既作《闽川闺秀诗话》又辑浦城先哲之能诗者，自唐迄明，得九十余人，名曰《南浦诗话》。其书多采自邑志，旁及四部，末且附闺媛、方外及非浦人，而实与浦地浦事相关者，别为宦游一门，其余则均以时代分。所收以宋代为最多，盖浦邑自两宋时，文物之盛，颉颃中州，入元其风始稍替，故所采特多。间亦掇拾遗闻轶事，不专以诗话尚也。所存为铅印本，首有祝焕坡、祖之望、刘瑞紫诸序。

《制义丛话》二十四卷，梁章钜撰

兹集盖仿诗话或词话而作。搜集古今之关于制义者，凡程式之一定，流派之互异，明宗旨，纪遇合，别体裁，考典制，参稽史传，旁及轶事，与夫诸家之名篇隽句，无不备载。盖博采广撷以成斯篇，诚创著也。朱琦序有云往昔制义未兴，杂说家多作诗话或词话，洪容斋《四六丛谈》仅属骈体，而他不及。惟元陈绎曾《文说》因延祐复行科举，示程试之式，倪士毅作《制义要诀》，指陈诸弊，足资龟鉴，君书实沿厥例。前叙掌故，后缀琐事，中数扪撮，举心赏之文，撷其菁华，开其奥窔，欲求精于理、深于意、伟于辞、殚于经术，学者苟由是探而究焉，可以传世，可以荣世。按制义取士，有明迄清，盖五百余年矣。萃五百年之英才，精研殚思于八股之中，虽云专制钳制士林之政策，要亦时代文献之所系，欲明其源流旨要，该书盖不无所补焉。书重刻于咸丰己未，末并附题名录，有江国霖、朱琦、杨文荪诸序，林则徐、吴锺骏后序。

《温陵诗纪》第二集十二卷，清陈棨仁、龚显曾同辑

棨仁传见《藤花吟馆诗录》条。显曾字咏樵，晋江人。是书集晋江一郡，有清一代上起顺治，下迄道光之诗得百余人，采其遗篇为《清源文献》之扈助。其序有云："温陵一郡僻在海邦，沿革之殊，异于列代，莆田仙游宋曾属治，永春德化明亦隶图，至于雍正末年，定辖地与五邑，版图既异，编辑宜分，若夫黄俞邰之博洽，而寄籍江陵，邓幼季之风流，而寓居永郡，律以水木之义，俱为桑梓之人，故广与甄罗，仍为采入。"其体裁先书诗人传记，后附其诗若干首，即方外闺秀亦附于末，颇称博洽。首有龚序及凡例八则，诵芬堂正本，亦园活字版。

《濉溪四家诗钞》八卷，清建宁朱仕玠辑

玠为仕琇之兄，字璧丰，乾隆知县，四家者为其同里何梅、李荣英、朱肇璜、朱霞也。考濉溪即今之绥溪，在建宁。宁邑于南唐为永安镇，至宋建隆间改为建宁县，迁治濉溪之北，自置邑后，代有其人，兹所称四家皆清初人。何梅为《江邨诗钞》三卷。李荣英为《白云诗钞》一卷。朱肇璜为《槎亭诗钞》二卷。朱霞为《曲庐诗钞》二卷。梅字雪芳，以屡困公车，老隐乡里，其诗多感遇宴游之章，颇清新有致。李荣英字蕚侯，少负异禀，积书数千卷，皆能暗诵，每有所作，辄随手散去，兹仅收得和章明府射圃观梅二十首而已。朱肇璜字待滨，困于场屋，其诗颇婉转夷犹，有俯仰宽闲之致，读其诗者，殆不复知槎亭之困诸生而息焉者。朱霞字天锦，少以经世志，好读书，老以博士弟子员入太学，既郁无所展布。乃构书室曰“曲庐”，存书至万卷，手自丹黄，今诗多游宴赠答之篇。兹四子者类皆能自出新意，固皆不囿于土风也。

《遥集集前后编》十六卷，清许贞幹辑

贞幹字豫生，侯官人，光绪间以名进士不入翰林，得外放道台观察于浙者多年。兹集前篇六卷，用遗山之例，选唐以来至明代诸家咏古七言律六百二十三首，因取颜延之“望古遥集”之义，命之曰《遥集集》。意谓人代古今，山川陵谷，俯仰感慨，开卷生遥然之思也。后篇十卷，选自清代，其自识有云：“前篇至明而止，更抄国朝人诗为后篇，行箧存书无多，因就丁氏八千卷楼借抄，佳手写定，遂不及次其人之年代。”又云：“虽二百余年作者如林……而得人数百，得诗逾千，亦云富矣。”其例盖按《唐诗鼓吹》惟取七言今体而已。前篇卷首有俞樾叙，后有周嵩尧叙及王耕心跋。光绪味青斋刊。本馆存有前编两部。

《元诗纪事》四十五卷，近人陈衍辑

衍有《石遗室诗文集》已著录。兹辑元代之诗人轶事，遗闻断句，分门别类，灿然大备。盖博采各书诗文集及笔记小说，为纪事之体，即割据、寇贼、遗老、道流、释子、宫掖、闺阁、女冠、妓女、神鬼、怪梦、谣谚、谶谜亦在搜罗之列，诚有元一代诗话史料之渊薮也。首有自叙一篇，凡例四则，商务馆民国十年铅印本十二册。

《感旧集小传拾遗》四卷，陈衍撰

是书系因王渔洋《感旧集》中所收之明末遗老诗往往仅存诗人之姓字，即爵里亦不可得而知。后于乾隆间，虽有雅雨山人为之搜采群书，各辑小传，然仅存姓字，并爵里不可得而知者，尚有十数人。爵里具而无书可据，无事可采者且二三十人，所采轶事寥寥一二则，则又数十人。兹集为衍于数十寒暑中翻览群籍，偶然发现此数十人遗老之爵里轶事，乃为之掇拾于此，以补雅雨山人之缺，首并列引用书目，大抵皆得之方志诗话之中，所列计八十五人，首有自序一篇。

（原载私立福建协和大学编《协大学术》1935年第三卷）

私立福建协和大学陈氏书库所藏清代禁书述略

满清以异族入主中华，对于汉人之思想言论尤多疑忌，盖有明末造，清人屡次寇边，明庭上下痛外患之披猖，著述之士莫不对之扼腕兴嗟；故明季诸集所记胡虏情状，"奴酋鞑子""夷狄腥羯"诸语，遍见群书。入关以后，明季遗民痛社稷之沦胥，有志之士如阎尔梅、王宗羲、顾炎武、孙奇逢、王夫之、吕留良、金堡、屈大均等无不以排满复明相号召，迨大势既去，又多遁迹山林，从事著述，以言论鼓吹民族思想，借文字发泄其悲愤，故清廷视之为危险之祸胎，去之务尽。惟立国之初，根基未固，尚存维系人心之虑，未敢操之过激，迨至乾隆中叶，天下大定，于是一变怀柔政策为压制，文字之狱，层见迭出，更恐民间存匿排满之遗篇，为暗中之流布，乃假修《四库全书》之名，访求天下书籍，其本意则以湮没明末清初蹂躏之史迹，及消灭汉人反清复明之思想，故以种种手段网罗群书，对于明季诸臣之遗集，尤事比户之诛求，美其名曰"维持世道人心"而实行焚书之实，故十余年间，焚毁书籍至数十万卷，种类不下三千余种，即以安徽一省而论，其奏缴次数当在三十次以上，其他江浙等省更无论矣。盖自秦政以来，当以乾隆焚书之祸为烈，杀戮文人学士为最惨矣。予以整理陈弢庵先生书库之余，于所见禁书，辄三致意，汇为提要，对于其书案情狱累之始末，著者所历之身世，尤不惮烦述，以限于篇幅，故举凡抽毁之书，如《止止堂集》《水明楼集》《渔洋精华录》《明大政记》等，及见于富路特氏（Dr. L. C. Goodrich）书中之《张太岳集》《弇山堂别集》《曝书亭集》《明诗综》（按此二种系抽毁）、《元史纪事本末》等十余种，以前者限于局部之抽毁，其书尚得流行，后者其目虽见于陈乃乾《索引式的禁书总录》，但未见于《禁书总目》，或《违碍奏缴书目》，未知何所根据，故皆不录。至于本校图书馆所原存者，如《初学集》《有学集》《李氏焚书》《笠翁一家言》《白苏斋集》《晚香堂集》《陈眉公集》《赖古堂集》《白石樵真稿》《无梦园集》《媚幽阁文娱》《钟伯敬集》《万历三大征考》《全边略记》《抚安东夷记》《东夷考略》(即《宝日堂初集》卷二十五)、《平寇志》《广兴记》及《痛史》中之《思文大纪》《福王登极实录》《明季南录》《剥复录》《甲申传信录》以及近年出版《中国内乱外祸历史丛书》中之《崇祯长编》《扬州十日录》《建州考》《南渡录》《永历纪年》等数十种,以限于篇幅,均不及备录焉。

《养正图解》不分卷,二册,明焦竑撰,明原刊本

焦竑字弱侯,江宁人。生于嘉靖二十年(1541),少从耿定向、罗汝芳学,享盛名。嘉靖四十三年,乡试下第,定向聘之长崇正书院,十四郡名士皆从之学。万历十七年(1589),始以状元及第,官翰林修撰,益研习国朝典章,旋为皇长子讲官,循循启迪,尝采古储君贤圣之嘉言懿行,及事可为法戒者,绘为图,著为解,为《养正图解》以进。竑既负重名,性复鲠直,时事有未合者,辄形之言论,以此恶同官,张位尤甚。万历二十五年,主顺天乡试,举子曹蕃等九人,文多险诞语,竑遂被劾,谪为福宁州同知,旋亦罢去。自是杜门不出,尝与李贽论学,善之,时人虽讥弗顾也。万历四十八年卒,年八十。天启时追复其官,赠谕德,赐祭。竑之学,以罗汝芳为宗,间入禅理,又博极群书,自经史至稗官杂说无不淹贯,为古文典正驯雅,卓然名家,有《澹园集》,亦清代禁书。兹《养正图解》即为其教授太子时所作,首有竑序及南京吏科给事中祝世禄序,有云:“皇长子诚披图而悦于目,味解而逊于心;参之今古,以合其符,体之身心,以验其实;务于养勿伤于骤,比于正弗狎于邪。所以毓成主器,而培我国家万年无疆之庥者,此书未必无小补云。绘图为丁云鹏,书解为吴继序,捐资镌之为吴怀让,而镌手为黄奇成,乐是举借以自效,而世禄实董厥成……”云云。其书为清代禁书,流传绝少,曾有光绪二十一年(1895)重刊本,此本为原刻,有“侯官杨浚”及“陈氏赐书楼珍存”诸印记。

《殊域周咨录》二十四卷,八册,明严从简辑,故宫博物院铅印本

严从简自号绍峰子,《明史》无传,他书亦不可考。自署嘉禾,殆为浙江人。

万历间官至行人司行人，刑科右给事中，盖所掌不过外国朝觐聘问之执事而已。《殊域周咨录》者，纪外蕃各国历史、地理、风俗、土产、礼制，及有明一代入贡、通好、册封、犯顺以及征讨之事也。书成于万历二年（1574）正月元日，首有自序，称前行人司，则成书之时，已罢事矣。又有万历癸未十一年（1583）严清序，清为嘉靖二十三年（1544）进士，万历间官至吏部尚书，序中称从简为侄，清为云南后卫人，则从简原籍又为云南而迁于浙者欤？故严清序自称滇浙居士。全书分东夷四卷，朝鲜、日本、琉球属之。南蛮五卷，安南、占城、真臘、暹罗、满剌加、爪哇、三佛齐、渤泥、琐里、古里、苏门答剌、锡兰、苏禄、麻剌、忽鲁谟斯、佛郎机、云南百夷属之。西戎六卷，吐蕃、拂菻、榜葛剌、默德那、天方国、哈密、土鲁番、赤斤蒙古、安定阿端、曲先、罕东、火州、撒马尔罕、亦力把力、于阗、哈烈属之。北狄九卷，鞑靼、兀良哈、女直属焉。其东北夷女直一卷，记未入关前之满清（即建州夷酋）于明季劫掠入寇、征讨置卫事甚详。他如朝鲜条亦屡言建夷截劫贡使之事，凡此皆触清廷之大忌，故四库馆查办违碍书籍条款第一条即云："自万历以前各书内，偶有涉及'辽东及女直、女真诸卫'字样者，外省一体送毁。"而此书遂湮没无闻者随三百年，至民国十九年始由故宫博物院图书馆搜得旧本，印以行世。

《寄园寄所寄》十二卷，八册，清赵吉士撰，原刻本

赵吉士字恒夫，一字天羽，号渐岸，以所居曰"寄园"故又以为号焉。安徽休宁人，生于天启七年（1627），入清后，寄籍杭州，补诸生，顺治八年（1651）举人，康熙七年（1668）选山西交城知县。县北有交山者，岩谷深邃，幽静乐所，逮诸山相属，袤延八百里，自明季为盗窟，滋蔓劫掠，官兵不能制。吉士既至，以计剿抚，群盗悉平。治交城五年，百废俱举，以平贼功，擢升户部主事，以母忧归服，除补故官，复以父丧归，再起为户部主事，康熙二十五年擢户部给事中，有忌者劾其冒籍。交部议处被黜，旋补国子监丞。康熙四十五年卒于官，年八十。著有《万青阁集》《续表忠记》等。《寄园寄所寄》者，盖为仕隐京师寄园时，由群书中所抄辑之遗闻轶事也。凡分十二门，曰《囊底寄》，皆智术事也；曰《镜中寄》，皆忠孝节义事也；曰《倚杖寄》，述山川名胜也；曰《燃须寄》，诗话也；曰《灭烛寄》，谈神怪也；曰《焚尘寄》，格言也；曰《獭祭寄》，杂录故实也；曰《豕渡寄》，考订谬误也；曰《裂眦寄》，记明末寇乱及殉国诸人也；曰《驱睡寄》，游侠方技之遗事可资谈助者也；曰《泛叶寄》，皆徽州佚闻也；曰《插菊寄》，皆谐谑事也。所辑共五十九目，搜集古今书籍约一千七百三十余条，计古事十之二三，明季事十之七八，间有抄自禁书者，故安徽抚院闵鹗元咨会禁毁，斥其书为悖逆诬妄，语多狂吠，因而被禁，《四库》存其目，今书为康熙间原刻本，首有赵士麟一序。

《续表忠记》八卷，八册，赵吉士撰，康熙寄园家刻本

是书原为四明庐宜（公弼）所汇辑，吉士病其所载多有罣漏，而一事异辞者，又鲜所抉择，故以旧著《寄园杂录》相与参考而增损之，名曰《续表忠记》。以所记皆为明万历以后忠义死节之士，又以明钱士升已有表忠记，记明代节烈诸臣，故此以续为名。所载凡百二十三人，首列顾宪成、赵南星、邹元标等东林诸子之死于魏阉之祸者，后所记则皆甲申诸臣死于闯贼者。纪昀谓其书参杂东林诸子，体例不纯，斥为未绝明末标榜之风，故不收其书入《四库》，只存其目，实则其书间及明末清初时事，有所忌讳，故不收耳。是书《全毁书目》作《二续表忠记》八本，盖"二"字为衍文，实即是书也。书成于康熙三十七年（1698），首有赵吉士及汪灏序，卷端有"栎园"及"文章千古事，忠孝一生心"印记。

《史外》八卷，八册，清汪有典著，光绪丁丑重镌本

汪有典字起谟，号订顽，安徽无为人。为乾隆初诸生。家贫好读书，萧然陋巷数十年，足迹不入城市，日以吟咏著书为乐，性不好交游，客至长揖而谈，或馈之酒，尽醉而已。人或以狂傲目之，不顾也。志存忠义，每读史见古人之卓然持大节者，辄三致意焉。晚年益肆力于古，其议论波澜壮阔，意度雄远，尝著力于明代事迹。自谓宋元以前，代有成书，惟世远年湮，是非莫由考据，惟明代去今未远，烈士贞女，奇节累累，皆正史不及载者，虑其终与沟渎同湮，乃旁征博采，著为《明人事类纂》一书，分门别类，部帙颇繁，以无力授梓，乃专取节烈死难之士，汇为一编为《史外》，盖取胡文定公"史外传心"之语，以示别于正史也。全书冠以方孝孺而殿以采薇子，叙传之外兼以议论，而明代之得失成败，尤大放厥词，无稍蕴藉，对于明末殉国诸臣，尤反复咨嗟，一唱三叹。其书刻于乾隆十三年（1748），以书中多忌讳语，被禁，其版久毁，至光绪三年（1877）始由巴陵谢维藩据旧本重刻，首有藩序及王梦鲸、王又朴、冯愿诸原序，末附录耒长源、史八夫人、沈云英、刘淑英四传，并附记国变难臣抄，末有乾隆十九年补记数则。

《闲渔闲闲录》九卷，一册，清蔡显著，吴兴刘氏嘉业堂刊本

蔡显字笠夫，一字景真，号闲渔，江苏华亭人，生于康熙三十六年（1697）。雍正七年（1729）举人，以授徒为业，其详细事迹，《松江县志》等均不载，所著有《宵行杂识》《红蕉诗话》《潭上闲渔稿》《闲渔剩稿》《老渔尚存草》等书，其《闲渔闲闲录》一种，皆摭拾遗闻佚事，及时人诗句韵事等之杂记文字也，其中于人事之变迁、风俗之醇漓，时作感慨。对于当时之政绅，亦多作雌黄语，如刑部郎中沈澍娶户部郎中范倩之妾事、顺天乡试搜检怀挟之非理事、上海曹御史密纠河督王士俊以泄于外获罪事、常熟冯舒以《怀旧集》得罪事、吴三桂缢杀永历事等，对于时人时事，多所指摘，以此挟恨郡绅，以妄生议论，谓其怨望讪谤，欲行告发。显以其书无不法语句，呈书自首于松江府钟充豫，以此闻于两江总督高晋及江苏巡抚明德，而大狱于是兴焉。除逮捕蔡显家属外，即书内列名之门人刘朝栋、吴承芳、吴球、倪世琳、凌日跻并作叙之闻人倓、胡鸣玉等皆与拘捕。兹录其三十二年五月二十一日上乾隆之奏折云："臣等详加检阅，所刻之《闲渔闲闲录》及《宵行杂识》《潭上闲渔稿》中记载之语含诽谤，意多悖逆，其余纰缪之处，不堪枚举……"云云。并拟蔡显以大逆罪凌迟处死，长子蔡必照年十七拟斩立决，其余幼子二人及其妾朱氏及未字女等俱解部给功臣家为奴，作叙之闻人倓依知情不首杖一百、流三千里，刘朝栋等讯不知情，请免议，并飞咨没收蔡显一切家产，其书籍板片查缴齐全，一并销毁，奏上，乾隆尚以为未足，复于是年六月初五日上谕云："蔡显身系举人，辄敢造作书词，恣行怨诽，情罪重大，实为天理国法所难容……细检各处，如称戴名世以《南山集》弃市，钱名世以年案得罪，又'风雨从所好，南北杳难分'及《题友袈裟照》有'莫教行化乌场国，风雨龙王欲怒嗔'等句，则是有心隐跃其词，甘与恶逆之人为伍，实为该犯罪案所系，而册内转不签出，明系该督等自以文义未精，委之一二幕友代为披检……”又以闻人倓目击书词不举首，非仅仗流可蔽其辜，改发伊犁，而列名书内之门人刘朝栋等及吴姓书贾，俱着严行跟究治罪，旨下而蔡显等遭弃市，时年已七十一矣。此外复罗织成狱者又数十人，即看书、贩卖、刷印、刻字之流亦均不免，其捕风捉影、淫行以挺之状，令百世以下犹得唾骂之也。原书于乾隆三十二年（1767）刻成，当时刷印行世者不过百二十部，已被追缴殆尽，兹为民国四年吴兴、刘承幹搜得旧抄本，为之重付剞劂，其乾隆所摘诸条已不可见矣。首有显自序一篇，末有承幹跋语。

《王伯谷集》十四卷，六册，明王穉登撰，明刻本

穉登字伯谷，其先世为太原，迁吴郡遂为长洲人。生于嘉靖十四年（1535），卒于万历四十年（1612），十岁能诗，名满吴会。嘉靖四十三年游京师，客大学士袁炜家，备受推崇，寻以父丧奔吴，袁相亦以事罢去，寻卒，隆庆丁卯（1567）再游京师，时徐阶当国与袁炜有隙，或劝穉登勿言为袁公客，不从，反大书其事，发为文章，以报知遇，时人义之。吴中自文征明后，风雅无定属，穉登尝及其门，遥接其风，执词坛之牛耳者二十余年。万历中征修国史，未上而史局罢，卒年七十八。嘉靖万历间，诗文主复古，以王世贞、李攀龙为最，所谓“后七子”，与“七子”何（景明）李（梦阳）派遥相号召，其诗文貌为秦汉，声牙戟口，读者至不能终篇，而王穉登、徐渭（文长）等非之，排诋甚力，自创清新轻俊之体，诋諆复古派，开公安竟陵派之先导，其流风所播，迄于清初乾隆之际，文既日丽，丽则必靡，靡则救之以质，于是桐城派古文辞乃应运而起。明末之公安竟陵体，竟被排斥以尽，其遗著且悬为厉禁，百谷之集乃亦遭列禁书。〔见乾隆四十七年（1782）《禁书总目》〕，《四库》不录，故传世绝少。兹所存者计有六种，曰《金昌集》分四卷，大抵为辛酉至癸亥间（1561—1563）在吴郡金昌时所作，首列明沈尧俞、黄姬水二序，内容大抵为友朋酬答之诗文。曰《燕市集》分二卷，上卷则为甲子（1546）初至京师所作，下卷则系丁卯（1567）再游燕京之作品，首有自序及朱察卿序，所以记袁相国相知之恩也。末有“隆庆庚午三月，靖江县朱宅快阁雕本”字样。曰《客越志》分二卷，上卷为文盖叙其于丙寅夏间（1566）赴兹溪吊袁相国之丧，当是时人多莫敢名为袁公门下，独百谷絜酒冒暑雨奔其丧，为经纪其遗文以归，一时人重其风义。计所历有嘉兴、杭州、绍兴、宁波诸郡。下卷为诗，则记其所历诸地风光之纪胜也。卷首有王世贞、童佩、朱察卿三序，末有“延陵吴氏萧疏斋雕”字样。曰《明月篇》分二卷，上卷系记丁丑（1577）中秋游马汰沙看月之作，下卷则记是年闰中秋游毗陵（武进）看月所作，其诗文皆清新华丽。曰《清茗集》则为万历丙申（1596）及癸卯（1603）间游吴兴与郡守谢在杭及陈惠甫（两者皆闽人）等酬酢游观之作，首有自序。曰《荆溪疏》分二卷，所记系于万历癸未（1583）间游荆溪（在江苏宜兴县南）之诗文也，首有王则懋序，末有“常州府塘桥吴宅云楼馆雕本”字样。

《袁中郎全集》二十四卷，十六册，明袁宏道撰，道光九年重刊本

袁宏道字中郎，号石公。湖北公安人。与兄宗道、弟中道并有才名。时称公安三袁，而以宏道为最。年十六为诸生，即结社城南为之长，时闻龙湖李卓吾之名，乃走质子西陵大相契合。万历二十年（1592）举进士，不仕归里，下帷读书，诗文主妙悟。万历二十三年选吴县知县，听断敏决，删除额外之征，吴民大悦，多与士大夫谈诗论学，以风雅自命，旋解官走吴越，访故人陶周望等同览西湖天目之胜，五泄黄山之奇。万历二十六年起授顺天教授，与其兄弟结社城西崇国寺，名曰蒲桃社，相与论学。旋补礼部主事，数月即告归，隐于城南，筑堤种柳，号曰柳浪，潜心道妙，闲适余时以挥洒为乐，所作以新奇生动、发之于真为号召。万历三十四年，诏起故官，以清望擢吏部主事，屡迁稽勋郎中，万历三十七年主试秦中，得遍历中岳华嵩诸胜，旋给假南归，居沙市，治楼曰“砚北”。万历三十八年卒，年四十三，所著诗文，有《敝箧》《解脱》《广陵》《瓶花斋》《潇碧堂》《破砚斋》《华嵩游草》等集行世。其诗文所谓公安派是也。纪昀谓“明自三杨（按即杨士奇、杨荣、杨溥）倡台阁之体，递相模仿，日就庸肤，李梦阳、何景明起而变之，李攀龙、王世贞继而和之。前后七子，遂以仿汉摹唐转移一代之风气，迨其末流，渐成伪体，涂泽字句，钩棘篇章，万喙一言，陈因生厌，于是公安三袁又乘其弊而排诋之……其诗文变板重为轻巧，变粉饰为本色，致天下耳目于一新，又复靡然而从之。然‘七子’犹根于学问，‘三袁’则惟恃聪明，学七子者不过赝古，学三袁者乃至矜其小慧，破律坏度，名为救七子之弊，而弊又甚焉。”盖三袁排斥古派，其诗文渐变为

清新俊逸。间或流于俚俗，如《西湖》一首云："一日湖上行，一日湖上坐。一日湖上住，一日湖上卧。"又如《别无念》云："海内交游多，何人可与语。我欲知姓名，东西南北去。"甚幽默平易，卓然成风，迨至清初，骚坛又主复古，提唱盛唐，于是公安派复被诋讥排斥，詈为伪体，且卷中《答蹇督抚启》及《宋陵诗》均被斥为有偏谬语，而其集之被禁者达二百余年。《四库》只存其目，不收其书，至近年始复有倡之者，于是所谓"幽默"文章始复现于世。盖文体变迁，殆亦时代潮流使然耳。《四库总目》载其集为四十卷，殆为别本，此则为同治八年（1869）其裔孙袁照据明万历丁巳四十五年（1617）仁和何欲仙以中郎所著诸集从类编次，都为一集，刻于梨云馆之本所校刻。道光九年（1829）又重刊之于培原书屋，盖即今本也。其书已于近年由刘大杰重行校编，厘为六卷，铅印行世，其序次编章与前本颇有出入，盖近本系取诸本校订而成者也。

《苍霞草》二十卷，十册，明叶向高撰，明刊本

叶向高字进卿，号台山，福清人，生于明嘉靖三十八年（1559）。时值倭寇之乱，母逃难，生向高于道旁败厕中，几濒于死。举万历十一年（1583）进士，授编修，迁南京国子司业。二十六年召为左庶子，充皇长子倚班，屡上疏陈矿税之害，不报。三十五年擢为礼部尚书，兼东阁大学士，进为首辅。时神宗倦勤，朝事多废弛，朋党渐成，上下乖隔甚，向高忧国奉公，每事争执，帝虽重向高，然其言大抵格不用。向高屡上疏叩陈，然所救正者十之二三而已。万历四十年春，向高以历代帝王享国四十年以上者，自三代迄今止十君，劝帝力行新政，陈用人理财诸事，帝知其忠，然不能行其言。向高知不可为，屡疏乞归，帝辄优旨勉留，至四十二年始准带职归林。及熹宗立，特诏召还，屡辞不获，乃复为首辅。时帝以冲年践位，不能辨忠佞，魏忠贤客氏渐窃威福，罢斥诸贤，目向高为东林党魁，尤恨之。高以期事不可为，前后上六十余疏乞归，乃命加太傅遣行人获归。于天启七年（1627）卒，年六十有九。崇祯立，赠"太师"，谥"文忠"。

《苍霞草》者其所为文集也。集以苍霞名者，其居之名也。集中大抵皆论议序记书状碑铭之文。其文颇得力史迁家法，而带明代之台阁体，颇能摆脱貌为秦汉之臼窠，自立门户，故其文尚无诘屈赘牙之弊，故自序有云："居恒自评其文，多率易无深沉之恩，见近代作者有雕镂苦刻，迴复奥晦，三四读不可解者，亦心慕以为奇，欲摹效之，而赋性佻坦，与人言唯恐不尽，惟恐人不晓，文亦复尔，终不能强也。”盖亦反对复古派之论调耳。集为明刻本，末有“新安黄一桂刻”字件，首有郭正域、顾起元、董应举三叙及自序。其书于乾隆四十三年（1778）列入违碍书目，查乾隆四十一年十一月十七日上谕尚有“如叶向高为当时正人，颇负重望，及再入内阁，值逆阉弄权，调停委曲，虽不能免责贤之备，然视其《纶扉奏草》《请补阁臣疏》至七十一上，几于病哭流涕，一概付之不答，其朝纲丛脞可不问而知也。以上诸人所言，若当时能采而用之，败亡未必若彼其速，是其书为明季丧乱所关，足资考镜。惟当改易违碍字句，无庸销毁”之言。而乾隆四十三年而又雷厉风行，查缴民间所存，务使根绝，此无他盖出之臣下之阿好耳。

《苍霞余草》十四卷，六册，明叶向高撰，明刻本

向高既刻《苍霞草》及《续草》，谢事归田后，检其未刻之文，复为《余草》十四卷。计卷一为碑铭，其《平红夷碑》《靖寇碑》等，对于万历末年荷人之侵扰、倭寇之骚掠，足资考镜，卷二为记，卷三至卷七皆为序，卷八为碑传，卷九至十三则皆墓铭酬应之文，卷十四为杂文，其《辽言》及《议余》二篇，皆论建州辽事，呼清为建酋为贼，则所以触清廷忌讳者，而其集亦以被禁欤。

《苍霞诗草》八卷，四册，明叶向高撰，明刊本

向高既刻其文，又汇其平日与友朋酬答之诗，游观之作，厘为《诗草》八卷，林尧俞序其诗有云：“先生之文郭宗伯（按即郭正域）为叙而刻之留都，读之者以为黄钟大吕之音，又以为若化工之肖物，无雕镂刻削之迹，而生意横流，神彩勃发，然则读先生之文，而其所为诗者亦可知矣。先生之诗，凡长篇短什，流布人间，人咸宝之，不啻寸玑尺璧，而独未睹其大全，南署固以为请，先生又度不能终秘之也。则汇其二三而授不肖，不肖得尽读焉。其调冷如也，其词斐如也。上下僚友之间，怀旧感都之作，忠爱恻怛，道义勤勉蔼如也。盖四始六义，先生由兹起家，故宜其独得于敦厚温柔之旨，而异乎所谓蹈厉隤放，一泄无余者矣。……”然读其诗，则觉古体平浅而质朴，近体亦乏淋漓豪宕之气，其文实胜于诗矣。

《苍霞奏草》三十卷，《续奏草》十四卷，二十册，明叶向高撰，明刊本

是书亦名《纶扉奏草》《正草》系从为南京国子监时起，至万历四十八年（1620）七月归田止之奏疏，《续草》十四卷则起于万历四十八年归田时慰闲诸疏，至天启时再入内阁执政三年之奏草，其中对于辽事之陈奏，如《请发蓟辽总督防虏酋（以上三字因涉忌讳被挖空，兹以意拟之）揭》《请处分辽事揭》《边务揭》《误传虏警揭》《请边饷揭》《虏警补官揭》《论经抚事情疏》《告病并陈时事疏》《请内帑揭》《毛文龙赐剑揭》等多篇，均语涉满清，称清曰“鞑虏”，曰“夷酋”，言其掳掠猖獗之状，凡此等语皆触清廷之大忌。故虽有乾隆四十一年（1776）上谕所云：“惟当改易违碍字句，无庸销毁。”而销毁者如故，且限期肃清之，故留传至今者，已稀如星凤矣。兹所存本，遇此字面，均已挖空，可知当时存书者之畏祸心理。是书得免于秦火者，盖亦幸矣。书中有“王士祯”字“贻上”二印记。

《后纶扉尺牍》十卷，四册，明叶向高撰，明刊本

卷首自序云：“余生平尺牍皆禁其稿，惟前次在纶扉有关系时政者虽存之，以附于《奏草》之后，此再入政地三年，值封疆多故，议论酬答皆兵食大计，虽书生未闲军旅，苟有所见，不敢不尽。……”云云。书中到处均有“建夷”“奴酋”“夷狄”等字眼，又在《答吕公原》《答徐二俞》《答王霁宇》《答魏澹明》《答陶元会抚台》《答王肖乾》《与熊芝冈》等诸书，皆对于辽左用兵议论，计之约十居六七，故名虽尺牍，实关明清之史事，非泛泛话寒暄者可比也。以上诸书，均列违碍书目。

《崇相集》不分卷，六册，明董应举撰，民国十七年石印本

董应举字崇相，闽县人，好学善属文，举万历二十六年（1598）进士，除广州教授，有声于时，寻迁南京国子博士，再迁吏部主事，疏荐高攀龙、刘宗周等，皆召用。万历三十九年迁考功郎中，旋以事参归，起南京大理寺丞。万历四十六年，清人侵略辽东、抚顺，应举以强敌侵凌，宜勤政修备，因疏陈方

（见《日变疏》），帝置不省。天启改元，迁太常少卿，督四夷馆。二年（1622）春，以虏犯广宁、山海关，京师岌岌危殆，当事大臣多托故移家，谋保妻子，不顾宗社，乃上疏陈急务，如禁移家、守要隘、编保甲、修器械、选兵民、屯粮食等数事，帝以应举知兵，命专任校射演武诸务。应举因上保卫神京在设险屯田之议，并疏请安插关外流民等事，遂擢应举太仆寺卿，兼河南道御史，经理天津至山海关屯务，及安插辽民。乃上疏陈十难十利，帝悉从其议，于是督民垦闲田十八万余亩，收谷麦五万五千余石，廷臣多论其功。天启三年升都察院右副都御史，天启五年四月朝议以屯务既成，当广鼓铸，乃改升应举为工部右侍郎，专领钱务，开局荆州，给两准盐课为铸本，并命兼户部侍郎，并理盐政。应举至扬州，疏陈厘正盐规，增输税银，为巡盐御史陆世科所劾，魏忠贤传旨诘责，因以罢归，居武夷八曲之涵翠洞及琯江之百洞山，与生徒讲学，老而不倦，年八十三卒。崇祯初，诏复具官，居乡多举公益，如修城堡、疏水利、修学校、置社仓义田、恤孤寡、济凶荒，故至今海滨人犹祠祀不绝。其集以多论明清间时事，诸疏中称清人为奴虏，为贼敌，是以被禁。原书分十八册，未分卷，以版片久毁，流传绝少。兹集为民国十七年，琯江林焕章据旧本校抄，缩为六册，编次以体，悉仍旧贯，卷首增刻公像与传及叶向高序。其文大抵多经济议论，切于实用，非浮绮泛泛者可比。董可威序其文为“雄深奥雅，飘飘乎若崖谷逶蛇，烟岚霖叠，忽而雷电交作，忽而波涛澎湃起立，忽而天清日霁，泬寥空廓，莫测其所以。”则其文又以气象见称矣。

《曹大理集》十三卷，十二册，明曹学佺著，明刻本

曹学佺字能始，号石仓，侯官人，生于明万历二年（1574），举万历二十三年进士，授户部主事，调南京大理寺正，居冗散七年，肆力为诗，作《金陵初稿》《金陵集》诸篇。天启二年（1622）起广西右参议，初“梃击”狱兴，刘廷元辈主疯癫，学佺著《野史纪略》，直书其事本末，旋廷元附魏忠贤，劾佺私撰野史，淆乱国章，遂削籍为民，并毁其所镂板。及崇祯立，诛魏党，并复学佺官，辞不赴，家居二十年，肆力著述，所居曰“石仓园”，常与徐兴公、林公度等诸友游唱其中，作《石仓十二代诗选》，又广罗群书，欲修儒藏未成。两京继陷，唐王立于闽中，国号隆武，起佺为太常卿，寻迁礼部右侍郎，进尚书，加太子太保。隆武二年（1646），清兵破闽，乃入鼓山投缳以殉，年七十四，时为清顺治三年（1646）。其著述甚富，总名《石仓全集》，计百卷，兹所存者为《金陵初稿》一卷，《金陵集》三卷，《浮山堂集》一卷，《石仓诗稿》一卷，《福庐游稿》一卷，《石仓文稿》六册，已不全矣。万历中，闽中文风颇极一时之盛，盖即学佺为之倡也。叶向高序其诗为刻意三百篇，取材汉魏，下及王右丞、韦苏州，其文则如韩昌黎。王士祯亦称其诗得六代三唐之格，（见古夫《干亭杂录》）。迨晚年国变后，尤多悲怆感慨之作，盖亦遭际使然耳。兹录其《癸未上巳李子素直社城楼即事》一首云："豫章诸郡彻哀笳，闽海犹然天一涯。三月高光临上巳，两京消息隔中华。登楼预想鱼丽阵，入幕谁为燕子家。世味不知如此恶，且将情况试新茶。"其全集被禁于乾隆四十七年（1782），故传世者绝少，兹所存者不过其中年所作之残本耳，然尚为明刊本，亦难得也，首有叶向高序。

《高子遗书》十二卷附录一卷，八册，明高攀龙著，光绪二年（1876）重镌，无锡东林书院版

高攀龙字存之，号景逸，无锡人，生于嘉靖四十一年（1562），万历十年举于乡，尝从罗止庵学为程朱之学，万历十七年成进士，旋授行人司，屡上崇正学、辟异说、讲学勤政、发帑理财之疏，有行有不行。行人署中多存书，遂恣意探讨，手自摘录，为日省崇正诸编。力求反躬践实尊养德性之道，故日以取友问业为事。万历二十一年以疏诋郑材、杨应宿，语涉愤激，谪为揭阳典史之官七月，以事归省，寻以连遭亲丧，遂不出，筑室湖滨曰"可楼"，为终老计。又集同志多人，筑东林书院，每月与顾宪成集吴越士绅，会讲其中，其学以程朱为的，复性为主，知本为宗，居敬穷理为业。为人操履笃实，静心诚意，一出于正，一时海内尊为儒宗。及天启改元，诏起光禄寺丞，进少卿，署事数月，力裁积弊，又疏劾"梃击""红丸"诸案，力陈方从哲、郑国泰罪状，旨责多言，欲交廷臣议处，赖叶向高维持，仅罚俸，旋擢为刑部侍郎。魏珰用事，排斥东林诸子，缇骑四出，矫旨逮捕，攀龙遂引罪归里。旋闻周顺昌就逮，捕将及己，自度不免，乃从容草遗表，肃衣冠，投池死，年六十五，时天启六年（1626）也，远近闻其死莫不伤之。崇祯初，赠太子少保兵部尚书，谥"忠宪"。所著有《周易简说》《春秋礼义》《二程节录》《正蒙释》诸篇，其《高子遗书》为其门人陈龙正于崇祯四年（1611）汇先生自订之《就正录》诸书，及其未编遗言，分语、札记、经说、辨赞、讲义、语录诗、疏揭、问、书序、碑、传记、谱训、墓志、表、状、祭文等为十二卷，末附先生之志状年谱等一卷。纪昀评其“讲学之语，类多切近笃实，阐发周密，诗意冲澹，文格清遒，均无明末谶诡之习。”其集初刻于崇祯间，再刻于康熙二十八年（1689），乾隆间版遭禁毁，后以收入《四库全书》，乃稍复出，然存者已绝少矣。迨至光绪初，始复梓于无锡，其间所谓违碍字句，均已削去矣。首有汪琬、徐秉义、秦松龄、徐永言、钱士升、陈龙正诸序，末有从孙芷生又叶裕仁、周士锦跋。

《存真集》十二卷，十册，明邹元标著，明刊本

邹元标字尔瞻，号南皋，江西吉水人，幼颖悟，九岁通五经，师事泰和胡直，得王守仁之学。举万历五年（1577）进士，观政刑部，以疏劾首相张居正，杖戍都匀卫，卫在万山中，夷獠与居，元标处之泰然，益研心理之学，学以大进。谪居六年，居正殁，起为吏科给事中，正直敢言，疏陈培圣德、观臣工、肃宪纪、崇儒行、饬抚臣五事。慈宁宫灾，复上疏陈时政六事，谏帝勿留意声色游宴，帝怒其刺己也，贬之南京刑部，旋就迁兵部主事，改吏部，进员外郎，居南京三年，移疾归，旋遭母丧，里居讲学，从游甚众，名高海内，中外疏荐遗佚凡数十百上，莫不以元标为首，卒不召用。居家垂三十年，泰昌元年（1620）召拜大理卿，未至而光宗崩。天启元年（1621）四月入朝，首进“和衷”之说，言朝臣应以和衷共济，论人论事，勿怀偏见，乃疏请召用赵南星、高攀龙、刘宗周等十余人，帝皆嘉纳。初元标立朝以方严见惮，自是为和易，时朋党方盛，元标心恶之，然卒未能矫其弊，乃与冯从吾建首善书院，集同志讲学，时忠贤方窃柄，传旨谓宗室之亡，由于讲学，将加严谴，幸叶向高为之力辩得免。标知无可为，力请乞休，加太子少保以归。天启四年卒于家，崇祯初谥“忠介”。著有《南皋语义》《愿学集》《存真集》《太乙山房疏草》等书。《存真集》亦名《邹忠介公全集》，皆先生酬酢之文也，计卷一为书，卷二至四皆为序，卷五为记，卷六传赞，卷七至九皆志铭，卷十为行状碑碣，十一杂著题跋，十二则皆奠文。其文承姚江支派，规矩准绳颇称谨严，而以质朴为主。此集以集内多处有称满人为“酋虏”字样触悖，且满清鉴于明末朋党祸国，务为严禁，对于东林诸子文集，皆与销毁，故是书亦被列入《全毁书目》，传者甚鲜，兹集为元标子燧所裒录，其云孙椿熇重梓，首有天启壬戌（二年）赵南星序。

《数马集》五十一卷，十六册，明黄克缵著，明刊本

黄克缵字绍夫，福建晋江人，万历八年（1580）进士，累官至山东左布政使，就迁右副都御史，巡抚其地，疏请停矿税，减商税，赈灾黎，汰滥费等，惠政甚多，屡以平盗功，加至兵部尚书。万历四十年，诏以故官参赞南京机务，为御史李若星等所劾，遣家候命。居三年始履任，疏陈时政，多痛切语，改官刑部尚书，预授两朝顾命。天启初“移宫”“红丸”“梃击”三案起，克缵持议与东林党异，于是攻击者纷起，克缵独排之，魏忠贤得势，创《三朝要典》，克缵为首功，时东林方盛，克缵以疾辞归。天启四年（1624），忠贤既逐东林，起用克缵为工部尚书，视事数月，与忠贤忤，复引疾归。崇祯元年（1628）诏起南京吏部尚书，有劾之者不就，旋卒。有《古今疏治黄河全书》《数马集》《百氏绳愆》。其《数马集》《百氏绳愆》二种，均为乾隆禁书，《四库》不收。《数马集》分五十一卷，首九卷为奏疏，十至十八为诗赋，其余皆序记书铭等文，卷首有其门生杨景辰序，须以“数马”名者，取右丞相数马而对汉帝以示醇谨，兹借以名集，益以示其乾惕兢业之心也。版为明原刻本，传世极少。

《左忠毅公集》三卷，《年谱》二卷，四册，明左光斗著，道光己酉重刊本

左光斗字遗直，一字共之，号浮邱，又号沧屿，安徽桐城东乡人，生于万历三年（1575）九月初九日，举万历三十五年进士，除中书舍人。万历四十七年选授御史，直声动海内，尝巡视中城，捕治铨胥、金鼎臣等，获假印七十余颗，伪印文卷百余件，假官百余人，辇下震悚，京畿为之一清。出理屯田，大兴水利，教民艺稻，时奸珰魏忠贤当国，与李选侍结党为奸，发生“移宫”“红丸”“梃击”三案，公上疏劾之。与杨涟、赵南明、高攀龙等相结，务为危言核论，奏魏忠贤二十四大罪，三十二斩罪，忠贤先知之，矫旨下光斗等于狱，遣使往逮之，父老子弟拥马首号哭，声震原野，下狱后，诬赃二万，严刑拷问，五日一比，与杨涟同日拷毙狱中，时称六君子，是为天启五年（1625）七月二十四日也。卒年五十一，既死赃犹未息，逮其家族，坐是尽破，母先皆死。及忠贤被诛，于崇祯二年（1629）追赠太子少保，谥“忠毅”。兹集共三卷，卷一二皆奏疏，三为诗，首有方震孺、陈子龙、方履中序，并《明史列传》，附刻《年谱》二卷，则为乾隆四年（1739）所刻，其集至乾隆四十三年被列禁书，大抵以其疏中有关于辽东防卫之事，如《急救辽东饥寒疏》《辽士万苦千辛疏》《专设援辽事例疏》等，皆语涉忌讳，四库馆查办，违碍书籍条款第一条有云：“自万历以前各书内偶有涉及‘辽东’及‘女直’、‘女真’诸卫字样者，外省一体送毁……”兹版遇有此等字样之处，皆留空白，尚可窥见该书在乾隆间被禁之迹也。考是书原本应为五卷，此本缺尺牍、杂文二卷，盖左氏祠堂刊本系不全本也。

《夏峰集》十四卷，《补遗》二卷，八册，清孙奇逢著，道光乙巳大梁书院重刊本

孙奇逢字启泰，号钟元，以讲学于辉县苏门山之夏峰，学者称夏峰先生。万历十二年（1584）生于保定之容城。鼎革后圈其地入旗，移居卫辉，故入卫辉籍。万历二十八年举人，少负奇节，内行笃修，尝与定兴鹿善继（伯顺）为莫逆交，以贤圣相期勉。二十此后以连丁父母忧，哀毁成疾，有司建坊旌其孝，家故贫，日食常不继，然讲学自如，虽有济之者，皆婉却之。自言从患困苦中，体认心性本源，以慎独为宗，天理为要，故淡于仕进。天启五年（1625），魏忠贤祸国，左光斗、魏大中、周顺昌等皆以党狱被逮，诬赃巨万，奇逢与诸友谋募金营救，未果而三君已先后被拷毙，乃为经纪其丧，且按籍还所醵金，时人义之。御史黄宗昌等交荐之朝，屡征不就。崇祯九年（1636）清兵薄容城，先生率兄弟族党与有司分城守御，城赖以保。崇祯十五年，近畿盗贼猖獗，乃率子弟门人隐居易州五公山，从者数百家，为之修武备，严约束，暇则与其徒讲学习礼，弦歌之声相闻，盗贼相戒不敢犯。明社既屋，先生年已六十一，清廷诸臣交章荐引，前后凡十一征，皆固辞不就，海内皆以孙征君称之。晚年慕辉县百泉之胜，且为邵康节诸儒讲学地，乃移家夏峰，筑堂曰“兼山读易”，率子弟躬耕，四方负笈而从者日众，皆授田使耕，公卿过者辄屏驺从，以一见先生为荣，居夏峰二十五年，于康熙十四年（1675）四月二十一日卒，年九十二，葬东原，门人千里会葬，卿士大夫数百里吊奠不绝，郡祀百泉书院。道光八年（1828）诏从祀孔子，其学原本象山阳明，以澄澈为宗，和易为用，然亦不非程朱，故人目之为朱陆之调和派，其所言务切实际，不为空论，盖先生饱经丧乱之余，抱穷则励行之旨，故其成就有独到者。其要著有《四书近指》二十卷,《理学宗传》二十六卷，他著有《读易大旨》《尚近指圣事录》《四大案录》《甲申大杂录》《乙丙纪事》《孙文正年谱》《岁寒居文集》《岁寒居答问》《孙征君日谱》《畿辅人物考》《孝友堂家规》《中州人物考》《四礼酌取节录》等书，凡百余卷，兹《夏峰集》即其重孙佺自《岁寒居集》中裒录厘订而成者。乾隆间以集中所叙明季事，语涉忌讳被禁，百余年后，始由钱仪吉于道光二十五年删去所谓禁避者数篇，重梓行世，前有仪吉序，及张镜心、魏裔介、赵御蒙、其孙佺诸旧序，其书已收入《畿辅丛书》。

《楼山堂集》二十七卷，明吴应箕著，贵池刘氏刻《二妙集》本

吴应箕字次尾，一字风之，号楼山，安徽贵池人，生于万历二十二年（1594），少即喜治诗古文辞，亦喜声伎娱乐，为复社之领袖，崇祯十五年（1642）举人，阮大铖以附魏珰削籍，侨居南京，应箕诸名士为《留都防乱公揭》讨之，列名者有黄宗羲、顾杲、冒辟疆、侯方域等百四十余人，大铖愤甚，然无如何也。及北京陷贼，弘光立南都，大铖骤得志，捕党人周镳下狱，应箕入视，大铖欲捕之，乃乘夜亡命去。清兵南下，南京不守，箕乃帅门徒纠合义兵以抗清师，计复建德、东流等县，声势颇甚。时歙州金声首倡义举，奉隆武正朔，箕起兵应之旋败，乃入山据险，飞檄诸郡，丑诋乡人之降清者。于是怨者咸为清军耳目，百计偿缉，遂被执，不屈，将戮之市，一卒以刀拟之，箕叱曰“吾头岂汝可断耶？”乃顾谓清总兵黄某曰“尔官自持刃，且勿去吾汉服巾帻，将以见先朝于地下也”，遂遇害，年五十二，时清顺治二年（1645）也。黑面紫髯，奕奕如生，历三日不变。著有《启祯两朝剥复录》及《楼山堂集》等。其集于崇祯十二年，诸弟子为刊于南京，清师既破南都，镂版不可复得。顺治间，刘廷銮、吴非始为搜集散佚，编为二十七卷又遭乾隆之禁，其书几绝。同治四年（1865），始由当涂夏燮刻于江西，旋版亦零落。此则于光绪二十五年（1899），贵池刘世珩得夏燮刻本，与刘城《峄桐集》，合刻为《贵池二妙集》。盖用朱竹垞《静志居诗话》所谓“伯宗次尾，贵池二妙”之语耳。《楼山堂集》为文十九卷，分论七卷，辩一卷，策三卷，议一卷，书三卷，序二卷，传记一卷，檄、问、对、书后、说、祭文等合为一卷，赋乐府合一卷，其余七卷为诗。其诗文凌厉横绝，一如其人，尝自云："文自韩欧苏后，几失其传，吾文足以起而续之。"其论诗则云："吾生平不为拟古强笑不欢，非中怀所达故也。"集中之关兵事各策，尤多清朝忌讳之语，诗如《闻虏警有感》《无鸡行》《任邱行》等作甚多，皆描叙清虏虐民蹂躏之状。今集中遇有"奴""虏""鞑酋"字样，均已涂黑，已非原来面目矣。

《峄桐集》二十卷，明刘城撰，刘世珩刻《贵池二妙集》本

刘城字伯宗，晚号存宗，贵池人，生于万历二十六年（1598），与吴应箕同为复社巨子，皆以古文名家。崇祯十二年（1639，时年四十二）由诸生荐举郴州知州及九江同知，均辞不赴，世称刘征君。性嗜古如饴，积书至数万卷，昼夜披览，不少休止，精于史籍易理。崇祯十七年闯贼陷京师，明帝殉国，五月福王立南京，池州始闻京师凶问，先生与吴次尾为位哭于野。旋避兵峡川山中，日居土室，以唱和游观自晦。顺治七年（1650）卒，年五十三。私谥"文贞"。所著《峄桐集》文十卷，诗十卷，为其殁后子廷銮汇已刻未刻稿，嘱和州戴移孝所编，初刻于康熙十七年（1678），有康范生、余怀、吴非、邵嘉等序。乾隆修《四库》，旨令禁毁，经时二百余年，至光绪间，刘世珩始假得六合黄氏所存原本，与《楼山堂集》合刻为《贵池二妙集》。邵嘉评其文曰："结构不疏，力去陈言，有自然之藻绩，精明严洁，适当乎理，乐府借古缀辞，颇多托讽，骎骎乎趋汉魏间，其他五七言诸体，思深可诵。余怀谓其诗于甲申以后，多沉郁浏亮，与杜甫诗相伯仲，盖亡国以后罗愁抑郁，故其所发不同凡响也。"今集中涉及清代忌讳字眼，均已涂墨，如《燕台集序》《官子制义副镌序》《池州防守议》《饶氏传》等，诗则风雅诸叶，皆叙述当时满虏入关，民间情状，故削版之处亦最多，其集以"峄桐"名者，盖其无兄弟，取"峄阳孤桐"之意也。

《金忠节公文集》八卷，明金声著，光绪十四年（1888）黟县李氏重刊

金声字正希，安徽休宁人，生于万历二十六年（1568），少好学，崇祯元年（1628）进士，授庶吉士，明年大清兵迫通州、昌平，京畿震动，声慷慨陈词，力荐草泽英雄申甫捍御强敌，申甫为云南僧，知兵能制战车火器，崇祯用其言，授甫副总兵，仓猝间募得新兵数千，皆井市游手也。当时权贵与声素相左，军需不时给，柳林总理满桂兵，与甫亦不能合作，互相猜忌。清兵临郊外，甫不得已恸哭缒城引众出，结军营于卢沟桥，清兵绕攻其后，御车者惶惧不能转，歼灭殆尽，甫亦冲锋阵亡，遗骸矢刃殆遍。声伤痛之余，屡请练兵，连络朝鲜以牵制之，皆不果用，遂疏乞归，屡召起用，皆不赴。时乡多盗，乃团练义勇以为捍御。北京既破，清兵南犯，声与其门人江天一纠义勇守绩溪，屯军分守六岭，于是宁国邱祖德、泾县尹民兴、徽州温璜、贵池吴应箕等皆起兵应之。乃遣使拜表闽中，唐王命章赤心授声右都御史，兵部侍郎，总督南直军务，旋清兵攻绩溪，相持累月，祖德、民兴等多败死。徽故御史黄澍降清，诈称援兵入城，遂执金声及江天一等至南京。时改服已久，声与天一犹服明衣冠，道路聚观如堵。清廷欲降之，不屈从容饮刃死。时隆武元年，即顺治二年（1645）十月十八日也。年四十八。唐王赠“礼部尚书”，谥“文毅”。乾隆四十年（1775）谥“忠节”。其集旧刊于楚中，名《金太史集》，禁书案起，销毁殆尽。此为光绪十四年黟县李宗煝搜得旧本重刻，改名《金忠节公集》，首有宗煝序并乾隆上谕、《明史》列传、《南疆绎史》列传等。论者谓其文笔力坚锐，原本性情，有震川法度。全书分八卷，卷一策、馆课，卷二奏疏，卷三至五书，卷六序，卷七寿序，卷八碑记、传、祭文、墓铭等杂文，以避忌讳故，奏疏书牍中遇有“夷虏”字眼，均已削去，代以方圈矣。

《寒支集初集》十卷，《二集》四卷，清李世熊撰，同治甲戌刻本

李世熊字元仲，号媿庵，福建宁化人，生于明万历三十年（1602），为明诸生，少豪宕不羁，于书无所不窥，而独好韩非子、王元美、李卓吾之书，每纵论古今兴亡，慷慨自负。年四十三，贼破北都，崇祯殉难。乙酉（1645）隆武立于福州，黄道周、曹学佺疏荐世熊为翰林博士，辞不赴。清兵既破闽，开科岁贡，熊杜门不出，祝发名寒知，以锢疾力辞。时镇将高守贵赍书招之，亲友逼入郡，世熊复书云：“来书谓不出虑有不测，夫死生有命，岂遂悬于要津，且余年四十八矣，诸葛瘁躬之日，仅少六年，文山尽节之辰，已多一岁，何能抑情违性，重取羞辱哉？”其重气节也如此。故虽溃贼流寇，亦恒敬之不敢犯。

年六十四乃由虔吉入青原山访愚者大师，复顺流下南昌，泛彭蠡，登匡庐，放浪山水，与谢文洊、彭士望、魏禧、魏礼等游，甚相契。康熙十三年（1674）三月，耿精忠叛闽，遣使敦聘，世熊严拒之得免。年八十三修《宁化县志》，八十五岁卒，著有《寒支集》《钱神志》《史感》《物感》《狗马史记》等书。《寒支集》初刻于康熙九年，其集经乾隆间列为禁书，原版无复存者，道光八年（1828）始由姚江陈垲重梓，兹则为同治十三年（1874）重印本。《初集》为诗二卷，文八卷，二集诗一卷，其余皆属文，而其文亦实胜于诗。所作大抵国变以前多激发之响，入清以后，则多呜咽之音，故所述多明季节烈之士，盖亦借以激发民族故国之思，如《邱明大传》《明秀才李右宜传略》《答官公璧书》等，皆无所忌惮之作，无怪其集之遭禁毁也。

《白耷山人集》六卷，六册，明阎尔梅著，民国十一年翻印本

阎尔梅字用卿，号古古，以其耳长大，白过于面，故又号白耷山人。徐州沛县人，生于万历三十一年（1603），少善属文，十六岁为诸生，崇祯元年（1628）入京，得交万年少、杨维斗诸子，三年举京兆试，后以忤阉党，遂罢公车，居乡里以忠孝持身，崇祯六年，南游苏杭，叹其风俗侥漓，遂去之。崇祯十五年，山人年四十，以寇氛四起，乃集其家僮，又选其乡之能者，教以武事，严申约束，贼有犯者，辄大破之。越二年京师陷，山人适居母丧，闻信哭七日不食，死而复苏，因作《燕山诗》以哀之（见卷五七古），次年弘光立南京，山人走见史可法于白洋河，陈镇抚高杰策，不听投以书（书见集中）而去，遂东走淮安。是年五月清军入淮，山人率河北壮士谋抗之，淮人惧为累将出首，山人知大势已去，乃间道归沛。时清廷大开会试，罗致天下举子，其友朋辈咸欲令就试，屡作书招之，山人皆辞不赴，且薙发自称"蹈东和尚"。旋走山东，联络四方豪杰谋匡复。顺治九年，即永历六年（1652）事发，漕督沈文奎捕置之狱，无何得脱归，沛有司捕之急，其妻张氏及妾皆被迫自缢死。山人与其幼子逃之河南，北走陕西入咸阳，遍游周汉诸陵，旋逾秦岭过汉中入蜀，又东下游襄郧诸山，而抵江西之庐山。时永历已殉国于缅甸，而山人山东之案亦结，乃于康熙元年（1662，时山人已六十岁）还沛，而离家已达十年矣。自是屡出游，足迹遍赵魏秦陇间，所至辄访明遗老。尝数哭先朝陵寝，及返沛年已七十一

矣。康熙十八年卒，年七十七。山人不修小节，性直善饮，遇有所不讳，即权要亦骂之，义形于色，此海内有“阎古古善骂座”之称。生平以诗名，所至辄发为吟咏，其诗文类皆忠义奋发，激励民族思想之作，如《帝统乐章》排斥猾夏，借历代夷狄沦胥华夏之实而为之歌，《燕京五咏》有云：“扫除胡种落，光复汉威仪。”又云：“敬塘先纳地，耶律继穷兵。祸自中原召，功为外寇成，久之天意厌，獗厥圣人生。瓦剌三犁后，王藩改帝京。”又有“神州多变故，鬼国出英雄。河朔光华郁，金元气数穷。陆沉年四百，复见主人翁。”又《燕京颂》一首，有句云：“偶被渥温尘帝座，归还华夏启神宫。长城远扆敦煌右，大海环收肃慎东。”又有“箕尾寅宾须有为，金元猾夏岂能胜。”又《哭先帝陵》一首云：“遁迹江湖二十春，偺来故国察风尘。煤山改作招魂路，柴市渐无洒血人。褒剪圆蹄充靺鞈，缨蟠小顶饰金银。可怜天寿诸陵户，犹点香灯哭忌辰。”集中指斥清廷，鼓吹民族思想之处，不胜枚举，凡此皆冒当时之大不韪书之，故其集悬为厉禁，赖秘密留传，经时三百年始复现于今日，然几经删削，散佚泰半矣。前集于民八由泗阳张湘文（慰西）搜得旧本重为校订，为作年谱、序、跋，并附刻山人孙圻所作传及邓之诚跋，汇为一卷，《白耷山人诗》四卷，杂文一卷，《题阎古古全集》，末有吴其辕跋。

《峤稚》二卷，一册，明邝露著，影印海雪堂写本

邝露字湛若，广东南海人，生于明万历三十二年（1604），死于永历四年（1650），为明诸生，少擅书法，工诗文，慷慨自负，尝游阮大铖之门，为大铖作集序，屡称大铖为石巢夫子，以此诒讥于名教，时明季乱起，乃历游于粤西吴越间，及唐王立于福州，仕为中书舍人。清兵入闽，乃走广州，依永历帝。清兵攻粤，城破，露义不改节，抱平生所宝古琴，徐还所居海雪堂不食而死，年四十七岁。王士祯诗所谓“南海畸人死抱琴”者，即志其节也。著有《赤雅》，乃其游广西时遍历岑、蓝、胡、侯、槃五姓土司，因为瑶女云婵娘掌书记，归而述其所见其山川物产风俗之作也，《四库》收之。《峤稚》者，盖所作诗文集也，系以其手书开雕，首有阮大铖序，其诗清旷超妙，不染人间烟火气，颇有李白意境，兹举其《边风》一首云：“地角寒初敛，天歌风乍飞。大旗危欲折，孤将足何依？送雁侵胡月，惊霜点铁衣。可能吹妾梦，一为达金微。”又《黄

鹤楼》云："汉阳芳树古今情，逐客南浮雁北征。天属水连巴子国，月明人在武昌城。白云依旧过全楚，黄鹄何年控太清。日暮数峰清似染，九疑无恙隔湘英。"惜其书于乾隆年间列入禁书，原本传世者绝鲜。

《南雷文定》二十二卷，附录一卷，八册，清黄宗羲著，耕余楼藏本

黄宗羲字太冲，号南雷，学者称梨洲先生。浙江余姚人，生于万历二十八年（1610），十四岁即为诸生，父尊素以劾魏忠贤死诏狱，及崇祯即位，羲草疏入京讼冤，卒得复仇。归从刘宗周游，愤科举之学锢人思想，乃肆力于学，"十三经""二十一史"及百家九流、天文、历算、道书、佛藏，靡不精研。年三十五，清兵入关，旋至浙东，刘宗周死节，鲁王监国，宗羲乃纠合里中子弟数百人，从孙嘉绩、熊汝霖守于江上，号"世忠营"。宗羲授职方郎，寻改御史。及军溃，宗羲走四明山结寨固守，山民畏祸，突毁其寨，乃间道归里。而迹捕之檄纷至，乃奉母隐于化安山中，毕力著述。顺治六年（1649），闻鲁王在海上，乃赴之，时清廷下诏，凡前明遗孽不顺命者，录其家口。以闻宗羲恐母罹罪，遂变姓名，易服归。以当事搜捕甚急，乃东迁西徙，迄无宁居。鲁王既覆，宗羲知不可为，乃奉母返故里，致力著讲，四方请业之士日至。年五十八，主讲于越中证人书院以申刘宗周之绪。次年复东之鄞县、海宁诸地讲学，从者甚多。康熙十七年（1678，时年六十九）诏征鸿博，宗羲辞以疾，且言母老。康熙十九年诏修《明史》，御史徐元文以宗羲荐，羲固辞，乃诏取所著书关史事者付史馆为参考。康熙二十九年（时年八十一）诏访求遗献，刑部尚书徐乾学复荐之，仍不出。然羲虽不在史馆，而史局每有疑事必咨之，其为世所重者如此。康熙三十四年卒，年八十六。其成就甚巨，于经则著有《易学象数论》六卷、《授书随笔》一卷、《春秋日食历》一卷、《律吕新义》二卷、《孟子师说》二卷、《明夷待访录》一卷、《深衣考》一卷。于史有《明史案》二百四十四卷、《宋史丛目补遗》三卷、《四明山志》九卷、《明儒学案》六十二卷、《宋元学案》各若干卷、《二程学案》二卷。于天文则有《大统法辨》四卷、《时宪书法解新推交食法》一卷、《圜解》一卷、《割圜八线解》一卷、《授时法假如》《西洋法假如》《回回法假如》各一卷、《历代甲子考》一卷。于集则有《明文海》四百八十二卷，又著《南雷文定》《文约》《诗集》等数十种。其为学以修德为心学之本，以慎独为入德之要，意在实践，不喜空疏，以破明儒之积习。说经则宗汉儒，立身则宗宋学，尝自谓受业蕺山（刘宗周）时，颇喜为气节斩斩一流，所得尚浅，忧患之余，始多深造，盖其四十七岁以前，奔走国难，无暇为学，故造诣未深，其后一意于学，成就始宏也。然鼎革之后，尤抱遗老之痛，时怀恢复之念，故其论调亦多革命思想，如《明夷待访录》中之《原君》《原臣》等编，《南雷文定》者所以辑其言论思想之园地也。自云系由《南雷文案》《吾悔》《撰杖》《蜀山》诸集中钩除之余，汇为四集（前集十一卷，后集四卷，三集三卷，四集四卷），盖已删去三分之一矣。又云所载多亡国之大夫，俾补史氏之缺文，在彼清初嫉视汉族之时，专制淫威之下，对于明季孤臣轶事，讳莫如深，而先生独勇为表彰，无怪其书之痛遭禁毁也。他如《答钱牧斋先生流变三叠问》《破邪论中科举》《骂先贤》诸说，则尤触乾隆之大忌矣。末附录一卷，则皆时人如钱谦益、顾炎武、沈寿民、李清等之来书，此数子者盖亦乾隆之所深恶痛绝，其著作皆遭毁弃者也。

《变雅堂文集》四卷，《诗集》十卷，附录一卷，八册，清杜濬著，同治九年（1870）鄂刻本

杜濬字于皇，号茶村，湖北黄冈人，生于明万历三十九年（1611），为明副贡生，以避流寇张献忠之乱，避地金陵，遂久客焉。居鸡鸣山之右，茅屋数椽，不蔽风雨，入清后，以奇节自励，不求利达，一意为诗，以此闻天下，然不欲以诗人自名也。金陵为四方冠盖往来之冲，大吏贵人求诗者踵至，濬多谢绝，然独推重宣城沈寿民（眉生）、吴中徐枋（昭发），性廉介不轻受人惠，晚年穷饥自甘。王献定（于一）尝问其穷愁何如往日，濬答云："弟往日之穷以不举火为奇，近日之穷以举火为奇，此其别也。"又曰："吾有绝粮无绝茶，尝举所用茶之败叶聚而封之，谓之茶邱"，作茶邱铭。已而贫益甚。康熙二十五年（1686）窟室于蒋山之阳，多往来于维扬之间，渡江数月，竟死扬州，年七十八，时康熙二十六年六月也。贫无以葬，陈鹏年知江宁府始葬之蒋山北梅花村。先生著述手定凡四十七册，多散失，所传不及十之三。同治间，永康胡凤丹（月樵）曾刊其文于湘中，是本则诗文合集，为刘维桢于同治九年所重梓者。计文四卷，多序、记、传、赞、书、跋之作，其文多激昂慷慨，怨诽跌宕，读之令人怡然有读《离骚》之感。盖亦其遭际使然也。集亦以此遭禁，如集中之《跋黄九烟户部绝命诗》《跋吴初明北征绝句》《复屈翁山书》《书陶将军传》等尤触清廷之忌讳，集之被禁良有以也。《诗集》十卷，初为陈师晋所辑，刘维桢重刻，其诗逸情孤诣，迥出尘表，奇崛警健，略无雕刻粗豪之气，末附录一卷，则皆集诸家与之往来赠答及评记墓碣诸篇也。

《亭林文集》六卷，《诗集》五卷，三册，清顾炎武撰，《亭林遗书》本同治八年（1869）重刊版

顾炎武初名绛，字宁人，号亭林，江苏昆山人，万历四十一年（1613）生，年十四补诸生，耿介绝俗，志操不群，惟与同里归庄友善，共入复社，一时有“归奇顾怪”之目。明社既屋，鲁王立于南部，乃与庄就县令杨永言等起兵抗清于吴江，授官兵部司务，事败走免，嗣母王氏未嫁守寡，闻兵败不食而死，遗命炎武勿事二族。旋唐王立于福州，召炎武，以母未葬不果行。顺治七年（1650）有怨家欲陷之，乃微服作商贾客游江浙间，四谒孝陵，居神烈山下，自署蒋山佣。顺治十二年归里，有仆谋告炎武通海。先生缚而沉之水，事发，赖其友路泽农救之得免，遂去之山东垦田于章邱之长白山下。复遍游北塞，出山海关，所至图其山川形势。顺治十六年，至昌平拜谒明陵，复由太原入关中，垦田于雁门关，苦其地寒，乃付其门人掌之，而身出游。康熙六年（1667）至淮上开雕《音学五书》。次年居京，寻坐莱州黄培诗狱，驰赴听鞫，讼系半年，得有力者解之。狱明复之京，五谒思宗陵寝，自是往返河北诸边，凡十余年。康熙十六年，时已六十五，始置田五十亩于陕西之华阴，营书院卜居焉，以开垦所入，储待有事，盖先生时抱遗民之痛，常存匡复之心，孤忠磊磊，虽老弗渝。生平精力绝人，自老至少，无时不以书自随，虽跋涉边寒间，亦以二骡二马载书而行。凡东西阨塞，东南海陬，所过必呼老兵退卒详询曲折，或与平日所闻不合，即发书检勘，以此著《天下郡国利病书》百二十卷。所至荒山颓壁，有古碑遗迹必披蓁莽去苔藓读之，著《求古录》一卷，《金石文字》六卷，《石经考》一卷，康熙十七年清廷议修《明史》，特开博学鸿儒科，以征海内宿儒，朝臣交荐，炎武以死力辞。徐乾学者，先生之甥也，既贵显为致田宅，欲迎先生归，亦拒不往。康熙十九年，妻殁于故里，寄诗挽之而已。二十一年往曲沃，正月八日坠马成疾，次日卒，年七十，门人奉其丧归葬昆山。所著甚富，除《日知录》《音学五书》《天下郡国利病书》单行外余均收入《亭林先生遗书汇集》(光绪年朱记荣所辑)。今所流传者更有《亭林遗书》，为先生门人潘耒等所辑，计收书十种，《亭林文集》《诗集》皆在内，初刻于康熙间，今刻本字里行间多有缺字，填以方圈，盖所以避忌讳也。《禁书总目》载云："《亭林文集》《亭林诗集》二种，中均有偏谬词句，应行销毁。"故其集《四库》不收。此外尚有《四部丛刊》本与《亭林遗书》本无少异。无锡陈毓修据旧抄本《蒋山佣诗集》校出缺字之原文，附之《诗集》之末，并《附录补遗》十七首，益皆语触忌讳，为潘次耕所改窜者也。先生以长于丧乱之中，鉴于明季积弱之由来，其学多以致用为主，故《亭林文集》《与人书二十五》有云："君子为学以明道也，以救世也，徒以诗文而已，所谓雕虫篆刻亦何益哉？"故终其身不为无益应酬之文，以所叙止为一人一家之事，无关于经术政理之大也。故其集能独脱世人窠臼。此外尚有《亭林余集》一种，此先生之佚文，盖为其门人编集所削去者。先生之忠贞大节，革命思想，慷慨伤怀，扶翼世教之作，于焉裒集。原书为乾隆间彭绍新所刊行，机密流传，幸逃禁网者也。

《日知录》三十二卷，清顾炎武著，同治八年（1869）述古堂重刊本

《日知录》者先生读书所得之札记也。自云积之三十余年，时经改削，始成是编，盖为先生一生精力所汇之作也，书中不分门目而编次先后略以类从，大抵为经义、故治、世风、赋税、田亩、职官、钱币、礼制、科举、艺文、名义、典政、史学、治学、兵事、舆地、天象、术数、考证之属。其学赡博而能一一贯通诸书之源流，考订其谬误，对于学术极有裨益之著作也。炎武鉴于晚明理学之极敝，学者束书不观，空谈心性，故其为学必尚实证，所言必为经世，对于"乌烟瘴气"之理学，尤抨击不遗余力。其立论之综核，思想之革命，皆可于此书见之。是书初刻于康熙三十四年（1695），为其弟子吴江潘耒刻之闽中，乾隆禁书案起，加以立论偏谬之罪名，列为禁书，然纪昀修《四库》，尚收其书而系之评语云："炎武生于明末，喜谈经世之务，激于时事，慨然以复古为志，其说或迂而难行，或愎而过锐。观所作《音学五书后序》至谓圣人复起，必举今日之音而还之淳古，是岂可行之事乎？潘耒作是书序，乃盛称其经

济，而以考据精详为末务，殆非笃论矣。”然学者终以其浩博，虽禁而藏者宝之。如阎若璩、钱大昕、沈彤等尤推重其书，为之校定，经时百余年，评释其书者至八十余家，至道光十四年（1834）嘉定黄汝成为之集释，复集诸家本，条其讹误，为《刊误》二卷，以附之末。

《同人集》十二卷，明冒襄辑，咸丰九年（1859）重雕版

冒襄字辟疆，号巢民，又号朴巢，江苏如皋人，生于明万历三十九年（1611）。崇祯十五年（1642）以副贡生特举司理官，以亲老不仕。少游董其昌门，其昌以王勃目之，既冠风流蕴藉，文采辉映，所与游者，皆当时俊彦，如桐城方以智（密之），归德侯方域（朝宗），宜兴陈贞慧（定生）皆为莫逆，时称“四君子”。襄尤高才飚涌，矜持名节，时天启间阉党祸国，掠死东林六君子，襄因与其遗孤结复社于金陵，置酒桃叶渡，慷慨悲歌，痛詈马阮，马阮故阉党也，憾之刺骨。及当国大兴党狱捕贞慧几死，襄仅免。国变后，定生、朝宗相继没，密之为僧已去，襄虽屡被荐召，皆辞不就，家故有水绘园，饶池沼亭馆之胜，乃广邀四方名士，自教声伎，制词曲，游宴无虚日，每于酒酣耳热，纵谈前代名卿党逆门户，排击是非邪正。南都才人学士、名倡狎客、遗逸缁羽之伦，皆来就之，有宾至如归之乐。又好周人之急，尝鬻产两救凶荒，而园亦遭火，家由是中落。晚年却埽家居，构匿峰庐以图书自娱。年八十犹作擘窠大字，体势遒媚，人争宝之。康熙三十二年（1693）十二月卒，年八十三，私谥“潜孝先生”。著有《水绘园诗文集》《朴巢诗文集》。兹《同人集》十二卷，系其六十年中师友投赠诗文，皆一时名流硕彦之作，经其裒集成编，其间世事之递迁、人情之迭异、风流之艳迹、慷慨之悲歌，莫不流传简牍，缠绵悱恻（如悼姬人董小宛诗文至百余首）。读之令人于百世后，犹可想见其当日之盛也。全集以体分汇，计卷一序文，卷二寿文，卷三为传记题跋等，卷四尺牍，其余则皆古近体诗及诗余，卷首有李清、吴绮、韩则愈、张大心等序及冒襄像、传、墓志等。原书殆为康熙十四年间所刻，乾隆间列为禁书，安徽抚院闵某且斥之为“悖逆诞妄，语多狂吠”。存版入官，书籍焚毁。兹版为咸丰己未（1859）其族孙冒溶搜得水绘庵原本，据以翻刻，字大清晰，颇为难得佳本也。

《壮悔堂文集》十卷，四册，清侯方域著，嘉庆甲戌重刊本

侯方域字朝宗，号雪苑，河南商邱人，生于万历四十六年（1618），父名恂，为户部尚书，域幼随父宦京师，习知朝事，能别士大夫贤否，颇负气节，又尝问题于倪元璐，元璐教之以为文之法，年二十二应试南京，得交陈贞慧（定生）、吴应箕（次尾）及冒襄（辟疆）等南中诸名士，时故魏阉义儿阮大铖屏居金陵谋复用，诸名士作《留都防乱揭》檄其罪，大铖愧且恚，然无可如何也。因知方域与诸名士善，因属其客通好侯生，方域佯应之，与诸名士置酒秦淮，纵论天下事，语涉大铖，击手唾骂不绝，大铖恨之刺骨。甲申（1644）崇祯殉国，南都拥立福王，大铖骤得志，乃兴大狱，欲尽杀党人，捕贞慧入狱，方域夜走渡长江，依镇帅高杰得免。入清隐居不出，虽以明经累举于乡，辄报罢。初放意声伎，已而悔之，乃发愤为诗古文，刻其集，曰《四忆堂诗集》及《壮悔堂文集》。顺治十一年（1654）卒，年三十七。兹集十卷计分序、书、奏议、传记、论、策、说、书后、墓志、祭文等。其文大抵宗法韩欧而长于叙事，与宁都魏禧、长洲汪琬齐名。因感于明末之时势，故之于文颇多不平之气，而字里行间，每露明室遗民之感，亡国之痛，文中如《宁南侯传》《任源邃传》，所叙皆明末事，尤触清廷之忌，故其集悬为厉禁。其版久灭，兹集于嘉庆十七年（1812）间始经其裔孙资燦重梓行世，然较之原版已汰去文十五篇，如《李姬传》《豫省试策》等，惟尚附存其目以备考，他如篇中有削去字句者，皆语涉忌讳，依四库馆录明季遗集之例，概已删去矣，惜哉！书经二年至嘉庆十九年始刻成，首有徐邻唐（尔黄）、徐作肃二序，末有朱锡谷跋。

《遍行堂集》十六卷，八册，金堡著，宣统辛亥（1911）上海国学扶轮社印本

金堡字道隐，号今释，又号澹归，浙江仁和人，明崇祯十三年（1640）进士，及永历即位桂林，官至御史。时李元允（李成栋子）当国，堡与袁彭年、刘湘客、丁时魁、蒙正发附之，有“五虎”之号，目为“楚党”，把持朝政，与“吴党”陈邦傅等互为倾轧。及李元允出守肇庆，吴贞毓疏劾堡等专横，乃被杖戍。明亡后，堡落发为僧，居韶州之丹霞山庄。嘉湖大丛林皆有其踪迹，所著有《遍

行堂正续集》《丹霞初二集》《梦堞庵诗》《梧州诗》《临青去去集》《粤中疏草》《行都奏议》《四书议》《遍行堂杂剧》等。《全集》旧存韶州丹霞寺，被揭发后，概为销毁，其情形可于乾隆四十年（1775）十一月十六日两广总督李侍尧、广东巡抚德保《查办澹归墨迹诗集丹霞碑记摺》内见之，其略云："臣等伏查僧澹归即金堡，所著《遍行堂正续集》……语多悖逆，不容任其流传，先经臣德保于暂兼督篆任内查出奏明进呈，并将《遍行堂》版片委员解赴军机处在案，兹奉谕旨金堡诗集之外，尚有碑记墨迹等类留存寺中，亟应毁除净尽，臣等遵即密委广州府知府李天培驰赴韶州府会同南韶道李璜前往丹霞，悉心查办，凡金堡所有墨刻墨迹逐一查出，现存碑石，摸拓进呈，一面椎碎抛弃，不使片纸只字复有留存，并将其支派僧众悉行逐出。……现据省中贾寺僧呈出《丹霞志》一部，《遍行堂随见录》一本，与金堡墨刻各种，检阅《丹霞志》内诗文语录，诸多悖逆，且有徐乾学为伊撰制塔铭，知金堡尚有《岭海焚余集》《梧州诗》二种，并查出院两处：一名会龙庵在韶州府东门外；一名龙护院在南雄府城。恐有金堡碑记字迹，及其支派僧众，现亦一体查办。又墨刻内有尚、耿二逆《重修省城光孝寺碑记》系金堡撰文。此碑固应销毁，而逆迹不使留贻。凡伊等所竖之碑，业已一并椎碎。窃思金堡既已托迹缁流，苟延残喘，复与官员结纳，妄逞笔墨，肆其妄吠，实为覆载难容。查《丹霞志》载海螺岩有金堡埋骨之塔，刊刻铭志亦应刨毁。现又飞饬委员查办，不使存留。至金堡当日蹈袭虚声，恐无识之徒。或有将伊诗文采入志乘，臣等已札司调集磨勘。如有记载之处，持板铲削，以清秽迹。……"云云，其雷厉风行，极其专制之淫威，甚至殃及当日助刊之人，收存之人，（如高秉、高楝、高桦等全族之人）相率骈戮，没收其产，盖亦惨矣。（详情见《清代文字狱档》三集）本集原系江南图书馆抄本，首十二卷为文，后三卷为诗，附诗余，前有清来宾县知事当湖沈皞日序及番禺僧今辩序，疚焉以未见前集为言，据此则是编为续集无疑，末有宣统辛亥归安王文濡跋，盖即校刊是书竣事时所作也。在清代文网森严之下，灰烬之余，得此吉光片羽，赖以流传，盖亦幸耳，嗟呼无平不陂，无往不复，在当时者逞其一世之淫威，大兴文字之狱，动辄牵累多人，自谓其压力可以夷灭一切，而百世之后徒为唾骂之资，亦可见直道自在人心，而浩焉之民族正义，纵毕力芟除，而卒难净绝也。

《宁都三魏集》八十三卷，五十册，清魏际瑞、魏禧、魏礼撰，道光二十五年（1845）重刊本

魏际瑞原名祥，字善伯，号伯子，江西宁都人。为明诸生，明敏强记，熟兵刑礼制，国变后，与弟禧、礼并谢诸生，挈家居邑之翠微峰，专肆力古文，士林如李腾蛟、彭士望、邱维屏、林时益、彭任、曾灿等皆依之，以文章气节相砥砺，名震一时，称"易堂九子"康熙十六年（1677）滇将韩大任踞赣，当事议抚之，遣际瑞往说，遇害，年五十八。子世杰（字兴士）自杀殉焉。际瑞治古文喜漆园太史公书，著有《魏伯子文集》十卷，《五杂俎》五卷。禧字叔子，一字冰叔，生天启四年（1624），十一即补诸生，性豪达，负才略。甲申之变，号恸不欲生，谋从曾应遴起兵不果，遂弃诸生，隐居授徒，束身砥行，才名尤噪，人称其兄弟为"宁都三魏"。门前有池，颜其堂曰"勺庭"，学者称"勺庭先生"，少体弱善病，参术不去口，性仁厚宽以接物，不记人过，胸中多奇气，论事无纵横捭阖，倒注不穷，年四十后，遍游江、淮、吴、越间，思广接天下奇士，闻有明之遗民，则虽崎岖山水，必造请益。康熙十七年诏举鸿博，禧亦被征，以疾力辞得放归，后二年，赴扬州，卒于仪征，年五十七，妻谢氏绝食以殉。著有《魏叔子文集》二十二卷，《日录》三卷，诗八卷，《左传经世》十卷。礼字和公，号季子，少鲁钝，受业于禧，力学弗息，寡言笑，急然诺，喜任难事，以郁郁不得志，乃益事远游，足迹遍环中，所至必交其贤豪，物色穷岩遗逸之士，至年五十始倦游，返居翠微峰，教其弟子肆力为文，卒年六十六。著《魏季子文集》十六卷。子世效字昭士，著有《耕庑文稿》十卷。次子世俨字敬士，著有《为谷文稿》八卷，与从兄世杰共称"小三魏"，皆不仕清，其集皆附刻《三魏集》中，三魏之文，凌厉雄迈，不屑规模，且时抱遗民之戚，志存恢复，故遇明之节烈奇士，则益感慨激昂，摹画淋漓，遇忠孝遗孤，尤折节乐道以表彰之。如《叔子集》中之《泰宁二烈妇》《新乐侯》《刘文炳》《蔡忠襄》及《大铁椎》诸传，皆有奇侠节烈之气，为今人所喜诵者。而其集被列于禁书者亦以此。《奏檄咨禁书目》批云："宁都州魏际瑞等合刻诗文全集，其中多有违背，"故《四库》不收。兹集所收，计《魏伯子文集》十卷，附其子魏兴士《梓室文稿》六卷，《魏叔子文集》二十二卷，《日录》三卷，诗八卷，《魏季子文集》十六卷，附其子《耕

庑文稿》十卷，《为谷文稿》八卷，其文皆锋锐有力，一如其父叔焉。

《丘邦文士集》十八卷，清邱维屏撰，光绪元年（1875）重刊本

邱维屏字邦士，号幔庑，亦宁都人，生于万历四十二年（1614），崇祯九年（1636）诸生，为三魏之姊婿也，国变后弃诸生服，同魏氏兄弟隐于翠微山中，蓬头野服，讲学不辍，日坐旧庐松下，歌诵自娱，人称“松下先生”，为“易堂九子”之一。为人高简率穆，廉洁自持，读书多玄悟，对于历数易学，及泰西算法，皆不假师授，冥力思索而得之。僧无可（即桐城方以智）来与布算，惊为神人，以不事家人生产贫甚，所居室如斗大，床灶鸡彘杂陈，衣破敝不能易，然人尝迎至精舍居之，衣以裘缀，直著不辞，视之等于陋室敝衣，盖其重精神生活，非物质所能移也。年六十尚健履。康熙十八年（1679）以病噎卒，年六十六。著有《易剿说》十二卷，《松下集》十二卷，《邦士文集》十八卷，计为文十六卷，诗十七卷，《天君传》一卷，魏禧谓其为文深思穷力，一字不轻下，尝数月数日不成篇，故其发为文辞醖釀积郁，湛深根底，而气体浑脱，无前人章句蹊径。除古文辞外，多数理、易数、阴阳、五行之说，以勾股乘积诸法绘图分合，而更以六十四卦之数引伸，触类旁通增益之。如集中之《玄空五行解》《滴天髓论》《紫微斗数五行日局解》《京房卦气考》诸篇，皆以数解易，奥折出之，真自成一家之学也。其文尤雅洁精微，议论驰骤，别饶理趣，诗亦隽颖，末卷只存《天君传》一篇，盖为性理之寓言也。其集于先生死后四十年，始由其文孙志本鸠集，刻于康熙五十八年，因集中多处抵触清朝忌讳，列为禁书，版已久毁，书亦罕传，经时百余年至道光十七年（1837）复由其六世孙以旧本重付剞劂，而去其字句之有违碍者，故集中多空格，其原缺第十八卷只补《天君传》一篇，他皆不可得见矣。是本则为光绪元年周郁文（简可）重刊本，首有道光三年（1823）河南学政庐浙序及康熙间杨龙泉、郑霁、邱尚志等原序。

《吕晚村文集》八卷，《附录》一卷，一册，清吕留良著

吕留良字庄生，又字用晦，号晚村又号何求老人，浙江崇德县（旧曰石门）人，生于明崇祯二年（1629）。父元学号澹津，万历庚子举人，卒于崇祯元年，故先生为遗腹孤。幼而神悟过人，八岁能文，十六遭丧乱，明社倾覆，先

生眼见故国沦亡于异族，其侄宣忠殉国于虎林，中心疚抑已伏排满之思，故虽于顺治十年（1653）（时年二十五岁）一度应试，旋即弃举业，与其友陆雯若等评选程墨为活。文章一经评选，辄声价十倍。康熙初元（1662），乃读书于家园之梅花阁，与黄太冲（宗羲），黄晦木（宗炎，宗羲弟），高旦中（斗魁），吴自牧（之振）等以诗文相唱和。尝有诗云："谁教失脚下渔矶，心迹年年处处违。雅集图中衣帽改，党人碑里姓名非。苟全始信谈何易，饿死今知事最微。醒便行吟埋亦可，无惭尺布裹头归。"其重气节反异族之思想，洋溢纸上。又云"甑要不全行莫顾，箦如当易死何妨"之句。于康熙五年避不应试，被革，归卧南阳村，与桐乡张考夫（履祥）、盐官何商隐、吴江张佩葱（嘉玲）等发明洛闽之学，编辑朱子书以嘉惠学者。其反清言论，民族思想，无所发泄，一寄之时文评语，大声疾呼，不顾世所忌讳，穷乡晚进有志之士闻而兴起者甚众，先生则身益隐，名益高。康熙十七年，诏开博学鸿词科，网罗遗逸，有以先生之名荐，牒下，誓死不受。十九年又以山林隐逸荐，先生闻之呕血满地，乃于枕上剪发袭僧伽服曰："如是庶可以舍我矣。"僧名耐可，字不昧，筑风雨庵于吴兴埭溪之妙山，四方学问之士晨夕从游。康熙二十二年先生病革，犹补辑朱子《近思录》及《知言集》二书，手批目览，矻矻不休，然卒未成而死，年五十五岁。然先生虽死，其言论思想固传播于士大夫间，故死后四十七（1729）年，于雍正七年间，而有吕留良文字狱之暴发，缘其时有湖南人曾静（号蒲潭）于应试时得读晚村所评时文，内有"夷夏之防"及"井田""封建"诸议论，深合其心，乃遣其徒张熙赴浙访求遗书于晚村之家，晚村子毅中尽授其书，中多排满革命之论调，益深服其说，乃遣张熙上书于川陕总督岳钟琪言其为岳武穆之后，应起而实行驱逐满族，排斥雍正人格之卑劣。钟琪拘之刑讯究问其指使之人，张熙甘死不吐，钟琪乃置之密室，诈许迎聘其师，共谋起事，且佯与发誓，张熙始将曾静供出。钟琪乃具奏并以吕留良之书奏闻，旨提曾静、张熙、吕留良家族及其徒严鸿逵、沈在宽等解赴刑部严讯，其罗缉之广，情形之惨可于《东华录》及《清代文字狱档》等书见之，吕留良及其子吕葆中俱戮尸枭示，吕毅中斩立决，其孙辈及妇女族人等均发配宁古塔给与穷披甲人为奴，其徒严鸿逵、沈在宽均凌迟处死，其祖、父子孙、兄弟、伯叔、父兄弟之子，男子十六岁以上者皆斩立决，男十五岁以下俱给功臣家为奴，财产入官，至于存书之人、刻书之人、作序之人皆被涉及，被累者达数百人，其案牵至乾隆三十二年（1767）始行完结，其情形之酷，有难以笔墨形容者。吕留良遗著评述多至五十余种，然经有清一代不断搜罗焚毁，已磨灭殆尽。是集系阳湖钱振锽（字庸人）所刻活字本，计书四卷。序论文一卷，论辩记、题跋一卷，墓志铭祭文一卷，杂著一卷，末附略一卷，系其子公忠所作，首有振锽序一篇，叙得此集之涯略。

《吕晚村诗集》不分卷，四册

晚村著作经三百年之焚毁，几已绝迹，世人或遇片纸只字珍同和璧。是集系翻印本，其原本或为乾隆间缮稿（晚村子葆中所缮）为黄丕烈（荛圃）所得者。卷端有序三篇，其一云："此吕耻翁诗稿也，翁名留良，字晚村，原名光轮，耻翁乃其自号，或作耻斋，禾之石门人，是册予得于古盐故家某，前有其先人序跋全页，述所得原委及诗隐微之旨颇详，惜某过于谨慎，将序跋拆去毁之，并嘱予讳其事，因识数语于简端，告夫后之得是书者知所宝护弗轻视之。"末署"第七十六甲子之丁亥岁秋七月，既望养恬盦主（丕烈别号）书于武原邸舍"。其第三序则署名"风尘逸客"，兹集为诗共五百有四章，分汇曰《万感集》《怅怅集》《真腊凝寒集》《零星稿》《东将诗》《欬气集》《南前唱和诗》诸篇，末附《补遗》二十四首，盖经其原删而复存者。

《何求老人残稿》不分卷，一册，铅印本，民国十九年常熟言敦源印本

是集与前书大略无异，第所录者只《万感》《怅怅》《梦觉》三集而已。其书原系抄本，盖为敦源之母汪夫人得之于其姑左太夫人，而左氏又得之于其先世者也。首有敦源所作二序及《何求老人传》一篇，盖亦据晚村子公忠所作行略而成者，江安傅增湘（沅叔）所存，与是本无异，惟增补七律一首，注数处，已经敦源校正补录之。按晚村之诗，清禁书綦严，而刊本绝鲜，然重其人与言者，秘密流传，互相传抄，自不能已。其诗颇近宋人，所作多家国身世之感，如《怅怅集》有"跃马谁当据要津，骑牛何处会真人。闭门甲子书亡国，阖户丁男坐不臣。黥卒敢争座豆食，髡钳未许漆涂身。纵然不死冰霜下，到底难迴幕北春。"又如《祈死诗》则云："贫贱何当富贵衡，今知死定胜如生。泰山已抚鸿毛重，鬼窟犹争漆犬明……"又有"清风虽难吹我，明月何尝不照人"诸句，其眷怀故国也如此，其他之寓意深隐者，比篇皆是，有心人可以讽咏会意而得其旨耳。

《吕晚村先生家训》真迹五卷，一册，影印本

是篇首列《梅花阁斋规》，盖先生于退隐家园时课子所定之规则也。次列《家范》以示儿媳者。曰《戊午一日示诸子》则为先生五十岁生辰书，禁其子为其做寿之语。曰《遗命》则为其五十五岁临终之遗嘱也。其他诸篇多系与其子侄之往来书帖之关于家事者。其第五卷则为其示儿之诗文，断简零篇掇拾而成书，末有私淑门人员赓载之跋语一篇。清代以异族入主中华，明室遗逸多抱排满复明之志，武力既不能胜，乃假文字以渐渍文人学士之思想，以鼓吹革命，故其卒也有文字之狱，历雍乾两朝而益厉。人民蜷伏于积威峻法之下者垂三百年，而遗老著作尤被搜括焚毁无遗，晚村之手迹尚得流传于今日者，盖亦幸矣，《禁书总目》作《晚村家训》即是书也。

《屈翁山文外》十六卷，四册，明遗民屈大均撰，吴兴刘氏嘉业堂刊本

大均字翁山，初名绍隆，一字介子，又号泠君，广东番禺人，生于崇祯三年（1630），卒于康熙三十五年（1696），享岁六十七岁。父宜遇，字原楚，别号澹足，为明诸生，国破后以耦耕为业，课子綦严，以明亡，戒其子不仕无义，以洁其身。比永明王（即永历帝）即位梧州乃喜曰，“复有君矣”，使出献策。均乃赴肇庆行在，上中兴六大典，得服官中秘，参永历军事，谋复大明天下，驰驱关塞，备尝险阻，以所图不遂，去为浮屠以自晦。僧名今种，字一灵，一字骚余，尝居南京雨花台之某寺，自作衣冠冢（全集卷八有《自作衣冠冢志铭》）以见志。又居罗浮山中，号“罗浮山人”，中年返儒服，始更名大均，以遨游山水，尝至秦陇，与秦中名士王无异等为友，互为唱和。其诗原本忠孝，写其际遇，故旁薄兴嗟，如其远祖灵均彷徨山泽以寄其哀者，其诗与陈恭尹（元孝）、梁佩兰（药亭）齐名，号“岭南三大家”，有《岭南三家集》行世。兹编为文分为记、序、传、行状、论说、碑、墓表、墓志铭、书后、跋、什□、铭、赞、颂、杂文、引、哀辞、书启、赋等十六卷。其文首列《谒孝陵记》称臣大均，其字里行间尤多怆怀故国，独写孤忠。潘飞声序其文为“精魂毅魄沈郁箧底，终腾作日月光”云云。是书曾于雍正八年十月十九日（1730 年 11 月 2 日）

为广东巡抚傅泰奏请查办，其奏折有云：“查岭南向有三大家名号，一名屈大均号翁山，一名陈恭尹号元孝，一名梁佩兰号药亭，俱有著作诗文，流播已久……查梁药亭诗文无悖谬，而翁山元孝书文中多有悖逆之词，隐藏抑郁不平之气，又将前朝称呼之处俱空抬一字，惟屈翁山为最，陈元孝亦有之。臣观览之际，不胜骇愕发指，伏念我朝定鼎以来，天心笃佑，统一寰宇，德教弘敷，乂安中外，而且文德武功，深仁厚泽，普天率土，白叟黄童，孰不幸生盛世……不意有食毛践土之屈翁山，陈元孝叟狗彘居心，虺蜥为念，秉彝尽丧，乖戾独钟，既不知天高地厚之深恩，妄逞狼嗥犬吠之狂词，诋毁圣朝，盗窃微名，此实覆载所不容者……”其狭仄之丑诋，至堪发噱，甚至拘捕其子孙亲属，频兴大狱，幸翁山子明洪知风，急行自首，得减罪戍边。至乾隆间复行严旨禁毁，斥为逆书，将翁山所著如《寅卯军中集》《翁山诗集》《翁山文外》《翁山诗外》《翁山易外》《四朝成仁录》《广东新语》《登华山记》（此记曾收入《小方壶斋舆地丛抄》）等，一律禁止收存。当时之雷厉风行，可于乾隆三十九年（1774）两广总督李待尧，广东巡抚德保奏折中窥其一斑（参看《清代文字狱档》二集二至九页）。此案牵连数月，罗织多人，《东华录》有乾隆三十九年十一月初十上谕云：“据李待尧等奏查出屈大均悖逆诗文一节，已明降谕旨将私存之屈稔浈等免其治罪，止将其书销毁，并另有旨传谕江浙等省督抚矣。阅屈大均文内有雨花台葬衣冠之事，此等悖逆遗秽岂可任其留存。着传谕高晋（江苏巡抚）即行确访其处，速行刨毁。勿使逆迹久留。将此旨同发出密封，由四百里一并发往。仍着将办理缘由。迅即覆奏”云云。此旨一下，于是存书之家，书贾坊林尽行查缴销毁，而此书之留存者，厥惟番禺潘氏之孤本，阅时二百余年，始得显于当世，亦云幸矣。书末有潘飞声及吴兴刘承幹跋。

《翁山诗外》十八卷，二十四册，明屈大均著，凌凤翔校刊本

翁山之文既毅然有忠蹇之气，其诗则尤多感慨激昂轹轹古今之作，故其自序有比于三闾之志者，观其《出永年作》一首，有句云：“……志士生离乱，七尺敢怀安……断袂别亲友，成败俱不还，诛秦报天下，一死如泰山，宝马与美人，乌足酬燕丹……”沉雄顿挫，可拟易水。他如《歌赠金豁邹子》有：“丈夫生世何坎坷，佯狂为奴谁识我。当年赁作向朱家，此日栖迟寻紫罗。云蒸龙变在何时，怜君白发亦成丝。君臣之义不可解，欲报何须国士知。国士雄才天所产，楚汉纷纷在那眼……”其绻怀故君，欲图报国之情，洋溢满纸，在清代文网森严之下，无怪其痛遭厉禁，斥为叛逆也。是篇为诗凡千余篇，多从《道援堂》《翁山诗略》二集简出，以体分汇，计五古二卷，七言古二卷，五言律四卷，七言律二卷，排律一卷，五言绝句一卷，七言绝句二卷，杂体一卷，词三卷，为其门人陈阿平所编次，首有自序及凌凤翔序。

《独漉堂全集》三十卷，《续编》一卷，附《年谱》一卷，十册，清陈恭尹著，道光五年（1825）刻本

陈恭尹字元孝，初号半峰，晚号独漉子，广东顺德人，生于明崇祯四年（1631），年十五补诸生。父邦彦于永历元年（1647）率兵攻广州以抗清兵，被执殉难，兄弟皆死，时恭尹年十七，易服逃出，栖止于父友湛珩如家，匿复壁中者年余。及李成栋叛附桂王，迎王都肇庆，两粤初定，恭尹出复壁，赴肇疏陈父殉难状，得赠兵部尚书，谥“忠愍”，世袭锦衣佥事。永历二年，成栋兵至赣州败殁，清兵再入广州，桂王奔梧州。永历四年，恭尹避兵西樵，时已无家可归，每念及国破君亡，全家被戮，辄失声恸哭，欲以身殉。乃间关至闽浙，时明唐王既没于汀州，郑成功屯兵海上，鲁王败窜舟山，势益不振。恭尹知不可为，流落于闽浙者七年，始归粤葬其先人，后泛舟出虎门渡铜鼓洋访明遗老，久之归娶珩如女，旋与陶窳（苦子）、梁无枝（器圃）就同邑何衡、何绛家，抑志读书，以有用之学相砥砺，世称“北田五子”。二十八岁复游赣州，时永历帝奔云南，恭尹欲往从之，以清兵进战，滇黔路绝，乃转泛洞庭，再游金陵至汴梁，北渡黄河，旋闻永历奔缅，缅人执之以献于吴三桂被害，尹大恸失声，自是南归，戢影田间，筑室羊城以诗文自娱，自称“罗浮布衣”。康熙四十年（1701）年七十一卒，所著《独漉堂集》，计《诗集》十五卷，《文集》十五卷，《续编》一卷，其为诗真气盘郁，激昂顿挫，足以发幽忧哀怨之思，而寓忠孝缠绵之致。因其忧患余生，故于文辞类皆取诸胸臆，而纵横变化实擅其胜。如《过金陵夜泊》云：“故乡残照在，一望尚峥嵘。山拥吴云峻，天连楚水平。到秋禾黍意，为客古今清。高寝长松外，遗臣怯近城。”其气格之高古，足以出入汉魏，又《虎丘题壁》云：“虎迹苍茫霸业沉，古时山色尚阴阴。半楼月影千家笛，万里天涯一夜砧。南国干戈征士泪，西风刀剪美人心。市中亦有吹篪客，乞食吴门秋又深。”其奇警苍凉，力透纸背，沉痛哀怨，有怆恍若难以为怀者。其诗倾动一时。与屈大均、梁佩兰齐名，世称“岭南三大家”。王渔洋且称其诗为“清迥拔俗，得唐人三昧”。赵执信、杭世骏、洪亮吉等尤推重之。其集于雍正八年（1730）以广东巡抚傅泰之奏参，以中多悖逆之词，隐存不平之气，又将前朝称呼空抬一字，与《屈翁山集》同遭禁毁，原版久佚。兹集于道光间始由其裔孙量平翻刻，复网罗奏疏碑文附之篇末，为《续编》一卷，首有彭士望、赵执信、潘鼎珪原序及自序。末有梁佩兰撰行状及冯奉初所撰传等。附刻《年谱》为清温肃所著，于先生之轶事及明清间之史实，记之尤详。

《戴南山先生古文集》十四卷，《补遗》三卷，八册，清戴名世著，光绪壬寅（1902）重刊本

戴名世字田有，一字褐夫，安徽桐城人，卜居南山之砚庄，生于明永明王永历七年即清顺治十年（1653）。少负奇气，才思艳发，好读《左氏传》及《太史公书》，以史才自负，尤喜搜罗明代轶闻逸事，时访明季遗老，考求古事，冀成明史，并著《孑遗录》以纪桐城于崇祯末年被流寇围攻，及清兵入城事以见其概。以壮年不遇，穷游潦倒，尤多愤慨嫉俗之作。以是积学之士皆慕其名与之交，而权势者则畏其口而忌其能，当是时诏修《明史》，史馆征求遗书，凡事涉鼎革之际，民间多讳不敢录，先生心窃痛之，欲网罗散失，乃购得桐城方孝标著《滇黔纪闻》一书，中多述明末清初事，又尝闻其门人余湛（字石民）得晤释氏犁支谈明桂王被清兵所杀事，盖犁支本为桂王宦者，皈依释氏者，乃作书致余生详询其事，令余生一一书示，乃据而与《滇黔纪闻》互为参照，考其异同，且作书与余生论其事，书中有句云：“昔者宋之亡也，区区海岛一隅仅如弹丸黑子，不逾时又已灭亡，而史犹得备书其事。今以弘光之帝南京，隆武之帝闽越，永历之帝两粤、滇黔，地方数千里，首尾十七八年，揆以春秋之义，岂遽不为昭烈之在蜀，帝昺之在崖州，而其事渐以灭没。近日方宽文字之禁，而天下所以避忌讳者万端，其或菰芦山泽之间，而廑廑议其梗概，所谓存什一于千百，而其书未出，又无好事者为之掇拾流传，不久已荡为清风，化为冷灰。至于老将退卒、故家旧臣、遗民父老，相继渐尽，又文献无征，凋残零落，使一时成败得失，与夫孤忠效死、流离播迁之形状，无以示于后世，岂不可叹也哉？”康熙四十一年（1702），其门人尤云鄂为刊其文行世，名曰《南山集》，集中多采方孝标所纪事，而《孑遗录》及《与余生书》亦在集中。至康熙四十四年，名世应顺天乡试中式，四十八年殿试以榜眼及第，时年已五十七矣。康熙五十年，御史赵中乔据《南山集》奏参名世：“语多狂悖，逞一时之私见，为不经之乱道。”旨发刑部严审。康熙五十一年判戴名世所著《南山集》《孑遗录》内有大逆语，应凌迟，方孝标著《滇黔纪闻》亦有大逆语，应剉尸，而家之祖父、子孙、兄弟及伯叔父兄弟之子，年十六岁以上者俱查出解部立斩，其母父妻妾姊妹子之妻妾，十五岁以下，子孙伯叔父兄弟之子亦俱查出给功臣家为奴，其余刊校作序者均应斩，妻子充边，是案干连三百余人。康熙览奏恻焉，因谕戴名世免凌迟著即处斩，其余方孝标之子孙俱从宽免死，并其妻子充发黑龙江。名世死时年六十一，论者哀之。兹集《禁书总目》作《南山集》，阅二百年后，至道光二十一年（1841）始由其宗裔戴蓉洲遍为搜访，补辑散佚，排纂编次订为十四卷，辗转传抄，至光绪六年（1880）始由王镜堂镌以行世，未竟而卒，复逾二十余年，始由桐城张仲沅取旧抄蓉洲订本参校，复旁罗十余首补遗三卷，刊成是书。全书卷一为论说，卷二至卷四为序，卷五为书，《与余生书》在焉，其得罪之由也。卷六为赠序，卷七至九皆传记，卷十墓志，十一记，十二杂著，十三纪行，而殿以《孑遗录》，先生得意之作，亦贾祸之源也。本系单行，今附刻于此，其补遗之文六十余篇，类皆政治时事之议论，为蓉洲认为特议过当，立计太激，为之删削者，今亦裒集于此。首有朱书、方苞、尤云鄂序，徐宗亮所作传及张仲沅所作年谱，末有张跋，是书另有民国十一年皖黄宝文书局刻本，盖即据沅刻重刊者也。

《天潮阁集》六卷，一册，刘坊撰，铅印本

刘坊原名琅，字季英，号鳌石，福建上杭人，生于明永历十二年，即清顺治十五年（1658），明云南永昌通判刘廷标之孙，户部主事之谦之子也。坊生于云南，甫八月清军已入滇，永历奔缅甸，之谦死之，全家殉难者八十余人。其母携之避难腾阳，旋亦去世，先生内无格亲，外无宿欢，卒克自立，年十五六即能诗。时吴三桂叛清自立，建国大周，先生作《哀云南曲》二首决其必败，尤有先见之明。年十九以永昌僻天处末，慨然兴放游四方之志，遂自蜀中至南岳，遍历嘉陵峨眉衡山诸胜，随军入粤将假道归闽，至韶不果。年二十，始由楚归上杭，馆于伯子家，名其所居为“天潮阁”，盖隐寓大明之意也，有《天潮阁记》。先生虽返上杭，终年出游，尝度仙霞经两浙而北往燕京者年余，复出游广南孑身访罗浮过惠州，尝登海陵之山，为文祭宋越国公张世杰，所至辄访求遗老，所最推崇者如衡阳王夫之、江右邱维屏、宁化李世熊、南海陶叶、明州万季野，皆明季遗逸遁迹山林者也。先生少经丧乱，以祖父全家皆死国难，胸中抑郁牢骚不能自已，故其发为文章皆惓怀家国、悲愤不平，以遨游四方奔走无定，终身不娶。康熙五十二年（1713）年五十六卒于宁化李求可（世熊子）家，葬诸茶窠山元仲先生墓侧。兹集所收皆先生游历酬赠之作，身世之感，特借文字以寓其牢愁者也。乾隆之世，文网烦密，稍露故国之思，即触其忌，故其书亦列入禁书（按《禁书总目》刘坊误作刘芳），时经二百余年，原本绝稀。兹为民国五年上杭丘复为之重辑散佚，并旁搜遗著，汇订诸传，印以行世，凡为文一卷，为诗五卷，末附诗余。

《江左三大家诗钞》六册，清顾有孝、赵沄辑

顾有孝字茂伦，江苏吴江人，少尝受业于陈子龙之门，为明诸生。康熙十七年（1678），举博学鸿儒，不就，隐居钓雪滩以选诗为事。家贫好客，宾至辄留，所交皆高士，与赵沄（山子）尤称莫逆。名满大江南北，将死嘱门徒以头陀殓，勿作祭文。著有《雪滩钓叟集》，所辑有《唐诗英华》《五朝诗钞》，皆盛行于世。《江左三大家诗钞》系与沄同辑钱谦益（牧斋）、龚鼎孳（芝麓）、吴伟业（梅村）三家诗也。三人皆明之遗臣，而被迫降清，以诗名世，有“江左三大家”之目。谦益、鼎孳之诗多诋谤刺讥清廷之语，睠怀故国之思，乾隆三十四年（1769）严旨禁毁，以牧斋之诗文为尤甚，虽片纸只字，及名号序跋见于他有书者，亦遭删削抽毁，务绝根株，故《三家诗钞》亦遭禁毁，乾隆四十七年，改为抽毁，三家只留《吴梅村集》。全书分《牧斋诗钞》三卷，《梅村诗钞》三卷，《芝麓诗钞》三卷，首有康熙六年金俊明、宋实颖、计东等序，盖尚存未抽毁前之原面目也。

《岭南三大家诗选》二十四卷，五册，清王隼选，同治戊辰（1868）南海陈氏重刊

王隼字蒲衣，番禺人，父邦畿，以诗名，明末副贡，入清后，隐居浮罗不仕，有《耳鸣集》，亦清代禁书。隼七岁即能诗，早年志切栖遁，尝入丹霞为僧，继居匡庐，六七年后返儒服，性好琵琶声律，尤喜书卷吟咏，旋娶潘梅元女孟齐亦能诗，遂乐贫偕隐以终，卒年五十七，私谥"清逸先生"。著有《诗经正讹》《岭南诗纪》《大樗堂集》《琵琶楔子》等书。兹所选岭南三家为番禺梁佩兰（药亭）、屈大均（翁山）及陈恭尹（元孝）三人之诗，除梁佩兰外（佩兰入清官翰林院庶吉士），屈陈二家诗均为乾隆禁书。已见《翁山诗外》《文外》及《独漉堂集》条，故是书亦遭禁毁［目见乾隆四十三年（1778）十一月初日颁《违碍书目》］。《四库馆查办违碍书籍条款》复谕令抽出梁佩兰诗存留。全书卷一至卷八为梁诗，共选四百五十九首。多由《六莹堂集》选出，卷九至十六为翁山诗，所选计四百七十七首，皆由《道援堂集》选出，卷十七至二十四为元孝诗，共选二百六十九首，皆由《独漉堂集》选出，各以体分。首有盘麓王焕序，谓"药亭之诗如良金美玉，韬锋敛采，温厚和平""翁山诗如万壑奔涛，一泻千里，放而不息，流而不竭，其中多存蛟龙神怪，非若平湖浅水，止有鱼虾蟹鳖""元孝诗如哲匠当前，众材就正，运斤成风，既无枉挠，亦无废弃，梁栋榱题各适其用，准程规矩不得不推为工师，时或咿嘤若伸所痛，则亦小弁之怨，孔子不删，未足痛也。"实则翁山元孝二家诗，多咏时寄托，微吟深讽多所隐寓，此所以触清廷之忌，而遭禁绝也。

《遗民诗选》十六卷，八册，清卓尔堪撰，石印本

卓尔堪字子任，号宝香山人，为汉军旗人，颇工诗。康熙时曾从征耿精忠，任右军前锋，历闽粤，涉江淮，所至均赋之诗，作《近青堂集》《遗民诗》者，为山人集明末四百余家之诗，凡死事之忠臣、隐遁之志士，其诗歌流传于当时，而惧其湮没于后世者，皆汇之成一编，而各家之下，各系诗人小传，所集遗民诗，如黄周星、万寿祺、李清、黄宗羲、杜濬、孙奇逢、阎尔梅、魏禧、顾炎武、刘城、冒襄、屈大均、戴本孝、李世熊、彭士望、释金堡等，皆清廷所忌，其专集均遭销毁者。故兹书亦经安徽抚院闵鹗元咨禁，斥为“荒诞悖逆，语多狂吠”。其原本流传者甚少，卷首有尔堪自序及宋荦序，末附《近青堂诗》一卷。

《国朝诗别裁集》初刻本三十六卷，十八册，沈德潜纂评，乾隆二十四年（1759）刻本

沈德潜字确士，号归愚，长洲人，生于康熙十二年（1673），乾隆初举鸿博未遇，四年始成进士，年已六十七矣。高宗怜其老而赏其诗，称为老名士，授内阁学士，十二年四月命值上书房，擢礼部侍郎，寻以年力就衰，诏以原品休致。高宗赐诗极多，并命有所著作许寄京呈览，乃献所著《归愚集》，乾隆二十六年入都祝皇太后七旬万寿，与钱陈群并与香山九老会，德潜列致仕九老之首。时德潜进所选《国朝诗别裁集》请御制序文，高宗以德潜所选有触忌讳，命儒臣重为校梓而作序斥之曰：“……德潜老矣，且以诗文受特达之知，所请宜无不允。因进其书而粗观之，列前茅者则钱谦益诸人（按诸人指身仕两朝之臣）也。不求朕序，可以不问，既求朕序，则千秋之公论系焉，是不可以不辨。夫居本朝而妄思前明者乱民也，有国法存然。至身为明朝达官，而甘心复事本朝者……则非人类也。其诗自在，听之可也，选以冠本朝诸人则不可……德潜宜深知此义……此书一出，则德潜一生读书之名坏，朕方为惜之，何能阿所好而为之序！又钱名世者，皇考（按指雍正帝）所谓名教罪人，是更不宜入选，而慎郡王（按即集中补遗之允禧）则朕之叔父也……平时朕尚不忍名之，德潜本朝臣子，岂宜直书其名？至于世次前后倒置者，益不可枚举。因命内廷翰林为之精校去留，俾重锓版以行于世，所以栽培成就德潜也。……”并下旨毁其版。复于三十四年八月谕两江总督高晋等搜其家，有否收存钱谦益之《初学》《有学》诸集。九月德潜病卒，年九十七。赠太子太师，入祀贤良祠，谥“文悫”。德潜死后乾隆因恐其《别裁集》原版尚未销毁，复于四十一年行文江苏巡抚杨魁查办（案见《清代文字狱档》七集）四十二年杨魁覆云：“伏查沈德潜选集《国朝诗别裁集》初次镌刻，系乾隆二十四年完竣，计三十六卷，嗣因初刻纂校未精，又于乾隆二十五年复经增删镂版，计三十二卷，是沈德潜原刊。版片有二副，其初刻者系门人蒋重光出资代刊，其重刻者系沈德潜与其门人翁照周集校镌，臣随委令苏州府知府李封带同书局教官陆鸿绣前往沈德潜及伊门之蒋重光之家查询两次，所刊原否销毁并现在何处及沈德潜故后有无刷印，如版片现存，令各委数呈缴……据沈德潜之孙沈维熙及门人蒋重光之孙蒋光城等覆称……沈德潜于乾隆二十七年正月自京回籍，同其门人蒋重光各将在外原版铲毁无存……”此外，因查出广东、江西二省另有翻刻版片，复移咨一体查毁，务绝根株。其雷厉风行，牵涉多人，经时数年，虽未兴大狱，如吕留良之惨，然其重视此案之状，可于《清代文字狱档》知其详。德潜死后十年（乾隆四十三年），以江南东台县已故举人徐述夔著《一柱楼诗》语触忌讳一案，查出集内有沈德潜为述夔作传，称述夔品行文章皆可法，传旨追夺德潜官衔祠谥，仆其墓碑，专制帝王之生杀予夺，岂有标准哉？兹本库所存系初刻本，与现在通行本（即乾隆删改本）截然不同，初刻本冠以钱谦益、王铎、方拱乾、张文光、吴伟业、龚鼎孳、曹溶、陈之遴、周亮工等以下十余遗老之诗，而删改本已不可见，而代之以满人慎郡王蕴端、德晋、弘燕等七人冠首，其他则按世次学术之立场，以好恶出之，无乃示其狭仄乎？他如初刻本中之侯方域、冒襄、金人瑞、黄虞稷、许友、戴移孝、屈绍隆（翁山）、顾祖禹、僧元璟、大健等数十人之诗及德潜自序，删改本亦皆一概抹杀，不与留存，即凡例亦多改削，盖已大非本来面目矣。兹所存首有乾隆二十四年沈德潜自题序一篇，略谓所辑国朝诗共得九百九十三人，诗四千九十九首，中间略作小传诗话，远逊于钱牧斋《列朝诗选》及朱竹垞《明诗综》云云。兹所存卷端有“味青斋”藏书印记，全书字大清晰，信可宝也。

《赖古堂尺牍新抄结邻集》十五卷，十六册，清周在浚兄弟辑，道光六年（1826）重刊本

周在浚字雪客，河南祥符人，父亮工为明御史，后降清擢福建左布政升至户部右侍郎，有《赖古堂集》，亦清代禁书。在浚夙承家学，工诗、词，博通史、传，尝注《南唐书》十八卷，为王士祯所称。康熙时官至经历，精于金石之学，尝合《天发神谶碑》三段贯以钜铁。重为《释文》一卷，考证精详，考正讹误，曾收入《四库》。著有《云烟过眼录》二十卷，《晋稗》《黎庄集》《秋水轩集》等，其诗清新隽逸，流传甚盛，兹集为在浚与弟在梁（园客）、在延（龙克）集明末清初两代诸家书札，计书劄七百四十有奇。皆选其言切而不肤、词达而不僻者，厘为十五卷，冠以凡例二十二则。书成于康熙九年（1670），其集以多收明遗老之作，如李世熊、屈大均、曾异撰、陈际泰、计东、艾南英、李清、钱谦益、孙奇逢、徐枋、高阜、曹溶、杜濬、方震孺、龚鼎孳、魏际瑞兄弟诸作（因以上诸家作品均为乾隆禁书），是以触忌被禁。经时百余年其书几绝，至道光六年始由北平雷学淦重为刊刻于义宁官署，是本卷末有“江西省城□照斋刘贡玉梓版”字样，并陈文瑞跋一篇，此外尚有宣统辛亥上海国学扶轮社石印本（与道光本同，惟末缺陈跋）及近年上海杂志公司之铅印本，题周亮工纂盖有误矣。

本文参考书除上述各书外尚有：

《销毁抽毁书目》《禁书总目》《违碍书目》《奏缴咨禁书目合刻》（国学保存会本及《咫进斋丛书》本）及《索引式的禁书总录》

《乾隆四十八年九月红本处查办应毁书目》（见北京大学《研究所国学门周刊》二卷十二期）

《清代文字狱档》（故宫博物院文献馆出版）

《十一朝东华录》（雍正、乾隆两朝）

《明史》

《清史》

《国朝先正事略》李元度

《清代学者像传》叶恭绰

《清代朴学大师列传》支伟成

《清代通史》萧一山

《明文学史》宋佩韦

《索引的禁书总录校异》（见《人文》第五卷一、二期）

《清高宗之禁毁书籍》（见《国立北平图书馆馆刊》七・五）

《清代安徽禁书提要》（见《安徽大学月刊》一卷一、二期）

《四库全书总目提要》纪昀

《四库大辞典》杨家骆

The literary Inquisition of Chien Lung by Dr.L.C.Goodrich，1935，Waverly Press，Baltimore.

按是篇初稿本成于民国二十六年一月间于福州魁岐校舍，拟登《协大学术》第五期，已付印刷局排印中。不幸卢沟变起，抗战军兴，敌人飞机，日夜盘旋于榕城上空，滥毁文化机关，该书局亦迁内地，而吾校不久亦北移。于是南辕北辙，出版无期，而稿亦为手民所散失。北迁以后，人事鞅掌，生活蜩螗，此稿久已遗忘，迨至近日，始托榕馆友人由旧纸堆内检出初草，为重行整理一过，以应《福建文化》之征，故兹篇得免于灰烬者，殆亦幸矣。

民国三十年一月附记

（原文载于私立福建协和大学编《福建文化》1941 年第一卷第一期）

宁斋序跋集（节选）

编者注：该集为金云铭先生花费一生心血整理出的部分古籍，以序或跋的方式介绍给读者，为未刊稿。然该集中的部分序跋文在先生的两篇作品《本校陈氏书库福建人集部著述解题》和《私立福建协和大学陈氏书库所藏清代禁书述略》中曾予发表。现将尚未公开发表部分整理出来，以向读者全景展示先生一生的成果。

校辑《了斋文集》跋　1960 年 12 月 31 日

宋陈瓘（1062—1126）《了斋集》，《宋史 · 艺文志》作四十卷，《直斋书录解题》作四十二卷，而《郡斋读书志》《文献通考》等均作三十卷。宋有刻板，《石遗室书目》引《带经堂书目》云“元明以来未有刊本，明抄本从宋椠本出”，杨士奇编明书经籍志时尚及见，内府所仅存之十册。盖即宋椠也。清以来即此孤本，亦未有传之者。故乾隆修《四库》时并存目而无之本。年夏间黄荫亭先生持其友陈君世镕所辑《了斋集目录》初稿来馆洽编成书以便参考，乃按图索骥并补充其失收之目，掇拾其遗文轶事达数十百篇，厘成八卷，较之原书所佚尚多，但亦可尝鼎一脔耳。了翁仕于北宋哲宗徽宗间，恶蔡京、蔡卞之奸，章疏十上，攻击不遗余力，对汴党之欲毁司马光《资治通鉴》一事，维护甚力。今观其文，虽其间对王安石政见不无迂阔之处，但敢谏直言。汪应辰序其集以为出死力攻权奸者，天下一人而已，其后虽遭流窜以死而立朝行已之概，亦可流露于寸珪尺璧之中，使后之学者读其奏议而想起忠謇，读其诗而知其逸致。第搜访全书使乡贤遗文轶事更加完备，则有待于他日。此次除尽量就馆存诸书中抄录外，尚有多篇系托浙江图书馆从文渊阁《四库》诸本中抄出，使得成书，特以志谢。

《海录碎事》跋 1962年8月20日

《海录碎事》，宋叶廷珪撰。廷珪字嗣忠，福建崇安人，政和进士，出知德兴县，绍兴中为太常寺丞，与秦桧忤，以左朝请出知泉州。廷珪喜为诗，多读书，每闻异书无不借读，而择其可作诗料者，手自抄录，积而久之，遂成数十大册，名曰《海录》，区其文成片段者为《海录杂事》。其细碎如竹头木屑者为《海录碎事》，其未知故事所出者为《海录未见事》。此外又有《海录事始》记事物本源也。《海录警句》录诗人佳句也。《海录本事诗》辑诗之咏事迹者。独《碎事》篇幅最多，分卷二十二，分部十六，分门五百八十有四，所据引各书间或不注出处者。刻本有明嘉靖间刘凤校刊本及万历己亥卓显卿校刻本。此外尚有《四库》抄本，今特由万历本移录，其首册虽属兔园獭祭之帙，然亦乡贤遗著，聊一见其掇拾精勤之功耳。

《王著作集》跋 1962年10月25日

是集名著作集者，以王苹曾官著作佐郎故也。原本四卷，南宋宝祐间，其曾孙思文取福清县庠所藏写本刊于苏州乡贤祠，学遂得以传。至明弘治三年（1490），复由其十一世孙观，掇拾后人跋语、像赞、祭文、挽诗及诸书中之传记状札，并以后所得先生之讲学语录、门人所记问答等厘为八卷，再刻于吴郡，末有祝允明后序。今本系由文渊阁藏《四库》写本所移录，以其为闽贤遗著，乃从传抄并为点校一遍，藏之馆中。

《清流摘镜》跋 1962年8月1日

有明之亡，亡于门户之争，门户之争肇于三案，于是君子小人互为指斥，东林阉党共相丑诋，至国事成蜩螗沸羹之局，用人为意气朋党之争，以致边疆日蹙，民生凋敝，而明社终之以屋。是书成于崇祯元年（1628）五月，作者王岳当系在魏阉伏诛之后所记。书共六卷，一党祸根源、二党祸发端、三特旨处分、四特疏纠弹、五守正诸臣、六建祠诸臣。今存四卷，五六缺焉。书为都公钟室抄本，兹由北京图书馆借得特为转录，并为校勘一过，颇多鲁亥，以谢国桢氏《晚明史籍考》所录抄本序文校之，瑕瑜互见，异文已多，可见传抄之本改易面目，未可征信也。惜未得别本而细校之，凡尘落叶未能尽扫耳。

《爝火录》跋　1962年8月2日校竟附记

《爝火录》残本一册，存卷首、引用书目、序例、目次、论略及纪元续表等一卷。全书应共三十三卷，清江阴李天根著。天根字大木，号云墟散人。著有《云墟小稿》及《紫金环》等传奇多种。一门风雅高尚不仕。今观此书序目知系记南明五藩诸朝事，实为编年体裁，起甲申崇祯十七年三月至壬寅永历十六年十一月末，另辑《附记》一卷，记台湾郑成功事，迄康熙二十二年（1682）郑克塽降清止。因其书成于乾隆十三年（1748），故以清代年号纪年，下附诸王年号，引用书籍多至一百五十四种，其间颇有今日失传或不经见之本。盖其书成于乾隆禁毁野史之前，故能搜集较易也。此书亦为清代禁书之一，传本甚罕。已知者有吴兴刘氏嘉业堂所藏抄本及北师大藏传抄本，此本系借自北京图书馆，惜未得其全，帙者一，抄以备研讨南明史籍者之需耳。

《山书》跋　1962年7月8日

《山书》十八卷，孙承泽撰。承泽字耳北，号退谷，益都人。世籍上林苑，故自称北平人，明崇祯进士，官给事中，降清后官至吏部左侍郎，此书记崇祯一朝事实，起元年迄十七年，年系数十事，多以四字标目，其体例既非纪事本末，亦不类编年，略似沈德符之《野护编》，所录多出自谕旨章奏，其书足可补《明史》及《明实录》所缺略，与承泽以观颜事二姓，此书当作于入清以后休致之时，故卷端题作“予告休致光禄大夫太子太保都察院右都御使管吏部左侍郎事”，其书因康熙四年诏求天启、崇祯两朝事迹，因以上呈史馆。名《山书》者，因其退归山林所书。其书中缅怀故国，追述坠绪之情见于言辞，或思以此赎其内疚耶。此书未有刻本，所流传者均为抄本，今已知者一为海盐朱氏藏抄本，一为吴兴徐氏藏抄本，一为涵芬楼藏抄本，一为汪氏开万楼藏抄本，此则为朱彝尊藏本之直接照相本，原本藏北京图书馆，前后无序跋，末列康熙四年上谕，亦未开承泽呈书之由，当系出自乾隆三十年以前写本。四库馆开之后，仍列入禁书，故传本极罕，遂亟为迻录藏馆，并略加点校，然此书因辗转传抄，其间误文脱字，至于不可句读，以未得别本可资定补，故宁从阙疑，未敢处以臆改也。

《无闷堂文集》跋 1962年6月29日

张远《无闷堂文集》七卷，为十余年前托萨逸樵丈所传抄者。去年秋间复蒙黄荫亭先生一瓻之惠，携其所得原刊本来馆，比勘之后，知抄本尚缺《七姬庙诗跋》等三篇及自序，乃为补录附焉，并由《翁山文外》补抄集序一篇，何梅生亲笔所书识语一则，冠其首始成完帙。今夏荫亭先生复携其所作《无闷堂文集跋》原稿到馆，洋洋洒洒三千余言，既考其版刻源流之异同，复阐发其内容事迹之足以激励人心者，尤以更正郑振铎氏所作脉望馆抄校《古今杂剧》一段，为发前人之所未发，洵乎其思深意远有功。是集非浅抄矣，亟为转录附于卷末，以供参考。

《楝亭诗抄》跋 1962年6月26日

《楝亭诗抄》八卷，《别集》四卷，《文钞》一卷，《词钞》一卷，曹寅著。寅字子清，号荔轩，一号雪樵。世居沈阳隶汉军正白旗，寅父玺以从龙入关功，官工部尚书。寅官通政使，康熙间任江宁织造兼巡视两淮盐政，性嗜学，校刊古书甚精，尝刊《音韵五种》及《楝亭十二种》，工诗词善书，其诗出入白居易、苏轼之间，又好骑射，尝谓读书射猎两无妨。在事二十余年，初抵任时，曾于江宁署中手植一楝树于庭，久而成荫，暇则偃息于斯，因名之曰楝亭，以寓其先忧后乐之意。时人如吴之振、尤侗等因作《楝亭图咏赋记》等多首以颂之。寅亦以是名集。其集一刻于扬州，再刻于仪征，自汰其旧作，此本盖即仪征刻也。寅卒于康熙五十一年，寿五十一。子曹颙、嗣子曹頫相继任江宁织造，后因历任所亏鹾课过钜，雍正六年卒，籍其家。其孙霑所写《红楼梦》即以家世为其背景，称一代巨著焉。此集因曹氏家遭巨变后刊版籍没传世，颇希。兹借得上海图书馆藏本乃为影抄一帙，藏之馆中，以供研究雪芹身世之一助云尔。

《兴安风雅汇编》跋 1962年3月

李光荣号梅友，莆田吉了人，前清乡贡，是稿系辑兴化一府有关名胜古迹之诗，自唐宋至民初分类排比，《莆田新志》载其集为二十卷，首有江春霖、陈奋孙等序，今所存者为卷三至十二，其余已佚，原稿残破，藏莆田县图书馆。

《天籁集》跋 1962年1月10日

《天籁集》一册，不分卷，郑旭旦辑。旦钱塘人，生于道咸间，《浙江通志》及《杭州府志》均未有传，意其人亦怀才不遇、寂寞无闻于世者，故其序有云“尝刻苦读书十五年而求一第，竟成虚空”，宜其发为牢骚，一舒其愤世嫉俗之怀抱也。是所录民歌四十八首，大都为当时流行于吴越二地之儿歌民谣，内容健康，句法短俏，节奏明快，语言流畅，在封建时代以“文必载道、诗必雅正”相标榜之世，作者竟敢辑他人之所不敢辑，刊时人之所不屑刊，公之于世，加以品评，并借以发泄其胸中抑郁不平之气，自诩为天地妙文，用以寄托其精神所在，不顾世俗之讥评，噫亦难矣哉。原书有同治八年（1869）钱塘许氏校刊本，但未及百年传世已稀如星凤，此本由光绪二年（1876）丙子上海印书局原版排印为巾箱本者所转录，书前有咸丰丁巳年许之叙序及自作序跋，末有同治八年许郊子一跋，以其可资为民间文学之重要材料，特为传抄于蜡车覆瓿之余，备省览焉。

《榕城景物录》跋 1962年春

《榕城景物录》三卷，卷端未著撰者姓名，福建师院图书馆存本卷，前有榴园题记，称为陈景夔所作，陈衍《福建通志·艺文志·地理志杂记》存目，作侯官陈学夔著，考《闽侯县志》卷七十八有传云陈学夔字解人，一字解庵，康熙己酉举人，当耿变作抗节匿橘园，三年不受伪职，寻丁父艰，己未开宏词科，任侍郎克溥荐之，以服未关不起，郡县逼迫，匍匐至京吁乞终丧得归，后授山东宁阳令，兴利除弊，抚臣钱公珏疏荐迁兵部主事，督理大通桥仓务，又督广东钞关清慎精明不渝素守，以迁葬假归故乡七年，足不入城市，是则误学夔之名为景夔耳。兹馆存三卷抄本，字劣而多鲁亥，乃借得黄荫亭先生所存旧抄本一册，与师院图书馆存本相校，知其内容详略不同而序次亦小异，知两书所据原本各殊，馆存本所据者应为初编本，此本所据者则为定稿，其中各条有较馆本所系诗人题咏为多者，而所录景物亦较详，但其中亦有多条为兹本所无或馆存本不误而此本反误者，不一而足，校竟为记于此。

《铜山志》跋 1963年4月15日

铜山即今之东山县，为福建东南门户，地接澎湖，明隶漳浦，清属诏安，均为卫所，民初始改县。原未有志刊行，有之只乾隆间陈振梁一稿耳。然历时百载，辗转抄录，鲁鱼亥豕不堪卒读。近以高价购得旧抄本一册，其中脱漏错误不一而足，而标题正文连续，书之眉目不清焉骖杂。序次颠倒，体例不纯，兹应中国科学院图书馆嘱转录是书，乃为之校订一过，略正乖误，付之抄胥，然其间误字及文意不明之处尚多，以事冗时促，未遑检取诏安、漳浦诸志一细订之耳。

《南安炉内乡藏文件杂钞》跋 1962年7月20日

此南安炉内乡潘氏所藏文件，原书并未有书名，因其中多关太平天国时代文件，姑定今名，实则其中有小刀会、天地会伪托洪秀全檄文，有满清政府布告，有乡民甘结，有题壁诗，乡间谣谶批语等，拉杂抄辑，疑其为当时村学究所抄存者，但其中保存不少有价值史料及林俊起义文件。原书残破，审为百年前抄本，间多鲁亥，其明显者均加校正，今应南京太平天国历史博物馆之请，特为转录以供参考。

《诏安乙丑屠城记》跋 1962年6月1日

比年以来，太平天国史料层出不穷，蔚成大观，独有关吾闽革命资料则稀如星凤，即有片段碑文散见于《咄咄录》《舌击编》《寇汀纪略》等书，均语焉不详，盖十不存一二矣。此《乙丑诏安屠城记》系记清同治三年（1864）天京陷落后侍王李世贤、康王汪海洋率兵二十余万由汀入漳，于同治四年四月初六日由宋天燕、刘天豫、丁太阳等攻破城池，时三千人殉难之事。按其内容虽为旧时代之成王败寇观念所囿，不免诽谤诋諆之辞，然所记太平军将领安置妇女、禁宰耕牛等诸事实亦不抹杀，即诏城经左宗棠统帅之楚军收复后，清兵入城占居民舍肆，掳百姓服役，难堪之情状亦秉笔无讳，原书初由邑人吴锡康掇拾，脱劫道人郭锦章氏遗稿名《怀恩纪略》者编辑而成，写成八章未完而殁，复由其父梦沂字斐然者续成，完帙于民国十六年，寄南洋吴鹤汀铅印流传，末附殉难者姓名及民国十四年乙丑六十周年追悼会所录各界挽章联语数十页，因其无关史事，概予从略。书虽晚近所印，但国内流传甚罕，原书为诏安县图书馆仅藏之本，据典守者云余本存县故家均于解放时付诸一炬，则此幸存之本已珍如球璧矣。爰惧史料之散亡，亟为转录并由朱维幹先生校勘一遍，兹仅殿数语于卷后以明原委。

《沈文肃公牍》跋 1962年6月

《沈文肃公牍》二卷，系沈葆桢于同治十三年间奉命巡视台湾防日窥伺之私人函件，此书向未经发表，只有抄本流传。考日人处心积虑谋占台湾，远在“明治维新”以后，乘清廷之腐朽末运得美国之支持唆使，藉口往岁琉球商船遭风漂台，为牡丹社土番劫杀为辞称兵台南，沈奉总理衙门之命赴台与日人折冲，樽俎之间，将经过情况向当时军机大臣李鸿章（少荃）、左宗棠（季高）、闽浙总督李鹤年（子和）、福建巡抚王凯泰（补帆）、南洋大臣李宗义（雨亭）、道台陆心源（存斋）、浙江巡抚杨昌濬（石泉）、主持上海招商局之盛宣怀（杏荪）、广东巡抚张之洞（香涛）、江苏巡抚张树声（振轩）、观察使沈秉成（仲复）等报告，牍稿或与当时赴台人员如提督罗大春（景山）、率领淮军之唐镇奎（俊侯）、镇守厦门之彭纪南、法人日意格、福州将军文煜（星台）、制军（帮办）潘蔚（伟如）、代理福州船政之布政使林寿图（颖叔）、台湾道夏献纶（筱涛）、镇道曾元福（辑五）、粮道段清泉（小湖）、观察使吴大廷（桐云）等密商函件。上卷内容多半为筹饷借款、购械定船、调兵交涉之经过情形，下卷则为开发台湾剿抚事宜及船政筹划，此次虽得以赔款五十万两换得日本暂时退兵，而日人觊觎台湾之心终未已也。读此公牍足可考见当时清廷官吏捉襟见肘，龉龁之情状溢于纸上，亦可供作中日交涉关系史及台湾开发史原始资料之一种也。此书如与本馆翻印之罗景山《台湾海防并开山日记》互为补充，尤足印证。原稿存省图书馆，亟为转录并略加点勘，以供研究台事者之取资焉。

《莆田方氏家集》 1962年6月

《莆田方氏家集》存十二世至十三世一册，二十二世一册，二十四世至二十六世一册，均属艺文部分，此外尚有《方简肃文集》一册，因已有印本流传，不予再录。考莆田方氏洎北宋咸平间方慎言以后，代有文人，其著述如方开府诗文集二十卷，方龟年有《记室新书》七十卷、《经文解题》四十五卷，方次彭《高斋诗集》若干卷，方晞道《九江集》二十卷，方醇道《笔锋集》五卷，方通叔《时诗文集》二十卷，方洵《濯锦集》三十卷，他如方泽、方轸、方临、方元案、方天若、方旬、方适、方略、方惟深、方廷实、方渐、方深道、方扩、方升之等数十家均有著述，凡此咸在郑渔仲以前者，若南宋以后则不胜枚举矣。但因代远年湮，集均不传，此谱选录只存十二世方信孺以下，宋末至清初数十人之诗文，一鳞半爪，弥足珍贵，故为转录藏馆以供地方文献参考之一助。此旧本原题作《方氏族谱》，以家谱部分已轶，所存者均为艺文抄，竟略为校勘，并改题今名以符其实云尔。

《屏南县志》跋 1962年7月2日

屏南建县甚晚，清雍正十三年始析古田县地屏山之南建为县治，至乾隆五年知县沈钟始著为志，再修于道光八年，三始于光绪三十四年，迄民国九年，成稿十卷，然除沈志外均未付刻，加以县处僻隅，国内图书馆罕有藏者。此本成于民国三十年间，即据光绪稿本所递修者亦未付之剞劂，氏稿存该县档案馆，朱士嘉《中国地方志综录》未著录其名，殆国内尚未有知之者，本年夏因馆员赴双溪采访故家之藏书，便得借回此书，恐孤本易佚，亟为录副藏馆，以备研究乡邑掌故之一助云耳。

《台湾小志》跋 1962年7月26日

《台湾小志》不分卷一册，扉页原题作《基隆淡水台疆小志》，光绪十年菊月之吉管可寿斋刊印本，作者原署虚白主人，未知其何许人。原以是年法人藉口越南谅山之役索赔兵费，集兵船数十艘拦入台湾，先攻基隆继侵淡水，闽江一战，我国兵轮船厂糜烂无遗，全台更在法人掌握之中，作者以欲餍国人求知台湾情况之心，乃勾稽各籍益以见闻撰成此书，用以唤醒舆情，使留心时事者有所取资焉。初刊于上海益报馆，以台事方殷需要激增书估射利，乃更由邹守中氏添缀法人肇衅之由，于卷首刊成小册行世，时至今日传本已不多觏。爰为校抄本藏馆，并为志数语于此。

福建文化研究书目

欲研究福建固有之文化，尤藉有良好之工具，庶研究者有途径之可循；然后可以溯古证今，发扬光大。其工具维何，曰书目是。故自张氏之《简明书目》出，然后国内学者知读书途径。作者有鉴于此，因将有关福建之书目，汇集成篇，并举其重要者，稍缀数语，以供关心研究本省文化者之观览焉。惟仓促成篇，得一漏百，在所不免，倘蒙大雅指正则幸甚矣。民国二十年，十二月一日识。

淳熙《三山志》四十二卷，宋梁克家撰。克家字叔子，泉州晋江人。是书凡分九门：①地理；②公廨；③版籍；④财赋；⑤兵防；⑥秩官；⑦人物；⑧寺观；⑨土俗，于土俗一门尤多谣谶。所记十国之事尤详，多史籍所未载者，足资攻闽史者之考证也。

弘治《八闽通志》八十七卷，明黄仲昭撰。是书亦研究福建舆地者之善本也，其体例条目尤多中肯。

《闽书》一百五十四卷，明何乔远撰。乔远字稚存，晋江人，闽自唐林谞有《闽中记》，宋林世程重修之，历南宋及元皆无总志，成化间，黄仲昭始作《八闽通志》，王应山复为《闽中记》《闽都记》《全闽记略》，皆草创未备，乔远乃荟萃各志，参考前代载记，以成是书，甚详尽也。

《福建地略》马冠群著。

《闽部疏》明王世懋撰纪录汇编本。是书记闽中岁时及山川鸟兽草木之属；盖著者官福建时所阅历者也。

《闽中记》唐林谞撰。此书系汉唐地理书抄本，金谿王汉所辑也。

《闽中考》一卷，明陈鸣鹤撰。是书所考皆福州山川古迹之属。作者谓得唐人《闽中记》于长乐农人家，得宋人《三山志》于徐𤊹，参以闻见，订志乘之舛讹，其考证旧事如东冶非东治，泉山非泉州清源山，而越山、冶山皆泉之支麓。冶县非东瓯，炉峰石在南屿不在旗山。考之历历，甚精核也。后编多采小说怪事及僧众语录，为后日《闽都别记》之滥觞欤。

《福建通志》七十八卷，清郝玉麟等监修本。乾隆二年（1737）刊。福建自梁克家《三山志》以后，纪舆地者不下数十家。惟明黄仲昭《八闽通志》颇称善本，惟其沿革至清颇有变更，盖明以福、兴、泉、漳为下四府，延、建、邵、汀为上四府，清剿台湾入福建而福州所属之福宁亦升州为府，泉州所属之永春，漳州所属之龙岩，又各析置为直隶州。是书按清制修纂，其沿海岛澳等亦多增入。

《福建续志》九十二卷又附录一卷，杨廷璋等撰。是书刊于乾隆三十三年，补前志之不足也。

《重纂福建通志》二百七十八卷，陈寿祺总纂。道光九年（1829）重纂，是书合以上二书重纂，增修颇多。

《福建新通志》一百二十三卷，陈石遗修。是书为民国十一年修，增订材料颇多。

《大清一统志》乾隆二十九年纂辑成书。中有福建省记载，并冠图表，于福建之建置、沿革、风俗、土产等颇多记述。

《福建考略》龚柴撰。是书见《小方壶斋舆地丛钞》，清王锡祺辑。

《大中华福建地理志》林传甲著。

《FUKIEN By The Anti-Cobweb Club》是书为福州之英美侨民所辑，多注重近代闽省状况物产、风俗等之作，然多肤浅之谈，盖其目的在宣传教士工作也。

《福建近代民生地理志》二册，陈文涛著。是书著者以近代眼光，编为是书，尤注重于经济方面之叙述。

《福建省一瞥》盛叙功著。是书分九章：①绪言；②福建的交通；③福建的三大商埠；④沿海形势；⑤武夷山与闽江流域；⑥闽南概况；⑦福建物产；⑧闽省琐谈；⑨台湾回顾。

《闽都记》三十三卷，明王应山撰。是书多记闽中古迹名胜，考订详明，为研究闽中史地者之要集也。

《闽小纪》三卷，清周亮工撰。是篇以杂记体，记闽中物产风俗佚事等，颇多中肯。

《续闽小纪》清黎定国撰。定国字于一，尝游幕闽中，因摭拾闻见，辑为此书，以旧有《闽小纪》，乃以续为名。所记凡七十六条，多闽中风俗、土产及琐碎故实之记载。

《闽中记》陶夔撰。指是书亦《汉唐地理书钞》之一。

《十国春秋》，是书内有《闽》十卷，仁和吴任臣撰。叙五代割据之国，载闽王审知据福州事甚详。

《闽事纪略》明冯梦龙撰。是篇系《记载汇编》之一，莫釐山人增订本也。

《闽粤春秋》周齐曾撰。

《闽粤外史》殳京撰。

《闽广总闻》沈应瑞撰。以上三书系在《明季纪事》内，盖纪明末福藩之事也。

《闽海见闻记》陈睿思撰。

《闽海纪略》陈睿思撰。以上二书记鲁藩及桂藩事也。见《明季纪事》本。

《八闽稿》明姜宝撰。见《姜凤阿文集》。

《闽中纪略》许旭撰。《昭代丛书》本。

《闽难记》临海洪若皋撰，见《赐砚堂丛书》。

《福建省》九卷，见《玉会新编》，古越外逸茹弦编。

《中国分省地志》王金绂著。该书第二十章系为福建省之作，亦足供参考也。

《广舆记》陆应阳原撰，蔡九霞增辑。内有福建一卷：分福州、泉州、兴化、建宁、延平、汀州、邵武、漳州八府，末附福宁及台湾府。记述明简，无冗复之病。

《榕阴新检》明徐𤊹著。𤊹闽县人，聚书数万卷，手自丹黄。是篇采摭古事，分孝行、忠义、贞烈、仁厚、高隐、方技、名儒、神仙八门，所载多闽中事，大旨表彰其乡人也。

《闽都别记》署里人何求撰，其人不可考。是书以福州方言，叙闽中佚事，且多引里谚俗腔，名胜古迹，都四百回。其书合于正史及别史载记者各十之三，野说居其四焉。亦闽中考献之扈助也。此外尚有改编为评话本者。

《闽杂记》二十六卷，钱塘施鸿保撰。申报馆铅印本。

嘉靖《邵武府志》明陈让撰。是书成于嘉靖癸卯，分天文、地理、王制、人物等，共五大纲二十八子目，所记颇为详尽。

《福宁府志》李拔等修。四十四卷所录一卷，乾隆二十七年刊，光绪六年（1880）重刊。

《漳州府志》五十一卷，沈定均等编。光绪四年重刊。

《兴化府志》五十四卷二十四册，周瑛等撰。明弘治六年（1493）刊，同治十年（1871）重刊，为研究兴化文物之要集也。

《长溪琐语》明谢肇淛撰。长溪今之福宁也。是书杂载山川名胜及人物古事间及神怪，盖亦志乘之支流也。

《龙岩州志》二十卷又附录十二卷，彭衍堂等修。道光十五年刊，光绪十六年重修。

《永泰县志》王绍沂修。永泰一名永福，为福州之支邑也。是书计分三十六子目，举凡疆域、规制、仕宦、人物、风土、谣俗等皆纪之。旧志名《永福县志》，明唐学仁修。

《欧宁县志》十三卷，邓其文等纂。康熙三十三年（1694）刊。欧宁今之建瓯也。宋置。明清时与建安同为建宁府治，民国乃合并为建瓯。

《闽清县志》八卷，杨宗彩等修。民国十年刊。

《莆田县志》三十六卷又附录一卷，清汪大经等撰。乾隆二十三年刊。

《仙游县志》五十三卷又附录一卷，清陈兴祚等修。乾隆三十六年刊，同治十二年重刊。

《永定县志》八卷，清赵亨钤等撰。道光三年刊。永定为唐龙岩地，宋上杭县地。明分置永定县属汀州府。今属福建汀漳道。

《永春州志》十六卷，郑一嵩修。乾隆二十五年刊。

《长乐县志》孟昭涵修。是篇共分二十二门，百十二目，凡沿革、城市、名胜、古迹、物产、礼俗，皆详为备记。

《厦门志》十六卷，周凯等撰。道光十九年刊。厦门一名嘉禾屿，亦名鹭屿。明洪武时始筑城其地。清康熙三年提督马得功等堕其城并其地弃之。后施琅征台湾郑氏，驻师于此，始修筑。民国改为思明县。

《海澄县志》二十四卷，陈锳等纂。乾隆二十七年刊。

《宁化县志》七卷，李世雄撰。康熙二十二年刊，同治八年重修。

《安溪县志》十二卷又一卷，庄成撰。乾隆二十二年刊。

《浦城县志》四十二卷又一卷，翁天佑等撰。光绪二十六年刊。

《顺昌县志》十卷，陆嗣渊等编。道光十二年刊，光绪七年重刊，考顺昌县即汉冶县地，后汉末为建安县地，三国吴以后为将乐地，唐置将水场，后改将水镇，五代时南唐始置顺昌县，明清俱属延平府治。

《沙县志》二十卷，孙大焜等撰。道光十四年刊。沙县，晋置沙村县，隋废，唐复置曰沙县。明清皆属福建延平府。今属福建建安道。

《龙溪县志》二十四卷，杨昌素等撰。乾隆二十七年刊，光绪五年修，新增二卷。

《泉南杂志》二卷，明陈懋仁撰。是书记泉州事，多故牒所未载者，尤多考证之作。其官山一条，破闽俗葬地之说，持论亦正。下卷多记其在泉所施之事，盖皆得之身历者。

《泉州马巷厅志》十八卷附录三卷，光绪癸巳重刊。明为万友正所创，附录三卷则为黄家鼎所撰，凡分星野、气候、建置沿革、都里形胜、山川水利、赋役户口、船政盐政、学校、海防、军制、官署、庙宇古迹、风俗物产等门。

《临汀汇考》四卷，清杨澜编。临汀在唐为汀州，宋置临汀郡，明为汀州府，清因之，今改为长汀县。是篇分建置、方域、山川、人物、政绩、流寓、风俗、畲民、典制、兵寇、物产轶事、山鬼淫祠等各目。

《汀州府志》四十五卷，二十册，乾隆朝刊。又《长汀县志》三十三卷，光绪年刊。

《延平府志》四十六卷，二十四册。谚云铜延平，铁邵武，以其形势险固者也。延平旧称剑津，又曰剑州，相传晋张华、雷焕得龙泉、太阿二剑，后华诛，失剑所在，焕卒，其子持剑行经延平津，剑忽跃出，投水中，但见两龙各数丈而已。

《政和县志》十二册，政和县修志局编。

《福建南平县志》二十册。

《建安县志》八册，建安为后汉东侯官县地，孙策乃置为建安县。明清属建宁府治，即今建瓯之地也。

《泉州府志胜》曹学佺著。

地志尚有建宁、泉州、泰宁、武平、福鼎、福安、福清、连城、连江、惠安、寿宁、古田、南安、南靖、松溪、屏南、建阳、云霄、霞浦、晋江、平潭、平和、大田、尤溪、同安、罗源、上杭、崇安、光泽、沼安、永安、宁德、清流、漳平、漳浦、归化、德化等，不克一一收入。

《鼓山志》十二卷，清僧元贤撰。是书分胜迹、建置、开士、贞珉、艺文、丛谈六门，大旨以佛刹为主，名为山志，实寺志耳。

《鼓山志》十四卷六册，清黄任撰。

《方广岩志》明谢肇淛撰。方广在永福县东，宋给事中黄非尝读书山中，作十咏，以纪其胜。

《武夷山志》二十五卷，董天工撰。乾隆十九年刊，道光二十六年重刊。

《武夷九曲志》十六卷，清王复礼撰。武夷在福建崇安县南三十里，其溪九曲，产名茶焉。

《武夷杂记》吴拭撰。见《广百川学海》。

《武夷山志》八卷，徐然撰。明万历二十三年（1595）刊。

《乌石山志》十卷，清郭伯苍撰。道光二十二年刊。

《洪塘小志》一册。是书系故老所编，只有抄本，民国十六年，杨遂乃重为编次、付梓，计分六门：即山川、疆域、人物、乡贤、艺文是。

《九鲤湖志》六卷，明黄天全撰。天全，莆田人，其书成于万历中。九鲤湖在福建仙游县，亦名胜之一。篇中有梦验艺文四门。梦验者，以九鲤祠乃闽人祈梦处也。

《名山记》该书有福建二卷，不著撰人名字。

《新西湖》郑拔驾撰。是书记福州西湖公园之作也。计五章：（一）公园与都市的关系；（二）西湖的过去；（三）西湖的现在；（四）西湖的未来；（五）西湖佳话。记西湖公园之风景，间亦插入佚事遗风。

《西湖志》十二册，福建水利局总纂、何振岱修。

《闽游日记》四十册，华廷献撰。该书见《荆驼逸史》。

《闽游集》秀水曹溶著。见《静惕堂集》。

《闽行随笔》范光文撰。见吴兴张钧衡《适园丛书》。

《游鼓山记》吴江徐釚撰。

《游鼓山记》建宁朱仕琇撰。

《游鼓山记》临海洪若皋撰。

《游鼓山记》吴江潘耒撰。

《武夷纪胜》阙名撰。

《武夷山游记》侯官郑恭撰。

《武夷游记》陈朝俨撰。

《武夷游记》同安林霍撰。

《武夷导游记》龙溪释如疾撰。

《游武夷山记》钱塘袁枚撰。

《游武夷山记》阳湖周洪亮吉撰。

《九曲游记》平湖陆菉撰。

《闽江诸水篇》天台齐召南撰。

《闽游纪略》华亭王沄撰。

《闽游偶记》吴振臣撰。

以上诸篇皆见《小方壶斋舆地丛钞》，王锡祺辑。

《榕城随笔》凌登名撰。见《续说郛》。

《闽行日记》清俞樾著。

《闽大纪》五十五卷，明王懋宣著。是书系四库未收本，亦少传本，惟朱竹垞之咸淳《三山志跋》有云十五国时事多出是书，盖为考证闽地疆域之资，似其所载多王闽时佚事并山川关隘建置移易之迹也。《通志》按是书统记全省。

《闽中摭闻》二卷，清陈云程撰。云程字孙鹏，晋江人，乾隆己酉举人。

《闽粤巡视纪略》六卷，清杜臻著。是书除《粤略》三卷外，有《闽略》二卷，次附台湾澎湖合一卷。书中记沿海形势及营伍制度外，其山水古迹前人题咏等间为考证，读之亦足资博览也。臻于该书外又有《海防述略》一卷。

《福建沿海图说》一卷，清朱正元著。光绪二十八年刊本。

《筹海图篇》十三卷，明胡宗宪撰。是篇系述明代沿海郡县倭寇为患之事，亦研究闽史者之一助也。

《沿海形势考》清俞樾撰。

《全闽记略》八卷，明王应山撰。应山字懋宣，除作《闽大记》《闽都记》外又作是书。

《福建通纪》一册，民国十一年刊于福州。厦门大学图书馆存。

《闽海纪要》一册，夏琳著。是书为民国十四年厦门学术书社所出版。

《闽中杂记》清叶观国撰，系乾隆辛未进士。

《五国故事》二卷，宋阙名《知不足斋丛书》本。是书除吴、南唐、蜀、南汉外，有记闽王氏之事。

《闽王事迹》一卷，见《宋史·艺文志》。《直斋书录解题》云不知何人作，卷末称光启二年（886）至天圣九年（1031），共百三十八年，所记颇详。

《陈金凤外传》一卷，王宇序云，是书于万历中，闽农人掘地于石函中得之，盖伪书也。金凤为闽王延钧后。近见《华报》曾列之。

《长乐三王杂事》十四卷，目见《宋史·艺文志》。

《平闽记》十三卷，清杨捷撰。是篇记征郑成功时奏疏，及笺启、咨文、牌檄、告示诸稿。原名《平闽记事》。书名平闽者，以郑氏初在漳泉一带驻扎也。

《八闽政议》三卷，是书皆载明嘉靖三十二年（1553），布政使及福宁道参政条议、申文等。分盐法、纲银、运脚，各为一卷，盖系当时则例也。

《福建盐法志》三十卷，嘉兴冯登府柳东著。是书见《石经阁丛书》。

《福建票盐志略》二卷，不著撰人。

《闽中海错疏》三卷，明屠本畯著。本畯官福建盐运司同知。是书详志闽海水族，凡鳞部二卷，共一百六十七种，介部一卷，共九十种。为研究闽中水产之要籍也。

《荔枝谱》宋蔡襄撰。是编为闽中荔枝而作。凡七篇：（一）原本始；（二）标尤异；（三）志贾鬻；（四）明服食；（五）慎护养；（六）时法制；（七）别种类。案其著撰月年，盖自福州移知泉州时所作。荔枝之有谱盖自襄始。内容叙述特详，词亦雅洁。

《荔枝通谱》明邓庆寀撰。庆寀字道协，福州人。是书以诸家荔枝谱，辑为一篇，故曰“通谱”。其中如《十八娘别传》之类皆收之。

《荔谱》长乐陈定国紫岩撰。见《昭代丛书》。

《福建矿物志略》一册，梁津编。民国六年，福建财政厅出版。

《福建方言志》十二卷，侯官陈衍撰。是书博采诸家方音学说作证，考据详明，共分十门：言天、言地、言人、言官室、言服器、言名词、言情状、言动作、言动物、言植物，证以古音古义，了若指掌。厦门大学图书馆存有《福建方言志》二十一页，为民国十一年福州刊本，未知是其残本否，未能得其书读之为憾。

《榕城方言考》侯官黄言岩撰。是书只有抄本，未知现有印本行世否。

《闽方言考》叶长青俊生撰。是书由中华书局出版，征引古音古义，证明闽中方言，博洽详明，堪为研究本省语言者之参考也。

《闽音研究》陶燠民著。是篇为国立中央研究院历史语言研究所集刊之抽印本。研究之范围，只限于闽城内之语，分为三部讨论：（一）剖析其韵纽四声，并附罗马字母；（二）述其声母之类化，声调之转变；（三）与古音国音作约略之比较，述说颇为简洁精当。

《戚林八音》是书盖合《戚参将八音》及《太史林碧山字义》而成。戚氏定远人，生于嘉靖万历间，以北人通南腔，且为之分合韵部。盖戚氏一人而已。维以是书之成，距今已三百余年矣，与今音稍有乖离耳。《碧山字义》即增删戚书而成。乾隆间，学海堂乃为之刻合订本，即今坊间所流行者也。

《厦门音新字典》一册，甘为霖编。署“大正十二年新楼书房出版”。

《八闽遗书考》林绎著。

《福建书目》二卷，明罗泰撰，泰为洪武间布衣。

《福建刻本考略》一卷，侯官陈衍撰。闽中刻本书籍，素以多名，兹篇或本之目见，或本之各家记载，分为四部，冠以总论，详为叙述。为收存家及版本学家必读之书也。

《闽中古物集粹》一卷，林钧撰。此书搜集闽中古物，如雪峰寺枯木庵木刻、东岳庙磁莲盆文字等，均属金石外之古物，该书皆一一为之钩摹原文，并详考订。

《闽中金石志》十四卷，嘉兴冯登府（柳东）著。见《石经阁丛书》本。

《闽中文献》八十卷，晋江柯辂撰。

《左海文集》清陈寿祺撰。

《唐黄御史集》十卷，附录一卷，唐黄滔撰。滔字文江，莆田人，充威武军节度推官。王审知据有全闽，而终守臣节，滔匡正之力为多。集中文记多叙闽中故实，如泉州开元寺佛殿碑记，福州报恩寺定光多宝塔碑记，丈六金身碑记，福州雪峰山故真觉大师碑铭等诸文，可作研究五代闽史之旁证，及闽中文献之征考也。

《筠溪集》八卷，宋叶梦得撰。筠溪者，梦得归连江所居之地，因以名集，集中有筠溪图跋，叙其始末甚明。

《闽中诗话》十七卷，清柯辂撰。按《通志·文苑本传》载辂所著诸书凡四十七部，八百六十余卷，闽中古今人著述之富未有逾此者，惜其书俱未得见，无可悬揣。

《全闽诗话》十二卷，清郑方坤编。是书皆荟萃闽人诗话及他诗有关系于闽者，闽土著名，始于唐初，凡六朝唐五代一卷，宋元五卷，明三卷，清一卷，附无名氏及宫闱一卷，方外一卷，神仙鬼怪杂缀一卷，所采诸书计四百三十八种，采摭繁富，未免细大不捐，而上下千余年间，闽中文献，犁然有征，旧事遗文多资考证，固为谈艺之渊薮矣。

《续郑荔乡全闽诗话》二卷，清萨玉衡撰。

《五代诗话》十卷，清郑方坤撰。此书除国主、中朝、南唐、前后蜀、吴越、楚荆南等各卷外，有闽一卷，采录甚富，凡五代轶闻琐事几为搜括无余。

《武夷山诗集》二卷，不著编辑者名字。前总录一篇，述山之得名及历代兴建封号之事。后杂录诗二卷，皆游人题咏之作也。

《武夷游草》清王九徵作，九徵为康熙间诸生。

《莆风清籁集》六十卷，清郑王臣辑。王臣，莆田人，是集选兴化一府自唐至清之诗凡三千余篇。作者一千九百余人，并详其人之里居、出处、生平著作，并缀以各家评语。

《榕城诗话》三卷，清杭世骏撰。

《选闽文典制钞》四卷，见《二思堂丛书》。是为福州梁章钜编。光绪元年刊于浙江书局。

《全闽诗录》四十一卷，侯官郑杰原本，陈衍补订。是篇凡分甲、乙、丙、丁、戊五集；即唐、五代、宋、金、元是也。其明代稿则由郭伯苍补订，改名《闽诗传》。又清代诗分正续两集，收至顺治、乾隆朝为止。

《闽南文钞》一卷，玉山蔡世钹撰。见《味蕉小寮集》嘉庆辛未刊本。闽人犹感戴焉。

《福建盗贼须知》宋叶梦得撰。见《遂初堂书目》。

《闽海毒蛊记》一卷，阳朏撰。见《五朝小说》。

《福州猴王神记》一卷，洪迈撰。《五朝小说》本。

《福建三神考》魏应麒著。是篇讨论福州之“临水夫人”、郭圣王及天后之起源，颇饶趣味。各篇多散见于《民俗周刊》，兹收集我书，由国立中山大学语言历史学研究所出版。

《五代闽宗教与神话考》魏应麒著。兹篇为《五代闽史稿》之一，未详列五代时之寺观庙宇表，考订尤详。闻魏君尚有《明代倭寇史资料》《福建著述考》《福建谜语集》《故事集》等之作。

《福州歌谣甲集》魏应麒著。歌谣与风俗、语言之关系甚大，是篇收集闽谣共二百二十四首，加以注释，其乙集尚在征集中。广州中山大学出版。

《福州蜑民调查》吴高梓著。是篇为燕大之《社会学界》第四卷抽印本。盖作者曾于民国十七年夏受燕大社会学系之托，调查福州畲民，后因北岭多匪，特改为福州蜑民调查，蜑民与畲民相传为福州固有之民族，兹篇惜未能详为考叙，然事属草创未能过责也。

《福建故事》谢云声编。是篇系民国十九年厦门新民书社出版。

《福建省交通》张福安编。该篇为协大毕业论文之一，现存协大图书馆。内容共分五章：（一）绪论；（二）本省地理；（三）福建航路交通之调查；（四）福建陆路交通之调查；（五）福建交通现状之改良方法，颇足供研究经济状况之参考焉。

《福州市政改良浅说》是篇为民国十六年福建建设科所刊。

《中世纪泉州之交通》张星烺著。星烺曾译《马可波罗游记》加以注释，是书记泉州中古之交通颇详。

《闽省时务策论》一册，不著编人名字。存协大图书馆。

《福建印花常关烟酒税概况》《福建契当牙炉税概况》《福建贾铺捐屠宰税》《茶税杂税概况》《福建盐务概况》，以上五书系林有壬编。

《治闽管见》郑权编。

《青天白日》福建《民国日报》之副刊也。中《民俗周刊》对于福州风俗、语言、歌谣谚语等尤多登载，其《图书馆学周刊》一门载有福州《版本考》，亦足为考献者之资助也。此外凡欲研究福建近代之政治、经济、商业、交通之情况者，《福建建设厅公报》《财政厅公报》《教育厅公报》《民政厅公报》《福建商业公报》《商业杂志》《商船总公会月刊》等均足资借鉴，兹不一一备载。

《紫玉钗》剧本署甓斋考证注释。此剧为闽剧之最佳者，演李益、霍小玉故事，读该书亦足以见闽中戏曲之一斑。他如曲句中之“哎”“呀”“啊”“啊哼”“啰”“么”等，均足代表闽垣语词声气。又调中有“驮岭”“水过浪”“自驮岭”等均闽曲之特有之演唱，大可供戏曲家之研究焉。商务馆出版。

Studies in the Folk Literature of Fukien，by Malcomb F.Earley；该篇系私立福建协和大学教授沙君所作，曾在 Proceedings of the Natural History Society of Fukien Christian University Vol.I，1928 发表。作者以科学眼光研究福建歌谣，主张《诗经》亦系古代歌谣之演变，中历举西方歌谣之相似点与之相较，末举福州歌谣七首代表并证明其理论之点，诚难得之作品也。

以上所列书目多系流传于世，易于寻检者也。至若历代以来有关福建之著作何止倍蓰此数。乃或故纸漫漶，遗墨飘零，或存之名山，缄之石室。盖典籍存佚亦有幸不幸存乎其间耳。兹篇以研究书目为立场，故特穷搜博采，备录其目，俾作者之精神不泯，亦足以著其梗概云耳。

《闽海丛书》四卷不著撰人名字。

《八闽风物赋》一卷，又《八闽风物赋或问》一卷。

以上三种书目见《千顷堂书目》，作者不可考。

《政和三山续志》该目见《元史艺文志补》。

《闽海奇迹编》清林涵春著。涵春字云林，人称“云林先生”。

《榕城三山志》十二卷，明徐𤊹撰，𤊹说见上。

《榕阴续简》十卷，明徐𤊹撰，是书盖补《榕阴新检》之作也。

《榕城景物略》清陈学夔作，康熙己酉举人。

《榕城景物考》清蒋垣撰，系康熙壬子举人。

《石塔碑刻记》一卷，清侯官林乔荫记。其略云“西塔在福州城西南，初名贞元无垢净光塔，为唐柳冕建，今塔则五代王氏据闽时重建……列闽王以下诸臣衙衔名……惟今相距复七八百年，欲知王氏七主五十余载之事，不惟《闽录》《闽中记》《闽王实录》《闽王事迹》等书无从稽览，即其散见于《九国志》《五国故事》《十国纪年》亦不尽传。近儒如朱竹垞之撰《五代史补注》，吴志伊之撰《十国春秋》，皆博考金石遗文以证前史之缺，而此塔石宛然，惜乎二公之并未得见也。余以登眺之暇，抒毫舐墨就其旁录之……庶几备晋安掌故然”云云。（见《福建通志》陈寿祺修，卷六十八）

《南台志》明永福黄文炤撰。

《闽王审知传》一卷，宋陈致雍著。是书述王氏二世七主共六十年事颇详。按陈氏《书录解题》及元马氏《文献通考》均作《闽王列传》。

《八闽邹鲁》清康伟然著。伟然字曜仙，漳浦人，学以居敬为本，教人久而不倦，学者称中江先生。

《闽江景物略》清苏之琨撰，字长明，崇祯壬午举人。

《福建地理图》一卷，目见《宋史·艺文志》。

《福建路图经》五十三卷，目见《通志略》。

《闽川名胜志》六册，见《绛云楼书目》。

《闽中宝录》十卷，陈氏曰：“周显德中，扬州永贞县令蒋文恽记闽王审知及将吏儒士僧道事迹，末亦略及山川土物。”（见马氏《文献通考》）。

《闽中旧事》三十卷，清柯辂撰。柯辂，晋江人，说见前。

《闽中考古录》一卷，清柯辂撰。

《闽中管豹集》四十卷，亦清柯辂著。

《闽谱》一卷，明郑宇明撰。

《八闽名山川志》清林知源著。知源于是书外尚有《八闽掇名志》。

《鼓山志》明黄用中撰。鼓山自僧善缘著《灵源集》，用中乃改为是志，徐𤊹续之，清僧元贤等又相继纂辑，至黄任始集其大成焉（见前）。

《鼓山续志》八卷，明徐𤊹撰。

《鼓山题名石刻》今人林钧辑。林钧字石庐，好金石书画，著有《石庐金石书志》《福建金石志》等书。

《太姥山志》明谢肇淛撰。《千顷堂书目》亦有《太姥山志》三卷，未知即是该作否。

《武夷小志》二卷，明卓有见著。

《武夷山志》六卷，明杨亘撰。又《武夷山记》一卷，宋刘夔撰。

《武夷山志》六卷，明丘云霄撰。霄有《止止斋集》，盖即居武夷山止止斋时所作。

《武夷山志略》四卷，明徐表然撰。是书分为四集：绘山之全图及武夷宫左右诸胜，悉附题咏。凡名胜古迹，皆分附于山川，较他地志尤便省览，其名志略者谓山已有全志也。

《武夷山志》明江腾鲜著，字仲鱼，万历间诸生，尝往来武夷三十六峰，峰各置笔墨砚帙，随意所适辄书之云。

《武夷山志》十九卷，明衷仲孺纂。是书凡十一篇，即名胜、云构、题刻、仙真、羽流、存疑、物产、游寓、祀典、掞藻、余韵等是也。

《武夷纪游》清陈应奎作。

《武夷幽隐传》目见《千顷堂书目》。

《雪峰志》一卷，明徐𤊹撰。

《法海寺志》一卷，明徐𤊹著。

《高盖山志》一卷，明谢肇淛撰。

《洪塘志余》二卷，清侯官胡贤宾撰。宾字笙友，康熙间诸生。

《续洪塘志余》三卷，清侯官翁曾著。

《九鲤湖新志》十五卷，康当世著，见《千顷堂书目》。

《德化九仙山志》明张士宾著，士宾自序云：昔有九仙经游故名。

《小西湖志略》一卷，原序云：西湖旧无志，潘敏公濬湖始辑成书。

《福建省政府濬闽江总局第十二年度报告书》总工程师陈鸿泰具报。

《闽水纲目》十二卷，图一卷，清高澍然著。

《莆田水利纪略》《兴化小西湖志》以上二书俱系清程大禧撰。

《白云寺志》一卷，清古田陈琮著。琮尝读书白云寺，乃作是志。

《闽中海错疏补》三卷，是编补原疏所未载者，共十有六条，补原书所未尽者十有三条。

《八闽海错疏》六卷，明林敏撰。林敏字汝学，长邑人。

《晋安海物异名记》三卷，宋陈致雍著。按此书《崇文总目》入地理类作二卷。《宋史·艺文志》是书与蔡襄《荔枝谱》均入小说家。陈氏《直斋书录解题》晋安作晋江，郑氏《莆阳比事》无“晋安”二字。

《八闽鹾政志》十六卷，明谢肇淛撰。

《长溪土产录》明丁炷撰。

《荔枝谱》二卷，明徐𤊹撰。是书上卷分品类：曰福州品、兴化品、泉州品、漳州品，凡四品。下卷曰种、曰培、曰啖、曰晒、曰焙、曰煎、曰浆，凡七类。此外渤有《红云社约》一篇，盖系荔子熟时，设红云宴，作飨荔会以告其同志者也。(《红云社约》原文见陈修《通志》卷六十七)。

《闽学源流》十六卷，明杨应诏撰。

《八闽理学源流》清蒋垣著。目见陈修《福建通志》。

《闽学志略》十七卷，清李清馥撰。是编取自唐迄明闽中之有关讲学者人名，传志其略。大旨以朱子为宗，朱子以后传其教者皆录之，以前者皆录入前编，凡唐宋元共八卷，明九卷。

《闽学宗传》明刘廷焜撰。廷焜字子曦，晋江人。

《榕城语录》明吴绅著，是书系其避地榕城时所作。

《榕海旧闻》《榕城诗话》，该二书俱为清侯官林天甲著。天甲有《逋庵遗诗》一卷。

《闽中诗选》明林谨夫撰。

《闽中诗选》八卷，明徐𤊹著。

《闽词钞》四卷，清叶申芗撰。闽县人，嘉庆己巳进士，历官至河南知府。

《三山诗选》七卷，明陈元珂著。元珂系嘉靖乙未进士。

《闽中十子诗》三十卷，明袁表、马荧同编。所谓闽中十子者即：福清林鸿、长乐陈亮、高廷礼，闽县王恭、唐泰、郑定，永福王偁，闽县王褒、周元，侯官黄元，皆明初人。十人遗集已不尽传，此编采撷精华，存其梗概，犹可见当时之风气然。

《闽中杂咏》一卷，清林绪光撰。绪光闽县人，字广业，号凤谿，康熙己卯举人。

《闽川闺秀诗话》四卷，清梁章钜撰。章钜号芷邻，长乐人，有《归田琐记》八卷，闽中风物亦多收入。

《闽中唐宋元明诗文编》清陈元钟编。

《闽中诗话》清叶晴峰撰。晴峰字子机，乾隆间人，喜读书，工诗赋。

《闽汀文选》十卷，清周维庆辑。

《续莆阳文献志》二十四卷，明柯维骐撰。该书系接郑岳之笔而作，此外明郭良翰亦有《续莆阳文献》二十卷。

《莆阳风雅》明周闻、林简同编。是编收一百七十人，诗五百六十首。

《续莆阳文献》四卷，清林向哲撰。

《莆阳比事》七卷，宋李俊甫著。陈谠序略云："是编上考史记，旁摭纪录，下至诸家文集，行实、碑碣、书尺，悉从采缀，询于耆儒，参诸故老，积十余年心目之勤，厘为七卷，汇聚科分，联比而书，又为纲目于前，偶丽成篇，尤便披阅"。

《延平文集》三卷，宋李侗撰。侗于是编外有《延平语录》一册。

《南安文献私志》明黄懋中著。

《闽海人文》五卷，清长乐梁上国撰。

《古田人物考》清古田高廷耀著。

《闽贤录》明林谨夫撰。谨夫名枢以字行，成化甲辰进士，景宁知县，历杭、徽、真定三府同知，有政绩，生平好学，老不释卷。

《续闽川名士传》六卷，清林人中撰。

《莆阳人物志》三卷，明方朴撰。朴修《莆阳人物志》起唐贞元终元，迄录未成书，而被诬卒，今仅存名臣三卷。

《莆阳名公事迹》五卷，明吴源撰。源有《吴司业文集》二十卷。

《莆阳遗事》《莆阳旧事偶录》《莆阳科名志》《莆阳人物备志》。

以上四书均系明宋端仪著。

《莆兴纪胜》十卷，明林登名著。是书卷一曰《北境远山》，卷二曰《北境近山》，卷三曰《鲤湖志略》，卷四曰《西境名山》，卷五曰《南境名山》，卷六曰《东海名山》，卷七曰《舟游纪胜》，卷八曰《附郭纪胜》，卷九曰《山川考源》，末附录一卷，盖纪游之属，所记兼兴化全部。

《建宁人物传》四卷，明李默著。是书记建宁人物，起唐建中迄明景泰，九百四十七人，以诸邑分载，而一邑之中又以时代分先后。

《福建历朝宦绩录》四十卷，清高树然纂。

《晋江文人传信录》十卷，清蔡学鲲撰。

《天后志》二卷，清林清标撰。清标字弼候，号幸庵，莆田人。

《天后显圣录》一卷，明林尧俞序。

《倭患考源》二卷，明黄俣卿撰。《四库总目》：自题闽人其始末未详，盖嘉靖间福建濒海郡县，尝被倭患，故为是书，以推其致祸之由。

《镇闽议稿》一卷，明俞大猷撰。此外又有《洗海近事》二卷，乃大猷征倭时奏疏、公牍、书札等。后附操法，及兵部覆本、贺词等。是书论用兵委曲较史为详。

《戚少保年谱》十二册，戚祚国撰。道光丁未年仙游崇勋祠版。是书记戚继光平倭事甚详。盖明季沿海各省，多受倭患，于闽尤烈，赖戚公剿平，至今闽人尤感戴焉。

《靖海纪》二卷，清施琅著。是书系闽人取琅征台湾郑氏时章疏汇萃编刻。

《清漳风俗考》清陈元麟撰。

《崇安琐语》宋余发林著。发林字希董，博学俊才，门人汇其文为《爱梅集》。

《古邑志余》清古田林日诏著。

《南澳小记》十二卷，明安国贤著，目见《明史・艺文志》。国贤除此记外，又有《南日寨小记》十卷。按南澳于明系福州卫。

《清源三十六洞考》清许元烜撰。清源今之晋江。

《闽画记》二卷，明徐𤊹撰。

《闽音必辨》二卷，清晋江富允谐著。

《厦门音系》罗常培著。中央研究院历史语言研究所出版。此书盖系作者实地调查之结果，并徒重传统之记载也。著者曾旅居厦门，尝亲访问当地方言，征集当地通俗韵书、里巷谣谚及教士所为罗马字注音诸书，互相参究。其后又请林君黎光发厦门乡音，记述以为《厦门音系》七章，于声调之审辨，字音、话音之比较，剖析甚精，而厦音特征足以窥见古今流变者，记之尤详。凡所诠发类皆于音韵学有所贡献。采新方法以治音韵，故能明白精审。为研究近代语音及方言学者所必读之书也，定价三元。

《天下郡国利病书》百二十卷，顾炎武著。是书内有福建六卷，于福建各府县地理、军政、户口、赋役等均有详细说明。

《古今图书集成职方典》卷一千三十一至卷一千一百十，共八十卷，为福建部。对于各府州县沿革、疆域、户口、田赋、兵制、山川城池、公署、学校、风俗、物产、古迹、艺文等俱有详明记载，亦福建总志之重要者也。

《长乐志》四十卷，陈氏《书录解题》云府帅清源梁克家叔子淳熙九年（1182）序，永嘉陈傅良君举通判，州事大略皆出其手。（见马氏《文献通考》）

《长乐图经》宋长乐林通撰。袁正规序云："长乐在十二邑中地非沃壤，鱼盐之利岁上于公家者居诸邑冠。通元祐间人，是书博采文物之盛，山川之美，为之图经"。

《长乐财赋志》十六卷，宋长乐何万著。

弘治《长乐志》明刘则和等撰。则和字乐成，长乐人。是书因林通所作《图经》略而不备，邑令王涣乃延则和纂是志。

万历《长乐乘》八卷，明郑世威著。世威亦长邑人，嘉靖己丑进士。

《延平志》十卷，《文献通考》引陈氏《书录解题》云："郡守新安胡舜华举汝士与郡人廖拱、廖挺裒集。时绍兴庚辰也"。序言与《盱江志》并行，盖其为建昌守亦尝修图志。

弘治《南平县志》明黄仲昭所修。仲昭除修此志及《八闽通志》外，又有弘治《邵武府志》二十卷及弘治《延平府志》。

嘉靖《延平府志》明郑庆云撰。又嘉靖《延平府志》二十二卷，明游居敬撰。

万历《延平府志》五卷，明吴必学辑。

乾隆《南平县志稿》清官志涵撰。又嘉庆《南平县志》四十二卷，应丹诏著，嘉庆十三年（1808）修。

顺治《延平府志》清吴殿龄修。

端平《延平府志》目见延平府历代修志姓氏。

乾隆《福安县志》清侯官张伯谟撰。谟字思训，乾隆举人。

康熙《寿宁县志》，该志修于康熙二十五年，为柳上芝等所辑。

《武阳志》元黄镇成纂。案晋明帝太宁元年（323）改邵武为邵阳，一作武阳。

《武阳志略》一卷，元陈士元撰。又《武阳志》明上官祐著。

成化《邵武府志》三十六卷，明宁坚辑，成化癸巳知府冯孜修。

万历《邵武府志》明侯衮撰，知府鲁史序。

《邵武府志稿》十五卷，清张一魁序。

《邵武府续志》清侯聘辑。聘官邵武府教授。

嘉靖《邵武府续志》明赵命台纂。

《和平里志》宋上官口纂。和平里在邵武县南乡，里有危氏、上官氏、黄氏三姓。

《福州府志》，按乾隆十九年知府徐景熹《福州府志》凡例云：明府志凡四修：一修于正德庚辰，一修于万历己卯，一修于万历壬子，其一为万历间郡人袁表撰《千顷堂书目》所载林庭㭿、林𤐫、袁表、林材四家是也。此外又有刘世杨、林炫合撰府志，则在所称四志之外。

《福清辨》明郭万程著。万程福清人，嘉靖乙未进士。

乾隆《福清县志》二十卷，林昂撰。福清志重修于康熙壬子，三修于乾隆间，是志折衷旧志，搜访旧闻，以成是书。

《连江县志》十六卷，清李滂修。滂字叙范，连江人。又清郑霄亦有《连江邑志》十六卷。按《福建通志》载清陈润亦有《连江邑志》二十九卷。考之连江历代修志姓氏，无润名，与郑霄志同例，而是书卷帙较多，岂同时各有纂辑欤？

《连江续志》二卷，清陈晖烈撰。

《崇安县志》四卷，明李让著。其书凡分五十七门，猥杂殊甚。

嘉庆《崇安县志》十卷，明章朝栻著。是书系嘉庆十三年修。

永乐《崇安县志》四卷，明丘锡等撰。又隆庆《崇安县志》八卷为丘云霄所辑。

雍正《崇安县志》清张彬辑。

《德化县志》清王必昌撰。必昌字乔岳，乾隆乙丑进士。

《续罗源县志》十二卷，清陈大经纂。《罗源县志》自崇祯时章简修后，至康熙六十年，百余年矣。大经旁搜博采，续成县志十二卷，存之箧中，适其时知县王楠欲重修葺，乃出之，以资考核。

乾隆《泉州府志》七十六卷，清黄任等辑。

嘉靖《泉州府志》二十六卷，明晋江史于光修，又隆庆《泉州府志》二十二卷，黄先升修。其序略有“于泉为七闽上郡，独宋淳祐间有《清源志》，嘉靖间史于光公始修之，逮今又四十六年矣”云云。

万历《泉州府志》二十四卷，黄凤翔撰。又隆庆间李熙亦有《泉州府志》。

淳祐《泉州志》目见泉州府历代修志姓氏。

《泉南录》目见《遂初堂氏书目》。

万历《漳州府志》明谢彬纂。

《漳州府志》三十八卷，明张燮、徐銮同纂。又清林梦斗、蔡世远亦撰有《漳州府志》，其书已不可考。

《漳州图经》明吴与撰。

万历《漳浦县志》十六卷，明王应显等同辑。

万历《漳州府志》三十八卷，明刘廷蕙辑。

淳熙《漳郡志》宋莆田李伦、翁亢、福州许懋等同辑。

正德《漳州府志》三十四卷，明周瑛修，目见《天一阁书目》。

《漳浦县续志》清陈梦林撰。

《清漳新志》十卷，马氏《通考》引陈直斋言曰司理参军方杰撰。

《宁德县志》十卷，清张君宾撰。乾隆四十六年修。

弘治《南安县志》十五卷，明傅凯修，分三十六子目。

《南安志》二十卷补遗一卷，宋方松卿、许开同撰。目见《直斋书录解题》。《宋史·艺文志》仅著许开，且无补遗一卷字件。

《福安县志》清李襄猷辑。康熙十六年修。

万历《福安县志》九卷，明陈世理撰，又续志系刘元祐所纂。

崇祯《福安县志》陈晓梧撰。

乾隆《福安续志》二十六卷，陈从潮等辑。

《海滨外史》三卷，旧写本。又《涵芬楼秘笈》本。题闽中陈怡山记。怡山名维安，福州人。是书卷二皆杂记闽中故事，一如《闽都别记》，阅之足资谈助。卷三为学变纪事，盖记康熙间闽中士子公愤抗官之事也。著者之祖陈章，曾亲历此变，故能记之特详。

《东越儒林后传》一卷，又《东越文苑后传》一卷，清陈寿祺撰。二书俱系记闽中历代文人名宿之作，大抵表彰乡贤之意也。《左海全集》本。

《徐霞客游记》二十卷，明徐宏祖撰。是书中有《游武夷山日记》《游九鲤湖日记》《闽游日记》等诸篇。对于福建山岭之来脉，河流之支合，记之尤详。名胜古迹亦多阐发，亦研究本省舆地者所当读也。

万历《武夷洞天志》不分卷，八册，绘图本，明徐世昌刊。

光绪《闽县乡土志》八卷，清吕渭英等撰。铅印本。

光绪《侯官乡土志》八卷，清吕渭英等撰。

《闽南游记》陈万里著，民国十九年开明书店出版。是书为万里旅居厦门四月间之“雪泥鸿爪”，盖著者曾三游泉州，一游漳州。对二地古迹古墓之发现，古物古碑之探讨，每多新解，有稗于史料者实多。篇首并附以美术照片多帧，尤为难能可贵之作品。

《闽词征》六卷，闽侯林葆恒辑。是书征辑历代闽人善词者之作品，以证前人谓闽人不善于词、不谙词韵之缪讹。采辑之富，选择之精，直可驾叶申芗《闽词钞》而上之。

附录 讨论福建之杂志论文（文中标点为编者所加）

《福州旧历新年风俗之调查》叶树坤，《燕京学报》第一期。

《朱熹对于闽南风俗的影响》罗常培，《中山大学语言历史研究所周刊》第一卷第四号。

《闽俗琐闻》董作宾，同上周刊第一卷第二号。

《续闽俗琐闻》，《厦大集美国专学生会季刊》第一期。

《闽南清明风俗》，《民俗》第六十期。

《闽侯蛮婆生活一瞥》狷公，《妇女杂志》第十五卷八号。

《说畲》（《闽音杂记》之二）董作宾，见《北大研究所国学门周刊》第十四期。

《福建畲民考略》董作宾，见《中山大学语言历史研究所周刊》第一卷二号。

《福建几种特异民族》翁国梁，《民俗》第八十期。

《闽侯方言考证》叶长青，《国学专刊》第一卷第一期。

《闽方言考叙》吴曾祺，《国学专刊》第一卷第一期。

《闽南方言考》邱立，《中山大学语言历史研究所周刊》第八十五号。

《闽南方言与十五音》叶国庆，同上周刊第八十五期。

《十五音与漳泉读书音》薛澄清，同上周刊第八十五期。

《闽北方言述》翁国梁，同上周刊第一百十期。

《闽粤方言之来源》林语堂，同上周刊第八十五期。

《福州方言蠡测》丁昌华，《卫理杂志》第四卷第一期。

《厦门音系序》罗常培,《清华中国文学会月刊》, 第一卷, 二期。

《十八世纪中闽南的一个小学家吕世宜》薛澄清,《中山大学语言历史研究所周刊》第六十五期。

《闽谣选解》刘弨,《社会学界》第二卷, 燕京大学出版。

《闽歌甲集自序》谢云声,《民俗》十五十六合刊。

《对于闽歌甲集贡献几点小意见》薛澄清,《民俗》九十二期。

《闽南长汀的童歌》马云章,《民俗》第四十九、五十期,

《福州谜语甲集自序》魏应麒,《民俗》第九十六至九十九期。

《闽南谜语》张文焕,《民俗》第九十六至九十九期。

《关于"诸娘"的讨论》董作宾,《中山大学语言历史研究所周刊》第三期。

《洛阳桥的传说》魏应麒,《民俗》第四十七期。

《闽南传说的梁山伯与祝英台》谢云声,《民俗》第九十三至九十五期。

《闽南故事集自序》谢云声,《民俗》第十五,十六期。

《漳州特产水仙花的传说》翁国梁,《民俗》第四十七期。

《外洋传入闽中的物产》叶国庆,《中山大学语言历史研究所周刊》第六十六期。

《仙都之蓄奴》,《民俗》第一期, 按仙都在龙溪。

《泉州的土地神》顾颉刚,《民俗》第二、三期。

《泉州谈荟》黄仲琴,《中山大学语言历史研究所周刊》第一百〇九期。

《闽南地方志经眼录》薛澄清,《中山大学图书馆周刊》第五卷第四、五、六期。

《闽南之回教》黄仲琴,《中山大学语言历史研究所周刊》第一百〇一期。

《漳州与长崎交通》黄仲琴, 同上周刊第一卷第八期。

《福建永泰县》, 中央大学《地理杂志》第二卷第四期。

《福建永泰县抚溪村》, 中央大学《地理杂志》第二卷第四期。

《鼓山小志》陈耻,《三牧周刊》第七、八、九等期。福州中学出版。

《编纂五代闽史的引言》魏应麒,《中山大学语言历史研究所周刊》第七十五号。

《五代闽史稿之一》魏应麒, 同上周刊第七十五、七十六、七十七、七十八号。

《杨文广平闽遗迹》马云章,《民俗》第四十五期。

《福州游记》周光倬译，中山大学《地理杂志》第二卷第三期。

《厦门志略》张月娥，中山大学《地理杂志》第四卷第六期。

《中世纪泉州状况》张星烺，燕大历史学会《史学年报》第一期。

《闽学会的经过》陈锡襄,《中山大学语言历史研究所周刊》第一卷七八号。

《福州民俗学会一则》,《民俗》第一百十期。

《福州市县经济调查报告书》一册，南京铁道部财务司调查科编。

《改进福州社会之管见》黄世承,《复旦福建同学会季刊》民国十九年出版。

《福州社会黑暗面之解剖及其救济》洪仰山，同上季刊。

《闽垣银辅币之沿革及对于商业上之影响》魏煊孙，见同上季刊。

《福建青年与地域观念》廖生,《新闽前锋》第三期，福建留京学会编。

《福建之经济地理上的价值及未来实业的发展》林作梅,《新闽前锋》第四期。

《福建匪患的研究》陈烈甫,《新闽前锋》第五期。

《福建匪患与实业》，陈铁魂,《新闽前锋》第五期。

《福州市十八年八九月份户口变动统计表》,《内政公报》三卷二至三号，民国十九年三四月份。

《厦门市警辖十八年二、三、四月份户口变动统计表》同上公报三卷二号。

Studies in the Folk Literature of Fukien Natural History and Nursery Rhymes by M.F.Farley. 是篇系在 Proceedings of the Natural History Society of Fukien Christian University Vol. Ⅱ发表，盖以补前编（参看第二期本刊）之不足也。兹篇尤注重儿歌，引童谣多则，证明歌调之构造及其意义，甚为详明。

The San Tak of Fukien Province by C.R.Kellogg，The China Journal of Science and Arts Vol. Ⅳ No.5，May 1926.

Further Notes on the Aborigines of Fukien by C.R.kellogg and Chiang Ting I; The China Journal of Science and Arts Vol.VI，No.2; Fob.1927 pp.94—100（以上二篇俱系研究福建畲民之作品）。

（原文连载于私立福建协和大学编《福建文化》第一卷第一期、第二期、第三期、第四期、第六期）

上海徐家汇天主堂藏书楼所见福建方志

福建方志，以历年匪患兵燹，磨灭殆尽，幸得流传者，时至今日，已稀如星凤矣。余此次借参观国内图书馆之便，得至徐家汇天主堂藏书楼，一见其秘藏。该楼全部藏书，于中国文化上有保存之功者，厥为各省地方志，计共二千余部。福建占五十余部，乃穷其半日之力，抄录其目以飨阅者。

《福建通志》五十六卷，雍正刊本，计四十八册。

《福建通志》杨廷璋修，乾隆三十四年（1769）刊，计四十册。

《福建通志》二百七十八卷，吴棠等修，同治七年（1868）刊，计九十八册。

《福州府志》七十六卷，徐景熹等修，乾隆十九年刊，计四十册。

《古田县志》八卷，辛竟可修，乾隆十六年刊，计八册。

《长乐县志》文煜等修，同治九年刊本，计十册。

《罗源县志》三十卷，孙尔准修，道光十一年（1831）刊，计十二册。

《永福县志》十卷，陈焱等修，乾隆十四年，计四册。

《永福县志》十二卷，董秉清修，民国八年刊，计八册。

《福清县志》二十卷，饶安鼎修，乾隆十二年刊，同治六年补刊十二册。

《泉州府志》七十六卷，怀阴布等修，乾隆二十八年修，同治九年重刊，四十八册。

《惠安县志》三十六卷，吴裕仁修，嘉庆八年（1803）刊，计八册。

《同安县志》三十卷，吴堂等修，嘉庆三年修，光绪十二年（1886）重刊，计十二册。

《厦门厅志》十六卷，周凯撰，道光十九年刊，计九册。

《马巷厅志》十八卷，万友正修，乾隆四十一年修，光绪十九年重刊，计八册。

《建安县志》十卷，崔铣等刊，康熙五十二年（1713）刊本，计八册。

《瓯宁县志》十三卷，邓其文修，康熙三十三年刊，计六册。

《建瓯县志》三十七卷，蔡振坚等修，民国十八年刊本，计十二册。

《建阳县志》十二卷，赵模等撰，民国十八年刊本，计十二册。

《浦城县志》四十二卷，翁天祐修，光绪二十六年刊，二十册。

《政和县志》三十五卷，李熙等纂，民国八年刊，计十二册。

《延平府志》四十六卷，孙孝愉等修，乾隆三十年刊，计二十四册。

《南平总志》二十八卷，杨桂森等修，嘉庆十五年刊，计二十四册。

《沙县志》十二卷，梁伯荫等撰，民国十七年刊，计十二册。

《顺昌县志》十卷，陆嗣渊等修，道光十二年刊，光绪七年重刊，计四册。

《汀州府志》四十五卷，喀尔吉善等纂，乾隆十七年修，同治六年重刊，计三十二册。

《长汀县志》三十三卷，刘国光修，光绪五年刊，内抄补二册，计共八册。

《宁化县志》七卷，李元仲修，康熙二十三年刊，同治八年重刊，计八册。

《上杭县志》十二卷，喀尔吉善等撰，乾隆二十五年刊，同治三年重刊，七册。

《兴化府志》五十四卷，周英等修，弘治十六年（1503）刊，同治十年重刊，二十四册。

《莆田县志》五十四册，宫兆麟修，乾隆二十三年刊，同治十年重刊，二十四册。

《仙游县志》五十三卷，林奋等撰，乾隆三十六年修，同治十二年重刊，十四册。

《邵武府志》二十四卷，张凤孙等纂，乾隆二十五年刊，十二册。

《邵武府志》又一部，光绪二十四年刊本。

《建宁县志》二十六卷，钱江等纂，民国八年刊本，计十二册。

《漳州府志》五十卷，陈鸿翊修，光绪四年刊本，三十二册。

《漳州府志》又一部，嘉庆补刊本。

《龙溪县志》二十四卷，杨景素等纂修，乾隆二十七年刊，光绪五年增补，计十二册。

《漳浦县志》二十卷，林登虎等修，康熙三十九年刊，计二十册。

《长泰县志》十二卷，张懋建等修，民国二十一年刊，计六册。

《平和县志》十二卷，李铉等修，康熙五十八年刊，光绪十五年重刊，十二册。

《诏安县志》十二卷，秦炯修，康熙三十三年刊，计四册。

《海澄县志》二十四卷，陈瑛等修，乾隆二十七年刊，计十册。

《福宁府志》四十四卷，朱珪等修，乾隆二十七年刊，光绪六年重刊，十二册。

《霞浦县志》四十卷，徐友梧等修，民国十八刊本，计八册。

《福安县志》二十六卷，侯谨度等修，乾隆四十八年刊，计八册。

《福安县志》三十八卷，张景祁等纂修，光绪十五年刊，计六册。

《宁德县志》十卷，卢建其等纂修，乾隆四十六年刊，计六册。

《永春直隶州志》十八卷，郑一崧修，乾隆五十二年刊，八册。

《龙岩直隶州志》三十二卷，彭衍堂修，道光十五年刊，光绪十六年重刊，三十六册。

《龙岩县志》三十七卷，陈丕显撰，民国九年刊本，计十册。

《漳平县志》十卷，蔡世缓纂，道光十年刊，计六册。

《台湾府志》二十六卷，觉罗四明等修，乾隆二十五年刊，计八册。

《淡水厅志》十六卷，黎兆棠修，同治十年刊，计十二册。

《侯官乡土志》八卷，清吕渭英修，计四册。

（原文载于私立福建协和大学编《福建文化》第三卷，第十七期）

邵武协和大学校地南宋古墓发掘研究报告

（一）发掘经过

民国二十九年三月二十日下午四时半以后，余于公毕拟散步片时，无意间行抵本校教职员住宅建筑新址，忽闻工人邪许之声，林君恒适亦在该处，乃以手招余，趋近视之，则工人十余正将大木数根撬开土穴中之大石。余周视其规制，知为古冢，乃急访陈教授易园告知附近发见古代石冢，陈先生乃至其寓后左近视之，决先行停止工人撬石工作。风声所播，教职员同学争来睹视，惟以时晏，乃令工人暂行保持原状。翌日晨决先从事墓外周围余土之发掘，冀先探讨其残碑断碣以为线索，俾知此坟之年代，以后再决开掘步骤。果于十时左右露出青石圹志一方，上部有篆文大字“有宋夫人黄氏圹志”八字，乃知为宋墓，于是继续开土工作，掘深下三四尺后，全碑露出，其字向圹内，乃将全碑抬至地面，摹读一过，知为南宋时代妇人之墓，其人生于绍兴庚辰（1160），死于淳熙辛巳（1221），葬于嘉熙改元丁酉（1237）五月，且与其夫合葬，有二子三女，三婿皆进士。始知左方尚有男圹一穴，其时工人再就碑位探寻碑座，乃于碑座两旁相继掘出有盖之瓮二，左方之瓮盖为两牛角形，中盛谷粒，惟经时七百余年，已化成粉，中有数粒尚保存谷壳之形，触手即成齑粉。左边之瓮，盖系尖顶，中盛唐宋铜钱六十二个（代表死者卒年）杂于纸钱之中，纸钱有二种形式，一为圆形，中有方孔一如铜钱之状，为白纸所剪，一作串状，一条约十余钱相联，系黄纸所剪，虽经时七百余年，纸色尚新。二十二日乃开始采寻左边男墓，移去土堆，数十工人挑土至暮，始将地面之土移净，露出整个圹形，再由圹之前方掘下三四尺，又露出青石圹志一方，碑座两旁亦各有一瓮，其式与女圹同，左亦盛谷，惟此瓮因石灰固粘，故谷形较整，然已变成白色麦片状，右瓮盛宋代大钱五十八个，其中纸钱已结成土块形。于是本校当局乃正式函知本校中国文化研究委员会集议发掘事宜，经议决函知本地县政府派员前来监视发掘，并举陈易园教授、徐天胎先生及余监掘，于三月二十五日晨九时起发掘，由工人撬开圹面所盖大石条，开工时曾摄数影，并实测其周围尺寸，以备将来觇知宋墓之原来形状。

（二）墓之构造

未述墓式构造之前，兹先言墓之方位及山之形势，以为参考：

墓址在邵武县城之东南隅。墓志亦云："端平丙申（1236）始得卜于郡东南隅，其地平旷，其山蜿蜒，穴坐艮直坤，水由坤而庚，由庚而壬，迤抵溪流。"考方位西南维曰坤，今其墓正为坐东北而向西南，墓之左方约百余步有溪流入大溪，其山甚为平坦，多小丘陵点缀其间。圹离今日山头之最高处，已深下九英尺至十二英尺，惟此种丘陵似多为后来所堆积而成，故其土甚松而上层多杂鹅蛋石及沙砾，此层之下又有腐殖土一层，当为原来之地面，此腐殖层离圹顶只有三四尺耳。圹面之墓石当早已毁坏无余，即墓碑之残片亦无从觅得，故该圹埋存地下深处，久无人知，而上面地层且成为后来丛葬之所，纵横荒冢状极凄凉，设非此次建筑校舍，深掘地基，则此墓埋存地下，不知其当达几许年代也！

合葬之圹为四方形，四周用砖砌，中亦用砖墙隔开，石灰固粘，分成两坑。每坑之顶合用十块大石条密盖，石条接笋处凿为凹凸型，石之一头较厚，一头较薄，使中间两头相接处高起，或双面泄水式，如屋顶焉。接缝处皆用石灰粘涂，故雨水不入。圹内甚干。男圹较女圹稍大，计男圹圹面长十五尺（英尺下同），阔六尺十寸，圹内长十一尺，阔四尺六寸，深四尺。女圹圹面长十四尺五寸，阔六尺八寸，圹内长十尺七寸，阔四尺三寸，深四尺。

男圹建筑较坚固，圹内棺之四周空洞处皆用三夹土紧筑，故虽棺木坍朽，而三夹土之空洞犹能保存其棺椁之大小及形状，而棺木外面所涂之红漆尚黏着于四周之壁上，其色尚殷红不变。今测其棺洞，知棺为长方形，其形状与今日之棺颇不相同，长达八尺五寸阔达三尺二寸，高达三尺有奇，而棺底之木为两段相接而成，长者约六尺余，短者为一尺七寸五分，而棺之六面皆用长达尺余之大铁钉牢钉，故一圹之内皆有此种大铁钉达二十余条之多！制棺所用之木似非平常杉木，乃用坚木，或为邵地本地盛产之樟木，故虽历时七百二十余年，而棺板尚存，每块厚约五寸，皆极其沉重，棺内之底另衬薄板一方亦坚木所制，尸体即放其上。

女圹建筑则远不如男圹坚实，圹内非用三和土填筑，只为平常之沙土，其棺木木材当亦远逊男棺，故已无片板留存，而其棺木之形式大小亦无从测量焉。圹顶之石条因下无三和土衬托，故中间已有一二块折断，作下倾欲坠状，初发现时匠作工人以为窖存，曾以大木撬开，故当中石条撬断者三，皆下坠圹内，山头积土乃陆续倾坠圹中，致积土甚多。

圹砖计分两种，一为四方形甚薄，一为长方形则颇厚，惜皆无范字及饰图，方形者四边各长一英尺二分，厚一寸半；长方形者长十一寸半，博六寸，厚二寸半，四周之圹墙厚达尺余，两坑之隔墙厚达一尺八寸，因系两圹石条衔接之处，故特厚以支其重，砖缝皆以石灰紧粘，使不漏水。

圹面石条长六尺五寸，阔一尺二寸，一头厚十寸，一头厚七寸，故中间两圹相接处高起向两面倾斜，使易于泄水。惟邵武本地所产皆石子而无石条，此种大石条当系运自外地也。

（三）出土遗物

男圹之中虽枯骨毫无，然赖三夹土之支持而殉葬遗物得以保存，惜下圹工人检取不慎多有破损。其遗物大约可分四类：计二十二件：即铜锡器、漆器、瓷器及文具等，兹详述于下：

（1）铜锡器类：铜香炉二,一形扁圆，有四足两耳，成鼎形，高四寸二分，上刻极细之花纹，一为圆形之三足鬲，高二英寸，径三英寸，无花纹附有极厚之绿锈。

铜烛台一，高七英寸，下有三足，上有承盘，当为死者生前所用之灯，故只一个。

铜镜一，形长方，长六寸，阔三寸八分，后有纽无花纹，有木盒盛贮，盒已朽烂，只存漆壳。按古铜镜多圆形，而此则为长方，颇不多觏，以系男人所用之式欤？

铜笔架一，作山形，共十二峰，长十一寸，中峰高二寸有奇，边峰高约寸余递短至半寸许。

铜浅盘一，形长圆，长约五寸，阔三寸，边有一柄轴贯其钮，可折贴使平。按此盘未知何用，或系灯檠之一部，其盛膏之盘欤？

锡器二件，一为葵花式之圆盘，径大七寸有奇，甚浅，底錾牡丹二朵，边有浮凸之花纹，颇精致，似用以盛糕饼者。一为锡杯，边沿及底皆有錾花，口径大四寸，高二寸。以上二器因被挖掘工人检取不慎，皆已破损。

（2）漆器类：大漆碗二，口径大七寸，高二寸五分，无描花，胎以轻木，其一底有红漆字二，已模糊莫辨矣。

小漆碗一，口径四寸六分，高二寸四分，为脱胎之器，甚轻而脆。

漆盘二，径五寸，高一寸二分，又小漆碟一，径四寸高一寸，似皆脱胎者。

漆杯座一，外层径大五寸有奇，内层径三寸，高二寸，惜不见其杯。

（3）瓷器类：瓷碗一，其式甚奇，上肆下小，口径大七寸，底径大只一寸六分，高二寸二分，碗口镀以铜边，色白有暗花，提向日光照之，则见两面有完全相同之花纹。按此种通花，谓之两面彩。其胎甚薄，通身有柳文开片，考知系定窑。按吴仁敬、辛安潮之《中国瓷器史》载：“定窑有南北之别，在北方河北定州所烧者名北定，南渡后在江西景德镇所烧者曰南定，土脉细腻，质薄有光，以色白而滋润者为正……其釉为白玻璃质釉……其碗碟等物多皆覆而烧成缘边无釉，故镀铜以保护之……”今此器皆与之合，必系南定来自江西景德镇无疑，因邵武密迩江西，时至今日其瓷器仍多仰给于江西方面，未获此碗之前曾在圹外后方土中掘出此式之碗片若干，合之适成大半个，或当时以之盛贮祭物碎而堆入土中也。

此外尚有白瓷小水盂四个，有极细之冰裂纹，径大一寸五分，高如之，其一之底有墨书“书院”二字，大抵为死者生前临池盛水之用，惟何以有四个之多，颇滋疑窦。

（4）文具类：文具除上述之铜笔架小水盂外，尚检得石砚一方，似为端石所制，阔三寸三分，长四寸有半，砚之一端似因破损而复加以磨平者，故缺其一边之起线，而底则加黏二小石脚，垫之使平。

墨一方，长约五寸，阔约一寸，厚三分，上有飞凤花纹，固黏于小本块处，以经时过久，易于破碎，故已不全。

以上所列皆男圹内所得，而女圹中则几无遗物可检，因女圹构造远逊男圹，且积土甚多，虽有遗物亦多灰化矣。除大铁钉较男圹更多外，只检得绿色料扣二小粒，破碎银花数小块，铜钱数十个及碎块枯骨若干而已，余无所获。

兹将圹内外所得铜钱附志如下：

计男圹瓮内铜钱五十八个，皆宋代大钱，径一寸二分，其年号共分六种：

圣宋元宝一，篆文。董逌《续钱谱》（下略作董谱）谓“圣宋元宝宋太祖铸”。Harry Glathe 引古筑杨铭修《历代古泉聚珍说略》则列圣宋元宝为徽宗（1101—1102）所铸。（见《中国杂志》第三十卷第二至五期）。吴文炳《泉币图说》则谓“宋钱以‘圣宋通宝’为文者，崇宁（按即徽宗 1102 年号）中所铸，‘圣宋元宝’为文者，开宝（按即宋太祖 968—975 年号）中所铸。今见圣宋元宝钱大小二等，肉好精妙，字文俱含篆行二体”。《宋史·食货志》亦云“崇宁时蔡京当政，许天启迎合京意请铸当十钱，五月始令陕西及江池饶建州所铸小平钱增料当五大铜钱，以‘圣宋通宝’为文”，是则此圣宋元宝当属之宋太祖所铸者矣。

熙宁重宝九，篆书者四，楷书者五，其一径略小，为北宋神宗所铸，熙宁为 1068 至 1078 年，董谱谓“熙宁元宝，熙宁重宝宋神宗铸”。按熙宁元宝为小钱，此则为大钱。

元丰通宝四十一，内篆文者居二十四，行书者共十七，径大一寸二分，边阔，《泉币图说》谓“神宗改元元丰，铸元丰通宝钱，大小凡五六等，轻重不一。”按元丰为 1078 至 1086 年。

元祐通宝三，面文为行书。按元祐为北宋神宗（1086—1094）改元年号。《泉币图说》载元祐钱有大小三等，兹系大钱。

淳熙元宝三，面文分篆书楷书二品，背面幕文篆书者为星月形，楷书者为“捌”及“十一”二种，按淳熙为宋孝宗（1174—1190）年号。

嘉泰通宝一，面文楷书，背面幕文为“元”字，《泉币图说》谓“径一寸，重一钱八分，背有‘二’‘三’等字，是为别品”。按嘉泰为南宋宁宗（1201—1205）年号。

女圹陶瓮中除纸钱外，计检得铜钱六十二个，其钱较之男瓮所存者为小，径约一英寸弱，兹分类如下：

开元通宝四，《新唐书》载："高祖武德四年（621）铸开元通宝，径八分，重二铢四参，积十钱重一两，其文以八分篆隶三体。"《旧唐书》谓："开元钱之文欧阳询制词，其字含八分及隶体，其词先上后下、次左后右。读文自上及左，回环读之其义亦通，俗谓之开通元宝钱。"《唐会要》载："开元通宝钱，镘有文如初月者。"郑处《会粹》则谓"询初进蜡样日，文德皇后掐一甲迹，故钱上有掐"。洪遵泉老云："开元钱唐高祖始铸，其后高宗乾封，肃宗乾元，以至大历、建中、咸通各因其年以名钱，然行之不久，惟开元钱唐二百年冶铸相继，故流行至今甚多。"兹所得者面文为八分书，背面掐交皆在上，惟此种掐文是否为文德皇后之甲迹，已无可考，属之一种传说可耳。

圣宋元宝一，行书，《泉币图说》谓为宋太祖铸于开宝中，惟近人杨铭修氏则列为徽宗崇宁间（1101—1102）所铸，今从前说，详见前条。

淳化元宝一，宋太祖铸。《玉海》云："淳化元年（990）五月乙未改铸淳化元宝钱，上亲书其文，作真、草、行三体，自后每改元必更铸，以年号为文。"《侯鲭录》亦谓："前世钱文无草书，淳化中，太宗皇帝始以宸翰为之，既成以赐近臣。"兹所得者为真书之文。

至道元宝一，亦宋太宗铸。至道为995—998改元年号，《泉币图》说云："此钱形制与淳化钱同，书含真草行三体，兹所得者亦真书。"

咸平元宝一，董谱云："咸平元宝宋真宗铸。"按咸平为998—1004年，为真宗改元六次中之第一次年号，钱文皆楷书。

祥符通宝一，祥符元宝一。皆真宗三次改元时所铸。《玉海》云："祥符元年（1008）六月癸巳赐辅臣新铸御书祥符通宝钱。"按真宗咸平景德后改元为大中祥符（1008—1017）《泉币图说》只图通宝一种，失之略矣。

天圣元宝四，篆文者三，楷书者一。按天圣为仁宗（1023—1032）改元年号，《泉币图说》谓天圣元宝径八分，重二铢四参，字含八分篆隶楷三体，图只列篆楷二品，恐系篆楷二体之误，杨略亦只此二品而已。

明道元宝一，《泉币图说》云"明道中铸小平钱，文曰明道元宝，字作篆楷二体，径六分有奇，重一钱。董氏钱谱与《宋史·食货志》皆未见载"。按明道为仁宗天圣后所改元（1032—1034），兹所得者为楷体一种。

景祐元宝一，按景佑亦仁宗改元年号（1034—1038），杨略及《泉币图说》均列篆楷二体，兹所得者为楷文。

皇宋通宝十二，按此钱为仁宗改元宝元元年（1038）所铸，《宋史·食货志》云“改元宝元，文当曰宝元元宝，仁宗特命以皇宋通宝为文”。《泉币图说》谓“以字文不可重故也，钱重二铢半，字含真篆二体”。实则篆楷之中尚着大字小字之别，杨铭修氏图其四品，较详，今十二之中篆文者居四，余均楷书。

嘉祐元宝二，亦仁宗所铸，嘉祐为其末次改元年号（1056—1064）。兹所得计二品，一楷书，一篆书，篆书者与《泉币图说》所列有异。

治平元宝二，一作楷书，一作篆书，按治平为英宗（1064—1068）年号。

熙宁元宝八，篆文者一，余均楷书。按熙宁为宋神宗第一次改元（1068—1078）。《玉海》载“熙宁三年七月十三日陕西与置铸钱监，市岑水场铜铅，增铸百万缗，六年六月行折二钱”。今所得者即为此折二小钱。

元丰通宝六，分楷草二品，楷四草二，说已见前，惟此钱比男圹之钱为小耳。

元祐通宝六，行一篆五，皆小钱也，详见前条。

绍圣元宝四，皆篆文，《泉币图说》谓“宋哲宗元祐后改元绍圣，更铸绍圣元宝钱，式遵小平钱旧制，字画分明；每枚计重一钱，合十枚重一两，径八分有奇，铜色纯青与元祐钱相似。”按绍圣（1094—1098）年号。

大观通宝一，大观为徽宗丁亥至庚寅（1107—1111）第四次改元，《宋史·食货志》云：“大观元年蔡京复相，再主用折十钱，二月首铸御书当十钱，以京畿钱监所得私钱改铸。”文为楷体，字画劲健明晰。

政和通宝四，亦徽宗所铸，分真篆二品，真居其三，篆居其一。

庆元通宝一，南宋宁宗所铸，庆元系其首次改元（1195—1200），钱有幕文。按女圹所得多为北宋之钱，南宋者此一而已。

此外男女圹内土中尚检出铜钱百余枚，多已朽腐粘结，附铜绿甚厚，触手易碎，其年号多难辨认，其可辨者只开元、太平（太平兴国为宋太宗年号）等数种而已。

（四）葬者身世考略

按圹志知葬者名李永世，字景闻，其妻黄氏，先世皆自中州避乱入闽。永世之父曾任宁化巡检，永世及其妻皆生于宋绍兴三十年（1160），其妻较长一月又二十五日，于淳熙七年（1180）二十一岁时结婚。永世系世居邵武东偏之一乡，名曰南坡，其地《邵武县志》失载，黄氏住于黄原，按《邵武县志》，黄原在七都，有洒溪经其地，适在县城东偏，但圹志称“娶同里黄氏”则系相隔不远也。彼等皆生于仕宦之家，故永世早岁即游郡庠（即秀才）。黄氏世代亦皆业儒，其母上官氏及黄李二姓在宋皆邵武望族，今试一翻县志中之选举志，即可窥见宋时邵武进士大半皆上官及黄李数姓占优，可知彼等家庭必系当时富有之乡绅，故永世晚年方能乐善喜施，而为乡誉所归也。永世系卒于宋嘉定十年（1217）年五十八，死时其子大亨、大潜方在八九岁以内垂髫之幼龄，可见其得子之时当在行年五十左右。黄氏圹志上亦云：“逮先君捐馆，大亨龆龀，夫人理家务抚育诸孤尤为加意。不幸辛巳（1221）十月十二日终于正寝。享年六十有二，大亨等时犹未能负薪。”是则黄氏六十二岁死时其子尚在十二三岁，幼年不能负薪之时。考《礼记·曲礼》下有云：“问庶人之子长曰能负薪，幼曰未能负薪。”则黄氏生二子时当在行年五十左右，五十岁左右之妇女生子虽不乏其例，但究竟非平常事，故余颇疑其二子大亨、大潜皆系螟蛉或抱养之子。

尚有一事，即此夫妇死时儿子虽皆幼小，然却有三个进士之女婿，可见其在二十余岁壮年时，已生三女，必无隔二十余年后却连生二子之理。故余推断此二子皆系螟蛉者。且李公圹志尚云：“晚嗜佛书手不释卷。”士人临到晚年，而来拜佛诵经，未始非因晚年无子，而求皈依耳。

尚有一点应与注意者，即宋人迷信风水之说甚深，所以他们死后因寻不着吉地，曾停棺二十年，到嘉熙元年（1237）方在邵武郡城之东南隅（即今本校校址）卜得吉穴，营造墓地。但因所卜男女吉时不同之故，所以不能同时下葬，黄氏卜先得吉，乃于五月二十二日下午即从乡下运柩西上到郡城，直至六月初五日方下葬完毕。黄氏葬后三个月，于十一月乙卯，其子婿方将永世之柩西运，过了五天才抵达郡城下葬，可见其家离城甚远，所以须先数日动身西上。

此外还有一疑问在，即李氏三婿吴焘、吕源及吴宁裔既系进士，其名应列于邵武府县志中之选举志，今遍检之竟无其名。如非府县志之采访未周，则此三进士或皆属于外籍，并非邵武之人欤。至于篆额为“有宋六一进士李公圹志”十字，此“六一”两字亦颇怪矣！如云“六一”系别号，则不应加诸“进士”

之上，应在“李公”之前或之后，且圹志中曾载永世“蚤游郡庠”，则只中过府学，尚未成进士，或当时中过府学可以称为“六一进士”欤。

圹志为砚石所制，成长方形，上圆头，下有石柄，配于碑座上，李公圹志高二尺十寸五分，阔一尺十一寸，厚二寸有奇。黄氏圹志较其夫之碑略狭一寸，高如之，碑座略带梯形，高约尺余，长约二尺，宽约五寸，为白石所制。碑字极秀劲，额为篆书，兹将两碑全文附录如下：

有宋六一进士李公圹志

公讳永世字景闻按谱系自中原避地入闽居邵武南坡曾大父劼大父楹父明用任汀州宁化县巡检母吴氏公生于绍兴庚辰十二月初八日卒于嘉定丁丑十一月二十八日享年五十有八娶同里黄氏子二人长大亨次子大潜女三人长适进士吴焘次适进士吕源季适进士吴宁裔公立性介而通处家勤而俭事父母以孝待亲族以义蚤游郡庠笃志于学晚嗜佛书手不释卷乐善喜施乡誉归之不幸天啬以年易箦时大亨大潜俱在垂髫未知倚庐之哀长求宅兆食息不忘中更时艰卜未协吉襄奉之期愈邈呜呼痛哉生事之以礼既不及养死葬之以礼久稽岁月获罪终天何有纪极端平丙申始得卜于郡东南隅其地平旷其山蜿蜒穴坐艮直坤水由坤而庚庚而壬于是而营双窆焉诸孤将以嘉熙丁酉十一月乙卯奉君之柩西上庚申日忍死视空实与先妣同其兆域远日有期谨茹哀篆石识诸幽宫孤哀子大亨等百拜谨志婿吴宁裔拜手书讳

（以上共分十六行，行二十一字）

有宋夫人黄氏圹志

夫人讳端先世固始人五代时避地入闽家于邵武平洒之黄原先世有五经之号宗系世次黄谱载之曾大父坦大父宗庆父琮俱隶儒业母上官氏夫人生于绍兴庚辰十月十有三日幼而简靖长而柔顺外祖钟爱之及笄择妃以淳熙庚子归我先君事舅姑以礼修苹藻惟敬内外辑睦人无间言克勤中馈家道翕如逮先君捐馆大亨等方在龆龀夫人理家务抚育诸孤尤为加意不幸辛巳十月十二日终于正寝享年六十有二大亨等时犹未能负薪暨长营求宅兆艰关历年近方得地于郡东之南宋坐艮直坤其水则由坤而庚庚而壬迤抵溪流将与先君合葬窀穸之期夫人卜先得吉谨以嘉熙改元丁酉五月念二日壬申奉夫人之柩西上六月初五日甲申以终大事男二人长大亨次大潜习进士业女三人长适进士吴焘次适进士吕源季适进士吴宁裔呜呼风木缠悲古今钜痛大亨等生也不早幼也多奇甘旨之养莫酬襄奉之期稽缓负罪终天肺肝

催裂罔极奈何谨泣血忍死刻坚珉纪岁月于幽宫云孤哀子李大亨等谨志

（以上共十六行，行二十三字）

（五）尾声

此南宋李公夫妇合葬墓发现后，至少可以与去年三月八日本校校门口地下所发现绍定元年（1228）之拱形砖建杨公墓互相比较而证明南宋时代之一般葬俗，因彼等圹旁均曾发现同式之陶瓮，有两角之盖者必以盛谷，有尖顶之盖者必盛铜钱及纸钱，但杨墓瓮中所存唐宋铜钱系九十八个，兹证以李墓之例，可知杨公系卒于九十八岁。因为杨墓圹前未有圹志而墓顶只存残碑，墓内以当时曾受阻碍，未行开入，今尚深埋地下，其中遗物及详细情形无从得知或加以比较。希望最近之将来能加以有系统之重新发掘，藉以作更详细的探讨，以为研究宋代福建葬俗之实证。且此地层之下必有更多之宋墓或更古之墓埋存，因实测之下得知李杨二墓系在同一地层，而上面浮葬之地则多石砾，可知上面一层必系以后所堆积而成。且余曾于本校删平附近地基开掘土方之时，于该地层上已检得大小陶瓮达十余个之多，其中一个且系白瓷所制，此外有为开土工人掘破弃置者，又有釉美观而被工人掘去者尚多，此外并掘出石砚一方，其式颇古拙，上刻“青云有路黄卷留心”八字，尚有花纹之古砖甚多，可知该地在古代必系大坟场之一，如能加以科学地系统发掘，所获之果当十倍于兹，可断言也。

民国三十年五月二十四日于邵武

（原载私立福建协和大学编《福建文化》1941 年第一卷，第二期）

郑和七次下西洋年月考证

有明一代能张其国威，耀兵异域，掌握南洋及印度洋一带霸权者，厥为郑和七次下西洋[①]事，最足脍炙人口。惜明时对于此事缺乏有系统之记述，而其文移档案等于成化中即遭散失焚毁，故顾起元[②]有云：

> 旧传册在兵部职方，成化中，中旨咨访下西洋故事，刘忠宣公大夏为郎中，取而焚之，意所载必多恢诡谲怪辽绝耳目之表者。……

明严从简《殊域周咨录》卷八“琐里古里”条亦言：

> （永乐二十二年）仁宗即位，从前户部尚书夏原吉之请，诏停止西洋取宝船，不复下番，宣德中复开，至正统初复禁，成化间有中贵迎合上意者，举永乐故事以告，诏索郑和出使水程。兵部尚书项忠命吏入库检旧案不得，盖先为车驾郎中刘大夏所匿，忠笞吏，复令检三日，终莫能得。大夏秘不言，会台谏论止其事，忠诘吏，谓库中案卷宁能失去。大夏在旁判曰：“三保下西洋费钱粮数十万，军民死且万计，纵得奇宝而回，于国家何益，此特一敝政，大臣所当切谏者也。旧案虽存亦当毁之以拔其根，尚何追究其有无哉。”忠竦然听之。降位曰：“君阴德不细，此位不久当属君矣。”自后其国亦不常至，间一遣使朝贡云。

惜哉！当时臣僚之短视，其缺乏雄图进取之心，至可灼见。又明钱曾《读

---

① 西洋系泛指南海以西之地，如今之印度洋一带也。明代谓之西洋。故明张燮著《东西洋考》列吕宋以东诸岛为东洋，吕宋以西诸地为西洋。

② 明江宁人，字太初，万历进士，官至吏部左侍郎，有《金陵古金石考》《客座赘语》《蛰庵日记》等著述。

书敏求记》[1]卷二记巩珍《西洋番国志》条亦言。

> 盖三保下西洋，委巷流传甚广，内府之戏剧，看场之平话，子虚亡是，皆俗语流为丹青耳。……下西洋似非郑和一人，郑和往返亦似非一次，惜乎国初事迹，记载阙如，茫无援据，徒令人兴放失旧闻之叹而已。

他如《灼艾集》《闽都别记》等均有同样之记载。时至今日已历时五百余载，关于此事之真相，除《明史·郑和传》《外国传》《明实录》及当时随使之译人马欢、费信《瀛涯胜览》《星槎胜览》二书之“语焉不详”之记载外，颇乏确实可靠之系统的记载。

近数十年来颇不乏中外学者作精确之考据，西方汉学家如麦儿耶思（Mayers）、格伦威尔德（Groenereldt）、菲力卜思（Philipps）、兑温达（J.J.L.Duyvendak）、伯希和（P.Pelliot）等之研究。日本学者如山本达郎（见《东洋学报》二十一卷第三四号，王古鲁译登《文哲季刊》第四卷）之考证。国人如梁启超（见《饮冰室全集》）、向达（见《小说月报》第二十卷第一号）、张星烺（见《中西交通史料汇编》第六册第494—558页）、冯承钧（见《禹贡》第二卷第一期）、夏璧（见《禹贡》第二卷第八期）、赵景深（见《青年界》第九卷第一期）等之研究，均从零篇断简中寻绎头绪，尤以法国汉学大家伯希和氏之旁征博引，作钩心斗角之精微的考据[2]为最有价值。然对于郑和下西洋之往返年月，皆互相承袭旧说，一仍《明史》郑和传之误。自长乐南山三峰塔寺之《天妃灵应碑》（以下简称《灵应碑》）[3]发现以后，于是始有一较有系统之材料可据足以纠正前人之误，斯碑之于中国文化上诚属重要。兹将其七次往返年月，为之考正（编者注：应为考证，原文作考正）如下：

---

① 见《海山仙馆丛书》本。

② 参考 T'oung Pao，Vol.×××，1933 “Les Grands Voyages Maritimes Chinois au D'ebut Du XVe Siecle”，冯承钧译《郑和下西洋考》，商务馆民国二十四年五月版。

③ 此碑立于宣德六年（1431）十一月间，正系郑和第七次出发将由长乐开洋之时。立碑地点在西门南山三峰塔寺左近之天后宫。《县志》卷七，三峰塔寺条云：“在县治西登高山上。登高山即塔坪山也。宋崇宁间，有僧造小台，时讲经其上，后邑舍人林安上就其故址处改筑一庵，建炎间僧复造浮屠七级，明永乐十一年太监郑和同寺僧重修工竣，题其额曰三峰塔寺……嗣圮。”因寺圮而此碑亦湮没无闻，故县志皆佚载其文。(《长乐县志》于明时凡四修，现存者有弘治十七年（1504）王渔所修，在北平图书馆，余已佚。于清代凡三修，北平图书馆均有存。民国六年修本，对于郑和事迹，除上文数字外，已无言之者矣。)

第一次 航行

首次之奉使年月，应在永乐三年六月十五日，即西历 1405 年 7 月 11 日。其返国时间应在永乐五年九月初二日，即西历 1407 年 9 月 21 日，往返共约费时二年余。《明史》卷六《成祖本纪》云：

三年春正月庚戌大祀天地于南郊……夏六月己卯（十五日）中官郑和帅舟师使西洋诸国。

又《明史》卷三百〇四《郑和传》云：

郑和云南人，世所谓三保太监者也。初事燕王于藩邸，从起兵有功，累擢太监。成祖疑惠帝亡海外，欲踪迹之，且欲耀兵异域，示中国富强，永乐三年六月命和及其侪王景弘等通使西洋，将士卒二万七千八百余人，多赍金币，造大舶，修四十四丈、广十八丈者六十二，自苏州刘家河泛海至福建，复自福建五虎门扬帆，首达占城（Champs）以次遍历诸国。

又《明大政纂要》卷十四,二页，“永乐三年”条下云：

命太监郑和等率兵二万七千人行赏赐西洋古里（Calicut）蒲剌[①]诸国，此内臣将兵之始，和自是三下西洋皆有功。

又考《明实录》云：

永乐三年六月己卯，遣中官郑和等赍敕往谕西洋诸国。

是则此次奉诏年月诸史所记均属相符，惟盛夏期间皆东南季风，颇不适海舶南驶，其泛海之时当延至冬季乘东北季风南下无疑[②]，故《灵应碑》未明记其月日只泛记云：

永乐三年统领舟师，至古里等国，时海寇陈祖义聚众三佛齐国（Palembang）劫掠番商，亦来犯我舟师，即有神兵阴助，一鼓而殄灭之，至五年回。

---

① 此蒲剌之名，未见任何关于郑和之记载，或系比剌或卜剌哇（Brawa）之误，然和第一次之航程，最远者为印度西岸之古里，断无远诣非洲东岸之卜剌哇也。

② 按和历次开洋皆俟至冬季朔风，故《东西洋考》卷十一载永乐九年（1411）劳满剌加王还国敕有云：“今天气向寒，顺风南帆，实惟厥时。王途中善饮食，善调护，以副朕眷念之怀。”可见历次下番皆在冬季也。

《灵应碑》及《明史》虽未记还京月日，然《明实录》卷七十一则云：

永乐五年九月壬子（二日），太监郑和使西洋诸国还。

又《明通鉴》卷十五云：

（永乐五年）九月壬子郑和还。西洋诸国皆遣使者随和入朝，并执旧港酋长陈祖义至。旧港者故三佛齐国也，古名干陀利，以洪武三年入贡，九年请封，而是时爪哇强，已威服三佛齐国而役属之，闻天朝封其国为王与己埒，大怒，遣人诱朝使邀杀之，会胡惟庸之乱贡使遂绝。三十年（按即洪武三十年——1397）礼部以诸番久缺贡奏闻，太祖乃传谕暹罗（Siam）托言将遣使至爪哇，恐中途为三佛齐所阻，命暹罗谕意爪哇，使转谕三佛齐，维时三佛齐已为爪哇所并，改其名曰旧港，而爪哇不能尽其地，于是华人流寓者往往起而据之。遂有广东人梁道明、陈祖义先后自称头目，于上（指永乐）即位之四年，各遣使朝贡，而祖义复为盗海上，邀劫往来贡使，是年和自西洋还，遣人招谕之，祖义诈降谋邀劫，有施进卿者告于和，祖义来袭，遂为和所擒，至是俘献于朝，命戮于都市。

是则此处所记，明云于永乐五年于归国时路过旧港始擒祖义，而永乐四年，祖义尚为海盗也。而《灵应碑》所记亦先言至古里等国后始言擒陈祖义，是则于归途所擒，已无疑义。而山本所谓："盖今日而欲断定其究为出发途中之事件，抑系归途中发生之事件，颇属困难也。"实不难迎刃而解。而伯希和氏则谓："永乐五年始于 1407 年二月八日，郑和还南京时则在同年十月二日，（按应作九月二十一日，伯希和误解永乐五年九月癸亥郑和复使西洋，为郑和还[1]，致有此误）。他在旧港擒陈祖义并作其他诸事，仅有此数月时间，未免太短。我意以为 1451 年本《瀛涯胜览》，误三作五，原文应是永乐三年。"[2]。于此伯氏亦疑擒陈祖义事应为出发之年（永乐三年），此种推测与山本氏同病其错误。以事理推之，擒祖义事亦不应在永乐三年，盖和于历次出发，均在秋后或冬间，乘东北信风开洋，至旧港时最快亦当在翌年春间矣，其不能在永乐三年擒祖义者明

---

① 见伯希和著冯承钧译《郑和下西洋考》29 页注五，按因此项误解，遂至引起下文二至六次年月之错误。

② 见冯译《郑和下西洋考》30 页注二。

矣。于此亦可证明《瀛涯胜览》所记[①]并无错误。

且碑文所记擒陈祖义事为“一鼓而殄灭之”，似颇易易，并无稽延多大之年月，而归途数月间似绰有余裕，未必为太短也。

又按《明史》卷三百二十四，“三佛齐”条亦云：

（永乐）四年旧港头目陈祖义遣子士良，道明遣从子观政并来朝。祖义亦广东人，虽朝贡而为盗海上，贡使往来者苦之五年，郑和自西洋还，遣人招谕之，祖义诈降，潜谋邀劫，有施进卿者始告于和。祖义来袭被擒献于朝，伏诛。

而《明实录》亦载：

永乐四年七月丙辰，旧港头目陈祖义遣子士良，梁道明遣侄观政及西千达哩那，回回哈直马默等来朝。

可见祖义于永乐四年尚遣其子来朝，三年断无被擒之事也。

以上诸条所记均合，足可断言郑和擒祖义系为归国途间事也。

第二次　航行

第二次奉使年月应在永乐五年九月十三日，即西历 1407 年 10 月 2 日。成行在冬底或翌年之正月。其返国时期应在永乐七年夏间，即西历 1409 年。往返共费时约一年零六七个月。

最足使人扑朔迷离发生错误者，厥为第二次之旅行年月，因《明史》所记对于此条均乏明了之记载，而最关重要之《郑和传》竟未言及此次之年月，而将第三次再往锡兰山国，擒亚烈苦奈儿事[②]误编为永乐六年九月，遂至发生递次错误。伯希和氏及山本氏等因之，遂至牵强附和，而反将《明史》卷三百二十四至卷三百二十六《诸外国列传》中所志郑和第二次身历其国之年，1408 至 1409 年，及《星槎胜览》“九洲山”（Pulo Sembilan）条所记“永乐七年郑和等差官兵入山采香”之年月，皆为抹杀，谓为费信记忆不清[③]，其原因皆

① 见《瀛涯胜览》旧港条。

② 参看冯译《郑和下西洋考》31 页注一。

③ 参看冯译《郑和下西洋考》37 页。

以未见长乐南山寺《灵应碑》或苏州刘家港之《通番事迹碑记》有以致之耳。

按此次行程中，郑和除《灵应碑》所记曾至爪哇、古里、柯枝（Cochin）、暹罗等国外，并曾经占城、满剌加、南巫里（Lambri）、加异勒（Cail）等各国。《明史》卷三百二十四“占城”条云：

（永乐）六年郑和使其国，国王遣其孙舍杨该贡象及方物谢恩。

又暹罗条亦云：

（永乐六年）九月中官郑和使其国，其王遣使贡方物，谢前罪。①

又按《明史》卷三百二十五《满剌加（Malacca）传》亦云：

（永乐五年）九月遣使入贡明年（1408）郑和使其国，旋入贡。

又《柯枝传》有：

（永乐）六年复命郑和使其国。

又《南巫里传》云：

（永乐）六年郑和复往使。

又《加异勒传》云：

永乐六年遣郑和赍诏招谕，赐以锦绮纱罗。

以上诸传所记均云永乐六年（1408）郑和曾使其国。又考明郎瑛《七修类稿》卷十二，有永乐丁亥（五年即1407）命太监郑和、王景弘、侯显三人往东南诸国，与碑文所记第二次年代正合，是则别有所本无疑。而最可作为正确之旁证者，厥为《星槎胜览》“九洲山”条所云：

永乐七年（1409）郑和等差官兵入山采香，得径有八九尺、长六七丈者六株，香味清远，黑花细纹，山人张目吐舌言我天朝之兵，威力若神。

此处所记之年确为事实经过之年，正系第二次出使返国之时，途间经满剌加之九洲山所为之事也。而伯希和则误与第三次奉使年月相混，故误断为费信记忆不清耳。

---

① 《明史》卷三百二十四所记此事之前后文完全系言事实经过之年，明明系云郑和于永乐六年（1408）九月到过暹罗而暹罗始遣使贡方物，下文继云：“七年使来祭仁孝皇后”事，如伯希和说法（见《郑和下西洋考》38页）则此时郑和尚未动身离国，至永乐八年（1410）才离开中国，故谓修《明史》的人将郑和出使之年及暹罗使臣到达之年断为前后倒置。殊不知其实未将郑和二次出使年月考证清楚，致有此误也。

按此第二次奉使之月日，与第一次返国之年月，相隔只十一日。《明史本纪》永乐五年以下记云："九月癸亥（即九月十三日阳历十月二日）郑和复使西洋"，此应系第二次奉使年月，而明谭希思撰《明大政纂要》[①]第十四卷二十二页"永乐五年十二月"条下亦有"改造海运船，备使西洋计二百五十舟"，尤可以间接证明第二次出发年月，应在永乐五年（1407）冬间，而六年（1408）乃得至占城、暹罗、满剌加、爪哇、南巫里、加异勒、古里、柯枝等国，与《明史》诸外国传所记之年月正相吻合。

此次除到上述诸国外，郑和尚到过锡兰山，所以《郑和传》有"永乐六年九月再往锡兰"之文[②]。

《明实录》卷八十三则记云：

> 永乐六年（1408）九月癸酉（二十八日）遣太监郑和等赍敕使古里、满剌加、苏门答剌、阿鲁（Aru）加异勒、爪哇、暹罗、占城、柯枝、阿拨把丹、小柯兰（Quilon）、南巫里、甘巴里诸国赐其王锦绮纱罗。[③]

依《灵应碑》所记此次回国之年，系在永乐七年（1409）。唯诸书均无记载，盖因《明实录》文有脱漏，而编《明史》者整理未善，依据《明实录》亦行遗漏，致与下文第三次回国年月（永乐九年）相混，而将第二次与第三次混淆不清，合而为一，致后来之诸研究者，均发生相袭的错误。不因此碑之发现，则无由知其真相也。

著者以为此次回国期应在夏间者，盖根据历次回国年月均在夏秋六到八月之间，盖此时为东南季风正盛之时，为宝船北回之最适期间也。且下文第三次奉使年月，即在永乐七年（1409）秋间九月，其第二次至京年月，尤不能后于夏间也明矣。

此外尚有一确据，盖即1911年锡兰岛所发现郑和在该岛一佛寺所立之碑

---

① 此书系明都察院右副都御使，四川巡抚茶陵谭希思依《皇明大政记》所编。

② 参看冯译《郑和下西洋考》31页注一，伯氏因未考出第二次之正确年月，故对此"再往"之文发生许多疑义。

③ 按以上所记永乐六年，应为到各该国之年月，不能作为奉命之年。盖若以此年为奉使年，则《灵应碑》所记归国年为七年，其间相隔不过数月或一年以下，断不能完成此次所历各国之航程也。

也[①]，此碑首三行载有“大明皇帝遣太监郑和、王贵通等昭告佛世尊曰……”云云，（文长不录）末行载有“时永乐七年，岁次己丑二月甲戌朔日谨施”。可知郑和于七年二月尚在锡兰，设此时回航亦需夏间才得回至南京也。此碑所记年月明可证明郑和二次出使之年月，别无可疑之处，而山本氏等因囿于《实录》《明史》及伯希和氏等所考之错误，而牵强其说，亦将第三次出使之年月混入第二次而谈，乃误谓郑和立此碑之年月，系以永乐帝七年二月朔日降诏郑和等前往布施，郑和等乃于是年十二月驶离中国，八年至锡兰岛，刻石之际，即以此七年二月朔日所降之诏，附以波斯语 Termil 之译文，而刻于碑上，其前后颠倒，以确实立碑之年月，强为降诏之年月，其说之矛盾不攻自破也。

第三次　航行

第三次出使年月，应在永乐七年（己丑）秋九月，即西历 1409 年，其返国年月应在永乐九年（1411）六月十六日（乙巳），往返共费时约一年八个月有奇。

此次旅行之年月，即伯氏及其他诸氏所误断为第二次之年月也。盖此次之旅行亦即费信第一次之随征也。《星槎胜览》“占城国”条云：

> 永乐七年[②]太宗皇帝令正使太监郑和、王景弘等统官兵二万七千余人，驾海舶四十八号，往诸番国开读赏赐。是岁秋九月，自太仓刘家港开船，十月至福建长乐太平港[③]停泊，十二月于五虎开洋，张十二帆顺风十昼夜

---

① 此碑发现之情形在 Journal of North China Branch of the R.A.S.vol.XIV-1914.P.172 有该碑译文。《文哲季刊》第四卷王古鲁译《郑和西征考》，有该碑汉字原文。

② 天一阁本《星槎胜览》七年下多“己丑”二字。“太宗皇帝”作“上”字，郑和下少“王景弘”名字，“统官兵二万七千余人驾海舶”作“统官兵驾驶海船”，“至福建”作“到福建”，又十二月下少“于”字而多“福建”二字，作“十二月福建五虎开洋”。应以天一阁本为原本，此处所据为《古今说海》之四卷本。

③ 太平港伯氏谓未见，山本谓即 Pagoda Anchorage（按即马尾之罗星塔），考之《长乐县志》并未见有太平港之名，只有吴航头，云系在县治马江旧恩波亭前，后作迎恩亭，昔吴王夫差造船于此故名。按长乐内港甚小，断不能容修四十四丈广十八丈之大海舶，当时停船之处，或即今之闽安镇琯头一带。明崇祯十四年（1641）夏允彝《长乐县志》云“长乐西北界于闽县之闽安镇琯头、琅琦、五虎门等处，各有兵船以护省城门户……”。可见当时郑和泊船之处，必为闽安镇一带，而由五虎门开洋也。

至占城国。

《灵应碑》记云；

永乐七年统领舟师往前各国[①]，道经锡兰山国，其王亚烈苦奈儿负固不恭，谋害舟师，赖神显应知觉，遂生擒其王，至九年归献，寻蒙恩宥，俾归本国。

《殊域周咨录》卷八“满剌加”条云：

（永乐）七年命中官郑和等持诏封为满剌加国王，赐银印冠带袍服……

“锡兰”条又云：

永乐七年中使郑和偕行人泛海至其国，赍金银供器，彩妆织金宝幡布施于其寺，赏赐国王亚烈苦奈儿诏谕之，国主贪暴，不辑睦邻国，数邀劫往来使臣，诸番皆苦之，和等登岸至其国，国主骄倨不恭，令子纳款索金宝不与，潜谋发兵数万劫和舟，而先伐木据险，绝和归路。和觉之，拥众回舟，路已阻塞。和与其下谋曰：‘贼众既出，国中必虚，且谓我军孤怯无能为，如出其不意，可以得志。’乃率所从兵二千，夜半间道衔枚疾走抵城下，约闻炮则奋勇入其城，生擒亚烈苦奈儿，九年归献阙下……

《天后志》[②]卷二云：

成祖永乐七年，钦差太监郑和往西洋，水途适遇狂飙，祷神求庇遂得全安……

下文又云：

本年又差内官尹璋，往榜葛剌国公干，水道多虞，祝祷各有显应，回朝具奏，遣太监郑和，太常寺卿朱焯驰传诣湄山致祭，加封护国庇民妙灵昭应弘仁普济天妃。[③]

此处费信所记的年月，与《灵应碑》《殊域周咨录》《天后志》等均相符。不幸，《明实录》对于第二次回国年月，及第三次出发年月均行脱漏，而修《明

① 此次之旅行所谓各国似未逾印度以外之国，而《殊域周咨录》卷十一“天方”条有永乐七年郑和至天方国之记载，恐有错误。

② 此书系依明林晓俞《天后显圣录》所重编，成于乾隆四十三年（1778）。

③ 此事《明实录》《皇明从信录》《殊域周咨录》均有同样之记载，然前二书其时期均作“春正月”，疑有错误之处，因“春正月”郑和应在第二次航行之途间，安能奉命封天妃。

史》者因之，遂至将第二三两次并而为一，而《明大政纂要》亦依《明实录》及《大政记》误排“命太监郑和航海通西南夷，九年六月和等袭执锡兰山国王亚烈苦奈儿献俘，上曰姑释之，仍择其属之贤者嗣，”[①]于“永乐七年正月”条下。按七年正月郑和尚在第二次之途间，而伯氏等不察仍据《明史》之误，致使其所考之第二次出使之事实，发生许多牵强附会疑信参半之不健全的论调[②]，山本氏虽未能赞同伯氏所谓郑和受命于永乐六年，而七年春正月为明廷对郑和再下命令之说，然仍不能将二三次分开，而落前人之窠臼。[③]

如上所考永乐六年郑和尚在第二次航行之途间，明廷对之何能为下令之举。故伯氏、山本氏等所谓六年九月系奉命年，七年九月为启程年，其说实未有所本，不过出之臆断而已。

第四次　航行

此次出发时期应在永乐十一年（1413）冬季，回国时期则在永乐十三年（1415）七月癸卯（即八月十二日），往返共耗时约一年又半。

此次之旅行，盖即伯希和、山本等误考为第三次之年月也。兹依《灵应碑》所记更正作第四次。

《明实录》云：

永乐十年十一月丙申，（《明史·本纪》据之误作丙辰）遣太监郑和等，赍敕往赐满剌加、爪哇、占城、苏门答剌、阿鲁、柯枝、古里、喃渤利、彭亨（Pahang）、急兰丹（Kelantan）、加异勒、忽鲁谟斯（Omuz）、比剌（Brawa）、溜山（Maldives）、孙剌诸国王，锦绮纱罗彩娟等物有差。

《明史·郑和传》亦云：

永乐十年十一月，复命郑和等往使，至苏门答剌其前伪王子苏干剌者方谋弑主自立，怒和赐不及己，率兵邀击官军，和力战追擒之喃渤利，并俘其妻子以十三年七月还朝，帝大喜赍诸士有差。

---

① 同书卷十五载有（永乐十年）秋七月封耶巴乃那为锡兰山国王，敕前王亚烈苦奈儿归国。

② 参看《郑和下西洋考》35 至 38 页。

③ 参看《文哲季刊》第四卷 391 页《郑和西征考》。

此大概系依《明实录》之年月所编者。

《明大政纂要》卷十五“永乐十一年癸巳九月”条下则云：

已遣中官郑和航海通西南夷，加海神封号于仪凤门建祠祀，临遣而西南海洋中君长三十余国皆入献见。是时福建布政司言有番舶漂海岸，诘之则暹罗遣使诣琉球交私好者也，已簿录其物请进止。上曰暹罗与琉球修好，船漂至宜恤，岂可利其财物而籍之，匹士善人犹能不扼人于险况天子哉？其修舶给廪饩，俟风便反国往琉球听自便。

再考《灵应碑》则亦云：

永乐十一年统领舟师往忽鲁谟斯等国，其苏门答剌国有伪王苏干剌寇侵本国。其王宰奴里阿比丁[①]遣使赴阙陈诉，就率官兵剿捕，赖神默助，生擒伪王，至十三年归献，是年满剌加王亲率妻子朝贡。

此次依《明实录》及《明史》均作永乐十年十一月[②]，而《明大政纂要》《灵应碑》《殊域周咨录》所记均云十一年，据费信《星槎胜览》所记亦云永乐十一年，而马欢所记苏门答剌事则云永乐十年，然考其自序则云“永乐十一年癸巳，太宗文皇帝敕命正使太监郑和统领宝船往西洋诸番，开读赏赐，余以通译番书亦被使末”云云。可知其下文“苏门答剌”条所记云“永乐十年”当脱“一”字也。故此次实际出使期间当在永乐十一年年冬间，乘季风开洋，不能作为永乐十年，因考西安羊市，大清真寺嘉靖二年《重修清真寺记》有云：

永乐十一年四月太监郑和奉敕差往西域天方国，道出陕西求所以通译国语可佐信使者乃得本寺掌教哈三焉。

于此可知永乐十一年四月间郑和尚逗留在陕西寻访舌人，故其驶离福建五虎门期间当不能前于秋间。故以《明大政纂要》将本次出使事实系于十一年九月条下为是也。

其还期依《明实录》云：

永乐十三年七月癸卯（八日）太监郑和等奉使西洋诸国还。

---

① 宰奴里阿必丁之名伯希和考作 Zaynu'l–abidin.

② 伯氏等推为十年系奉命年，十一年为出发年，若以第七次例目之，此次成行前之准备或须一年也。

《明大政纂要》亦于“永乐十三年九月”条下以记献俘之情状云：

> 太监郑和献所获苏门答剌贼首苏干剌等。

并注云：

> 初和奉使至国，赐其王宰奴里阿必丁彩币等物，苏干剌乃前伪王弟，方图谋杀国王以夺位，且怒使臣赐不及己，领兵数万邀杀官军。和率众及其国兵与战，苏干剌败走，追至喃渤利国并其妻子俘以归，至京献于朝，命刑部按法诛之。

与《灵应碑》所记尚合，而诸书所记均亦相同，故可无疑义也。

尚有一事应行注意者，即在此次郑和返国之年（1413），永乐帝又曾另遣中官侯显出使榜葛剌（Bengel）国，费信曾随行，故他于《星槎胜览》“榜葛剌”条曾记云：

> 永乐十三年二次上命少监侯显等统舟师，赍诏敕赏赐国王王妃头目。

而《天后志》亦有同样之记载云：

> 十三年钦差内官侯显往榜葛剌国往来危口，祈祷屡叨显应奉旨诣庙致祭，十一月又委内官张源到庙御祭一坛。

可知当时永乐帝除遣郑和下西洋外，尚有其他各次，而郑和并不在内。又如《明大政纂要》卷十五所记之永乐十五年内官张谦由西洋回航至浙江金乡卫海上遇倭寇鏖战事，均可证明当时所遣赴西洋之使臣尚有其他数起。

第五次　航行

第五次之出使时间在永乐十五年秋间，其返国期间则在永乐十七年七月庚申（十七日），即西历 1419 年 8 月 8 日，往返时日共约一年零九个月。

此次之航行盖即上述诸氏所误考为第四次出洋者也，兹更正为第五次。《灵应碑》记云：

> 永乐十五年统领舟师往西域，其忽鲁谟斯国进狮子、金钱豹、大西马，阿丹国进麒麟番名祖刺法（Giraffe），并长角马哈兽。木骨都束（Mogedoxu）进花福鹿（Zebra）并狮子。卜剌哇国（Brawa）进千里骆驼并驼鸡。爪哇、古里国进麋里羔兽。若乃藏山隐海之灵物，沉沙栖陆之伟宝，莫不争先呈献，或遣王男，或遣王叔王弟赍奉金叶表文朝贡。

而《明实录》记此次奉使之年月则略有异：

永乐十四年（1416）十二月丁卯（十日）古里、爪哇、满剌加、占城、锡兰山、木骨都束、溜山、喃渤利、卜剌哇、阿丹、苏门答剌、麻林、剌撒、忽鲁谟斯、柯枝、南巫里、沙里湾泥、彭亨诸国及旧港宣慰司使臣辞还，悉赐文绮袭衣，遣中官郑和等赍敕及锦绮纱罗彩娟等物偕往赐各国王。仍赐柯枝国王可赤里印诰，并封其国中之山为镇国山，上亲制碑文赐之。

《明史》则采《明实录》所记年月为此次出使之时期。其实此次出使年月应在十五年秋间为是。此次《明实录》所记，其主要目标系记明各国贡使来朝之年月，以后不过附述贡使来朝之后，使郑和往各国报命，并非于是年十二月即下诏命令和出使也。

除《灵应碑》所记为十五年外，尚有泉州城外回教先贤墓郑和下番经泉州行香碑记[①]，足为此次出使年月之佐证。其文云：

钦差总兵太监郑和前往西洋忽鲁谟斯等国公干。永乐十五年五月十六日于此行香望圣灵庇佑。镇抚蒲和日记立。

可见郑和于永乐十五年夏间尚在泉州，故可推定其驶离长乐太平港之时间当延至是年秋冬间乘东北风而开洋也。

《天后志》亦载云：

（永乐）十五年钦差内官王贵通、莫信、周福率领千户彭佑，百户韩翊并道士诣庙修设开洋清醮。

与泉州碑及《灵应碑》所记年次正合，可知《明实录》所谓永乐十四年十二月者，系专指各外国使臣到达中国时期，非于是时即使郑和出使也。《明史》采取此项年月始有混淆不清之病。

此次回国之年月《灵应碑》则未记明，而《明实录》则记云；

永乐十七年七月庚申（十七日）官军自西洋还，上念其劳苦谕礼部各赏赐有差。

---

① 见厦大国学研究所《周刊》一卷一至三期陈万里著《泉州第一次游记》。有单行本名《闽南游记》，开明版。

《明史》及明纪[1]据为郑和此次回国之年月，然据上所考在永乐时代遣赴西洋者不止郑和一起，此次所称之官军是否即郑和一行尚有待证实也。

考《殊域周咨录》"忽鲁谟斯"条有云："永乐七年中官郑和往赐其国，酋长感慕天恩，躬献方物及驼鸡。"儒臣金幼孜作赋曰："永乐已亥（十七年）秋八月旦吉（应系吉旦之误）西南之国，有以异禽来献者……"云云（赋长不录），上文言永乐七年忽鲁谟斯献驼鸡，而下文金幼孜赋言此事作永乐已亥（即十七年），可知上文系脱一"十"字，应作永乐十七年中官郑和往赐其国可知。且考郑和于永乐七年第三次之役，并未至忽鲁谟斯国，盖该次所至最远之国并未越过印度之古里，而此次凭空忽言郑和于永乐七年往赐亚剌伯半岛之忽鲁谟斯无乃突兀乎？由此可知《殊域周咨录》所云永乐七年至忽鲁谟斯之事应为永乐十七年之误。证之下文金幼孜作《驼鸡赋》所云"永乐已亥秋八月吉旦"云云，可知郑和确系于永乐十七年七月间返国，偕同忽鲁谟斯等国之使臣献驼鸡（即驼鸟）等，皇帝及诸臣诧为得未曾睹之奇物，乃于八月间为之"御奉天门特以颁示群臣，莫不引领快睹，顿足骇愕，以为希世之罕闻，中国所未见"云云。再看《灵应碑》特为记明此次忽鲁谟斯诸国所献之奇禽异兽，前后互参，足可证《明实录》所记永乐十七年七月十七日官军自西洋还等语实指郑和一行无疑。

第六次　航行

第六次之出使时期系在永乐十九年（1421）正月癸巳（三十日）。其还期系在永乐二十年（1422）八月壬寅（十八日），其往返时日共约费一年又半。

关于此次远征之时日《灵应碑》记云：

> 永乐十九年统领舟师遣忽鲁谟斯（Ormuz）等国使臣久待京师者悉还本国。其各国王益修职贡视前有加。

《明实录》正月癸巳条云：

---

① 陈鹤撰《明纪》卷十于十七年条下有"秋七月庚申郑和还"之语。

忽鲁谟斯等十六国[①]使臣还国，赐钞币表里，复遣郑和等赍敕及锦绮纱罗绫绢等物赐诸国王，就与使臣偕行。

明人黄省曾著《西洋朝贡典录》阿丹国条小注云：

永乐辛丑（按即十九年）正使太监李□等（按应作李兴）赍诏赐其王冀到冠服，苏门答剌国分䑸周□（按应系周满）等领宝船往彼，王率头目迎入王府，其肃开读赏赐毕，王谕国人有珍宝者许易。[②]

按此处所云之李、周诸人，应即郑和一行之分䑸往各国者，观乎《灵应碑》末所记之名有正使太监郑和、王景弘，副使太监李兴、朱良、周满、洪保、杨真、张达、吴忠，都指挥朱真、王衡等，可信李某、周某即指李兴、周满也。而《瀛涯胜览》"阿丹国"条亦有同样之记载，盖即黄录之所本也。

《明史》卷三百二十六"祖法儿"条有云永乐十九年遣使偕阿丹、剌撒诸国入贡，命郑和赍玺书赐物报之。"加异勒"条亦有同样之记载。

《敏求记》引巩珍《西洋番国志》有谓：

十九年十月十六日敕内官郑和孔舌卜花唐观保，今遣内官洪保等送各番国使臣回还，合作赏赐，即照依坐去数目，关给与之。

此处所云月日迟至十月十六日似为其时和虽受命于正月，依前数次例在其成行之前必作相当之准备，似仍须秋季以后方得离开福建五虎而开洋也。

按此次之出使，郑和本人似未亲到各国，只至苏门答剌即分遣舰队分头前往，证之《瀛涯胜览》及黄省曾《西洋朝贡典录》"阿丹国"条所云可知。

关于此次之还期惜《灵应碑》并未载明，唯《明实录》有：

永乐二十年八月壬寅（按十八日即1422年9月3日），中官郑和等使诸番国还，暹罗、苏门答剌、阿丹等国悉遣使随和贡方物。

《明史·本纪》依之作"二十年八月壬寅郑和还"。但此次出使远至阿丹、忽鲁谟斯诸国，其还期距其成行之时，似太短促，应非二十年八月即能回京者，或系郑和先还，而分䑸往各国尚未还欤。但以诸书均乏详细之记载，姑为存疑

① 此处所云十六国系忽鲁谟斯、阿丹、祖法儿、剌撒、不剌哇、木骨都束、古里、柯枝、加异勒、锡兰山、溜山、喃渤利、苏门答剌、阿鲁、满剌加、甘巴里等。

② 《瀛涯胜览》亦作同样之记载，盖《明实录》即依此转述也。

以待证实。

在此第六次出使及宣德六年（1431）之第七次航行之间，郑和于永乐二十二年间尚有一次之奉命赴西洋事，然据《灵应碑》并未言及此次之行程，无乃大异？如谓《明实录》所记不足为凭，则无是事，盖其明明记云："永乐二十二年（1424）正月甲辰（二十七日）旧港故宣慰使施进卿之子济孙遣使丘彦成请袭父职，并言旧印为火所毁，上命济孙袭宣慰使，赐纱帽银花金带金织文绮银印，令中官郑和赍往给之"云云。《明史》且依之算作第六次，经伯氏、山本等所带证实者，今考郑和自撰之碑记，反不言之，如设和因此次系短期出国故不算，或立碑时有遗忘脱误之处亦不可通，因此次距其立碑之时日为最近，断无遗忘之理。兹细考诸书之蛛丝马迹，乃知此次和虽奉命，然中途以事阻未得成行，故《灵应碑》并不提及之也。

按此次永乐帝下诏赐旧港新王事，系在二十二年正月末，假定是时和于二月间由北京起行，至太仓预备人夫船只，然后泛海至福建长乐港，依前数次例，需时数月，必至夏间始得至长乐港，其时正是逆风，为船舶最难离开中国海岸之时，势必停泊太平港候西北季风开行，无待多论，然是年七月十八日，适值成祖晏驾。《明大政纂要》记其事云：

> 秋七月辛卯上崩于榆木川，时太监马云以六师在远，秘不发丧，密与杨荣、金幼孜议丧事，一遵古礼含殓毕，载以龙辇，所至御幄朝食，上食如常仪，或有欲以他事写敕用宝遣人驰报者，荣曰先帝在即称敕宾遣人称获罪匪轻，乃令中官以先帝崩逝月日，并遗命传位之意，用启驰报，皇太子皇太孙以下皆恸哭，命皇太孙驰赴开平恭迎龙辇，皇太子从杨士奇言，以先帝所赐东宫图书亲授之，命有事来报，即用此封识之。又命行宫大小官军悉听皇太孙节制，作梓宫报讣各王公主，谕告中外。及皇太孙奉龙銮及郊，皇太子、亲王及文武群臣皆哀服哭迎至大内奉安于仁智殿，加殓奉纳梓宫。

又记云：

> 八月丁巳皇太子即皇帝位，大赦，以明年为洪熙元年。

按当时正是郑和一行预备出国，而候风开洋停留于太仓或福建之时，忽然奉到国丧及仁宗即位消息，对于开洋之事势不得不有迟疑，乃又忽然接得仁宗诏谕，停止西洋宝船出国，遂使此次下番之事，不得不为之中途打消也。

《明史》卷一百四十九《夏原吉传》言永乐帝因原吉谏阻亲征漠北，怒系之狱，帝乃至暴卒榆木川，临死念夏原吉之言，太子闻讯走系所呼原吉哭而告之，乃令出狱，与议丧礼，复问赦诏所宜，原吉乃首提一赈饥，二省赋役，三罢西洋取宝船及云南交趾采办诸道金银课，帝悉从之。所以雷厉风行般，就于永乐二十二年八月丁巳[①]仁宗即位日，下诏令“下西洋诸番国宝船悉皆停止，如已在太仓、福建等处安泊者，俱回南京……各处修造下番海船，悉皆停止。”（见《大明实录》）。

《明大政纂要》“八月”条下亦云：

> 诏停止西洋诸番船。

下注云：

> 诸番贡使使予人船护归，毋久留诸迤西等国买马，若诣缅甸、麓川、交趾等处采宝石金珠货香等，使者止勿行。

于是于第二年（洪熙元年）二月，仁宗命和以下番诸军守备南京，所以此次中途停止下番宝船的原因，系出夏原吉之奏请，作为仁宗即位时的一件大事，遂使永乐一世之雄图，至是中止。至于谏阻之原因，《殊域周咨录》卷八曾引刘大夏之言云：

> 三保下西洋，费钱粮数十万，军民死且万计，纵得奇宝而回，于国家何益，此特一弊政，大臣所当切谏。

因有如此一段的曲折，所以《明实录》只记有郑和于永乐二十二年奉使事，而无还朝之记载，编《明史》者不察，乃于《郑和传》轻轻加上“比还而成祖已晏驾”之语，且于卷八记罢西洋宝船事，于洪熙元年之下，而不作永乐二十二年八月之下，因次序如此颠倒，遂使伯氏、山本等误据为第六次之下番耳。

第七次　航行

第七次下番在宣德六年十二月开洋，至宣德八年七月六日到京，计由开洋

---

① 是时仁宗虽已继永乐帝即位，然尚未改元，所以仍奉永乐年号，直至明年春正月始改元为洪熙元年。

至回京往返时日，共费一年半有奇。

按此次下番因距上次时日有七年之久，一切停顿，其临行前之准备自然需较长之时日，实则此次宣德帝下诏时日系远在一年半之前，《明实录》云：

宣德五年六月戊寅（九日），遣太监郑和赍诏往谕诸番国。

《明史》亦云：

宣德五年六月帝以践祚岁久，而诸番国远者犹未贡，于是和、景弘复奉命历忽鲁谟斯等十七国而还。

而《读书敏求记》作宣德五年五月初四日，敕南京守备太监杨庆、罗智、唐观保大使袁诚，今命太监郑和往西洋公干，“今”字应系指是年六月初九日也。而《灵应碑》则作：

宣德六年仍统舟师往诸番国，开读赏赐驻泊兹港，等候朔风开洋，思昔数次皆仗神明助佑之功如是勒记于石。

碑末书：

宣德六年岁次辛亥仲冬（十一月）吉日，正使太监郑和、王景弘，副使李兴、朱良、周满、洪保、杨真、张达、吴忠，都指挥朱真、王衡等立，正一住持杨一初稽首请立石。

《天后志》云：

宣德六年钦差正使太监郑和，领兴、平二卫指挥，千户百户并府县官员，买办木石修整庙宇并御祭一坛。

《明会要》卷七十八“满剌加”条有云：

宣德六年（满剌加）遣使者来言暹罗谋侵本国，王令臣三人附苏门答剌贡舟入觐，帝命附郑和舟归国，令和赍敕谕暹罗以辑睦邻封毋违朝命。

观此可知郑和此次奉命虽在宣德五年六月九日，惟延至宣德六年十一月间尚未出国，今证之《枝山前闻记》[①] 中之详细时日即可信焉：

宣德五年闰十二月六日龙湾（南京）开船。十日到徐山打围。二十日

① 见《五朝小说》本。

出附子门，二十一日到刘家港[①]，六年二月二十六日到长乐港。十一月十二日到福斗山，十二月九日出五虎门[②]，行十六日，二十四日到占城。七年（1432）正月十一日开船，（行二十五日）二月六日到爪哇、斯鲁马益。六月十六日开船（行十一日），二十七日到旧港。七月一日开船（行七日）八日到满剌加，八月八日开船（行十日），十八日到苏门答剌，十月十日开船（行三十六日），十一月六日到锡兰山别罗里，十日开船（行九日），十八日到古里国，二十二日开船，十二月二十六日到鲁乙忽楼斯（按即忽鲁谟斯之误）。

八年二月十八日开船回洋，（行二十三日）三月十一日到古里，二十日大䑸船回洋（行十七日），四月六日至苏门答剌。十二日开船（行九日）二十日到满剌加。五月十日回到昆仑洋。二十三日到赤坎，二十六日到占城，六月一日开船（行二日），三日至外罗山，九日见南澳山，十日晚望见望郎回山，六月十四日到崎头洋。十五日到碗碟屿，二十日过大小赤，二十一日进太仓，七月六日到京，十一日关赐奖衣宝钞。

按此计算，则去程共费时日一年二个月有奇，回程则只用四月余耳，盖因去时依次宣谕诸国，多作勾留，而回程则无多耽搁耳。

此末次之回国月日，《实录》《明史》均无详明之记载，殆系祝允明得之《西洋番国志》[③]无疑，此种重要之史料，非特证明末次之行程，并可藉以推见历次之航程也。

总观以上七次之航程，郑和均先至福建长乐港停泊，其原因不外：

（一）等候冬季朔风开洋。

---

① 郑和在刘家港因修建天妃宫之耽搁，至翌年二月间始由刘家港开驶至长乐港，因宣德六年春朔，和尚在娄东刘家港北漕口之天妃宫，（天妃宫一名灵慈宫。有二：一在太仓城中，一在刘家港北漕口。）立石，刻《通番事迹记》，原碑文见《四库珍本初集》《吴都文粹续集》卷二十八。

② 此次竟在长乐港停泊至七八个月之久，一因修建南山天妃宫，二因候风开洋，观其碑末所云："驻泊兹港等候朔风开洋"之语可信，乃知历次均系候至冬间始开洋也。

③《西洋番国志》作者金陵巩珍，曾于宣德六年随和历诸番，归作是书，成于宣德九年。乾隆修四库时纪昀尚见是书，惜未收入，只存其目，兹已失传【编者按，今存】。明钱曾赞其书为"议事详核，行文赡雅，非若《星槎胜概》（应作《星槎胜览》）等书之影略成编者可比"云云，可见其书之价值。

（二）添招水手及修造船舶。

（三）祭祀海神以求庇佑。

关于这一点郑和自撰之《灵应碑》已屡言之，无待赘述。其第二点《闽都别记》纪之颇详，可资参证，未可以其为野史而轻之也。且长乐临海其人民习于南洋之航路，和每次出使必至长乐者似皆添招此等惯于航海之水手耳。关于第三点一则因南方之航海者皆崇信天妃，而天妃之祖庙则在离长乐港不远之湄洲屿，故历次郑和经福建时皆致祭焉。且于永乐十年将长乐南山之行宫大加修建，以为官军祈报之所，其第七次且在该港停泊至八九个月之久，其原因亦不外修葺天妃之宫，且勒碑记其事云"今年春（按即宣德六年）仍往诸番，蚁舟兹港，复修佛宇神宫益加华美……"云云，可见其重视此海神之宫焉。

附记：是篇脱稿于二十六年五月间，以福建文化研究会拟出郑和专号，另欲多征关于郑和稿件，故待之数月，冀抛砖可以引玉，惟因人事倥偬，辗转至今，未能征得他稿，是以先行付印。近闻尚有《郑和家谱》等书出版，及其他新发现之旁证，均未能一一加入，至以为歉耳。至于是篇错误之处，尤所难免，海内学者，进而教之，则幸甚矣。

中华民国二十六年十二月十五日云铭附志

附录一　郑和撰天妃灵应碑记原文（标点为编者所加）

天妃之神灵应记

皇明混一海宇，超三代而轶汉唐。际天极地，罔不臣妾。其西域之西，迤北之北，固远矣，而程途可计。若海外诸番，实为遐壤，皆捧琛执贽，重译来朝。

皇上嘉其忠诚，命和等统率官校、旗军数万人，乘巨舶百余艘，赍币往赉之，所以宣德化而柔远人也。自永乐三年，奉使西洋，迨今七次。所历番国，由占城国、爪哇国、三佛齐国、暹罗国，直逾南天竺、锡兰山国、古里国、柯枝国，抵于西域忽鲁谟斯国、阿丹国、木骨都束国，大小凡三十余国，涉沧溟十万余里。观夫海洋，洪涛接天，巨浪如山；视诸夷域，迥隔于烟霞缥缈之间。而我之云帆高张，昼夜星驰，涉彼狂澜，若履通衢者，诚荷朝廷威福之致，尤赖天妃之神护佑之德也。神之灵，固尝著于昔时，而盛显于当代。溟渤之间，或遇风涛，即有神灯烛于帆樯。灵光一临，则变险为夷，虽在颠连，亦保无虞。及临外邦，番王之不恭者，生擒之；蛮寇之侵掠者，剿灭之。由是海道清宁，番人仰赖者，皆神之赐也。神之感应，未易殚举。昔奏请于朝，纪德太常，建宫于南京龙江之上，永传祀典；钦蒙御制记文，以彰灵贶，褒美至矣！然神之灵，无往不在。若长乐南山之行宫，余由舟师累驻于斯，伺风开洋，乃永乐十年奏建，以为官军祈报之所，既严且整。右有南山塔寺，历岁久深，荒凉颓圮，每就修葺。数载之间，殿堂禅室，弘胜旧规。今年春，仍往诸番。蚁舟兹港，复修佛宇、神宫，益加华美。而又发心施财，鼎建三清宝殿一所于宫之左；雕妆圣像，粲然一新；钟鼓供仪，靡不具备。佥谓如是，庶足以尽恭事天地神明之心；众愿如斯，咸乐趋事，殿庑宏丽，不日成之。画栋连云，如翚如翼；且有青松翠竹，掩映左右。神安人悦，诚胜境也！斯土斯民，岂不咸臻福利哉？人能竭忠以事君，则事无不立；尽诚以事神，则祷无不应。和等上荷圣君宠命之隆，下致远夷敬信之厚，统舟师之众，钱帛之多，夙夜拳拳，惟恐弗逮，敢不竭忠以国事，尽诚于神明乎？师旅之安宁，往回之康济者，乌可不知所自乎？是用著神之德于石，并记诸番往回之岁月，以贻永久焉！

一　永乐三年，统领舟师，至古里等国。时海寇陈祖义聚众三佛齐国，劫掠番商，亦来犯我舟师，即有神兵阴助，一鼓而殄灭之，至五年回。

一　永乐五年，统领舟师，往爪哇、古里、柯枝、暹罗等国。王各以珍宝、珍禽、异兽贡献，至七年回还。

一　永乐七年，统领舟师，往前各国。道经锡兰山国，其王亚烈苦奈儿负固不恭，谋害舟师，赖神显应知觉，遂生擒其王，至九年归献，寻蒙恩宥，俾归本国。

一　永乐十一年，统领舟师，往忽鲁谟斯等国。其苏门答剌国，有伪王苏干剌寇侵本国，其王宰奴里阿比丁遣使赴阙陈诉。就率官兵剿捕，赖神默助，生擒伪王，至十三年回献。是年，满剌加国王亲率妻子朝贡。

一　永乐十五年，统领舟师往西域。其忽鲁谟斯国进狮子、金钱豹、大西马；阿丹国进麒麟，番名祖剌法，并长角马哈兽；木骨都束国进花福禄并狮子；

卜剌哇国进千里骆驼并驼鸡；爪哇、古里国进麋里羔兽。若乃藏山隐海之灵物，沉沙栖陆之伟宝，莫不争先呈献。或遣王男，或遣王叔、王弟，赍捧金叶表文朝贡。

一　永乐十九年，统领舟师，遣忽鲁谟斯等国使臣久侍京师者，悉还本国，其各国王益修职贡，视前有加。

一　宣德六年，仍统舟师，往诸番国，开读赏赐。驻泊兹港，等候朔风开洋。思昔数次，皆仗神明助佑之功，如是勒记于石。

宣德六年，岁次辛亥，仲冬吉日。

正使太监郑和、王景弘，副使太监李兴、朱良、周满、洪保、杨真、张达、吴忠，都指挥朱真、王衡等立。

正一住持杨一初稽首请立石。

附录二　郑和七次所经诸国名地名中西文对照表

占城 Campa 或 Champa

旧港（即三佛齐）Palembang

爪哇 Java

真腊 Khmer 即 Cambodge（柬埔寨）

暹罗 Siam

古里 Calicut

满剌加 Malacca

渤泥 Brunei，Borneo

苏门答剌 Samudra

阿鲁（《瀛涯胜览》作哑鲁）Aru

柯枝 Cochin

大葛兰（《明实录》作小柯兰）Quilon

小葛兰 Quilonampad

西洋琐里 Chola 或 Choda

琐里（同上）

加异勒 Kayal or Cail

阿拨把丹（未详）
甘巴里（《明史》作甘把里）Koyampadi
锡兰山 Ceylan
喃渤利（即南巫里《瀛涯胜览》渤作浡）Lambri
彭亨（《星槎胜览》作彭坑）Pahang
急兰丹 Kelantan
忽鲁谟斯 Ormuz
比剌 Brawa
溜山（《星槎胜览》作溜山洋国）Maldives
孙剌 Sunda
木骨都束 Mogedoxu
麻林 Melinde
剌撒 Lasa
祖法儿（《明实录》《星槎胜览》作佐法尔）Zufar 或 Djofar
沙里湾泥 Jurfattan
竹步 Djobo
榜葛剌 Bengale
天方 Mecca 或 Le Mecque
黎代（《明史》误作黎伐）Lidè
那孤儿（《星槎胜览》作花面王国，《瀛涯胜览》孤作姑）Battak
卜剌哇 Brawa
阿丹 Aden
哈丹（未详）
灵山 Lang-Son
昆仑山 Pulo Condore
宾童龙 Panduranga
假马里丁（应系假里马打之误）Karimata
交栏山 Geram 或作 Gelam
重迦罗 Janggala

吉里地闷 Timor（纪里尼氏 Gerine 谓吉里二字犹言岛也）

东西竺 Pulo Aor

龙牙门 Lingga

龙牙加貌，或作龙牙犀角或凌牙斯加 Lenkasuka

九洲山 Pulo Sembilan

淡洋 Tamiang

龙涎屿 Bras Island

翠蓝屿 Nicobar Islands

帽山 Pulo Weh

以上所列地名均以见于《瀛涯胜览》及《星槎胜览》二书者为限

（原载私立福建协和大学编《福建文化》1937 年第五卷，总第二十六期）

中国豢鸬捕鱼起源考

（一）小引

中国人利用鸬鹚捕鱼之事，由来颇古，此种事业对于中国农村经济之补益甚大，而此种使野生鸬鹚完全成为家禽之事，亦系中国所特有，世界其他各国人民，虽亦常见野生之鸬鹚捕鱼，但从未知豢养此鸟以供其驱使者，日本人虽亦利用此鸟捕鱼，其历史或较中国为早①，但至今尚未能使其成为家禽之一种，盖其所用以捕鱼之鸬鹚皆系捕捉野鸟训练而成②，捕鱼时尚须系之以长绳以防其飞去，中国人则千年以来早已用豢养家禽方式，而使之繁殖而广布于全国各区域。

中国人虽早知利用此鸟捕鱼，但在中国文人之心目中，多认其事为卑微不足道者，故对于豢养此鸟之文献，甚感不足。西人于早期游历中国时，即早注意及之，如十四世纪之鄂多力克（Friar Odoric of Pordenone），其游记中曾首载其事③，踵其后者，其游记著作中虽不乏记载此事，但其所记均系皮毛之观察，

---

① 日文《古事记》（成书在712年）曾记神武天皇有诗记养鸬（日文作鹈）之人，见Chamberlain Basil H Things Japanese 5th ed. London，1905.pp.301—305.《日本记》（成书于720年）一书记包苴担之子为阿太养鸬部始祖（见W.G Aston译本Nihongi：Chronicles of Japan from the Earliest Times to A. D 697，Transaction and Proceedings Japan Society，London，Vol.1（Suppl 1），pp.119. 参看 E.W.Gudger：Fishing with the Cormorant in Japan.The Scientific Monthly，July 1929，pp.5—38 及 B.Laufer：The Domestication of The Cormorant in China and Japan，pp.312—313.

② 参看 Gudlger.E.W. Fishing with the Cormorant in Japan.The Scientific Monthly，XXIX.1929.pp.5—58.

③ 参看 Yule and Cordier：Cathay and the Way Thither Vol.II.pp.189−190. 并《福建文化》第二卷第二期拙著:《十八世纪以前游闽西人考》105页引。

只为满足其国人之好奇心而已，对于豢养之起源皆未提及。

西方国家如英法两国之宫廷中，于十六世纪之末及十七世纪初叶，虽亦驯养此鸟以供娱乐，但其训练之方法，一如驯鹰之助猎，而操此术者只鹰帅能之而已[①]。哈丁（James E.Harting）且谓此事系由荷兰人泛海东来之时始将其法传至欧洲[②]。法人必曹特（Pichot）氏亦谓系十六世纪初期，荷兰人始将其法传入西方[③]。然始终只能捕捉野鹚，使之捕鱼而已。

美国学者嘉志尔（Gudger）氏于1926年发表《中国人利用鸬鹚捕鱼》一文于美国自然杂志（The American Naturist LX 1926，pp.5—41.），但其所引证者，多系西人文献，对于中国文献则茫无所知。惟劳佛博士（Dr.Berthold Laufer）于1931年发表《中国日本豢鸬考》（The Domestication of the Cormorant in China and Japan）一文于《飞尔德自然历史博物馆人类学丛刊》第十八卷第三期中（Field Museum of Natural History，Anthropological Series），广搜中日两国文献作有系统之研究，对于豢养此鸟之起源，方有眉目，惜劳氏所引原文颇多误解误译之处，兹再为旁搜博采，正其乖误，异其论断，以就正于海内云耳。其他如劳氏文中所述之地理分布及豢养方法等，非在本题范围，均从略焉。

（二）唐以前之记载

中国古书最早记载鸬鹚之名，当推《尔雅》。但所记者只有“鸬鹚”之名，郭璞注云：“即鸬鹚也。嘴头曲如钩，食鱼”。寥寥数语而已。其他专记禽鸟之书，如晋张华之《禽经》，陆玑之《毛诗草木鸟兽虫鱼疏》，并此鸟之名亦无之。晋王羲之（321—379）与人帖云：“鸬鹚粪白，去默、黵、瘢黡，令人色态。此禽不卵生，口吐其雏，独为异耳。”[④]后汉南海人杨孚（字孝元），作《异物志》云：“鸬鹚能没于深水，取鱼而食之，不生卵而孕雏于池泽间。既胎而又吐生，多

---

① 参看 Encyclopeadia Britanica.Cormorant 条。

② 参看 Harting. James E.–Essays on Sport and Natural History pp.427.London.1883.

③ 参看 Pichot.Pierre–Amedee–Les oiseaux de sport，pp.27–35.Paris，1903.

④ 见《古今图书集成》《博物汇编·禽虫典》第四十五卷引。《本草纲目》作：“去面上黑默黡痣，疗面瘢疵及汤火疮痕，和脂油传疗疮……”

者八九，少者五六，相连而出，若丝绪焉。水鸟而巢高树之上或在石窟之间。”[①] 晋南北朝时陶弘景（451—536）亦云：“此鸟不卵生，口吐其雏。”唐太宗时沙门元应之《一切经音义》卷十九亦云：“此鸟胎生，从口内吐出，一产八九子，中国或谓之水鸦也。”盖巢袭陶说耳。至唐开元间（713—714）之陈藏器尚犹因袭古人之说云：“此鸟胎生，从口出，如兔吐儿，故产妇执之易生。”又唐玄宗时人韦绚所作之《刘宾客嘉话录》[序于大中十年（856）二月]录其在蜀时所闻刘尚书宾客所言关于鸬鹚之言：

“人言鹤胎生，所以赋云胎化仙禽也。今鸬鹚亦是胎生。《抱朴子》《本草》说同，此岂亦仙禽乎？绚曰：‘但恐世只知鹤胎生，不知鸬鹚亦是胎生，鹤便谓胎生也。若缘鸬鹚食腥鱼，虽胎生不得与鹤同，今见养鹤者说，其鹤食腥秽，更甚于鸬鹚。若以色黑于鹤，则曰鹤千万年方变为元鹤，何尚焉？’公笑曰：‘是以君子恶居下流，其鸬鹚之谓乎？’绚曰：‘鹤难见也，鸬鹚易见也，世人贵耳而贱目之故也。若使鸾凤如鹤之长见，即鹤亦如鸬鹚矣。以少为贵，世不以见圣为瑞而贵之也。’所以进士陈标《咏蜀葵》诗云：‘能共牡丹争几许，得人憎处只缘多。’鸬鹚之谓也。”

可见唐以前国人对于此鸟之生活尚甚生疏，多作种种神话式之臆说，畜之捕鱼，更无论矣。此种“胎生”之说至宋政和六年（1116）寇宗奭作《本草衍义》时始打破之，其言曰：“鸬鹚，陶隐居（弘景）云：‘此鸟不卵生，口吐其雏，今人谓之水老鸦，巢于大木，群集，宿处有常，久则木枯，以其粪毒也。怀妊者不敢食，为其口吐其雏。’陈藏器复云：‘使易产，临时令产妇执之。’与陶相戾！尝官於澧州，公宇后有大木一株，其上有三四十巢，日夕观之，既能交合，兼有卵壳布地，其色碧，岂得雏吐口中？是全未考寻，可见当日听人之误言也。”（见《重修政和证类本草》卷十九，二十页引。涵芬楼影印本）。

中国最古之文献，记豢养鸬鹚以供捕鱼之事，当首推《隋书》卷八十七倭国传云：“倭国草木冬青，土地膏腴，水多陆少，以小环挂鸬鹚项令入水捕鱼，日得百余头。”然此所记者为倭国之事，国人记之于史，视之为奇闻而已。唐

① 见《太平御览》卷九百二十五，七页引。又《天中记》卷五十九引，两书颇有异文，《岭南遗书》本《异物志》则系根据《太平御览》等书裒集而成，故与《太平御览》所引者同。

人诗中虽多有鸬鹚之咏，然尚未知其代人捕鱼之事，如王维（699—759）《咏鸬鹚堰》云：

乍向红莲没，复出清蒲飏。独立何褵褷，衔鱼古查上。

又唐杜甫（721—770）绝句云：

门外鸬鹚久不来，沙头忽见眼相猜。至今以后知人意，一日须来一百回。

又唐杜荀鹤《咏鸬鹚》云：

一般毛羽结群飞，两岸烟江好景时。深水有鱼衔得出，看来却是鸬鹚饥。（按：此处"鸬鹚"两字，用字似有误。盖鸬鹚为白鹭，不合题旨耳）。

《骈字类编》卷二百十亦引唐高适《宿田家》诗："岩际窟中藏鼹鼠，潭边竹里隐鸬鹚。"又皮日休《渔梁》诗："斜阳杨柳津，静下鸬鹚侣。"徐铉《和右省仆射西亭高卧》诗："疏篁巢翡翠，折苇覆鸬鹚"。可见唐人之诗所咏者均为野生之鸬鹚。从未吟咏渔人利用此鸟捕鱼之事，可知其时尚无人豢养此鸟以捕鱼者也。

（三）宋人之记载

中国最初记载畜鸬捕鱼之事，当推五代至宋初人陶谷［生于唐天复二年卒于宋开宝三年（902—970）］所作之《清异录》[①]，其"纳脍场小尉"条云："取鱼用鸬鹚，快捷为甚，当涂芰塘石，阜民庄舍在焉[②]。畜鸬鹚于家，缆小舟在岸，日遣一丁，取鱼供家。邑尉过时见之，谓阜民曰：'小舟即纳脍场，鸬鹚乃小尉耳。'复曰：'江湖渔郎用鸬鹚，乃小尉耳。'复曰：'江湖渔郎用鸬鹚者，名乌头网。'"[③]观乎此，则可知当时在安徽或长江一带，已知利用此鸟捕鱼，惜记载略而简，对于如何驯养此鸟，滥觞于谁，时至今日已不可考。实因中国之士大

① 见《清异录》，《惜阴轩丛书》本六十二页下。

② 按芰塘石阜当是当涂县之村镇名，劳佛氏所著 The Domestication of the Cormorant of China and Japan 一书 221 页竟译为 there are ponds covered with aquatic plants and rocky hills 大误。

③ 按此处"江湖渔郎用鸬鹚者名乌头网"句明系指渔郎别称乌头网，劳氏竟误译为 Other fishermen bestow on the cormorant the epithet black-headed net. 寓为鸬鹚之别名矣，于是于其书 209 页遂误列乌头网为鸬鹚名称之一种。实则乌头网一名，正如日人称训鸬者曰"乌帽子"而已，参看劳氏书 221 页"乌帽子"条。

夫阶级视此事为无足重轻，陶谷所记者，不过欲表示此“纳脍场小尉”一名辞耳。初无意保存此一段重要史实也。

自是以后宋人之记此事者渐多，如蜀华阳人范镇《东斋纪事》云：“蜀之鱼家养鸬鹚十数者，日得鱼可数十斤。以绳约其吭，才通小鱼，大鱼则不可食，时呼而取之，乃复遣去。甚驯狎，指顾如人意。有得鱼而不以归者，则押群者啄而使归。[①] 比之放鹰鹘，无驰走之劳，得利又差厚，渔者养数十头，日得鱼可数十斤，然鱼出咽皆腥涎不美，出水之后好自张其翅就石上暴之”。（以上宋罗愿之《尔雅翼》亦引之），可知宋代操此业者渐众，且盛行于四川省内，于是遂有人解杜甫诗：“家家养乌鬼，顿顿食黄鱼。”谓乌鬼系指鸬鹚也，有谓乌鬼指猪或鸦或鬼神者，数百年来，议论纷纭莫衷一是，兹将赞成与反对鸬鹚说者，分别述之：

（A）解乌鬼为鸬鹚，提倡此说者，首见于宋沈括（1029—1093）之《梦溪笔谈》[②]，卷十六云：

“士人刘克，博观异书。杜甫诗有‘家家养乌鬼，顿顿食黄鱼’。世之说者，皆谓夔峡之间，至今有鬼户，乃夷人也，其主谓之鬼主，然不闻有乌鬼之说。又鬼户者夷人所称，又非人家所养。克乃按《夔州图经》，称峡中人谓鸬鹚为‘乌鬼’。蜀人临水居者，皆养鸬鹚，绳系其颈，使之捕鱼，得鱼则倒提出，至今如此。予在蜀中见人家养鸬鹚使捕鱼，信然，但不知谓之乌鬼耳。”

按此则系宋士人刘克据《夔州图经》谓乌鬼系指鸬鹚。时人黄朝英之《靖康缃素杂记》，遂亦附和其说谓“鸬鹚为乌鬼，养之以取鱼也”。然黄氏又引范镇之《东斋记事》所言蜀人养鸬捕鱼之事谓：“范蜀公（即范镇）亦不知鸬鹚乃杜诗所谓乌鬼，”以示其时蜀人并无名此鸟为乌鬼，以存其疑耳[③]。继之胡仔亦

---

① 按《东斋纪事》原文与劳氏所译，颇有出入之处，盖劳氏误解原文之意也。如原文有“得鱼而不以归者，则押群者啄而使归”。劳氏竟译为 Whether they have caught a fish or not，they return to the boat，and those familiar with the flock will feed them and then cause them to return to their work. 而变为“不论它们有没有捕到鱼，它们都回到船上，‘狎’群者饲之，而复使之工作”，原文之押群者盖指押群之鸬，啄得鱼不归之鸟而使之归也。

② 见《学津讨源》第十三集第五册影照旷阁本。

③ 参看宋胡仔《苕溪渔隐丛话》卷十二，十页，《海山仙馆丛书》本。

赞成鸬鹚为乌鬼之一派，其言云："余尝细考四说，谓鸬鹚为乌鬼是也，其谓猪与乌野神、乌蛮鬼为乌鬼者非也。（见下文）余官建安，因事至北苑焙茶，扁舟而归，中途见数渔舟，每舟用鸬鹚五六，以绳系其足放入水底捕鱼，徐引出取其鱼。目睹其事益可验矣。"

又陆佃作《埤雅》（卷六，十六页）亦言："鸬鹚水鸟，似鶂而黑，一名鷧，嘴曲如钩，食鱼入喉则烂，其热如汤，其骨主鲠及噎，盖以类推之者也……蜀人临水居，皆养此鸟，绳系其颈，使人（之字之误）捕鱼，则倒提出之，杜诗云'家家养乌鬼是也'。"盖所述皆前人之言，无甚发明也。

（B）反对乌鬼为鸬鹚说：《苕溪渔隐丛话》引《漫叟诗话》："家家养乌鬼，顿顿食黄鱼。"世以乌鬼为鸬鹚，言川人养此取鱼，予崇宁（1102—1106）间往兴国军，太守杨鼎臣字汉杰，一日约饭，乡味作蒸猪头肉，因谓予曰："川嗜此肉，家家养猪，杜诗所谓家家养乌鬼是也。每呼猪则作乌鬼声，故号猪为乌鬼。"明李世熊《宁化县志》（卷二，百二十七页）亦载："峡中士人夏侯节云'乌鬼猪也。峡中家多闹鬼，养一猪非祭鬼不用，故于猪群中时呼鬼猪以别之。'"据其所言则杜诗之乌鬼乃指猪耳。王楙之《野客丛书》[①]，则谓马永卿（劳佛氏214页误作乡，其人政和时曾宦闽中）之《嬾真子》亦释乌鬼为猪[②]。

胡仔又引蔡宽夫（《宋史》卷五十六有传）诗话云："或言老杜诗'家家养乌鬼，顿顿食黄鱼'乃鸬鹚，谓养之以捕鱼。予少时至巴中，虽见有以鸬鹚捕鱼者，不闻以为乌鬼也，不知《夔州图经》何以得之。然元微之《江陵》诗云：病赛乌称鬼，巫占瓦代龟"。自注云："南人染病则赛乌鬼，楚巫列肆悉卖龟卜。"则乌鬼之名自见于此。巴楚间尝有捕得杀人祭鬼者，问其神明曰"乌野七头神"。则乌鬼乃所事神名尔。或云：养字乃赛字之讹，理亦当然。盖为其杀人而祭之，故诗首言"异俗吁可怪，斯人难并居"。若养鸬鹚，捕鱼而食，有何吁怪不可并居之理？则"鸬鹚决非乌鬼，宜当从元注也"。其言甚是。按朱熹亦赞成此说，《杜诗镜铨》引朱注云："元（稹）诗见《长庆集》，元去公时近，又夔隶荆南，必与江陵同俗，他说皆未可信，猪与鸬鹚尤为无稽。"

---

① 参看《稗海》本《野客丛书》卷二十六，五至六页"乌鬼"条；序于宋嘉泰二年（1202）。

② 按《五朝小说》本《嬾真子》未有此条，当是节本耳。

宋僧惠洪［梁大观（1107—1110）时人］，作《冷斋夜话》[①]，卷四“诗用方言条”云：“……川陕路人家多供祀乌蛮鬼，以临江，故顿顿食黄鱼耳，俗人不解，便做养畜字读，遂使沈存中（括）自差，以乌鬼（按《渔隐丛话》引作白差乌鬼）为鸬鹚也。”是则又以为乌鬼为乌蛮鬼解。

宋邵伯温（博）之《邵氏闻见录》亦释乌鬼为乌蛮鬼，其言云：“夔峡之人，岁正月十一日为曹（按劳佛氏此处译为曹操有误），设牲酒于田间，已而众操兵（兵指为兵器，劳氏译为兵操误），大噪谓之‘养乌鬼’，长老言地近乌蛮，战死者多与人为厉，用以禳之”。郭象之《睽车志》[②]，亦云：“杜诗家家养乌鬼，说者不一，以为乌蛮鬼者是也，谓鸬鹚者非也。”

宋王楙《野客丛书》(《笔记小说大观》本卷二十六，二至三页）“乌鬼”条云老杜诗：“家家养乌鬼”说者不一，嬾真子以为猪，蔡宽夫以为乌野七神，《冷斋夜话》以为乌蛮鬼，沈存中《笔谈》《缃素杂记》《渔隐丛话》，陆农诗《埤雅》以为鸬鹚，四说不同，惟《冷斋夜话》之说有据。观《唐书南蛮传》，俗尚巫鬼。大部落有大鬼主，百家则置小鬼主，一姓白蛮，五姓乌蛮，所谓乌蛮，则妇人衣黑缯，白蛮则妇人衣白缯。又以验冷斋之说，刘禹锡南中诗云：“淫祀多青鬼，居人少白头。”又有所谓青鬼之说，盖广南川峡诸蛮之流风，故当时有青鬼乌鬼等名。杜诗以黄鱼对乌鬼，知其为乌蛮鬼也审矣。则王楙亦信乌鬼系指乌蛮鬼耳。

宋吴曾能《改斋漫录》[③]，亦反对乌鬼为鸬鹚说，其言云：“元微之酬乐天诗‘病赛乌称鬼，巫占瓦代龟’，注云：‘南人染病并赛乌鬼’，因悟杜子美诗‘家家养乌鬼，顿顿食黄鱼’之意，沈存中以乌鬼为鸬鹚，不知何所据也”。盖亦赞成乌鬼为土人所祀之鬼耳。宋尹洙（师鲁）亦云峡谷养乌头鬼祭之似人，(见《分门集注杜工部诗》)。宋罗愿之《尔雅翼》(卷十五，十七页），既取范缜鸬鹚之说复主张乌鬼系乌鸦而非鸬鹚：“……或云峡人谓为乌鬼（原文误作鬼乌），

---

① 《冷斋夜话》见《学津讨源》本。又见《分门集注杜工部诗》卷十三，三十四页引。

② 见《古今图书集成》《禽虫典》第四十五卷引，按《古今说海》本、《五朝小说》本、《说郛》本、《稗海》本均未见此条。

③ 见《武英殿聚珍版全书》本二十七至二十八页。

然峡人乃事乌为鬼非此物（指鸬鹚）也。”是则又有乌鬼为鸦之一说。王懋《野客丛书》亦引元微之诗：‘乡味尤珍蛤，家神悉事乌’……据（唐书）南蛮传，‘乌’即乌黑之乌，而元诗以蛤对乌则以为乌鸦之乌。”是则既信乌鬼为乌蛮鬼而又疑为鸦者矣。

宋陈师道注杜诗亦曰：“按沈存中谈峡中人谓鸬鹚为乌鬼……此说非也，楚人信巫，以乌为鬼耳。……”（见《分门集注杜工部诗》卷十三）《宁化县志》载杨慎（1488—1559）之言曰，“峡中人养鸦雏带铜环献神，名乌鬼。元稹诗病赛乌称鬼……盖别一乌鸟，非捕鱼鸟也。于是方以智之《通雅》（卷四十五，二十一页）遂谓巴东路有鸦，舟行者必饲之以肉，否则舟必无幸，所谓乌鬼者，其此鸦乎。盖此俗不特巴峡为然，即湖南亦有之，《湖南方物志》[①]，载沅陵清浪滩极危险，滩神庙前有乌鸦兵，遇下水船过辄飞鸣接食，荤者食肉，素者食饭，凌空抛掷百不失一，船有当覆者则不至，”是则皆疑乌鬼指乌鸦者矣。

今按杜甫此诗之题为“戏作俳谐体遣闷二首”因其题目甚为模棱，遂使后世之解诗者多所争议，实在按其起首两句之“异俗吁可怪，斯人难并居”言之，则乌鬼当指土人所祀之鬼无疑，如谓系指捕鱼之鸬鹚，则为常事，其俗有何怪异之处可资吟咏耶？此其一。且下句“家家养乌鬼”，如言系指鸬鹚，则当时蜀中畜鸬捕鱼之风，当极普遍，何以时人竟无第二人言及之？且杜集曾有观打渔歌二首，均未言用鸬捕鱼之事，所言者均系“渔人漾舟沉大网，截江一拥数百鳞”，又一首云：“苍江渔子清晨集，设网提网万鱼急。能者操舟疾若风，撑突波涛挺叉入……”可见所利用捕鱼之工具皆为网叉之属，未见其言用鸬鹚也，此其二。此外杜甫又有黄鱼一诗：“日见巴东峡，黄鱼出浪新。脂膏兼饲犬，长大不容身。筒桶相沿久，风雷肯为神。泥沙卷涎沫，回首怪龙鳞。”据《尔雅注》黄鱼即鳣鱼，体无鳞，肉黄，大者长二三丈，江东人呼为黄鱼[②]。其第三句“脂膏兼饲犬”则巴蜀黄鱼之多可知，《盐铁论》亦云：“江陵之人以鱼饲犬。”故缙云鲍文虎注：“顿顿食黄鱼”句，（见宋刊本《分门集注杜工部诗》，《四部丛刊》

① 《湖南方物志》清黄本骥著《小方壶斋舆地丛钞》第六帙。

② 陆佃《埤雅》卷一，六页亦言鳣肉黄，大鱼似鲟，口在颔下，无鳞长鼻软骨，俗谓之玉板，大者长二三丈，江东呼为黄鱼。

影印本）云："岂有如此大鱼，可以鸬鹚为捕者？则知乌鬼为乌蛮鬼耳。"诚哉其言。且杜诗明言捕黄鱼者久已沿用竹筒木桶之属，从未言其藉鸬鹚之力，此三者足证宋人解乌鬼为鸬鹚之谬，不可信也。

总之，唐人固未有言及豢畜鸬鹚捕鱼之事，所言者均系乌烟瘴气之传说，然则此俗未见于唐代，可知之矣。首言之者，其惟五代宋初之陶谷欤？抑或文献间有坠佚，前乎此老，已有述之者，或此业久已相沿，因其只系民间末技，无足齿于士林，故未笔之于书，而起源久远已不可考者欤？是则有待于学者之发掘耳。

陶谷《宋史》卷二百六十九有传，新平人，字秀实，号金銮否人，本姓唐，以避晋讳改焉。历仕晋汉，至周（951—960）为翰林学士，兵部侍郎，入宋历礼、刑、户三部尚书，乾德（963—965）初，郊祀法物制度，多所裁定，强记嗜学，博通经史，诸子佛老，咸所总览，故为人隽辨弘博，然奔竞务进，见后学有文采者，必极言以誉之。闻达官有闻望者，则巧诋之，其多忌好名类此。初宋太祖将受禅，未有禅文，谷在旁出诸怀中而进之，曰"已成矣"。盖有意大用也。太祖甚薄之，开宝三年卒，年六十八。所作《清异录》一书多采摭唐及五代新颖之语，今所传者为明隆庆六年（1572）河间俞九文所序，元孙道明抄本及陶宗仪删定本（见《说郛》本），参考而成，非完书也。

陶谷所言当涂阜民畜鸬捕鱼之事，惜所言过简，对于豢养方法及起源均未提及，故颇难断定其起源时代，但其他宋人之言此事者，均言绳系其颈，得鱼则倒提出之，则此鸟似尚未完全驯服如今日者，或系捕捉野鸟而加以训练，一如日本人所为者耳。以理推之，则其起源当不能超过五代之时（十世纪初叶）。距陶谷闻见此鸟被人利用捕鱼之时，为期当不能超过半世纪也。

（四）近世记述之一斑

可异者，则为明以前所修之《本草》，虽皆叙述鸬鹚，但所言者亦皆根据前人谬说，对于此鸟之实际功用毫未言及，至李时珍修《本草纲目》时始有"南方渔舟，往往縻畜数十，令其捕鱼"之言，盖其时此风已普遍于全国各省，故明徐芳之《鹚说》[①]有云："鹚，水鸟，状类凫而健喙者也，善捕鱼河上，人多

① 见《古今图书集成》《博物汇编·禽虫典》，第四十五卷《鸬鹚部艺文》引。

畜之，载以小桴至水渟伏鱼所聚处，辄驱之入。鹚见鱼，深没疾捕，小者衔之以出，大者力不胜则碎其翅[①]，呼类共搏，必噎之乃已。而渔人先以小环束其颈间，其大者既不可食得之，皆攫去；小者虽已咽之环束处，鲠不可下，渔人又辄提而捋之，鱼累累自喉间出。至枵极乃稍以一二饲之，而又驱之。如是岁岁，鹚常与鱼为仇，有贪暴名，终不得饱，而渔人坐享其利甚厚……”明万历间李苏作《见物》五卷[②]，于“鹚鹕”条云：“即鸬鹚也，嘴末如钩，俗云水老鸦是也。别有一种白者，（恐为白鸳之误）性甚慈，一木累三四十巢，如慈鸟然，故名，旧说吐雏殊不然，蜀中鸦，以小环铃项令入水衔鱼出，人取之食。又有一种鹕类，于卵飞常衔之，故曰吐雏”。对于鸬鹚之生活已不若唐人之妄为谬说者矣。

中国之人利用鸬鹚捕鱼，其地域之广几遍全国。据陶谷所记，其起源似以安徽一带为最早，然后流传于长江流域之全部。遍及南方各省，而北方则甚不常见。故北方文人所记，多属传闻之语，少纪实之言，而南人则反是。崇祯间安徽桐城人方以智，且提及豢养之法，《物理小识》卷十一云：“鸬鹚六月畏寒，养者以絮裹之。喂以胡椒，秋冬乃放之入水取鱼，其抱子在夏，强者能啄大鱼之睛，随其浮沉，而数鸬鹚制之以上。”可见其地豢鸬之风必甚普遍。

黄本骥之《湖南方物志》（见《小方壶斋舆地丛钞本》第六帙二百四页）载：

湘江捕鱼多用鸬鹚，习是业者多潘姓，明末湘潭刘髦嗣为将兵官，潘姓之祖为麾下弁，犯令当诛，刘惜其才曲宥之，子孙以鱼为业，每年一至刘氏靳江故宅，三日内所得鱼悉分馈诸刘，以报旧恩。乾隆间，刘族益藩，分鱼不均，至并其鸬鹚掠去，宾门太史，始罢其馈，以全祖德。

又骥仲艮蒋维之《湖南方物志》亦谓湘阴澧州各地，渔人多豢鸬鹚，卷七且引《三长斋长说》谓：“南中鸬鹚系渔人豢养，未闻有野生者”则其业之发达，历史之遥久，可知之矣。

西人之记载中国人以鸬鹚捕鱼之事，当首推元泰定间（1324—1328）摄思

---

① 劳氏225页引此文多有误译之处，此处碎其翅，当作拍其翼解，劳氏误以为啄其鱼成碎块解。

② 见《惜阴轩丛书》本。

托里派僧人鄂多力克于其书[①]Odorichus De Rebus Incognitis 所记者为滥觞，次则为 R.Willes 英译本之 Galeotto Perera 之报告书，于万历五年（1577）出版，其原文则为意文本。再次者则为 1585 年 Juan Gonzalez de Mendoza 之中国游记，刊于罗马，其书于 1588 年经英人 R.Parkes 译成英文于 1588 年刊于伦敦，自是之后传述者渐多，如 Jo. Peter Maffci（1589）氏、De Feynes（1630）氏、J. Albert de Menedslo（1645）氏、德人 Johan Nieuhof（1665）氏等，尤以后者，首先画出中国渔人以鸬鹚捕鱼之图，最为生动。其后如荷兰东印度公司之医士 Olfert Dapper 于康熙元年（1662）随使至中国，归国后，于 1670 年发表其游记于 Amsterdam，其中亦附鸬鹚捕鱼之图。1676 年天主教士 Domingo Fernandez Navarette 发表其中国游记于马德里，对于中国渔人利用此鸟捕鱼之事，曾作有趣之叙述，耶稣会士李明（Le Comte）于 1696 年发表《中国现状记》(Nouveaux Mémoires Surl' Etat Present de la Chine）一书于巴黎，其第一卷有述及此事。又会士 Jean Baptiste Du Halde 于 1735 年在巴黎印行其游记曾摹绘 Nieuhof 及 Drapper 之图。英使马戛尼（Lord Mac Cartney）氏于乾隆五十七年至五十九年（1792—1794）奉使至中国。其随员 Aeneas Anderson 及 Sir George L.Staunton 分别发表随使记于 1795 年及 1797 年。其中对于此事均有生动之记述，后者且附新图。清中叶以后西人来华者渐多，如英人 John Barrow（1804）、法人 D.Bazin de Malpiere（1825）、英人卫三畏（S. Wells Williams）(1839)、Thomas Allom 及 G.N.Wright（1843）、马国贤（Father Ripa）(1844)、G. Smith（1845）、Robert Fortune（1847）、米怜（William C.Milne）(1857)、Huc（1859）等所著之书，凡有记述中国之事几无不述及鸬鹚捕鱼者矣[②]。

（原文连载私立福建协和大学编《福建文化》1948 年第三卷，第三、四期）

---

① 初版于 1513 在意大利之 Pesaro 出版，有 1529 之法文本，1583 年 Ramusio 之意文本及 1599 年 Richard Hakluyt 之英文本等为最古。

② 参看 The American Naturalist.Vol.60，No.1，pp.5—41.

陈第小传

陈第字季立，号一斋，生于明嘉靖二十年（1541），卒于万历四十五年（1617），世居连江西郭化龙桥北。他的父亲，名应奎，字元端，号木山，少年时原是一个读书人，因遭时不遇，只在连江当一名文案小吏，这时的明朝国势衰败，南有倭寇接连入侵，沿海诸省民不聊生，北有鞑靼俺答及辽东三卫的入寇，俘掠边民，使人民困苦不堪，陈第就是在这样的时代里诞生的。

陈第的父亲是一位刚直不阿的正派人。当时倭寇经常陷害良民，胁迫着他们随寇俘掠，剪去他们的头鬓装作倭寇模样，逼着他们打头阵，如被官军捕到，则用以冒充倭寇，献俘受赏。木山公多为他们向上级辩白释放，其中有一个漳州人名林可玉的，曾受木山公的再生之恩，到了晚年还感念不忘，以后遇到陈第路过漳州必要款之，这是后话。

童年生活

嘉靖二十六年，陈第七岁，父命跟哥哥在私塾念书。他的父亲在吏事之余必教他读四书五经。他很聪明，过目能诵，但不读传注，问他何故，答曰“儿欲思而得之，不欲以先人之说锢灵府”。

到嘉靖二十九年俺答复寇大同潮河等地，大掠三日，边民苦之，史称“庚戌之变”。木山公读邸报，恨无丈夫予当关，为边民除害，陈第当时只十岁，爱国之情油然而生。后来他写给俞大猷的信中，就有“殆及庚戌之变，则涕泣伤之矣”的话，可见他童年就知道关心国事。

明代嘉靖时期，由于政治腐败，军事不修，除北方俺答犯边以外，南方则有倭寇侵扰沿海，给沿海百姓带来更大的祸害。当时闽浙海防废弛，更兼沿海奸民叛主以勾结倭寇，实行俘掠以获巨利，到处窜扰。其中巨魁尤以汉奸徐海、王直（一作汪直）为甚，昏庸的明廷只相信严嵩死党赵文华的话，把当时此省经略张经斩首示众。从此赵文华、胡宗义总揽大权，恣行无忌。于是各省官兵无人统帅，发生私斗。沿海居民除受倭寇荼毒外，更受官兵的蹂躏，苦不堪言。沿海人民无不痛恨，群起保卫家乡，抗击倭寇。当时爱国将领如俞大猷、戚继光（1528—1588）等在组织乡兵，训练义兵的号召下，奋起抗击倭寇。嘉靖三十七年，倭寇由浙江窜扰福建长乐，城崩二十余丈，赖群众数千人，日夜守防，使倭寇受到严重的打击，方才逃去。于是各地群众如福清、南安、惠安等皆组织乡兵以守备之。嘉庆三十八年时陈第已十九岁。倭寇由浙江窜入福建，四月有新倭三千人，攻福宁州、连江、罗源，流掠各乡。转而进攻福州，蔓延至诏安和霞浦、南靖、长泰各县，而榕、漳、泉无地非倭。

嘉靖三十九年，陈第二十岁。娶同乡林氏女为妻，读书于连江中岩寺。四十一年八月戚继光由浙江逐倭入闽，陈第当时是一个二十二岁的青年，率先仗剑从戎，并上疏倭策，颇受到戚公的器重。

《连江县志》作嘉靖四十一年六月，倭大举犯福建，自浙江温州来，合福宁、连江诸倭攻陷寿宁、政和、宁德各县。自广东南澳来者合福清、长乐诸倭，攻陷元钟所，于是福宁至漳泉，延伸至龙岩、大田、莆田、古田、松溪各县，宁德一县被寇犯多次。那个地方距城十里，有个岛屿名叫横屿。贼结大寨其中，据险以守，官军不敢击，相守逾年。新来的倭寇，扎寨在福清的牛田、兴化，互相声援。戚继光率领义务兵于八月八日下令先击横屿之贼，待潮退，人各持草一束，在泥泞中铺出一条草路，人得以向前冲进。于是大破贼巢，斩首三百四十八级，释放男妇八百余人。又乘胜追击至福清，败牛田倭寇，袭击巢穴。贼败走兴化，戚军追击，在兴化连克六十余营，击破倭寇大本营林敦，斩首千数百级，戚军入城，兴化民始知，犒劳不绝。于是倭寇在福建三大巢穴：横屿、牛田、林敦，全被戚家军荡平，福建的倭寇亦暂告一段落。

从学福州

倭寇平定之后，陈第已二十五岁，乃就学福州，于嘉靖四十四年初随潘碧梧先生读书于如兰精舍。学友中有郭道见、包惟义、赵忠卿、林国器、张崇仁等十余人，均成莫逆。嘉靖四十五年，莆田林兆恩（字懋勋，号龙江，道号子谷子）先生到福州讲学，倡行道儒释三教合一说，人称“三教先生”。陈第常和他在一起，谈论心性之学，无意于仕途。到隆庆三年（1569），陈第二十九岁时，又跟着潘碧梧先生到漳州去讲学，作《尚行训》于诸生，大意是勉励诸生求仁得仁，不要徒博虚名，务求实学，无愧于心。第二年与潘碧梧告别，陈第当时已三十岁了，才回到福州。

隆庆六年（1572）陈第再到福州讲学，当时戚继光已经调到北京蓟镇（今蓟县），在古北口山海关一带练兵，招募南兵，建武学，立军营防俺答。鞑靼此时势盛，使奉表面称臣。同年俞大猷在广东任指挥佥事，巡按李良臣劾其奸会，诏还原籍候调。不久起为南京右府佥事，未任，六月又以都督佥事，起任福建总兵官，奉命策划军务及防守事宜。

不久穆宗晏驾，神宗继位（1573），第时年三十三岁，仍到福州讲学于如兰精舍，常劝勉诸生说：“男子具六尺躯，从无他事业，亦当如班超、傅介子辈立功异域，奈何琐琐遬遬，抱笔砚向里胥口中唱取功名哉。”

是年秋，又有新倭攻澎湖，并由漳泉陷福宁，杀把总。御史论劾，乃罢俞大猷官，家居。陈第就跟他在泉州学兵法，尽得兵略。

万历甲戌（1574），由于俞大猷的介绍得见当时读书家居的巡抚陈道基（我渡），共谈天下大事，推崇俞大猷的功绩，颇得陈道基的赏识。时谭纶任兵部尚书，乃起用俞大猷为后军都督府佥书，领车营训练事宜。陈第乃从之至京师，因得纵观各边形势，后来得到俞公的推荐，得谒戚继光总理于蓟门。戚公平倭寇于连江时，本已见过，陈第今又得谭纶的举荐，乃任陈第为军营教官。

投笔从戎

万历四年陈第当时已三十六岁，军营炼成，协理戎政。尚书刘应节乃推荐陈第为五军四营中军。八月领京营军三千出蓟镇防狄。冬上书谭纶，自请于九边之中。择其地最重，事之最难者，使第居之，假以便宜，宽之文法，自信必固守疆土，调和边塞，其中有“第闻之骐骥之足，必骋于康庄，而后捷可见也；鹏鸟之翼，必翔于寥廓，而后大可知也；使徒置第于闲散无事之地，坐消其奋进有为之心，非所望于恩台者矣”的壮语。

万历五年春，谭纶乃题补陈第为潮河川提调，此为地近古北口的要塞，系蓟门卫要之地。当时明廷积弱之余，将官贪污，提调者志在财贿，以饱私囊，以致士卒服装褴褛，气义不扬。陈第到任之后，钩稽簿书，斗量粮食，贪污者无所攘括，另一面严肃号令以明威，演习火器以示警。或演旌旗千百往来，而驻于墩台，或以骑兵驰骋，循环而饮于河侧，使口外敌人有所畏惧。

豪帅黄台吉妻en只扣关，年例索赏，陈第不知茨瘁，照例安抚，一家方去，一家又来，俱无暇日。正月至四月末犒赏才毕。接着他又巡游关外各边，巡边方毕而抚赏物件，又须区划。他写给俞大猷的报告里说："回思昔时，谈笑从容，昼夜晤语，境界真若隔蓬莱三万里也。坐是生平故人并诸大老书问俱废，实非得已也"之语。又说："昔年徒云抚赏抚赏耳，未尝亲身经历，殆有悲愤不忍言者，通袖金段，布帛什物，堆积如山，牛羊米面，不计其数；即嬖只三百余骑到关，日食四五十金，言语狂妄，无所忌讳，且需索无厌，应赏布者则求金段，应赏金段则求通袖，应草席一百者，则求增二三百，其积习然也。将领骫骳，皆曲意从之，若奉骄子，若养痈疽；痈疽毒必发，骄子孝必衰；无惑乎有雅鹘之变也。闻之宣府弊且百倍于此矣。近读邢御史论俺答黄台吉疏，为之伤心；大抵西之贡市，东之抚赏，皆阴蹈宋人岁币之实，而阳美其名耳。忧国之士，能不荷戈长叹哉。"

陈第还说应言战守，不单言抚市，亦是示之以威，报之以恩。讲究战守之具，以备不虞，"无恃其不来，恃吾有以待之"。他作了一首诗，其中有句云："边境息烽烟，农人安稼穑。控驭获机宜，何必多斩馘。"因他抚边有法，所以曾获总督杨公兆荐语"合文事武备以成能，抱内安外攘之长策；猷同曲逆，事类班生。"

万历六年陈第三十八岁，仍守潮河。时巡抚陈道基来蓟门巡边，陈第条陈巡边四益：（1）察出山川形胜，以为经略战守之宜；（2）检阅将士，阅其形貌，察其心神！试之以言，考之以事，分别圣咨，以资实用；（3）关塞萧条，士卒疲敝，还须资讯风俗，振其士气；（4）边关将领，类习骄奢，侵渔刻剥，必须节约恬淡，扰抚士卒。其所陈皆切时弊，颇为道基所器重。

是年五月典互市，当时有一个汉奸张廷福叛逃，导黄台吉小妻大嬖只辈挟赏数哗，第购诛叛民，阴给诸部腹心，尽得其情，以恩威操纵，竟得宁贴无事。

是时边事稍定，陈第乃自连江迎其父母妻子到任上，他的先生俞大猷到潮河看望他，颇得天伦之乐，不久生次子祖发。

万历七年陈第三十九岁。因为交通不便，陈第乃发起建潮河川石桥，以北方人不知建巨桥之术，特招募闽匠建平桥七孔，长二十八丈，陈第竭力提调，桥成，行旅颇便，得到戚继光的奖励。

是年三月黄台吉妻燮只率众复寇古北口及曹家寨等地，袭击柏岭安边，出插肚岭各隘口，沿边戒严。陈第与诸将率五百骑转击破之，生擒十三人，斩首五级，驮马十八匹，器杖百五十。余众皆藤山却走，陈第率众乘胜追击六十余里，因山林险阻，始罢兵还。巡将陈道基巡按于蓟皆给予嘉奖，荐有差。

是年其师俞大猷卒于闽，未几陈第父亲木山公卒于潮州任上，次年他的兄长陈縠来到蓟门，运木山公灵柩并奉母及妻林孺人与先生子等回到连江故乡归葬。

时戚继光欲荐陈第为燕河路将，但陈第以“燕河夙有料理，百事就绪，军溢于额、马增其膘，盔甲器械，俱已精致，营城设备，俱已整齐，无所用于彼，请以诸将中久任辛勤，历年滋深者处之”，自己则颇愿得烦冲之路，众所不愿往者，就之。俾能竭诚惮力，夙夜经理，无事则有勇知方，有事则谋攻作战，因为他的素志就是避易就难，若往守燕河则过于优游，恐筋力脆缓，不能有所树立；故常自请缨以图报国也。于是戚公始荐之于兵部，以守喜峰口要隘。

是年十二月兵部尚书方公逢时题补先生为蓟镇三屯车兵前营游击将军，以署参将驻汉儿庄，用副总兵体统行事。汉庄在喜峰口，是蓟镇要塞之一，甚为重要。

万历九年正月，陈第莅任汉庄。陈第感其千载一时知遇，所以锐于任事；到任后延访父老疾苦，按诛悍卒，明约束，兴办义学，免费以教军民子弟，亲自讲解。规定凡二十岁以下六岁以上，无论兵民，俱宜就学，使知诗书礼乐。修其孝悌忠信，俾兵民一体，政教相通，以化顽俗为礼让。边民乐业，行旅妇孺拾遗物者，都能到官衙自陈，以待招领。凡有拾遗报告者，陈第都亲自接见，勤勉有加，行之数月，颇收路不拾遗之效。

当时承明朝残敝之际，悍卒很多为盗，纵淫杀民，民不聊生，陈第锐意纠正这些陋俗、弊政，极力使军民相安、文武合作。当时适有上级命令，让单身的兵士，可以回籍携带妻子，以实边境之事。有一个兵士叫梁小儿的，强要民女为妻，昌黎县尹申文报到陈第那里，第乃缚送此不法兵士到昌黎县，尽法究问，以明文武协心、军民一体之意。他作了《禀军门》一文，文中有云：

“卑职闻之军志曰：不和于国，不可以出军；不和于阵，不可以进战。故疆场之间，以和为大。迩来主兵者病民，惟归咎于有司；主民者病兵，惟归咎于将领：皆非先国家之急而后私仇也，如风俗何？卑职受任以来，凡事关于郡邑者，必以礼处之；惟知反己，不敢尤人；梁小儿之事是也。至于近营居民，卑职皆抚之如子，故往日兵民相戕，今则兵民相亲；争斗之风顿绝，和好之气渐臻；务使边境还淳，风俗返正，此卑职日夜惓惓之心也。……”

当时军营有一种陋习，凡无眷属军人，常把娼女冒为军妻，暗存于行伍之中，既不能立其身家，又因而诱惑士卒，使兵气不扬。陈第访得其情，乃导之以礼义，使各部属咸知自爱。并晓谕凡有娼家，篡名军籍者，许其自白，然后由官给照善遣回籍。此举颇得戚继光的赞扬。因为有这些善政，又值营伍破敝之余，陈第乃极力补充其虚额，应募者甚多，有不远百里的人都携妻子前来投靠。至万历九年五月，乃募足三千的兵额。陈第的治兵，崇尚纪律，以严肃为主旨，以义气为依归，多以廪粮尽结壮士，公以忘私，示之以恩；凡兵士有侵民一草一木者，则惩以重法，使恩威并济，实行两月，使之兵民翔安，文武调和，扭转了过去兵民扞格的弊风，而关塞之士农工贾，颇有颂声。

当时口外边民例有“索赏”之举，每年增多，过去因调度失宜，战守无策，常生龃龉，或举众侵边境。陈第示以先声，于是三月二十八日乘其酋长伯彦、王喇、张免等俱在喜峰关口外，乃阳以采木为名，阴寓扬兵之实，率兵千名，为更其衣服，整其器械，分为百队，各手利器，整队出关，旗帜鲜明，队伍严密，凛若赴敌，遂举号笛麾之而南，兵士鱼贯而登南山，复麾之而北，教他们以尾为首，以奇为正之法，明赏罚，示以节制之威；这种演习使驻牧豪帅来观者，无不心折拜服，不敢像过去那样恣肆跳梁了。时年十二月俺答去世，由他的长子黄台吉袭封顺义王，更名乞庆哈。

万历十年陈第守古北口已三年，边境颇安，乃以本营民兵子弟，习见操演习阵之法，兹组织十余岁幼兵四旗共一百六十余人，分为十二队，俨然成营，号令分明，坐止如法。当时适值戚继光在汤泉（在遵化北）会操，陈第亦率此青年军参加会操，凡道路商贾观之，无不称叹，军兵观之亦自叹不如，大大地鼓舞了人心，都相率而大修武事，使十余年之间，边事熙宁，匕鬯不惊，内外安宁者，第之力也。

但是好景不长，张居正死后不久，戚继光于万历十一年冬调往广东。陈第的顶头上司吴兑制军有个表弟名叫周凯，以书及礼帖托陈第，为他配卖青布五千余匹于本营军士，布每匹值银一钱以上，索价二钱，扣月粮为价，陈第如果答应他，则是剥军士以奉权势。陈第因辞其布，而璧其仪，宁可得罪上司，不肯克剥军士。吴制军因此借故劾他，陈第知道事不可为，乃坚决辞去官职不干，他作书信告诉陈我渡巡抚说："盖官职虽去，人品自在……大丈夫要当磊磊落落，遇时则振翮云霄，不遇则曳尾泥涂，随其所居，无不夷坦，安能枉己从人，依权媚势，即封万里侯，佩金印如斗，于心独无愧乎？"

是年冬陈第仍暂留蓟镇，次年春束装南归。万历十一年二月戚继光奉调往广东，都督南粤诸军事。盖自戚公之理蓟事也，于兹十有六年，使渔阳千里尽成金汤，所拔偏裨材官，南北士卒，莫不有勇知方，乐为用命，使商旅日通，市廛日盛，故去之日，阖镇生老，遮道拥泣，攀辕追送者不绝。陈第亦追送至陆河之滨，决绝而别。

万历十一年夏，陈第携妻子离开古北口，南还，临别以所得俸赐，悉以赠宾客，并以戚公所赠马转赠诸同寅，仅留一剑自随。

七月十六日舟次潞河，乃将其历年所作之诗百余首整理成帙，名曰《蓟门塞曲》。秋间归途乘便登泰山观日，并谒曲阜阙里，这是陈第巡游五岳的开端。途经金陵，曾便道游金山、焦山、牛首山、燕子矶、采石矶诸胜。并作诗见志。其中有句云："我本好名山，菱荷返初服。""安得诛茅作隐居，逍遥高卧群麋鹿"之语。

过苏州时，访同学张崇仁（时官刑部），和他一起遍游姑苏诸胜。

万历十二年陈第时年四十四岁，回到连江旧居，筑室于西郊，杜门读书，以吟咏自乐。次年秋戚继光由粤辞官归山东蓬莱，路过时陈第曾往送之，途径江西玉山，并作《奉赠戚都护归田诗》十首赠之，一直送到常山。归途曾顺道到武夷山一游，并遇林龙江先生。次年戚继光卒于山东里第，陈第欲往吊之，行至苏州，以病不果，又归连江，常与吴文华尚书优游，以诗往来唱和。

旅游生活

万历二十五年陈第自蓟门回闽归田，至此时已十有四年，颇思远游名山大川，所以答他的好友林日正书，有云："宇宙之内莫如游乐……今静而思动，居而思行，亦势所必至，况家事已付之豚子，年来又失其伉俪，内顾之念不关，逍遥之趣转笃，故能游也。"是年暮春游漳州冬归福州，游华林西禅诸寺，并借芝山僧房翻阅藏经。时巡抚金学曾闻先生名，欲聘之，问倭事战守之策；辞不就。冬与友林培之同访沈有容将军于铜山（今诏安）、晤屿（今金门）、海坛（今宁德）一带，并泛海观石碑洋。四月林培之来书约游广东罗浮，便道游石竹山、九鲤湖，并谒莆田之林龙江祠。《入粤记》记其取道泉州、漳州，出闽关抵潮州、惠州而登罗浮，居四月乃与林培之同游南海之西樵，居旬日始下山转游端州（今高要县），冬访同学老友邓钟于东安（今云浮县）。万历二十七年二月访沈宏之兄士庄刺史于康州（今广东德庆县）。三月入广西苍梧，乘船至昭州，溯江至桂林，还游阳朔、七星崖、象鼻山、白龙洞诸胜。遂与林培之同游崖山宋故宫处。

是年秋九月其友林培之病卒于东莞家中，陈第往视殓恸哭，复致奠焉。中旬复由东莞西发，至康州仍居沈士庄家。万历二十八年（时年六十）暮春与邓钟同游曲江之曹溪等地，直至秋末，始与东莞诸友别，取道江西虔州（即今之赣州）至次年春。始入闽关，复便道游武夷诸胜后归至连江故里。

万历辛丑（1601）春应沈有容将军之招，至嘉禾屿（今厦门市）寓其家，为其校书，并着手编《毛诗古音考》。四月初一，同游普照寺（即今之南普陀），勒为纪念，题云"万历辛丑四月朔三山陈第、宛陵沈有容同登兹山，骋望极天，徘徊竟日"。今此碑刻尚存厦门南普陀寺内。

初秋约沈有容及泉州人王谔游福州南台，刻石纪念。秋再游泉州之清源山并谒其师俞大猷之墓。冬十月复至厦门，沈有容为其《两粤游草》作序与《蓟门塞曲》合刻成集。

万历壬寅（1602）冬十二月，与沈有容追剿倭寇至东番（今台湾），初八晚，舟过澎湖，适值飓风大作，波荡一日夜，勺水不得入口，舟几危者，以二十一舟出海，只存十四舟，登岸尽逐倭寇，灭其巢穴。于是海上宁息无倭患者十余年。捷闻，文武将吏悉叙功，有容赍白金而已。但歌颂此役者甚多，有容辑《闽海赠言》一书刻之，陈第所撰《东番记》一篇，记台湾高山族之生活习俗亦在其中，可谓是叙述台湾当日之情状的一篇最早的文献。

万历三十二年甲辰（1604）陈第到金陵访焦竑太史并寓在他的家里，将所著的《毛诗古音考》向他请教，颇得到焦竑的教益。夏末陈第又往江西德兴会晤时任德兴训导的哥哥陈穀，兄弟未相见已八年了。八月复别兄东游安徽的齐云山及黟县祁门的黄山寻百岳诸胜。冬返德兴，在他哥哥家中度岁，后复到金陵。不幸他的哥哥于次年五月往饶州（今鄱阳县）公干，卒于旅社，陈第闻讣，奔丧至德兴，以新刻成的《毛诗古音考》焚于其兄的灵前。丧事既毕，他又顺路渡鄱阳湖，到九江游庐山，冬居白鹿洞，遍游庐山诸多名胜古迹。

次年陈第已六十七岁，乃溯长江汉水，往游湖北的武当山，并登均州的太和绝顶，过武昌时登黄鹤楼，作了许多诗，收在《五岳游草》里。随后买舟经汉口荆春回到南京。万历三十七年六十九岁时，陈第决定遍游五岳，他寄信给他的儿子祖发说："古人入山采药，不知所终，岂必尽仙去哉！生既捉杖行走，走即蝼蚁乌鸢耳。"仍于是年春三月又到安徽宣城寓沈士庄家，登九华山。夏入浙江游天台雁岩，复避暑西湖，秋再至宣城，拟游嵩山、华山，以病足未果，仍寓居沈士庄家里，读所未见书，时士纮亦致仕里居，陈第与他唱和为乐，直到是年冬天，才愈。此前陈第曾于春间一度回连江，不久又到金陵。万历三十九年（时年七十一岁）秋陈第由南京乘舟经安徽的宿州入河南，陆行经河南的扶沟、曲梁（在密县）抵登封，而登嵩山。冬初抵嵩山看太室观秦风汉柏，后登天中阁、观星台、天仙祠，赏白松竟日不去。陈第留在嵩山约四旬余，始由原路经安徽宿州，冒雪归金陵。并将其游历所得诸诗刻成《寄心集》一卷。

万历四十年春初，再至浙江谒会稽禹庙，游兰亭，顺途由闽东归连江一次，不久复出，秋由金陵往陕西游西岳华山，其行程大约由淮河坐船至铜山，然后沿今之陇海路，经商丘、开封、中牟、郑州、荥阳、洛阳、朝尹，过新安、渑池、陕西之三门峡，入潼关，遂至华阴登太华。游华山毕复南折而登终南山，观老子石青牛古迹，后记之以诗。

是年冬十一月中旬，自终南返回南京，刻其所著《尚书疏衍》成，焦竑为他作序。

万历四十一年陈第七十三岁，息影西湖未远游，与黄汝亨相友善，互为唱和。秋寓永嘉（今温州）的江心寺读书，并编辑《屈宋古音义》至岁末书成，作了一篇序，与《毛诗古音考》互为印证。

次年五月初三日由金陵出发往游山西之恒山，途间行六十八日，至七月十一始抵北岳，奔走五千余里。以七十四岁之高龄不畏艰险，加上紫荆关外，涉河渡岭，历偏头、雁门、宁武三关，至峄山，以洪水不能登，滞留旅社数日。陈第至此五岳已游其四，决于明年游衡岳，以毕其遍游五岳的愿望。

是年七月十一还抵南京，作《恒山述》一篇以追记其登恒山经过（见《五岳游草》卷五），并实行戒酒，闭门读书者一年。

万历四十三年夏初，决往湖南，游衡山。乃由南京雇舟顺江而上，五月中旬，泊舟城陵矶（在岳阳北），乃浮洞庭，渡汨罗，抵湘阴，长沙观禹碑古迹，复经渌口登衡山，祝融峰顶，坐看日出，作《衡山行》一首（见《五岳游草》卷二）。夏七月始由渌口取道江西萍乡，避暑芦溪，山中病疟，僧徒有请作斋醮，乃遣道人于二十里，沽酒饮之愈。到八月，他才离开芦溪，雇舟下袁水，经宜春、分宜、清江、樟树，折入赣江，过丰城，然后溯汝水，经临川、南城、黎川等，复遵陆渡杉关，经邵武，顺闽江东下，于是年秋九月始归连江故里，旋即卧病经年。于次年三月始愈。夏末家居，曝所藏书，作《世善堂藏书目》，并自序云："吾性无他嗜，唯书是癖，虽幸承世业，颇有遗本，然不足以广吾闻也。自少至老，足迹遍天下，遇书辄买……积三四十余年，遂至万有余卷……今岁闲居西郊，伏去凉出，课儿仆辈晒晾入簏，粗为位置，以类相从，因成目录，得便查检……"云云。是秋九月，刻《五岳游草》成，子祖发替他作了一篇跋，其中有云："……出六年，竟毕五岳而反，次年检刻游草，命共校雠之役，家大人颇好吟诗，兴到辄矢口而咏，伸纸而笔，唯以自适其适，不屑人之工拙赞毁也……"不久，复思入蜀游峨眉诸胜，行次延平，以病不果。

万历四十五年丁巳（1617）陈第七十七岁，正月由南平返至福州，他的儿子把他接回连江，延至三月二十一日逝世，年七十七，葬高岭村，今其墓尚存。

（本文为未刊稿，系编者根据作者手稿整理而成）

（二）回忆录

回忆抗战时期的私立福建协和大学

1937 年 7 月 7 日，日本帝国主义悍然向北平西南的卢沟桥发起突然进攻。八月十三日又在上海发动进攻，内地军民奋起抗击，从此开始了全面的抗日战争。

1937 年 11 月，上海守军在坚持三个月后，退出了上海。十二月南京陷落。由于这时中日战事还在平津及上海一带，协和大学仍在福州照常上课。学生人数未减。

1938 年 1 月，随着抗战形势的发展，为向内地民众宣传抗战的意义，全体学生及大部分教职员，满腔热情深入内地开展抗日救亡的宣传工作。其中用协助社会战时训练、排演爱国戏剧、开办民众夜校、开设妇女班歌咏团等形式，以唤醒同胞，组织及训练民众。当时受直接影响的达八个县，四十万人。

1938 年春，随着中日战事的发展，日机不断来榕轰炸，日舰沿福建各口岸射击并试图登陆。为了避开日寇全面进攻我国的锋芒，协和大学决定内迁武夷山麓的山城邵武。

这次内迁的总领队是林景润校长，总事务长为林玉玑。为了更好地有秩序地完成这次内迁任务，又将师生分为四队：甲队队长为郑作新；乙队队长为林希谦；丙队队长为王调馨，我当时为丙队副队长；丁队队长为陈兴乐。甲乙两队于 5 月 31 日登途，6 月 1 日到南平停留一天，3 日抵达邵武。丙丁两队于 6 月 5 日登程，6 日在南平停留一天，8 日抵达邵武。这次内迁到邵武的有教职员三十七人，学生一百二十四人，其中男生九十五人，女生二十九人。

我启程时只带一个读初一的大儿子章岩，先坐小汽船到南平，好不容易才挤上开往邵武的长途汽车车门的踏脚板，经过两天长途崎岖山路的颠簸跋涉，终于抵达邵武。

协大被安排在当时已经停办的教会汉美中学的校址和乐德中学的旧址内，校内除了一座汉美大楼和一座礼堂之外，还有几座小楼房。汉美大楼上层为男生宿舍，中层为教室、图书馆、医药室及教员休息室，底层为男生的厨房与膳厅。右侧的第二号与三号楼全为男生宿舍，第四号楼为总办公处，内分校长室、秘书处、注册课、事务处、会计处等。

左侧第五号楼房为科学馆，上层为农艺及生物实验室，下层为化学及物理实验室，第六号雨盖操场作为礼堂。

宿舍区内第七号为女生宿舍，第八号为我、王调馨、林一、陈易园等教师宿舍，第九号楼为林校长、郑作新、林希谦、林玉玑等教授的宿舍。

初迁来的图书馆除了带来的几十箱图书外，空无一物。经一周的努力，才添置了桌、椅、书架等器具。装箱运来的书籍也陆续上架。大房间内以书架截为二部分，一为书库兼办公室，采用开架式，学生可自由进内选择图书；一为阅览室，同时可容纳八十人。因交通不便，运输困难，初迁来的书籍还不及原藏书的百分之五。为此又在福州办事处，设专人负责把各种新到的国内外学术杂志，尽快转寄来，并向各书店、出版社订购大批新书杂志，以应师生研究学习的需求。

邵武地处福建内地山区，随着协大的内迁，仍然聚集了一大批国内著名的学者、教师。他们在极其艰难、简陋的条件下，为着中华民族的自强、独立而辛勤培育着优秀的人才，当时在协大先后任课的教授、讲师、助教，文史学系有李兆民、陈易园、林希谦、朱维幹、严叔夏、傅家麟；教育学系有黄玉树、陈锡恩、申鸿荣、陈文渊、檀仁梅；生物学系有郑作新、唐仲璋、林琇英、赵修复、丁汉波，李铭新；数理学系有高稺恩、陈世昌、林玉玑、林辰、林兰英；化学系有王调馨、萨惠隆、林一；农学系有林成耀、黄汉炎，林观得、徐天胎；西文系有陈兴乐、徐光荣等。

刚迁邵武时，学生仅一百多人，到1945年，全校计有学生六百九十三人。

抗战八年，在邵武协大毕业的各系学生，据不完全统计，共有三百七十九名。在这许多毕业生中，如张先正、林辰、曹大为、魏培经、叶明勋、赖祖涵、林兰英、柯在实、俞元桂等，后来都成为学者或名人。

协大的内迁，对于邵武地区的文化发展，自然资源的开发利用，无疑起着十分积极的促进作用。当时的文科师生，以社会为课堂，深入农村山区作了一些实地调查，只是，限于当时的政治状况，无法作根本的现状改革，但毕竟接触了农村，了解了农村。此外一些师生还通过办民校、模范小学、工友夜校来实践普及民众教育的口号。当时创办的有豫章、汉美两民校，在校址附近还接办了协大附属汉美小学、协大附属中学、协大附属高级农业学校以及各种补习学校。在自然学科方面，师生因陋就简或因地制宜地进行了诸如水稻品种、水果栽培、茶叶的制作、茶油的提炼、邵武地区的鸟类、鱼类、作物病虫害、寄生虫病的研究，对于发展山区林业、水力资源也都作了可喜的探索并取得一定的成绩。

抗战期间的学校生活是丰富多彩而富有意义的。人们以顽强的乐观主义精神来征服困难，战胜困难。除了定期举行校运动会，春秋季还常到附近优美的风景区旅行远足。剧团、笔会，各种进步的文化社团活动十分活跃，各种学会、讲演团的活动更是层出不穷。以学生为主体组成的抗战剧团，每月都有新节目。他们点着汽灯，演出了大量宣传抗战的话剧，博得了观众极大的好评。他们曾先后演出了阳翰笙的《前夜》，吴祖光的《凤凰城》，曹禺的《家》《日出》《北京人》和《蜕变》，以及《雾重庆》等名剧。当时，学校的出版物也相当丰富。定期的刊物就有《福建文化》《协大科学年刊》《协大农报》《协大学术》《协大艺文》《协大青年》《协大学生旬刊》《生力旬刊》《数理半季刊》等等。这些杂志在宣传抗日，交流学术思想上都起了一定的作用。

这一段时间里，我译写的学术专题论文有《私立福建协和大学陈氏书库所藏清代禁书述略》《十八世纪以前游闽西人考》《禁烟考》《陈第年谱》《中国对于美洲最初知识考》《中国豢鸬捕鱼起源考》以及《邵武协和大学校地南宋古墓发掘研究报告》。其中《陈第年谱》是部长达八万字的专论，始著于日寇步步进逼华北的 1937 年。文章详细地研究了明代福建著名学者陈第的有关著述，以及他晚年在国内各地旅游，足迹遍三山五岳的事迹，并详细地介绍了他在年轻时曾在连江追随抗倭英雄戚继光的政治军事活动的生平事迹。这部著作直到抗战胜利前夕才得以印刷完成。近年来还选编进台湾编撰发行的《台湾文献丛刊（第三百〇三种）》中。

1939 年，形势进一步紧张，我又回福州迁家眷。把妻子和在福州的四个孩子带到邵武。福州家中只留下一个老母亲看房子。全家开始时租在邵武东门的一家姓姚的师母家里，后又迁到北门前教会医院的房子里，不久又搬到东门桃园里单门独户的一座房子里。这地方周围空地极大，还有一片桃李树，环境极幽静，在这里一家人住到抗战胜利。

1939 年 3 月 22 日，为了适应师生人数日益增长的需求，作好长期在山区办校的打算，终于动工新建图书馆楼。经过四个多月的努力，盖成了一座二层的洋房，为纪念协大第二任校长高智而名曰："高智楼"。楼上为教室，晚间亦辟为女生阅览室。楼下左侧前后间均为藏书库，藏有图书二万余册，再进去一大间为阅览室，可容纳一百八十个座位。这样算初步满足了当时师生的要求。1940 年 11 月学校又建成小发电厂，首先给图书馆送了电，使久在煤油灯、汽灯下阅览读书的人，觉得大放光明，心情顿觉开朗了。

1941 年春，日寇第一次侵入福州，那时日对美尚未宣战，美国人还留在福州校内，学校为防轰炸，屋顶上仍挂着美国国旗。所以，日寇也未进协大。1941 年 11 月日寇偷袭珍珠港，对美宣战，形势顿时紧张起来。当年冬天，我和王调馨教授及一美国人一起又回福州，组织搬迁馆藏所余的全部中文书籍和科学实验仪器，分装成数百箱，在极端困难的条件下，一共雇了二十条木船，历时两个多月，才把它们全部平安运抵邵武。这样在魁岐原址，图书方面只留下了部分外文书籍、全部的报纸以及未装订的期刊杂志。此外还有大量的学校及私人的家具、物品未及搬迁。为此，还留下几个职员工友看守校舍、财物。

抗战期间，邵武的生活是十分艰苦的。1940 年以后物价不断上涨。这里虽是产米区，刚去时一担米不过五块钱，后来上涨到几十块。其他物品上涨得更厉害。我的工资要维持一家十口（母亲、妻子和子女七个）人的生活。刚到邵武时，冬天下雪，孩子们还只穿夹袄，也少有毛衣。为了度过困难，在东门住时，我们利用空地养过羊，养过十几头长毛兔。以后，还带着全家，利用工余时间，甚至月明的晚上，把住房周围的一大片满是碎砖瓦砾的荒地开垦成菜地，种上甘蓝、花菜、南瓜、葫芦瓜等。全家齐心协力，虽历尽艰辛，却也尝到收获的甘美，同时也培养了孩子们勤劳俭朴的作风。

由于山城卫生条件差，抗战时人口又大量增加，当时由浙江一带传来的，由日本细菌战散布的鼠疫死了很多人，我们所住的楼房周围天天都听到哭声，搞得人心惶惶。刚到邵武那年，大儿子章岩就得过恶性疟疾。1942年我的第五个孩子得了肠结核，终于不治病逝。大女儿碧漪，得了盲肠炎，在极端困难的条件下动了手术。我的妻子也得过肋膜炎，在九死一生中度过危险。

日美宣战后，许多美籍教师都回国去了，只好由我担任西文系的翻译课程，每天授课之后，还要为学生批改习作，常常不得不冒着冬日的严寒到馆内办公室改文到深更半夜。一次回家穿过桃园，摸黑走路差一点掉进粪坑，从此，我妻子每晚总在屋里的窗台上，放一盏小灯，以让我辨明方向。

1944年10月，福州再度沦陷，社会秩序大乱。原协和大学校址，魁岐附近村民、地痞见到有机可乘，连夜冲进各座房舍，抢走了当时未能迁搬的所有学校的家具和物品，最后连窗玻璃、窗门框、地板都撬起抢走。见到有利可图，每天都有几百条空船从附近各乡聚到魁岐码头，而后满载扬长归去。由于乡民之间抢夺不均引起冲突，还当场打死了一个人。他们连夜点着火把，搜寻劫掠，终于引起火灾，烧掉了文学院图书馆大楼的屋顶。日军占据后，学校又遭到一次洗劫，并拆毁建筑构筑工事，还把所有的自来水管，全部锯下运回日本，以补偿其侵略战争而大量耗损的钢铁需求。

1945年3月29日，一架盟军轰炸机在轰炸日军占领的台湾后的返途中，由于撑舵发生障碍，被迫降在邵武城郊，上有盟邦的飞行员六名。在滞留邵武期间，他们应邀到协大参观，受到师生的热烈欢迎。迫降的飞机，除由他们自己拆下部分仪表器械外，不久便被当地的百姓拆毁，连机身的铝板都被锯下瓜分殆尽。

1945年8月13日，从收音机中终于传来了日寇无条件投降的消息。当晚全城鞭炮齐鸣，连绵不绝，当时正值暑期，留校师生立即自行组织队伍上街游行，林恩卿先生率队沿途高呼口号。同学连夜拟写庆祝胜利的标语，编辑庆祝胜利的壁报专刊，第二天召开全校师生庆祝大会，中午举行全校学生自治会大会餐，晚上举行火炬游行，并演出了话剧《压迫》。

就在欢庆胜利的喜悦情绪之中，新学期刚开学不久，学校内最大的一座学生宿舍“汉美楼”突然发生火警，火势蔓延特速，致使三楼的学生多数无法取出物品，许多学生是穿着裤衩，赤脚逃出火场的。次日晚上，断垣内仍火光闪闪。学校第三楼教师宿舍，第九楼郑作新教授宿舍也曾分别于 1942 年春及 1943 年春发生过火灾，但都没有这一次损失来得惨重，而且这一次火灾发生的原因始终没能查清。

1945 年为了尽快地迁回福州，学校一方面当即由林景润校长亲回协大原址，组织人力突击修缮房屋，一方面在邵武组织人员物品的搬迁。我让人钉了几百只大木箱，把所有的书籍装进去，学校还拆掉几座简易房舍，钉成木排，以运家具、书架。于当年 11 月迁回福州，同时我全家也雇了一条船搬家。当时邵武到南平的一段水路，暗礁四伏，稍不小心触礁就船毁人亡。途中我就亲眼见过行在前面的一只木船触礁沉没。经过三天提心吊胆的旅程，总算平安到达了故乡，家中老母无恙，房子除了电表和一些杂物被窃以外，也完整无损。这也算是这场空前大劫的不幸中，我个人家庭的万幸吧。除了曹成周家眷乘的木船一只在中途触礁沉没，他的妻子和女儿二人死亡外，全校其余财物人员总算也都平安抵达学校。

1946 年春，校舍初步修缮完毕，这年 5 月 1 日，协大终于回到魁岐原址恢复上课。迁回的图书，开始暂存在理学院，一面重修文学院的屋顶和书库，还订制了百多个新书架。整整经过两年时间的整理，才将全部书籍上架安顿出头绪，算是基本结束了八年的离乱生活。

（原文载于《福建地方志通讯》1987 年第 2 期）

书城六十载忆旧录

我今年八十三岁了，从事图书馆工作也已逾六十年。我在《七十诞辰书感诗》中，曾说自己是“书城半纪愧淹留”，那是实在的话。我一生平平凡凡，在半个多世纪的时间里，天天只知和书打交道，没有做过什么惊天动地的事。图书馆以其所藏的知识资源为社会的物质文明与精神文明服务，为人们的精神与文化的需求服务，简言之，它的工作便是服务。由此看，图书馆工作很有点“为他人作嫁衣裳”的味道。但是，在当今的世界上，凡是图书馆事业落后的国家，它的科学文化水平大抵是不高的。因此，图书馆事业虽默默无闻，但从一定的意义上来说，它却支撑着文化与科学技术的大厦。我想，正是基于这个认识，我才把自己一生所有的精力和时间全部献给了它。

求学时代

我出生于福州仓前山的对湖村。我的先辈是在19世纪末从闽侯新洲乡迁来对湖村的。当时的仓前山还大半是坟地和荒山，他们就在这贫瘠的土地上开垦荒地，靠种菜和种茉莉花维持生活。到了我祖父时，随着居住在这儿的外国人的增多，茉莉花茶出口到欧美各国去的需求也增大了，所以茉莉花收成好时，一年也可卖二三百大洋。但是，茉莉花的价格相差甚远，好时一斤二三元，贱时竟只卖几个铜板，茉莉花农因此生活没有保障。到了我父亲金信贵（字振声）时，仓前山的墓地和菜地已大半被在这里建领事馆和学校的外国人买去了，于是，父亲和四叔合起来，利用一间小店面，一爿开锡箔店，一爿开钱票店。一边是专卖给死人用的“钱”，一边是通兑通用的钱币，旧时的银元要换成“台伏”票、铜钱才便于流通，他还兼做一些木材及农产品出口去香港的生意。在我出世后不久，父亲由于无法偿还债务，终被告入狱，几个月后虽获保出狱，却因此染上不治之症，不久便去世了，死时才二十七岁，而我当时才三岁。

我母亲李闺官（又名李五姐）是仓山施埔乡人，十八岁嫁给我父亲。父亲的死给他留下我的姐姐、我和不满周岁的弟弟。一个缠足的小脚妇人，只能靠着祖父和没有分家的叔叔们的微薄的经济支持，十分艰难地把我们抚养成人。

生活的贫穷和困苦，也养成我自幼勤俭朴素的习惯。记得小时候，早菜常是一块香干（豆腐干）切成如黄豆大小的一盘，大人每次还只限我们夹一粒下饭。内衣内裤都是补了又补的旧衣服，直到结婚后，才由我的妻子替我添作了新的内衣内裤，以及上面遮光的长衫长袍。

在半殖民地半封建社会的中国农村里，到处是愚昧、迷信和落后。对湖附近几个村子，少有一个读书人家，也没有一所像样的小学校。我的祖父靠小时候读过三四年私塾，自己会看评话本，喜欢看《水浒》和《三国演义》，小时候他还常带我去寺庙里听评话，也算是培养了我读书识字的兴趣。我母亲也爱看评话本和言情小说，如《西厢记》《西游记》《聊斋志异》之类。她从自身半文盲的痛苦中，懂得了读书的重要，所以在我五六岁时，她就亲自教我认字，手把手地教我写毛笔字，七岁时又把我送到邻近的岭后村的一个由破庙改成的私塾里念书。

这个私塾老师，除了收几个学生外，还替人看风水，也给人看病，开普通的中药。他教书，只教初识一些字，读一读课文罢了，并不做详细的解释，刚入学时读的是《三字经》《千字文》《千家诗》《唐诗三百首》之类，后来又学《大学》《中庸》等四书五经。

我小时候记性就很好，背书是很快的，同学们都很佩服。一次一位老师的朋友拿了一首诗当场考我，让我读三遍然后背出来，应允奖我一只玻璃杯，我很认真地读了三遍，果然流利地背了出来，于是这在当时还十分稀罕的玻璃杯就赢了回来，我母亲见了也很高兴，直到晚年她还用来喝酒。

我十四岁那年，祖父终因常年的劳累，得了哮喘病去世，终年六十六岁。

为了能读中学，我又经人介绍到一个老师那里补习了一年功课，他教我学会了加减乘除的基本运算和英文字母的读音。

一年之后，我终于考进了当时著名的教会学校——鹤龄英华书院，因为这个学校离家很近，往来便捷的缘故，我便成了走读生。

鹤龄英华书院是一所教会办的普通中学，它创办于公元1881年，1927年改名为鹤龄英华中学，迄今已有一百多年的历史。当时校长高智博士是美国人，他的妻子也在学校里教英文。

我十四岁入中学，初入中学一切都很新鲜，也很不习惯，听铃声上下课，也是第一次。开始时连教室在哪一间都认不清。到了第二三年才逐渐习惯了。20年代的中学水平自然与现在的不能相比，再加上很多人是从私塾学校考进来的，根本没学过算术、史地和英文。为了给学生补课，初中一二年的水平只相当于现在的高小水平。但英语的水平则比较高，教师多半是外国人，发音要求很严格。

当时的监学姓刘，名星轩，是古田人。入学前我的舅舅是他的朋友，曾带我去找他查询入学事项，听说他平时脾气暴躁，爱骂学生，但这次倒很和气，要我大胆去投考，只考一科作文，也只须能写二三百字即可，考后，我果然被录取了。

六年寒窗苦读，我的学习成绩是优秀的，始终保持班级的第一二名。当时全班学生有一百多个，到高中毕业时仅余三十多人了，大部分人不是因贫困辍学，就是学习跟不上留级或停学了，当然也有另谋高就转学与出国的。

高一时，我的母亲执意要我结婚。女家和我们几乎是门对门的近邻。据说是我岳父看上我的，因为每天我上学都要经过他的门首，而两个妻舅又都是在英华中学，也是我的高年级同学。他们曾暗地里去查过我读书的成绩，条件满意之后，才托媒人来和我母亲商量的。从家庭经济状况来看，岳父当时在怡和洋行里办事，有固定的收入，平时还兼卖些西药，家庭比我们富裕得多，若不是他们主动来提亲，我母亲是万不敢高攀这门亲事的。现在既然女家先开口，我母亲自然是应允的。

妻子陈畹华，比我大半岁。在结婚之前，我们虽是近邻，但旧时代的闺女是不能抛头露面外出的，所以少有见面，更不用说是谈过话了。她曾在当时教会办的毓英女子学校就读，以后又转到离家较近的寻珍女子学校念书，终因身体不好，只念到小学四年级就辍学了。她家里只有长兄二人，她是唯一的女孩，又是家里年龄最小的一个，所以，父母很宠爱她，也许是因为不希望她远嫁，而相中了我这个家近在咫尺的穷学生的吧！

我们结婚完全行的是旧式的礼。因为离家太近了，花轿是故意绕村外抬一圈，然后是拜天地，拜祖先牌，次日请“回门”，到岳家见岳父母。接着就又继续上我的学，我当时是二十岁的一个翩翩青年，结婚后一切如故，只是生活上多了一个贴心人。从此我们感情如胶似漆，互敬互爱，一辈子我们没有红过一次脸，吵过一次架，几十年来亏她无微不至地照顾我的生活，从衣服的换洗、添置到饭菜的采买、烧煮，全都不需要我操心。娘家宽裕的经济，又为我读书做事带来可靠的保障。

中学毕业后，我母亲想让我去找个职业，赚钱持家。对一个从年轻起就守寡的母亲来说，希望儿子早些能赚钱，摆脱经济依附别人的困境，是可以理解的。但我妻子坚决不同意，她说服了岳父岳母，让他们答应供我上大学到毕业。

于是我终于跨进了福建协和大学的门槛。

私立福建协和大学创办于 1916 年，是英美两国教会根据三个公会的协议办起来的。初办时设在福州仓山观音井大街，只有几十个学生，后来才成立文学院和理学院，并迁到鼓山边的魁岐。为了正式向政府注册，就又办了个农学院（当时的教育部规定，设有三个学院的大学才能注册）。协和大学采用美国的学分制，规定四年学满一百三十六个学分，考试成绩及格，给予文学士或理学士学位。至于课程，除必修的之外，由学生自己选择。我选学的是社会科学专业，主要的课程有中国通史、外国通史、中外地理、心理学、教育学等等。

入学不久，我就被学校的图书馆吸引住了。当学校贴出布告，要招收部分工读学生到图书馆帮助工作时，我第一个报了名。开始时，自然还是为了经济上有个额外收入。

当时的图书馆是由一个从澳洲来的英国人马陈夫人（R.Martin）管理的。全馆总共才有几千册的图书，而且大部分是以西文印刷的宗教方面的书籍，中文古籍中像样的只是一部《二十四史》、一部《四部丛刊初编》和《十三经注疏》之类。管理制度也不完善，借书和还书都是登记在簿子上。到图书馆帮助工作，主要是负责抄写图书登记卡片和在阅览室值班，由录用的学生排表轮流。当时规定每小时的工钱是二角大洋（后增至二角五分），但同时规定每人在一周里协助工作的时间不能超过十小时。即使这样，我一个月也能挣上十多个大洋，不仅足够伙食费和零用钱的开销，甚至还稍有剩余来添置一些衣服。

我一直坚持工作到毕业，对图书管理的各项工作已有了一定的了解。由于平时埋头苦干，认真负责，甚至不计报酬，学校和马陈夫人对我都很满意。1928 年我大学毕业，马上被学校正式聘为图书馆工作人员。

马陈夫人的丈夫马陈先生（Mr.Martin）在协大教物理，据说他上课时常信口开河。教室楼在魁岐山上，下临闽江，马陈先生见到江里轮船开来就讲轮船，见到马路上有汽车就讲汽车，学生很不满意。所以在我毕业后不久，他们夫妇就退职回国去了。于是，我被校长林景润正式聘为协大图书馆的管理员，馆里的助手也由一二人增加到十多人。

苦心经营的十年

我是协大图书馆第一个中国籍的正式馆员。

当时的图书馆书籍少，规模小，管理混乱，特别是分类上无统一的分类法可循。新书和外文书采用美国杜威（M.Dewey）的十进分类法，而古籍只分成经、史、子、集四大部分。为了应图书馆长远的发展需要，还在 1924 年当工读生的时候，就着手编写一部有关图书分类法的书。我参考杜威的十进分类法，结合我国四库法和历代图书简单分类法，积四年多的辛劳编写出《中国图书分类法》一书，于 1928 年 6 月油印第一版。该书将古今中外各种书籍的种类概括为五千多个类目，既有很广泛的适应性，又便于随时扩充条目，适应长远的发展要求。这本图书分类法在协大图书馆沿用了半个世纪，并逐年加以扩充修改，类目增至一万五千多条，至今福建师大的古籍分类依然沿用它。

1932 年，我得知闽侯世代书香门第陈宝琛家有将家藏图书出让的意图，就多方奔走，并动员校长亲自前往审视。陈宝琛曾经做过溥仪的老师，由此得到不少珍本。陈家出让的这批图书有二万五千八百余册，计八万多卷。我费尽口舌，讨价还价，最后约定以六千银元买下三万册图书。到点书装箱时，发现一些珍本被人先期取走了。从陈家家人处得知，其主人曾连夜取走一批书。我们当时拿出合同与陈家再三交涉，终只肯以一些古书店买来的常见图书充作抵偿，凑成三万册。根据合同约定，这批图书以“陈氏书库”名义独立藏入馆内，由陈宝琛题一块上书“追踪柳库”四字的横匾挂在馆内，还做一篇《协和大学书库记》刻在石上，准备建立新馆时镶在墙上（抗日战争时这块石牌被毁）。至此，协大图书馆已初具规模，藏有中外图书十多万册。

1934年，我在协大图书馆工作满了五年，校方为了鼓励我进一步学习图书管理业务，拨了五百大洋的旅费，让我出省考察外省的大学图书馆和专业图书馆。我在那年春天北上，遍访了京、津、苏、鲁、豫等九省市的各名牌大学的图书馆六十多所。在上海，参观了圣约翰大学、复旦大学及市内各大图书馆；在苏州，访问了东吴大学图书馆和江苏省立图书馆；在济南，参观了市的各大图书馆；在天津，参观了南开大学，还在该校看到了福州学者陈梦雷所编的《古今图书集成》的原稿（后来毁于日机的轰炸）；在北京，寓燕京大学招待所一个月，参观了各大学的及公立的图书馆，着重考察了燕京大学图书馆的管理。是年六月，我取道郑州南回，回来后还写了篇考察记登在校刊上。

这次历时五个多月的参观考察，大大开阔了我的眼界，坚定了我从事图书馆事业的信心和决心。在考察参观途中得到过不少协大校友的帮助支持，他们真挚的情谊至今还深深地印在我的心中。

就在这一年，我被正式任命为协大图书馆主任。

毕业后到抗战前这段时间，也是我学术著作丰收的时期，共写了十几篇考古论文和目录学方面的著作。其中比较重要的有：《郑和七次下西洋年月考证》。这篇论文推翻了当时颇有权威的法国学者伯希和（P.Pelliot）及日本学者山本氏的考证，纠正了《明史》中关于此事的许多时间上的错误，获得了史学界的好评。荷兰莱登汉学院的教授兑温达氏（Duvendak）曾将这篇论文译成英文，转载在向全世界发行的《通报》上。

《陈第年谱》这部长达八万字的专论，始著于日寇步步进逼华北的1937年，详细地研究了明代福建著名学者陈第关于古音韵学的论述，特别提及他年轻时在连江跟随抗倭名将戚继光从事政治与军事活动的动人事迹。这部著作直到抗战胜利后才得印刷发行，近年来还被选进台湾编撰的《台湾文献丛刊（第三百〇三种）》和其它书中。

同期，我还主持了协和大学的校友会和福建文化研究会，出版了三十多期《福建文化》和五种《福建文化丛刊》单行本，参加并主持了协大的文化学术团体“明志学社”的活动。

也就在那个时期，我和母亲经过几年的酝酿、筹划，将几小块祖遗园地卖给人家盖房子，换得一笔款子，把祖辈遗下的破旧低矮的房屋拆掉，自己绘图设计，盖起一座二层小洋房，并把它命名为“宁庐”——希望从此能在时代的凄风苦雨中，在这自造的“小巢”里求得安宁。公余之暇，我在那的小空地上种上四时花卉，以此美化环境。然而，还不到三年时间，日本帝国主义大举入侵的隆隆炮声已震撼了中华大地，侵略者的飞机肆无忌惮地呼啸着掠过福州城的上空，我终于再也不能在这“小巢”中过上一天的“安宁”日子了。时势的日益危急，把我卷入了迁校和搬书的繁忙之中。

战火中的搬迁

1938 年春，协和大学决定内迁武夷山麓的山城邵武。这年五月，我带着当时读初一的大儿子章岩坐着小汽船先到南平，然后挤在长途汽车车门的踏脚板上，经过二天崎岖山路的颠簸之苦，总算到达了邵武。

协大迁在当时已停办的汉美中学（教会办的学校）内。校内除了一座名叫“汉美”的大楼和一座礼堂之外，只有三座小楼房。随迁的一百多个学生住进了汉美大楼，图书馆也设在楼中的一间教室内，放上第一次带来的十几箱图书，供师生借阅。后来又陆续根据需要托运来一批批图书，二年后才盖了一座两层专用的图书馆楼。

1939 年，形势进一步紧张，我回了一趟福州，把妻子和四个孩子带到邵武，福州家中只留下一个老母亲看房子。开始时全家租住在邵武东门的一家姓姚的师母家里，后又迁到北门前教会医院的房子里。不料这房子臭虫非常之多，夜晚刚一躺下，背就痒得可怕。点起油灯，掀开席子一看，铺板上臭虫密集，黑压压的一片，用手一压，竟可压死几十只。连续压了几个晚上，才算安静了一些。不久，为了离校近一些，又搬到东门桃园里单门独户的一座房子里。这地方周围空地很大，还有一片桃李树，环境幽静，我一家就在这里一直住到抗战胜利。那时，我在协大除担任图书馆主任外，还兼任外语系的翻译课程。每晚我都到图书馆办公室批阅学生的作业，到深夜十一二点才回家。有一次回家，穿过黑黝黝的桃园时，差点掉进了粪坑，此后，妻子总是在窗台上放一盏油灯，让我认明方向。

1941 年福州第一次沦陷时，由于日本尚未对美国宣战，美国人还留在福州校内，日军也未进入协大。这年 12 月日本偷袭珍珠港，形势顿时紧张起来。我和一个美国人回到福州，组织搬迁馆藏所余的全部中文书籍。在极端困难的条件下，雇了二十条木船，把它们安全运抵邵武。外文书籍和全部的报纸，未装订的期刊未及搬走，只得留在魁岐。当时在协大校内还有大量家具和其他物品未运走，所以还留下几个职员看守校舍。1944 年福州第二次沦陷期间，学校附近的一些人见到有机可乘，连续几夜冲进各座房舍，抢走了当时未能迁搬的所有家具和其他物品，最后连窗玻璃、窗门框、地板都撬起抢光。每天都有许多空船从附近各乡聚到魁岐码头，而后满载扬长而去。由于抢夺不均引起冲突，还打死了一个人。这些人在夜里点着火把，搜寻拆搬，终于不慎引起火灾，烧掉了文学院图书馆大楼的屋顶。到了日军得知消息赶来，学校已被抢掠一空。日军驻进后，又把所有自来水管拆下运回本土，以补充其在侵略战争中大量钢铁的耗损。

抗战期间，邵武的生活十分艰苦。这里虽是产米区，刚去时一担米不过五元钱，但从 1940 年以后，随着物价的不断上涨，一担米竟卖到几十元，其它物品上涨得更厉害。我的工资要维持一家十口（母亲，妻子和七个子女）的生活。刚去时，冬天下雪，孩子们还只能穿夹袄，也少有羊毛衣。为了度过困难，在东门住时，我们利用空地养过十几只兔子，也养过羊。以后，我还带着全家，利用工余时间，甚至在月明的晚上，把住房周围的一大片荒地开垦起来，种上甘蓝菜、花菜、南瓜等。全家人齐心协力，虽历尽艰辛，却也尝到收获的甘美，同时也培养了孩子们勤劳俭朴的习惯。小城的卫生条件本来就差，由于迁来了大量人口，环境就更为恶劣了，偏又从浙江一带传来鼠疫，搞得小城里人心惶惶。到邵武那年，大儿子章岩就得了恶性疟疾。1942 年，第五个孩子得了肠炎，终于不治而死。大女儿碧漪得了阑尾炎，在极端困难的条件下动了手术。我的妻子也得了肋膜炎，在九死一生中度过危险。

抗战期间物质生活虽艰苦，但学校的文化生活还是丰富而有意义的。剧团、笔会等各种进步的文化社团活动十分活跃。学生话剧团点着汽灯演出了曹禺的《家》《原野》等话剧。《福建文化》也出版不断。三十五周年校庆时，还举行了十分隆重的庆祝纪念活动，当时的省主席陈仪也应邀前来参加。

1945 年 8 月 15 日，从收音机里传来日本无条件投降的消息。当晚全城鞭炮齐鸣，彻夜不停，市民倾城出动庆祝胜利，次日又狂欢了一整天。迁居山城七年来，日日夜夜盼望着胜利返回故里，这一天终于来到了！

为了尽快地迁回福州，林景润校长亲回协大原址，组织人力修缮房屋。师生员工也组织起来，积极准备搬迁物品。我让人钉了几百只大木箱，把所有的图书装了进去。学校还拆掉几座简易房舍，钉成木排，以运家具和书架。1945 年 11 月协大迁回福州。我也雇了一条船搬家。当时到南平的一段水路，暗礁四伏，万一触礁，就要船毁人亡。途中我就亲眼看见驶在前面的一只木船触礁沉没。经过三天提心吊胆的旅程，总算平安到达。家中老母无恙，房子除了电表和一些杂物被窃以外，也完整无损。除曹成周家眷乘坐的一只木船在途中触礁沉没，曹的妻子和二个女儿死亡外，学校的人员、财物都平安抵达福州校址。

迁回的图书都暂时寄存在理学院，一面重修文学院的屋顶和书库，订制了百多个新书架。经过整整两年时间的整理，才将全部书籍上了架。

赴美留学

1948 年，美国哈佛大学燕京学社派人来华考选推荐，我得到赴美留学的机会。同年五月在上海办理了出国护照手续，即乘由运兵船改装的"戈登将军号"客货轮离华赴美。同船的有协大的林恩卿（后取得教育学博士学位，现在福建师大教育研究所），赵修复（昆虫学博士，在福建农学院，现已去世），林玉玑（硕士，原福建师大物理系系主任），林兰英（博士，现中国科学院半导体研究所副所长），杨文音和李国元（杨、李两位都是我的学生，现在美国）。"戈登将军号"轮船从上海经香港，穿过菲律宾群岛，到当时由美军代管的马尼拉港装货。此时，第二次世界大战虽已结束两年了，但战争给人民带来的巨大苦难和贫困的痕迹，还处处可以看到。当地的居民一见大轮船进港，就纷纷划着小船围来，乞讨船上吃剩的残羹冷菜。由于日美海军曾在这里激战，所以四处可以望见被击沉的日本军舰露出的桅杆。

出菲律宾后又航经伊罗岛、中途岛和檀香山等地。我由于消化不良，得了阑尾炎，在船上动了手术。船抵旧金山后，由于病未痊愈，我住进了当地的华侨医院。给我治病的医生是广东人，见我是刚从国内来的留学生，就不收我的医疗费，只收了一些住院费。

在旧金山住了几天，校友和乡亲得知消息都纷纷来探望和慰问。痊愈出院后，教会办事处为我买了赴纽约的火车票，还给了一些零用钱，让我乘上横越美洲大陆的火车到纽约去。到纽约时是清晨，当年在协大当教师的申鸿荣（E.M.Stowe）先生开车到车站，把我接到他家里去。在申先生家用了早餐，他又开车送我到附近的哥伦比亚大学去。

学校已为我安排了住处，是一座三十多层楼房第四层的一个房间，每月房租三十美元。美国的大学很少收本国的寄宿生，他们只能在学校附近向居民租套房做宿舍。这些房主盖的房子专为学生服务，也给代办伙食，但远不如在校内来得方便。

到校的第一天就进行英语口试，通过了才获准注册。第二天正式上课。我在哥伦比亚大学图书馆学院攻读图书馆硕士学位研究生，一年十八学分，分三学期读完（在美国连暑期也算一期）。同班的中国留学生读图书馆学的有东吴大学的喻友信和江陵大学的胡绍新，其余是修读历史和哲学的。

这里授课的方式是真正的“启发式”。老师一般讲得不多，只是提一些在实际工作中将会遇到的问题，由学生自己设计解决的途径和办法，还要求在练习中把解决问题的步骤一一写出，作业不准抄袭。有时教师还指定研究生当众做有关课目的讲演，我曾两次被请上讲台讲“关于中文图书的编目方法和分类”，获得了热烈的掌声。

每天上课的时间不多，一天仅一节课，至多两节，但十分强调自学，强调掌握工具书的使用，指定参考的文献资料极多，以培养学生独立分析问题和解决问题的能力。记得老师曾布置过一个作业，要学生调查了解纽约的一个大学图书馆，在完成作业的过程中，我还结识了纽约城大学图书馆的一位管理员。

每逢周末，我们几个留学生就一起到附近的城市或风景区旅游，观赏异国的风光。在波士顿，我们以肃穆的心情参观了美国独立战争的古战场。还参观了著名的哈佛大学博物馆和美术馆，看到了许多流入异域的我国稀世的古物和珍本，感到无比的惋惜！我们曾到成功湖联合国办事处（那时在纽约的大厦才开工）去参观年会，坐在旁听席上领略了一回当代表的滋味。回国那年还顺路到电影城洛杉矶去，受到当年同班的协大同学陈则湍的热情接待。他亲自开着新买的小轿车载着我们逛遍了全城名胜。我们曾观赏过德国海譬伯马戏团和纽约某著名芭蕾舞剧团的演出，一张门票就要五美元，还是坐在五层楼的位子上用望远镜看的。

当时美国处在战后的经济恢复时期，物价相对稳定，东西也便宜，一天的伙食费约只需一元美金。如果在自己宿舍里吃，只要买上一磅面包（二十一片），加上果酱和香肠，早餐和中餐就解决了。这样，便可以做上整个白天的功课。既节约了时间，又节约了一半的钱。晚上则常到附近的广东人开的饭店吃上一餐中国饭菜，只要花上七角到一元五角钱。

经过一年多的刻苦学习，我完成了题为《纽约城大学图书馆报告》的硕士研究生论文。这论文对该校图书馆的制度和管理特点进行了详尽深入的阐述和研究。经过答辩，我获得了硕士学位。

1949 年 9 月，从广播中得知福州已经解放，协大也来信催我回国，并说已聘我为副教授。我决定马上动身回国。哥伦比亚大学中文系主任富路泽教授（Prof.Goodrich）再三挽留，要我在中文部图书馆兼职，并继续攻读博士研究生。但我考虑到这样做就会使当时在系里兼职的徐家壁教授被解聘，我何忍去夺别人的饭碗。决心已定，我便动身回国了。

船未到香港，台湾当局已宣布全面封锁台湾海峡。由于水陆两路都被阻断，无奈窘居香港达二个半月之久。我和林玉玑、王调馨两先生在六国饭店底层租了一间房，靠着每天三美元的接济款过日子。我们天天注意通航的消息，终于得知有一艘英国货船将从香港到厦门去装货，便连忙去活动，弄到三张船票，终于离开了香港。货船驶过金门附近海面时，金门驻军竟出动飞机凌空扫射，子弹打在船栏杆上，吓得大家全躲进船舱，幸好没有伤人。船靠泊厦门码头时，迎接我们的是解放军官兵，大家怀着喜悦的心情，被解放军用大车接往旅社，经过检查后，即被允各自返乡。我先到当时在厦门海关工作的妻舅陈承亢处住了一天，然后搭上一辆由厦门开往福州的货车。为了避开空袭，货车一路昼息夜行，整整开了三天才回到福州。这时已是 1949 年 12 月 5 日，不觉离家近两年了。

图书馆事业的黄金时代

1950 年初，我全家迁往校中。这时人民政府还未接收协大。学校暂时由校务委员会集体领导，其主要成员有严叔夏、王调馨等。1951 年初，在校工作的美国人离校回国，出于多年在一起工作的情谊，我们曾彼此宴请话别。

1951 年 4 月，人民政府正式接管协和大学，并决定把它和华南女子文理学院、福建师范专科学校、福建省研究院（由化工研究所、动植物研究所、社会科学研究所等组成）合并成福州大学。1952 年，协大由闽江下游的魁岐迁到市区的仓前山，以华南女子文理学院的旧址为中心，向长安山等处发展。魁岐的原校舍留给由协大农学院为基础建立起来的福建农学院使用。

在这过渡阶段，我曾单身住在集体宿舍里一段时间，家眷则回住福州市区家中。

图书馆迁回福州后，先以原华南女子文理学院的图书馆为总馆。原该院院长王世静任馆长，我担任采编科科长，以后提为副馆长，馆务大多由我主持。在此期间，我还主持每周半天的业务学习，由我讲授图书馆业务。几年来虽时断时续，但也系统地讲了《图书馆图书组织》《图书馆检字法》《图书目录学》和《版本学》等专业知识，提高了管理人员的业务水平。

学校迁回福州后不久即更名为“福建师范学院”，并购买施埔大片的土地，开始大规模地建筑新校舍。后来，长安山地区迁进了体育、外语、中文、地理和数学等系，形成了新的中心。为了适应教学和科研的需要，图书馆总馆便迁到新建成的外语系教学楼的楼上。1956 年学校开始筹建图书馆大楼，由我亲自设计草图。我把它设计成包括主楼和书库两部分的“工字型”的结构，建筑投资达二十四万元，成为当时全院最大型的一座建筑。新馆于 1958 年 9 月交付使用。

解放后，党和政府十分重视图书馆事业。曾鸣、张立等校领导对图书馆十分关心，在人员的配备和经费的使用上总是给予大力的支持。所以，在不很长的时间里，图书馆得到了迅速的发展。1952 年并校时，四个院校的图书总共只有三十多万册，管理人员不过二十余人。现在图书馆已拥有一个总馆，六个分馆和十二个资料室，藏书总数达一百五十多万册，管理人员达一百多人。

由于经费比较充足，解放以来，我们得以注重提高藏书的质量，历年来所收集的线装古本就有二十多万册，其中不少是宋、元、明的善本以及罕见的抄本和稿本，如宋祝穆编的《方舆胜览》是南宋刊的麻沙本，宋王绂编的《宣和博古图录》是元至大年间的刻印本。此外，如元福建麻沙刊本《韩昌黎集》四十卷、明何乔远的《名山藏》一百〇九卷等数百部明刻本都是难得的珍本。

提起《宣和博古图录》，还有一段趣事。清人李作梅任过南昌知府，藏书甚丰，其后人以家境窘困，决定将福州家中的藏书出卖，其中以明版本为多，有永乐刊的《历代名臣奏议》《闽书》（不全，买来后抄补齐全）等。我在翻检古书时顺口对主人说，清亦政堂的《宣和博古图录》刻本是不全的，不料李家主人闻言便指着地板上一堆破旧的书说："把这一部拿去补凑吧！"这堆书被虫蛀得厉害，揭不开书页，连有多少卷也不知道；我让人拿回去后，请人把它逐页用水化开，重新裱好，竟是全国十分罕见的元至大年间刻版的《宣和博古图录》，真是"踏破铁鞋无觅处，得来全不费工夫"。

1956 年起，我还多次亲赴北京、上海、苏州的古旧书店选购古籍，同时有计划地从全国各大图书馆翻拍、抄录，复制了各种珍贵的地方资料及丛书。几十年来，我始终注意让我们的图书馆具有福建的特点，把收集资料的重点放在福建史料和丛书上。我们不但收集、校对了各种版本的福建省、府、州、县、镇等方志和专志三百多部，成为全国图书馆中收集福建地方志最多的一个馆，还十分注意收集家谱、族谱、日记、稿本、诗文集等闽人著作，现约计藏有一千二百多部稀见的图书。

从 1957 年起，为了配合艺术系师生教学的需要，我们又开始收集、购买古今名人字画和金石拓片。其中有明末清初人用唐寅之名仿画的《清明上河图》，用唐周昉之名仿画的《六十仕女图》，这两幅都是长卷，前者人物多达三百多人，充分反映了宋时市井的风俗，画工极细，虽是仿画，亦属清初难得之珍品。此外，还有元管道升的《织锦回文图》，扬州八怪黄慎、郑板桥，近人齐白石、徐悲鸿、关山月、吴作人等人的作品五百多幅。1962 年，我们组织了一次大型的馆藏书画展览，影响很大。

为科学研究提供资料是图书馆工作的一项重要内容。我曾为中国科学院动物学家陈祯提供有关金鱼等动物变异的详细资料，为中国科学院动物研究所鸟类学家考据过我国多种家禽饲养的史料，为美国学者考证了闽籍两个状元的历史，为史学界提供了郑成功收复台湾的详尽史料。我们还以自己的工作，直接服务于外事斗争的需要。在我国与日本在钓鱼岛主权问题上发生争端时，及时编辑了《钓鱼岛资料汇编》，确认我国对该岛的主权。在前几年越南企图侵占我西沙群岛领土时，我们还连夜突击，连春节也不休息，赶编了《南海诸岛资料联合目录》，以历史、地理、统计、辞书、年鉴、中外地图、越南文献和西方文字资料等几百件资料的记载，及时有力地说明西沙，南沙等南海诸岛自古以来就是我国的领土，从而戳穿了越南的欺世谎言，为捍卫我国领土主权出力，受到了上级有关部门的表扬。

1962 年秋，中国科学院院长郭沫若同志来闽收集创作历史剧的资料时，曾到我校图书馆参观，与我进行了亲切的交谈，并为我校图书馆题写了一首祝贺击落美蒋 U2 型飞机的诗歌。离馆时，得知消息的师生，自动夹道热烈欢送。教育部副部长叶圣陶，北京图书馆善本部主任赵万里、艺术家路工等，也曾来馆参观。“文化大革命”后，随着我国与外国的文化交往日益密切，有许多外国学者来馆访问过。

珍惜残年献余力

解放以来的历次运动多少对我有所冲击，就像有一根无形的绳索束缚住我的手脚。但我自认在党的教育事业上，为了人民图书馆事业的发展，我是没有私心杂念的。我总是希望我们国家的图书馆事业能赶上并超过发达的资本主义国家的水平，在祖国的社会主义建设事业中发挥出更大的作用。

1966 年，“文化大革命”一开始，我就被打成“反动学术权威”，被勒令靠边站。从那时起到七十年代初，不是挨批斗便是写那永远也写不完的检讨。后来，尽管我已七十高龄，而且身体衰弱，还是被下放到建瓯小桥，同分发来的几个老年教师一起上山砍柴、种菜、烧汤水……

1969 年，在“四人帮”的愚民政策下，原福建师范学院宣布解散。一个偌大的高等学府就这样毁于一旦，各系的任何财物，乃至标本、仪器，只要哪个单位愿意要，尽可以随意搬去。学校成为军营，图书馆大楼的前部也被改成军医院，阅览大厅竟改成了厕所。在这毁灭文化的空前浩劫中，所庆幸的是，我苦心经营了几十年的图书馆的书库却奇迹般地被保存下来。当时实际上也是要把图书馆解散的，但一百几十万册的书谁能“吃”得下，下拨给厦大，厦大要不了。最后是拨给省图书馆，但据说也无处安置那么多图书，只好改成省图书馆的一个分馆，原地“暂时封存，待候处理”。在封馆期间，我们组织了部分留校的老教师对存书进行了一次全面的清点。当时正是文化饥荒的年代，发生了好几起越窗偷书的事，好在都是小偷，偷的也不外是被“四人帮”封禁的一些小说之类的书籍，并未造成大的损失。

“四人帮”被押上历史审判台后不久，加在我身上的一切不实之词，终于被全部推翻了，春风驱散了十年动乱投在我心中的乌云暗影，我又能投身于自己钟爱的图书馆事业了。然而，宝贵的年华已在动乱中悄然逝去，已逝的不可追，但未来的仍可争。于是，在惋惜之余，我决定不变初衷，珍惜残年，将微薄的余力全部奉献给图书馆事业。但严重的冠心病和关节炎常使我感到腰腿无力，每天在寓所和长安山顶之间走上一个来回，对我已是力不从心的事了。我常常行至半途，突然觉得头晕目眩，天旋地转，连忙在台阶或石条上坐下，有时连忙抱住树干或电灯柱，稍事休息后再往前走，有时需几经休息才能从家里走到学校。1981 年学校历史系正式开设图书馆专业课，并聘请我讲授《图书分类法》，我准备了整整一个暑假，编写出新的讲义，终于走上了讲台。我努力把《图书分类法》这门课讲成一部中国的文化史，不但向学生传授专业知识，而且借此宣传祖国民族文化的传统，以培养学生的爱国主义思想。

1982 年春节前夕，我相敬如宾半个世纪的老伴不幸病逝，这给了我很大的精神刺激。我的身体更虚弱了，走路时步履艰难，就是走平路也时常摔倒，只好尽量少参加社会活动。我的大女儿为照顾我，退休不再上班。我的孙子还为我装配了一架黑白电视机让我消遣解闷，努力使我不感到孤独。但我失去了直接在图书馆工作的能力，不能经常地抚摸那熟悉的一本本图书，不能多看看那年轻一代坐在阅览室里追求知识的动人情景，我就像失去了生命一样。所以 1983 年馆里提出让我讲授绘画史和古书画鉴别时，我又欣然同意，花了几个月时间备课，在一个暑气逼人的房间里为馆内的八九个工作人员讲了课。现在还准备为学图书馆专业的学生录制一个《中国图书馆史》的专题讲座。

唯一生从不冀求得到什么荣誉地位，但党和人民没有忘记我。近几年来，我除了仍然担任校图书馆馆长、历史系教授之外，还被聘担任福建省历史学会副会长、福州市分会会长、全国图书馆学会理事、省图书馆学会会长、省科学情报学会委员、福州市集邮协会顾问和中国语文学会特邀代表，还是历届省政协委员。但遗憾的是，限于身体条件，我不能多参加会议，只能呆在家里读一些书报文件，辜负了大家对我的希望。

赠言年轻的图书馆工作者

首先，图书馆工作是为读者大众服务的，所以，从事这个工作的人必须树立起全心全意为人民服务的思想，不求名，不求利，甘以一生为人作嫁衣。对读者提出的任何问题，都要热情、耐心地给予回答。回答前一定要用心听明问题，弄清读者的所求。不要敷衍应付，不要使读者失望。如果读者所提的问题比较复杂，一时难以回答，就应该翻检有关的各种工具书、各种目录和其他有关资料，千方百计地从中寻出线索，为读者指出解决问题的途径，务使读者满意而去。读者是抱着求知的热情而来的，明白了这一点，就应该把读者的问题看作是自己的问题，问题不获解决，就食不甘味、寝不安席，绝不要因为怕麻烦而对读者冷面相待，把问题一推了之。在我的一生中，读者提出的问题足有成千上万，简单的，可以三言两语解决；复杂的，就要花上几天的工夫来为读者寻求答案，或是通过用心的翻检，把有关的资料提供给读者利用。当然，图书馆员并不是万能的，但只要你对读者有热情能帮助他们解决问题，或是将一些有知者介绍给他们，久而久之，读者必会信任你，并乐于向你求教，那你的事业就会得到成功。因为，为读者释疑解难的过程，也就是自我学习、自我提高的过程。日积月累，就会广拓视野，丰富知识，获得许多学问，“做别人事情，学自己的功夫”，这句俗话说的就是这个道理。

其次，要做一个称职的图书馆员就必须勤字当头，勤于学习，博闻强记，这是做好工作的基础。每见到一本书都必须先翻翻它的目录，看看它的内容提要（当然不需要精读）。这样，对这本书有了一些印象后，遇到读者发问，回答时就较有把握。当然，这首先必须记住所在图书馆使用的图书分类法系统，记住了它，只要看到同类书籍中的任意一本，就可以很快地找到所需要的那一本，从而大大提高工作效率。所以平常要勤于翻检，时时留心，处处留意，“开卷有益”，要牢牢记住这一点。当然，要做到熟悉每一本书或每一类书的内容、性质、范围和装潢，远不是可以一蹴而就的事，只有在一生中勤奋努力才能做到。“业精于勤”，只要孜孜不倦，就能探出书籍海洋的奥秘，就能获得事业上的成功。对一个图书馆员来说，最快乐的事莫过于能在最短的时间内，为读者找到他所需要的书，为读者提供方便；最坏的事就是浪费别人的时间。因为，节省了他人的时间，就等于延长了他人的生命；使他人得到方便，就是使馆藏的知识资料更多地，更快地服务于社会。

再次，就是不论在什么情况下，都要有良好的服务态度。读者是图书馆的“顾客”，对“顾客”就是热情诚恳，要以礼相待，要与之很好地合作；任何时候都不能有丝毫的急躁，急躁就会拒人于千里之外。当然，不必像日本商店的职工那样，早上排队立正向顾客鞠躬致敬，但也须敬谨从事，提供良好的服务。要帮助读者掌握使用卡片目录和各种工具书的方法，尤其要对读者讲明工具书的检字方法。中国文字构造复杂，单单检字法就有四五百种之多。图书馆员只有具备了熟练使用检字法和各种索引的能力，才能向读者提供有效的帮助。如果对外文能有所知，那就能服务得更好些。当然，这就需要在实践中不断地学习，不断地提高。

当今世界，科学正以飞快的速度发展着，图书馆事业必须迈出大步紧紧跟上。因此，年轻一代的图书馆工作者要敢于探索创新，广辟途径，努力提高工作效率，更好地为祖国的四化建设服务。

书籍是宝贵的知识资源，是人类进步的阶梯，作为管书的人，可以不去留心它们，不去熟悉它们的面貌吗？要爱书，要熟悉书，要让书为人类文明的进步服务，这就是我六十余载书城生涯的最深切的体会，愿与年轻的同志们共勉之。

（据《寸草报春晖：纪念福建省留学生同学会成立十五周年文集》中该文及作者初稿整理）

（三）译作

禁烟考

L Carrington Goodrich 博士著

是篇为美国哥伦比亚大学中国文史系主任富（L.C.Goodrich）教授所著。原题系 Early Prohibitions of Tobacco in China and Manchuria，登美国东方学社社刊第五十八卷第四号，648 至 657 页。富氏为研究东方学之权威，译著甚多，对于中西文物沟通史迹，尤多阐明；如落花生、金鸡纳、菠萝蜜、淡巴菰、番薯等多有专论考订，证明此种外洋植物大部皆由福建海口传入，然后布之国内，是福建在中西文化交流史上实居其重要地位。乃迻译之，以实《福建文化》。

译者附识，二十八年十一月三十日

约当哥伦布发现美洲后七十五年，淡巴菰始见于东亚：见于菲律宾群岛者约在 1575 年前，日本约在 1590 年，澳门 1600 年，爪哇 1601 年，印度约 1605 年，锡兰 1601 年，高丽约 1616 年。至于淡巴菰传入中国及满洲最初时日（除葡属澳门外）已无可考。但此物确于 17 世纪之初年传入中国之东南部，而不久之后满洲大约亦由高丽传入。

1600 年（万历二十八年）以前之文献均无淡巴菰之记载[①]。已故之劳佛

---

① 爱德华滋 E.D.Edwards 女士著《义山杂记》译第九世纪李商隐作品中句“对大僚食咽”作“to eat or smoke in the presence of superiors”。盖尔斯博士更正作“食咽系吸烟”。其实盖氏应云“咽”为“吞下”非食烟也。爱女士未加思考，遂采盖氏之说以入《中国唐代散文》，136 页，1937 年伦敦版。

（Berthold Laufer）博士在其所作《淡巴菰及其在亚洲之使用》一文（见《飞尔德自然历史博物院小册》第十八号，57至95页，1924年芝加哥出版）曾引浙江山阴[①]医士张介宾（字景岳，1563—1640）所记，实为中国言淡巴菰之第一人[②]。同时有万历（1573—1620）时代诗文家，福建莆田人姚旅[③]曾证实张氏之说。其言云："吕宋国出一草曰淡巴菰，一名曰醺。以火烧一头，以一头向口，烟气从管中入喉。能令人醉，且可辟瘴气。有人携漳州种之，今反多于吕宋，载入其国售之。淡巴菰今莆中亦有之。俗曰金丝醺。叶如荔枝，捣汁可毒头虱，叶作醺"。[④]

后之言此者大抵无甚出入。方以智（1640年进士，卒于1667年，胡适博士称之为中国语音学家第一人）于1644年（康熙三年）所著之《物理小识》第九卷二十八页[⑤]记载淡把姑烟草系于万历末年传入福建之漳泉。其言云："马氏造之名淡肉果渐传至九边，皆衔长管而火点吞吐之。有醉仆者。"孔德氏（1665—1728）于1687年至华，不久即写信至巴黎云，淡巴菰实于十六世纪末叶或十七世纪初年由福建海口所传入[⑥]。

不久之后即悬为厉禁。最初禁谕系在1637年[⑦]。不幸此种禁谕未获流传[⑧]；

---

① 劳佛氏作山西有误。

② 见《景岳全书》卷四十八，24至25页，崔钟秀君曾作《张介宾传》将在《清代名人大辞典》出版。

③ 姚旅生卒及《露书》出版年月无可考。恒慕义博士告余1869年之《福建通志》（卷二百一十三，30页）作万历时代。《露书》，《四库全书总目》存其目（卷一百二十八，七页），但此书似已无存。

④ 见《金丝录》，书序于1737年。汪师翰（1707年生，1733年进士）之《丛睦汪氏丛书》曾收之。"译者按《金丝录》原文为'根作醺'，似有误刊，富氏译文作'叶作醺'"。

⑤ 此页数系指国立北平图书馆所存《四库全书》本。参看迈尔氏（W.F.Mayers）《杂录》（Notes and Queries）第一卷，5、61页（1867年5月31日出版）。

⑥ 见《新录》（Nouveatx Memoires）卷一《与孔德书》，1696年巴黎版。参看《入华耶稣会士列传》卷一，422页。

⑦ 见但希尔（Dunhill）著《烟管录》（The Pipe Book），105页曾引1612年禁谕，但余未能检得该上谕。见但希尔（Dunhill）著《烟管录》（The Pipe Book），105页曾引1612年禁谕，但余未能检得该上谕。

⑧ 崇祯（1628—1644）《实录》或有此种禁谕，惜未获流传。明代档案库中亦未存之，盖非毁于1644年京师陷贼时，即满人入关后故毁之。

故吾人只能根据当时之报告耳。直隶永年人申涵光（1619—1677）曾记云："予丁丑（1637）在郡，见奉旨禁烟，不知烟为何物。戊寅（1638）守城后①，予郡渐有用者，然不过隶役下流及兵卒耳。已而士人多有用之者。近闻闺阁中，亦有之，可怪也。烟种类不一。建烟满烟尤贵。予郡种之亦生。叶类芭蕉而小。止留六七叶，乾而剉之，饮之朦然，甚者至于昏仆。此物不见于载籍，不知起于何时，大约三十年以前未之有也。"②

《和汉三才图会》③卷九十九，二十一页上，载有1638年第二种告示，其词云："凡私有兜售淡婆姑，及售与外人者，不论多寡，均斩首示众。"第三种告示为迈尔（Mayers）（见同书）氏所言者，其时期为1640年④后此三年，浙江携李人王逋又提一种，其言云："烟叶出自闽中。边上人寒疾，非此不治。关外人至以匹马，易烟一斤。崇祯癸未（1643）下禁烟之令：'民间私种者问徙。'法轻利重，民不奉诏。寻令犯者斩。然不久，因边军病寒，遂停是禁。予儿时，尚不识烟为何物。崇祯末，我地偏处栽种。虽三尺童子莫不食烟；风俗顿改。"⑤

故时人方以智（见前）亦云："崇祯时严禁之，不止。"⑥盖其时正当1640年入都会试及在官翰林时所目击者也。

同时此种禁令亦行至满人所辖之沈阳一带，其中一种幸得保存其原面目至

① 盖指1638年时满人掠直隶、山东二省由通州至济南也。参看帕刻（E.H.Parker）著《满人入关考》，见《中国评论》（The China Review）第十五卷五期，264页。

② 录自《迟山堂凫史》，见《金丝录》三页上。

③ 该书为长岐医士寺岛良安著，序于1713年。盖系据《本草洞诠》（沈穆，1644—1662，著）《蓬溪类记》及《漳州府志》诸书所作。后者大约系指1628年刊本，余未能获得该书，按希勒格（Gustave Schlegel）氏曾译此文，见《杂录》卷一，七、九十三页（1867年7月31日版）。

④ 迈尔氏作崇正（即崇祯）十三年（1641）有误。

⑤ 见《蚓庵琐语》三至四页，吴震方（1679年进士）之《说铃》第十册增收之。（译者按：富氏误印作"说钤"，又原文作"三尺童子"，富氏误译作"二尺"。）

⑥ 见《物理小识》卷九，二十八页下。按此事黎士宏（亦作仕弘）（1618—1697）亦曾言之，参看郭伯苍《闽产录异》卷一，二十四页，1886年版。（按斯营古Swingle氏有此译本，见《美国国会图书馆1932—1933报告书》12至13页。

今，一系满文，一系汉文。[①] 末书年月则为崇德四年六月二十六日（即 1639 年 7 月 26 日）原文如下：

户部示谕官民人等知悉照得丹白桂一事不许栽种不许吃卖本部禁革不啻再三近日王府贝勒贝子等俱已禁止间有梗法愚民竟不遵守仍旧栽种吃卖岂不想从前无丹白桂时亦何损于人自今以后务要尽革若复抗违被人捉获定以贼盗论枷号捌游示捌门除鞭挞穿耳外仍罚银玖两赏给捉获之人倘有先见者徇情不捉被后人捉获定将先见者并犯者一例问罪若有栽种丹白桂该管牛禄章京及封得拨什库纵不知情亦必问以应得之罪其在屯拨什库打五十鞭有奴仆出首主人果系情真者断出仰各固山每牛禄照此誊写行该属地方务使通知特示。[②]

崇德皇帝尚有一种告示系公布于 1641 年；A.F. 氏所著杂录（Notes and Queries）第七卷（1867 年 7 月 31 版）93 页曾记云："帝完全禁吸淡巴菰，并宣言吃烟之罪较之好战之满人不知骑射之罪尤为重大。"

当时有识之士对此新植物颇多误解。医者张介宾曾有以下有趣之观察，其言云："征滇之役，师旅深入瘴地，无不染病，独一营安然无恙。问其故，则众皆服烟"。[③] 劳佛氏云，故该医曾极力介绍此物"善逐一切阴邪寒毒，山岚瘴气，祛阴浊寒滞，消膨胀宿食。"时人则多作游移不定之辞。徐石麒（1578—1646）于 1642 年末为刑部尚书，曾言——按其言或因在官立场而发——古之妖在酒，今之祸在烟。[④] 方以智云：此物"可以祛湿发散，然久服则肺焦，诸药多不效。其症忽吐黄水而死。"[⑤]

凡此皆初识淡巴菰者对此物作可怕之论调也。迨一二十年后，渐有对此草发生好感者。学者施闰章（1618—1683）记云："山阴张荀仲淑自言犯血下，禁烟而止，后偶犯则血剧。南乡孟氏家蓄蜜，旁有种烟草者，蜂采其花皆立死，

---

① 满文存北平内阁大库，中文者为罗振玉存本。《文献丛编》卷十二及富克斯（Water Fuchs）著《满洲文献补编》（东京 1936 年版）均曾影印中文本。

② 此告示中淡巴菰均作丹白桂。耶鲁大学肯尼迪（George A.Kennedy）博士曾助余译此满汉对照文告，据云满汉文字并不一致。

③ 参看劳佛氏（见前）59 页。

④ 顾炎武《日知录》曾引之。（见《金丝录》二页下至三页上。）

⑤ 见《金丝录》。

蜜为之坏，以是知烟之为毒，不可向迩。养生家谓：咽津得长生；故‘活’字从‘千、口、水’，今灼喉熏肺以毒火为活计可乎？一友酷嗜烟，日凡百余吸，已得奇疾，头大如斗，牙龈溃脓升许，秽闻列屋，死而复苏。按烟始来自异域，今所在成熟为土产，其毒似亦全减。”[①]

时人王士祯（1634—1711）曾于《分甘余话》[②]记云：“韩慕庐宗伯菼（1637—1704）嗜烟草及酒。康熙戊午（1678）与余同典顺天武闱，酒杯烟筒不离于手。余戏问曰：‘二者乃公熊鱼之嗜[③]。则知之矣。必不得已而去，二者何先？’慕庐俯首思之良久，答曰：‘去酒。’众为一笑。后余考姚旅《露书》‘烟草产吕宋，本名淡巴菰’，以告慕庐。慕庐时掌翰林院事[④]教习庶吉士。乃命其门人赋《淡巴菰歌》。”

可见清初数十年间并无吸烟之禁。但圣祖（康熙 1662—1722）曾训其子云：“如朕为人上者，欲法令之行，惟身先之，而人自从。即如吸烟一节，虽不甚关系，然火烛之起多由于此，故朕时时禁止。然朕非不会吸烟，幼在养母家，颇善于吃烟。今禁人而己用之，将何以服人？因而永不用也。”[⑤]

著者从康熙十五年（1676）《大清律例》中[⑥]只能检出一种禁谕。其中有云：“凡紫禁城内及凡仓库坛庙等处文武官员吃烟者革职，旗下人枷号两个月鞭一百；民人责四十板流三千里。”但此种具文禁谕明被忽视，因后此之律例中并未反复申言。故圣祖崩后不久，厉鹗（1692—1753）曾在其《天香词》中作词并序云：“食之之法细切如缕，灼以管而吸之，令人如醉，祛寒破寂，风味在麴生之外。今日伟男髫女，无人不嗜，而余好之尤至。恨题咏者少，令异卉之湮

---

① 见《矩斋杂记》。蔡家琬（1785—1852，安徽合肥人）《烟谱》曾收之。（译者系据《昭代丛书》本）

② 见姚莹（1785—1852）《识小录》卷五，二十八页。

③ 孟子云：“鱼我所欲也，熊掌亦我所欲也，二者不可得兼，舍鱼而取熊掌。”英译文见勒格（Legge）氏译《中国经书》卷二，四十二页。

④ 韩菼于 1695 年掌翰林。

⑤ 此系皇四子引世宗宪皇帝御纂《庭训格言》。见《丛睦汪氏丛书》本《金丝录》九至十页。

⑥ 见《图书集成》第三十一编卷五十七，二十页下。

郁也。暇日斐然，命笔传诸好事。”[①] 于是淡巴菰遂得在中国立足，人之所嗜有置皇旨于不顾者。

唯一之禁示尚得生效而执行之者，厥为一藏书楼中之禁止吸烟规条。盖即当时帝国中最大之私家藏书楼宁波天一阁而已。此种禁例始于何时，颇难言之。吴翌凤（1742—1816）之《东斋脞语》首载其例[②]。阮文达于1808年所著之《天一阁见存书目》第一页下亦有序之。

中国人及日本人之屈服于淡巴菰者约与西方人同时。欧亚两洲相继作禁烟之举约当如下：英国詹姆士一世，1404年；日本德川幕府，1607年及1616年；土耳其苏丹阿默德一世，约1611年；波斯沙阿拔斯，约当1587—1629年；印度雅罕机耳1617年；丹麦基利斯当四世，1632年；瑞典考斯道夫二世，约与同年；斐得洛维喜（Czar Mikhail Federoritch），1634年；西西里总督，1640年；教皇乌尔班七世，1642年；科伦王，1649年；符腾堡王，1651年；瑞士市议会，1653年以后；奥、匈、法国某部，及不丹均在1650年以后。[③] 此种禁令约均颁于詹姆士王《驳论》（Counter-blaste）后半世纪间。悬禁之原因不一，而犯罪之罚亦有轻重，但其结果则到处皆然。1637年后，汉人满人之禁令盖与世界各国统治阶级之意向暗合，而数十年后皆自弛之矣。四海之内皆兄弟其言诚不无诬也。

附 录

烟草在东亚（菲律宾除外）颇多异名，大要皆欧语Tobacco之对音，兹录之如下：

中文：

---

① 见《樊榭山房集》。姚莹《识小录》卷五，二十九页上，曾收之。齐藤（Satow）氏曾译此词，载在《淡巴菰传入日本考》一文，见Tr.As.Soc.of Japan六卷一期，73页，（1878年版）。

② 见《昭代丛书》卷八十一。

③ 见布鲁克斯（Brooks Jerome E.）著，《亚伦特斯图书馆所存淡巴菰史料》，1937年纽约出版，关于日本禁烟事，参看平出、藤冈两氏著《日本风俗史》，卷三，一百五十四页，及东京帝大史地研究所编《读史备要》364页（1933年东京版）。不丹禁烟见柏尔（Bell, Sir Charles）著《西藏民族》卷一，242至243页，1928年牛津版。

来源	名称	对音
姚旅（万历朝）	淡巴菰	tan pa ku
满洲告示，1639 年	丹白桂	tan po kuei
方以智（卒于 1667 年）	淡肉果	tan jo kuo
同上	淡把姑	tan pa ku
同上	担不归	tan pu kuei
王士祯（1634—1711）	澹巴菰	tan(t‘an) pa ku
和汉三才图会（引十七世纪中国文献）	淡婆姑 淡巴菰	tan p‘o ku tan pa ku

译者按:《金丝录》编者钱塘上湖居士（即汪师韩）所作《金丝录序》（乾隆二年序）尚有译作打姆巴古、淡巴姑、大孖古等，富氏皆漏列，当补入。

满文:

来源	名称	对音
1639 年谕告	[illegible]	dambagu

高丽文:

李翼（1629 年生）[①]		tam bak ko
同		tam pai
赵克善（1598—1658）		tam bak kwai

日文:

古事类苑（1902 年东京版）[②]	痰发粉	tan ba ko
同上	打破魂	da ba kon
同上	太婆古	ta ba ko
同上	太羽古	ta ba ko

① 见盖耳（Gale）著《高丽民族史》257 页；又《高丽淡巴菰考》一文，见《高丽杂志》第一卷，248 至 254 页，1917 年版。该书“淡巴菰”只有译音，惜未载原文。

② 《古事类苑》为细川润次郎等编。参看卷十二，542 至 543 页。

续 表

同上	多波古	ta ba ko
同上	多叶粉	ta ba ko
同上	丹波粉	ta ba ko
同上	答跋菰	ta ba ko
林罗山（1583—1657）[①]	佗波古	ta ba ko

（原载私立福建协和大学编《福建文化》1939年第五卷，总第二十七期）

① 见《罗山文集》。有1661年其第三子春斋（1618—1680）序。《和汉三才图会》卷九九，二十页曾引之。

十八世纪以前游闽西人考

麦克福博士原著
金云铭译注增补

是篇原名“*Travellers and Explorers in Fukien Before* 1700”，为前协和大学及岭南大学植物学教授 Franklin P.Metcalf 原著，揭载于《香港自然界》（Hong Kong Naturalist）第五卷第四期。1934 年 12 月出版。余爱其题，因为之译出，但麦氏为一植物学家，（现任职于美国安诺德植物标本所 Arnold Arboretum）非一汉学家，故文中多注重植物采集之记载，尤多离题之言（盖是篇原系演讲辞）。对于 1700 年以前游闽西人之事迹，反多所忽略，而入闽之教士如十世纪之哲拉德、裴莱格林、安德鲁、佛罗伦斯人雅各、教皇专使马黎诺里，以及十六世纪至十七世纪间之耶稣会士艾儒略等，可考者十余人，均行遗漏。乃略为之考订注释（散见于文中之注 A 至注 Z 皆译者所增补），阙者补之，略者详之，草成斯篇，以应本刊编者之征，聊以塞责云耳。

三十三年四月三十日译者注

余于十二年前，1923 年，始识福建。其时余之主要兴趣限于近代植物采集家及探险家，但于五年在闽之时间，余皆在私立福建协和大学任教植物学，颇感缺乏书籍足以审定当地植物之名称，校地之内，虽至常见之植物，亦无法定其名称。

文献不足研究当地之植物，尤其对于植物分类方面，常引起余之注意，因此种文献之急切需要刊行，余乃决以全部之精力从事于此种著述，以备要需，而此种事功渐亦成为余终生之事业，遂占去余十年间之全部余暇矣。

此文之作，系余所著《福建植物志》之副产物，盖该志余希望能于本夏刊行也。在进行此种工作时，余乃发现虽于三百年之前，亦有许多植物采集家及探险家常至福建，且实地采集许多最常见之中国植物，带归本国。余因欲编一完备之植物志，故常欲一见此种植物，而主要之问题则在于探明此种植物之产地，而此种问题至足引人入胜，乃亦鼓起余向华南及福建各地采访之兴趣，结果遂有斯篇之作。

余尚有一种嗜好，即好收集古书之关于中国东南之记载者，作余私人之存书。在过去十年中除极其贵重者，非个人能力所能罗致外，余幸收得颇多。其中余所不能购得之最早著作，余均于欧美各国之图书馆，如英国博物院、伦敦乔氏博物馆（Kew Herbarium）、魏丁而（Widener）图书馆、哈佛大学及国会图书馆中见之。

此处余特对于下列各机关，如私立福建协和大学（特别在余例假之年）、洛克靡尔基金会（1928 至 1929 年曾得其研究奖助金）、岭南大学等表示谢意。他如《岭南科学》杂志社霍夫曼教授（Hoffmann）及纳尔逊女士等对于写作此文之持议，亦表谢忱。

地理之因素

在叙述入闽之古代游历家之前，最好对于本省之地理先做一鸟瞰，然后始足明了探险之路线。福建为东部之一省，位于广东之北，浙江之南，西接江西全省，阔约二百英里，长约三百五十英里，在植物志上本省不如中国他省之盛名，以外商及教士之早至其地言之，此实为可异之事也。

一检福建之地图，即可看出本省并非天然上整块之地域，因本省有许多高山使地势隔成数段。本省有二大河流，使灌溉区域区分为二，一为闽江，有三支流汇于延平附近，其间有无数支流灌溉全省三分之二之地域。其二则为厦门附近之九龙江，灌溉全省二分之一之地域，其他则有三都澳、兴化、泉州各地之小河流。（按麦氏原文附有福建地图一幅，兹从略）。

除漳州、厦门、泉州、兴化、福州、三都澳各临海城镇外，重要县城尚有延平（离福州一百二十英里），为三溪汇合处，建宁在东溪，而邵武则居其西溪。汀州、龙岩、永春等县则均属内地城邑。

1270 年以前之旅行家

欧人何时始至中国之东南郡，尤以福建而言，是诚一大疑问。近经研究之后，皆以为在西纪 835 至 950 年（唐太和九年至后汉乾祐三年）之间，中国人对于西方各国已有许多之认识，可知前此必有许多西方之旅行家及商人常至其地。

此时期即为唐代，盖其时中国对于西人颇开方便之门，而宋元亦如之，此后在明之上半期（1368—1516），则采取显著之闭关政策，于是国际之交通遂中绝。

近代之研究，证明上古时期已有国际交通，例如中国最古式之灯皆与希腊罗马者同其式样，陕西西安所发现之景教碑，刻有十字架及其冗长之碑文，足可证明基督教早于西纪 638 年（唐贞观十二年）之前，即已传入中国各地。公元 1100 年之前，中国瓷器即已闻名于埃及，此余不过于多数事实中聊举数事，以证古代中国与外国已有海上及陆上之交通。

余所能检出近东最早之旅行家，曾至中国南部者，为回教徒二人，一名苏烈曼（Sulayman），一名依宾瓦哈伯（Eben Wahab），前者于 833 年（唐太和七年）初至中国，后者则于 849 年（唐大中三年）到达。彼等之经历可于两种亚拉伯文字中见之，一种系写于 851 年（唐宣宗大中五年），其他则成于 915 年（梁贞明元年），此两种文字已于 1718 年（康熙五十七年）由法人雷脑多德（Abbe Eusebius Renaudot）译出，1845 年由莱诺德（Joseph Reinaud）重译成书，书中之阿布赛德（Abu-Zaid）[①] 虽未曾自至中国，但彼有人给与报告关于苏烈曼（Sulayman）东游以后，中国内部之变迁状况。彼亦述及广府（即广州）于 877 至 878 年之被围及陷落事，因其时适有黄巢之乱，无数之中国人、回教徒、犹太人、基督教徒及波斯教徒均遭屠杀之事。

伊宾瓦哈伯（Eben Wahab）者，曾至广府（广州），后抵京师觐见皇帝于朝，而当时之皇帝对于回教、犹太教及基督教已有相当之认识。瓦哈伯所经之旅程，现虽未能确知，但有一极有趣之事实于此，即商人苏烈曼为入华外国人中曾首

---

① 应作 Abu Zaid Harsan，盖莱诺德书分二部，前部即《苏烈曼游记》，后部即阿布赛得哈散所述者也，参阅 Reinuad; Relations des Voyages 巴黎 1845 年版，一册，64 页。

先提及中国饮茶之风俗，盖后此数百年之马哥波罗犹不能言之也。

此后似无其他之旅行家至中国，至少彼等并未留有任何记载，直至土代拉城（在西班牙）人便雅敏拉比（Rabbi Benjamin of Tudela），高僧约翰·白安克派尼（John of Pian de Carpini）及庐白鲁克（Wiliam of Rubruck）等方有记载可寻，但便雅敏大约未抵中国边境，彼盖于1160年由西班牙之沙拉哥沙（Saragossa）向东进发，经埃及、波斯、印度、锡兰等地历十三年之久，于1173年始归，其纪行书中最饶趣味者，厥为船破时之如何得救方法之记载，最为耐人寻味。其言曰:（见原书311页）。

"由此（指锡兰）至中国计程须四十日……有时海浪翻天，舟师竟不能驭其船，因此船破者甚多。但行旅多能谋其自救之术，盖彼等均携有牛皮，当风浪起时，彼等自缝其身于牛皮之内，投之于匿克法之海（Sea of Nikpha），而随身必带一刀以与海浪对抗，随波流入大洋。不久，有大隼名格利宾（Griffin）者窥见，以为牛也，乃疾飞而下，攫之爪中，飞至陆地，卸其重负于小阜或山谷之中，以食其捕获物。其时人则利用其力，格杀大鸟，而由其牛皮中爬出，然后寻路以达于人烟之地，多人皆藉此法获救"。

但圣方济各会之高僧约翰·白安克劈尼（Friar John of Pian de Carpini）及法兰西之小级僧人会高僧庐白鲁克等则确有达到蒙古之王廷，但彼等未至中国南部，故余只稍为提及以明原委。高僧约翰之奉使蒙古也，系于1245年（即宋理宗淳祐五年，蒙古六皇后摄政第五年）—1247年，曾觐见贵由大汉（Kuyuk Khan）[①]于鞑靼王廷。

高僧庐白鲁克[②]之奉使也，系由1253年至1255年（元宪宗三年至五年），彼曾觐见蒙古草原之统治者蒙哥大汗（Mangu Khan），此两人之纪行叙述，皆极饶兴味，为游记书中之上乘者也。

---

① 约翰·白安克派尼，玉尔氏契丹及其路程作John de plano Carpini，拉丁文作Plano Carpinis或De Carpine，麦氏此处作Pian是由意大利文而来，其人当时系奉教皇英奴森德（Innocent）之命，致国书于蒙古王廷，请其在欧洲境内停止杀戮之事，国书内容见S.Wells William's: The Middle Kingdom, Vol.II，P.415—416

② 玉尔氏作William of Rubruquis.

马哥波罗

古代游历家中最为显赫者，当推威尼斯人马哥波罗。彼实系经历亚细亚全洲而能循序举其国名及省名之第一人，但其游记因初期之受人排斥，致其书对于东方地理上之觉醒，甚少影响。地图家对其所述全不置理。盖因其书所述多荒诞之事，及不经之俗，故时人皆不之信，目为诙谐，例如彼尝提及纸币可以通用，黑石可作柴烧，时至今日吾人已知当时确用纸币，而黑石者煤炭耳。又如时人不信其所言印度坚果之实大若人首，而吾人兹知其所言者为椰子耳。书中尚有许多类是之事物，时人均目为荒诞，虽至临终之时，其友朋犹亲临床侧，劝其将书中所述不合事理之记载，难于取信者删除之。但彼应之曰："余之所述尚未及吾所亲见者一半之数也。"故马哥波罗殁后不久，威尼斯市上每次狂欢节之节目中，必有小丑假扮马哥波罗演述荒诞不经之事以博人笑者，即近代之英国学童，有时描叙不可信之事时，犹呼曰"此马哥波罗耳"。

但马哥波罗之书，确为古今最精辟、最有趣之游记，为地理学之新坐标，吾人须加以重新估计，当据之以重订古代虚妄地图之方位。前世纪之探险家能追踪马哥波罗之足迹，得遍历广大之中国及他国者，实赖马哥波罗之记载，有以致之耳。马哥波罗所记之道里，今皆证明十分精确，盖彼实为叙述中国西藏、缅甸、暹罗、锡兰、印度等各地人民生活状况之第一人，对于忽必烈汗（Kublai Khan）之伟大朝廷，囊括四海之蒙古军组织，均详记之，对于奇异之风俗，宫廷之轇轕、异船、名庙，记之无余，尤其对于动植物之详确记载，使后人之易于辨认，尤以帕米尔高原所产大角之羊，即为彼首先所描述，后人乃名之曰马哥波罗羊。

马哥波罗生于1254年之威尼斯市，其父、叔皆商人，曾于1260年（元中统元年）一至中国，1269年（元至元六年）归国，二年之后马哥波罗等三人再行东来，时马哥波罗年只十七，经三年半之跋涉，于1275年（至元十二年）行抵忽必烈汗朝廷，而马哥波罗年已二十一矣。大汗对之有甚佳之印象，故不久之后，即授以官职，且一度出任扬州之长官（译者按张星烺著《马哥孛罗》12至13页，曾查《扬州府志》，元时治理扬州官吏中无孛罗之名……元时扬州为路，路有总管府或宣慰司治理之。总管府长官有达鲁花赤及总管、宣慰司之长官为宣慰使。马哥孛罗官扬州时之名义必为达鲁花赤或宣慰使也，云云）。

马哥波罗遂成为朝廷中不可或缺之人物而不准其须臾离矣。其所能得脱者，为大汗遣其护送新后与波斯汗一事耳。盖其时波斯汗（译者按该汗为忽必烈之侄孙）之爱妻薨，欲于其前妻之同姓蒙古族中求一新后也。故此次马哥波罗之西归系取路波斯，为期共三年之久。

归里后三年，威尼斯与基奴亚（Genoa）发生战事，威尼斯大败，全部水师被俘，而马哥波罗遂被俘囚狱中，达相当之久，马哥波罗在狱乃得其友罗斯梯谢奴（Rustichallo）之助，将其游历所得编成游记。

于吾人述其在福建事迹之前，吾人须先决定采用何种译本，盖其原文为法文或意大利文，其后遂译成多种文字，有拉丁文、荷兰文、德文、英文等。据近人研究结果，认为巴黎国家图书馆所存之所谓老法文本曾为各家如鲍梯（Pouthier）（1865）、亨利玉尔（Henry Yule）、科迭儿（Cordier）等所采为标准本者，已为一种之较老之米兰（Milan）文写本所占先。别奈代脱（Benedetto）曾详论之，而班斯尔（Penzer）亦有所论列，盖此种抄本虽不完全，但记载之事，较巴黎所存之老法文本，更为详尽，实为赖麦锡氏（Ramusio）于1559年所出版者之底本也。

此外吾人尚有1818年之马尔斯登英文文库本（Marsden Classical English Edition），康路夫（Manuel Komroff）1926年之增订马尔斯登本，1929年班斯尔主编之佛兰普敦（John Frampton）译本等。

除百余种之抄本外，其版本尚有如此之多，于是选择版本问题，遂亦成为具有目录学头脑之专家之难题矣。晚近（1930年）出版之巴克氏（Geoge B.Parks）本，在详论游记中地图之重要后，曾加一地图（马哥波罗之书无图），但其图之关于马哥波罗在福建之行程大不正确，兹为便利故，余乃采用马尔斯登氏之英文译本，并佐以其他版本，用以更正及订补事实。

兹容吾人翻开马哥波罗游记中，关于1290年（至元二十七年）之归程间，途经福建之部分而研究之，彼离行在Kinsai（杭州）[1]国后，向浙南行，又折而

① Kin-Sai，Quinsay，Quiesay，Kinsay，Khansa，Khinsa，Cansay等均指杭州，昔人有译作京师者，因杭州为南宋临时都城，故亦可称为京师，日人桑原隲藏等主张为“行在”二字之音译，盖杭州为南宋之“行在”所在地也，详见《唐宋元时代中西通商史》冯攸译，26至30页。

东南行，经福建向海，吾人试一翻开康路夫氏（Komroff）之订正本，一读马氏本人之言，则更饶趣味也。

"离行在国最后一城名称吉匝（Gie-za）之城，后入康迦（Koncha=Concha）[①]境，其主要之城名曰福州（Fu-giu）。由此东南行六日，过山越谷，其地食粮丰足，野味甚饶，尤以鸟类为最，居民臣属大汗，恃工商为活。

其地有虎不少，虎躯大而甚强。产姜、高良姜[②]及其他药材甚多，用一值威尼斯（Venetian）格洛特（Groat）之货币，可购生姜八十磅，盖此物生长极多。尚有一种植物，一切性质与真正之'洎夫蓝'无别，有其色味，但非真正之洎夫蓝耳，人甚重之，而用为一切食馔中之佐料，所以其值颇昂"[③]。

此处所言之姜、高良姜及洎夫蓝，甚饶趣味，盖今日之中国东南部，犹盛产生姜，其用甚广。据白莱脱胥乃宴氏（Bretchnelder）考定，姜学名 Zingibar officinalis Roscoe，高良姜大抵作 Languas officinarum（Hance）Farwell（Alpinia officinarum Hance），马哥波罗此处所言之格洛特为一种银币，约值四便士或八

① 吉匝别本作 Cinguy，有人考为浙境之信州，崇迦别本作 Chouka，有人疑作"诸家"之误音，因无诸而得名也。但其说未圆，因福建人从无以"诸家"人为称，而书本上亦无以"诸家"二字指福建者。马哥波罗游记版本甚多，年代久远，传抄失实，欲圆此说者唯有找得最可靠之古本，或能解决也。

② 高良姜，《八闽通志》云：漳州产，春生茎叶如姜苗而大，花红紫色。

③ 按《本草纲目》卷十五有云："番红花又名洎夫蓝，又名撒法郎（按即 Saffron 之译音），"李时珍曰"出西番回回地面及天方国，即彼地红蓝花也，元时以入食馔用"。按张华《博物志》言张骞得红蓝花种子于西域，则此即一种，或方域地气稍有异耳，则所言与马哥波罗所记者正合，元时确用番红花作料，并非玉尔等所言之栀子，盖闽人从无以栀子入食馔耳。

考元饮膳太医忽思慧于天历三年三月（1330 年）所撰《饮膳正要》（商务馆借东京静嘉堂文库存本所印者，民国二十四年版）卷一所记之《聚珍异馔》，多以洎夫蓝作料，如八儿不汤（原注系西天茶饭名）、黄汤（一种羊肉汤）、熊汤、炒狼汤、炙羊心、炙羊腰、姜黄腱子、鼓儿签子、炸碟儿等馔，均加洎夫蓝一钱至三钱调味，可见元人嗜此之甚，而卷三"料物性味"篇有云"洎夫蓝味甘平无毒，主心忧郁积，气闷不散，久食令人心喜"，并原注云"即是回回地面红花"，犹可证明玉尔麦氏等所言栀子之误。

又考《植物学词典》"番红花为鸢尾科属，小亚细亚原产，多年生草本，高至四五寸，地下部与水仙之鳞茎相似，叶比水仙较细长，夏日花自叶丛中央出，花盖六片，有香气，雄蕊三枚，雌蕊一枚，此植物各国皆栽培之，其花柱及柱头之已干者，称为洎夫蓝，用于健胃镇痉通经等之诸药中，又餐饼及其他食物常用以染为黄色者。

分，八分之值可购八十磅，而一分之值可购十磅，时至今日（1934 年）而此地（指广州）之生姜每磅已值一角矣。所谓泊夫蓝（Saffron）者大约系指栀子，学名 Gardenia Jasminoiedes Ellis 亦称 Gardenia florida Linn and G.auggusta Merr，生橙黄色之果实，可作黄色染料。玉尔（Yule）氏之意亦然，但白莱脱胥乃窦氏（俄人）云此处马哥波罗之描写过简，所言亦可指番红花（Bastard Saffron 学名 Carthamus tinctorjius Linn），系于纪元前二百年由中国西部所传入者。但福建唯一之番红花记载，系康宁罕（Sir James Cunnin-gham）爵士于 1702 年由厦门所采集之标本耳，故余以为马哥波罗此处所言系为栀子。

"行六日至建宁府（Kue-lin-fu），城颇广大，有三桥甚美，各长百余步，宽八步。此地妇女甚美，生活颇精究。其地产生丝甚多，用以织造各种绸绢，并纺棉作线，染后织为布，运销于蛮子全境，居民多以经商为活，出口以姜及高良姜为多"。

"闻人言但余实未亲见，其地有一种家禽无羽，而皮生黑毛如猫毛，见之必感为异事也，产卵与其他之鸡无异，颇宜于食。其地有虎甚众，颇为行人患，非聚多人不能行"。

按此种鸡名曰丝毛鸡（Fleecy Persians），中国人亦称"绒鸡"，时至今日只存白色一种矣。

此处所言之虎，（译者按：马哥波罗原文作狮，但指虎作狮是其惯例，故其书中常叙其所佩之金虎符作金狮符）。福建各地尚多，柯威尔教士（Rev Caldwell）所著书名《蓝虎》者读之，即可窥知其地产虎之多，余曾亲历多处山谷，其地有因虎患而至全村成为废墟者，但当余行猎时，惜未遇其一耳。

兹请再述马氏之记载：

"自建宁府出发行三日，沿途常见村镇及城堡，居民皆偶像教徒，饶产丝，贸易以此为大宗，抵温敢城（Unguen）。[①]

---

① 译者按：此温敢城，菲力卜思（Phillips）考为永春，沙海昂（Charignon，A.J.H.）氏考为尤溪，而冯承钧则云其音可对永安，但永安于明景泰三年（1452）始析沙县新岭以南，尤溪宝山以西地置县，名永安，元时无永安之名，故其说无据，今以马哥波罗所言之里数计之，以永春为近。

此城制糖甚多，运至汗八里城（Kanbalu 即今之北平），以充上供。温敢城未降顺大汗前，其居民不知制糖，仅知煮浆，冷后成黑渣，降顺大汗后，时朝中有巴比伦（Babylon 指埃及）地方之人，大汗遣之至此城，授民以制糖术，用一种树灰制造。

向同一之方向前行十五里抵干州（Kan-gin），[译者按：此处之 Kan-gin 应为各版本传写之误，别本有作 Cangin（泉州）者，有作 Fuguy（福州）者，玉尔氏主为福州，而菲力则主为泉州，二说各有长短，至今尚无人能圆其说] 隶属于康迦国（Kon-Cha 别本作 Chouka），为蛮子境九部之一，大汗军队戍此者甚众，以保此城，如有叛变发生，戍军立可出动。有一大河宽一里，穿行此城，两岸多建华屋，其前有大船甚多，满载货品，尤以糖为大宗，盖此城制糖甚多。有印度船舶多艘，运载不少珍珠宝石来此港交易，获利甚厚，此河直通入海。离此不远有刺桐港，印度船舶由此河上溯至大城，其地物产丰饶，有美丽之园囿甚多，盛产果实。

离干州（Kan-gin），城后，渡一河向东南行五日，经人烟辐辏之地，城市住民接连不断，一切食量皆饶，其道经山丘平原及不少树林，林中有若干出产樟脑之树，是一野味极多之地。居民臣属大汗，而隶干州（福州）。"

此地所产樟木（学名 Cinnamomum camphora）尚多，但时至今日其多数之老树均被售卖，运往日本。试思一樟脑老树可售千余金，树之失踪之速为当然耳。因其木可作屋内装饰及衣箱等，故其值颇昂。前者福州附近罗星塔之英国领事署（现作海关医生住宅），其内部所用之樟木，镶板之美为余所仅见，而今欲求其复制，已属不可能矣。

"行五日毕，则抵壮丽之刺桐城（Zai-Tun），此城有一名港在海洋上，乃不少船舶辐辏之所。诸船运载种种货物至此，然后分配于蛮子全境。所卸胡椒甚多，若以亚历山大港运赴西方诸国者衡之，则彼数微乎其微，盖其不及此港百分之一也。此城为世界最大良港之一，商人商货聚集之多，使人几难信有其事。"

今日之难题，厥在确定马哥波罗所取之真正路线问题，对于此事之许多汉学家，均不能一致。盖有两路通建宁府（Kelinfu 或 Kue-lin-fu），即由不甚著名之处州（Chu-chan 或 Guju 即今之丽水），向西南行，入福建之建宁府（今之建瓯），又有一路为衢州，向南行，经浦城以达建宁府。玉尔氏辨为前者之路线，而菲力卜思则断为后者。此处余与菲力卜思及班思尔（Penzer）氏同意，盖因汉学家玉尔氏所言之路线为不可能，亦不合理也。菲氏曾任福州之英国领事，故知本地情形甚审，盖通常由北入闽之路线，多由浦城以北之山路，沿溪以下达建宁，至今迄未有由处州以达建宁也。

汉学家对于由建宁至刺桐亦分两说。菲力卜思则主由延平、尤溪、永春（Unken）、泉州（Fuju），以达漳州（赛东），而科迭儿（Cordier）及玉尔氏等则主经闽清（温敢）、福州以达泉州（刺桐）。盖两氏系根据马哥波罗所言之向南向东，及所言之距离，辨为取道福州（Fuju）以达刺桐。因泉州曾发现甚多之基督教遗物，可以证明聂思脱里派基督教徒（按即景教）在泉州确有建置，而非漳州（赛东）。①

此外菲力氏认为马哥波罗所言之温敢城制糖之事，系指永春。盖永春产糖今日犹然，而马哥波罗所言之 Fuju or Kangiu 实指泉州，因彼曾述此港对外贸易之盛，而福州于 1290 年则不然也。且马哥波罗曾言有一大河穿行此城，则泉州适符，而福州不然也。故赛东（Zaiton）者实指漳州也。此外马哥波罗所言之“世界最奇海港”（指厦门及其附近），而泉州实不能当其称。且后此数十年，有其他旅行家确能由广东溯江抵赛东，此在泉州则不可，以赛东作漳州则有可能，余个人之见以为菲力卜思及道格拉斯（Douglas）氏所主之说，以 Fu-ju 或 Kangiu 干州）为泉州府，以赛东指漳州或其附近为是。因其说较之玉尔及科迭儿诸氏所主者为圆。（译者按 Zayton 为刺桐二字之音译，而刺桐即泉州说，已经日本桑原隲藏所断定，读者欲知其详，可参看《唐宋元时代中西通商史》，冯攸译本 35 至 43 页）。

马哥波罗由刺桐乘船赴日本国（Zipangu），经安南诸国而归，历时三年。但其人并非元代之唯一中国旅行家，例如 1313 年（元皇庆二年）有安德鲁（Andre de Perouse）者，亦曾一至福建之刺桐（Zaiton），惜对彼之事，吾人知之甚少耳。

聂思脱里派僧侣（Nestorians）（以下八节为译者所增补）

初于 1291 年（元至元二十八年），教皇尼古拉斯第四世（Nicholas IV）派

---

① 麦氏原文此处附有路线图一幅，用以比较菲力及玉尔二氏主张之不同，兹从略。

约翰·高维诺（John of Monte Corvino）[1]前来中国传教，约翰乃由海道东来，抵印度之马八儿国（Maabar），逗留十三月，复由其地行抵中国燕都（汗八里），于1305年，乃致书于罗马教皇，报告其传教成绩。教皇乃于1307年春（元大德十一年）特设北京总主教，即以约翰充之，复遣送副主教（Bishop）襄助约翰（详见Yule：Cathay III pp.3—11），此七人之中，有三人焉，于1308年得抵燕都，即哲拉德（Gerard Albuini）、裴莱格林（Peregrine of Castello）、安德鲁（Andrew of Perugia），此三人以后相继为泉州（刺桐）之主教。安德鲁于1326年（元泰定三年）正月尝自泉州致书于其故乡瓦尔登大僧（Friar Warden）叙述东方情形，其遗札今尚保存于巴黎国立图书馆，今由玉尔之契丹及其路程（Yule：Cathay）第三卷pp.71—75所收安德鲁之第四遗札中，可以窥见其在闽之遗事也，兹录其关于泉州部分者如下：

"滨大海有大城，波斯语曰刺桐港（Zayton），有亚美尼亚（Armenia）某富妇在此建教堂一所，雄壮华丽，盖为总主教（指约翰·高维诺）命其建立者也。该妇允其请，并捐巨资终身维持之，并以遗嘱规定之，俾不致于其死后，有不测变更。复指定此教堂给主教哲拉德及其所率僧侣居住，故哲拉德为此教堂最初之居住人也。

哲拉德既卒，葬于该堂内，总主教欲使余往继其任，余未承诺，乃给与上方所述之主教裴莱格林，裴得便乃往其处管理教堂数载，至1322年，于圣彼得与圣保罗祭日（按即7月7日）次周后一日离尘世。

哲拉德卒前约四年，余因他种原因，自觉不便久居汗八里，乃得允许将给余之阿拉发（alafa），即钦赐薪俸，移往刺桐，俾余得在该处居住。刺桐距汗八里有三星期路程，余迫切求得此种允许后，皇帝复准余使用马兵八人，随从起行。途间各处皆极受欢迎，抵该处时裴莱格林尚生存，余乃于附近小林中，建美丽教堂一所，堂距城仅四分之一英里而已，堂中有修院一所，足敷二十二僧之用，另有四室，皆可供高级教务人员之行台。余继续在此居住，依皇帝所赐之俸金为生，据此间基奴亚（Genoa）商人之计算，皇帝给余之俸金，全年可值一百金佛罗林（Florins）左右云。俸金大半余皆用之于建筑教堂，在吾所

---

① 意文作Giovanni da Montecorvino

居全省内教堂寺庙，华丽合适无有过于吾所建者矣。

大僧裴莱格林既卒，不久总主教任命余为裴所辖之大教堂主教，余于此时已有充分之理由，可以承诺总主教之任命，故余于今在城内教堂居住。有时移居余所自建之城外之教堂，皆随余之便。余之身体尚甚康健，或仍可任宣教事业数年，惟年已高迈，兼时有不豫，故发已斑白矣。

在此大帝国境内，天下各国人民，各种宗教，皆依其信仰自由居住，盖彼等以为凡宗教皆可救护人民，然此观念实为误谬，吾等可自由传道，虽无特别允许，亦无妨碍。犹太人及萨拉森人改信吾教者，至今实无一人，然偶像教徒来受洗礼者前后甚众，既受洗而不守基督正道者，亦复不鲜。"

其书颇长，今不俱录，据玉尔之考证，其人似于1336年（元顺帝至元二年）随元朝所派罗马使臣马黎诺里由陆道西归，则其行程当由罗马东行，经印度洋抵泉州，入北京，复由北京驻泉州，最后由泉州随使西归意大利，于1338年抵达故土，计其所经路程，当不亚于马哥波罗，惜其无纪行之书，仅留遗札一篇，致其名不显。[①]

安德鲁后，继任为泉州主教者，据瓦丁（Wadding）氏史记之记载，尚有佛罗伦斯市人哲姆斯（James of Florence）（即雅各），及甘勃尼人威廉（Williams of Campania）[②] 等驻守，盖二者皆属小级僧人（Minorites），至1362年（元顺帝

① 玉尔契丹二十八页，疑1336年随马黎诺里回欧之Andrew the Frank即此Andrew of Perugia，但据科迭儿引Series Episcoporum1873年版，126页载刺桐主教哲拉德（Gerardus）死于1313年，裴莱格林死于1322年7月6日，安德鲁死于1326年，雅各死义于1362年，则随使回欧之安德鲁当另为一人矣。且其时安德鲁主教自言年事已高，时有不豫，恐亦难于跋涉远程以归欧洲也。又据德礼贤（Paschal M.D' Elia）神甫，在《中国天主教传教史》亦云安德鲁主教死于1326年，而且去世后一时无人继续其职位。

② 同时与安德鲁同在泉州者，据约翰·科拉所著之《大可汗国记》(John de Cora: The Book of the Fstate of the Great Caan 见Yule Cathay，III89—103）作佛罗伦斯市彼得（Peter of Florance），盖其人亦系于1311年，为教皇克莱孟特第五世（Glement V）第二次所派至中国襄助约翰高维诺者，其人事迹简略，无可考证。约翰·柯拉于其书第八章记云："总主教（指孟德高维诺）又在刺桐城（泉州）建教堂一所，刺桐临大海，距汗八里约三月路程，有小级僧人二名，在两教堂内充主教，其一为排鲁几亚僧人安德鲁，其他即佛罗伦斯市僧人彼得。据徐宗泽《罗马教廷与蒙古通使史略》又作Jacques de Florance及Guilliaume do Campanie，恐此佛罗伦斯之哲姆斯（即雅各）与佛罗伦斯之彼得实异译同人耳（以上皆译者所增补）。

至正二十二年）当元末季，群雄并起，中国大乱，哲姆斯及甘勃尼皆为教死义，而泉州中古之基督教堂亦毁于兵燹，其遗迹至今亦荡然无存。

尚有高僧和德理（Ordoric）者，为小级僧人，意大利人，圣方济各会之教徒也。彼于 1318 年（元仁宗延祐五年）东行，于 1321 年（元英宗至治元年）抵印度，再由印度前来中国[①]，余从其纪程书中摘述数语于此：

“离印度后，余首抵之地名秦克兰（Censkalon 即指广州），离海只一日之路程。”

按中国南部当时常被误认为印度之一部分，故云。

又云：“此地位于江口，其水近口处直注入海，上流近内陆，灌溉区域达十二日路程之广。此城余曾见三百磅之新鲜生姜，售价不及一格洛特（Groat）。”

马哥波罗之后，姜价更为低跌，三十年前马哥波罗只云一格洛特或四便士可购八十磅耳。

“此地产最白最美之鹅，色白似乳，肥而价廉，其地亦产鸡鸭，亦产极大之蛇，居民皆捕而食之，一席盛筵，如无蛇则视如无物”。

“自此地余经多城，不久抵一城名刺桐，其地有小级僧人住所二处”。

“更向东行，余乃抵一城名福州（Fuzo）者，城周三十里，产公鸡极大，母鸡色白而无羽，而有毛类羊毛。此城极高峻华丽，位近海口”。

康洛夫氏（Komroff）谓 Fuzo 即福州，余意不尽其然，盖福州并非在海口，和德理尝以广州为一内陆之城，余意此处所云之福州或系泉州。菲力卜思已于上文指出马哥波罗书中之 Kangiu 或 Fujo 大约系指泉州（Chin，cheu）（译者按：和德理所言之 Fujo 应作福州为是，盖刺桐为泉州，向东行抵福州当无疑义也）。其余程所记系言在杭州及北京之事，其所取路线不甚明了，兹不多述[②]，但有数事可以注意者，即高僧和德理为一善于观察之人，盖有二三事之颇关重要，为

① 与和德理同行之人数无可考，由和之游记中只知有大僧爱尔兰人哲姆斯（Friar James of Ireland）一人而已。

② 按和德理行程，依近年各家之研究，大约由广州以达泉州，在泉曾晤主教安德鲁，然后取道福州、杭州，抵南京、扬州，经临津、济宁，然后沿运河北上至上都。在都逗留三年（约自 1325 至 1328）后，离华遵陆回欧，经陕西、四川、西藏，过帕米尔高原，经波斯亚米尼亚等国于 1330 年方抵意大利。参看德礼贤（Paschal，M.D Elia）《中国天主教传教史》39 页。

马哥波罗所未言者，彼曾加以叙述也。盖彼曾记鸬鹚捕鱼之事，此事于闽江一带最为常见，此外尚记文人喜留长指甲事，及妇人缠小脚风俗甚详。

1300 至 1600 年之旅行家

后此入闽之旅行家，则有摩洛哥丹吉尔之回教徒名伊宾拔都塔者于 1325 年至 1354 年（元泰定二年至至正十四年）旅行非洲及亚洲各地。吾人未能断定其游记之正确程度，盖彼曾云及其游记非出之自撰，大约系应苏丹之要求，而以口传于其秘书伊宾玉齐（lbn Juzayy）者（译者按张星烺《中西交通史料汇编》作 Mahomed lbn Juzai）。此伊宾秘书乃裒集其言，并由其他材料加以厘订，故其结果系为杂凑性质，原本为亚拉伯文字。拔都塔实为中古时代遍访各回教国首领之唯一旅行家，盖彼除锡兰、中国以外尚遍访其他各国，玉尔氏曾计算其旅程当不下七万五千英里云。

拔都塔关于中国南部有趣风俗之事记之尤详，例如所记刺桐及秦克兰（Sinkalan，即广州）之中国瓷器及旅馆制度，皆足转录于此。

“中国为旅行者最稳及管理最好之国，虽只身行九个月之路程，身带重金，途间亦无盗劫之虞。其保护行旅安全之法如下：路中各站皆有逆旅可以栖宿，有官吏专管之，此官吏并带有骑士及步卒驻防。至日落或天晚时，管理官员及其书记来舍将留宿客人逐一点名登记盖印后，锁闭旅舍之门。至次晨日出时，吏及书记复来，依名单点客之名，并详记旅客之情状于纸。客之前行者，吏遣人护送之至前站，并须带回该前站官吏所给之证明书，报明客已安至。如护送人不能带回此项文件，客人之责任均由彼负之。此自兴阿兴（广州府）至汗八里（北京）间，全路如是。逆旅中客人所需饮食，无不俱全，而鸡鹅味尤美，惟羊肉甚为罕见”。

此种守法有序之美政，惟古代为然，余颇愿此种状况于今日亦然，则吾之采集旅行可达福建诸内地。余知 1923 年之时，离福州四十英里而海拔不及四千呎之山岭，余即不能前往，盖多为土匪之窟穴，而当时之政府及十九路军均未能清除也。

余今请再述拔都塔之言：

“今将复言吾之行程，渡大洋后余所至之第一城为刺桐城……刺桐为一重要之城，其地纺绸织缎，故地以此名，所产较汉沙（Khansa 即杭州）及汗八里（北京）所织者为优。刺桐港为世界各大港之一，或即为最大之港也”。

玉尔曾谓缎英文为 Satin，实为刺桐（Zaytuni）转音而来，而 Zaytuni 又为中古意大利语 Zettani 而来。拔都塔在此处描述戎克大船及他事，又记其广州之游如下：

“吾等溯江而上，共行二十七日，而每日中午时船则停于沿岸村前，吾等乃上岸购吾等所需之物，并举行午祷，天晚时又抵他村，吾人仍上岸如前，每日皆然，直至抵达秦克兰或兴阿兴（广州）[①] 为止”。

此处所记赴广州行程，均由水道，故此处所言之刺桐必为漳州，而非泉州，亦非福州。玉尔氏曾假定此行系由福州上溯闽江，以后再下航赣江，但此说甚不可信，盖彼不能以事实证明此说也。

其他之事使拔都塔留有印象者，则为中国乡村之布置，其言云：“每户均有果园及田地，而建屋于其中央。”但彼并未提及任何经济之植物，只有关于所记之“船篷系以本土之植物制成，盖此种植物与麻相似，然细察之非麻也，其质料较苎为更优”之语，吉伯 Gibb 氏以为麻布，大约无误，此种未经漂白之粗麻布，有时曾被利用为风帆，而中国人之丧服亦皆用之。

以上所举三人，安德鲁、和德理及伊宾拔都塔可为有元一代旅行家中最后之代表，盖元代对于国际交通曾极力提倡，故聂思脱里派之基督教徒、回教徒、犹太人等之移殖各城者甚多，而贸易亦活跃也。

（增补）约与伊宾拔都塔同时东行者，尚有意人马黎诺里（Marignolli）一行，

---

① 译者按：此处拔都塔所言之秦克兰或兴阿兴，根据欧洲加塔兰（Catalan）古地图，固为广州，但拔都塔此处所言恐非指广州，盖由泉州断不能溯江以达广州。此事昔人已有疑义，余以为拔都塔所游之远东部分，仅至中国南部，故其所叙述泉州之情况尚合，而所举在泉州之回教徒亦皆能于中国记载中查得之，而过此以后所言均与事实不符矣。其间虽有偶合中国之事，然亦出之传闻，非亲历其境也。盖彼尝游中东小亚细亚一带甚久，遇商人必多，而所闻中国之事亦多，乃附会其说。玉尔、张星烺二氏均主张拔都塔至少曾至杭州，以为拔氏所云之“汉沙”（Hansa），即杭州，但杭州最显著者阙为西湖，故马哥波罗等记之綦详，而拔都塔自言在漢沙达十五日以上，每日其友均陪之出游名胜之处，而竟无一语叙及西湖。此外如所记汉沙有六城，亦无事实根据，无怪乎诸评论家之斥其所记中国部分为不可信，固不仅“中国北部之记载，使人可决其为伪造”也。

奉教皇班尼狄德十二世（Benedict XII）之命，携国书报聘于蒙古大汗，至1353年归国后，著有《奉使东方追想记》一书，其书详情，今见于玉尔之《契丹及其路程》第三册177到269页。所记旅程系于1338年（元顺帝至元四年）12月离意大利，由陆道东来，至1342年（至正二年）七八月间行抵北京[①]，在京居留三四年之久，乃离汗八里南行，取道福建之剌桐港归国，惜其在中国境内之纪程不详，不如马哥波罗所述之多，只云经蛮子国之杭州（Campsay），其记泉州也则云："剌桐城为一大商港，面积广大，人口众庶，吾小级僧人在此城者有华丽教堂三所，财产富厚，僧人又建栈房一所，浴室一所，以储存商人来往货物[②]，又有数钟皆为上品，有二钟为余在该城所命铸者，铸成举礼悬挂于萨拉森人（即回教徒）居留地之中央，其一余命名曰'约翰尼那'（Johannina），其他则命曰'安东尼那'（Antonina）。"（铭按：因回教徒最恶钟声，马氏此处有恶作剧之意，欲用钟声以惊吓回教徒也）。马氏乃于1347年（元至正七年）后，始由剌桐港泛海向印度，经耶路撒冷诸地，历五六年之久，至1353年（至正十三年）始抵罗马。

及元社既屋明代代兴，对于他国交通不甚注意，明之上半期（1368至1516年）采取闭关政策，故二百年之间，几无旅行家抵达中国之记载[③]。其原因皆因边患时兴，终明之世，与高丽、满洲、鞑靼、安南、暹罗、倭寇等国纠纷不清，故此期之中，中国人对于国外之世界，几无所知，较之宋元时代对于

---

① 《元史》卷四十《顺帝本纪》记："至正二年秋七月，佛朗国贡异马，长一丈一尺三寸，高六尺四寸，身纯异，后二蹄皆白"，盖即马黎诺里使节行抵北京之事也。中国当时称欧洲为佛郎国（即波斯语 Farang=Fremks）也。裴哥罗梯（Pegollotti）《通商指南》所谓"其国人（指中国）称罗马尼亚以西诸地之基督教徒，悉为法兰克人也"。

② 由此记载，可知十四世纪时欧洲商人来泉州一带贸易者甚多，故教堂附设货栈，专为此基督教商人贮存货物之用。

③ 1438（明英宗正统二年），虽有意大利人尼哥罗康梯（Nicolo Conti 者），游历东方诸国，至印度以东各地，著有游记一书，其书记有中国南方之事，但其所记恍惚迷离，似皆传闻之辞，非亲历其境之记载也。

外来世界之广博知识远不如矣。[①]

幸明之后半期，1516 至 1664 年（万历四十四年至崇祯十七年），采取较为宽大之政策，而中国与欧洲之交通得以复兴，而此期之中，与葡萄牙及荷人之商业特盛。

葡萄牙游历家

在明之后半期中（由正德十二年至崇祯十七年），最初至福建者为葡萄牙人[②]马斯客伦哈斯（G. Mascarenhas）[③]前来经商，并在浙江宁波（Liampo）设立公司一所。以后乃于漳州及厦门两地皆有建置，外洋植物之赖以传入者颇多，其中一种为菝葜类植物，可以治风痛。

此外尚有葡萄牙人名马丁哈喇达（Martin de Herrada）者，阿古士丁派僧人也，亦尝至福建，同行者名格洛尼姆马丁（Geronimo Martin），彼等于 1575 年乘西班牙船抵泉州（Chin-cheo）及福州（Aucheo）。但彼等虽留居三月之久，而所见无多，因彼等只能蛰居户内也。盖此时距 1545 年（嘉靖二十四年）宁

① 译者按：麦氏此言颇嫌笼统，因明之初叶尤其永乐（1403 至 1424）时代对于外国交通亦甚注意，如陆道方面有傅安、陈诚……等之出使，海道则有郑和七次下西洋，至宣德初年犹然（参看拙著《郑和七次下西洋年月考证》一文），后此因夏原吉、刘大夏等朝臣之阻，对于西洋交通方不大注意，于是与欧洲交通中断者达一百余年之久，而西方民族之居中国者，亦皆被迫同化于汉族之内，至于无迹可寻。

② 葡萄牙人抵南中国后，开中国与欧洲交通之新纪元，但其时欧人对于中国仍沿用中世纪游历家之契丹（Cathay）名称，故多误会南部为支那（China），北部另有一国名契丹。直至 1605 年（万历三十三年），葡人鄂本笃修士（Benedict Goes）由印度新疆一带陆行抵肃州时，真相始大白，方知契丹为支那之别名也。

③ 马斯于 1517 年前后（正德十二年），曾奉命率数船抵福建漳州。是时葡人大本营在满剌加，详见《明史·佛郎机传》。《皇明世法录》卷八十二亦载“佛郎机在海西南，近满剌加，正德十三年，其酋弑立，遣使三十八人，入贡请封……会满剌加愬佛郎机攻逐其主，御史丘道隆、何鳌相继疏请驱绝，后诸番夷舶并不之粤，潜市漳州，久之兵部议满剌加（指葡萄牙）诸国通市，不宜概绝，请禁漳而收之于粤，报可。（嘉靖）二十六年，（葡人）寇漳州私市浯屿，海道副使柯乔御之，遁去。四十四年，有夷目亚若利归氏者，浮海求贡，初称满剌加国，已复称蒲丽都家（按即 Portugal 原音），两广镇巡以闻，礼部议南番无所谓蒲丽都家，或佛郎机所托也，行镇巡详核，为谢绝”。

波仇葡案之后未久[①]禁令綦严，而葡人之不能安于福建也，乃相率退归澳门。但哈喇达对于福建所产之栗子、西瓜、荔枝、麦、大麦、玉蜀黍等固辨之颇详也。

荷兰游历家

由 1613 至 1661 年（万历四十一年至顺治十八年），可谓之荷人时代，在此时期中，彼等颇努力求与中国通商，似屡为葡萄牙人所阻。最后虽得立足台湾，但终于 1661 年为国姓爷（Koxinga）——即郑成功所驱[②]，其时颇多之游历家、教士、海军、官吏等抵达福州（Hoksyeu）、漳州（Tchaug-Tcheou）、泉州（Tsoan-Tsiu，Chincheo，Chuanchow，厦门（A.Mui）一带游历。

徒胪列此游历者之名录，则无甚趣味，盖彼等对于植物标本并无采集也。至少余尚未能搜得任何关于植物采集之记载耳。但诸人中最先至而且最有趣味者，阙为彼得范和伦（Pieter Van Hoorn）爵士，彼于 1622 年游漳州，1623 年游厦门，其后又于 1666 至 1667 年取道福建（Fokyen）入京充贡使，向清廷请准其在闽通商，但此行颇不若前人高尔（Goyer）及开思尔（Keyser）等取道广东之成功。范和伦氏于 1666 年 8 月 6 日，由福州登陆，得朝旨准许后，乃于 1667 年 1 月 2 日，由闽江上驶，抵延平，入建宁府，取道浦城（Pou-chin），越仙霞岭以入浙江，盖取道杭州以达北京也。

① 葡人所居之宁波湾内两小湾，即《明史·朱纨传》上之双屿，葡商至宁波结队而居，数约三千，设有总督以管理之，并有圣堂多座，不久因葡人不法遂有仇葡之举。《清代通史》上册 567 页谓："居宁波之葡商，结党四出，诱略妇孺，居民大愤，争起复仇，以嘉靖二十四年（1545）屠教徒万有二千，焚葡船三十七艘。"葡人既不能安居于宁波，于是群趋漳州，建城自保，并设总督。因经商不公，致引华人之愤，于是围葡人驻居之地，绝其粮共达十五日后，乃群拥进攻，焚毙葡人五百余众，获捕者四十余人，毁葡船十四艘，时 1549 年（嘉靖二十五年）也。（见《圣教杂志》二十六卷第八期，《墨井道人修道地——澳门》，徐宗泽著）

② 按瓦伦丁（Valentyn）于 1724 年所著《荷兰东印度公司史》谓 1603 年荷人始至中国领海后，因被葡人所败，乃据澎湖群岛。荷人莱希登（Seyger Van Rechtern）所著之《东印度纪行》一书，记荷人占澎湖后，因中国政府不许通商，故封锁漳州港口，标劫中国海上大小船舶，断绝中国与吕宋各岛贸易。至 1624 年（天启四年），中国始允荷人自由贸易，而荷人亦交还澎湖与中国。然其人退出澎湖后，复航至台湾，据西南部，至 1662 年，荷人始为郑成功所逐。《皇明世法录》卷八十二亦载其事。

耶稣会士之入闽（此章为译者所增补）

自明正德十三年，葡萄牙人扣关求市后，来者渐多。《明史》卷三百二十五《佛郎机传》载，武宗崩后，复绝其使，由是番舶几绝。嘉靖年间因广东巡抚疏言互市四利，于是又许葡人入香山澳为市，而其徒又越境商于福建往来不绝。至嘉靖二十六年朱纨为巡抚，严禁通番，其人无所获利，则整众犯漳州之月港浯屿，副使柯乔等御却之。嘉靖二十八年（1549），又犯诏安，官军迎击于走马溪，擒斩甚众。怨纨者劾其专擅，帝遣给事中杜汝祯往验，言此满剌加商人，往来鬻贩，无潜号流劫事，纨擅自行诛，诚如御史所劾，纨遂被逮，自杀。盖其时不知所谓满剌加者，即佛郎机（葡萄牙）也。自纨死，海禁复弛，佛郎机遂纵横海上，无所忌惮，而其市香山澳壕镜（澳门）者，至筑室建城，雄踞海畔，若一国然。万历中，据吕宋，尽擅闽粤海上之利，势益炽。至万历三十四年，又于隔水青州建寺，高六七丈，闳敞奇閟，非中国所有，云云。葡人自得澳门根据地后，于是东来之耶稣会士如利玛窦等，始得藉之为踏脚石以入内地焉。

艾儒略（Jules Aleni）

福建自元以后，基督教归于沉寂者达二百五十余年之久。至意大利艾儒略（Jules Aleni）方复开其端。艾儒略字思及，生于1582年（万历十年），于1609年受耶稣会之派，来远东，1610年抵澳门，1613年始得进入内地，先入都门，后由徐光启偕至上海，于1620年复赴杭州。进士李之藻、杨庭筠等均从之游，信其教，复赴常熟，为瞿式耜受洗，教务发达，颇赖其力。1624年，阁老叶向高罢归，道经杭州，儒略入谒，向高奇其言，延之入福建，民众称之为“西来孔子”。

儒略有志传教福建久矣，惟因其地风俗特殊，山道崎岖，言语难晓，久而未果，至是遂为开教福建之第一人。于1625年（天启五年）间至福州，福州有著名义士名Melchior Tcheou（疑为曹学佺）者，颇礼遇之，为其介绍于福州官吏学者之间。加以阁老叶向高为之吹拂，儒略不久遂传教城中，受洗者渐众，儒略见城中官吏优遇，乃留居福州四月，游行外府八月，如是者数年，成绩甚佳。1634年（崇祯七年）赴泉州、兴化两地传教，1638年（崇祯十一年），泉州附近有人掘地得古石数方，皆雕作十字架形，盖即元代基督教之遗物也[①]，为之作景教碑颂注解，于是入教者愈众。

数年以后，艾氏在各府建教堂八所，并于各县建教堂十五所，并至永春附近传教，改武夷山庙宇二所为教堂。1647至1648年清兵入闽，儒略乃避难延平，并编撰书籍传教如故。至顺治二年（1649），殁于延平，计在闽二十四年之久，墓葬在福州北门外之十字山。

艾氏语言捷辩，学问渊博，著述甚富，在闽所刻者，有《三山论学记》一卷，为艾氏与向高论学之篇，又有《杨淇园行略》《熙朝崇正集》《五十言》《圣体要旨》《职方外纪》等书传世。（参看《入华耶稣会士列传》）

阳玛诺（Emmannel Diaz Junior）

继艾儒略来闽者为阳玛诺，玛诺字演西，葡萄牙人，1574年生，1610年渡海至印度之卧亚（Goa），1611年（万历三十八年）入华，尝传教于韶州、北京、松江、上海、杭州、宁波、南昌一带，于1638年至福州。其时艾儒略所开发之教区，已逐渐发达，玛诺佐之传教，不意是年教案突起，诸神甫皆被驱还澳门，途经福州者玛诺皆收容之，凡七日，中有一人患病，势不能留，乃为之举行临终授餐礼，命亲信教徒一人，护送彼等赴澳门，诸人甫行，新被逐者又至，玛诺皆厚待之。最后玛诺本人亦被迫而离福州，其后复还福建。1648年，清兵入关时，乃偕艾儒略等同避延平山中，仍传布宗教，编撰书籍，后被任为视察员，巡视各地教区，于1659年3月1日卒于杭州。其遗作有《景教碑诠》，1644年刻于杭州，编□□有1638年泉州所发现之十字架石刻三具之摹本，此外另有著作十余种。（详见《入华耶稣会士列传》第三十一传）

毕方济（Francois Sambiasi）

毕方济神甫字今梁，1582年生于意大利之拿波利（Naples）城。于1610年抵澳门，1613年（万历四十年）被召入京，1616年南京仇教事起，被逐还澳门，后又入京托庇于徐光启。1622年延之至上海、松江等地传教。1644年

---

① 此十字架石塌影，可于郭栋臣著真福和德理（Odoric）即鄂多立克传见之。

崇祯帝崩，清军入关，福王立南京，1645 年乃奉弘光帝命，赴澳门求援于葡人，在途闻弘光遇害，然仍前行，抵澳门。是时唐王立于福州，年号“隆武”，帝前曾识方济于常熟，至是乃作书召之至，乃于隆武元年抵福州，颇信任于隆武，至欲任之为武职大臣，辞不受。时清兵抵福建，隆武势危，方济劝之信教。隆武乃许其建教堂于广州，乃偕信徒太监庞天寿同奉使至澳门。1646 年隆武被执，桂王继立于广西，是为永历帝，仍授方济以特权，乃居于广州所建之教堂。清兵取广州，几濒于危，赖某官之救得免，仍传教广州。1649 年殁，葬于隆武帝所赐澳门对岸之岛上之银坑乡。[①]

柏罗主教（Mgr.Francois Pallu）等

清顺治朝，汤若望（Jean Adam Schall von Bell）等以修历之功颇得帝宠，教务顺利，欧人信为中国将完全皈依天主教矣。罗马教皇乃于 1658 年（清顺治十五年）八月十七日派柏罗为中国华南代牧主教，但柏罗为法国人，葡西二国恐其在华与己国不利，乃多方阻之，柏罗竟未得入境，乃由美洲折回欧洲。1677 年（康熙十六年）罗马传信部为拓展远东教务，又选主教六人，其中之一即为柏罗，委以管理华南教务者。柏罗主教乃请求罗马与以有总辖中国教务之权，故一到漳州即致在华各教士一函，宣布彼系总理中国教务，罗马所要求之宣誓当一体遵行。此宣誓盖即包括不得祭祖敬孔诸事，此在当时不合国情，曾引起不少纷扰之影响。此事未解决前，而柏罗主教已于 1684 年逝世矣，乃以马格洛特（Maigrot）主教代其任，然未行祝圣礼也。（见《圣教杂志》第二十六卷第六期，徐宗泽著《中国天主教史》）

1631 年，菲律宾玫瑰省之多明我会，曾派意大利佛罗林斯人名高奇（P.Ange Cocchi de st.Antoine）者由台湾来晋谒福建巡抚，同来者有施尔拉约瑟（P.Joseph Thomas dela Sierra），过台湾时高氏为海盗所害，施氏独免于难，得抵闽省。后得在福宁、福安一带传教，是为多明我派入闽之先驱。其后 1655 年 7 月 1 日又有意籍多明我会士李先（R.P.Victorio Ricci）者，由马尼剌来，抵厦门，遂在其地创立教区，建筑教堂，且多次为郑成功赴菲律宾与西班牙接洽事务。清军

① 圣教杂志（1925 年 6 月号）道学家传载墓在广州北门外金坑，未知孰是。

入厦乃逃回马尼拉。（见杞忧著《全国教区简史》,《圣教杂志》二十三卷十一期，673页）

于明清之际，除上述之教士曾先后来闽外，尚有葡人何大化（Antonio de Gouvea）于1636年（崇祯九年）来华，康熙十六年（1677）卒于福州。瞿西满（S.Cunha）字弗溢，于崇祯二年（1629）入华，传教福建，后往北京，顺治十七年卒于广州香山澳。杜奥定（A.Tudeschini）字公开，意大利人，明崇祯四年（1631）来华，初在陕西，继来福建，于1643年（崇祯十六年）卒于福州，著有《渡海苦绩记》等书。郭纳爵（I.da Costa）字德旌，亦葡萄牙人，崇祯七年至，传教陕西等处，后来福建，康熙四年往广东，五年卒于广州。利安东（Antoine de st-Marie）西班牙人，方济各会士，1634年（崇祯七年）在福宁，遇福宁人罗文藻，特加赏识，教以圣道，并为受洗，嗣因教难，亦拘送北京，后回菲律宾，而罗公晚年得升为南京主教。（见《圣教杂志》二十六卷八期，徐宗泽著《祝圣吴渔山司铎之罗文藻主教》一文）又庐安得（Andre Rudomina）者，天启六年（1626）来华传教，崇祯五年（1632）卒于福州。又有柏应理（P.Couplet）者，字信未，顺治十六年己亥来华，传教于福建浙江江南等处，著述亦多。（参考西学辑存本《泰西著述考》《入华耶稣会士列传》）。（以上数节均为译者所增补）

曾得昭（Alvarode Semedo）[①]

葡萄牙人中之至福建者尚有一人名曾德昭，于1613年（万历四十一年）来华，于1658年卒于澳门，著有《中国通史》（Relatione Della Grande Monarchia Della Cina），1643年罗马版，其书卷一所记多概况及风俗，卷二所记多中国各派之基督教，其中最使余发生兴趣者，阙为福建部分，其第十页（英译文为第五页）曾有关于龙眼之记载，而荔枝亦有述及。

① 曾德昭字继元，原误鲁德照，张星烺《中西交通史料汇编》第二册，435页，因其误作字继先，其人未至福建，盖在杭州、金陵、江西、广东等地传教多年，卒于广东，墓在香山澳，除上述著作外，并著有《字考》《中国文录》等书，详见《入华耶稣会士列传》169至172页。

卜弥格及卫匡国（Michaeli Boym and Martino Martini）

入闽之意大利人中有二作家焉，对于福建植物颇有记载，实开研究中国植物之先河。其一汉名卜弥格（神甫），曾于1656年在维也纳刊有《中国植物志》（Flora Sinensis）一书，卜氏系1643年抵中国，1652年归国，1656年又至中国，1659年卒于广西。其书实为三百年前西文书之关于中国植物志之第一部，故其书极为名贵难得，余曾于哈佛大学Widener图书馆中一见其书。

卜氏之书对于中国药材颇作详细之记载，所述者计有二十种，多有附图，其中有一种名番瓜树者，云为福建所产，附有图说，故易于辨认，中文名字为蕃茄果，但此物实非土产也，此种植物实自北非传入福州，土音甚近“番柿”，所谓番柿者，即番茄也，其时亦已传入中土。

其二为卫匡国（字济泰）Martino Martini神甫，为意大利之耶稣会士，1643年（明崇祯十六年）至,1653年归国。1661年复至中国，后卒于浙江。著有《中国地理新志》，刊于1656年，据美国国会图书馆云，此书极罕，美国各图书馆均未入藏。据余所知，中国恐亦未有流传也，余尚未能得见此书，据云伦敦有此书，但余尚未知其下落，惟法国国家图书馆内确有一部，此实西文关于中国地理志之第一部。其书除所记事实外，尚有关于各省植物之记载，据白莱脱胥乃窦（Bretschneider）云，此书曾叙及福州（Fecheu），第122页且有荔枝、龙眼之记载，而36页且言及乌臼（Sapium sebiferum Roxb），福州名柏树，为闽粤常产。福州用以制腊造烛，因其熔点较高，故用以涂于烛之外面，使其外形不易更变也。

在余述及初期英国游历家之前，请再叙一多明我派僧人（Dorminican Friar）华名明闵我（Fernandez Navarette）者，曾于1646年来华，于1676年在马德里（Madrid）用西班牙文刊有《中国游记》一书，曾记其由澳门、广州至福建福安Foo-ngan，Fo-nganFo-ngan-hyen之路程，盖彼系取道漳州及泉州（Sven-cheu），并记其途间曾遇福建（Fo-kyen）巡抚出巡漳州之事。

五日后抵达福州，游记中曾提及福州旅舍较意大利所有者为优，此点足以反映古代南欧之旅行状况也。再行五日抵福安，于彼遇见马尼拉神甫三人在其地，建有多明我派教堂，此外尚记其努力学习最难之方言，而感觉失望之事。

因其学习说话只需两月，而学字则需两年也。不久皇帝（按为康熙帝）下诏逮诸教士入京受审，彼亦在逮捕之列。各省被捕者全数共二十五人[①]，经讯后，于1669年（康熙八年）旨命将诸传教士押遣澳门。

英国之游历者

英国人在福建之作植物采集也，系与其在华商业发达史有直接关系。其初步计划，系定于1596年（万历二十九年），其时以利沙伯女皇遣伍德氏（Benjamin Wood）驾三舰，持拉丁文之国书，通好于中国皇帝，但因遇风，其船并未驶抵中国。至1625年，东印度公司谋设商馆于厦门，自是以后，1620年、1627年、1634年、1636年皆欲扣广东之关以求通商，但皆为葡人所阻，盖葡人从中使中英发生种种困难，致无成果。1681年（康熙二十年），清政府毁其厦门货栈，但于1685年（康熙二十四年），复置分公司，而商业亦渐发达，因其时清廷已变更策略也（按当时因台湾郑氏已平，因之对外互市亦稍宽纵也）。其时厦门舟山（Chusan）（即定海县）之公司中英人，颇多注重植物之采集，故其在中国南部初期所采之植物标本，得以流传至今者，多由福建也。

最初之记载为1685年（康熙二十四年），英人利班纳（Wincheslaus Libanus）氏在厦门舟山一带之采集，其标本均寄与皮笛维尔（Petiver）及波拉克尼（Plukenet）二氏，盖此二人为英国当时植物分类学名家，著有植物之书甚多，而自设有植物标本室也。其后此种采集乃归入斯廊氏标本所（Sloane Herbarium），而今则归并于伦敦英国自然历史博物馆矣。当余于斯地工作时，乃得机会观摩之。标本之中余见有“皮笛维尔第二十九号”者，系于1685年由厦门所采，当时斯廊标本室定名为Adiantum nigrum chinense（铁线草），现在定名Odontosoria Chinensis（乌韭），一种为中国东南部最常见之羊齿植物，但可注意者，即为此1685年之记载，竟为著名之汉学家白莱脱胥乃窦（Bretschneider）所忽略。

---

① 外省教士拘送北京者应共三十人，此处所言之二十五人，恐系专指耶稣会士也。此外尚有多明我会士四，方济各会士一，盖此次教案起于杨光先之攻讦也。可参看杨光先著《不得已》一书，民国十八年南京国学图书馆影印本。

此外余亦未见其他人士之对此发生注意也，但白莱脱胥乃窦氏确曾说及“于 1688 年之前，皮笛维尔及雷氏（Rey）曾由厦门采集数种植物标本，送归英国”。此外尚有二种由厦门（Hamoy）所采，一为石长生之属，一为铁线草，盖为一种羊齿植物也。

以后勃朗（Sam Browm）先生，于 1695 年，亦由厦门（Emoy）等地采得不少植物，送与皮笛维尔氏，但余对于上述之利班纳及勃朗二氏，只知其曾在东印度公司服务外，他无所知。在皮笛维尔所记之康宁罕《舟山植物采集记》中，于“乌臼”条下记云：“勃朗氏数年前‘首先’由中国送余此种标本，自是以后余由厦门舟山等地亦收到此种标本”。此处所云之“数年前”，颇难确定其何年何月，但知早于 1695 年耳。盖皮笛维尔氏尚云此时（指 1703 年 9 月 7 日）伦敦已有此树二株，据此可知大约系由勃朗氏于数年以前将乌臼之子，送至伦敦，而八年十年之后，方生长成树也。盖皮笛维尔氏，于 1699 年复收到甚多也。

1699 至 1700 年之采集者中，尚有开尔（Keir）及巴克莱（Barclay）二氏有一述之必要。皮笛维尔记（第九页）云：“自余书之第四第五辑（1699 年出版）出后，开尔及巴克莱二医士由中国送余数种植物”，因是书出版于 1700 年之 12 月，故此种植物标本必系于 1699 至 1700 年所采集者，大约全部均由厦门而来。

此期之唯一采集家且最为重要者，当推康宁罕博士（Sir James Canningham），事实上彼之采集实为 1700 年以前之第一次真正采集。自彼之后，其间约经一百五十年之久，始再有其他之采集也。此后直至 1843 至 1854 年之时，始有英国皇家园艺学会所派之福充（Robert Fortune）氏者，至中国做广泛之采集耳。

第一次真正之植物采集者

康宁罕博士为厦门及舟山公司中之医师，彼于 1698 年作首次之游，到达厦门及鼓浪屿，同年回国。其后又于 1700 年作第二次之行，于 1701 年 8 月 13 日抵达，乃沿海岸而行，8 月 31 日抵钓鱼岛，至 9 月 8 日始离该岛向舟山进发，至 10 月 1 日到达，于 1703 年回至厦门，于 1709 年归国，卒于途间。

计彼所采集之植物标本，不下六百余种，皆送与其友皮笛维尔、波拉克尼、斯廊等，后皮波二氏之标本，售与斯廊氏，最后乃归之英国自然历史博物馆。此余前已言之，今日尚可见到二百年前所采之标本于伦敦，保存完好如新，余幸获得研究此种旧标本之机会，但不能达到余所期之切耳。此称标本，大部均未标名，只是载明系中国来源，其中颇多标为舟山（浙江）所采，但余此处只就福建者言之，其中有三十八种均用红签或小片载厦门（Hamoy，Emoy或 Emuyaca）字样。大约均系 1698 年所采者，另有三十八种标明采自跃鱼岛，其日期为 1701 年 8 月 31 日至 9 月 8 日，其所谓跃鱼岛者果何在乎？余知福建沿海均未有以此名岛，何故竟有此名，经相当之考证后，白莱脱胥乃窦氏寻得此名于一旧地图上，据云此岛位于闽江口，地近福州也。白氏所发表者，系一小注脚，而此注脚亦费余两三年之力，方始获得，盖此系旧名耳。今名白犬岛，亦名上沙下沙，康宁罕氏因避风停舶其地，以添淡水，连带采集植物，总而言之，所采者均为饶有趣味之植物。盖余有学生一人亦至其地采集，曾发现一新种，已发表之矣。但不称之为 Crocodilorum（即跃鱼之义），而名之为 Siongsalensis，汉名上沙岛之义也。

余述福建之植物采集者将毕于此，盖余以前所述不局限于植物采集家者，冀此文得广其范围也。故所述旁及其他方面，诚以研究古代之游历家，其所经之地，所叙之印象与经历，为著者所旧游熟悉之地，则其趣味可知也。

作于广州

参考文献

（1）见 1922 年《通报》，399 至 413 页，伯希和注“亚拉伯商人苏烈曼及阿布赛德哈撒印度中国见闻记”。

（2）参看雷脑多德译《印度中国闻见录》，1718 年版，后部名“阿布赛德哈撒后记”。（译者注，参看张星烺编《中西交通史料汇编》第二册，119 至 144 页，可得其详。）

（3）见莱奴德译《阿拉伯人及波斯人印度中国纪程后部》，1845 年版。

（4）见莱德（Wright）著《古代巴勒斯坦游记》，Bohn Library 1848 年版。

（5）见 Komroff 著 Cotnemporaries of Marco Polo，1928 年伦敦版。

（6）原书为希伯来文。

（7）见 M.Sherwood 及 E.Mantz 著《契丹之路》，1928 年纽约麦美伦书店版。

（8）此老法文本系 1824 年法国地理学会刊印本。

（9）见《马哥波罗游记》亨利玉尔修正第三版本，1903 年伦敦 Murray 公司版，上下二册。

（10）译者按：别奈代脱本为最晚出之本，为 1928 年 Firenze 公司版，原书名 Marco Polo：II Milione，Prima edizione Integrale，a cura di Luigi Foscolo Benedetto.

（11）见佛兰浦敦译班斯尔著《马哥波罗及尼哥罗康梯游记》，伦敦 Argonaut 书店 1929 年版，

（12）见赖麦锡编《游记杂著》（Navigationi et Viaggi）第二卷，1559 年版。

（13）参考菲力卜思著之《马哥波罗及伊宾拔都他游闽考》，见《中国纪录》（Chinese Record）三卷十二期，44，71，87，225 页（1870 年版）；又《刺桐考》见《中国纪录》（Chinese Record）第四卷 77 页（1871 年版）；又《南蛮考》见《皇家地理学会会志》Jour.Roy.Geog.Soc.97 页（1874 年版）；又《刺桐研究》一至五章见《中国纪录》第五卷 327 页（1874 年版），又第六卷 31 页（1875 年版），又七卷 331 页（1876 年版），又第七卷 406 页（1876 年版），又第八卷 117 页（1877 年版）；又《漳州为元代福建省会考》见《王立亚洲学会华北支会会报》第二十三卷 23 至 30 页（1889 年版）；又《葡人在闽通商史》见 China Rev. 第十九卷 243 页（1891 年版）；又《西班牙人与漳州之通商史》，China Rev. 第十九卷 243 页（1891 年版）；又《Mendoza 书中之 Chinchao 为泉州抑漳州考证》见 China Rev. 二十卷 25 页（1892 年版）；又《中古时代福建二商港泉州漳州考》，第一部《漳州》见《通报》第六卷 449 页（1894 年版），第二部《泉州》见《通报》第七卷 223 页（1895 年版）。

（14）班斯尔（Penzer）氏以为 Yuyuan（即温敢 Unken）系在闽江北岸，彼以为闽清之说似不可信，因闽清并非面临闽江，而系在闽江之一支流上。

（15）见道格拉斯（Dougias，C.）著《刺桐考》，见《皇家地理学会会报》1874 年卷，112 至 118 页。

（16）《马哥波罗及高僧和德理游记》，康洛夫（Komroff）刊本 1928 年伦敦版。

（17）见吉伯译注《伊宾拔都他亚非二洲旅行记》，1929 年伦敦版。

（18）《契丹及其路程》（Cathay）第四卷 118 页。

（19）见王英玉编《明代中欧交通史》，岭南大学社会科学系毕业论文，1932 年 6 月。

（20）见 Ljungstedt 著《葡萄牙人殖民及传教中国史》，1936 年波士顿版。

（21）见 Gonzalez，J.de Mcndoza 著《中华史》，西班牙原文本，1585 年罗马版，英译本 1588 年伦敦版。

（22）当时入闽之荷兰人尚有阿林（Aline）（1613、1649 年游福州）；范和伦（Van Hoorn），文德柯（Bontekoe），礼查（Reijersr）于 1622 年抵漳州，1623 年抵厦门，范米德（Van Mildert）于 1622 年抵漳州厦门，礼查与范米德 1622 年入福州；路黛明（Rudormina）1632 年入福州，杜德新（Tudeschini）1643 年至福州；肥兰（Ferran）1661 年入福州；格拉维那（Gravina）1662 年抵漳州；范观邦及诺不里（Van Campen 及 Noble）1662 年抵漳州；范和伦 1666 至 1667 年由福州至浦城；刘支曼（Reugement）1676 年抵漳州；何大化（Gouvea）1677 年到福州。

（23）见 Gedenkw Bedryfol Nederl 著 Maetschappye in het Keiserrijk Van Tajsing of Sina1870 年版，又 Astlbys 著《游记丛书》荷文英译本第三卷，455 页，1745 年版。

（24）参看中国通史意文原本（Historica Relation adel gran Regno Della Cina），1653 年罗马版，英译本名 F.Alvarez Semedo，Twenty-two years at Court and other Famous. Cities，此英译本较原本多出地图及图绘数幅，此书目的用以增进英国对华商业之知识也，书中有 1655 年之船图及当时之中国全图，图上关于福建地名只有建宁及福州二地。

（25）参看卜弥格著《中国植物志》，奥国维也纳 1656 年版。

（26）此书之出版年颇有可疑，但 1655 年 1 月 7 日确为其领到番之日。

（27）此书初为邱地尔游记丛书本第一卷，1704 年版，另有一个版本为亚斯特利（Astley）编游记丛书本第三册，1745 年伦敦版。Murray 氏《亚洲轶闻》（Discoveries in Asia）第三册 192 至 194 页（1820 年版），亦有该书提要。

（28）见《邱地尔丛书》本。

（29）见《亚斯特利丛书》本。

（30）亚斯特利本写作 Siven-Chau，邱地尔氏作，Swen-chau-fu。

（31）见王英玉毕业论文 30 页。

（32）见 Plukenet 著 Phylograohia 第四卷 1 至 2 页，又 Ray 著 Hist. Plant 第二卷，1853 至 1854 年，过坛龙草（见斯廊氏植物标本第九十卷第 6 页），Plukenet 氏在

Phytographia 第四卷 31 页亦记之，Libanus 氏亦收到此种标本。

（33） 见 Emil Bretschneider，History of European Botanical Discoveries in China，1898.

（34）见 Philos，Trans，XXIII，Sub.N.90.1703.

（35）Petiver，C.C.4^{tu}C.p.43。

（36） 见 Musel Petiveriani Centurae Decum Rariora Naturne Centineno，1695 至 1703 年伦敦版，伦敦博物院所存各本之日期如下：第一本 1695 年，第二本及第三本 1698 年，第四本及第五本 1699 年 8 月，第六本及第七本 1699 年，第八本 1700 年 12 月。

（37）见 Centurae 第八本，80 页，1700 年。

（38）定名为 Callicarpa Siongsuiensis Metoalf 见《岭南科学报》第十一卷二期《福建及华南植物小志》，1932 年刊。

（原载私立福建协和大学编《福建文化》1944 年第二卷，第二期）

中国抗战

胡适博士著　金云铭译

是篇为驻美大使胡适博士于去年12月4日对美国人士之演讲辞，由纽约中国文化研究会刊行。其中所言数点，虽有今昔不同之感，然而今日国际形势对吾略有好转之趋势者，未始非当日呼吁之效果也。特为译出，以飨国人。

设余被请以一语说明吾中国之现状者，则余将毫无犹豫而告之曰！中国事实上是在流血死拼。

吾人于过去十六个月，曾与我们之侵略者——世界上三大海军国之一，或四五陆军国之一——作殊死战。死伤达百万人，广大之土地被占，沿海及沿江一带城市，如北平、天津、青岛、济南、上海、杭州、南京、芜湖、九江、厦门、广州、武汉等，皆遭沦陷，一切外人所熟知之城市、教育、文化以及交通转运的中心，皆被蹂躏占据。全国一百十一所之大学及学院，三分之二非被炸毁，即被盘据。在内地者，虽尚有少数学术机关在一切设备缺乏之下继续工作，然亦饱受空袭之威胁，除前线将士遭极大牺牲外，尚有六千万人民流离失所，无衣无食及医药之救济，每日均有千百无辜之非武装人民，惨遭日机之屠戮与轰炸。

尤甚者，莫如十月间广州之沦陷，故今日中国之海道完全被其封锁，国外一切军需器械之补充，濒于断绝。吾人现仅靠三条艰险而不可靠之后路，为给养之来源，盖即所谓苏联、安南及缅甸而已。但自日本加与法国以不断之威胁后，闻安南铁路已拒运中国军火。长途汽车虽通苏联，但由俄边至重庆，相隔不下三千英里，其距离之远，比之旧金山至纽约犹有过之。途程如是之远，油站又少，故重兵器之载运几不可能。至于滇缅公路，现尚未能充分使用。故谓吾人现在之给养完全被其截断，并非言过其实。至于一切出口货物之能换得外汇者，遭遇绝大之困难，更无论矣。

此为吾人之现状。故谓中国是在流血死拼，有言过其实者欤？

自广州、武汉相继陷落以后，吾人确作短时间之踌躇，人民与政府或有因之失望者，此亦无可讳言。吾前曾与美国友人屡言之矣，以有关血肉之躯，与无上金属机械之军备相抗衡，溃败与疲乏诚属不免。故中国间曾发生短期之疑虑与犹豫者，盖亦必然耳。其时各报故有和平谈判之盛传，以为中国将不战求和。事实上吾人之仇敌亦曾明白表示求和之意。

然而此犹豫之时期者，实亦大有决心之时期也。不久之后，吾人之领袖即明白表示中国之谈和平尚非其时，盖在此种局面下，毫无真正和平足为吾全民族所可得也。故经各方面详尽之考虑后，吾领袖已下最大之决心，抗战到底以求最后胜利。

为表示此种新决心于民众及世界，蒋委员长特指出几点：即中国将继续全面抗战，战线愈延长，敌人愈深入，而我于时间及地形上则愈有利。过去十六个月之持久抗战，已使敌人不能迅速西进，而吾人则能于此时期中完成内地之交通与转运、实业之建设；吾人将冒最大之困难与牺牲，以求得最后之胜利；吾人当知此抵抗侵略之战争，即等于美国独立之战、法国俄国革命之战、土耳其解放之战，在此种革命战争之下，吾民族之精神已获绝对之胜利。

此实中国新决心之郑重宣言。

世界对于吾民族此种不畏困难、抗战到底之新决心将做如何感想耶？以为不过根据于一种空想耶？不论世界对吾人作何感想，但吾可以保证说，一个民族已牺牲其百万人，而尚能准备作更大之牺牲，为民族争生存，此种大无畏之精神，不能委之为空想。盖作此决心者实已筹之熟矣。据以往之事实，吾人确知吾将士之勇敢与无上之牺牲精神、与夫人民忍受一切损失与蹂躏、对于政府毫无怨言及全国之上下一心，团结一致，虽在敌人铁蹄之下，亦能始终如一。吾人熟知敌人对此持久之战争，已感其绝大之痛苦，财政濒于崩溃，盖敌人已遇空前之困难，而竭其全力，深感此种之战争将无了期。其最大之忧虑厥为其历年所集之军备，本已用作对付其更大之敌人者，今忽遇到庞大之消耗，故吾人如能持久抗战，则不难将其打至筋疲力尽耳。

更有进者，以吾人研究历史之眼光观之，吾人之抗战实为革命之战争，与美法苏土之革命战争，如出一辙。吾敢断言美国之听众，对于此种历史上之比较，必同具兴趣焉。不久之前吾曾接得一美友之信，其中有云："中国目前是在发力福治 Valley Forge（译者按：此系指美国革命战争时革命军大败之地），但余希望不久就要在约克唐（按：系革命军全胜之地）。"盖此数语实系作于余得读蒋委员长宣言之前。吾今对此历史上之相似点不妨申论之。

你们最科学的史家菲斯克 John Fiske 有云："华盛顿的军队在发力福治所遇可怖之困苦，足可使史家之扼腕兴嗟。于 1777 年 12 月 17 日，此可怜之军队退往彼等之冬营时，其行军路线，直可凭军士赤足奔走雪上所留之血迹而追踪之。23 日华盛顿报告国会云，在其营中尚有二千八百九十八人，因赤足与无衣而不能作战，每日之病兵单上，因饥寒生病者，渐行加多。在充塞的医院里，军士因缺乏干草倒卧于冰冻之地上受冷而死者，比比皆是。更困苦者，为受敌人袭击时，军士有防御武器者，不及二千人。"（参看菲斯克著《美国革命史》第二卷 28 至 29 页）此即所谓 1777 年冬季发力福治之情形耳。

不久之后，在佐治三世统治下之英国政府，及挪儿斯 North 公爵，曾以无条件废止美洲殖民地一切引起革命战争之法律，作为求和之地。并宣言英国议院除将永远放弃在美洲征收捐税，且派遣全权大使至美国会与议和。

此亦可算为光荣之议和矣。如果当时共和国之首领接受此种提议，则可免去后此四年之流血与牺牲，然而美洲之独立与夫美国之名，则亦安可得哉。

美国之开创者，因有拒绝 1778 年之和议，而再作四年之奋斗，遂有 1781 年约克唐之最后胜利。

吾人当忆彼数年间之困难与冒险，正不减于发力福治之冬天，如军队哗变，土地损失，内部纠纷，及奸人叛逆等，层出不穷。其时全洲尚无统一之政府，故经三年之讨论而独不能决定联邦政府之约法。渐至于洲立国会亦失其威信，国会不能向各州征税，遂不得滥发"缘背"以支持其战争。此种纸币遂至大跌其价，以至于华盛顿所谓"以一车之纸币，购一车之粮食"者。至 1780 年春间，每元之纸币只值二分，至是年年底时，十元之纸币只值一分矣。此种之钱，不久即失其流通，人民债务不能收回，信用扫地。……在菲列得尔菲亚州，且有一理发师用此种纸币以裱其壁。在此种环境之下，政府几不能给养其军队。甚至发与兵士四个月之饷项，尚不能购一斗麦，以养其家者。驯至即此区区之微，亦不可得。兵士只有赤足行走，濒于饿殍，此种之兵时生叛变，诚不足奇耳。（参考《菲斯克全书》第二卷 196 至 200 页）

1780 年之情形如此，然华盛顿及其同志绝不因之停战。一年之后，遂有约克唐全胜，造成美国独立战争之最后胜利。

吾述此 1776 至 1781 年革命战争所遭之困难与痛苦，不厌求详者，因欲指明当时华盛顿所率之美洲军队并不优于今日蒋介石将军所统率之中国军队，亦藉以说明蒋将军所谓吾人此次之抗战，实为革命之战争，使全民族达到精神上之无上胜利而已。盖已往之一切革命战争，皆系以配备不足，而精神奋发之民军，与装备完全之压迫者或侵略者之正式军队相抗，结果皆能以正义与勇敢，打破一切困难与牺牲，而得其最后之胜利焉。

如果尚有以此为空想者，则此种之空想之足以动人与引人入胜，吾全民族亦不惜以最大之决心，拼其热血与头颅一探其究竟耳。

在结论之前，余当再据史实之相类似者作进一步之观察。试问当时美国之开创者，如何能由发力福治之惨败，而转为约克唐之胜利乎？

读史者皆知其有两种要素。一为革命之军队不计艰危继续抵抗，二即当时国际形势对于美洲之革命，予以绝大援助，亦为要因。盖当时英王佐治三世为欧陆诸强所不喜，故皆表同情于美洲殖民地。美国国会早遣其外交使节至欧洲见法国路易十六。尤为关键者，厥为富兰克林——后为美国驻法第一大使——与法国订立商约及盟约。除由法国借款四千五百万法郎，以充军费外，并予以重要之军事上援助，派遣大批配备充实之援军赴美。故虽极端主张，美国孤立主义之比密斯 Belmis 教授亦云："美国得到法海陆军之联合援助，华盛顿将军方有约克唐之最后胜利。美法联盟实为决定美国独立之最大因素。美国人岂可忘之。"（参看比密斯著《美国外交史》21 页）

但法国之直接援助，并非美国胜利之唯一的原因。盖当时国际形势均直接或间接有利于美洲之革命。法国早于 1778 年，与英国发生不宣之战。西班牙于 1779 年，亦对英宣战。俄国喀德隣女皇，于 1780 年宣布其海上自由之原则，及中立国之权利，而为反英诸国所采纳。1780 年荷兰与英国亦发生战事。所以英国在溃败于约克唐之前年，实已与全欧发生冲突。英各处之殖民地，均饱受法国与西班牙之威胁，在此种国际逆境之下，英国遂不能向美洲补充其军队，以与华盛顿较小之兵力一决其雌雄。

此种事实上相同之点极为明了，中国抗战之最后胜利亦赖两事：一为中国继续抗战奋斗到底，二为在此持久战中，国际形势对渠总有发生有利之一日，而加敌人以压迫。中国并不希望给与同情之友邦为其作战，但吾人确望——当然他有权利希望——全世界酷爱民治与和平之男女，起而作正义与人道之声援，阻止一切不人道之贸易，供给种种武器及一切制造武器之原料品与此种曾经五十国以上所公认为条约及和平的破坏者，而堪称为国际公敌第一的日本。

（原文载于私立福建协和大学编《协大周刊》第四卷第八期）

中国抗战第三阶段

Stuart Lillieo 著，金云铭节译

是篇系登载于《现代史料》（Current History）本年3月号，立论精警。全文颇长，上半所言大抵皆描叙抗战第一二阶段所经之情形，无容赘述，兹将后半段译出，盖为本文之精华也。

我们一把视线转到日本方面，就可以明显地看出他最大的弱点是在精神方面。最显著的是他的国内宣传因要使他的人民拥护侵略的军队起见，不惜掩饰一切事实，不断地欺骗民众说胜利是他们这一次“圣战”的必然结果，那些捏造的故事即使是最天真的孩童也不会相信，他们的人民对此整个冒险已经完全冷淡下来。许多在东京的观察家现已指出他们一些矛盾的现象，那就是许多日本人民表示他们如果对这事愈不关心，那他们的心里就愈好过。

台儿庄的溃败证明了“皇军”也不过是一种军队，南京的焚掠淫杀证明了他们的士兵不过是带着原始兽性的怀疑，那就是说使他们更相信日本军队的纪律是完全粗疏的。至于那班军官们对于侵略的争辩，南京参谋部一方面对于大陆上那些高级指挥官作不断的争执，一方面又对于中国各地傀儡政府之人选和政策也各具成见；以及战事上的任意行动，在此皆足暴露日本军队里所特有的性质。例如上海大战的时候，因陆军和海军的首领们争议，谁应担任此面战争事竟使战争迁延了好几天。

每一个日本人都是想他的天皇保护一切权益，这一种观念使他造成轰炸“巴纳”号及其他较小之不法意外事件。日本人只有以“爱国”两字了之，但我们宁叫他做“十足的不负责任”。

在外交方面差不多两年以来，日本也都用这同样的态度。他们说拿破仑除

最后一次外，其余都是打胜战的。日本的外交战略也都是充满着这样的主旨，到现在止西方各国都很温和地对待他，但是你们都可以看出胜利之道并不一定要与这种活动的敌人采取敌对的行动。从我们高坐在奥林比亚判席上的眼光看，我们可以警告东京说，世界大战就是因为德国不顾一切的外交策略。

我们现在最危险的职务就是试验驾驶、建筑隧道和预测远东的时局。然而几种趋势却是很明显的，我们可以归纳起来预告说，在这中日战局的第三阶段里，日本大概是想尽力来结束（大约是失败的）他的战事，以便实行整理其既定的方针。中国当然是继续抵抗，不顾一切主和的运动；而日本的外交将愈增其困难，除非他能够以威力遮盖中国一切攻击的力量。

在这国际错综的形势下，将来的局面是潜伏着最大的骚动，因为时局是直接趋向于美日斗争。美国的外交政策确然有百分之九十是基于浪漫性上，但我们在事实上应当承认美国反日的趋势是继长增高的。本年的开头，人民就坚决地要求国会禁止把制造军火的原料运与日本，这就是一个很具体的事例足以表现人民之情感。日本一味藉其难于动摇的夸大狂而尚不觉悟到此种的趋势。美国与日本的第二步自然是经济制裁，这是无可避免的。那——随你怎么叫他——就是一种战争。

我们希望那些穿着灰色制服的小小军部人员在三宅坂批阅地图之余会认识到这种危机。他们最要紧的只是把日本的国内情况当作最利的踢马刺来刺激国民在中国的侵略行为。他们把“国家生存的威胁”做口号（这大概是由中国共产党学来的）来欺骗国民，使他们能全力拥护军部。如果战争继续延长下去，那他们大约也要历年继续着这样宣传。即使战争终了以后他们会否变更他们的态度还是不可知的。军部绝未忘记近在 1923 年的时候，因他们对于人民未用此种符咒以至于失势。所以日本的“常胜军”如果一遇到挫折的时候，他们的国内就要发生茫无边际的政治反响。

现在的形势正合于东方的一句成语说“骑上虎背难下虎”啊！

吾人已经知道日本的军队缺乏纪律，这也是一种要因使战争不能于短期内停止而免受中国的抵抗。知道日本最清楚的人都不敢打赌说日本的军队，久受中国防军的无限敌对之下，是不会叛变的。在过去四年间，有许多由中国方面来的模糊的谣传关于各级日军的哗变。占领军无论在国内或占领区域以至军队的自身总是不孚众望的。所以加富尔伯爵说："你可以用刺刀做任何事情，但是不可以坐在他们上面。"

中国在这时是居于无人妒忌的地位，他避开一切求和的劝告而只求抗战到底。汪精卫的背叛是于事无损的，那不过是中国国民政府一个重大而不可避免的趋势而已。据说就是在比较不利的和平条件下也有许多人主张停战，这些不大积极抗日的首领们诚足责以动摇民众的精神。如果给与新机会的话，那他们一定是强求和平的。

不管他和议如何进行，但我们总可预期战事会正式地继续下去（要愈正式愈好，因此战从未正式开始过），其理由是很简单的，那就是在蒋委员长领导下的国民政府已认清屈服即亡国。日本在中国主要之一贯政策就是排除中央强有力的政府。这在放弃抵抗之前是值得领袖们所深思熟虑的。现在遍布于沦陷区域的中国广大的游击队，那又是一种重要的力量足以制止一切无胜利的和平谈判。这些集团的组织是相当的完善，但是在未有充分的统制之下，如果和议告成之日，那他们却是难于驯顺来归的。

对于这个第三局面能够支持多久，我们所能预料的只是继续抗战——大概是散开而各具不同目标的。从我们有利的地位上观察，我们可以看出东亚的真正和平障碍是双方政府都未知如何可使战争停止，而双方依然各有其力量。

一位贤明的中国人最近以一语道破日本的地位说："日本能够制造战争，可以的，但是它并不晓得如何制造和平。"

（原文连载于私立福建协和大学编《协大周刊》第五卷第四、五期）

油桐——美国南部的现金收获

Roy L.Pepperburg 著

金云铭译

我国的丝茶，在国外市场已日被排挤，而入于衰弱的状态。今日所能换得大宗外汇的物品，首推桐油，但美国和日本等地也正在极力的提倡改良，而尤以美国种桐的成功，为最可惊。他们现在正极力的鼓起人民对于栽桐的兴趣，这篇作品就是其中之一。在最近的将来，美国桐油业且有取中国的地位而代之之势。我们若不急起研究改良生产，和提高品质的方法，一俟美国达到大量生产的时期，那我们的桐油市场恐怕就要受到巨大的打击，而陷于丝茶的同一命运啊！

墨西哥湾沿海各省的农民，现在已经栽了十万英亩的油桐树，他们相信已经成立一种一万万金元的新收获，使那地方起了很大的变化。

许多改变美国南部培植企业及农产品的计划，已经在美国各处成立起来，油桐实为一种新的产品或新的实业，那是没有别种实业比这更能引诱人的，因它除直接可使南方受益外，所产的桐油，还可以使美国免受中国每年二千万金元的商业独占。在全国化学原料进口中，桐油占第四位；1937 年，我们曾由中国购进了一万万七千六百万磅的油。

中国人利用桐油已经五千年了，他们以秘法调制世界闻名的漆、不透水的丝布、纸以及嵌补船缝使不漏水。在商品上它曾被称为“木油”，马哥波罗在十三世纪的时候曾作下列的记载：

“中国人用灰及碎麻与一种‘木油’混捣，当此三物完全融和时即成一种胶黏物，彼等即以此混合物涂补船身。”

今日之桐油已应用于数千种的物品上——如自动车之制动带、上等的漆布油布、易凝的珐琅质以及许多耐湿的假漆等，又可用以封涂牙膏之管，及制造电器的绝缘体。单单一个电业制造，每年就需用二百五十万磅的桐油。

现代美国工业消费者，依赖着中国独占的供给，颇觉得有点肉痛。中国灵敏的市场像火箭般地升高他们的价格，就是没有战事和日本的封锁，他们也已经由每磅一角半涨到四角了。大家都记得农业部因为要提高本国农民的进益，所以于 1906 年，就在加利福利亚、福老利达以及远至北方的卡罗林那诸省都开始试植。

以历年的试验，最后证明了在德撒、路易谢安那、阿拉巴玛、乔其亚以及——最好的地带——福老利达和密西西比一带约一百英里的地方，都可以生长。现在最盛的是在密西西比之珠河流域。每亩得最高利润的，当推福老利达省甘维尔地方的林场。

初期的试植，证明了油桐树是极具中庸性的。它是落叶乔木而需要一个凉爽时期的休眠。在霜降之前就凋落，开花有点像苹果、柑橘或桃子一样。它需要相当的雨量——以三十吋左右为最佳——但恶潮湿之地，而喜酸性且容易排水的山坡，住在甘维尔地方的本泥特氏，他所拥有二千多亩的桐树园曾经世界许多专家研究过，据他说："除排水外，桐树对于'空气的流通'也甚重要。小的沟谷常使冷气凝聚其中，所以前两年一由电话里听到当晚有霜的消息，我就驾着飞机低飞于林场上空，使空气得以流通。做了六点钟的飞行，每小时只花去六元钱，这并不能算是很贵的，但我却保全了整个的收获。"

油桐在第五年就可以收获，而产量却渐行增加到二十或三十年止。如果能够好好管理的话，生产的年龄就可经五十年以上。在阿拉巴玛省的罗伯特斯智尔（Robertdale）地方曾有一株三十三年生的桐树底记录，它每年的产油量是九十磅。

桐树差不多完全可以免虫害或病害的。把它栽好之后，大抵无需花很大的工夫来管理，就会长到有四丈那么高。中国人看中这树一半因为果实，一半也因为这树长得很美观。在初春时候，树上长着一丛丛美丽而淡红的花。花一落掉，带着橄榄绿的小果实即刻随着生出来。1 到 10 月或 11 月时候，落在地上的桐子是一种坚硬而褐色的厚壳果，约略有桃子那样大。

美国的桐油脱离了实验时期，不过是十年前的事。1931 年的春季，才有第一批六万五千磅的美国桐油燃着胜利的光荣运到北方。那是表明这有变成一种大企业的可能。本泥特先生曾计划扩充到一万英亩，密西西比有个名克洛斯比的林业家去年且种了二万二千英亩的桐树。几个月前亨利福特已由本泥特林场购了许多种子和桐苗，打算在乔其亚省的魏伊斯地方辟了一百英亩的园地试种。因他需要五千英亩的油桐来漆他的车辆。

原有的顾虑说美国人不能与中国人的贱价工资竞争的心理已经无形打消，我们有完备的机械，所以一个专门的技士和两个工人就可以等七百至一千人的苦力工作。我们能够用中国人所舍不得用的更好的肥料，使它产生更佳品质的桐油，而每磅的价钱只较高二分至四分而已。我们能够由同量的桐子中多榨出百分之二十的油。我们已把桐树的生产年龄大大地增加。

本泥特先生的五百英亩的五龄桐树，每亩已经能够得美金二十四元四分的进款。换句话说，就是每英亩以二百元的投资，它的利润差不多已有百分之十二了。这项的进款，自然是包括着每吨值四十元的桐子饼（内含百分之七有机阿莫尼亚）而言。

眼前颇需要着大规模的培植，因为只要三四架的牵引机便能管理二千英亩，而一年中并不需要多人的工作。

所以这里还有许多机会留着给小规模的种植者。一个农人如有一对的骡，就可以很便当的管理一百英亩。在六至八年后，每英亩就可以收得两吨的桐子。榨油厂在去年曾以每吨三十五元的代价来收买干桐子。有几处的收获在这稳定的市场里几亩竟达七十元之多。

到现在止，本国（指美国）所产桐油已达二三百万磅——差不多占我们工业所需的百分之三。将来的亚麻子油——大部分亦是进口货——更要受到桐油的排挤，所以各种工业能够很容易的吸收五十万亩桐树所产的油。供过于求的危险那可以说是微乎其微的。即以福老利达的产桐地带而论，其中土壤有的因排水不良，有的因碱质过重，百分之八十的土地皆不宜于植桐之用。

其他各国如阿根廷、巴西、新西兰、德兰士瓦、罗特西亚和苏联也都在实验。在最近几个月来，不断的有许多外国参观者都到我们的林场里来研究。苏俄最近且由本泥特林场买了十五吨的种子——那是很够种十万亩的土地啊！

任何商业的复兴，都可以使桐油价格高涨。如果日本“占领”到长江的上游，而中国方面抱着焦土政策把桐林毁掉的话，那么美国的工业更要向海湾各省求得此种重要的油了，因为那是无物可以代替它呢！

【原载 *American Forests* 译自 *The Readers Digest* 本年 4 月号】

（原文载于私立福建协和大学编《协大周刊》第五卷第六期）

工合救国——新工业合作可供持久抗战及战后复兴之经济基础

[美国]赛珍珠著

金云铭译

中国终于被迫开始她的真实地反日了。这并不特指武装反攻，也是指工业方面而言。在这方面，她却以最大的决心，来对付日本的打击。当日本坚决地，表示他们并无领土野心的时候，这也许并非谎语。因他们所要的是中国整个命脉——那就是中国数千年来，藉以强大的商业与资源而已。日本侵入中国，并不必像其他的征服者一样，只在于攫取土地与皇位，他们的既定方针，是在于夺取中国的商业和工业，并占有她的天然富源。

中国的经济战线阵容，几乎到了败北地步。如果中国在经济方面，能够支持下去，她无疑地就会战胜的。失了城池，那并不是重要的，失了土地，也并不算是最大的不幸。近于不幸的，却是中国二十余年来所惨淡经营的重工业，而今有百分之七十，非被日本炸毁，就是被他们所管制，而日本在中国的商业，却惊人地增大起来。现在每月都有二千多的日本商人和工人来到中国。在沦陷的城市里，有百分之九十的货品，都由日本人买卖。甚至连许多中国士兵穿的制服，都是由日本买来的布做的。

最可悲的是，就是中国自身，或且供给敌人以侵略的工具啊！

现在有些机敏的中国人，正在打算解决如何能在工业方面和日本相持的问题。战事是继续进行，而必须抵抗到底的。的确中国在武器方面，很难与日本竞争。游击战虽然是不断地予以打击，但充其量，却未能解决日本的占领问题。因为日本有一种力量，那恐怕就是最勇敢的游击队，也无法奈何的。这就是说，许多大小工厂的毁坏，使百万人民变得饥饿流离。这些人民在他们的失望中，不得不群集于他们自己国土上的，那些日本人所设立的工厂。因为他们和他们的儿女，是需要吃的，那就有点使他们顾不得受敌人的饲养了。

所以惟一的工具，来抵抗日本对中国的经济侵略，就是中国人应迅速地建设新的工业中心区，藉以吸收多数失业工人，使他们复能生产国货，来供给国人。这比单独的慈善救济要好得多呢。这才算是与日本以真正的打击，因此既可与日货竞争，而又能利用中国自己人力与天然的资源；不然的话，这些资源就只有流向日本的工厂方面去了。中国人老早就晓得，如果中国能够握住自己的原料和市场的话，那么他们就可以打败日本了，完成他们作战的主要目的。所以当长江一带工业市镇相继沦陷的时候，他们就打算把其余的工厂移往长江上游一带的内地城镇。但日本却以轰炸重庆、成都、云南各地来应付。到如今所有的中国大城市，都已经证明日本轰炸机有到达的可能。所以银行家和技术专家的共同结论就是——新工业运动应以小规模为主，而财政方面则须合作。

这是最近许多月来的一件最能使人欢欣鼓舞的新闻。现在中国已计划出许多合作的工业，尽量地利用数百万难民，特别是上海等地的工厂工人，他们大概都是因日本的侵略而失业的。

简单说，这种计划，就是在任何地方，如果有七人以上的工匠，都可以组织一个社。每个社员最多不得占有百分之二十以上的股份。购买原料和出卖产品都有一定规则。他们所得的利润，则由社员均沾。因为要养成自治和委员会管理的制度，所以每社都由一个中央委员会细心地给与指导。这个中央委员会就是全国工业合作协会，就是直接属于中央政府行政院的。那里面有的是中国第一流工程师、技士、工界领袖和外国专家顾问等。

在短短的四个月内，已经成立了四个合作总社，两个在长江北岸，两个在长江南岸，都在国民政府势力所及的地方。他们收支着巨量的款项，那就是包含着政府所拨的五百万元、菲律宾华侨所捐的十四万元菲币和广东一班爱国银行家及其他私人的二十万元借款而言。贷款可以由国币五百元至一万元。社员可以利用该款作制革、造舟、织布、纺纱、印刷、开采煤铁、磨制面粉、提炼五金、制造硫酸、和化炼植物油以代燃料等。这些泰半都是以前被新式工业所排挤的旧工艺。在许多地方，技工们因不能与现代机器竞争，老早已经忘记了他们的手艺。所以有许多老师傅都要重新教起他们的孙子们，施行那些老法和使用古老的工具。好些天然的富源，因为以前的无用而未经他们注意或采用的，现在都被他们开发出来使用。例如某地一向都是使用高价的舶来铁，殊不知他们的地下却存着大量的富源和有用的矿苗啊。

工业合作协会，打算成立三万所的合作社，每社如果直接或间接地容纳一百五十人的生产者和他们的家庭的话，那么不特开创一种大规模的救济，而且同时可以复兴那些随死的生产和紧缩的市场。

这种计划现在已经有了相当的成就。在那些外国专家中，艾藜 Rewi Alley 先生大概是技术顾问的首席。在他的指导下，卢光勉（译音）已被派赴西北组织，他是一个爱丁堡大学的留学生，曾在河南有过工业合作的经验，和他同去的是吴祖斐（译音）技师，他以前曾在上海电力公司和美国福特汽车公司做过事的。机器都是由汉口运去的，在短短的三个月中，已经成立了八十余处的小规模工厂。这些合作社有酒精燃料、纺织、毛织、制革、采矿和运输等，许多乡村都装起了电灯，因印刷局的成立而使许多市镇得以出版了第一张的报纸。地方上的原料都经研究过，而工业合作训练班也造就了许多领导人才。

在汉口陷落不久之前，兰福祐（译音）就已经到了西南，他是来自上海电力公司、现任工业合作技术股的首席技师。他在美国当过很久的技士，最近在云南西部集合一队技术人员，在那地方做了很详细的原料调查。军队中所需要的制鞋厂已经开始。其他如制造干电池、硝皮、织巾、织袜、印刷以及医药应用品等合作社都已经成功了。社员们当分配产品的工具发生困难的时候，就自行下乡兜售他们的货品，藉以得到相当的利润。在东南首先成立的是一个硝皮和制革的工业合作社。其他如价值三千美元的机器合作，为难民设立的纺织合作，为伤兵设立的印刷合作和卷烟合作，以及炼糖、造船、粮食保存等各种合作社都纷纷地建立起来。

这整个运动的中央总枢纽是在重庆，这个总社可以指挥全国，同时兼管湖北、四川、西康和云南四省。在这些地方原料是很丰富的，不过工作才在开始而已。

这些合作社在各地都是很成功的，利润是相当的厚。在西北，有一个制烛合作社借了二千元的资本，它在两个月中，除各种开销外尚能够还款五百元，一个合作社如要维持到它能够赚钱的时候，资金自然是很需要的啊。

所以每一个中国人和中国的朋友，都应该在这工业合作的阵线上，予以助力来打击日本。富有的中国人应该贡献更多的钱。在海外富足的华侨确已作了最大量的输将，但可耻而又可悲的，却是国内许多在官及在野的富豪，对于战事救济的任何方面，都未能尽他们应尽的输将义务。就是一点点的钱在中国都能发生长远的效力。有一位美国妇人不过捐了五十元的美金给合作社，在汉口就得买了十七架中国制的纺织机，运到山西一个合作社里，竟使十六人有了工作。

如果我们把这中国新工业运动的效能加以观察之后，我们就可以看出许多有趣的事实。中国的旧力量一向都是靠她的不集中的工业，换句话说，就是靠乡村中的家庭工业。几年前有一个英国大经济学家陶尼（R.H.Tawney）氏，曾做一本很好的、关于中国工业研究的书，名《中国土地与劳工》，他曾结论说："中国为她的国民经济福利起见，应该维持她的旧式小工业制度，不可仿效西方的大工业集中化制度。"但近年以来她却向着工业集中制度进行，一直至日本把她的工厂毁灭时为止。现在她又回头向着她那古老的力源了。

中国工业合作的发展在现时是具有最大意义的。因这不但给予贫穷的难民救济和生活，并且也维持了本地的工艺，用以抵制日本的经济侵略，而其中最重要的却是给与民众以新而不竭的力量和自信。这不特给予工人工作，还有那些受过训练的专家和抱着无穷希望的青年，他们这时正在很失望的时候，因为他们都热心地想帮助国家，但他们所能做到的却渺小得很，这个工业合作运动却正好给予他们以种种的工作啊。因着各种工业的瘫痪，使他们的国家受到支离，破碎于他们的脚下。这数百处的工厂复活，足可使他们把灭亡停止。工人和知识分子都可以用合作的方法来复兴中国的新工业。他们联合起来可以打败日本。

（原文载于私立福建协和大学编《协大周刊》第五卷第八期）

（四）工作笔记与课堂讲义

30年代国内图书馆考察报告

云铭此次承林校长派往本国中北各部，考察图书馆事业，于（编者注：1934年）2月初旬，即发函国内各大图书馆，告其前来参观之意。3月初旬，已得各地来函，皆云欢迎参观之意，乃于3月14日离校，15日往购船票，及预备行装等。16日参观乌山图书馆，17日参观省立图书馆。18日始乘华安轮往沪，21日晨始抵上海，在沪计停留十天，参观图书馆十余处。于3月31日赴杭州，停留六天，考察图书馆六处。4月6日返沪，8日赴南京，计住八天，参观图书馆八所。于4月16日晚乘夜车往济南，17日下午始抵济。住三天后赴津，于4月21日夜半至津，寓群贤旅馆，在津住三天，参观图书馆六所。25日赴平，计寓平二十二天，考察图书馆十余所。于5月16日晚始搭夜车赴郑州，20日转开封，停留四天，以后南下汉口，在武汉逗留约一星期，参观图书馆四所。于5月31日晚离汉，经安庆、九江、芜湖各埠，于6月3日返沪，补观图书馆二处。6月5日，赴苏州考察图书馆三所。8日回沪，勾留三天，12日乃乘捷升轮返省。前后费时共三个月，经程途八省、十四个省会及商埠，计参观图书馆六十余处，及其他教育机关、名胜古迹等多处。兹将3月16日起，考察经过情形按日报告如下：

3月16日　福州　乌山图书馆

下午至乌山图书馆参观，与萨士武君遇，承其导观全馆。馆分两层，下层为杂志报纸阅览室，杂志报章种类无多，因限于经费也。后面为书库，存旧杂志及旧书，多破损未经修理者。上层分阅览厅及书库，厅置目录箱及《万有文库》一部，云为杨树庄氏所赠。普通参考书架二，书亦不多。书库存书颇多，大半皆旧籍，亦多残破不完者，大都为陈弢庵氏及林宗孟等三家所赠之物。日文书籍颇多，英文则甚少，善本书如《苍霞续草》等，则另设玻橱存之。馆内存书统共七万余册，然实用之书及晚近出版则甚少，盖因经费无着，虽有教厅助费，然为数甚少，故颇难维持。萨君人甚和蔼，办事亦耐劳，故以少数馆员，尚能整理周到。目录现只有书名及分类卡两种，著者卡正在拟作之中，此外尚有书本目录二册，书籍不外借，惟福建学院学生，有教职员担保者亦可借出馆外云。至于馆舍建筑，尚欠联络，上下层书库，无升降机相连，取书颇不便，书库亦太高，木架亦过高，取书须用短梯，颇觉未便，然外观尚美，庭植梅树百株，颇增读书佳趣。惜馆舍太狭，建筑亦未合近代图书馆原则耳。左近为中华学艺社分社可通该馆。

3月17日　福州　省立图书馆

上午九时，至省立图书馆，该馆闻系正谊书院旧址，故屋宇为旧式平房修葺而成，前为杂志报纸阅览室，陈列定期刊物颇多，阅览人众尚多，后为阅书厅及书库，入门须持签，藉资统计每日来馆人数。厅之四壁，悬各项统计图表及地图先贤画像等，普通参考书即陈于出纳台左右，阅者须向管理员请求取阅。该馆存书计五万余册，泰半皆旧籍，存有殿版《古今图书集成》一部。经常费每月约千五百余元，馆员计约二十人，馆长以下分总务、图书两部，总务部以下分文书、会计、庶务等股，图书部以下分购订、编目、典藏、出纳、阅览等股。目录分卡片式及书本式两种。分类采杜定友英汉合一陈列，以该馆西籍书无多故也。书籍现尚少外借，只能在馆阅读。

3月18日　由福州往上海

晨六时，至常安公司乘小轮赴华安轮，住十五号官舱，同舱者有行政院秘书陈常焘君，与谈甚欢。华安于下午二时启锭，三时过琯头，四时半过马祖澳，五时用膳，一路水平，略无晕船之苦，惟机声轧轧颇难入睡。

3月19日　途中

晨五时即醒，起观日出，初见东方一片红霞，俄红日渐由水平线上升，其红如血，照水做黄金色，真伟观也。七时已入温州洋面，八时进膳毕，至舱面观海景，白鸥时随舟行如依人者，山峦起伏甚多，然皆属荒岛而已。九时半过鲤鱼滩，二时至宁波洋面，收船票，睡至五时用膳。舟过镇海，见渔舟数百，随波上下，出没无际。七时遇雾，舟停汽笛频鸣，远山笛亦互应。舟人云系小北灯楼所发，后面福建丸日轮时亦停驶，频吹汽笛，时值微雨，统舱之人，皆移其卧具，人声嘈杂，舟停小北一夜未开。

3月20日　星期二　途中

昨夜因雾重，轮不能开，晨七时半，试启船旋又停驶，至午尚四望迷濛。午膳已换食粥，因恐米不足维持。午后闷坐无聊，只假寐舱中而已。至一时半幸雾开，轮又启锭，过小北礁石，闻号声甚大，发自远山，乃起而观之，见数石山，矗立海中，上建白色石屋数间而已。睡至四时半起，见兵舰四艘，溯流上驶，五时用粥，舟中人云，本晚十二时可抵吴淞。

3月21日　星期三　至上海

昨夜船至吴淞口，未进港，晨开至大通码头，令茶房引导下榻于愚园路友人家。下午至八仙桥新青年会访曾克熙君，谈数分钟始别，晚作信数通始就寝。

3月22日　在上海

本日上午至圆明园路二十三号，访Mr.Main，并至兆丰公园参观动物园等。下午至圣约翰大学，参观罗氏图书馆，由黄维廉馆长招待。先观书库，中藏英籍约两万余册，中籍约亦如之，大抵皆改成洋装，虽能直立架上，然已失中书本来面目矣。书库采开架制，学生可自由进内取书，然据云每年遗失书籍常至五十册以上。小册另行排列，贮于盒内，未分类。现因书库太小，故某部书籍多别置他处。如神学书则置于下层室内，科学书存于科学馆。因该校科学馆在隔河。新近得盛宣怀氏遗书六万余册，另辟下层教室贮存，为愚斋图书馆。书分经史子集排列，用书签标明某部、某类、书名、著者、版本、号数等，现有馆员数人，正在整理之中。目录为卡片式以字典式三种卡片混合排列，标题用美国国会及 ALA 参用。分类按杜威，小说及传记不分类，只以 F 及 B 代类码，下标明著者符号排列，附于各书之末。中文分类亦依杜威，惟稍加变更按杜定友汉字排字法为序。该馆组织以图书馆委员会为最高，下设馆长及助理等，常年经费年约万元，购书费四千七百余元，薪水占四千六百余元，余为杂项。馆舍建筑为宫殿式，外观尚美，惟内部不尽适合于图书馆之用。继观办公室内之各项办公，承赠概况一册，签片样本多种。后又往全校各舍参观一周，遇学生陈君，导引至张光朔君处谈数分钟始别。

3 月 23 日　星期五　光华大学图书馆

上午至大西路光华大学，由该馆主任唐君书第招待，馆舍在教室之一隅，颇嫌狭仄，唐君云现正筹建新馆，此系暂借文学院为临时馆舍。乃由其导往杂志室中，存装订杂志千余册，阅览者可进内阅读，惟不得借出。继观书库，内藏中西书籍约两万册，线装书多改成洋装，以数册合订一册。每年购书费约八九千元。分类用杜威十进法，排架英汉不分开，学生借书以二册为限，上学时每生领铜牌二面，借书时作为借书证，交与出纳处，至还书时仍取回，无证即不准借书。该馆之杂志登记卡亦为唐君自创之格式，颇为特色，其他则与他馆无特异，观毕又承其赠各种格式一包乃别。

大厦大学图书馆

下午至梵王渡大厦图书馆，主任马宗荣不在，由馆员某女士导观。馆址为单独之专屋，目录及杂志皆陈列于前面之走廊，皆钉于桌上，不能移动，书库用本地制之钢铁书架，层板不能活动升降，库内藏书约共三万余册，英汉合一陈列。书库之前面，为出纳处及办公处，阅览厅约可容七八十人，两壁陈列普通参考书，惟不能自由取用，皆用铁网笼罩，用时须向管理员说明。目录分类采杜定友法，指定参考书取闭架式，另制目录，依各院系课程排列。组织为主任以下分事务、编目、阅览三股，经费由学生之图书馆费而来，年约收入万元，悉作添置图书之用。其余如职员薪金、馆内设备及用品等，则由学校支给。该馆设备，以轴物架及装订报纸陈列架为特色，轴物架长五尺、阔三尺，分三寸见方之小格，以便安插图表轴物。装订报纸陈列架，则为每层高约三尺之架，分三寸宽之直格若干，以便订成册帙报纸之插入。余则书盒亦颇特色，用以存放线装古书，颇便开合，惟价颇昂。该馆印有指南，以示学生如何使用图书馆，颇堪采纳。

3月24日　星期六　交通大学图书馆

上午参观交通大学图书馆，由杜定友主任招待，在主任室谈论十数分钟关于分类问题，杜君近拟改编其分类法，大都以杜威法为主，对于小类则间略有更动，或改编之处，如心理学、化学、气象学、教育等部分，尤有显著的改编。现已积稿成帙，想不久定当出版也。继由其导往各部参观，该馆建筑计分三层，下为总务室、博物室、杂志日报室、该校成绩陈列室及纪念室等。二楼为主任室、出纳处、研究室及阅览室等。三楼为书库及编目室。书库又分为普通及善本二处，全座建筑颇为壮观，惜书库尚非新式，每层太高，致书架不甚适度，颇不便于取书。阅览厅甚大，同时可容二百余人，四壁陈列普通参考书，共十五架，《古今图书集成》（石印大字本）占十一架，其他则占三橱，皆有加锁，用时须向管理员索取。各部设备甚考究，过道壁上均悬该馆各种统计图表及各部工作程序等。书籍分类，新籍及西书均采用杜威法，旧籍则用四库法，分经史子集丛五类。目录索引，检字用杜君新撰之形位检字法，颇便检讨，惟中文目录现只有书名及著者二种而已，标题尚缺，西文目录采字典式排列，其卡片共分四色，白色者录普通书用，红色者录参考室图书用，蓝色者供研究室之书用，黄色者书期刊用。该馆之最高组织为图书馆委员会，馆员共十余人，内主任一人、总务一人、中西文编目各一人、典藏二人、出纳二人、中西杂志管理各一人、打字二人。购书费月约二千元，薪金及经常费月约一千元。藏书约五万余册，中书占四万余册，英文一万余册，中文杂志二百余种，西文杂志一百余种，多属应用科学方面之书。观毕已十二时，乃至餐馆进午膳，下午由交大图书馆总务张君导往徐家汇天主堂图书馆参观。

天主堂藏书楼

该楼为中国天主教徒收罗中外文化书馆之大总汇，有悠久之历史。管理者为徐宗泽神父，为徐光启后裔。是日适为其退休日，未见客，乃由该楼管理张君导引参观，张君在该馆服务已二十余年，故颇熟于该馆情形。楼分上下二层，上层储法、德、英及希腊之书，约八万数千册，多为古本之书，颇珍贵。备有著者书目卡。楼下存中书约十三万册有奇，以中国地方志为最完备。颇多稀世之本，共一千九百余部，三万余册，按省排列。其他书籍则按四部陈列，惟沿用旧法，不加分类号码，取书专凭记忆及经验。目录有书名目录一种，排列用齐尾法。方志之书另有书本目录一册，乃在馆内抄录其间所存之福建方志目录而回，计共六十余种。该馆并非公开性质，只供天主教学者阅览之用。所存碑帖甚多，然多未整理，储存柜中而已。观毕已四时余，乃至对过之天主教堂环行一周，建筑雄奇瑰丽，未能尽述。附近尚有附属之天文台及徐汇中学，均有相当历史，皆稍为参观一遍而返。

3 月 25 日　星期日

上午至圆明路基督教联合会内听讲。是日演员为朱立德先生，聚会者均系福州人，故为榕腔礼拜。下午至河南路中国图书馆服务社，请其导往申报流通图书馆及上海总商会商业图书馆参观。

申报流通图书馆，在大陆商场三楼，以其地点适中故也。由该馆主任沈国棠君引导，该馆共占房子三间，甚为拥挤。然以该馆办事人员之努力，读者之踊跃合作，申报馆之扶助，其发达正未可限量。该馆宗旨为扶助一般店员、学徒、工友而设，使他们利用余暇，以得到各种普通常识，以增进他们的工能，故其发达于一年之中，已有读者三万九千四百三十五人。交纳保证金得借书权者有四千三百九十三人。借出书籍八万七千余册。邮寄流通四千一百三十一人之多。现每年经费共二万余元，完全由申报馆供给，内计购书费八千余元，薪津四千六百余元，其他经常费、设备费，约五千五百余元，房租千五百余元。馆内一年之中存书已达一万数千册，大抵皆新出版之书，以小说及文学之书为最多，占百分之四十五有奇。书籍皆可借出馆外阅览，惟先须来馆填具申请书，并缴保证金二元，即可领得借书证。借书每次以一册为限，须于一星期内归还，逾期每日罚铜元二枚，二十日以上则没收其保证金。此外因路远往返不便及有特殊原因者，尚有邮借办法，其邮费由该馆及读者各负其半，其邮递方法颇简便，即其所用包纸亦两面利用，一面书借书者之地址，一面书该馆之地址，读者还书时只须将原包纸翻转，依式包扎寄回，直至纸不可用为止。是日适为星期，故来馆者特别拥挤，几无隙地。据沈君云，现每日来馆者已达六百余人之多，将来邮借方面尚可扩展至外埠云云。

上海总商会商业图书馆，在河南路底，天后宫桥之北，地居繁盛区域，惜馆舍建筑，不甚适用。有书库二。甚狭长，全无光线。虽日间亦须用电灯，库内存书颇多，惜多陈旧尘封，似久无人用者。不似申报流通图书馆之发达也。馆长方君，馆员共四五人，存书已达六万余册。内含寄存书二万余册，多属商业之书。内部管理亦未见完备，分类采杜威法，英汉合排不分开，书籍可外借，惟须具保。目录分卡片式及书本式二种，书本式为十九年所出版，已不甚适用。以其无甚特色，故未留连。

3月26日　星期一　在上海　中国科学社明复图书馆
中央研究院理工实验所

上午至亚尔培路中国科学社明复图书馆（为纪念创办人胡明复故名），由路敏行先生招待，馆舍为钢骨水泥三层楼，后面书库则分四层，可存书约二十万册，现存书约三万册，惜书库光线不佳，白日亦须用电灯，全部均钢铁书架，颇为适度，其他如钢窗、暖房、桌椅目录箱等设备均依新式。该馆存书目的系供科学社社员参考之资，故分类甚简，不加号码，只以标题之首数字字母为纲，颇未合图书馆之用。其特色处在于装订之西文杂志，该馆每年所订英法德美各国科学杂志计约二百余种，现存已达二万数千册之多，全套者不少，均有二三十年之历史，此为难得耳。其小册则另庋，不加分类，颇难检查。存书多属化学、物理二门，生物学方面则均储南京，出纳方面只限科学社社员，故管理简单，无甚可采也。观毕承赠所存西文杂志目录一份，及其他小册数种乃别。

下午二时至愚园路底中央研究院理工实验所参观，该所为中华文化基金之款所建，计费建筑费五十万元，故雄伟华丽非常。内部分工程、物理、化学三门，附设国际出版品交换处。三研究所皆独立性质，各自为政，故各有书报室一所，其庋存皆属专门书籍，类皆英法德美各国所出版，颇为贵重。专门杂志亦甚多，惟以其专门之故，且只供该所研究员之用，故目录分类均极简单，无足取资。继又至国际出版品交换处，询其交换方法，分配情形及其文件保留诸法，继又参观各所之设备，均极考究，以时已晏乃返。

3月27日　星期二　参观沪江大学

沪江大学在杨树浦军工路，离沪颇远，由沪西换车三次始达。先见该馆主任 Miss Thomson，承其介绍助理杨希章先生导引参观。该馆建筑为长方形两层洋房，上层为阅览厅，大可容二百余人，目录箱及普通参考书皆陈列厅之四周，并有古物多种陈于玻橱，以为点缀，室内有暖气管设备，指定参考书则均为闭架式。下层为书库、阅报室及办公室，书库存书共约五万册，西籍一万六千余册，余均汉文，其分类英汉均用杜威，故中国旧籍均不能分类，亦未加整理，只另架庋存而已，颇不便于检寻也。其大部之书如《四部丛刊》《九通》等均无目录，庋置书库等于无用，尚望该馆加以注意。办公室内堆积旧杂志小册子甚多，均无目录。烧汽之炉即在办公室内，沸腾之声甚大，颇感不便。书库对面分二室：一即报章室，一为国际关系书陈列室，似为学生所组织者。

该馆出纳为不签名式，只凭学生登记号码。此种号码系由教务处编定，学生借书时填写一取书条，并填其登记号码，然后将此条堕至下层书库，管理员将号码对过无讹，乃行取书，将书中所插两张一式之书卡抽出，填上学号，一按书码排列，一按日期排列，其取书条则行弃去，借书人不用签名。此法不利便处有二：一则易生纠纷，或有冒用号码及不承认之弊。一为用两张卡太不经济，其实一张已足。其按日排列之一张可利用取书条代之，如此则不至发生纠纷之虞，亦免多耗卡片也。该馆目录卡只有著书及书名二种，而无分类或标题卡片，亦不便检查之一原因也。检字西文依字典式，汉文依部首制。经费年约八九千元，半为购书半为薪水及杂支。现有馆员七人，其最高组织为图书馆委员会。

十二时由杨君邀往用膳，膳毕至宿舍访旧友数人，下午一时半，又至该馆办公室补观其各项办公而返。

3月28日　星期三　参观中华书局图书馆及商务馆

中华书局图书馆，在静安寺路，成立于民国五年。馆舍为中华书局编辑所之一部，馆藏书籍约九万余册，英文约一万余册，其余皆中日文，各分开陈列。惜管理只一人，故办理未能妥善，书籍零乱，堆积橱中，目录亦草率不清，盖其目的只供该局编辑所人员参考之用，故多因陋就简也。然所存善本颇多，该局出版全部存焉，古书如《古今图书集成》《道藏》等均颇难得，若能确定经费，多招人员，充其设备，加以整理，不难蔚为大观也。观毕乃至印刷所参观各部，厂所甚大，有排字课、制版课、石印、珂罗版、玻璃版、锌版、铜版、雕刻、照相、铸字、校对、电镀等诸课，又装订、装切、制造诸部。参看一周，历三小时始毕，并承赠刊物数种始别。

下午至商务馆印刷所参观，该馆虽新经破坏，然恢复之速实堪钦佩也。其规模宏大，较之中华超过数倍，故其营业亦骎骎日上，全厂男女工友约千数百人，建筑方面亦方兴未艾，惜东方图书馆被毁，难于恢复旧观，然该馆现正设法谋重建也。观毕又至四马路一带，参观各书店，商务、中华均有门售部在焉。该街书店林立，出版方面亦竞奇斗胜，陈于玻窗，诚不愧称为“书店街”也。

3月31日　星期六

连日因冒雨奔走，微有感冒，故未外出。只预备赴杭并作信数通。本日已晴，乃于晨九时三十三分乘特别快车行，下午二时半至杭州城站。下车雇人力车至青年会，行装甫卸，即至湖滨公园，沿湖行抵白堤，有古迹断桥残雪亭，乃由白堤折往平湖秋月、鹤冢，转新浮桥至葛岭，经保俶塔，登宝石山、来凤亭，由弥陀寺返宿舍。

4月1日　星期日　参观浙江图书馆孤山分馆

本日晨驱车至孤山分馆，由馆员毛君引导。该馆专存《文渊阁本四库全书》及其他善本书，约四万册。四库分贮九十四橱，共三万六千二百七十八册，全部分四色装订，经绿色，史红色，子蓝色，集灰色。原书于太平天国之役散佚殆尽，经钱塘丁申、丁丙兄弟搜购补抄，又经前馆长钱恂补其缺帙，始成全书。然原书已不及十之二三矣。此外大部书有殿本《古今图书集成》《钦定全唐文》《剿平粤匪方略》、殿本《二十四史》、日本印《大藏经》《续藏经》及宋元明善本等万余册。中以宋本《琬琰录》一部为最贵重，原书为十六册，装修后分订三十二本，首页有乾隆三十八年（1773）十一月浙江巡抚送到孙仰曾家存之印，有翰林院印寿松堂书画记，及杨氏家存等各收藏书家印记甚多，确为海内孤本。毛君云该书以三千元购得，寻常不与观览。又观宋本《周礼注疏》，首有章炳麟手书考证一篇，亦为难得佳本。该馆共藏宋本九部，元本十余部，他皆明本及清初善本。书不外借，惟可在馆阅览。馆址负山面湖，风景宜人，真读书佳处也。隔屋为浙江官书局，存书版数十种，分贮数室，时亦刷印流传。观毕乃至孤山区游览中山公园，园在孤山之巅，面积甚广，水木明瑟，亭榭曲折，又游博物院、西泠印社、放鹤亭、艺术院、苏小小墓、凤林寺、曲院风荷、岳坟、岳庙，登栖霞岭，游栖霞洞、黄龙洞、紫云、卧云、金鼓诸名洞。下山时已五时半矣。计行三十余里，以名胜当前，探幽心切，竟忘其倦。

4月2日　星期一　在杭州参观浙江文理学院图书馆

九时许，至浙江大学文理学院图书馆，由主任沈曾植先生接见。沈君云该馆因学校校址未定，所以暂用旧营房，多因陋就简，谈十余分钟后由其导至该馆阅览室。室陈报章杂志，以教育杂志为多。隔室为出纳室及书库，存英文六千余册，中文万余册，据云书少之故，以省立图书馆即在学校对面，学生多至该馆参考。卡片目录三种分开陈列，另有书架目录存编目室。其登记簿系以部为单位，每叶之下另有统计一行，中文皆用三面木板夹护，用时颇觉不便。中文类书多已改为洋装。普通参考书采开架式，书库内为闭架式，标题采国会式，分类采杜威，然心理、物理、数学三类皆已改编，小说及传记之书皆另排。中书分类大抵用沈祖荣仿杜法略有扩充及增减，卡片编制尚称完密。该校除文理学院图书馆外，尚有工学院图书馆，存西文二千余册，中文约万册，其办法略如文理学院，兹不赘焉。

下午往南湖区作环湖之游，谒钱王祠，过雷峰塔遗址，至中华古物保存社参观，社为私人出资新建，园亭幽美，极丘壑林泉之胜，流连于此者久之。乃至南屏晚钟，观济祖禅院，时正大兴土木重修胜地，适天雨乃冒雨由苏堤急行三里，至岳庙始得车归。

4月3日　星期二　在杭州　参观浙江省立图书馆

本早往省立图书馆，由陈训慈馆长招待，谈数分钟后，另由该馆辅导组许振东君引往各部参观。该馆建筑甚为雄伟，前面为西式三层馆舍，后面分四层书库，全座皆钢骨水泥建筑，曾费建筑费二十余万元，为故浙督汤赞仙捐建。首层之左为阅览厅，厅置目录箱，后为出纳处，前为问讯处。首层之右为报章、杂志室，前为该馆出版陈列所。二层为办公处，左有馆长、会计、庶务、装修、编纂各室，中为大演讲厅，右为编目、征集、辅导等各室。全馆馆员共四十二人。书库面积甚广，可容书七十万册，现有图书约二十余万册，故所余地位甚多，书架采上海制钢铁架，惟略嫌其不甚适度，因庋置杂志层太低，而存书层又太高，未能活动升降，此其病耳。该馆存西文书甚少，不过数千册而已，中文书皆制三面盒子庋存，盒之尺寸视书之大小而定，一面贴白纸，书书名、卷数、册数，下贴标纸，书书码。盒不论大小，价均一角二分，此种书盒虽所费稍廉，然易伤书叶也。该馆所用目录为字典式、书名、著者、类名卡三种合排，而又另制分类目录一套，颇便检寻。分类旧籍暂循旧法四分，新书则采中外图书统一分类法，而略加增减。该馆出版刊物颇多，有馆刊、阅览指南、汉译西文书目索引，该馆小史、概况、章则、图书流通法等多种。分馆数处，孤山分馆、新民分馆，皆隶属焉，此外又有流通处、阅报所、巡回文库等多处，皆所以谋推广事业也。继至各部观其办公，并加以询问，馆员皆殷勤解答。观毕已十二时，乃兴辞而出，承赠馆刊多种。

下午游清涟寺及灵隐。清涟寺以“玉泉观鱼”著于世，池水澄清，可以见底，中蓄各色鱼类，女士凭栏而观者数百人。殿右有珍珠泉古迹，泉底有水泡上涌如珠故名。出寺行至洪春桥，乘公共汽车至灵隐，殿宇清幽高耸，有匾书“云林寺”三字，殿前供“三宝像”，皆高数仗，殿后有观音像尤高。进香男女络绎于途，寺前右石佛一尊甚大，又有“一线天”“倒挂莲蓬”诸胜，僧人皆争相导引，附会各种传说之关于济公者，以博施舍。以时晏不及往韬光，乃乘长途汽车返湖滨。

4月4日　星期三　参观之江文理学院图书馆

本早八时乘杭富长途汽车，往之江大学，车停于六和塔，顺便观开化寺，六和塔即在其旁。塔高十三级，二十余丈，周围甚大，外皆木造，有石磴环绕而上，登最高处，前望钱塘，江流如带，而望之江大学，校舍栉比，历历在目，胸襟为之一快。下塔步行至之江，时值春假，图书馆只留馆员一人看管。馆舍为新盖钢骨水泥建筑，全座颇壮丽。内分两层，下层左为西文书库，右作中文书库，中间为出纳处，前面大房两间，左为阅报室，右为会议厅，过道两边置中英文目录各一箱。上层前为阅览厅可容八十人，置长桌八，每张可容十人，后为参考书栏，参考书取闭架式，中英文杂志亦置其中，学生借书须呈验阅览证，普通字典辞典之属则置厅前。参考书室两旁一为办公室，一为赠送杂志阅览室。阅览厅备有煤炉两座取暖。全馆存书约三万册，分类英文用杜威，汉文用王云五统一法，检字采四角，管理员共四人，每年购书费约一万元。观毕已十二时，乃在六和塔午膳。下午乘便至虎跑寺游览，寺有虎跑泉古迹，泉水清澈，可以见底，游人争掷铜元以辨钱上字迹，谓之投钱试水。旁有济祖塔院，谓为济公埋骨之处，香火甚盛。值微雨，乃乘车返湖滨。

4月5日　在杭州

晨大雨未得出门，只在宿舍作信数通，下午稍霁乃至私立浙江流通图书馆一观。该馆为陈独醒氏捐资创办，颇著成效，其流通方法有到馆借阅、邮递、脚踏车送阅、巡回书车等，惜以经费不裕，未能大有作为耳。又至省立民众教育馆，参观各部设施，尚称周密。并顺便购杭剪、杭伞、风景画等杂物，以备明日返沪。

4月6日　星期五

本日乘八时十五分快车返沪，十二时半到站，下午略事休息，乃往大光明戏院观声片，四时半出场往新先施及永安三公司一观并购杂物。

4月8日　星期日

昨除至虹口公园一游外，皆预备北上行装。本日晨起至北站乘八时特快赴首都，因是日系星期日，游苏者甚多，车中甚拥挤，立至苏州，始得一座位，下午二点半钟始抵下关，乃雇马车至鼓楼旅馆。

4月9日　在南京

晨微雨，乃雇车至铁道部访许天爵、刘秉伦诸友，并参观该部图书馆，由主任金敏甫君招待。该馆为专门性质，所收皆系与铁道有关之书，故其分类亦有异，大抵依据国会法并参酌杜威法编制而成，以铁道交通之书为主，其他门类不过为附属品而已。所存约万余册，每月购书费约八百元，全馆职员六人，借出书籍只限于本部人员，故出纳方法手续甚简，而采购方面手续略繁。目录有卡片、书本二式，检字中文先按笔划多少，再按永字八法陈列，杂志登记卡颇为特别。馆址占房四间，然已不敷应用，故关于普通书籍，多送往公立图书馆保存云。下午因雨，且患感冒，乃在旅舍休息，并整理所得材料。

4 月 10 日　星期二　微雨天气冷

晨起感冒已差，乃雇车往金陵大学图书馆，访刘国钧博士，谈甚欢。乃由曹君导往各部参观，先观办公室，计占屋二间，一为西文编目室，一作中文编目室，内部甚形拥挤，未编目之书，堆叠各处。该馆存书计十七万有奇，中文书占九万余册，英文二万余册，他皆小册，计五万余册，均系外国各机关征求而来。中文存书以方志为特色，计约二千余部，居全国之第三位。已制六面套匣保存之，并夹樟脑粉以防虫蛀。小册子多未分类编目，皆以纸匣贮存，颇不易检，设有专员一人专管。书籍分类西文用美国国会法，中文用刘国钧所编制之仿杜法，卡片目录采字典式三种合排，中文用万国鼎之母笔检字，另制书架目录存办公室，以为点查书籍之用，总登记亦采用卡片式。馆内存有为美国国会图书馆所印之卡片式目录之目录一份，以供参考，及 Wistar 卡片式杂志论文索引一份，又农业论文索引一份。全馆馆员共十七人，馆舍现暂假教室之一部分，故甚见拥挤。除办公室外，有阅览室三间，出纳室一间，阅报室及杂志室两间，存书室五间，惟已不敷应用矣。其出纳法用卡片制。借书者先填索书券，书既取得，馆员乃将书内之书卡抽出，填上日期姓名，然后按字顺排列。另有个人之借书片，按本人姓名陈列，将其检出填上书码，藉知每人已借之本数，然后再将索书券按日期排列，藉以点查期限。教员指定之参考书取闭架式，凡学生欲借者须将著者、书名及学程名称告于馆员代行取得，然后在所夹之参考书借阅证内签名，得在馆内阅读，虽在闭馆时亦不准借出。凡私行携出者初犯罚大洋一角，再犯每次罚金一元，款未纳前不得再行借书。观毕承赠各种用品样张多种始行告别。

下午赴陶谷金陵女子文理学院参观，馆舍为新建宫殿式三层大楼，内部宽敞美观。其第一层为行政办公之所。二层为开架式阅览厅，四壁皆陈列书架，中置椅桌，以供学生自由参考。第三层为走廊式，陈列各种装订之杂志，亦系开架，一边为办公室，顶层为庋存室，存旧杂志及不常用之旧书。全座连屋顶均以钢骨混凝土筑成，有暖气等设备，光线亦充足。惟馆内存书未丰，约共一万余册，分类英文用杜威，汉文采刘国钧。全馆馆员只三人，他皆学生助手，以系开架式，学生皆自行取书，本无须多费手续也。据馆员吴君云，全座建筑费约耗十余万元，系特为开架制而设计者。盖此制实于此地为首见，以其系女校，德性上论女子实较男子为优，故书籍尚无遗失之虞。目录用字典式三种合排，检字用部首。

4 月 11 日　星期三　参观中央大学图书馆

早餐后冒雨至中央大学图书馆，晤馆长桂质柏博士，谈数分钟由其介绍吴君导往各部参观。该馆建筑雄伟美观，作工字形，前面分两层，下层为办公室及阅报室，设备俱按新式。上层为目录厅、出纳处、阅览厅及参考书室等。后面为书库，分四层，每层高约七尺，钢窗皆作长方形，光线甚佳，为近代最新式之图书馆，其钢架皆由美国制造，现因书库不敷应用，故后面更扩充一大书库，惟其时钢架尚未造好，故只四面围窗壁而已。该馆存书共约十二万册，英文约四万余册，汉文八万余册，多改为洋装，烫以金字，颇整齐美观，装订杂志皆陈于楼下杂志室，学生可自由进内选择，经登记后，可在阅览厅阅读。组织方面共分八股，即总务、选购、中文编目、西文编目、典存、出纳、参考、期刊诸股。分类英文采用杜威，汉文则用自编之十进法，现只有大纲颇未适用耳。目录分书本式及卡片式两种，惟簿式者已旧矣。检字用笔划，先按首笔，然后用五笔（横直点撇屈）分先后，除字典式目录一种外，另制种类目录一种，惟因经多人所编，故体例多异而不纯。杂志陈列亦按笔划或字母。指定参考书，为闭架式，学生借阅须先检目录，即借用普通参考书亦须填写借书单索取，颇不利便耳。在该馆逗留一日详观其各部办公情形，至五时许始雇车至下关澄平码头，过江至浦口友人家晚膳。

4 月 12 日　星期四

上午大雨，且天气甚冷，致未能出门。下午稍霁，乃赴成贤街参观教育部图书馆，由该馆周君引导至各处。有新建馆舍一座，与大礼堂合，惟关于图书馆方面尚未合用，书库分二层，光线甚暗，颇觉潮湿，系钢骨水泥筑成。存书约五万余册，多系各书店所呈缴者，故以教育类教科书为特多。与书库相通者为出纳室，中置目录箱及办公室，器具颇感拥挤。由出纳室经穿堂达阅览室，内置普通参考书，另有期刊报纸室，均与馆远隔，于管理上颇乏联络之感。分类采王云五统一法，惟教育，书多改编，以适应其特殊情形云。该馆以非公开性质，凡部内人员始有借阅权，故事务不繁。观毕并承赠该馆中文教育类图书分类目录一册始别。

4月13日　星期五

晨起推窗见晴色，此盖为到南京后第一天放晴也。乃于膳后雇车往龙蟠里国学图书馆，谒柳翼谋馆长，先生为一老学者，态度和蔼谦恭，谈有顷乃由该馆王君导观各处。馆舍系旧式院宇，前本惜阴书院旧址，位于盋山之阳，花木扶疏，为读书圣地。楼下有阅览室二处，阅普通书者曰“艺宧”，阅善本者曰“松轩”，约能容纳二三十人。后院楼上三楹，分甲乙丙三库，甲库存丁氏八千卷楼善本书，平列书箱皆仍丁氏旧观，所存皆海内孤本，江南文化得以保存不至继皕宋楼存书之后流入异邦者赖有此耳。乙丙二库，共陈书橱二百四十余架，庋存南陵徐氏、武昌范氏、桃源宋氏、山阴薛氏等旧存书画，皆得其大略观摩，古色古香，叹为观止。普通书分储六库，分经史子集而以集部为最多，故分贮楼下五间。该馆全部存书共约十八万册，金石拓片等千数百件，名贵书画十余箱，善本计有宋刊凡四十余部，一千余册，元刊凡一百八十五部，明刊凡二千五百八十一部，四库修书底本十六部，名人稿本十三部，高丽刊本九部，日本刊本三十四部，为东南唯一之善本宝藏。惜全座馆舍皆旧式木屋，火患堪虞，宜急谋善地存之，庶可永久保存也。该馆目录用书本式，皆未编号码，只列其橱数，取书但凭馆员之记忆与经验而已。现亦从事编制卡片式目录，惟以工巨费多，尚需时日。全馆职员计二十余人，馆长以下分设六部，即保管、编辑、阅览、传抄、访购、印行是。全年经费约四五万元，惟多未全数拨给，故仅足维持原状。阅览方面，向只开放普通书阅览室，近亦许人借阅及传抄善本书，惟每次须纳费一元云。

下午顺路出汉西门，一观莫愁湖景色，路皆泥泞不堪，深可没胫。出廓里许始达莫愁庵，中供卢莫愁画像，四壁名人题咏甚多，尚记其一联云：“莫愁湖三月莺花空余客里词人凭吊南朝翻乐府，郁金堂双栖海燕难得闺中少妇任教夫婿戍辽阳。”又一联云：“莫轻伧北地燕支看画艇初来江南儿女生颜色，尽消受南朝金粉只青山无恙春时桃李又芳菲。”不胜江山今昔之感，惟所谓莫愁湖已成泥洼，据云须至夏季莲花盛开时较为生色。亭榭楼阁亦多就顷圮矣。归途顺便购《莫愁湖志》读之。

4 月 14 日　星期六　晴

本日应诸友之招，往游陵园区，雇车至新街口换乘游陵长途汽车，至紫金山陵谷寺下车。先观淞沪阵亡将士墓，全部工程甚大尚未完竣，尤以白石塔之雕镂为最工，前有明建无梁殿一座，现已改为祭殿，寄顿阵亡将士远榇甚多。继游谭陵，全陵皆以白云石造成，雄伟壮丽极其美观。继观中央体育场及中山陵，雄奇瑰丽自不待言。又至明孝陵一游，惟以年久失修多已坍圮，然以陵前石兽石人观之，犹可窥见当年之气象，秋风禾黍不禁感慨系之矣。

4 月 15 日　星期日

本日承诸友约旅行燕子矶，离下关约二十余里，先至三台洞，登峰顶之危楼，长江风物历历在目，又经二台洞、头台洞诸胜始达燕子矶古迹。临江悬崖，状如飞燕俯瞰深潭，颇生戒心。是日适值星期日，男女学生游憩其上者甚多，为春光点缀不少生意。矶上建亭一，中立一碑，为乾隆御书“燕子矶”三字，碑阴并题一诗，兹记其句云：“当年闻道绕江流，撼地洪涛脚下看。却喜江村成绿野，桑麻鸡犬久相安。”极其沉雄顿挫。相传其地，古本江流，后经陵谷变迁，乃成村落，其地有著名之燕子矶乡村小学，并得顺道一观。

4 月 16 日　星期一

本日决乘津浦夜车赴济南。上午乃将行装整理后偷闲至五洲公园一游，盖即玄武湖旧址也，乘车出玄武门，先达美洲公园，亭台楼榭皆新近所修，绿柳成荫，景色颇美，惜其他四洲尚未开辟，绿杨荒草而已。归途往夫子庙经鸡鸣寺，入中央研究院社会科学研究所图书馆参观毕，乃至夫子庙。其地人烟甚密，摊肆林立，百货杂陈，肩磨踵接而已，所谓秦淮佳丽所居之地，亦不过小河板桥，临水楼房而已。顺便至花牌楼购杂物毕，急行过江至浦口，乘晚七时快车赴济，诸友皆至站相送，乃一一与之握别。

（原文载于私立福建协和大学编《协大消息》第三卷第二、三期，本篇为未刊完稿）

一年来本校图书馆概况

本校图书馆，实为学生求智之中心，故对于内容力求扩充，管理方面亦日臻完备。兹将最近一年来概况分述如下：

藏书——本年（自 1929 年秋季学期至 1930 年春季学期）新增中文书籍共二千七百二十六册，英文书籍五百余册；大半皆系自行购置。现中文书籍已达一万二千余册，本年更多采购新文化书籍以应社会潮流之需要，故学生借书非常热烈，约比往年增多一倍。西文书籍，约计八千六百余册，多属科学方面。中文杂志二百三十余种，约三千余册；英文杂志一百八十余种，二千余册；此外更有已行装订之贵重杂志千余册。

管理——前者本馆缺乏常驻之负责人员，管理亦甚散漫，故书籍杂志之散失者甚夥！现本馆有馆长一人，专管英文部事务；副主任一人，专管汉文部及兼理英文部事务；助理员二人，专管登记事务；学生助手六七人，以最精密之方法管理图书。结果，书籍俱无遗失，办事亦较有秩序。内容现暂分三部：一为存书阁，在阅览室上层；二为参考书栏，系陈列各学系教授所指定之参考书籍，学生可以自由取阅；三为阅览室，报纸杂志，均置是间。现每日阅览人数约百数十人。除参考书于晚间九时半始可借出，翌晨九时前即须还入外，其余均可借出两星期及续借两星期，过期每日每种罚铜元四枚。平均借阅之书，中文以新文化书籍为最多，英文以科学为最多。本年借出书籍，统计一万四千余册，中文比英文多借约两倍有奇。

编目——本馆书籍分类，英文系采用杜威十进分类法编目，中文因难得适用之中籍分类法，故由中文部管理金君担任编译，系根据杜威分类法及各家之分类法改编而成。此外更创著者号码编目法，使书籍更有详细之分类编目，故本馆图书分类已颇感利便矣。

新馆之落成——前者本馆因正式馆址尚未建筑，乃暂行借用科学馆首层之半，内容过于狭小，对于学生阅读，职员办公，均感不便，书籍陈列亦多紧塞迁就。现新馆已于五月中旬告成，馆址系在文科学院第三层，全馆同时可容百余人，藏书四五万册云。

图书之迁移——本年5月27号举行迁馆。书籍由全体师生担任搬运，以最敏捷之传递法子于七小时中将三万卷之图书由旧馆送入新馆之架上。虽于炎天热日之下，然踊跃参加者始终如一。协大合作之精神，于此可见一斑。

器具之添置——旧馆狭小，故器具设备多因陋就简，现既迁入宏丽之新馆，器具椅桌乃亦焕然一新，对于美术方面尤为极力讲求。书架亦增置三四十架，费用约计二三千金云。

图书之整理——前者本馆因管理乏人，故书籍之分类编目及卡片多不完善一致，期间著者及分类片尤多不全，汉文方面仍属散乱。本年夏季乃大行整理一遍，卡片之不完全者补之，多者除之，错者改之，坏者换之。现已面目一新，有条不紊，数年之积疾，一朝解除，亦本馆之大快事也。

征求书籍——图书馆既为大学求智之中心，博采群书，刻不容缓。惟独立难持，众擎易举，故前年曾发起图书大征求一次，发函征请，信达全国，业蒙各界纷赠书籍、公报及杂志等。现仍时加策励继续进行，冀得海内外热心人士及各团体赞助。斯本馆得日进展，福建教育前途实深利赖焉！

（原文载于私立福建协和大学编《协大半月刊》第一卷第五期）

与校友诸君

腊鼓声催，残冬将尽，韶光容易，又过新年。溯自母校迁邵，已三度新年，而吾校二十五周年大庆亦转瞬即届。或以吾人处今日之情势，吊之不暇，更何庆祝之可言！诚然，以今日之环境论，诚使人但有激昂悲愤，以今日之生活论，但有无限之感慨，无丝毫祝贺之衷。然苟能默察形势之推移，则未尝不能使人油然动念，虽未必遽可欣幸，而一线生机，实足以振起精神，涤荡一切颓废之念矣。

形势之推移如何，殊难具体言之。但经此三年半之奋斗，人心之团结坚定如故，前方军事已确有屹立之基础，经济状况，更无待言，国计所关，则当局声明俱在。而国际地位不必稽考他事，即就英美贷款成功一端言之，已可概见。一言以蔽之，吾国虽极受颠沛流离之祸，吾人虽备尝穷蹙艰难之苦，而争存之精神，因磨砺而愈彰，此为风雨飘摇之中，足以告慰我校友诸君者也。然则当此旧腊将尽，新岁之始，立校纪念将届之时，念前贤缔造之艰难，以庄严肃穆之精神为祝，不遇事铺张虚耗，藉之为寒畯后起张罗求学基金，培育英才，庸何伤乎？非特无伤，且为校友诸君应尽之责，不容忽视者也。

剥极而复，事在人为。贞卜起元，全恃努力，愿与校友诸学长共勉之。

（原文载于私立福建协和大学编《协大校友》第六号）

母校二十五周年校庆感言

本年恭逢母校二十五周年纪念盛会，心里觉得很快乐，尤其是回忆以前的情形和今天一相比较，使我更觉得十二分欢喜。远的不说，单就我做学生时代稍一回顾，那就可以使我生无穷的感想。记得民国十三年秋我来投考协大的时候，那天刚逢下雨，几十个新生，坐着学校预定的小汽艇，开到我们前所未到过的鼓山脚下的协大校舍。船靠了岸以后，大家零零落落地踏上泥滑滑的田野，有许多还穿着木底的“鞋套”，肩着雨伞，拉着蓝布的长衫，格外小心地走着田野的路，踏进了校地，但还不知道是已经走进了学校，因为所见的只是一片荒凉：既无围墙，也不见校门或校名，所能看见的只有两排木屋和山谷高处错落着几座西人住宅而已。原来那就是我们所耳熟的协和大学啊！

那两排木屋就是我们以后朝夕于斯的大学校舍！一切的讲堂、宿舍、实验室、图书馆、礼堂、膳厅以及教员住宅，一切活动，都挤在其中。不过侥幸的很，我进入学校不久，那巍峨峻伟的何氏纪念楼就建立起来，最初是作学生的宿舍，还记得大家初搬进去的时候，那真是兴高采烈。因为她是建立在山峰上，居高临下，极目四瞩，景物万殊，真是读书佳所，到了深夜，听着闽江中舟歌橹声，那真是一个不可磨灭的印象。过了不久，她的姐妹楼庄氏纪念科学馆经过两年的经营也落成了。他那堂皇矗立的雄姿真会使人想不到在那荆芜榛秽的原野上，会现出这样一个辉煌庄丽的黉舍。

所以在这纪念时节中，我们如果稍一回顾当时简陋的情形，而再看到今日美奂美轮的林立校舍和一切的进步，何啻天壤之别！再就课程和设备方面言，则长足的进展，更为显著。记得初在观音井开办的时候，协大不过是一个规模极小的文学院。课程方面也是七拼八凑，教职员更是寥寥无几，且多系兼任；

科学实验室以及一切应有的设备，几全付阙如。至于我所熟悉的图书馆，那更其因陋就简，不过一个小小的房间，稀疏地陈列着各教员教士临时赠送的私人书籍，聊资点缀而已！从那样的一个学校，而发展到像今日文理农三学院的规模，六七十位的教职，百余万金的设备，十数万册的图书……那当然要归功于当初为我们披荆斩棘、筚路蓝缕的先驱者和黾勉从事发扬光大的承继者啊！

但是我们除了追忆过去以外，还要展望将来。在这世界战争的大火焰中，中华民族是陷于最严重的关头！在这划时代的暴风雨之夕，大学教育的责任是异常重大的。所以我们的政府于决心抗战之初，即命令所有学校退往后方，这并非单为一般人安全而出此，实是因为大学青年咸有开拓国家未来的运命，担负战后复兴的重大使命。所以我们迁校到这后方的邵武，绝不是一种逃难的教育。我们应当脚踏实地，沉着地求真实学问，准备参加抗战建国大业。保存元气，储蓄实学，为国家致用。我们希望不断地努力改良，使协大的教育更能合于国家的需要。我们希望将来二十五年的进步比过去二十五年更迅速，更圆满。抗战建国是千头万绪的伟大事业，需要我们优秀的中华儿女们不断地由艰难困苦中挣扎出来，所以我们不应该轻轻地放过了这一个机会，不要荒废了一分一秒的时间，致失其最适当的效用。我们的文学、科学、农业技术和一切都要依着百年树人的大目标而进行，以最善的努力、最奋发的精神，来完成我们的使命。然后才不负为我们艰难缔造诸先驱者的功绩与劳苦，和国家的期望所寄托。我们应该保持着过去的光荣，策励自己，来创造未来的光明。更应该在政府和社会的指导下，不慌不怠，再接再厉地求百尺竿头更进一步，来更努力地发扬协大以往之辉煌奋斗的历史，然后今天的盛大纪念会才有意义。

（原文载于私立福建协和大学编《私立福建协和大学二十五周年校庆纪念特刊》）

三十二周年校庆纪念

猗欤吾校，江浒巍崇。
缅怀缔造，三十二春。
人才蔚起，中外沟通。
相期努力，立德立功。

（原文载于私立福建协和大学编《协大校刊》第二十八卷第四期）

中国书籍发展史和版刻源流

（演讲稿）

我们什么时候有书，这是很难判定的，只能说什么时候有文字，然后才有书。因为文字是书籍出现的基本条件，没有文字以前，人的思想经验只有靠口语相传，那就是传说时代。传说只能靠人的记忆力互相转告，经过许多时代以后，就会变成离实际很远的东西。我们许多古代史和知识，如《书经》《诗经》《易经》三部古书也就是这样编订的，例如《书经》，虽然其中保存着唐虞时代（大约四千多年以前）的零碎资料，但并不是真正当时的著作，而是春秋时代所整理追记的。这书的本身并不是很古的东西。

一、甲骨的书

可是最近七十多年来却发现了三千五百多年前载有当时文字的实物，即所谓殷墟甲骨文字，这是我国现存最早文字的记录。所以我们讲中国书发展史，必须从它开始。

现存最古的书是商代后期殷朝的甲骨文字，甲是龟甲，骨是兽骨，文字刻在上面，因为在殷朝首都地点发现的，所以又称为殷墟甲骨文字。它的发现是在清光绪二十五年（1899），当时名叫王懿荣的一个大学士因为买药，发现中药龙骨上面有字，知道这是上古的文物，乃大肆搜罗，经过当时学者如刘鹗、孙贻让、罗振玉、王国维等人的研究，确定这些东西是殷朝的文件，记着那个时代的事迹。编出了《铁云藏龟》《殷墟书契》前编、中编、续编，以后又由当时的中央研究院在安阳地方大肆挖掘，计前后出土的甲骨共六万多片之多（参看《甲骨五十年安阳发掘报告》）。甲骨的出土使我们不仅有了研究古代历史的大批原始资料，并且让我们看见了三千多年以前的书。

其实甲骨的用途，只是占卜的用具，殷民族是迷信神权的，所以在日常生活中，如征伐、狩猎、畜牧、农事、疾病、祭祀、灾害、出行等等都要先行卜卦，他们把所要问的吉凶刻在甲骨上面，记出月日，由卜卦的人在火上熏灼，看它的裂纹，定出吉凶。然后把所用过的卜辞，珍重地保藏起来。由于卜辞记有年月，使我们能够研究出殷后期的几个王朝，大约从武丁到纣，相当于公元前一千三百年到一千一百年这个时期。

甲骨上面的文字是刀刻的字体，和现在大不相同，近于象形文字，现在已发现的大约有三千多字，能够认得出来的不过一半，异体字的很多，这说明当时文字尚未定形，其中已经有形声字、假借字、会意字，现在有很多人都在研究。如郭沫若就有《甲骨文字研究》，现在胡厚宣，中国考古所就有很多的人在利用这些三千多年前的档案资料，并不是有系统的书，而是残缺零碎的资料。因为在土里埋得太久，完整的很少，现在有人专门在把断片拼合起来研究。总而言之，甲骨本身是有其特殊用途，它上面记载不是为了传播知识，总结经验，而是为了某事的事后考查，由当时史官管理保存，它是当时的档案，而不是书籍，但对于我们今天来说却起到了书籍的作用。

二、青铜的书

其次是青铜器的发现，青铜器也是中国文化史上极其重要而珍贵的文献，因为古人也在上面刻字或铸字（一般叫金文），因而保存了许多史料。我国青铜器出现很早，大约在公元前一千三百多年前，当殷代后半期就已经有了青铜器，但到底起于何时还很难确定，但在殷朝的中叶就已经有了青铜器是无可怀疑的，它一直沿用到西汉。

青铜器最盛时期是在西周和东周这个时期，大概到汉朝可以把它分为四个时期：①从出现到西周中叶，这一时期艺术性特强，花纹复杂，气魄雄伟，但字很少，多数的字也不容易辨识；②到周初文字渐多，从西周后半期（春秋时代）的艺术性比前期较为退化，但文字加长，往往有几百字的长文；③从春秋后半期到战国末年，艺术性又加强，花纹也精细，文字也长，如虢季子白盘就有四百多字铭文；④自秦统一到西汉末年，艺术性也逐渐退化，形制单薄，而文字也少以至于无。从书的文献观点看，最重要的是周器，可参考《两周金文大系》这本书，是重要历史文献。

青铜器可分为礼器（吉金）、兵器、乐器及日用之工具等，尤其是礼器，礼器就是贵族们和奴隶主们的传家宝，是当时统治阶级的传家宝。史书上记禹铸九鼎，春秋时灭人国家必毁其宗庙，迁其重器，因为凡有国家大事，一定铸鼎，把事实经过记在鼎上，作为纪念。因此青铜器上的铭文就成为研究古史的重要文献，但并不是正式的书。

青铜器在西周时代制作很多，因战争频繁，将亡的国必定把它们埋在地下，或用作殉葬，所以现代从地下挖出来的很多。《文物杂志》经常有报道，这些出土的东西就成为历史的重要资料。它的字体和甲骨文很不一样，而且各国所铸的字体也不一样，燕、赵、齐、楚的字各不一样，而各个时代和地点都有它的特征，因而可供研究文字演变的过程，成为一种重要的史料和档案，但不是书。

三、石头的书

除了甲骨文和青铜以外，古人还在石头上记载文字，在天然物上刻字本是人类共有的风气。今天在世界各国的古洞穴里都可以找出古代人的手迹或图画。我们现在遗留下来的最早的石刻要算陕西唐代出土的石鼓。石鼓是周刻还是秦刻还不能肯定，大约成于春秋和战国之间，共有十个，上刻四言诗，字体属于古籀文，诗句四字一句，大概和诗经上《小雅·车攻篇》相似，原有六百多字，因风化现只余下二百多字，它的全文可在《金石萃编》中看到，现只存九鼓。

石鼓十个，径约三尺，今存北京历史博物馆，其文为周大篆，史籀所作。唐时发现四于田中，郑庆余置于凤翔孔子庙中，已亡其一。北宋时于民间发现，已变为石臼。金石家，如《书断》《元和郡县志》《金石录》都说是周宣王大猎时所作。唐人如韦应物、韩愈、宋人苏轼都有诗文记载它。董卣、程大昌等说是周成王时所作。因其文与秦器相合，又断为秦刻，众说纷纭。欧阳修所见为四百六十五字，现仅存二百七十二字，天一阁存宋拓本有四百六十二字，阮元摹刻于杭州府等。王昶补辑诸余，得四百六十四字。乾隆亦有摹刻，藏国子监，遂有新旧二本。

到了秦朝，秦始皇统一中国之后曾承袭这种风气，在六处地方刻石记功，但现在只有峄山琅玡台和泰山刻石还残存一部分，其余都风化了。

到了西汉时代刻石风气更流行，碑碣、摩崖、墓志铭等种类繁多，所刻文字有的是长篇巨著，极富史料价值。汉碑如《西狭颂》《石门颂》《赵宽碑》……都提供了重要史料，对于书籍印刷更有启发作用。最重要的是东汉熹平四年（175）所刻石经，就是把儒家经典（《易》《书》《诗》《仪礼》《春秋》《公羊传》和《论语》七经）刻在石头上，在当时国都洛阳鸿都门，作为标准，就是“一字石经”。用的是汉隶，是“今文石经”。石经刚建立时受到当时读书人的重视，据说每天来抄录经文的有上千辆车子，因为汉朝以五经取士，教育学生，政治上也是根据经文来断事，当时的书全靠手抄的难免辗转，错误很多。汉武帝以后又发生今古文两派文人之争，当时汉武光复的汉朝统治，废去王莽所立的所谓古文《尚书》、古文《春秋左传》和《周礼》等，到了刘秀光复又废去古文，专采用今文，但是当时古文经在民间流传很久，所以为着统一思想，汉灵帝才建立石经来确定标准的今文经本，来防止政治上的分歧。但经过汉末的大乱，全部被兵火所毁碎，到今天出土的只存很少数的碎石，最大的一块也不过一两百字了。

“熹平石经”之后到三国魏，魏明帝（240—248）又把石经立起来，所谓“正始石经”，用古、篆、隶三体字刻石，所以又叫“三体石经”，共有五种经文（《易》《书》《诗》《礼》《春秋》），它的设立，主要是作为标准的书，但另一种重要作用是摧拓方法的发明，也成为后世印刷术的发明。拓下来的是白字黑底的拓本，可省去抄写的功夫，更是后几百年雕版印刷术的滥觞。当然这是纸发明以后的事情，现在先还过来讲一些竹木的书，简册的制度。

“三体石经”以后，还有唐开成“石壁十三经”“蜀石经”“十一经”“宋石经”等，清石经现在不去说它。

四、竹木的书

我国最早的正式书籍是用木板、竹片做的。“正式”的书就是用文字写或印在一种专用材料上供人阅读为目的的著作，甲骨、青铜或石头都不是专门作为书写用的材料，因为太坚硬而且太笨重了，不容易携带。古代的埃及是用纸草作为书写的材料，巴比伦用泥板，印度用贝叶，欧洲用羊皮，我国最早是用竹片和木板，竹条子做的叫“竹简”或“简策”，用木板做的叫“版牍”。一根竹片叫作“竹简”，用绳子把许多根竹简编起来，可以卷起来，成为一卷或一册，到现在我们还沿用着“册”“篇”这个名词，如《论语》二十篇、《孟子》七篇，把多卷书称为多少卷，都是沿用古代竹简、木简的制度，后来有了纸，起初也是把许多张联成长卷，卷起来代替了笨重的竹木简，所以名称还是用卷，因为都是卷子本，而不是现在一册一册。

现在在许多古墓葬中还发现了许多古代的简策，如秦简，楚墓中的楚简，汉墓中的汉简，如长沙马王堆、山东银雀山，最近都发掘了许多古代的简书，新疆吐鲁番楼兰的旧址、居延海等都发现了许多古简牍，使我们能看到两三千年前的古籍的形制，如流沙坠简、居延简……汉墓中的《老子》《孙子》等都是，都有影印本，和现代所流传的本子都有很大差别。

战国时的简策在后世曾有两次大发现，一次是汉武帝时在孔子故居，墙壁中掘出所谓古文经，引起了经今古文之争。另一次是晋武帝时在汲县魏襄王墓里出土的大量古简，其中有许多古文，当时人已经认不得上面的字了。经过当时学者荀勖的考订，译出了几部书，现存的流传本有《竹书纪年》《穆天子传》《山海经》等几部，已经残缺不全，至于原物早已毁于历代的兵火了。解放后在许多战国墓和汉墓中发现的竹木简、古书，现在都藏在北京历史博物馆里，使我们可以看到古代的书。

和竹木简同时存在的还有“帛书”，或称“缣帛”“素书”，那就是写在丝织品上的书。《墨子》书中就有提到“书于竹帛”，可见战国初年帛书就很流行。因为它轻便易于携带，可以卷成一束，开卷自如，但由于它们太贵，不是一般人能用得起，只有贵族能用，也由于不易长久保存，所以遗留下来的很少，只有从前在楼兰遗址中发现过，解放后也在长沙古墓中发现过，但都很破烂，难以看出原来的形状。

用帛代简有很大的便利，但还需要一种更廉价的东西来代替它，因此纸便被发明了，纸的使用使书籍进入一个新的时代。下面要讲从公元一世纪到八世纪的中国书，也就是从汉代到唐代的书。

五、从汉到唐的中国书籍（纸书）

前面说过因为有石经，以后就有了捶拓的方法，但由于石头上拓下的拓片，必须先有纸才行。由拓片的启发，然后才有印刷的方法。因为捶拓是先在石头喷水然后才能把纸盖上去，用墨布棰，轻打，在有字的地方纸就凹进去，等干了，然后用墨慢慢地揭下，就变成白字黑底的一张拓片，就像现在的字帖一样。但先决的条件是纸。纸是我国人民首先发明而后才逐渐传到世界各国的，所以它是我国和世界文化史上的一件大事。

在范晔所著《后汉书·蔡伦传》记着："自古书契多编以竹简，其用缣帛者谓之为纸，缣贵而简重，并不便于用。伦乃造意，用树皮、麻头及敝布、旧鱼网以为纸。元兴元年奏上之，帝善其能，自是莫不用然。故天下咸称蔡侯纸。"元兴元年是公元105年，帝就是东汉和帝，后人多根据这段记载，认为纸就是蔡伦所发明。但事实上纸的使用在蔡伦以前就开始了。在班固的《汉书》九百七十五卷记着《孝成赵皇后（飞燕）传》中，曾记着赵飞燕用"赫蹏"包装毒药，并在其上写上毒杀曹伟能的密令。这是公元前十二年的事，前于蔡伦造纸一百多年。据二世纪的应劭说："赫蹏"是一种薄小纸也，纸字从丝，可能当时还是一种丝质的薄纸。《后汉书》的《贾逵传》也说，汉章帝命贾逵教学生习《左氏传》并予以"简纸经传各一通"，这就是说赐给学生写在竹简上和纸上的《春秋》经各一部，这是公元七十六年的事，也比蔡伦早。汉许慎《说文》是完成于公元一百年以前，书里有"纸"字，不过据后人的考释，都认为当时的纸，都是漂洗蚕丝时，在席子上遗留下来的敝絮、碎丝，汉时所说的絮都指的是丝绵，所以絮就是不好的丝绵。这种零碎的丝绵干起来就成为一张薄片，所以第二世纪时服虔也说"纸，方絮也"，指的就是这种丝棉纸。这种纸的存在，于西汉时已经通行，上面所说的"赫蹏"，以及贾逵的纸本《春秋》经和《左传》都是属于这一类。不过是丝质的纸，得之还是不易，因而需要找出更便宜的纤维来做纸，那只有用植物纤维更便宜，因而当时劳动人民早已通行用树皮、破布、旧渔网等东西做出更便宜的纸。当时蔡伦是一个尚方令的官，掌管着宫廷中各种日用品，有机会和各种各样的工人接触，知道造这种纸的方法，他总结了工人的经验，可能改进了造纸的原料，而推广了做纸的方法，因而大大改进了纸的生产技术，大量生产，从此以后，用植物纤维造纸就成为世界上造纸的基本方法，直到现在还是这样。

自此以后，造纸的新法逐渐在国内外流行开来，用它写书的人更普遍。公元一百五十年左右，已经传到西域一带，以后再由西域一带传到波斯（大食）。在唐朝七百五十一年，由于唐朝和大食人交战失败，被大食人俘去一些中国士兵，其中有造纸工人，然后就把造纸方法传给阿拉伯人，所以在撒马罕这个地方首先建立了造纸作坊，以后阿拉伯人九百七十三年在巴格达（伊拉克），九百年在埃及，一千一百年在摩洛哥陆续建立了造纸厂。在一千一百五十年又传到西班牙的萨地瓦，才开设了欧洲第一个纸厂。但是离蔡伦时代已经晚一千多年了，这在美国卡特著的《中国印刷术的发明及其西传》这一本书中已经说的很详细。

六、写木书的极盛时代（隋唐时代）

到了公元六世纪至九世纪，因为便宜的纸被大量利用，所以写书抄书更是容易了。在这个时期已经有雕版印刷术，但不多，这时期的书籍主要生产方法是抄写，由于当时读书人科举的需要，所以抄书就成为贫穷文人的职业，这种抄书人当时叫作“经生”，售卖抄本的店肆也很多，因此得书比较容易。这个时期的主要形式是卷子本，用木轴卷起来，末端挂上丝织的缥带或牙签，标出书名，以便插架取携。除官家有大量的藏书外，私人也有很多藏书，如李泌（邺侯）有插架三万轴之多，韩愈诗有“邺侯家多书，插架三万轴，一一悬牙签，新若手未触”的记载，他如柳公权、苏异等都是唐代有名的藏书家。

唐朝是我国文化特别发达的时代，六朝以来，新的学问都得到发展，特别在文学、诗文方面，尤其丰富，可以说前无古人。除大量诗文集以外，如传奇、小说、变文、俗讲、评话等，为后世章回小说开辟了道路。在科学方面，如天文、历法、医学、音韵学等，都有新的成就。大部的类书如《初学记》《北堂书钞》《群书治要》等的编写，到现在还是检查唐以前文章的重要工具，但因唐代安禄山和五代的兵乱，这些文物丧失殆尽。

1900年（光绪二十六年）英国的斯坦因曾在敦煌千佛洞骗去了大批唐宋人写本。那是古代一个大藏书库，这些遗物大约是四世纪到十一世纪的遗物，因防备元朝的兵乱而被封闭在里面，当时住在洞内有一个王道士，有一天无意中发现了这个洞，以后骗附近的居民可以治病，陆续卖给人治病，后来斯坦因从印度、西藏、新疆进入甘肃，听到这个消息，用一些金银骗去了一万多卷古代写本，由天津运到伦敦博物院，以后闻风而来的又有法国的伯希和，此外日本、德国人也纷纷来拿，还有一些流落在我国私人手里。到1909年清政府知道后才把余下来的八千多卷运到京师图书馆，但最好的都被外国人取去了，估计全部不下两万五千多卷，其中最宝贵的是唐咸通九年印刷的《金刚经》，这是唯一现存的实物，可以证明唐代已经有印刷术。千佛洞遗物除写本外还有许多古代艺术品如图画、织锦、刺绣等极多，现时大半保存在外国博物馆里。其中除佛经外，还有各家经典、地志、历史、文字学以及通俗词典、小调、账簿、日历、户籍、契据、民间故事等，所用文字除汉文外，有西夏文、藏文、古维吾尔文、梵文、回鹘文以及古代中央亚细亚文字等。现代由外国转抄回来的许多民间文学、变文等，都为我国文学史、文字学，提供了宝贵材料。另外，书的形式除卷子本外，还有经折装、梵夹装、旋风装等，以及更进一步改为册叶的形式，使翻检更为便利。

七、印刷术的发明

最早发明印刷术的也是中国人，以后经过了六百多年才传到欧洲各国。最早的印刷术有两种：一是雕版印刷，一是活字印刷。在印刷术未发明以前，秦汉时代我们就有石刻捶拓的方法，如印章和封泥，这些都对后来的印刷术有启发作用。东晋《抱朴子》书中就提到道家的符就是用木刻的符印，多的达到一百二十字。唐代还有用一张纸印上许多小佛像，是用同一个印印成的。在这些先驱的条件下，就出现了雕版印刷术，到底雕版印刷术是起源于哪一个时代呢？众说纷纭，有的说是起于隋代，但最可靠的说法还是唐代，较为准确。《旧唐书·文宗本纪》有一条记载："太和九年十二月丁丑，敕诸道府：不得私置日历版。"这就是禁止人民印刷私印日历的事实。唐末僖宗逃入成都在公元881年，随着僖宗入蜀的柳玭在他的《家训序》里记着："中和三年癸卯夏，銮舆在蜀之三年也。余为中书舍人，旬休。阅书于重城之东南，其书多阴阳、杂记、占梦、相宅、九宫、五纬之流。又有字书，小学，率雕版印纸，侵染不可尽晓。"从这条记载里，可见在公元883年，成都不仅有印刷日历，还有印刷其他书籍，当然都是当时最常用的书。唐人的文献中还有很多有关印刷书籍的记述，最可靠的还是在敦煌发现的咸通九年四月十五日王玠刻的《金刚经》，咸通九年是公元 868 年，这是一个长一丈六尺的卷子本，由六个印张黏贴而成的，卷首还有印着释迦牟尼在祇树园说法的故事画，图和字都很精美，说明这绝不是初期的印刷品，至少前一百多年就有了。现在日本还有宝龟元年（公元 770 年）所印的《陀罗尼经》，日本的雕版印刷技术是由中国传去的，这就是说中国至迟在七—八世纪中间就一定有印刷术的传布，大概四川成都一带是印刷术的发源地。

但民间所刻的书多限于阴阳、日历、佛经等最畅销的书，对于儒家经典一直到唐明宗龙兴三年（932）才由于宰相冯道的奏请由国子监校刊出，计有《易》《书》《诗》《春秋》《公羊》《谷梁》《仪礼》《周礼》和《礼记》等九种，花了二十多年之工夫才完成。所谓"监本九经"其目的使应考的人有了标准的读本。从此以后刻书渐多，大部书如《初学记》《白氏六帖》以及私人的文集也刻了不少，可惜这些唐刻本流传到今的极少，敦煌石室发现的只有一些残本。

另外应当注意的是，活字印刷在宋代庆历年间（11 世纪）（1041—1048）已由我国发明，在宋沈括《梦溪笔谈》就记着毕昇发明活字印刷的事实。西方人以为活字印刷是十五世纪中叶谷腾堡所发明，是因为不知道毕昇早于四百年前就已经有用泥活字印刷的事。由于当时没有人推广这种方法，所以雕版印刷一直流行了一千多年，刻本的黄金时代可以说是两宋时代。

宋代刻书遍及全国，北宋初年以四川刻书本最盛，到了南宋，文化南移，许多读书人都跑到福建来，所以福建刻本最为盛行。尤以建阳麻沙成为刻书中心，书坊应运而生，著名的不下数十家，如余氏勤有堂、刘氏的南间书堂及翠岩精舍、刘锦文的日新堂、虞氏的务本堂、郑氏的宗文堂、叶氏的广勤堂，都延续了二三百年之久，一直到明代中末叶。经过元明兵燹和大火，到今日流传本亦已稀罕，成为凤毛麟角。只有大图书馆如北京、北大、南京、上海还有不少流传，本省存的很少了。宋版书的字体已经成为后世各种印刷字体的源流，宋本多半流行软体字，刻书多请名家，善书者用欧阳询或颜真卿体写在薄纸上，翻转刻在木板上，后来到了元朝更多用柳公权或赵孟頫字体，到了明万历以后就逐渐改为横轻直重的方体的匠体字，称为"宋体字"，其实不是。这种硬体字一直沿用到现在。装订方式，也由卷子本逐渐变为经折装、旋风装、册叶装、包背装，现代的精装平装也就是册页形式包背装订。

元代尚有两件事对印刷术有改进：一是活字印刷术，二是套印两色或三色版。这是由北宋“钱引”和南宋的“会子”发展而来。

到了明代十五—十六世纪之间，国民经济发生了自发的资本主义萌芽，民间的古典小说和工艺美术书籍逐渐增多，特别是明成祖所命令编辑的《永乐大典》是当时最大的一部百科全书，计有二万二千九百二十七卷，写成一万一千九百一十五册，编纂的人有二千一百六十九人，可惜只抄写一部，后来虽经复写一部，但原书失火，后抄的一部在 1900 年八国联军侵占北京时被烧毁，散失只余八十几本，以后由民间及外国收回来的一共也不过二百多册。

明代的套印书籍尤以吴兴的凌蒙初以及万历年间的闵齐伋最为出名，后来发展为“饾版”印刷，成了现代木刻版画的滥觞。

八、现代

前面说过木版印刷，一直沿用了一千多年，中间虽然有过活字排版以及刻板套印等改进，但基本上都是靠手工，用刷子一张一张地刷出来。后来这种印刷术传到欧洲以后，经过德国人谷腾堡的改进，用铅合金代替了木活字，用平板轮转机代替了用棕刷印的方法，加快了出品，奠定了印刷术机械化的基础。到 1840 年鸦片战争以后，西方新式印刷术如凸版、手板、凹版逐渐传入了中国，最早的是铅印，随后是平板（就是石印），其后是凹版（也是铜版雕刻）都陆续在二十世纪开始时陆续传入我国，加速了出版事业。首先是英国传教士马礼逊于 1807 年到澳门传教，因为要刊印《圣经》，铸造了中文铅字，因中国官方的干涉，后来移到马六甲，于 1814 年首先印出中文本《新旧约》，还出版了第一种中文杂志名《察世俗每月统计传》一共发行了七卷。到 1821 年，内容以传教而兼一点政治新闻和新知识。1842 年鸦片战争以后中国沦为半殖民地，而上海成为帝国主义势力中心，使一部分知识分子觉得有了解西方各国情况的必要，于是译书和出版的机构也多起来，除宗教书籍外，还出版了数学、天文学、物理、动植物学等书，还出了一些杂志如《六合丛谈》等作为输入世界新知识的媒介，翻译的书也一天天增多，以后《万国公报》《格致汇编》《字林西报》《申报》等都先后创刊。对我国的影响最大的点石斋石印书局更办了石印的画报。我国自办的报纸杂志也日渐增多，如 1900 年后商务馆的《外交报》《东方杂志》

《图画新闻》等都蓬勃发展起来。这些书报发展到辛亥革命以后，报纸全国发展到五百余家，但都是寿命不长。此外对于印刷术有了一些改进，新式大型印刷机，如滚筒印刷机、平台印刷机、多滚筒印刷机都陆续出现。今天世界的印刷术更是日新月异，效率也比以前手工印刷大大提高了几百倍、几千倍，今天的多滚筒印刷机能在两三个钟头内印出百万份报纸，先进的技术也不断提高。

图书分类法的形成与发展

（根据金云铭馆长讲课录音整理）

图书分类是图书馆一个很主要的环节，所有的图书排架、出纳、归类都是根据分类法编的，图书分类法的历史在中国是很古了，二千多年以前就有了分类法，比欧洲早了一千五百多年。但从前不叫分类法，只是按照当时书的实物把书分成各小类，不比现在分类法有几大本书，按照里面列出的系统表编目，从前没有这个东西，最早的分类法是在汉朝开始，汉以前，先秦有学术分类，但没有图书分类法，学术只能按各家分，如《庄子》“天下篇”，《荀子》“非十二子”，他们是按学术分类，不是图书分类。为什么图书要分类呢？在图书馆学中，分类是个提纲挈领的东西，一个很重要的部门，如图书没有归类好，随你有多少万书就是一堆垃圾，你分不出书是属于哪一类，没系统没组织起来没法找，所以图书需要有系统地组织起来。现在的图书馆与古代的图书馆不同，现代图书馆，大的如美国国会图书馆，它的书有五千多万件，所谓的“件”当然不只是书，还包括录音带、各种唱片、各种图片、乐谱、电影片，统在图书馆收集范围之内。当然是要分门别类，单是乐谱就有百把万种，像这么大的图书馆如没分类的话，随你什么人都找不到书。所以说图书分类法是图书馆很重要的一个环节，要办好图书馆必须有一个分类法。有了分类法就像可以给每本书编上个门牌、号码，拿书就依靠这个“号码”，譬如中国有人口十亿，但根据省、市、街道门牌号码数，就可以找到这个人。图书分类也是这个意思，书虽有几百万几千万，但编好门牌都能找到，人家还书进来也可以归位，它都有固定的位置。不仅找书还书需要分类，就是做辅导工作、统计工作等所有的有关图书馆业务都要靠分类法，所以说分类法是很重要的环节。比方做一个统计，我们图书馆有一百三十七万册书，哪一类书有多少，以后每年还要报部，今年添多少书，清点时损失多少书，都可从统计表看出来。所以要搞好业务，分类是个很重要的事情。另一个就是目前图书馆业务很多，编目这一门也很复杂。现各国大的图书馆，都是集中编目，因为如分散各做各的，花的时间很多还不合标准。美国国会图书馆的编目集中，买一本书它已编好目、定好类、印好卡片，连分类号都印出来供给使用者做参考。其他馆使用就容易了。他们的分类法当然也不是统一的，是各种各式的，全世界的分类法大的有几百种，小的有很多图书馆自编一套，不胜其多。我国解放前各馆也是各干各的，几乎每馆都有自己的分类法。我在五十几年前也编了一个图书分类法，为什么要自己编呢？因为当时没有统一的分类法，各馆都是各自为政，我在 1924 年刚参加图书馆工作，当时在大学念书一直做图书馆工作，对图书分类法很感兴趣，就研究图书分类法。当时我在协和大学，没有分类法，图书就是随便摆在架上找书很困难，当时书不多只有几千册，只有外文书有分类，中文书都没分类。我在 1928 年编好后就运用这个分类法，用了差不多五十几年了，半个世纪，但到现在不合用了，因为分类法也是随着学术发展而发展，学术发展了，如果分类法不变动，就跟不上，编的目录也是混乱的。故解放后文化部在 1950 年就开始召集，讨论，几乎讨论了二三十年搞出一部我国自己的分类法——中国图书馆图书分类法（简称中图法），现在用的就是这么一本，大概里面有三万多类，世界最大的图书分类法，国际十进图书分类法有六万多类目，很复杂，这个以后讲到。有了分类法可以集中统一编目。比方发行一本书，有的国家把这本书的分类印在上面，另外还印了许多目录卡片，如著者目录、书名目录、分类标题目录、各种专类目录等。

简单地讲，分类就是人类对事物观察力的应用，人是有理智的，他看见许多不同的东西，就要把它们归纳起来，归成多少门类。学科也是这样，比方全世界动物有多少种，如把他们分门别类，就有系统，分类法就是图书的系统，要编出这个系统，我们是运用推理逻辑，把事物，把许多形形色色的图书按它们的性质、用途、不同的目的，把它们归成类，找书就容易了。比如你要找一本化学的书，你就到化学类，当然化学还分几百种甚至千把小类，它要归到很小很小，从大到小，分得非常专门的类别里。有了这个类别就可以按类别找出同类的书，就可按所编的顺序排列起来，便于管理，拿书也好归库也好，如没有分类号就很困难。虽然书很多，是个垃圾堆，你找不到书，有了分类法就可分门别类，你研究哪一门，就可以找这一门有哪些重要的书，一看分类目录就可以看出来。比方一个大百货公司，里面东西有几万件，如果没有分门别类，分成专柜，你要买东西也买不到，要买一刀纸要到哪里去，它也是有归类，这个是文具类，这是衣服类，这属于布类，布类里又有细分，呢羽哔叽，各种纤维等，类别分那么详细就是便于拿到东西。图书分类比百货公司的分类复杂的多，大的图书馆有几百万册书，小的也有几十万，几万，若不分类别根本就找不到书，就算家中几百本，几千本的书，若不分门别类排的话，找书也要花很多时间。

本课程分三个部分：第一部分是分类法的形成与发展。第二部分介绍一些国内外重要的分类法，世界有多少分类法，它们怎么分，怎么产生发展也要懂一些，将来你若在图书馆工作，它所用的分类法到底是哪一种，若不知它的来历也很困难，世界上图书分类法有几百几千种，各国都不同，也要懂些。第三部分是讲怎样分类，是技术部分，如有多余时间还要参加一些实际工作就是实际分类工作，我们讲的只是理论，一定要参加实际工作才能体会得深。

一

现在先讲第一部分，分类法的形成与发展。

上面讲过中国图书分类法很早就有，汉朝开始，汉以前，先秦西周书不多，书也是慢慢发展起来的，起初的书形式与现在也不一样，古代书是刻在甲骨、青铜器上，再进一步就是竹帛、竹简、木简，现在从汉墓中还发现很多竹简、木简，一根写一行，有用漆写的，有用墨写的，新疆也发现许多竹简、木简，所以得书非常困难。以后就是帛，帛轻，但很贵，一般人无法收藏，只有皇宫内廷的图书馆有藏书（当时不叫图书馆而叫观，如兰台观、东观等）。竹木简用丝带或牛皮带连结起来卷成一卷，现在的第几“卷”就是从古代一卷一卷的木简、竹简来的。

公元前 223 年秦始皇统一中国后还要统一思想，搞了焚书坑儒，有用的书如医书、农业的书、种树的书、阴阳五行的书还留着，其他诸子百家的书都烧掉，所以书就更少了。到汉高祖推翻秦朝，入关后萧何下令把当时丞相府的书、律令以及有用的书统统收起来，又经过几十年的收集，书慢慢多起来了。到了汉元朔五年（公元前 124 年）汉武帝看到内府的书很少，竹简散乱，就下令收买民间的藏书，许多脱简的书要整理起来，就叫刘向整理。刘向是经学家、文学家、目录学家，当时管理内府的书，他用十九年的时间编出一套书目，这书目是他头一个分类，所以中国分类法可以说是刘向开始的。刘向死后他儿子刘歆继续下去，编出一部书目，刘向编的是《别录》(二十卷)，刘歆把《别录》归纳为七卷，叫《七略》。把书分为七大类，第一个“略”辑略无书名，是个通论。以后又分为六艺略、诸子略、诗赋略、兵书略、数术略、方技略，《七略》原书已不存在，我们只能从东汉班固《汉书》里的《艺文志》看到“七略”的内容。《汉书》里说汉成帝河平三年叫陈农求遗书于天下，命光禄大夫刘向校对经藏。汉朝是尊儒重道的，把儒家经典放在第一类，叫六艺略。六艺是易、书、诗、礼、乐、春秋，以后又加上论语、孝经、小学九类。小学是文字学给初学的学生认字用的，这些是中国最古的书，经孔子删订过的。第二类诸子略，相当于现在的哲学，分为儒道、阴阳、法、名墨、纵横、杂、农、小说等十家。第三类诗赋略，分为屈赋、陆赋、荀赋、杂赋、诗歌，相当于后代的文学类。第四是兵书略，兵书略在古代很重要，古代国家之间经常打仗，兵书分权谋、形势、阴阳、技巧。数术略有天文、历谱、五行、蓍龟、杂占、形法。方技略是医经、经方、房中、神仙，共七部分三十八类。刘向以后历代都根据《七略》分类，但也有变动，以后会讲到。《七略》也并非刘向一人所能做的，当时书虽不多，《汉书·艺文志》收了五百九十六家，就是五百九十六人的著作一万三千多卷，有好几个人帮助刘向搞，一个是任宏校兵书，一个是太史令尹咸校术数，侍医李柱国校方技，书是民间收来的不同的抄本，有经多手抄的，许多有出入有别字，需要一些通这一门的人来校对，再写成定本，由刘向总其成。刘向把每本书都写成提要，把书的来历、作者生平、书的内容大意写出来，撮其要者旨。所以刘向是中国头一个目录学家，也是分类学家。刘向生于公元前七十七年，死于公元前六年，死时七十一岁，刘向原名更生，字子政，做过光禄大夫又做过中垒校尉，有人又称他刘中垒。因当时书籍很散乱，他重新整理过，把许多异文校对成正确的文字，然后再列成要目说出提要。刘向曾两次下过监狱，当时宦官外戚势力很大，弄得很不像样，刘向两次向皇帝提意见，被下监两次，出狱后，才改名刘向。他有个儿子刘歆（前五十三—前二十三）字子骏，接下去校书，后经王莽之乱，刘歆想刺杀王莽，但被王莽知道要抓他，他自杀了，死时只有三十岁。他继承父业，将《别录》归纳为七大类，成为《七略》，这七大类的书，据说到唐五代时，《别录》《七略》才失传。刘歆这个人，也是很通诗文，在汉成帝河平年间在秘阁任侍中大夫。《七略》的原书已失传，但在《汉书·艺文志》中被收录了，《汉书·艺文志》是一本很重要的书，清代学者金榜说"不读《汉书·艺文志》，无以读天下书"。当然，当时的"天下书"是指古书，数量也不多，但《汉书·艺文志》毕竟可以看作古代的学术史。它辨章学术，考证源流，古代到底有多少书，它怎么分类，怎么辨别书的性质，里面有重要的内容提要。《汉书》是东汉班固编的，司马迁的《史记》里没有艺文志，到了班固编《汉书》就根据刘向、刘歆的《七略》，编了艺文志，从那时起历代官修正史都有艺文志，如《唐书·艺文志》等等，这是中国所特有的。中国没有学术变迁史系统地讲出来，只是把当时流传下来的书名列出来，所以现代人、清代人也很看重艺文志。所谓艺文志就是目录，编的好的有内容提要，简单的只有书名。汉、魏、晋、南北朝都有艺文志，官编的书名除了《二十四史》里的艺文志外，也有单编书目的。比如：汉代的《兰台书部》《东观新记》《仁寿阁新记》，这三部是专门目录，不是附在历史里的。后在董卓之乱中散失了。为什么历代人都看重这部书呢，因为它可以看作一部汉以前的学术史，以后继续编《汉书·艺文志》的还有很多人，除了班固以外还有很多人。宋朝就有王应麟《汉书艺文志考证》十卷，姚振宗《汉书艺文志拾补》六卷，将刘向编的不完全的地方补了些书名，就是将《汉书·艺文志》所收五百九十六本书以外的流落民间的书补编进去，这是清代的姚振宗编的，他除了《拾补》六卷外还编有《汉书艺文志条理》八卷。此外还有《汉书艺文志姚氏学》是姚明辉编的，《汉书艺文志举例》一卷孙德谦编，还有很多人做书目，《汇注笺评》（李笠著），顾怀三的《补后汉书艺文志》，钱大昭的《补续后汉书艺文志》二卷，《后汉书艺文志补》一卷，《考证》十卷是曾朴著的，还有很多，可看开明版的《二十五史补编》。为什么这么多人重视它，因为它是中国头一部的分类目录的书，可当文化史学术史来看。《汉书·艺文志》头一段是班固的序，把来历讲了一下，把《七略》的书都列出来，五百九十六种的书就是从这里来的，当然还有很多遗漏，不在皇帝内廷而在民间的书，经过很多人的续补，发现了好多汉以前的书。还有一本书名《汉书艺文志讲疏》，这本书是顾实编的，好处在于对这些汉以前的书存亡真伪都有考证。《汉书·艺文志》所录书籍大部分已亡佚，十不存一，现在我统计一下，存在的只有五六十种书，现在是有目无书，有的书虽同名，但内容不同，有的是后人伪造的同名古书，有的只剩下残本。这是讲汉代书的分类历史以及汉代书的目录。

汉以后，魏、晋、六朝，每代都有它的目录。现在有流传下来的，有魏郑墨的《中经》，也是个目录，这部书也不存在了，荀勖根据郑墨的《中经》造了《中经新簿》，分为甲、乙、丙、丁四部，甲是六艺，乙是诸子百家加上数术、兵书，丙部是历史，丁是诗赋、图赞、图谱等，这四类是个大变动，往后我国所有的古书都分四部，经史子集，推其原始是由荀勖来的。荀勖的《中经新簿》现也不存在了，《隋书·经籍志》所收的书比《汉书》多得多，共收三千一百二十七部书，三万六千七百零八卷，汉魏六朝佛教的书很多起来了，除了甲乙丙丁外，加了佛教、道经两类。到了六朝王俭在452—489年编了《七志》，是根据刘向的《七略》编的，共四十卷，现也不存在了。另外，梁朝阮孝绪编了七录（经典录、记传录、子兵录、文集录、术技录、佛法录、仙道录）。最古的佛经目录现还存在，我校图书馆也有，叫作《三藏记集》，是个和尚僧佑编的，十五卷，编于南齐建武年间。到《唐书·艺文志》也是分为经史子集四部，自唐至清都按这四部分，小类有时不同。以后还有些私人编的目录，如宋郑樵的《通志》有二十略，中有《艺文略》，与四分、七分法不同，分为十二大类。第一类经类。第二类礼类是从经部分出，把乐也从六艺分出另立一类。第四类是小学。第五类是史学。第六类是诸子类。第七是天文。以后是五行、艺术、医方、类书。类书在中国也是一类很大的书，相当于百科全书，从天文地理到草木鸟兽虫鱼。要找一个典故，只要根据它的门类去找，它与现代百科全书不同之处在于类书是抄古书，把古书中有关某个问题的文章集中起来。第十二类是文类，文类中别集是个别人著作的文集，总集是很多人著作的合集。十二类实际上归纳起来也是四类，经、礼、乐、小学属经类，第五类是史类，六至十一属子部，十二是集部，实际上也只有四大类。所以自汉至清中国分类法不是分七类就是分四类。

二

汉以后，魏晋南北朝三百多年间的书籍分类虽有变动，不分七类了，荀勖头一个分四类，甲乙丙丁，他著的《中经新簿》十四卷还附了二卷佛经，作为附录。甲部是“六艺”，这个“六艺”与孔子的“六艺”不同，孔子的“六艺”是礼、乐、射、御、书、校，这个“六艺”是学术方面的分类，是易、书、诗、礼、乐、春秋，以后加上小学、《孝经》《论语》。六艺以后变成经部，是儒家的经典著作，当时尊儒思想很盛。第二类就是诸子类（四部法开始是经、子、史、集，后来才变成经、史、子、集）。第三类丙类就是《春秋》《史记》，都是历史的书。丁部是诗赋。魏晋六朝三百年间学术发展创造了四部分类法，荀勖的《中经新簿》已不存在了，晋朝四类目录编了很多，晋元帝时东晋李充（字宏度）的《四部书目》就把四部改为“经、史、子、集”，自此以后成为定式。六朝谢灵运、王俭也都编了四部分类法（王俭还编了七分法的《七志》）。南齐的永明元年王亮，梁武帝天监六年殷钧都编有四部书目，陈文帝天嘉六年（565）编了寿安殿四部书目录，北魏的卢昶也编了《甲乙新簿》，也是经史子集四类。这些书目都编得很简单，没有提要，只有书目，在历史上影响不大，以后也都散失了。没有提要就无法辨别学术流派，所以价值就不大。四部分类法在魏晋南北朝三百多年间受到封建王朝的采用，其中也有许多学者不用四部，在旧法基础上不因袭旧法恢复了七分法，其中如王俭的《七志》，阮孝绪的《七录》最具代表性。王俭生于公元452—489年，是南齐的文学家、目录学家，他字仲宝，山东临沂人，他和六朝宋的公主结婚，所以他的官职是秘书丞，就是管书的官，他以后辅助齐高帝继位，所以以后官就升作侍中尚书令、中书监等职，管理公私藏书兼校勘很多古籍，编撰了宋元徽元年（473）的四部书目，同时编了《七志》，四十卷，已佚。以后梁朝阮孝绪编了《七录》，包括六艺略：易、书、诗、礼、乐、春秋，起初把史也附在经典略里，后来分出，加了一个史类，他的七录是经典录、史录、诸子录还有文翰志、军书志、阴阳志，还有个术数志，还特别列了一个图谱志，这是较新的类目，以后还附上佛经、道经。因为到了六朝佛教很盛行，翻译的佛经很多，这些加起来实际上有九类，这本《七志》久不存在了，但书名还保存在《隋书·经籍志》里面。《隋书·经籍志》也是个很重要的目录，是唐朝长孙无忌编的，魏征也参加了。阮孝绪的《七录》编于公元479—536年，该书虽已亡佚，但后人根据他当时所列出的目录又编出其他的目录。

阮孝绪（479—536）是河南尉氏人，是梁代的目录学家，他很爱好图书，史书称他不好名利，学习勤奋，好收集轶文史籍，《七录》十二卷，分内外两编，内编五录是经典录，记传略、子兵略、文集略、术技略，外编是佛道两录，所收的书有六千二百八十八种，四万四千五百二十六卷。据《隋书》说他所录的每书都表明它的宗旨，有提要，有评论，但也有人说他的评论很浅薄，大体上是仿刘向、刘歆的《七略》，但阮对目录学的发展还是有贡献的。

《隋书·经籍志》是唐太宗在贞观十五年（641）下令修梁、陈、宋、齐各朝及隋代的内府遗书编成的，是中国第二种最古的史志目录。他保存了隋以前的书以及重要的学术源流演变，其中有大序小序及简要说明，是仿阮孝绪的《七录》分类体系编成的，当时是根据皇宫中的书，有一万四千四百六十六部书，八万九千多卷，与《隋大业正御目录》核对但中间有重复的，经长孙无忌，魏征整理后，剩三千一百二十七部，三万六千七百多卷，以后又收了遗书一千六十四部，一万二千七百五十九卷，做了补编，每书都注明学术源流及其演变，附有提要，主要的类是把子部扩大，包括了兵书、术数、技巧等录，所以子部非常复杂，里面有技术、有各种方志、遗书等，四类是继承了荀勖的《中经新簿》，李充编的四部，以前分为经子史集，后改为经史子集，《隋书·经籍志》有总序有小序有注释，到现在还是古籍分类的重要依据，后来清朝的张鹏冀收罗了史书的遗漏，另编了四卷《隋书经籍志补》，每类之前都有序，也是讲学术源流的，唐代除了《隋书·经籍志》外还有两部书，一部叫《群书四录》，一部叫《古今书录》，也是四部法，此二书已散佚，但《唐书·经籍志》可看出它的轮廓，《唐书·经籍志》是后晋刘昫编的，刘昫根据《古今书录》，删去大小序，记载唐开元前四部的书，到宋朝欧阳修撰《新唐书》时将《旧唐书》未录的书目扩充进去，后人在将这两部书合起来分上下两栏对照，这部书可看出唐代学术界写书的全貌。它们的分类虽然都是经史子集，但细目有很多不同，《新唐书》甲部分十一小类：易、书、诗、礼、乐、春秋、论语、谶纬、经解，谶纬是根据经书讲经，但用迷信的方法来解释，带有迷信的色彩。“经解”是后来人的解释。还有小学一共分四百四十家，五百九十七部，六千一百四十五卷，一部书分十三小类：正史、古史、杂史、霸史、起居注、旧事、职官、仪制、刑法、杂传、地理、谱系等。子部分十四类：儒、道、法、名、墨、纵横、杂、小说、兵家等以及天文、历数、五行、医方等。丁部（集部）是文学类，主要有楚辞、别集、总集，从《新旧唐书》的艺文志和经籍志中可看出唐朝的学术的依据、文化的成就，有哪些著作，学术源流，每书的概要。

宋元时期《崇文总目》，是官修书目，王尧臣编，仿《群书四录》，公元1041年编成，收书三万零六百六十七卷，四十五类，每类都有大序小序，每书有提要，《崇文总目》在元初已佚，后人又集起，现无完整的本子，我馆有《崇文总目》五卷，是清代钱侗等人，从《欧阳文忠公集》《玉海》《文献通考》等书中辑起来的。另一部书叫《中兴馆阁书目》，有七十卷，这部书由于金人的侵扰而散失，1178年由陈骙、张攀等人编成三十卷，已佚，后人从别的书里辑出，有《中兴分馆阁书目辑考》五卷，后人又编《续考》一卷，由清朝赵士炜辑成，元朝宰相托克托编《宋史》时编《宋史・艺文志》八卷，编出唐代藏书八千八百一十九部，一万一千四百九十卷，编得很芜杂。宋代雕版（最早的刻书是《金刚经》，唐咸通四年刻，现在伦敦）非常发达，福建麻沙已是全国刻书中心之一（闽、蜀、浙是当时三大刻书中心），所以私人藏书多起来了（现在宋版的书非常名贵），编了许多书目，有书目可考的有三十多种。现介绍两种：《郡斋读书志》《直斋书录解题》，都是私人的读书书目，这两部书很重要。《郡斋读书志》是晁公武编的，晁公武（1105—1180）巨野人，因住汴京昭德坊，故人称他“昭德先生”，藏书很丰富，很爱书，读书之暇亲自校雠，他在四川荣州任郡守，编出的书叫《郡斋读书志》，有两种刻本，一本是衢州刻本二十卷，另一种是在袁州刻的只有四卷，全书也分为经史子集四十五类，袁州本只有四十三类，收的书目有大序小序，一千九百三十七种，现存的已不全，但可作为参考。另一本陈振孙的《直斋书录解题》，直斋是别号，他在江西、福建、浙江做过官，爱买书，收书很多，字伯玉，号直斋，写出解题，就是解释书名，内容如何，原本有五十六卷，原书已佚，现存的是从别的书辑出的，特别是从《永乐大典》辑出只剩下二十二卷，全书分类是经史子集，小类分五十三类，收书五万一千一百八十卷，千把种，反映了南宋以前的图书，比《中兴馆阁书目》还多，失传的宋版书可从这两部书内看出内容大概，以后元朝马端临做《文献通考》也是以这两部书为蓝本。

另外宋人还做了许多书目，如尤袤的《遂初堂书目》只编书名，连著者版本都没有，故价值不大，没有上两部好。郑樵字渔仲，做《通志》二百卷，它等于中国通史，里面有二十略，内有艺文略十二卷是目录，不是按四部法分，而是分十二类，此书很重要，每类都有大小序，把图书源流都说了，主要他有新的分类见解，从理论上阐明了图书类例，具体表现在艺文略上，说图书分类要有步伍之法，要强调类例，除考定源流之外，还主张图书内容虽复杂，还是有类可分有类例可归，欲明书者在于明类例，主张剖析学术源流。《校雠略》提出了图书馆学有关的理论，不因袭旧法，他在经部把礼类另行拆出，天文、五行、算术、医方等分十二大类，把古今的书分为四百三十二种的分类体系，正确发挥分类作用，还对古书类目做了许多注释，提出图书分类应以内容为主，不单看书名。郑樵更进一步阐明了分类法的原则，他说："类书犹持军也，如有条理虽多而治，如无条理虽寡而纷。"他的艺文志不限于一个朝代，主张目录应集百代之书，故《通志》艺文略可以作为查找文献的线索。

三

这部分讲元明清三朝的分类法。

宋代主要的是郑樵，《艺文略》《校雠略》二书对图书馆学都有些见解，当然当时还没有"图书馆学"这个词汇。

元代是以蒙古入主中原而建立的国家，蒙古族马队厉害，但文化落后，汉族文化水平比蒙古族高，元代统治只有八十八年，文化方面主要是搬汉人的一套，没有什么大建树，书也出的很少，在目录方面也没有什么重要著作。成就最大的要算马端临（1254—？）编的《文献通考》，是一部中国自古代至元代的目录，重要的文化史方面的书，共三百四十八卷分二十四门，《经籍考》是第十九门共七十六卷，《文献通考》是"十通"之一。"十通"是：唐杜佑的《通典》、宋郑樵的《通志》、元马端临的《文献通考》《续通典》《续通志》《续文献通考》《清通典》《清通志》《清文献通考》《续清文献通考》，这十部书对历朝的典制、官职、田赋等等都有记载，是研究历史很重要的参考书。《文献通考》的《经籍考》也是按经史子集四部分类然后每部下再按朝代分,《文献通考》只编到宋中叶为止。因当时宋史还没编完，所以书名多是据《郡斋读书志》《直斋书目解题》《中兴馆阁目录》《四朝国史艺文志》等编成的，有提要、辨真伪、评优劣，可作为后来编提要的模式。到清代时朱彝尊的《经籍考》、章学诚的《史籍考》、谢昆启的《小学考》都是参照“十通”的模式编撰的，特别是有关元朝的目录都是根据马端临的《文献通考》编的，“十通”我馆有两种版本，线装的有几百本，商务馆影印的有十大本。

明代的书很多，目录分类方面主要的有《明史·艺文志》共四卷，只列书名，清朝徐鼒编了补遗一卷，清朝王鸿绪根据各种明清书目编的，编到第二十四史的《明史》里，这都是原始的资料。《明史·艺文志》是根据明代焦竑《国史经籍志》和黄虞稷《千顷堂书目》、傅维麟的《明书》编纂而成的。明代的官修书目质量不高，而私人藏书家编的书目却很好，因为明朝私人藏书的风气很盛，有的人藏书十多万卷，现介绍几种重要的书目:《百川书志》是明高儒编的，共二十卷，特点是：体例虽也是按四部，但正史里收集了很多野史、“刈史”、通俗的小说等，还有许多戏剧传奇等，这些书是今天研究金元明文学的重要资料，为历代目录所不列的。《古今书刻》周弘祖撰，主要根据各省刻出来的书，按省排列，此书国内已无，后从日本翻印过来。谈到刻书情况，比如福建省，刻了哪些书，刻书的机关有哪几个，如布政司、按察司、古今书院盐运司、府学（府学又按府分）。

明代还有很多出名的书目。如晁瑮的《宝文堂书目》三卷，共分三十三子目，其中两类较新，一是子杂，一是乐府，收元明两代话本、小说、杂记、传奇，为前人所无。明末有一个福州人徐𤊹，家住城内鳌峰坊，藏书处叫红雨楼，著了一本《鳌峰集》，我馆只有抄本，他也写了很多跋文,《红玉楼书目》十四卷，徐死后书散失了，后由明末郑杰、缪荃孙各辑起一个集子，成为《红雨楼题跋》。徐𤊹还著了两本书:《笔精》《续笔精》，也是他读书的心得笔记。我馆有抄本，是很珍贵的书，里面有一定排列次序。徐𤊹当时收了七万多卷的书。另一个藏书家叫祁承㸁，山阴人，字尔光，号夷度，又号矿翁、密土老人，喜欢收各种特别的书，他主张读书要经世致用，他著了《澹生堂藏书约》，提出鉴别图书的标准有四：审轻重、核名实、权缓急、别品类，并提出图书分类的原则："因、益、通、互"四字，"因"就是因类求书，"益"就是看是否于人有益，编目时要"通"，就是现在说的"互见"，这就是后来清代大目录学家章学诚的分类体系。他改制四部四十四类二百三十五个子目的图书分类体系，他的住处《也是园》中藏书对明以前的曲收藏非常多。祁承㸁死后他儿子把书都卖了，使书散失了不少，现在的目录除书名目录外还有分析目录，就是合乎"互见"的方法，互通互求，他的目录是表格式的。

清初另一个有名的藏书家名叫钱谦益，他的藏书处叫绛云楼，收藏宋版书非常多，书目分七十三类，可惜后来这些珍贵的书因火灾损失了很多，他还收了许多早期天主教的著作。《绛云楼书目》也是四部体系，其中以地志类也很有特色。

黄丕烈，别号荛圃，号复翁，他写了十卷《荛圃藏书题识》。是他读过的书的题跋，介绍该书的版本、内容、价值等，他的分类主要是四部法，但小类有不同，黄是明清时代有名的藏书家，他的题跋后由王大隆编了四卷题识。

顾广圻（1766—1835）字千里，江苏吴县人，别号思适居士，著了两本《思适斋书跋》，是清朝有名的学者，精于校勘，《思适斋书跋》提出了四句口号："惟无自欺，亦无书欺，存其真面，以传来兹。"他校勘的书很受学术界重视。

清末还有四个出名的藏书家。瞿绍基藏书处叫"铁琴铜剑楼"，藏有很多宋版书，后卖给日本人。杨以增的"海源阁"，陆心源的"皕宋楼"，皕是二百的意思，皕宋楼就是有两百部宋版书，后这些书也于民国期间卖给了日本人。杭州的丁申、丁丙也是有名的藏书家，藏书处叫"八千卷楼"。这些藏书处只有八千卷楼还在南京，他们的目录现在都是用来考察古书版本的重要资料。

清代在图书分类学上占有很重要地位的一部书是《四库全书》，它是清代一部大丛书，分为经、史、子、集四部，经部用绿色的皮，史用红色，子用蓝色，集用棕色，都是手写的，共三万六千本，收书三千四百六十一种，是乾隆三十八年到四十七年，用十年时间编成的，用几百人共抄七部，还有底本一部。后来这底本藏在翰林院于八国联军侵占北京时散失了，七部中藏在北方有四部：故宫文渊阁，圆明园文源阁，辽宁文溯阁，热河承德文津阁，现只剩文津与文渊。南方存三部，于太平天国战争中失去两部半，据说文澜阁一部于抗日战争时期搬去重庆，后来被搬去台湾（南方三部为：镇江文宗阁，扬州文汇阁，杭州文澜阁）。

乾隆好大喜功，要在文化上搞出点名堂来，另一个目的是怕汉人造反，就借修《四库》的名义进行搜书，查看汉人有哪些书是反对清朝的，就把它作为禁毁书目，当时禁毁的书比收的书还多，收的书是三千四百六十一种，三万六千本，禁毁的合了一倍，有的书虽无反满但反孔的就不收，但还存其目。故《四库全书总目提要》二百卷中只有三万四千多种是有书有目的，其余的是有目无书，四库分类法的类目请参阅教材，它是三级制度，如《礼记》，第一级是经部，第二级是《礼记》，《礼记》中还有很多书如《周礼》《礼仪》等，这些就分到第三级。编《四库》时收书最重要的标准是不得反满，如有反满思想，再好的书也不收，其次是要符合封建道德标准，如姚广孝的《逃虚子集》文字很好，但因反对乾隆，明朝严嵩被视为坏人，它的集子虽写得好，但这两人的著作都不收，类似的例子还有很多。在修《四库》过程中，民间藏的对清朝统治者不利的书一律收缴，连版片都要烧掉。有时因一两句诗，不合口味，也把书禁毁了。有的书中有"鞑子、奴酋"等字样也将版挖掉，所以印出来的书挖去的部分就出现黑块叫作"墨丁"，前后被毁有案可稽的有六千七百余种，其余被篡改的就不胜枚举了。所以鲁迅一针见血地说"清人修《四库》而古书亡"。《四库全书总目提要》二百卷是很重要的书，是搞图书馆工作的人必看的。后来因二百卷书目提要太多就编了个《简明目录》，共二十卷，这是乾隆五十五至五十九年印的，从前《简明目录》只包括三千四百六十一种书，七万九千三百零八卷，未收的书已达六千七百九十三种，九万三千五百五十卷，漏收的一百七十五部。后来把主要的书，写了提要呈给皇帝看，这些书编了目录叫作《四库荟要》，收书一万二千本，共抄两部现只存一部。

四

上次讲到《四库全书》，这是很重要的一部丛书。《四库全书答问》一书是学图书馆学者必读的一本书。《答问》很简明，《总目提要》二百卷是纪昀编的，太多看不完，所以我放一个《简明目录》，张之洞编的，共二十卷，一种只有两本，参考架上有，大家可看一看。有存目书，是许多不合当时标准的书，只存目不收书。提要有指出他们的错误，目录是纪昀（晓岚）编的，《简明目录》只有二十卷，提要有二百卷，《简明目录》还出在提要之前，是在杭州刊行的，《总目提要》有很多缺点，除对反孔思想诋毁攻击之外，还歧视少数民族，还有大国沙文主义，通过《总目提要》从中可看出清代的反动政策，当时正统思想与不同观点人的斗争，有许多人的书如李贽的书，被看成非圣无法大逆不道，一本都不收。《提要》对当时读书人的影响很深，它一共分四十四类，细目有六十七个，每类都有大序、小序、立这类的经过、为什么要立这一类、这一类书的源流，对每书也有些评论，代表了当时封建的思想。它冠上了“钦定”两个字，是皇帝定的，谁也不敢反对，虽然里面有许多错误，但谁也不敢提，乾隆、嘉庆以后许多学者看出了不少问题，但只能在私人笔记里或文集里提及，不敢公开反对。后人余嘉锡做了一个《四库提要辨证》二十四卷，对《总目》做了较全面的考证，辨订的古籍五百多种。另一个人胡玉缙《四库全书总目提要补正》六十卷，另有《补遗》一卷，指出《四库全书提要》许多不对的地方，《补正》是从各家藏书记或藏书笔记里抄集在一起的。对未收书提要做了许多匡谬补充的文字，对其中的错误也指出来。近人孙殿起的《贩书偶记》也指出了《四库全书总目提要》的错误，也做了许多补正。

《四库全书》虽有这许多缺点，但也有它的优点：第一，它保存了不少古书，它的来源有五百多种，书是从《永乐大典》来的，(《永乐大典》共一万多本，是明朝编的一部大类书)，《永乐大典》有很多失传了，但《四库全书》收了，得以保留下来。另一个来源是献书，许多民间珍藏的书献了出来，当时浙江献的最多，共进书十一次，福建也进了六次，但当时民间进书经审查之后被毁掉的也有几万本，连版片都要毁掉，这是很可惜的。第二，开了献书之路，献书多的封官、给钱。《四库全书荟要》中四千多种书，书都是原来失传了，后由私人献出来的，有一本《四库简明目录标注》十二卷，把书的源流大要、版本都注了出来，是邵懿辰编的，也很重要。

当时收进三千五百多种，加上未收的一百七十五种，存目的六千多种，合起来一万一千多种。目前据大家估计，中国古书从古至今，很多是乾隆以后人写的，估计共有十万种。乾隆以后叫各省写的地方志，由地方修志局编的地方志就有六千多种，我馆与北师大合作编了一本综合目录，各种不同版本的地方志，就有八千多种。

当时在四库馆任事最久的除纪昀外，还有陆费墀兼武英殿修书提调金简（朝鲜人），将刻出来却未流传的书集成《武英殿聚珍版丛书》，有六百六十六册，我馆有一部。

近人杨家骆编了一部《四库大辞典》，他是根据《四库全书提要》编的，按四角号码排的，有人名、著者名字、书名、存目名，还介绍版本，这也是一部很重要的工具书，《四库全书》当时几百人用十年写了七部共二十八万八千册，加上两部《荟要》，共三十一万二千册，《四库全书》就介绍到这里。

下面讲中国近现代的图书分类。

从鸦片战争到"五四"，八十年间文化战线上新学与旧学的斗争非常激烈。新学是西方传入的，过去排斥西方，只有经史子集，所以四库全书只有四大类，到张之洞加了个丛书成了五类，经、史、子、集、丛。那时，刻的丛书非常多，有专门的，有分代的，个人刻的，地方性的，总共有四千多部。我馆藏的书就有一千二百多部，一部丛书多的有几千本，少的二三种也有。凡二种以上合刻的就可叫丛书，二种同样格式、版本，有个人的、有代表地方的。如《顾亭林先生遗书》就是把顾炎武的所有著作刻在一起成一大部头，章学诚的《章氏丛书》有三十多种书刻在一起，旧学一直在经史子集丛几类打转跳不出这个范围。到了新学传入中国，它传播的是西方的自然科学和社会科学，比中国的先进。甲午战争后，大家寄望于新学，又有许多外国传教士来到中国，介绍了许多新的学问，如：光、声、电、化各方面新的学识，是中国人过去所未听过的，因此许多人鼓吹学西方的学问与西方资产阶级民主革命的书报。再后，马克思主义也传入中国，许多知识分子出现了为旧民主主义革命的书目，介绍了许多新学，翻译之风大盛。如福州严复就是大量介绍新学的一个人，但旧学的势力还很大，旧学的书目如张之洞的《书目答问》，作为童生必读的书，洋务派大力译书，成立了同文馆、江南制造局、广州翻译馆，都译了大量的西方的书。1880 年以后许多西方传教士，如傅兰雅、李提摩太等编译了许多书，后来还出了译本书目。1889 年，受洋务派影响，很多人鼓吹变法，如王韬等人编了一本《泰西著述考》，介绍了明末自利玛窦以来到清初九十二个西方传教士所著所译的两百十多种书，在当时的中国起了一点启蒙作用。

中国的分类法经、史、子、集，从唐以后成为定制，一千多年无多大变化，到了清末只加了“丛”类，说明学术进步慢，封建思想重，人们守旧，不去研究外界的情况。鸦片战争失败了才知道自己的落后，并且人民有了革命思想，受了新学的影响介绍了许多泰西进步著述，也出了许多新书，特别外国传教士译了许多书，办了许多书报，如我馆有一套《万国公报》就是介绍西方的情况，可算最早的杂志也可算报纸，这些都起了启蒙的作用。以后还有许多先进的人物，如康有为、梁启超等，为首的维新派译了许多书，这些译著的活动，成了戊戌变法运动的重要环节。他们还通过译书的目录，介绍了西方国家以及日本的社会经济、工业、农业、技术方面的书刊，指导了当时知识界阅读和翻译这些书刊。所以梁启超说国家要自强以多译西书为本，他提倡学子要致力多译西书为功。到 1896 年他在所办《时务报》上刊载了《西书提要》，还编纂了一部目录《西学书目表》，分四卷，著录了甲午战争前二十五年出版的西书三百多种。还有，西人来华传教士的各种书，可算是 1845 年前中译的西书表的总目，《西学书目表》在中国图书分类学上有所创新，过去的经史子集不能容纳新的东西，如：重学、算学、电学、化学、声学、光学、天文学、地质等学，全体学（即人体学）、动植物学、艺学、图学等十三个目，分为西政、西学两大类。西政类包括官制、学制、法律、农政、矿政、工政、商政、兵政、船政等十目。还有一个杂类、包括报章、游记、格致（科学常识）、西人言论、杂著等五小类。这个新分类法体系虽很粗糙，不合理，杂乱，但人们可以从中看出它分自然科学、社会科学和综合性图书三大类的雏形，是中国新分类法的雏形，冲破了中国封建时代的分为经、史、子、集四部分类的一千多年旧体系，新的分类建立了一个新的体系，为近代西方图书分类法的输入和新的图书分类法的产生开辟了道路。

在正式输入外国分类法之前还有几种过渡的分类法，其中一种是孙星衍的《孙氏祠堂书目》，共分十二大类，还是偏重于旧学。另一个是民国古越藏书楼分类法，古越藏书楼在浙江绍兴，是徐树兰私人所设，他把自己家里的书七万多卷，捐出来，办了个藏书楼。它的目录是书本式的共八本，它的开办宗旨有二：就是“存古”“开新”，所以它的目录有古有今。他说：“学问必须贯通古今中外书籍，务求平等对待。”指出“不学古书无从考证学术的沿革，不读今籍无以取鉴变通之途径”。反映了当时封建士大夫对古代封建文化的留恋和对学习西方资本主义的要求。他所编的分类法与梁启超的《西学书目表》有某些类似之处，学部与政部各二十四类，每类都分若干子目，共二百三十二个子目，四十八个大类，大多数是因袭旧有的类名，但在二百三十二个子目中也显示出中外学术统一立目的倾向，当然其中有些子目不尽恰当，但的确代表了当时新的学术和新的科目，新学术的书是打破旧分类法的条件，这个类目表明了改革的过程，和新旧学变化的特征。《古越藏书楼书目》是我国图书馆界接受西方图书分类法的过程，为我国引进编制并推行杜威十进法开辟了道路，杜威十进分类法是 1909 年传入的。

五

清末民初国人都看到四库分类法不足以容纳新来西方学术，都想改革老方，于是各自为法，所以本时代实为我国图书分类法最混乱的时代。约言之，可分三派：（一）旧派，主张仍沿用旧法，扩充子部以容纳新书；（二）改革派，主张打破四部，另立体系，重创新法，以容纳新旧图书；（三）折衷派，主张新旧并行制，旧籍用四库分类法，新书自定新法或采用西法以归纳之。所以以后就有古越藏书楼的分类法出现，其分类分为政部、学部各二十四类，以后新书越来越多，四十八大类也不能容纳，就促使分类法一定要变。从前中国的旧书分类没有符号，古书都是平放，中间夹一张纸片，一半露出来，写上书名、著者、卷数，拿书要专门一个人，只有他熟悉排列的次序，旧式的藏书楼读者少，这样做还可以，如果读者多了，就不行了。

书一定要编号码，古时也有用编码的，但不是现在这个样子，例如朱彝尊用一首文言诗把书分为二十四类，即“心事数茎白发，生涯一片青山。空林有雪相待，古道无人独还”，用一个字代表一个类，私人的藏书可以这样做，佛经也是这样，用《千字文》来编号“天地玄黄……”，每部佛经给一个字，到了民国以后，就有外国传来的杜威法，杜威（Melvil Dewey 1851—1931）是美国的一个图书馆学家，他在 1883 年在纽约办一个图书馆学校，创造了一种分类法，就是有名的十进分类法，最初（1873）只有四十二页，类别不过千把类。他死后，有个图书馆学会叫做美国图书馆协会，每年对他的分类法进行修改，大约每十年修订增补一次，经过一百多年现在已成为一部三千多页的分类法，其优点是有一本附表，附表中有地名表，另一个很重要的是有索引（中图法没有索引是其不足之处）。杜威法传入我国之后，中国就出现了许多仿杜威法的分类法，是中国分类法的混乱时期。大纲中列出了十二种主要的改杜分类法，大家可以参阅。在改杜过程中许多人主张“经”部要予以打破，因为经部是杂凑起来的，经部的“易”实际上应归哲学类，“诗”应归文学，“礼”应归社会学，“春秋”是历史类，又有很多人主张保存经部，因为历史遗留下来的东西打破了容易乱，现在《中图法》就打破了经部，但有些馆在古籍方面还有沿用四部分类法。

杜威法有几个好处：有附表，有助记表，如 01—09，01 是理论的东西，02 是大纲和图，03 是字典词典，04 论文集，05 杂志期刊，06 报告，07 有关教学法的东西，08 丛书丛刊，09 历史。比如物理学，它也有历史，530 是物理学，530.9 就是物理学史，一看号码就知道是什么书，或要找什么可按它的规律去找。比如关于学科的历史，医学史如知医学为 610，则医学史为 610.9，故有个助记表就很好用，也可以从号码变成类名，知道书名也可按号码找书。另一点，整数只有三位数，最大的位是 999，三位后加小数点，小数点可无穷发展，可发展到十几位，但号码太长就不好管理，所以图书馆的原则是号码要简短，最多到六七位。杜威法产生于一百多年前，有很多现代技术的书当时没有，比如无线电，后来只好在电工程中加细目，号码变得很长，621.384，已到第 6 级无线电的子目还要更长的号，这是杜威法的缺点。优点：整数三位好，有伸缩性；缺点：位数只限到 9，9 以后是其它，然后再 91，92……地细分下去，凡十位以内不能容纳的，就提级，有时变得内容要迁就“十进”的形式了。杜威法传入欧洲后，有几个国家，英、法、德把杜法扩展为《国际十进分类法》，杜威法叫 DC，国际法是 UDC，后者是根据前者来的，但类目更多，杜威法目前有三万多类目，国际十进法有六万多类目，类多但也很累赘，符号也很多。杜威法也要成国际性的分类法，在国际上懂得杜威法要找书就很容易，在美国很多馆用杜威法，但也有不用的，有的馆用卡特分类法，卡特展开式分类法是用字母的，26 个字母代表 26 大类，还有美国国会图书馆分类法，它也有近百年的历史了，它也是用字母做类号的，但与卡特法不同，目前美国国会图书馆有三千多万册书，分类时不允许有两种书同号，故所用分类法，越详细越好，还要不断添加新类目。美国国会图书馆的号码加一个字母进去可发展到两位号码，如 H 社会科学，HA 是统计学、HB 经济原理、HC 经济史、HD 经济史、HE 交通运输、HF 交通运输等等。两个字母之后是四位数，可到 9999，故其发展是无穷的，如 HG1301—1490 是银行，它不只用一个符号，这样伸缩性就很大，又如 HG3701—3733 是信用方面的书，这一类就有三十多个号码，所以书不容易重号。1933 年又出了一种分类法，布列士分类法，现已完成四册，用三个字母及数字细分，如 BBA= 理论物理学史，它还将科学理论与工程技术联系起来，航空力学与航空工程等，有时可用冒号将两个学科并起来，如航空力学与航空工程是两种不同的号，用冒号联系起来变成一个新的号。

各国有各国的分类法，如法国有 Brunet 分类法，也是用字母。目前世界上有三大系统，一是美国国会图书馆分类法，简称 LC，杜威十进分类法 DC，国际十进分类法 UDC，苏联也是用国际十进分类法，但也不统一，也有用其他分类法的。十月革命前俄国的图书馆是按书购入先后来排列的，也就是按书的登记号来排列，用字母表示书库位置，后面数字表示书架的行数、层数，这样排法若按类找书就非常困难，而且同类书不能排在一起，其唯一优点就是架上不要留空位，空间利用率高，这种排书法也叫固定排列法，如 A10—17 代表 A 室第 10 架第 17 本，当然比较简单，但同一套的书因各册先后进馆就不能排在一起，这是它的大缺点，要找一本书必须先查目录，查出它的号码，然后才能取得。

六

前回讲到解放前的各种分类法五花八门，各馆自己各搞一套，几乎著名的大学都有自己的一套，我国因此变为一个多分类法的国家，不比外国，美国主要是杜威法，还有国会的、布列斯的、布朗的、展开法等，虽不统一但是主要是这几种，中国则各搞一套，这也由于历史问题造成的。从经史子集到杜威法传入，大家都想编一套有符号的分类法，从前没符号时，书是平放的，书中夹个纸片，找书时只能去架子上看，是经部易类还是经部诗类，没有详细符号，只能凭馆员个人经验来找书，当时读者也少，光靠书库里的人找书也应付得了。到了新分类法传入，杜威十进法推行到全世界，觉得有很多优点，分类有科学系统，但也有很多缺点，比如一脉所生的门类被隔开，社会科学与历史科学有密切联系，但杜法就将它们割开了，社会科学是300，历史科学是900，中间还加上许多其他的门类，又如语言与文学也是一脉所生的，也被隔开，语言是400，文学是800，这样就不连贯了，不合逻辑，所以解放后很多人就因此否定杜威法。根据毛主席在《整顿党的作风》一文中说到："什么是知识？自从有阶级的社会存在，世界上的知识只有两门，一门叫做生产斗争知识，一门叫做阶级斗争知识，自然科学、社会科学竟是这两门知识的结晶，哲学则是关于自然知识和社会知识的概括和总结。"根据毛主席的论述知识基本上分三大类，又因为马列主义毛泽东思想是指导我们思想的理论基础，所以另作一类放在第一位，但杜威法是放在政治经济类里很小的一位置，335.5，是社会思想方面的，与乌托邦、基督教社会主义、无政府主义、法西斯主义等放在一起，这是很错误的，我们不能用，苏联虽然也否定这一点，但还是把它放在3K社会科学的最前面，而不是作为一大部类放在整个分类表的最前面。杜法的600类应用技术的类别很复杂，杂乱，不够用，因为近几十年世界上科学技术发展很快，新的类目非常多，杜法是一百多年前编的，根本没有现代科技的这些尖端科技的类目，所以只有插入各小类中来迁就杜威的分类法，单是电工程，就有几千条很无系统而且号码很长，如无线电已在第五级，621.384电工程中的第六级，无线电中的小类若再详分号码就会拉的很长，不合现代的要求。另外杜威是美国人，他所编的是以美国、欧洲的书为主，对中国的书知道的很少，所以地位占得很少，中国历史有几千年，他只给了一个号码951，虽然下面还可加几位小数，但与美国史比起来，美国史占了几十位，973——980，因此不合用。所以大家都来改编，各仿照杜威法加入中国的东西，王云五的《世界图书分类法》完全是仿杜威的，中国的东西加上一个"十"号，凡是有"十"号的，放在同号的前面。如杜法110是玄学，十110—十119就是中国哲学，十111是易学，还有"廾"放在小类前面，"±"放在小数点的同号前面，王云五编的《万有文库》就是用的这个分类法，这些自编的分类法虽然在适应中国的情况方面解决了一点问题，但还是很别扭，不好用，所以大家想另搞一套把杜法加以修改，你改，他也改，变得非常多。到了解放后接收合并图书馆时，一个馆就有好几种分类法，比如北大图书馆，有旧北大、燕京、辅仁等校，各种的分类法都不一样，要改编，几十万册的书工作量非常大，人力有限，所以就把旧法冻结起来，另编一套新的分类法。我馆以前有协大（我在1924年编的，改杜十进的，把中国的类目扩大）、华南用杜定友的。

在中国解放后旧的分类法与杜威法，改杜法都不实用的情况下，就有人试图编出适合中国情况的分类法，最早的是东北法，因为东北解放最早，原来在东北、延安都是用十进法，只好在前面加上两个类，001泽东文库，002鲁迅文库来填补杜威法前面的空白，这只是暂时的过渡办法，还不符合毛主席关于知识分类的教导，看来若不重新分配号码，改来改去还是旧的一套，所以50年文化部召集了图书馆界的人开座谈会，讨论结果即出了一本《图书分类法问题研究资料》，介绍了世界各国重要的分类法，也有东北、山东法。1954第一部适合中国情况的分类法《中国人民大学图书分类法》简称“人大法”问世了，它共分十七类，突破了十进法，但也有缺点。十进的东西很自然，如公尺、公分、公里等都是十进，一市斤等于十六两以及一英尺等于十二英寸用起来就不方便。《人大法》十七进就很不好用，10以后就用小数点，两字号码算一位，造成号码长，小数点多，它是用等级的分类法，一个系统，譬如生物学有门、亚门，纲、亚纲，目、亚目，科、亚科，属、亚属，种、亚种，这样按等级分下来，号码变的很长，比如135要摆在5的前面叫层累制，杜威法是从小到大，它整数三位后面都是小数点，后面还有八种复分表：第一种参考资料复分表；二各民族排列表；三中国时代表；四中国行政区域表；五苏联共和国复分表；六国家表（分资本主义国家与社会主义新民主主义国家）；七世界地区表；八国际时代表。最大的缺点：十七进不自然，人们不习惯，号码长，容易乱，排架搞错了，就增加了拒绝率，比如鱼类学里的软骨鱼的号码13，813，14，211，鸟类学的号码是13，813，14，11，十进法是597和598.2，简单得多，人大法民事案件号码是610，112，225，民间传说10，215，10，司法工作经验总结610，113，115，发表后因号码太长不好用，很多馆都不爱采用。

继人大法之后还有几种分类法，中国科学院图书分类法，简称“科院法”，它的类目设置与人大法差不多，但有改善，采用整数两位法，整数只有两位，后面用小数点细分一般号码不超过六位，共分25大类，大类设置请参阅发的材料，中间留空号，预备给新生的学科用，如环境科学，过去不算一门重要的科学，现在就是一门很重要的科学，在技术科学中加进去，整数后面是小数，小数是比位的，也是层累制，这种分类法有些像美国的哈里斯法，杜威法很整齐，号码固定，科院法有伸缩性，书多的号码可长些，书少的就可短些，科院法有一万五千条目，目前科学院系统的图书馆还在用。

目前北京图书馆发行铅印目录卡片，每张两分钱供应全国，这样各图书馆就节省了很多工作。卡片的左下角列出了三种分类法供使用者参考，一是中国图书馆图书分类法（简称中图法），二是科学院法，三是中小型法。分类法统一有好处，各馆不必自己去定类，卡片上已经给你分好类了，省工省时又整齐。

后来又出了武汉大学图书分类法，用拼音字母与数字相结合，共二十六类，这个分类法根据苏联列宁图书馆安巴祖勉搞的一个新分类法草案而发展起来的。它的特点是理论与实际相结合，比如其他分类法化学类与化工类离得很远，武大法将化学与化工合在一起，物理学与电工学、电讯工程、电子工程等合在一个大数字母之后，用四至五位号码细分层累制，数字最多不超过五位，缩短了号码，它的复分表不用短横，也不要小数点，可以直接加在分类号后面。

继人大法之后，北京图书馆 1954 年召集了部分图书馆及专业人员研究某分类法，于 1957 年编成了《中小型图书馆分类法》。其优点是号码简短，二十五大类，中小型分类法有如下优点：一分类体系符合马列主义毛泽东思想；二类目适合综合性小图书馆的需要；三类目安排照顾图书馆特点，并不单纯追求学科的理论体系编的较粗疏，共二千五百类目（新的中图法有三万条目）；四标记符号简短明了，易懂、易学、易写、易记，便于排列归架。

继中小型法之后，北京图书馆又着手编大型图书馆的分类法，也就是《中国图书分类法》。起初由左恭主编，印出初稿征求意见以后“文化大革命”开始了，这个分类法受到批判，左恭也被迫害死了，中图法也被停止。目前使用的中图法是 1974 年修订的，召集了四十几个图书馆搞分类的人员，但因受当时极左路线的影响，有些类目是错误的，粉碎“四人帮”后于 1980 年进行了修改，它一共六百多面，连复分表三万个小类目，由教育部通令各大图书馆使用，目前国内各大图书馆基本上都使用了。这样做的好处是，有铅印卡片（20% 左右不是新华书店发行的书，没有铅印卡片）。除此之外，解放后还有一些私人（如西北农学院的范世伟就编了两种）编了分类法，因影响不大就不介绍了。

二 专著

陈第年谱

自序一

一斋先生以名将而兼硕儒，且为明代之大旅行家，顾其生平及著述，殊鲜知其详者。俞曲园号称淹博，于其《随笔》中且有“言古音者至国朝而大备矣。然古音之学，溯源于吴才老；而明陈第之《毛诗古音考》，亦其先河也。焦弱侯为作序，称其有三异。身为名将，手握重兵，一旦弃去，瓶钵萧疏，野衲不若，一异也。余读之，不知第为何许人，深惭謭陋，及观《绛云楼书目》，陈第《毛诗古音考》二册，陈景云注云：‘陈将军季立，出戚少保麾下，一时名将也。’然后知陈第为戚继光部将。而检《明史·戚继光传》又未附见其人，当更详考之”之言。曲园若此，他人可知已。

夫以一斋先生之鸿猷硕学，卓卓可传，观其御倭守边，在蓟十年，调和文武，敦睦兵民，筑城创桥，兴学讲武，使边民乐业，行旅不惊，是名将而兼循吏。使上有明臣，假之便宜，则先生勋业，岂止于一游击将军哉！及其拂衣归里，杜门著书。晚年从事游历，四山五岳足迹殆遍。其行程所经，明代除后先生数十年之徐霞客外，实不多见。顾霞客游记，时人题咏者甚多，而钱牧斋且称霞客为千古奇人，其游记为千古奇书。洎至挽近，复得丁文江先生为之谱，附之图，而游迹乃大彰于世。而先生之游，后世学者反无所知，岂非一大憾事欤？无他，霞客之游因有日记，其所记事迹路线、山川风物较详，而先生之游，虽有两粤及五岳诸游草，然均出之以吟咏，语焉不详。且其诗以体裁分，而非以年月分，故前后错综，难寻端绪，虽其七世从孙斗初，于道光二十八年（1848）重刊其集，并识以年谱，然简而不明，且错误百出、前后颠倒，此即彰与不彰之故欤！余窃感于此，颇欲搜览遗籍，编定年谱，庶先生之嘉言懿行，不至湮没。然比年以来，公私猬集，有志未逮。

抗战七年之夏，余再读曲园先生之言，因有感于心，乃检先生之全集读之，得其生平行事之概、著述之旨，乃不惮炎暑，挥汗为绎其端绪。旁参群籍，颇费勾稽，耗时数月，草成斯篇，以应中国文化研究会之征。祇以人事鞅掌，初稿虽毕，而未遑细校，故搁置者又久之。本年夏，始得再为增删，并附以地图，付之剞劂。间以手边尚乏数书，如焦竑之《澹园集》、吴文华之《吴襄惠公集》、黄汝亨之《寓林集》等为之印证，谬误遗漏之处，在所难免。海内明达若能进而教之，则幸甚焉！

中华民国三十四年七月七日，金云铭序于樵川之寓庐

自序二

《陈第年谱》一书，初稿写于抗日战争时期，1946年复员回榕，始克付印。1978年曾被收入《台湾文献丛刊》第三百零三种。然其中误植之字颇多，新发现的文献可资定补者亦复不少。如陈第所著《东番记》初疑已佚，及见厦大历史系所编之《台湾原始民族文化文献汇编》之油印本，始知尚在人间，后函询陈国强先生，蒙其告知在沈有容辑《闽海赠言》中，原藏日本东京帝国大学图书馆。何乔远《闽书》卷一百四十六《岛夷志》亦引其文。1980年夏，乃复取旧版，详为参校一过，误者正之，缺者增之，聊供乡邦文献研究之一助。

1980年11月　金云铭记于福建师大图书馆

陈第字季立，号一斋，世居连江城西龙西铺。祖□□，少起赤贫，有丈夫子五，殖财以义，渐置田宅，寿至八十余，乡邑推重。祖妣赵氏，处家有法，一钱不私。父陈应奎，号木山，居长，耽悦书史，少履庠序，遭时不偶，乃隐于吏，性谦和，笃孝友，克己不欺。母杨氏，尝自忍饥寒，以济闾里（以上据《寄心集》《嗟思诗》六篇作）。先生少颖悟，为诸生时，博极群书，喜谈兵法，督府俞大猷召致幕中，授以韬钤方略，尽得其传。大猷喜曰："子当为名将，非书生也。"大司马谭纶见之曰："真俞、戚之流亚矣。"使守古北口要地，一时外属宁帖。以鲠忤总督吴兑，遂拂衣归，杜门读书。母殁后，出游名山大川，足迹遍海内，即后之徐霞客，亦不是过焉。尝就金陵焦竑谈经，借读所未见书，著《毛诗古音考》《屈宋古音义》诸书，为发明中国古音之第一人。

明世宗嘉靖二十年辛丑（公历 1541），先生一岁

三月三日，先生生于连江西郊化龙桥北。父木山公，时年三十二；母杨孺人，时年三十一；梦中惊雷震而先生生。隆准方瞳，颧骨高耸。有游僧见之，试其啼，曰："是儿声出丹田，他日必成远器。"

《蓟门兵事·告先人篇》有云：父早岁为诸生，晚岁为郡曹，贫穷辛苦，不怨不尤，以二子耳（案先生为次子，兄曰又山，名穀）。

按：《寄心集》卷五《嗟思诗》六篇有"父寿七一，母寿七五"之句。考木山公卒于万历七年（1579），则系生于正德四年（1509），卒时先生已三十九岁，故知其生先生时年系三十二。

又按：明焦竑《澹园续集》卷十《陈木山公小传》作木山"公姓陈氏，讳名应奎，字元瑞，寓意漆园所指山木材不材之间。别号木山，闽之连江人。少奇气自负，补邑增广生，文尚独创，故试屡不偶，已而罢去。少善司空城旦家言，乃隐身郡掾，两为福漳功曹。"

是年谭二华（纶）二十二岁，戚南塘（继光）十四岁，俞虚江（大猷）约三十七八岁，张太岳（居正）十七岁，友人焦弱侯（竑）生、李卓吾（贽）十五岁，友人林龙江（兆恩）二十五岁，邑人吴容所（文华）二十一岁。

嘉靖二十一年壬寅（1542），先生二岁

俺答寇山西，参将张世忠等战死，诏天下举武勇士。俞大猷诣巡按御史自荐，兵部尚书毛伯温送之宣大总督翟鹏。鹏不能用，辞归。伯温用为汀漳守备。

嘉靖二十二年癸卯（1543），先生三岁

是年十月，朵颜入寇，围攻慕田峪，杀守备陈舜等。

嘉靖二十三年甲辰（1544），先生四岁

嘉靖二十四年乙巳（1545），先生五岁

父木山公始行作吏（据道光旧谱）。

嘉靖二十五年丙午（1546），先生六岁

常随父祖于阡陌间。

按：先生有《经旧田村》诗云："童时随父祖，过此心轩豁。叫跳阡陌间，百忧俱不达……"（《五岳游草》卷一）。

嘉靖二十六年丁未（1547），先生七岁

偕伯兄初读，一目十行，过目成诵，终身不忘（旧谱）。

十二月，倭贼犯宁波、台州二郡，大肆杀掠（参看《明史·本纪》《通鉴》《明纪》）。

友人林培之（培）生。

嘉靖二十七年戊申（1548），先生八岁

木山公毕吏事归，受经家庭，先生不读传注，诘之，则曰：儿欲思而得之，不欲以先人之说锢灵府（旧谱）。

是年三月，朱纨讨平覆鼎山（在浙东）贼，将进攻双屿（在宁波），使柯乔及都指挥黎秀分驻漳泉福宁，遏贼奔逸。都指挥使卢镗将福清兵由海门（台州）进。四月，遇贼于九山洋，俘日本国人稽天（《通鉴明纪》）。

嘉靖二十八年己酉（1549），先生九岁

倜傥自负（旧谱）。

是年，鞑靼可汗俺答复寇宣府大同，把总江瀚、指挥董暘战死。总兵周尚文击败之，斩其魁。未几，尚文卒（《历代名人年谱》）。

朱纨巡视福建，荐俞大猷为备倭指挥，破钦廉（安南）贼，任崖州（广东）参将，平琼州黎人（采《明史》本传）。

秋七月，倭寇浙东，御史陈九德疏劾巡抚朱纨擅杀。诏落纨职，遣给事中杜汝桢往问。……纨仰药死（详见《通鉴明纪》）。

冬十月，戚继光（时二十二岁）中式山东武举乡试。

嘉靖二十九年庚戌（1550），先生十岁

是年，都御史汪汝孝愤辽东三卫之苛索无厌也，尝出境扑杀诸夷，以此蓄怨，遂通俺答犯古北口。八月，俺答、脱辛爱等纠合套虏窥大同，虏自宣府趋蓟塞（即蓟门），攻古北口。都御史汪汝孝以火炮矢石下却之，虏乃从间道至黄榆沟，毁垣而入，汝孝兵溃。俺答等转掠怀柔、顺义，遂逼通州。巡按王忬令人走京师请援。上闻，遣都御史王仪以三千骑援通，而命文武大臣各十三人，分守都城九门四塞。京师危急，俺答营白河东，近郊火日夜烛天。时明廷征召各路危兵入召，勤王兵先后五六万人驰援，诏以仇鸾为大将军，节制诸路兵马，杨守谦为兵部侍郎，提督军务。鸾等皆不敢战。俺答焚掠三日始引去，鸾尾之，兵溃。诸将收斩遗尸以捷闻。加鸾太保，赐金币，总督京营戎政（采《全边略记》卷一，参《明纪》）。

此次潮河之变，木山公阅邸报，每恨无丈夫子当关为朝廷洒一腔热血。先生闻之，即能领其意（旧谱）。

按：先生上后府俞公书有云："迨及庚戌之变，则涕泣伤之矣！"可见其幼年即留心国事。

顾叔时（宪成）生、汤若士（显祖）生。

嘉靖三十年辛亥（1551），先生十一岁

三月，诏开马市于大同、宣府，杨椒山以谏马市，贬狄道典史。

四月，宽海禁（《明书》）。

《明史纪事本末》亦云："是年夏四月，浙江巡按御史董威，宿应参前后请宽海禁，下兵部尚书赵锦复议，从之。自是舶主土豪益自喜，为奸日甚，官司莫敢禁。"又《日本国志》云："巨魁如汪（直）、徐（海）等，皆与倭结，寇皆习倭服饰、旗号、船帜，题'八幡大菩萨'五字。"

嘉靖三十一年壬子（1552），先生十二岁

是年夏四月，倭犯浙江台州，破黄岩，大掠象山、定海诸邑（《明史纪事本末》）。

四月，倭掠福建漳、泉，盖此时已蔓延沿海州县矣（《明书》）。

倭贼破宁波昌国卫，大猷击却之。未几，又大破之于海上，焚倭舟五十余（《明史·本传》）。

秋七月，廷议复设巡视重臣，以都御史王忬提督军务，巡视浙江海道及兴、漳、泉地方。忬巡抚山东，闻命即日至浙，度所治军府皆草创，而浙人柔脆不任战，所受简书轻，不足督率士吏。乃上疏请假事权，诛赏得便宜，且欲严内应之律、宽损伤之条，剿抚勿拘。从之，改巡视为巡抚。乃任参将俞大猷、汤克宽为心膂，征狼土诸兵（按《续文献通考》载：当时广西东兰、那地、南丹归顺诸土司之兵也。其兵在海内为尤悍，法以七人为伍，每伍自相为命，以首级为上功。弘治以后，隶诸有司，遇警调用。以其性贪淫掳掠，调征经过之处，不许入城）及募温、台诸下邑桀黠少年，分隶诸将，布列滨海各镇堡，严督防御，浙人恃以无恐云（《明史纪事本末》）。

嘉靖三十二年癸丑（1553），先生十三岁

二月甲子，倭寇犯温州，闰三月，海贼汪直纠倭寇濒海诸郡，至六月始去（《明史·世宗本纪》）。

夏四月，汪直、徐海等既溃散，剽忽往来不可测，温、台、宁、绍俱罹其患。参将汤克宽（俞大猷部将）率兵循海壖护城堡，追捕斩获亦相当，于是，贼移舟而北犯苏、松郡。二郡素沃饶，至捆载而去。有萧显者，尤桀狡，率劲倭四百余，屠上海之南汇川沙，逼松江，而以余众围嘉定、太仓，所过残掠不可言。王忬遣都指挥卢镗倍道掩击，斩萧显，余众复奔入浙，俞大猷等邀杀殆

尽（《明史纪事本末》）。

七月，俺答复大举入寇大同，总兵李涞战死蓟门，势甚炽，逻卒出塞辄被缚，临关叩赎（《全边略纪》卷一）。

是年，戚继光二十六岁，进署都指挥佥事，督山东备倭事（《戚少保年谱》）嘉靖三十三年甲寅（1554），先生十四岁

此数年中，先生均在家与其兄同读。

按：《嗟思诗》六篇中有《思兄》篇云："少年夜读，一几一灯。如临师傅，如对朋友。兄默我言，兄静我躁。四方有闻，归以相告。父母钟爱，实维在兄。"

五月，张经总督江南、浙江军务讨倭，任俞大猷为苏松副总兵。是年，俺答以众数万犯潮河，又犯古北。而大同亦告警，上为旰食，我军凭墙击退之（《全边略纪》卷一）。

嘉靖三十四年乙卯（1555），先生十五岁

先生在家肄业经史之暇，学击剑，喜谈兵，人咸以狂生目之（旧谱）。按：先生有《感昔》诗云："忆我少年日，悲歌弄宝刀。饮酒动一斗，驰马弗知劳"之句，可知读书之外，亦兼学武。

二月，赵文华督视海防。十月，杀总督尚书张经。赵文华劾经养寇失机，疏方上，经大破倭于王江泾。文华攘其功，谓已与巡按胡宗宪督师所致。严嵩复从中搆之，遂斩经于西市，天下冤之（《历代名人年谱》）。

十一月庚申，倭犯兴化、泉州（《明史·世宗本纪》。按《林子本行实录》作"十二月倭迫莆田"）。

嘉靖三十五年丙辰（1556），先生十六岁

先生读书云居山寺。

按：是年总兵官俞大猷败倭于黄浦。秋七月辛巳，胡宗宪破倭于乍浦。九月，浙江倭寇暂平，而福建倭患又渐深矣。《明书》记，是年倭据诏安，而《东西洋考》亦云："是年十月，有倭自漳浦、诏安登岸，所过焚掠无计，漳自此岁苦倭。"

戚继光初任浙江宁（波）、绍（兴）、台（州）地方参将。

又《通鉴明纪》:“十二月，东南倭患已四年，朝议练乡兵御贼。浙江参将戚继光请期三年而后用之，台州知府谭纶亦练千人，立束伍法，自稗将以下节节相制，进止齐一。未几，即成精锐。是月，以赵文华言，特设福建巡抚。”(按：戚继光条练士兵事，《戚少保年谱》系于嘉靖三十六年二月，恐《明纪》有误)。

冬，大猷以平徐海功，加封都督佥事。

嘉靖三十六年丁巳(1557)，先生十七岁

仍在云居山寺读书。一夜，有虎戏于庭，先生与相视而忘其危。

《五岳游草》卷二《叱虎行》序云:“忆少年时，读书云居山寺，虎有牝牡，相戏于庭。余视虎，虎亦视余，似相忘于无言者。”

五月，俞公大猷以平浙江倭寇功，进署都督同知(《采功行纪》)。

是年十一月，胡宗宪诱降海寇汪直，下之狱，其余党乃大扰海上，《明史·日本传》云:“十一月，贼有扬帆南去者，攻福建之福宁州(今霞浦)，破福安、宁德二县，遂泊泉州之浯屿。”

北虏把都儿以数万入流河口，直犯永安，迁安副帅蒋承勋力战死之(《全边略记》一)。

董崇相应举生(按：应举有答冯督学书云:“时在嘉靖之癸亥，某仅七岁”之语，则董君当生于本年)。

嘉靖三十七年戊午(1558)，先生十八岁

以诗质余居阳先生，先生惊叹曰:“异哉！陈叔子之为诗也，取意于风雅，取词于汉魏，然而世弗好也，叔子其穷乎。”(《寄心集序》)。

是年，大猷、继光等逐倭寇于浙江，倭乃大举犯粤、浙、闽三省，福清、南安、惠安、长乐、同安、漳州、福州等地均受祸甚烈。(《纪事本末》载：福州巡抚阮鹗不能御，取库银数万两赂之，以新造大舟六艘，俾载而去。)

黄贞文(汝亨)生(按汝亨为先生老年之友，详见七十三岁条)。

陈仲醇(继儒)生。

嘉靖三十八年己未（1559），先生十九岁

先生补弟子员，试辄冠军（旧谱）。

是年，倭自浙江象山突台州等地，海道副使谭纶、参将戚继光等连破之。胡宗宪诬劾大猷纵贼南奔，播害闽、广。大猷被逮至京讯治。廷臣群惜大猷才，共假贷得三千金馈严世藩，得不死，罢职，发大同立功，首创车营。

四月，新倭三千多赍攻具攻福宁州、连江、罗源，流劫各乡，进攻福州，围经月，旋破宁德。福安参将黎鹏举以舟师击倭于海中七星山屏风屿（近福安）。时沿海长乐、福清等县皆有倭舟，而广东流倭又往来于诏安、平和、漳浦、南靖、长泰各县，而福州、兴化、漳、泉无地非倭矣。巡抚阮鹗往剿之，倭稍创（参《纪事本末》）。北方贵族把都儿辛爱大举入犯，驻会州，挟朵颜为向导，声言东下，蓟辽总督王忬不能察，遽引兵而东，号令数易。虏乘间入潘家口，渡滦河而西，大掠遵化、蓟州、玉田等地，京师大震。御史交章劾忬，诏狱论死（参《通鉴明纪》）。

王道思（慎中）卒，年五十。

叶台山（向高）生。

嘉靖三十九年庚申（1560），先生二十岁

先生娶林孺人。

按：先生晚年有《嗟思诗》言孺人之德云：“嗟思我妻，德音萋萋。嬿婉柔克，效姑思齐。始来俪余，甘贫茹苦。孝敬维殷，慰我父母。宜于娣姒，推及侍伍。雍雍穆穆，终身不忤。夙通大义，旁涉书史。以道勖夫，以严训子。……”可知孺人之贤。

是年，木山公作吏漳州。漳人有林可玉者，与其乡人五，为倭掠至漳，幸脱，又为兵掠，诬狱中。系六人待诛，案为日本贼，其实渔人也。先是被倭虏至铜山，会倭遁，六人复为水兵所掠，髡其首，而诡言擒获。海道某信之，大赏水兵功，而录六人罪，无能自明者。公得其状，言于司理某，反狱案，海道者闻而怒。公不为撼，曰奈何忍杀人媚人乎？言于司理益力，六人卒得释。……（见焦竑《澹园续集》卷十《木山公小传》）。此事木山公实拔而出之，有再生恩。

是后，林子感念弗置，每值先生兄弟过漳，辄厚款之（见《五岳游草》卷七《赠林可玉》引）。

按：是年俞大猷尚在大同效力，旧谱作“初从都督俞公大猷学兵法”，有误。《告俞虚江先生文》云：“呜呼！世之明师多矣，孰有若先生者乎？第自万历癸酉（1573）九月，下帷家居，先生过而聘焉。……”则在先生三十三岁时，不当在二十岁也。

是年春二月，倭寇六千余人流劫潮州等处。时浙直倭患稍息，而闽、广警报日至（《纪事本末》）。

叶园适（茂才）生。

嘉靖四十年辛酉（1561），先生二十一岁

先生读书中岩寺。

是年，戚继光督新练义乌兵，大破倭寇于台州，水陆凡九捷而平。而闽、广洞贼林朝曦等又纠伙分劫，流寇江西，继光入赣讨平之（参《戚少保年谱》）。

七月，俞大猷以川湖总督黄光升荐，由镇筸参将移南赣。

嘉靖四十一年壬戌（1562），先生二十二岁

先生是年八月晤戚公继光，上平倭策。

按：《告先人文》有云：“嘉靖壬戌，主将戚公入闽，第首仗剑从之游。”（《蓟门兵事》下）（《连江县志》作：“嘉靖四十一年，参将戚继光征倭至连，就第谋，第为定平倭策。”）

是年六月，倭大举犯福建，自浙江温州来者，合福宁、连江诸倭攻陷寿宁、政和、宁德各县；自广东南澳来者，合福清、长乐诸倭攻陷元钟所，延及龙岩、大田、莆田、古田、松溪各县。时宁德已屡陷，距城十里有横屿，四面皆水路险隘，贼结大营其中，官军不敢击，相守踰年；其新至倭营福清之牛田，酋长营兴化，互为声援。胡宗宪檄戚继光往剿之。七月（按《戚谱》作八月八日），继光先击横屿贼，人持草一束填壕进，大破其巢，斩首二千六百（按《戚谱》作生擒二十九夷，斩首三百四十八级，释俘男妇八百余人）。乘胜至福清，捣败牛田倭，覆其巢（《戚谱》作九月壬午）。余贼走兴化，急追之，夜四鼓，抵贼栅，连克六十营，斩首千数百级。平明入城，兴化人始知，牛酒劳不绝。继光旋师抵福清，遇贼自东营澳登陆，击斩二百人（《通鉴明纪》）。

《戚少保年谱》作八月戊辰（十六日）自宁德发，又明日己巳（十七日）至罗源，庚午（十八日）至连江，补战兵伤亡者，以中军兵代其缺，俾各营行伍无缺，器械损折者皆阅而更补之。……九月，连破牛田（福清）等倭巢，又追及林墩（在莆田南二十里），尽歼之；登平远台（在福州城于山），勒功镌铭而还。……冬十月，转牛田，再败新倭，遂自闽班师。……十一月，师返浙江，倭乘间陷兴化、寿宁、政和等郡县。

道光旧谱载："是年戚公继光逐倭于马鼻（在连江），倭踞江心，潮退，四面皆泥淖，计无所出。闻公有狂生名，折柬召之，公摄置几上不视。戚公悔曰：岂'有狂生而可折柬致耶！'遂亲访之。一见大悦，促膝画策，秘军声作八音以通语，仿乘橇作土板以行泥。选壮士数百人，日各斤肉，饱则手狼筅（原注：狼筅，竹竿别名，戚公鸳鸯阵与藤牌并用。铭按：狼筅，亦作筤筅），演一'必'字。人初不测所用。及交锋，倭以短兵，我以长械，且'必'字五画，应手踣五人，土板往来便捷，挥以剑，无一脱者。"今为业鱼之资，邑人有句："儒将衣冠今已杳，尚教渔子脚撑舟。"

按：《戚谱》此年条下虽记戚公于八月十八日至连江，但并未言逐倭于马鼻事。因《戚谱》按日记甚详，当时驻扎连江系阅补伤亡，整理器械，至八月二十九日大兵即开往福清，以破牛田倭。旧谱所记，恐有附会之处，但当年先生以邑诸生，必见及戚公无疑也（《福建儒林传》载嘉靖四十一年戚继光征倭至连江，第为定平倭策）。

是年，俞大猷大破广东饶平山寇张琏等于南赣，擢副总兵，协守南赣、惠、潮、汀、漳诸郡。

嘉靖四十二年癸亥（1563），先生二十三岁

五月，戚继光破倭于连江马鼻，先生与诸绅勒石纪其功。

是年三月，戚继光复率浙江义乌兵入闽，所过地方必询贤者，式庐而叩其蕴焉。十七日入浦城，二十二日抵建阳，灭水吉山贼。四月，克复兴化、平海、崎头郡、卫城堡。谭纶、刘显、俞大猷（时大猷复调为福建剿倭总兵官）合击，

尽歼之。初政和、寿宁倭支党四百余众，合船自宁德开洋，因风逆食，少复由福宁之高罗登岸，至宁德龟山寺，由罗源连江突至北岭（在福州北），欲投平海合船。及闻平海已定，遂退连江之马鼻，五月初二日，继光督军袭之，贼闻大军将至，舣舟十二艘，拟乘潮开遁。马鼻去县（连江）六十里，重山叠岭，悬海孤屿，间只一径可通罗源。光次日遣部将王如龙等三枝趋罗源，以遏北遁，亲督大兵候潮涸进剿，大破之。乘胜追贼至宁德肖石岭，尽歼之，计水陆擒斩山倭二寇一千六百余人，焚溺万计，恢复一府（兴化）二县（政和、寿宁）三卫，而八闽稍宁。（采《戚谱》）

五月五日，偕戚公宴将吏于南门（连江）敌楼上，观竞渡，席半托疾入内。明日未暮，捷音至。邑人士谋勒石纪功。公仿《春秋》书法，大书“某年月日，总戎戚公大破倭儿于马鼻”之碑，竖西郊外（旧谱）。

是年十月，俞大猷徙镇南赣（本传）。

十月辛亥，北边的辛爱把都儿复入寇，大掠顺义三河，直抵通州，京师戒严（参《明纪》）。

嘉靖四十三年甲子（1564），先生二十四岁

长女生。

春二月，旧寇万余攻仙游，围之。继光引兵驰赴之，大战城下，贼败，趋同安。光麾兵追至王仓坪，斩首数百，余众奔据漳浦蔡丕岭（《戚谱》作蔡坡岭）。继光督各哨兵入贼巢，擒斩略尽，闽寇悉平。其得逸出境者，至广东潮州，俞大猷（按是时俞公镇潮州）又截杀之，几无遗类（采《纪事本末》）。

秋，东虏黑石炭等纠万众犯一片石（近山海关），攻山海关，不克而遁。蓟墙为久雨所圮，土蛮大掠昌黎等邑。（采《全边略记》一）

嘉靖四十四年乙丑（1565），先生二十五岁

谒潘碧梧先生于省城（福州），盖碧梧者，先生之明师也。

按：《杂文·祭碧梧潘先生文》：“呜呼先生，山川之英。少好孙吴，一变至道。仁为己任，毙而后已，若先生者，固斯文之宗主也。胡为而遽止于斯可！倭夷毒闽，村落邱墟，丁巳、戊午（嘉靖三十六至三十七年）之间，其祸惨矣。

先生独能早见其几，联乡约、集义兵、筑墩搂、习射武，用能保聚一乡。百里之内，居民如故，远近避兵，皆趋就之。漳又有妖妄之徒，倡为邪说：收召逆党，列居五寨。郡县告急，礼聘先生，遂出而平之，往返旬日耳。……第早岁志道，未得其师；自乙丑拜先生于省城。……"

是年，先生母杨孺人病心痛，术家谓"三七根磨酒可愈"，然难得其生而真者。公极力求祷，忽有友人官云南，以侑函寄至，服之遂愈，人谓孝感所致（旧谱）。

秋，粤寇吴平等率领入犯福建，大猷将水兵、继光将陆兵，夹击平于南澳，大破之，平遁入海。

顾璘初（起元）生。

嘉靖四十五年丙寅（1566），先生二十六岁

先生仍游学三山（福州）之如兰精舍，学友中有郭道见（复）、包惟义、赵忠卿、林惟椿、林国器、林国卿、赵思国、苏集高、吴学淳、张崇仁等。

时莆田林龙江（兆恩）先生寓榕城，先生大约于此时见之，就谈"心性"之学。

按：龙江先生讳兆恩，字懋勋，道号子谷子，人称"三教先生"，倡儒、道、释三教合一大旨，以"身心性命"之学教人。著书数十万言，大抵以纲常为立本、见性为入门、虚空为极则，从者云集。是年，寓于榕城（《林子年谱》）。《林子本行实录》虽未记与陈第晤谈之言，但以事理推之，当在此时晤面。按先生答陈于虞书曾云："弟幽僻之好素浓、仕进之思颇淡，曾与莆中子谷子高卧禅林"之言，大约指此时前后事也。

十月，俺答寇大同，参将崔世荣战死。十二月，帝因疾服方士丹，寻崩。

穆宗隆庆元年丁卯（1567），先生二十七岁

春，同陈可钦诸友赏牡丹，赋诗。公性善饮，每饮数百杯，尝以陶渊明自比。（旧谱）

隆庆二年戊辰（1568），先生二十八岁

长子祖念生。

按：祖念字修父，后为诸生，励学行。力田，以资父游，第称其孝。著有《易用》六卷——（参《福建通志》总卷三十八）。

是年，俞大猷以讨平河源、翁源贼李亚元等，总两广兵，与总督谭纶同镇梧州，寻纶为蓟门总督，乃疏论召募南兵以济时急（采《全边》）。

是年，戚继光以闽帅应召入京，副神机营事，总理蓟、昌、辽、保四镇练兵事，建车营以防虜（采《戚谱》）。

隆庆三年己巳（1569），先生二十九岁

从潘碧梧先生讲学于漳州，学者云集。先生调停于诸生之中，动有节制（答崇仁语）。作《尚行训示漳中诸生》。

《尚行训示漳中诸生》其中有句云："春秋之季，经术未明；删削六籍，永示宗盟。诸子从之，谆谆求仁。求仁伊何？四海兄弟。欲立欲达，天地同情；有志未逮，胥敦躬行。猗欤盛哉，我仪我刑。奈何后世，不笃厥真，师务招来，外博虚名；徒之伏谒，冀附微荣。德义不淑，譊譊群鸣；自省屋漏，能无愧心！行之浊矣，言之弥清；身之邪也，辨之弥精。腼颜叹息，嗟悯后生，罔己欺人，罪慝罪轻，闇然发愤，惟我贤英；行有枝叶，天下治平。"

又按：《答陈于虞书》有云："若第幽僻之好素浓，仕进之思颇淡，曾与莆田子谷子【按即林龙江（兆恩）三教先生也】，高卧禅林。"又与清漳人士论学云水之滨，当时持论，"谓巢父世有其人，子陵不难为比"。可见当时先生之志在山水之间也，无意仕进。

是年四月，俞大猷大破海盗曾一本（吴平党）于漳、潮间，进右都督。

是年，戚总理镇守蓟州、永平、山海等处，乃募南兵三千人成一军。

隆庆四年庚午（1570），先生三十岁

春，别潘碧梧先生于三山。

按：《祭潘碧梧先生文》有云："庚午春，言别于三山，别五年，第至京师，而先生已归矣。又三年先生至京师，而第仕于潮河矣，乃先生有信阳之行，闻下车而大得民也。又二年，闻以会察去，又一年闻先生已归其乡，已而闻先生卒。"

戚公召诸路将盟于滦河，谕以边事利弊、防御方略。

是年，俺答孙把汉那吉内附，诏授指挥使。寻遣归，与虏言和，通贡市。

是年十二月，俞大猷率兵十四万进攻广西古田獞，大破之。

隆庆五年辛未（1571），先生三十一岁

先生游学福州，作《洗心训》，示三山诸生。

《洗心训》："人心最妙，乐乐熙熙。云胡逐物，不能自持；货色所引，如醉如痴。名位多感，得失欣悲；遭时弗偶，长苦寒饥。感伤转迫，爱或别离。日媾日斗，污秽匪治〔平声〕。惟彼江汉，可以濯之；濯之若何？在知止足。止足恬淡，方寸无欲；不见可欲，孰乱衷曲！素位适志，言行金玉；面垢则盥，身涴则浴。忍使厥心，任其暴牿；凡我同盟，夙夜共勖！"

是年春二月，俞大猷擒獞酋黄朝猛、韦银豹等，明廷之百年积患至是得以稍安，改古田为永宁州。进功世荫为指挥佥事。

戚公仍在山海关、古北口一带练兵，并增募南兵六千人，修边墙敌台、建武学、立车营，辽事大治（采《戚谱》）。

三月，俺答遣使奉表称臣，乃诏封俺答为顺义王，大同一带边衅以宁。

隆庆六年壬申（1572），先生三十二岁

先生仍在榕城讲学。

冬十月，戚公在蓟镇练兵成，乃举行会操，朝廷特遣少司马汪公阅视；戚公调军十万众，连营数十里，合操于汤泉（在遵化之北）。十二月，偕汪公巡边至山海关。

是年，俞公大猷仍镇广西，巡按李良臣劾其奸贪，兵部力持之，诏还籍候调。旋起南京右府佥书，未任。乃于六月以都督佥事起为福建总兵官，奉命筹划军务防守事宜。俞公乃作《镇闽议稿》成，九月又作《练兵操法》成（见《正气堂集》）。

神宗万历元年癸酉（1573），先生三十三岁

讲学于如兰精舍。秋，在连江家居奉父。

按：《旧谱》则记，是年先生"讲学于如兰精舍，调停诸生，动有节制。尝曰：

‘男子具六尺躯，纵无他事业，亦当如班超、傅介子辈立功异域。奈何琐琐遨遨，抱笔砚向里胥口中唱取功名哉！’所得资斧归，不以为私。木山公饮于人，每大醉或竟夜。公与兄文学又山公，必具灯烛向门外，虽风雨寒冻不废，人以为难”。

是年，巡按御史竟劾俞公大猷所擒韦银豹非真，兵部覆奏：“大猷故东南名将，必不轻谬为奏。”秋，移镇福建。时方议攻贼澎湖，忽有新倭自漳、泉趋福宁，杀把总。御史论劾，坐免官（《名山藏》本传，何乔远著）。

九月，先生从俞大猷学兵法。

《告俞虚江先生文》：“万历癸酉九月，下帷家居，先生过而聘焉。是冬，相从镇东。甲戌春，相从清源。秋，又相从京师。日夜教诲，古今兵法之要、南北战守之宜，靡不探其奥蕴。……”

《连江县志·儒林传》：“既而督府俞大猷召致幕中，教以兵法，因尽得韬钤方略。大猷喜曰：‘子当为名将，非一书生也’。”

万历二年甲戌（1574），先生三十四岁

春三月，从都督俞大猷于清源（泉州）小云关，遂与陈我渡巡抚相见，与谈天下事甚欢，并奉书。

《奉我渡陈公书跋》云：“万历甲戌，余为诸生，游温陵（泉州府晋江县）。时我渡陈公读礼家居，得与谈天下事，因上此书，颇见赏识。虚江俞公取而视之，深叹知己，录置巾箱中，间出以示同志……”。按：书中所言，皆论虚江公之德行功业，书长不录。

按：陈我渡巡抚或即陈道基之号欤？详见三十八岁条下。

时谭纶为兵部尚书，大猷贻纶书云：“某平生志在征虏，而见用江南，乖违本素。今年七十余老矣，妾媵尚有胎产，膂力可敌精卒二十许人，公许我大受，今其时也。”纶疏起为后军都督府佥书，领车营训练。

秋七月，从大猷至京师（旧谱：“七月，俞公以都督入掌后军府事，公从至京，因得纵观各边，察其形势”）。先生于途间作《北征道中》四篇：

翩翩五两，载发载远；沙滩累累，溪流反反。临此剑津，伊思塞苑；我有所怀，遥展嬿婉（原注：欲往蓟门访戚总理）。

秋风拂拂，杨柳凄凄；商羊为虐，树杪栖泥。四野萧飒，几乏遗黎；羁人夜泊，蟋蟀宵啼（按此诗当是过延平时所作）。

四望茫茫，原隰膴膴；乱江涉淮，云戾徐土。我授我衣，复越齐鲁；家鲜担储，忧我父母（按此诗当为过山东时所作）。

天边鸣雁，行列丽丽（原注音离）；伊谁云从，实维我师。我师元老，永志不萎；过古战场，睠睠嗟思（我师，俞虚江）。

曹能始（学佺）生。

万历三年乙亥（1575），先生三十五岁

先生在京师得俞公之推荐，得谒戚总理于蓟门（时戚继光总理蓟镇事），并上书于谭大司马纶公，论独轮车制。司马叹服，即补授教车官，以董其事。

是年三月，戚公重建三屯营城。按三屯者，忠义中卫三百户屯地也，属迁安县南百二十里。左山海、右居庸，形势险要（采《戚谱》）。

万历四年丙子（1576），先生三十六岁

时大帅戚继光重修三屯营城成——迁安县南百二十里，即忠义中卫故地，绾毂于居庸、山海两关之中。旧城痹薄而隘，修立营廨，增卢能、渔阳之重焉。“夏，口外炒蛮盗我鸦鹘庵边。鸦鹘山者，西尽窟窿，东尽卢家、安阳、木顶，长可六里，悬崖峭壁，绝顶一口，以女墙堵之，人迹罕到。东西敌台皆远，烽台半居山下，南兵守之，樵苏往来，遂成间道。炒蛮岁稟食古北口，知地形，今霪雨墙颓，炒蛮窥隙而起，夜半踰口入市，佯言延绥客兵寄宿，杀潘仲文等十人，市皆大惊，烽台兵觉，鸣炮。路将苑宗儒提苍头军百余人驰救，虏退走，宗儒追十八盘山百余里，行至舍喇智，伏虏起围，遂擒去宗儒及兵卒汤克宽等，千总高大朝、苏学奋救，亦被杀死，副总张臣、徐枝，游击高廷相、李如梗、刘楫兵至，解围引去。台臣王一鹗刻奏，事下大司马谭纶，覆奏罚一鹗、戚继光俸三月。”（见《全边略记》卷一）

先生在京教练车营，思立功塞外，曾上书顺天巡抚王一鹗。作《蓟门兵事》，其略云：

（上略）第从俞将军得闻绪论，奉命拜谒，不过谓公庭顿首，望见颜色而已，乃蒙见察，宠之以温言，进之以至教，俾得披肝沥胆于其前，顾不幸欤！夫英

雄豪杰之生世不数数而遭逢知遇之偶，即载籍且叹其绝难也。行伍贱士，一旦齿录于立谈之顷，中丞相公（指王一鹗）之休休好善，岂非斯世所仅觏见者哉！尝闻伯乐以一鸣而识马，圣人以片言而识士，果非虚语矣。窃念第也，少伏海陬，闻见寡陋，兹之来也，盼江河山岳之广大，览土风民俗之异同，习塞垣形势之缓急，慨然想见往古豪杰，是以投笔而起，策励以报朝廷，捐驱以酬知遇，其素所蓄积者也。生平故人，犹规规以武夫诮之，不知男子乃生再弄之璋，明有文也，悬之孤矢，明有武也。出入操纵，惟其所用，安能守拘挛而事牵制耶！不然嘐嘐慕古，辄以经世为任，既不能词章进取，陪庙堂之末议，又不能斩将搴旗，为国家奠固疆圉，安在其为丈夫子哉！此所以破群疑而独断，弃成业而不难也。中丞相公诚有意于第，收之槽枥之中，待之绳式之外，使效驽钝，树立尺寸，异时附于中丞相公，以垂竹帛，第之至荣也。语云女为悦己者容，士为知己者用，又云士屈于不知己，而伸于知己，惟中丞相公留意焉。干冒威严，待罪待罪。

又《上后府都督俞公书》，报车营练成，乞转达大司马破格保荐数人，或用之京营，或用之边镇。

车成，论功。七月十五日，协理戎政尚书刘公应节，推补五军四营中军。八月，领京营军三千出蓟镇防秋（旧谱）。

谭纶公赠诗："君是当今定远侯，赋诗横槊古檀州。胸中剩有三边略，手里能挥二丈矛。紫塞云行天漠漠，阴山花满日悠悠。永无烽火廑宸虑，自赖金城克壮猷。"

戚公赠诗："从来文武不相分，俎豆干戈羡有君。已著白袍称国士，忽摇赤羽号将军。心期报主年方壮，志欲吞胡策自勤。试向燕然台上望，伫看裘带靖腥风。"

邑人吴文华大司马赠有《读陈季立蓟门兵事有赠》云："急思报主换征袍，神剑双飞意转豪。亲鼓貔貅清大漠，兼团鹅鹳净洪涛。旌旗影动军声壮，刀戟光横杀气高。百尺高楼谁可及，元龙本日共吾曹。"此诗亦见吴文华《济美堂集》卷一。

顺天巡抚王公一鹗荐语："练部曲之心以仁，酬国士之知以义。恤贫苦若家人妇子，谈韬略本礼乐诗书。"

先生过蓟州诗："燕京八千里，复作蓟门行。剩有溪山兴，能忘沙塞情。朔风摧短草，寒月近长城。流涕二三策，何人似贾生。"

冬，上书于谭纶公请缨。

《上大司马谭公书》："比从俞将军游，□□□□□□兵略，五年于斯矣。凡奇正变化，……已得其精，故用之小，则其效亦小；用之大，则其效亦大。此第之所自期，亦俞将军之所深信者也。昔人谓其妻不识，其友识之。若第者其友不识，其师识之者也。且第亦非徒求进也，盘根错节，利器之所必试，投大遗艰，志士之所乐为，诚于九边之中，而择其地之最重，于重地之中，而择其事之最难者，使第居之，假以便宜，宽之文法，有不能斩将搴旗，奠固疆土，垂功名于竹帛者，非夫也。即斧钺之诛，有所不辞矣。第闻之骐骥之足，必骋于康庄，而后捷可见也；鹏鸟之翼，必翔于寥廓，而后大可知也；使徒置第于闲散无事之地，坐消其奋进有为之心，非所望于恩台者矣。……今当出塞，感激自鸣，皆肝膈肾肠之要也，惟恩台垂察焉。"（《蓟门兵事》）

按：此书无年月，但先生于次年春受谭公荐为潮河提调，则上此书当在此年冬间也，姑系于此。

万历五年丁丑（1577），先生三十七岁

正月二十八日，谭纶公乃题补先生为潮河川提调。三月二十二日，到任。潮河者，近古北口也。

告《俞虚江先生文》有云："丙子（四年）秋，有京营之役。丁丑春，有潮河之役。先生（谓俞公）书数十通进之弥切，第实惧为门下羞，黾勉职事。屡尘荐剡，先生喜而不寐……"到任后，禀大司马谭公揭，报告一切设施。

卑职一介书生，妄意投笔，谬蒙恩台简拔，待罪潮河，知遇之恩，即杀身不足为报矣。然蓟门天下重镇，而潮河蓟门要冲，况当变故之新，特号艰危之所，故命下之日，此中将吏，无不惊疑，谓卑职以南人而当边事，以书生而抚剧夷，必且获罪，为恩台知人累也。到任以来，内外相安，春赏一颁，夷情颇服，今日总理（指戚继光）、抚院（指王一鹗）皆奇恩台能知卑职，且幸卑职为恩台所知也。此岂卑职有他才能哉！不过竭忠赤以从事耳。盖提调虽卑，亦一方之统率也，故提调志财贿，则委官务私囊，提调悟死生，则夜不收官畏首尾，以故服装滥恶，夷人得执以为词，气义不扬，犬戎得乘以起衅矣。今勾稽其簿书，料量其食物，即贪婪者亦无所染指，而又肃号令以明威，演火器以□□，或演旌旗千百往来，而驻于墩台，或以骑□□□循环而饮于河侧，夜不收官出力任事，略无退缩，此强酋所畏怀也……（《蓟门兵事》）。

四月，兵部尚书谭纶公卒，年五十八，谥襄敏。公始终兵事随三十年，与戚公齐名，世称“谭戚”（《明史》卷二百二十二有传）。

又与俞公书，告知抚虏经过，愤虏无状，极言其弊，有不胜慨叹者矣。

第自履任，擘只（按即黄台吉妻）扣关，抚赏劳瘁，戴星出入，擘只出关，炒蛮到矣。炒蛮方去，又有九家讨赏，直至四月终，俱无暇日。兹抚赏毕，将有巡边之行，计亦一旬，方能毕事，而秋赏物件又须区划矣。回思昔时，谈笑从容，昼夜晤语，境界真若隔蓬莱三万里也。坐是生平故人并诸大老书问俱废，实非得已也（已字原书漏）。昔年徒云抚赏抚赏耳，未尝亲身经历，殆有悲愤不忍言者，通袖金段，布帛什物，堆积如山，牛羊米面，不计其数。即擘只三百余骑到关，日食四五十金，言语狂妄，无所忌讳，且需索无厌，应赏布者则求金段，应赏金段则求通袖，应草席一百者，则求增二三百，其积习然也。将领觳觫，皆曲意从之，若奉骄子，若养痈疽，痈疽毒必发，骄子孝必衰，无惑乎有雅鹘之变也。闻之宣府弊且百倍于此矣。近读邢御史论俺答黄台吉疏，为之伤心。大抵西之贡市，东之抚赏，皆阴蹈宋人岁币之实，而阳美其名耳。忧国之士，能不荷戈长叹哉！第之所以处心积虑，愿言战守，不愿言抚市。兹春区别酋部，稍稍裁之以法，夷情似觉顺服，地方不致疏虞。然战守之具尚费讲求，此抚赏之根本也。法谓无恃其不来，恃吾有以待之，岂虚语乎？承惠纸甲，感激难言。女子既嫁，犹累父母，若是奈何奈何！无可图报，惟务建明，盖报国所以报老师也（《蓟门兵事》上）。

因作《古北口抚夷》诗：

“中孚若豚鱼，忠信行蛮貊。夷狄虽犬羊，正直亦可格。三卫本羁縻，藉以藩外贼。国制有成谟，抚赏明恩泽。败类实贪人，朘削及金帛。去岁戎生心，路将死厥职。我来正劻勷，事事依矩则。恩敷威乃张，黠虏消反测。边境息烽烟，农人安稼穑。控驭获机宜，何必多斩馘。”

秋八月十五，先生迎妻子至塞上。

《中秋妻子至塞上》诗："为客频年滦水边，归鸿落木怅风烟。不期闽海八千里，共看中秋塞月圆。"

又《祭外母文》有云："丁丑春，守潮河。孺人（指其岳母）次子送其姊来，谈孺人未衰状，第窃窃喜。比归，姊语之曰：'是善事母！后此二年，我且归养，以乐其余生。虽伯姬（指妻姊也）早世，我与尔兄弟在，母必无忧。'"盖即指此时事也。

十二月，总督杨公兆荐语："合文事武备以成能，抱内安外攘之长策，猷同曲逆，事类班生。"（旧谱）

万历六年戊寅（1578），先生三十八岁

先生仍守潮河，作《志怪论》，记军人徐敖病鬼状。

《志怪论》：（上略）"万历六年二月八日夜，军人徐敖自郊至家，攘臂语曰：'将食食我，将酒饮我！'目镇瞋视人，家人进食，食箪食十有二，而豆羹称之，尚未饱，家人不敢进食，辄攘臂而起曰：'我不食且三日矣，数年而就尔一饱，尔吝者耶！'复唤饭呼酒，家人大恐，共持刀向之。怒曰：'不饱不行，不醉不去，尔持刀何为？'余从者傅羔走告曰：'敖中饥鬼，命在旦夕！'且述其状如此如此。余取片纸书云：'古北正神，其速逐饥鬼，毋使留！'命传羔就其家焚之。焚毕，敖曰：'败矣败矣，速开道使我遁去。'言竟，有间而寤，曰：'吾安得在此！'家人问其食与语，俱不记。日暮，至河上，忽跌而熟睡，其睡而起、起而至家，不知也。于是又食。里人聚而观之，啧啧曰：'陈叔子其通神明者与，何其以片纸疗疾也！'昔仲尼不语怪，非无怪也，语之而莫可穷诘，故存之，而使人自悟……"（按：此系装鬼以诈食者也）。时巡抚陈公道基新来蓟门，先生作禀帖请其巡边，以收四益。

《禀巡抚陈公论巡边四益》："恭惟恩台，下车以来，捐不急之费，罢无益之征，凡百猷为，与民休息，譬如大旱之后，润以甘雨，蓟门二十里间，儿童走卒，靡不歌诵恩泽，朝廷自此无北顾忧矣。然卑职愚昧，犹有请焉，边人愿见恩台如见父母，诚沿边一行，其益有四，何者？地形有险易，夷情有缓急，揽辔一眺，则山川形胜皆在目中，运用经略，愈有定划，其益一也。封疆之臣，上则副参游提，下则中军以及千夫长、百夫长，胥有战守之责，不可因循苟禄也，

见则阅其形貌，察其心神！试之以言，考之以事，斯贤否不至混淆，任使得其实用，其益二也。关塞萧条，士卒疲敝，为日已久，所至咨询风俗，拊循军民，施以不测之恩，重以知方之教，则人心感激，敌忾有余矣，其益三也。边关将领，类习骄奢，夸鞍马之饰，竞畜产之多，其势必侵渔刻剥，盖武弁恒态也。车驾所临，节约恬淡，将有闻风而兴慕义而起者，世教之助，良非眇少，其益四也。卑职自为秀才，曾蒙国士之遇，叨冒潮河，已经一载，明未尝敢负于朝廷，幽未尝敢负于鬼神，恩台计察之审矣。谒愚忠，妄进狂言。"

按：陈道基字以中（铭按：疑号我渡），同安人，嘉靖庚戌（1550）进士，知嘉善县三年，未尝入一重辟，囹圄几空，倭寇扰旁邑，为设隘堡，严侦伺，嘉善特完。入为御史，巡按广东，拓林叛卒流剽省会，城门尽闭，道基命洞辟诸门，严兵陈郊外，身坐城郛，纳避贼商民数万。擢太常少卿，移南京鸿胪寺卿，出为四川按察副使，迁广西参政，属邑告变，罢其掊克令，诸巢遂戢。迁浙江按察使，超拜南京右佥都御史，提督操江，寻巡按应天。时高拱当国，修怨徐阶，初道基由阶外调，拱意道基当藉手为释憾计，而道基事阶益尽礼，御史吴某媚拱，指诋道基观望，候勘归。万历初，廷议用宿望，起巡抚奉天，阅部伍，饬戎器，凡幕府市租，悉以向士。张居正归葬其父，他抚臣躬迓道左，亲供帐，道基独否。迁南京大理寺卿，历迁至南京工部尚书，有举人与序班斗都市，前尚书奏请得当矣，阁臣申时行、许国力为地，道基持之不为动，言者复摘道基短，遂再疏乞归。道基修干丰颡，亢挺自负，而笃故旧，崇长厚，既为列卿，见乡先达，逡巡隅坐，修后进礼，而自接后进又甚谦下。卒年七十五，赐祭葬（参《福建列传·明九》，引《闽书》及《泉州府志》)。（按：先生见陈道基时，即其任顺天巡抚时事也）。

五月，"典互市。时叛民（按当系张廷福等）导黄台吉小妻大嬖只辈挟赏数哗，第购诛叛民，阴结诸部腹心，尽得其情，以恩威操纵，竟事贴然"（《福建儒林传》)。

先生于事平后，有禀陈抚院道基揭，详述经过。其略云：

"照得古北，为地至重，与虏仅隔一墙，而虏又皆黄台吉之婚姻，凭借声势，其强最甚。嘉靖年间，往往大举，实缘内寇为之引导，是以虏得恣行而无忌也。……今有古北奸军张廷福，于万历五年十一月投归大嬖只营内，主使教唆……教之加倍取赏，如本路不从，即借黄台吉兵马，愿为向导入寇……四月二十九日，总理戚手书言‘叛逆之贼不容不擒，本参任事忠赤，陈第思虑深长，必能捉获罪人，计出万全，以慰我也’。卑职捧诵，日夜忧惶，复邀中军官戚金（字少塘，后擢八达岭守备，先生有《贺少塘戚公擢八达岭守备序》）。誓于河上曰：叛贼不擒，蓟镇之祸无有穷已，我专间牒，尔专缉捕，所不尽力，有如潮河，且从中逆贼皆顾妻子，但常差人于其家前后设伏，必可得也。廷福于六月内果复进口，探听虚实，并欲携其妻室而去，遂为中军戚金拿获。……切照宣大赵全、辽左王杲，其先皆降人也，猖厥边境数十年，荼毒生灵数百万，岁岁征兵，月月征饷，费盖不赀……今张廷福本以险邪小人，能通字义，而又素熟口外之山川道路，一投大嬖只，即任为腹心，专事唆诱，日倡奸谋，勾虏入犯，势所必至。今幸缚而致之，诚伐谋之策，不战之兵矣。”

六月，总督具题，兵部覆奏语有“北虏寒心，边烽不耸，绩有可嘉，相应纪录”之嘉奖（旧谱）。

迎父木山公及母就养，次子祖发生。

冬十月，俞公大猷以疾乞归，先生送之河干。

《告俞虚江先生文》：“未几疾作，两疏乞归，时戊寅冬十月也。第送至江浒，先生握手叹曰：‘自吾在兵中四十余年矣，晚得吾子，实吾之幸，入室授受，虽非人所知，俾宫墙望重，则在吾子勖之。’及舟将发，恋恋不忍别去，先生倚篷，第则立马远望不见，徘徊咨嗟。……”

万历七年己卯（1579），先生三十九岁

春二月，建潮河川石桥。以北方匠人不知建巨桥之术，特征闽匠举建平桥七洞，展二十八丈。按是役先生提调，与有功焉（参《戚谱》）。

是年春，黄台吉妻大嬖只（《全边略记》作比妓）炒蛮复并起寇古北口及曹家塞（塞字，陈第《送参戎东川谷公序》作寨），夷人刁儿志火泥赤来告。未几，果袭柏岭安边，出擦肚岭，而以边备戒严，辄引去。我师出击其归路，至苇子谷，遇炒蛮，先生与诸将率五百骑转击破之，生擒十三人，斩首五级，驮马十八匹，器仗百五十，余贼皆腾山却走，我师乘胜追逐六十除里，山林险阻，始罢兵还（参《戚谱》）。

二月，巡抚陈公道基荐语："出其长，犁虏庭而事办；要所就，建上将而功成"。又巡按于鲸公荐语："爱士若投醪挟纩，理戎本礼乐诗书。"

三月，总督军门具题，奉旨加级赏银（旧谱）。

三月朔日，以胡虏戒严，先生被甲行边。马上读邸报，知齿诸荐剡之列，乃作书谢于按院特荐。

《谢于按院特荐书》："……顾潮河边鄙之极陬，提调武弁之贱吏，每愿执鞭，未能自达，不识台下何从而知之独深也。夫观其文而鉴其志意，察其貌而谅其忠诚，得之骊黄牝牡之外，拔之卑微疏远之中，此非弟所敢望也。三月朔日，第以胡虏戒严，被甲行边，马上读邸报，知齿诸荐剡之列，不觉涕泣沾襟。左右请曰：荐而反泣，不已过乎。答曰：非尔所知。夫顺永保河，燕赵之故土也；投石超距；怀谋挟策之夫如云如雨，今于提守之内，谬叨特荐，实世所希觏矣；感恩知己，并切寸心，此其所以泣也。第也自当益竭驽钝，勉拊励庸，与将传所载论品色，庶几无忝知遇矣。"

八月《答友人赵思国书》，言其外抚强夷、内训疲卒之状：

八月望日，塞下读兄书，惠教四言，字字药石，非骨肉相知不能及此，且其词文旨远，令人三复不忍释手。从前极深研几之说，殊不若是之切近精实也。兄之学问长益，其在斯乎？第自待罪古北，日夜励勤，外抚强夷，内训疲卒，身劳虑竭，发白无数，老母见之，深以为忧，曰儿奈何若是？对曰：业已委质为封疆之臣，谊当如是，不敢辞也。

又《答郭道见书》，其略云："蓟门为古北地，去夏炒蛮入寇，乃在雅鹘，又古北东界，所失虽少，然东牟大将军坐是削俸，协守而下论罪有差，内外缙绅士大夫言国大计者，皆汹汹然为蓟门深虑，是以谭襄敏公特置弟于此，兄谓虎穴，亶其然乎。待罪以来，奔走靡息，夷情边境，偶皆即安，可幸无罪。然守在冲关，少失机宜，则变衅无量，即悬崖而走，彀中而游，不足喻其危也。欲不严翼，如共服何。嗟夫昔为诸生，优游泮涣，拱手而言戒惧，实未尝戒惧也。今为天子守边，百责攸萃，外劳其形，内焦其心，年未四十，发白种种矣。节侠之气尽忘，敬戒之心愈笃，不言戒惧，戒惧在兹，吾兄之论，先得我心之同然矣。……"

是年秋，俞公大猷卒于闽。

按：《告俞虚江先生文》有云："己卯春，先生（指俞公）至闽。夏中，寓书谓第：喜尔功名洸洸日新矣。秋，先生逝………"是则俞公之卒当在本年也。《通鉴辑览》作"万历八年秋七月卒"，有误。

秋，先生父木山公卒于潮河任上。

焦竑《木山公小传》有"二子縠若第，皆有名乡校中，公曰：'縠也狷，第也狂。'狷者可毕业文场，狂者令如投笔故事，乘一障以自见可乎。第因是弃章缝，从戚俞二大将军边塞，荐以钦依提调古北关，功名日有闻。公跃马往视而喜，日饮满为常曰：'吾有丈夫子当关，稍舒国案北顾忧，亦云快哉！'无何，饮不及前，以疾卒，年七十一。……"（见《澹园续集》卷十）

按：万历八年《祭郭道见文》有"余生世四十，不识哭泣，去秋哭吾父，今春哭吾师俞虚江公"一语，可知木山公系卒于本年秋间，至八年春始闻俞公讣也。又《答林日正书》有云："先人木山公资品极高，时以己意论断经书，迄今思之，皆有至理。尝至蓟门，弟奉侍一年，绝口不问禄人多寡，每御酒肉，则思宗族之贫，……故生则乡闾爱之，殁则邑里思之。"按《祭外母文》亦云："己卯秋，第不幸丧父。"

万历八年庚辰（1580），先生四十岁

春正月二十八日，俞公大猷侄试南宫，以公讣闻于先生；先生哭不自胜，举家皆哭，皆不自胜，友朋闻之有坠泪者。适门下士陈□参戎归闽，乃寓奠陈词焉（采《告俞虚江先生文》）。

作《哭俞虚江先师》诗：

江县相逢意已投，归来为吏古檀州。六韬口授青枫晚，万里心丧白昼秋。共说中原须老将，谁知永别在孤舟！感恩莫遂衔环报，泪洒西风哭未休。

二月，闻友郭道见卒于闽，为文哭之。

《祭郭道见》："维万历八年春二月，陈第居蓟门，有人来自闽，称吾友郭道见亡者，余哭之哀，然犹狐疑未定。越夏五月余家兄至塞下始信，余哭甚哀。又越六月十日，修絮炙之奠，致祭于其灵曰：呜呼道见，止于斯耶，余与道见，游几二十年，凡经史之玄，古今之概，余闻于道见者熟矣。请缨以来，踪迹南北，余所欲为道见言者，难以更仆，意有待也。岂意道见止于斯耶！呜呼痛哉！

道见负奇杰才，口吃而志高，貌朴而资敏，心诚而行端，皆于古人中求之。尤长于古诗文，下笔千言，滚滚不竭，文追班、马，诗凌李、杜，其歌行诸作，苍然有离骚风韵，质之当世，殆绝伦比。寿不符德，用不展才，而止于斯。呜呼痛哉！道见少孤且贫，余过其家，沽酒而饮，席地而卧，谈累日夜不辍，交好愈密，而气谊益蒸蒸，万里寓书如晤语，规戒切、期待殷，令人读之不忍释手。余亦与道见言之矣。箧笥之中，遗言尚在，而道见已不可复作，抚今思昔，能不伤悲，呜呼痛哉！夫天生楩楠，所以充明堂之用，天生骐骥，所以骋千里之途。道见得于天者甚厚，而命不偶，试诸有司，落落难遇，中年稍遇，人谓俛俛成矣。顾一疾遽终，赍志以没，天之所以生之者何为耶，呜呼痛哉！虽然宇宙无涯，人生有尽，若具只眼，则千百年亦瞬息也，所贵死而有不亡者在耳。道见寡交游，内则郭建初兄弟，外则林日正数子，辑其遗文，存之名山，以示来世，则道见可以不朽，庶几慰九泉之心乎！抑道见器识宏达，一死生，齐得丧，以蠛蠓视天地，以浮沤视后世，其朽与不朽，固无所芥蒂也。嗟夫！此道见之自待，非吾辈所以处道见矣。余生平四十，不识哭泣，去秋吾哭父，今春哭吾师俞虚江，随又哭吾友道见，数月之间，肝肠断裂，亦余之不幸也。云山遥隔，回首凄凉，其兹因家兄南归，寓词侑奠，灵其鉴之，呜呼哀哉！”

《哭郭道见》诗：“故人何意忽乘鸾，箧里遗书涕泪看。文采他年推太史，穷愁半世亦袁安。秋风刍草闽山远，落日箫笳易水寒。最苦知音今已谢，霓裳孤调向谁弹！”

三月，戚公继光同监兵翟大夫游潮河，又广征战守之策，集全镇将领以及士伍之众，虚心询访，凡有见合机宜，足裨时用者，均博采所长《戚谱》。先生作《边防五事》答戚总理，其大要为：（一）遣尖哨远探夷情，以明情报；（二）重暗哨以密查各拨所之勤惰及不法情事；（三）联楼台以严瞭望；（四）派路将提调巡查各烽墩守军；（五）受提调以权衡，庶可核客兵，以收互助之效。

五月，先生兄又山，名觳（字季实）至蓟门；六月，运木山公柩归葬，并奉母及妻林孺人与先生子等归连江。

按：《祭外母文》有云：“己卯秋，第不幸丧父；未几，而孺人次子之讣又至，呜呼痛哉！”于是，孺人之女日夜恸哭曰：“妾奉舅姑间关万里以就夫君，恐疆场之臣，不逮养耳。今妾兄弟沦亡，谁为事母？不若从姑扶舅榇而归，犹得旦夕宽母忧乎！”第之父棣，兄则扶之，以妇从姑，亦为母耳，不意女归而儒人讣塞下！第为位哭尽哀，女以道相左，未闻也。及将抵家里许，始知其详，女之恸哭，实难堪矣！

临行，以诗送之。

《伯兄来蓟迎母归养，怅然叙别》：“塞垣相见尚惊疑，忽又他乡话别离，将母不遑娱晚岁，为官何以答明时；片帆雨露秋江冷，古店风霜驿路迟，携手原头双涕泪，飞鸣长诵鹡鸰诗。”

又《示内子诗》：“还山原夙好，浪迹未能酬，燕市狂歌过，沙场结伴游；三年劳解佩，一剑愧封侯，隐服能先制，无惭梁氏逑。”（盖先生此时已怀归隐之念矣）

又作《示儿篇》：“蓼花离别潞河前，年少光阴自可怜。莫学而翁事征战，独持长剑向燕然。”

是秋七月望日，岳母林氏讣至古北。

时戚总理欲荐先生为燕河路将，但先生以燕河夙有料理，百事就绪，军溢于额、马增其膘，盔甲器械俱已精致，营城设备，俱已整齐，无所用于彼，请以诸将中久任辛勤，历年滋深者处之。揭中有云：

卑职犬马之齿，今年四十，过此则血气渐衰，常恐不能效微劳以见尺寸于斯世，不及今试于盘错，更待何时。卑职愿得疲敝之营，烦冲之路，众所不愿往者，以卑职为之，竭诚惮力，夙夜经理，无事则有勇知方，有事则谋攻作战。

盖先生素志避易就难，若处燕河则过尔优游，恐筋力脆缓，不能有所树立；故常自请缨以图报国也。于是戚公始荐之于兵部，以守喜峰口要隘。

十二月，兵部尚书方公逢时，题补先生为蓟镇三屯车兵前营游击将军，以署参将驻汉儿庄，用副总兵体统行事（旧谱）。

按：其《告先人文》有云：“庚辰腊月，谬有汉庄游击之转。”（《蓟门兵事》）按汉庄在喜峰口，为蓟镇要塞之一，盖方兵部得戚公之题请也。

万历九年辛巳（1581），先生四十一岁

先生于是年春正月（按旧谱作三月，误）莅任汉庄。先生以千载一时，锐于任事。延访父老所疾苦，按诛悍卒，明约束，兴义学，以教军民子弟，亲与

讲解。

《谕父老檄》:“檄谕父老曰：蓟塞自嘉靖庚戌以来，岁苦虏患荼毒，于是边圉军民，皆舍冠裳而服介胄，弃翰墨而操弓矢矣。虏患未敢忘备，士风日以犷悍；孝弟忠信罔闻，诗书礼乐谓何！隆庆初载，督府戚公夷襄南国，名达北辰，乃奉诏镇蓟，迄今一十四年，虏酋远遁，疆场安堵，太平之乐，胥庆更生，则介胄弓矢为积习，冠裳翰墨为当务矣。顾旷置日久，讲诵无从，督府愍之，特启贤馆，以作誉髦，向风者众。但汉庄新营，斯事阙如，第也幸为偏裨，来屯于兹阅月矣。察山川之秀，喜谣俗之庞，虽甚靡遑，念兹当为首事，敢黾勉择师，思佐督府下风，爰于（原书误作十）二月七日开设义学，为具束脯之资，不敢以费我父老。凡数十里之内，二十以下、六岁以上，皆我子弟，无论兵民，俱宜就学，军旅之暇，乡约之时，第与诸父老挟策讲业，以督厥子弟，使知诗书礼乐，修其孝弟忠信，则兵民一体，而政教相通，益鼓本营将士有勇知方，实圣明盛美事也。恐事属旷举，溪谷山泽不遍闻，故谕。”（《蓟门兵事》下）

于是，化顽俗为礼让，边民乐业，行旅妇孺拾遗物者，咸诣府自陈。

《再谕父老檄》:“檄曰：道不失遗，尝闻之载籍矣，然亦仅仅不可多数焉。游击今春正月。叨冒汉庄，观察谣俗，益喜其淳庞，庶几有古遗风。兹至二月三月有兵宗世福拾银顶大帽而献，陈宗智拾钱三十七文而献，有蓟州菜佣张登云、潘家口坐贾杜子玉，皆拾腰刀而献，有三屯老妪李氏拾提炮、有书生庞文举拾白衣、有新兵杨守惠拾夹袄、有夜不收王守义拾棕大帽而献，其余拾腰牌、箭镞、鞋带、杂物献者不可胜记，游击为之觅主……是皆此方兵民，善体督抚镇道将领郡县德意，且父兄之教先，子弟之率谨，教廉守耻，而俗长厚也。载籍所希，游击何幸身亲见之。故来献之时，业已察而赏之矣。爰登其名于檄，以告父老子弟，庶几闻风而起者，不益蒸蒸乎。……”（《杂文》）

时承残敝之后，悍卒多为盗，纵淫杀民，民不聊生。先生锐意正其俗、改其习，务以军民相安，文武合作为职志。时适有令兵回籍携取妻子以实边之事，有顽兵梁小儿者，强娶民女，冒为己妻，昌黎县尹申文先生，乃缚送之昌黎县，尽法究问，以明文武协心之谊、兵民一体之意，作《禀军门》文。

《禀军门》:“卑职闻之军志曰：不和于国，不可以出军；不和于阵，不可以进战。故疆场之间，以和为大。迩来主兵者病民，惟归咎于有司；主民者病兵，惟归咎于将领：皆非先国家之急而后私仇也，如风俗何？卑职受任以来，凡事关于郡邑者，必以礼处之；惟知反己，不敢尤人；梁小儿之事是也。至于近营居民，卑职皆抚之如子，故往日兵民相戕，今则兵民相亲；争斗之风顿绝，和好之气渐臻；务使边境还淳，风俗返正，此卑职日夜惓惓之心也。……"（《蓟门兵事》下）

时军营陋习，常有娼女滥冒军妻，窃容于行伍之中，既不能立其身家，又因而诱惑士卒，兵气不扬，皆由于是。先生乃导之礼义，所部化之，咸知自爱。于是耻旧习娼家窜名军籍者，皆陈牒自首，以求善退矣。先生亦给照善遣之，戚总理批语有："此一举而正风俗，清营伍，绝盗贼，数善备矣。敬载本官善政也。"（据《蓟门兵事》下《权宜执照呈》）

先生承本营破敝之余，行伍空虚，乃极力召募，应募者甚多，有不远数百里携挈妻子而至者。至五月中旬，乃募足三千之额。先生治兵，崇尚纪律，以严肃为主旨，以义气为依归。常以廪粮尽结壮士，公以忘私，是又结之以恩。兵有侵民一草一木者，则惩之重法，是又济之以威。严行之不久，兵民相安，文武调和，往日之捍格尽消矣（参《示郡县乡民牌》《与昌黎吴大尹书》《与遵化辛大尹书》《与唐大尹书》《与林大尹书》《寄宗族书》等篇）。

故《告俞虚江先生》文有云："冬（谓去年）十二月，谬转汉庄，召募草创，纪律未彰，民苦兵虐，几于渔矣。第幸以先生（谓俞公）绪余理之，未及两月，幡然而变。溪山之父老子弟，关塞之士农工贾，颇有颂声。益信先生之道可以大行，敢不奋迅策励，发先生未就之志，以终成其事功，而不负生平所期许乎！故将先生手书，编为卷帙，执之治戎，俨然对之，庶几若见先生，而启迪之犹夙昔也。……"

先生于二月二十二日，自汉庄（喜峰口）遣官尹镇等回闽致祭于父，并岳母，并迎母、妻就养。作《告先人文》，其略有云：

潮河之役，父杖策而来曰："人言关塞为魑魅罔两之乡，况古北又重地，故吾来视尔，尔其勉之，世称俞、戚，其尔典型乎！"第服斯言，今犹在耳，而父耳提不可复得矣。……庚辰腊月，谬有汉庄游击之转，兵本召募，纪津未彰，民苦荼毒，咨嗟罔诉。第奉家庭教诲，竭力从事，两月之间，兵民安堵，是以溪山父老二百余人，俨然造之，第视其中有七八十余，有九十者，不见吾父而见老人之长于父者，呜呼痛哉！……兹肃仆人，迎母就养，兄当将母而来，孙当依妇而至，故山荒落，吾父亦来格来游乎！……（《蓟门兵事》下）

先生以关外虏夷索赏无厌，若不增赏，即多作歹窃犯关塞，实因将领调度失宜，战守无策，损已威而张虏势，乃于三月二十八日，乘虏酋伯彦、王喇、张免等俱在喜峰关口外之时，示以先声，乃阳以采木为名，阴寓扬兵之实，率兵千名，为更其衣服，整其器械，分为百队，各手利器，整队出关，旗帜鲜明，队伍严密，凛若赴敌，遂举号笛麾之而南，兵士鱼贯而登南山，复麾之而北，教之以尾为首，以奇为正之法，明赏罚，示以节制之威。于是驻牧豪帅来观者，皆心折拜服，不敢如旧之恣肆矣。禀上，戚总理批云："大作用，虏破胆矣。"（据《扬兵关外禀帖》）

秋，林儒人及二子至汉庄，而先生之母独留连江故宅。

《妻子再至塞上至喜》诗："去年相送潞河秋，忽报移家到塞头。天外自惊羁旅客，雨中顿改别离愁。坐尝海物思江国，更把乡书讯旧游。独有北堂慈母在，白云回首望悠悠！"

时戚公修筑古北紧要边墙、敌台及潮河大桥等工程成（万历六年至八年秋所筑）。朝廷遣兵部郎中费尧年同巡按刘先国勘得规模宏大，筹划详明，高坚壮丽，完固如式。部议谓此工与寻常边工不同，戚公得荫一子为锦衣卫百户，先生因在潮河任时，亦身预其役，得奉旨赏银并嘉奖云："修筑有劳，金汤永恃。"

是年十二月，俺答死，长子黄台吉袭封顺义王，更名乞庆哈（采《全边略记》卷二）。

万历十年壬午（1583），先生四十二岁

春，喜峰口外虏阿只孛赖于潘家口外捕去射拨军人，先生乃上书戚总理，自请出关征剿，以遏跳梁。

《上戚总理议讨属夷呈》："照得蓟镇属夷，最为骄横，嘉靖庚戌而后，岁岁侵犯。本府（谓戚公）经略以来，一十五年，虏尘屏息，朝廷无北顾之忧，已昭昭在人耳目矣。今有阿只孛赖，乃小小丑类耳，部落不过三百余骑，乃敢跳梁放肆，屡来为贼：八年来犯青山，杀我士卒；九年又犯擦崖，幸而未入；今又于潘家口外，拿射拨军，此其罪恶贯盈，深为可愤！卑职日夜拊心顿足，愿身

亲讨之。窃计口外道路，皆尖哨所熟知者，彼可以来，我独不可往乎？闻阿只孛赖聚牧之处，去潘家口八九十里耳，剿之何难？又闻俺达（即俺答）物故，属夷头目俱已西行，此机不可失也。本月二十二日，松棚杨参将巡边至龙井，卑职就而与言，见其忠愤激烈，愿以身报。伏乞本府张主牌行杨参将，会同卑职计议出兵，暂辍工程，一意谋虏。闻自潘家口至虏所居，道路甚窄，便于步兵；卑职请选骁勇之士五百以当先锋，再召守台南兵二百、松棚马兵三百，已为足用，不过一夜一日至其帐房，凡阿只孛赖部落男妇尽行诛杀，牲畜帐房尽行焚绝。此堂堂正正之兵，诸夷闻之，皆胆落矣；雪数年之愤，申蓟镇之威，岂非其盛事乎？乘此春和，委宜出塞，伏乞即行杨参将会同卑职，限以两月完事，孰敢不尽心乎？且借此小试，行道之端，则云中上谷之事可举矣。"

时，青把都侄哈不慎既受赏于上谷，而又从长昂寇蓟辽（《全边略记》卷一），先生乃上书于总督梁梦龙言战守之策。书上，得梁公荐语云："识达古今，忠廉尤为可敬；才兼文武，恬静独遭时流。"

《上大司马梁公揭》："窃惟卑职，自为诸生，有志天下大计，及投笔从戎，辄以云中上谷为忧。时谭（纶）、王（一鹗）二大司马在事，卑职上书多言俺答那吉之情状，谓宜借抚绥以示羁縻，修战守以备实用；二大司马壮之。于是有潮河之役（谓委为潮提调也）。今闻俺答物故，边境皇皇，卑职以为不足虑也。盖黄台吉衰老，枭雄之心已颓，又其兵为诸子所分（谓那吉等），内相戕贼，何暇为变。那吉曾荷国恩，使之生还，又封其祖（隆庆五年事），彼虽犬羊，亦知所感戴矣。使台吉辈守旧盟而不渝，约部曲而不乱，则与之承袭可也。如少有陆梁，妄生希冀，则绝其贡市，罢其王爵，彼将悔祸而屈服矣。如或狼贪无厌，侵掠边境，则专责沿边将帅，极力备御，乘机捣巢，务挫其锐志，折其奸心，彼亦将悔祸而屈服矣。又或放肆无忌，潜谋大举，则令将出师，为犁庭扫穴之计可也。盖我兵出塞，俱有敌忾之心，而虏骇不备，不过鸟举而兽窜耳。此永乐而后，一奇功也。恩台洞达边情，算无遗策；戚总理训练节制，足当大将之任；不及此时而成旷古之烈，又何待也。卑职日夜鼓舞士卒，激以忠义，亦思效奔走之微劳，垂功名于竹帛耳。语曰：刍荛之言，圣人择焉。卑职位分轻微，安敢妄论时事，实以蒙破格之知，苟有管窥，皆当披沥，故敢布其区区之愚。"

先是，先生以本营民兵子弟，习见操演行阵，往往揭竿为戈、画地为营作兵戏；乃乘机利导之，与以器械旗鼓，教之坐作跪起，俨然有法，自张一军。于是鼓舞人心，皆相率而修武事，实开今世童军之先河矣。时值汤泉（在遵化北）会操，先生乃上《幼兵赴操禀帖》于戚总理曰：

“本营幼兵，蒙春初重赏，益欢欣鼓舞。今有四旗十二队，并旗鼓手巡视等共一百六十余名，俨然成营。号令分明，坐止如法，且武艺习熟，皆一人而通数技，凡道路商贾，观之无不称叹。若军与兵观之，则自愧以为不如也。不过五六年，当能报效，庶几有南兵之风矣。令闻汤泉大操，咸乐从其父兄而往，卑职悯其幼弱，而嘉其志气，伏乞批示，或在汤泉，或在本营候阅，未敢擅定。”戚总理批：“仰同来汤泉何如！”

操后，有《谢敖按院赏幼兵文》云：

本营幼兵，操演行伍，蒙本院重赏，人心益有鼓舞，皆相率而修武事矣。十年之后，当为精兵，执役以捍疆圉，戮力以报朝廷，实本院之赐。……且北人性质至愚，而体貌木强，教之武艺，则筋骨难调，教之阵法，则聪明不逮；故官旗费于讲解，士卒苦于捍格。兹童而习之，少而诲人，耳目手足与阵法武艺相忘，用之以战，或可冀挞伐之效也。……（《蓟门兵事》下）

六月二十日，张公居正卒，享年五十八岁。公秉政十六年，鞠躬尽瘁，综核名实，故南北守御，均能付托得人。将帅能为国效力者，皆公之量其才、专其责，湔其瑕、励其志，励之以爵禄，假之以事权，使为将者能从容措置，虽下至偏裨，亦皆假重事权，故十余年间，边事熙宁，匕鬯不惊者，公之力也（参宋学洙著《张文忠公遗事》及楚宝本传）。

九月朔日，闻潘碧梧先生讣，先生乃设位哭于汉庄署中。

《祭碧梧潘先生文》：“今年春得苏长公书，始为位而哭。嗟乎嗟乎，人生几何，乃一别十三年而卒，不能求终教耶。……”

又《哭碧梧潘师》诗：“昔年相送春花发，此日相思秋叶飞。天地人亡空梦寐，只余遗草泪沾衣！”

冬十月，阅视都给事周邦杰阅兵蓟镇，并巡视边城工事毕，为题“虏众内附，边政大修，以永保治安事”以闻，部覆，奉旨：该镇修举边务，劳绩可嘉，戚公得荫世袭百户（戚谱），先生亦得荐语云：“遴才欧越，迈迹幽燕，弃旧学而机悟韬钤：抚新军而恩覃醪纩"；奉旨赏银（旧谱）。先生乃作谢书云：

恭唯明台，奉天子命阅视蓟辽，车驾所临，军容尽变。兹者复命猥以微名，厕之荐剡之列，且其词甚都，第之所以伏地而叹，愿捐躯而不辞也。念第本以书生，滥竽关塞，惟恐职业之未尽，不问毁誉之何如。凡百攸为信心，而动立捐忿之节，绝请托之私，故闾阎虽稍相习，而忌未必不结于同寅；士卒虽颇向风，而情未必不忤于当路。况知交素鲜，莫为先容，得免斥劾，已为幸矣，敢望荐乎；又敢望词之都乎！感恩非难，知己为难，知己非难，上下之知为难。今明台见察于骊黄之外，独加以品题之语，无怪乎盐车之乘，仰首顿足而悲鸣也。古谓千里马常有，伯乐不常有，以今视之，岂其然哉！感激心切，莫能自喻，因横槊赋曰："一从投笔绝交游，岂谓孙阳忽见收，太古韬钤犹未悟，三军醪续尚难周。风云有志天边战，金鹊何以关内候，千载遭逢良不偶，夜深长啸拂吴钩。"鄙俚不文，用见微悃，惟明台教之，幸甚。

先是于七月二十日，有制府吴兑表弟（旧谱作妻弟）周楷者，以书及礼帖托先生为之配卖青布五千余匹于军士，布每匹值银一钱以上，索价二钱以上；先生以若徇其情，则剥军士以奉贵势也，因辞其布，而璧其仪。原差领书而去，有怏怏色。先生乃作密启致总理戚公，叙其经过，书中有云："……第自到任以来，求托卖布物者不知其几，皆严以绝之，此心自誓，宁得罪于上司，不获罪于士卒。兹见罪于军门必矣，然不敢避也。官职去留，所关甚小，操守得失，所关甚大。第虽至愚，知所择矣。"

足见先生之不畏权势，操守有素也。然是年十一月，终以此去官。陈我渡公作书询之，先生乃作书叙其原委：

《奉答小司空我渡陈公》："第之所以去官，明台欲知其故乎？微罪而行，古人所贵，恃在知己，不敢不言。今年七月内有周楷者，自称军门表弟，将布五千匹托第散与兵士，扣月粮为价，第不敢徇。随禀之总府，后军门闻知将楷递解回籍，因此移怒，牢不可破。敖御史复命嘱之论劾，御史以公论不从，竟置之奖；周阅科复命，又嘱之论劾，阅科细询各推官、知县凡八人，皆为矢天鸣冤，遂反厕之首荐之列。故兹军门迁转，自行论斥耳。且阅科之荐在一月之前，军门之劾在一月之后，旬日之间，贤否异状，明台可以察其故也。第实不佞，闻报之日，中心甚安。盖官职虽去，人品自在，况归山林与二三同志且耕且读，足以自老。大丈夫要当磊磊落落，遇时则振翮云霄，不遇则曳尾泥涂，随其所居，无不夷坦，安能枉己从人，依权媚势，即封万里侯，佩金印如斗，于心独无愧乎！明台闻望久彰，不久必秉枢衡，第处江湖，拭目以观太平之盛矣。临当远别，曷任驰情。”

又《答友人袁有贤书》云：

鄙人志在青山，今得遂矣，喜甚快甚！不宁鄙人，妻儿尤踊跃自喜，何者？皆无所利于官故也。明春南归，与二三子者修春风沂水之乐，明不加不损之旨，于此生足矣，更何外慕？近与郭伯子书云：所谓当世伟男子者，非谓有顺无逆，有利无害，谓顺逆利害不动于中耳。若以倘来之去留为悲喜，非孔子所谓鄙夫欤！足下青年壮志，尚须透此一关（《蓟门兵事》下）。

是年冬，先生仍留蓟镇。朝廷有调戚公移镇南粤之旨，先生作《烧荒行》以寄慨，并序云：“蓟自嘉靖庚戌（二十九年）虏大举入犯，至隆庆丁卯（元年）一十八年，岁苦蹂躏，总兵凡十五易，自隆庆戊辰（二年），南塘戚公实来镇蓟，时总督者二华谭公也，至万历壬午（十年）一十五年，胡尘不耸，民享生全极矣。乃论戚者，谓不宜于北，竟徙岭南。嗟夫！宜与不宜，岂难辨哉！故作《烧荒行》以寄于悒：‘年年至后罢防贼，出塞烧荒滦水北。寒风刮地人骨开，冻雪连天马蹄仄。枯根朽草纵火焚，来春虏骑饥无食。雷动千峰剑戟横，日摇五彩旌旗直。扬威士卒不惮劳，安攘阃外臣子职。君不见嘉靖中年虏反侧，东西合举犯中国，潮河溃入逼郊圻，九门尽闭嗟何极。天子震怒斩司马，遂召诸道防蓟域。朝廷建议设督臣，岁岁侵掠势愈棘。督抚诛夷并谪戍，生灵荼毒惨伤戚。于时总镇任实艰，暮改朝更徒唧唧。又不见隆庆二载谭、戚来，文武调和费心力。从前弊政顿扫除，台城兵器重修饬。迄今一十五年间，闾阎鸡犬获苏息。谭今已死戚复南，边境危疑虑叵测，患难易共安乐难，念之壮士摧颜色。论者不引今昔观，纷纷搜摘臣湔惑。’”

盖时值张公居正卒后不久，绪结怨者交章劾之。次年，诏旨籍其家，拘其诸子，备极榜笞，家人亲友死者累累，门生故旧均遭波及。是时侧目者乃阴布蜚语，谓戚公宜南不宜北，故是年冬旨下，调戚公于广东。

钱牧斋（谦益）生。

万历十一年癸未（1583），先生四十三岁

春二月，戚公继光奉调往广东，都督南粤诸军事。盖自戚公之理蓟事也，于兹十有六年，使渔阳千里尽成金汤，所拔偏裨材官，南北士卒，莫不有勇知方，乐为用命，使商旅日通，布廛日盛，故去之日，阖镇生老，遮道拥泣，攀辕追送者不绝（参《戚谱》）。

是年三月，先生以戚公去后，悒悒有感，乃作见《杨花诗》以寄慨：

燕山三月飞杨花，满天白雪随风斜，客子出门已十载，飘零感此思回家；杨衣飞自好，客愁不可道，岁岁杨花飞，飞尽春光老。春光迅速若转蓬，丈夫建树难为工；李广不侯马援谤，至今慨叹伤英雄。伤英雄，徒拂拂，两鬓忽似杨花色，不如匣剑归去来，南山之南北山北。

夏，解佩南归，父老有涕泣相送者，遂作《答汉庄父老诗》：

滦河驱马去，父老来别离，叹息复叹息，殷勤重致词。萋斐成贝锦，哆侈成南箕，小人始弗信，今乃见于斯。彼人何罔极，敛怨以为德，身都节钺场，贩鬻恣饕索。侧媚有推迁，执法罹罪慝，讵意摧我公，一旦归乡国。忆昔公未来，边疆惨盗贼，公至磔其魁，处处得安宅。外户常不闭，禾黍积阡陌，今公弃我归，势必滋暴客。离乱不聊生，骈首就沟泽，彼人者何人，谁为续巷伯。语讫且流涕，四野愁云白，余乃慰父老，未须出怨言。会当贤者代，缚贼如鸡豚，我本一脆士，奋身在塞垣。北堂有老母，日夕思乡园，今得归终养，深感彼人恩。惟兹怀雅意，永岁讵能谖。

临别，以所得俸赐，悉以给宾客，仅留一剑自随，并以戚公所赠马转属诸同寅，并作《思骏马行》，中有句云：

“……我欲骑之向祁连，痛扫匈奴净九边，岂期解甲忽南棹，遽属他人成捐弃；君不见军中惜马胜惜金，所贵进退知人心。……马乎！马乎！我今念念何戚戚，沙场两载同锋镝，风尘射猎故将军，汝马不妨姑伏枥。”

又《南还留别俞克仁（按即俞大猷子）京邸》云：

“清源回首十余秋，最爱当年气食牛，霄汉勋名衣钵远，风尘交谊绨袍留；此来已识千金剑，南去徒悬一钓舟，鳞角凤毛真有种，相看能慰别离愁。”

七月十六日，舟次潞河，将历年在蓟所作之诗，整理成帙，名曰《蓟门塞

曲》，并为之序。

《蓟门塞曲自序》："……余居蓟久，短什长篇，近百余首，远避唐人，不啻百舍，况风乎雅乎？徒以其身在塞也，亦名之塞曲云尔。譬泽中之麋蒙虎之皮也，览之将无笑之乎！"

归途，乃乘便登泰山以观日，谒阙里以瞻贤，是为先生游五岳之始。

《五岳游草·自序》有："年四十三，罢蓟门归便道，等泰山绝顶，流连信宿，私自念曰，五岳之游，自此始矣。"

《游泰山诗》："片片白云山下飞，巍然直上迫天扉。秦人函检碑空在，汉世登封事已非。青属勾芒阳正长，红生沧海日先辉。逍遥五岳从今始，藜杖荷衣任息机。"

又《秋登泰山望日观》诗："天门三接路危长，计里由来四十强。大海遥当轩冕立，诸山仰视丈人行。天晴半夜净红日，寒色先秋动白杨。却望东南云缥渺，不堪游思正茫茫。"

途经金陵，曾便道游金山、焦山、牛首山、燕子矶、采石矶诸胜。

《答林日正》有云："宇宙间莫如游乐，昔在癸未，登览泰山，遂谒阙里；及至南都，金、焦之胜，牛首、燕子之奇，悉受杖履，当时精神和畅，意气展舒，直视世故为浮云，见仙人若可接者。"

作《饮采石、蛾眉亭》《游牛首山》诸诗以见志，有"我本好名山，芰荷返初服"，"安得诛茅作隐居，逍遥高卧群麋鹿"之语（见《五岳游草》卷二）。

秋，过苏州，谒张崇仁刑部，同车并辔游山，得览姑苏诸胜而别。

《答张崇仁比部》："癸未之秋，同舟并辔，登山临水，弄月吟风，兴翩翩然佳矣！始苏别来，忽踰一纪，此情此景，如在目中……"按：张崇仁为先生同学，在漳时同师事于潘碧梧先生者也。

别时，慨然曰："自古隐士多，游人少，五岳之游，吾其自泰山始乎？然有母在，勿忍游也。读书未富，亦未可以游。"（旧谱）

万历十二年甲申（1584），先生四十四岁

先生归连江，筑倦游庐于西郊，杜门读书，以吟咏自乐。

《归自蓟门诗》："十年走边鄙，仗剑今来归。族姓多不辨，相顾但依依。闾

阁日已侈，生计日已非。觅我同袍士，落落晨星稀。所以古人心，惜别常沾衣。”

秋，同兄又山夜酌，有诗云：

“念昔少年日，挟策同灯光。中岁偶易业，走马驰燕疆。直道竟难合，卷甲归江乡。门巷尚依然，老母幸稍康。李公岂不伟，数奇罹悲伤。我本慕沮溺，耦耕薄惶惶。从客对斗酒，痛饮恋春阳。”

万历十三年乙酉（1585），先生四十五岁

母杨孺人卒，先生奉木山公柩合葬于张门山。龙阳居士余公世贵作墓志铭（旧谱）。

按：先生《嗟思诗》六篇有句云：“我征聿至，色笑欣然。拟终甘旨，一载遽捐。父寿七一，母寿七五。遗此残躯，徒忝厥武。”是则先生归田后一年，其母即卒。

焦竑《澹园续集》卷十《杨孺人小传》：“杨孺人者，闽连江陈木山公之原配，而训导穀、游击将军第之母也……孺人少产邑之塘下陾，幽闲婉顺，甚得母氏心。初归陈，会其家贫，上有舅姑，下有四弱弟，一切事倚以办。孺人尽解嫁时装，备诸孝养抚鞠费，而自身居约，无几微见言面，人皆以为贤。……迨子贵，迎养宦邸……三年乃归，归则之塘下陾，省父母丘墓，置酒大会诸姐妹伯叔兄弟、诸妇暨外姻子女，有询北方事者，孺人言之亹亹不倦……居恒佐木山公于厚，而克成两子之令名。……”

是年秋，戚公继光由粤辞官；十月，还居蓬莱（山东）故里（参《戚谱》）。先生作《奉赠戚都护归田诗》十首（见《蓟门塞曲》）：

辛苦封疆四十年，勋庸犹在令公前。一朝奉诏归田里，智勇身名喜独全。
闽中当日苦倭夷，郡邑凋残鸟雀悲。陡见风云秋叶扫，青山到处戚侯碑。
承平日久不知兵，南北征师浪结营。独有鸳鸯明节制，堂堂中国振先声。
蓟门烽火薄潮河，岁岁胡尘塞下过。一自元戎来作镇，秋风清夜沸弦歌。
辕门遗爱满幽燕，不见风尘十六年。谁把旌旄移岭表，黄童白叟哭天边。
朔方辽海怀恩信，日本安南识姓名。盖世勋庸仍木伐，循循裘带一书生。
说剑峥嵘世共知，论文挥霍意尤奇。生平著述将千卷，多在横戈立马时。
练成貔虎气桓桓，出塞长驱势岂难。归去溪山堪一笑，迩来部校半登坛。

已看汗竹垂千载，欲览名山遍九州。只恐圣朝思尚父，采芝未得遂真游。

黄金散尽结英雄，不负行间尺寸功。却愧十年鞍马下，捐躯空慕古人风。

按：先生有《常山别戚南塘都护归宿玉山有作》一首云："怀玉溪头月色新，秋风送别复归闽。乾坤事业孤臣泪，南北离情老客身。回首冥鸿天外远，论心芳草梦中频。何人白首能如故，瓢笠相从泗水滨。"（原注：戚，山东人）（见《五岳游草》卷五）

考常山在浙江西南，近今江山，玉山则在江西境，亦称怀玉山。今玩其诗意，似是戚公由粤告归山东时，先生曾送之至常山后归闽，途经玉山作此诗也。送别戚公后，归途且曾至武夷山一游，并遇林龙江先生。

《武夷逢林龙江先生》诗："客路秋风起，幔亭落叶疏。那堪一别后，忽是二十年余。道术终归孔，山林早著书。扁舟从此去，种菊自茅庐。"（《五岳游草》卷三）

按：《林子年谱》载万历十三年乙酉，林龙江先生六十九岁。五月，因开府赵可怀之请，至武夷。九月始还莆，与此诗时令事实正合，可以证明先生确曾于此时一至武夷也。

黄石斋（道周）生于漳浦。

万历十四年丙戌（1586），先生四十六岁

先生在连江家居读书。

按：先生晚年有《请死》诗云："忆从四十后，使与人群疏。闭户奚所管，兀坐攻遗书。"（见《五岳游草》）

按：先生之七世从孙斗初云："先生好藏书，收罗甚富，所传《世善堂书目》载一千九百余部，皆五代以后书，先伯祖振图公幼年犹及见之，后为巡抚赵公国麟久假。"（旧谱）

徐霞客（宏祖）生于江阴（据丁文江作《年谱》。梁延灿编《历代名人生卒年表》作万历十三年，误）。

万历十五年丁亥（1587），先生四十七岁

先生在连江家居，三月三日赋诗云：

《丁亥生日》:"三月三日春气鲜,吾生当此正弧悬。风尘牢落悲离驷,江海逍遥忆鲁连。北向暂骑胡马地,南归剩欠酒家钱。眼前万事何须问,且把花枝醉暮年。"

戚公继光于是年十二月卒于山东蓬莱里第(参《戚谱》)。

万历十六年戊子(1588),先生四十八岁

是年,先生闻戚都护讣,欲往山东吊丧,行至苏州以病归闽。有诗云:

《赴吊戚都护,行至苏州以病不果》:生刍万里去,抱病忽言归。一掬孤坟泪,空随暮雨飞。客心黄叶碎,愁鬓白杨稀。千载知交谊,存亡自不违(按似系秋时作)。

万历十七年己丑(1589),先生四十九岁

先生家居,已数年于兹,常从邑人吴文华(字子彬,号容所)尚书游,盖公时正却扫家居也。

按:《祭吴容所先生文》有云:"老先生学术极其端纯,充养极其完粹,功业极其炳耀,操守极其廉贞,与夫文章翰墨,妙绝当世,史策旗常皆纪之述之,无庸更仆矣。独计归田以来,数年之间,赏花观鱼,吟风啸月,第未尝不从,从未尝不饮,饮未尝不醉,醉未尝不高歌也。"

吴尚书尝赠先生诗云:

"浮云世事总纷纷,聊向城西作隐君。雨足春犁常自理,月窥岩牖每平分。投林袖剩三边略,闭户襟披百代(《介美堂集》卷一作"百氏")文。多以颜龄看独健,即求隐卧未堪云。"

盖尚书长先生二十岁,亦忘年交也。按:《祭吴容所先生文》有云:"老先生齿长二十年,巍然先辈矣,爵又最尊,足迹半天下,阅人最多,雅不喜饮酒,即燕居,无狎容,乃大破格,倾注里闬一狂生(陈第自称)……"云云。

按:吴容所尚书讳文华,字子彬,世居连江,举嘉靖丙辰(三十五年)进士,授南京兵部主事,四十四年转四川右参政,平武定土官凤继祖,迁广西副使。万历元年,四迁河南左布政使,万历三年以右副都御史巡按广西,讨平南乡、陆平、周塘、板寨猺及昭平黎,迁户部右侍郎,请终养归。十一年起兵部

右侍郎，兼右佥都御史，仍抚广西，迁总督两广军务，巡视广东，进右都御史。奉明廷令讨平惠州岑洞积寇江月照、李珍等，百年巢穴，一旦尽平。十三年，入为南京工部尚书，粤人为祠以祀。明年改兵部，十六年冬，以疏论太监张鲸罪，帝不听，遂引疾去。二十一年，仍起南京工部，力辞不赴，虚位三年以待，卒年七十八，赠太子太保，谥襄惠。家居尝买学田百余亩给诸生，生平寡嗜好，独诗歌字法至老犹习，其文学为一时冠冕（参《明史》卷二百二十一《郭应聘附传》及陈衍《福建通志明列传》九）。（按《旧谱》排吴尚书赠诗于万历十六年，但《明史》记十六年冬吴公始劾张鲸，则归隐连江，至快须至十七年春，故将其系于此年之下较妥。）

是年，先生曾至潮州谒韩文公祠，有诗记之。其任务为何，不得而知。

按：《入粤记》有云："潮城外为韩文公祠，余前（己丑）来潮，亦曾谒祠。"可以证明先生于本年曾至潮州。

又《谒文公祠诗》："当年谪宦暂徊徉，韩水韩山久未忘。已有豚鱼知刺史，更余肝胆在封章。溪头树转岚光合，城下潮来海气长。宇宙行藏应不偶，漫将杯酒醉斜阳。"（自注云：公居潮仅六月，山溪树木至今以韩名，贤人之泽远矣。）

万历十八年庚寅（1590），先生五十岁

游粤东石门寺，《读壁间诗，怀王十竹侍御》有句："御史铮铮一代贤，题诗精舍尚依然。文章灿烂明于斗，世路艰危直似弦。草长地塘空柱石，雨深庭院坐桑田。青山此日同怀古，啼鸟飞花入暮庭。"（按旧谱以游石门寺系于此年，未知何据，今姑仍旧）

按：王十竹侍御，讳德溢，字懋中，连江人，嘉靖丙戌进士，知芜湖有政声，擢御史。时严嵩柄国，举朝争赴之，德溢不附，且劾其贪，被谴归。寻复召为御史，抚按广东，风纪大振。霍滔渭崖（韬）公称为天下第一御史。尝疏请受交趾莫登庸降，后以忤当道谪外补松江推官，终广西佥事。连江故无城，屡有寇患，德溢倡之，于是始有城。倭寇连江，以城坚未破，存活无算（参《福建列传·明卷八》）。

万历十九年辛卯（1591），先生五十一岁

仍居连江。

秋七月七日，上邑人吴容所尚书寿有句云："尚书勋业九州知，弧矢悬当织女期，海内门人皆省阁，乡中后学半耆颐；风清瘴岭双飞剑，兴在沧浪一钩丝，狂客祝天杯勺醉，不须绮席对仙卮。"

万历二十年壬辰（1592），先生五十二岁

隐居连江西郊里第，以读书灌园自娱。

按：先生有园居三篇云："郊居近十年，未尝一出户。庆吊都不行，宁免人憎妒。憎妒可奈何，聊得守恬素。种竹匆成林，夹径罗芳树。春至听黄鹂，秋来惊白露。时时酿斗酒，鸡黍款亲故。以兹久逍遥，浮名奚足数。"

其三云："早岁误谈兵，偶为谭（原注讳纶）俞识。衹役在蓟门，十载弃厥职。刀剑换犊牛，灌园蔬可食。亲朋时往来，浊酒话耕植……行年五十余，知非愧不德。"

《壬辰中秋雨，同陈于虞、吴衡甫饮》有句云："竹径芳篱窄复回，幽栖犹喜隔尘埃。开樽更秉连霄烛，玩月翻成听雨台。地静声闻秋叶落，桥危潮涌雪山来。明年莫问游何处，且对知音醉一杯。"

万历二十一年癸巳（1593），先生五十三岁

春初，海上紧张，倭有复来之势。先生应乡父老之请，作《防海事宜》，欲上之有司。已而倭向辽左，乃不之上。

《与邓道鸣书》有云："弟比年杜门，仕进念绝，前以南北多故，监司郡县误加物色，一以病谢，自知疏慵不堪用耳，登坛封拜，敬属之兄丈，弟梦思弗及矣。春初，海报孔棘，乡之父老强使之言，不得已为着私议臆说，已而倭向辽左，乃存之箧中以饲蠹鱼。"按《防海事宜》未收入《一斋集》中。

冬初，邓钟（道鸣）以所著《筹海图编》示先生；先生复书，并以所著《防海事宜》示之。

"拙稿奉览，徒以与《筹海图编》有一二语符合耳，实不欲求知当道。第五十余龄，鬓种种白矣，薄田力作，颇供朝夕，读书讽咏，聊足适趣，安能束带折腰，向当世贵人檄其喜而畏其怒者乎"（见《书札偶存》）。

万历二十二年甲午（1594），先生五十四岁

春，诏屡下召吴尚书起为南京工部，吴公力辞不赴，先生作《春日劝驾大司马》诗：征书几度下江城，高卧东山出不轻。帝为苍生思柱石，诏从青琐动干旌。九霄事业三朝重，五岭烽烟一剑清。客拟骊歌俱献赋，最宜箫鼓带莺声。

按：《明史·吴文华传》虽作诏下于二十一年，但吴公力辞不赴，虚位待之者三年，则此处先生之劝驾，当系之本年更为合理也。盖诗中有“征书几度下江城”句，则非二十一年春之初召也明矣。

夏，吴尚书赠所书诗扇，先生以诗谢之。

《容所翁惠诗扇二握，赋谢》：“尚书词赋早登坛，洒翰银钩在笔端。不用颠狂当日醉（原注：黄山谷云‘颠长史狂僧，皆倚酒而通神入妙’，容所公素不好酒），顿还义献旧时观。光浮北斗星辰动，鬼哭平林夜雨寒。江上细看双彩扇，直愁神物起风湍。”

按：吴司马善书，故先生《答林日正》有云：“大司马知丈旧矣，故大字乐于执笔，今奉册叶四，其二乃近日答弟者，有羲之之骨，怀素之态，山中可玩可临。”

秋，吴容翁（按即吴文华）邀东亭看菊，诗云：

靖节当年菊满篱，何如此日品多奇。即看五采纷相映，试问诸君却未知。疏影月斜偏照水，晚香风引尽浮卮。俗尘不到东山地，清赏高歌醉莫疑。

吴尚书又有《答季立赏菊兼及时事》诗：“庭除又见菊丛秋，对此闲行得自由。滚取落英堪却老，饮寻佳什并消忧。长安谁道旗枰似，洛社终输雅韵酬。一自招寻谈笑后，不须尘迹更回头。”

又有《季立过东园赏菊，投以新诗，谬为称许，依韵答谢》一首：“萧森秋气满朝昏，独艳寒花纵品论。节钺久将双鬓改，形骸惟抱寸心存。更无车马惊罗雀，只许渔樵叩荜门。况有良游过二仲，眼前何物胜开尊。”（以上均见吴文华《济美堂集》卷一）。盖二人此时均有退隐不仕之志。

按：是事《旧谱》系于万历十六年四十八岁之下，有误。因是年冬，吴尚书尚在南京任未归田也。今姑系于此，因原书三诗相连也（《五岳游草》卷五）。

是年冬十二月十五日，闽抚许孚远初次致书，欲聘先生幕府，以病辞，不就。

《答许抚台》："第学稼学圃十余年矣，意不知理道为何物。腊月望日，周生来召，并赐文集，第不自意垂暮之年，获闻此至论也。……不幸犬马之病，尚尔牵缠，未能伏谒，敬遣豚儿祖念，代为叩谢。"

万历二十三年乙未（1595），先生五十五岁

春，许孚远抚台又欲疏荐先生于朝，约于延、建之间以山人礼相见，先生不之赴，并作诗见志。

《再答许抚台》："第自束发，先人木山公教之律身大义，易箦之辰，又丁宁戒之曰：'独行不愧影，独寝不愧衾，昼卜诸妻子，夜卜诸梦寐。此古人实学也，小子勉之，吾不恨矣'，嗟夫嗟夫！迄今一十七年，而卒茫然未有得也，夙兴夜寐，实忝所生；俯仰天人，祇增愧悔！以故杜门却扫，绝世纷求，以洗涤心原，自完性命，庶几见先人于地下，或可少逭罪责耳！故功名一念，久不介之于怀。兹味教示，似以其才力可策，欲纳之仕进之途，此非鄙所敢闻也。若然则延建之见，在老先生为休休好士，在第亦近于汲汲干进矣。行山人之礼以希终南之捷，托问学之名以冀爵禄之实，义所不敢出也……"

《辞许抚台聘命》诗："卜筑避人喧，入林久灭迹，幕府采虚声，干旄偶相索；尺素已力辞，重来意转迫，亲知胥劝勉，寸衷谁复白。不见蓟门时，旦夕修矛戟，掀捍在边陲，当路反乖逆；所以挂冠来，陶情寄薮泽，运斤固无能，何从得郢质。"

按：许孚远字孟中，号敬庵，德清人，嘉靖四十一年进士，出知建昌府，暇辄集诸生讲阳明之学，万历二十年擢石佥都御史，巡抚福建，倭陷朝鲜，议封贡，孚远请敕谕日本，擒斩平秀吉，不从。福州饥民掠官府，孚远擒倡首，乱者稍定。御史甘士价等劾孚远宜斥，帝不问。又募民垦海坛地八万三千有奇，筑城建营舍聚兵以守。因请推行于南日、澎湖诸岛，皆报可。居三年入为南京大理卿，寻乞休，卒谥恭简（参《明史》卷二百八十三，又《明儒学案》卷四十一）。

不久，许抚台转南京，先生题许抚台《甘棠别咏》卷送之（诗见《五岳游草》卷五）

二月朔日，刻《谬言》成，是书盖家居时训子之言，亦先生伦理读书之思想也。八篇者，论学、论圣、论经、论性、论政、诗文、诸子，论兵也。

《谬言小序》:“余晚年抱病郊居，应接殊寡，独见祖念日夕侍，每有疑问，辄以意剖之。祖念素无记性，未几辄忘矣。潜图所以备遗忘、资观省也。乃时以片纸书所论说，投之箧中，历二年余，得二百一十余条，又以意分为八篇，书帙以告。余曰：儿用是安为乎？对曰：备遗资省尔。然得意者词多支，得词者意反失，乃稍为删润还之。且戒之曰：能言不能行，余所羞也。儿徒口耳吾言，不能体诸躬行，余所恶也。试藏箧中为儿异日左券，不然吾将毁之覆瓿矣。已而家兄览之，谓余曰：祖念用心良是，吾与尔少时，先人训戒不为不备，然今半记半不记，思之未尝不泪下也。祖念得此可终身佩矣，且弟言吾不能定其是非，弟可出之，以请正四方君子，恶用深藏为。于是，祖念问名于余，余曰谬言也。恶足名，无已，名之为谬言，因纪所志兄弟父子交修之意。时万历乙未二月朔日。陈第识。”

书刻成，适张崇仁比部（刑部）寄书来；乃答之，并以新刻《谬言》奉览请正。

《答崇仁比部书》云：“姑苏别来，忽逾一纪。”（按先生在苏州与张崇仁游系万历十一年辞官归里时事，至此适十二年，故云）又云：“弟自归田，杜门屏迹，啜粥茹蔬，油然适也。偶为老丈（谓崇仁）推毂，监司郡县谬加物色，苦以废痼辞之矣。去年许抚台礼邀相见，亦以病谢，今春又约于延建之间以山人礼见，亦不之赴也。……车驾两过省下，不图一晤，如梦思何！读所惠书，几于泪下，生平论交，如老丈者可易得哉。兹有《谬言》一册奉览，所欲请正半在于是……”

秋，次子祖发殇；先生作《悼亡诗》三篇，并序云：“祖发，余次子也，颇有童乌之敏，十八而殇，悲夫”（按次子生于万历六年，至此年适十八岁。《旧谱》排之次年，有误，今改系于此年之下）。

《悼亡子祖发三篇》:

天道不可测，之子乃云殇；神驹蹶初服，桂树凋秋霜。
日月忽流迈，恻怆兹内伤；安能忘情虑，临风以徜徉。
愁人怯秋色，西风蟋蟀寒；霏霏黄叶堕，触此长恨端。
有作满箧笥，不忍复披看；如何东门吴，欻忽能自宽。
山川结重阴，风雨成秋霖；夜长不能寐，垂涕沾衣裳。
寂寥孤雁唳，萧索寒虫吟；赖有蒙庄子，庶以开余心。

访旧友于福州，作《三山感旧诗》有句云："嗟予远行役，归来十二春。殷勤觅夙好，踪迹何沉沦。……如兰精舍地，夜雨滋荆榛。人生顾如此，感叹徒酸辛。"

冬十二月，配林儒人卒，先生于除夕有《悼亡诗》云：

去年当此夕，高烛照深杯，今夕复何夕，凄凄郁不开；漏声随泪尽，春色带愁回，击缶怜庄子，悲心强自裁。

万历二十四年丙申（1596），先生五十六岁

春初，董崇相（应举）过访先生于连江，相见大悦，遂成莫逆。

《答林怀琼大尹书》："岁在丙申，董崇相过访山房，一见莫逆，问所知交，辄称引雅谊。"（书札）

按：先生《与林日正书》有云："近有闽县春元董见龙（当是崇相原名）者，博学能文，深于理道，大非尘埃中人，春初枉顾，遂为知己，数数相遇，皆朝谈至夕，夜谈彻晓，殊慰孤寂，如兰精舍后，未有也。"

按：《崇相集·应举祭陈一斋文》叙其与先生之交云："虽口不相下，直如金火相克相成。兄尝谓我遍交宇宙无两一斋，我亦自信平生无两骂友。"可见其相知之深。

又应举《答苏云浦书》亦云："弟平生有骂友二，一是陈季立，一是潜父。"（即云浦）

改葬父木山公、母杨儒人及妻林儒人于荻芦峡。

《答林日正》："弟不恋温麻（连江）久矣，迩者买山治圹，凿为三坎，二以移葬先父母，一以葬吾亡妻。豚儿请更益一坎为吾寿藏，弟笑曰：'四海吾乡，五岳吾土，随地可死，随地可埋，儿能定吾死所乎。'"

夏，寄福清林日正书，寄所刻《谬言》，并录《意言》就正，并奉吴尚书所书册叶四相赠，盖为日正所函索者也（《答林日正书》）。

六月二十夜郊居，与客坐谈，有虎逐犬薄坐隅。先生起而叱之，虎惊走，触廊石尽倾，作《叱虎行》，并序云："万历丙申，虎祸大炽，频入城邑，贼害人畜，民甚苦之，无如之何。余郊居，六月二十夜有犬几为所噬，起而叱之，得免，因有此作。"

夜深与客坐前楹，虎有逐犬声轰轰。去我不及三尺许，虎其猛烈犬悲鸣。

我起一叱虎且惊，走触回廊石尽倾。犬既得全客亦喜，把烛命作叱虎行。吁嗟乎，仓卒虎威犹可叱，不似虚政滥纵横。

秋十月，应举奉母柩葬于连江，先生为之襄理一切。

按：《崇相集·先慈马太孺人墓志》云："万历丙申十月念一日，不肖孤应举、应赞奉母马太孺人葬于连江之安庆里，安定山新兆。……"又按应举《祭陈一斋文》有云："忆昔丙申之岁，葬我先慈，非兄将不能襄事。"

万历二十五年丁酉（1597），先生五十七岁

是年春正月，风雨连旬，杜门拥几，增订《意言》成。三月望日，序而刻之，盖是书为先生读书之杂感录也。

时董应举内召诠曹，先生助其北上。

按：应举《祭陈一斋文》有云："丁酉之役，抱病自废，非兄将不能北首，其后鼓壮吾气，勤攻吾病，玉我非一，载之肺肠……"（《崇相集·祭文》）

是年夏初，决意出游。盖先生自归田后，每思远游，今始遂愿。

《答林日正书》："迩者友人邓道鸣寄书云：室人仙逝，是天绝其内顾忧而促其远游也。弟窃有取于其言矣……远游之期，决在春末夏初，自此遂遍九州，不止游其八已也，后之立传者将谓入山采药，不知所终矣。"又云："宇宙之内莫如游乐……今静而思动，居而思行，亦势所必至，况家事已付之豚子，年来又失其伉俪，内顾之念不关，逍遥之趣转笃，故能游也。九州至广，山水多奇，古今灵异之迹，往往而在，足迹所到，记载随之，岂惟酬四方之志，未必非不朽之资，故欲游也。"

暮春，游漳州。冬归，乃寓福州，借芝山僧房翻阅藏经。时巡抚金学曾耳先生名，欲聘之，问倭事战守之策，辞不就。

《入粤记》："万历丁酉冬，余自清漳归三山，借芝山僧房翻阅藏经……"（《粤草》）《辞金抚台聘命》："翻经寓禅林，落花白昼静，忽有中坚来，口称抚台聘，卒迫无所逃，遂以荷衣进，长揖筹边堂，战守频相讯，自言山林久，况有犬马病，时事百不知，何以答明命。逡巡复出门，移居变名姓，我本慕孙登，优悠长啸咏，自处腹背毛，那与六翮竞。"（《寄心集》卷二）

《五岳游草·自序》亦记，其年五十有七，乃裹粮出，以先游两粤，登罗浮、桂林诸名山，凡三年归。

冬，东莞（广东）林培之以御史言事，谪闽为盐运知事，欲晤先生，乃得施艮庵之介，遂论交焉，与游华林、西禅诸寺。

《入粤记》:“时东莞林培之，以御史言事，谪闽运幕，欲晤予而恐其凿枘也，约施艮庵先访，已而培之入门，即曰请为方外交，公无避我，坐谈久之，相得甚欢。艮庵者漳之先达，余所严事，曾宦粤中，与林有世雅，嗣是三五日必一来，来必久坐，或谈佛经，或评将传，至论山水五岳，游志津津合也。时约同游华林西禅诸寺，徜徉竟日。”

按:《明史》卷二百三十四《马经纶传附林培（即培之）传》载:“东莞林培（字定宇）由乡举为新化知县，县僻陋，广置社学教之，民有死于盗者，不得，祷于神，随蝴蝶所至，获盗，时惊为神。征授南京御史，疏论时政不当，帝怒，谪福建盐运知事，告归卒。”

冬，与林培之同访沈士宏将军于镇东。

按:《明史》卷二百七十载:“有容字士宏，宣城人，幼走马击剑好兵略，举万历七年武乡试，授昌平千总，调蓟东路辖南兵。万历十二年秋，朵颜犯刘家口，有容以二十九骑击退之，由是知名，寻从宋应昌援朝鲜，乞归。”时日本封事坏，倭有进犯势，福建巡抚金学曾起有容，使守浯屿、铜山一带，先生在蓟门时，因与有旧，故访之。按有容曾序《蓟门兵事》云:“季立先生在蓟，余甚习其行事”云云，可知其与先生相交之深。

万历二十六年戊戌（1598），先生五十八岁

春二月，至海坛访沈士宏将军，示以所著《蓟门塞曲》，将军录存之（见《合刻塞曲粤草》序）。乃同泛海，观石碑洋。

《入粤记》:“戊戌春仲，遂同泛海观石碑洋，石碑洋者海中孤岛，上有一石，高百仞余，阔十仞余，宛如碑碣，卓然中流，天下奇观也。过此百里，则海坛故疆，又数百里则□□东庠，闽极界，出此夷矣。一日，乘巨舰破浪，偶阁沙砾，舟人惊惶，将军独自若，谓余曰:‘吾与公岂海中腐骨乎’！潮长，竟脱。将军宛陵（即安徽宣城）人，往在辽左，身经百战，故抚台（指金学曾）檄置海坛，命统舟师捕寇。余因是极骋览，然每逢奇胜，辄思培之，培之亦忆余也”（按:

林培之此时尚留三山）。

四月，林培之告归养母，以书约先生游罗浮，遂还三山，同入粤，便道游石竹山、九鲤湖诸胜。

《入粤记》:“四月书来，谓将告归省母，罗浮故名山也，足下无意乎？余自海上走三山，则培之往鼓山矣，复就之鼓山，信宿而归，遂同游雪峰、水口，往来凡旬余。五月六日，余归连省告先坟，并辞吴容所先生。十三复至（三山）。十五日培之先发，十七日余发，十八会于宏路驿，十九同游石竹山。”

《与林培之入粤便道宿石竹岩》诗：“笙箫缥缈接飞仙，峭壁参差境自偏。入洞紫云迷曲径，凭栏青霭落平田。林间伏火还留灶，石上鸣琴不用弦。乘兴已经三腊屐，莫将疏鬓叹流年。”其二：“一宿孤峰上，悠然物外心。鹤归青海杳，猿啸碧云深。钟磬僧常定，风尘梦不侵。明朝相别后，因忆此登临。”

五月二十二日，至莆田，拜林公兆恩祠。二十三日，游九鲤湖，赋诗。

《入粤记》:“二十二日至莆田，余拜林龙江祠，时卒四阅月矣（按《林子年谱》记龙江先生卒于万历二十六年正月十四日）。

次日，同游九鲤湖，湖大百亩许，深莫测也，底外纯石，其源自数百里来，四时常满溢奔湃，九漈声如鼍鼓，轰轰震天，游人至此，俗虑忘矣。其最胜在水帘洞，如烟如云，如雪如波涛，跳跃飘扬，随风远近，日色横照，则金碧朗晃，变态万状。坐玩良久，举杯酌赏。培之曰：‘匡卢瀑布，春夏则溢，冬则涸，不若此无分四时也。’又曰：‘乐哉今日之游。’余曰：‘余游诚乐，使公而为布衣，乐岂减是乎！’曰：不减。‘使公而居政府，乐岂加是乎？’曰：不加。则相与叹曰：‘得乐于山水，犹莫之加损也，况得乐于性天乎？’信宿出山，培之谓余曰：‘是灵梦闻天下，何为犹无所祈。’曰：‘素位而行，不敢有所希冀，利害祸福，到则知之，先知庸益乎？故三游石竹，再游九鲤，无所祈也。’培之笑而不言。”

《游九鲤湖诗》:“碧涧澄潭留古迹，芒鞋黎杖踏斜曛。八公悟道空思汉，九子丹成却羡君。涛涌悬崖秋作雪，烟生古鼎晚流云。莫拟顿醒人间梦，鼍鼓鲸音昼夜闻。”

五月二十六日，抵泉州，寓邓麟石家，游清源山。

《入粤记》:“二十六至泉，地主邓麟石以归善尹觐过家，遂邀游弥陀岩，岩有石室，因山石凿为佛像甚伟，前径路逶迤，石刻‘招饮径’三字。交荫嘉木，清泉飞出树杪，饮数巨觥，遂沿涧登扳，至巢云岩，列坐涧曲，洗盏清流，迭酌至醉，此皆清源山西麓也，昏黑始下山。"

六月初三，至漳州。初七，出闽关。初八，至潮州。十六，抵惠州。二十九日，入山，遂居罗浮。

《入粤记》："六月初三至漳，培之问余，吾闻漳有吴学淳，闽中长者也。持义甚高，公岂习其人乎？曰：'吾老友也'（按吴学淳亦潘碧梧弟子）；因邀与谈而去。初七出闽关，（有《初出闽关值大风雨》诗）。初八至潮……十六至惠，罗浮惠之望也，培之遂归东莞，余从此入罗浮。"

《惠阳别林培之》诗："偶有罗浮兴，同为岭海行。长程俱借马，每饭必分羹。蔬菜声名重，昙花世界轻。今朝忽歧路，黯黯别离情。"

《居罗浮记》："……乃入山居石洞，六月二十九日也，山多枫树，秋露零落，枫叶淅淅，竟夜有声。或万里无云，月如加明，星如加大；或风雨骤来，溪声雷迅；或晓起蒙阴，白云缕缕入户，与香烟交错；或夕影横斜，石崖芳草，可散步班荆；或日色晴明，采葛男妇，瑶歌遍山谷，其致皆足乐也。余读书静坐，忘其非家，未几仆病，土人代炊，又病。余白：'是山灵欲劳我！'乃就涧汲泉，沿崖拾薪，自给晨夕，且以饷仆之病者，二旬仆愈，培之屡书言欲入山，不果也。"

秋，在罗浮，怀董崇相，寄诗三首。其一云："江头别去两经秋，献赋明光赐锦裘。遥约幔亭并太佬，此时踪迹在罗浮。"

十月，培之来自东莞，遂与同游洗耳泉、清霞洞、冲虚观、黄龙洞、玉女峰、飞云峰诸胜。

越三日，培之下山，又三日，先生亦下山。盖至此已居罗浮四阅月矣（详见《两粤游草·居罗浮记》）。

十月二十九日，访林培之于东莞。十一月，同游西樵（按西樵在广州西南百二十里，属南海县地）。

《游西樵记》："十月晦，余访培之于家，拜其母，诸弟子侄相见，颙如、济如也。十一月朔，培之驾舟与余往西樵，且曰：是月望前，吾卜迁葬先室，今姑乘间游。次日过波罗海，谒南海神庙，庙起自唐韩文公，碑记具在……庙前冈突起，上亭扁曰'浴日'。纵观海天，茫淼无际。三日，抵海珠寺宿焉！寺在羊城南郊海中，宋李忠简公始建……五日，发海珠。六日，抵观山市，盖西樵北麓也。次日，冒雨登岭……八日，游西峰书院，本霍文敏建也。文敏从孙雅知培之，时已有事羊城，独其弟益茂留饮，庭中桂一株，干大如斗，嘉树也。培之为葬事别去，余复宿云居。”

连日先生与霍茂等（霍韬孙）游西樵聚仙台、环翠楼、大科峰、九龙洞、喷玉岩、天湖、碧玉泉等处，复游白云洞诸胜，计自入山至出山约旬日。

《游西樵记》：“西樵故未有称，自霍文敏（韬）、方文襄（献夫）、湛文简（若水），卜隐其间，遂名闻天下，与罗浮埒。峰峦重重，包裹如莲花然。周回四十余里，山宜茶，居民十三村，悉藉茶衣食，不复知禾麦桑麻也。”

秋末，吴容所尚书卒，年七十八，谥襄惠。

仲冬，至端州（今广东高要县），与培之友梁约中游七星岩，遂遍历水月宫、玉虚宫、三仙观、栖云亭、石室岩、环翠亭、紫竹洞、卧龙洞诸胜（详见《游七星岩记》）。

冬，访邓钟（道鸣，一字元宇）将军于东安，居九星岩下（按东安今广东云浮县）。盖先生与其同出于俞大猷之门，故交也。

《邓将军平黎小传》云：“邓将军者，东山参将元宇公也。按：将军温陵人，万历丁丑武进士，为东安参将，时方奉命平琼州酋黎马屎有功，历官前军都督，同知四川贵州总兵官，以征苗播功予世袭。”

《游九星岩》诗：“东冈城外九联峰，擢秀争奇并可怜。古洞玲珑悬夜月，层崖阴霭吐寒烟。虚疑一刹西天上，实见双星北斗边。风景有余山壤僻，客来心赏欲栖禅。”

是年，董崇相得第进士。

万历二十七年己亥（1599），先生五十九岁

春初，邓道鸣将军招饮于燕喜亭，先生诗贺之。

《题邓参戎燕喜亭用韵》：“练成虎旅更谁如，裘带雍容水竹居。好客新开方亩宅，谈兵自注六韬书。芳春鸣鸟声相应，细雨棠梨叶已舒。衰病独惭张仲侣，尊前频忆草玄庐。”

二月，访沈士庄刺史于康州（今广东德庆县），遂游三洲岩。（按：士庄为沈士宏将军之兄，时宦康州，先生得士宏之介，得缔交焉。）

《游粤西记》："己亥二月，复访沈刺史于康州，游三洲岩，此两粤之界也。"

按：三洲岩在德庆县东七十里。《明一统志》载："三洲岩取蓬莱第三洲之名，岩中有石室，室有石乳，苍绿色，间类佛像、钟磬、玉麟、游鱼之属，宋周敦颐、苏轼等并有题识。"

二月初四月，在德庆（即康州）始闻吴容所尚书讣，先生作文祭之。

《祭吴容所先生文》："岁己亥二月初四日，温麻山农陈第游西樵过德庆，始闻大司马容翁吴老先生之讣，已数越月矣，怆然恸哭者久之。乃以絮炙寓祭曰：呜呼痛哉，丁酉暮春，第有漳泉之游，至戊戌夏始归谒也，仅一二见，复为东粤之游，不意浪迹方外，未及言归，而竟抱此永诀之戚也。……第自去冬在罗浮附尺素，今闻仙逝，乃在秋末……第与友人约游五岳，今且积懑思归矣，然虽归也，求为曩时之畅饮浩歌，岂可得乎？……"

《康州署中重晤唐文学用韵为答》："五岭飞花二月深，岂期书剑复同临。风尘莽莽惟双眼，今古寥寥独寸心。暂听莺声依宦舍，底将鹤梦向禅林。何当迟暮逢知己，绿酒青灯不断吟。"可知二月末先生尚在康州。

三月，入广西过苍梧，趁昭州（今广西平乐县）船，溯江而进，旬日至昭州，谒平乐令黄文宇，先生里人也。复具舟溯漓江而进，五日至桂林，道经阳朔憩焉。至桂林会见里人薛慕南，时主藩幕，遂寓而遍游焉。

其《记桂林之游》云："省会道途坦洁，风俗朴茂，余以慕佳山水至，日乘肩舆令奚儿载酒恣其所之，所闻三十里内外，无不游也。尝游风洞山……又尝观榕树门……门上老榕一株，根劈为两，分左右而夹门，人从门行走，若出榕胯下……先师俞虚江祠，在门北数步，余入而拜，出抚榕睠焉不能去，又尝游七星峰……象鼻山……白龙洞……虞山舜祠……又尝游尧山……时春三月，杜鹃盛开，一片红锦，亦奇观也。"（《游粤西记》）

四月，还过苍梧，欲溯左江游都峤白石，阻雨不果，归康州。

文曰："余自二月末发苍梧，四月初旬回过其地，苍梧寄酒，桑寄生所酿，佳者不亚苏州三白，复欲溯左江游都峤白石，阻雨不果，归康州。"（同上）

夏，还粤东，重宿海珠寺，有诗，并答林培之论读书之法。

诗曰："去年曾结海珠盟，最喜重来月色清。波浪茫茫窗外动，帆樯面面镜中行。云连村郭尘难到，树扫星河暑不生。永夜溯回人独醒，渔灯灭尽听钟鸣。”

《答林培之》：“尝闻古有一钱尺帛不入私房，今于足下见之，又闻闺门之内，肃若朝廷者，亦于足下见之，足信非烟火中人也。弟自束发游江湖，阅人颇多，倾盖而合，合而不能稍离，离则思聚，聚则经岁月而未忍去，独俞虚师与足下二人耳。易曰：如兰断金，岂草草乎？弟之游桂林也，衡山在望，湘水非遥，独以未尝握别足下，故复返五羊（即广州）耳。弟之所以逍遥汗漫，行万里若适莽苍者，所幸有三、不幸有二：幸而不富不贵不病故能游，不幸而无怙无恃故得游，足下有母，从吾游能乎？且弟萧然一身，无所需于人世，往来两粤，邓将军为之聚粮，然受少辞多，未尝过费其资斧，余者馈遗，一切谢绝。念置身方外，与世日疏，受而不报，徒挂方寸，故必却也。又晚年饮食恬淡，颇觉肠胃坚完，间或燕会，富贵者家，不下箸则忤人，遍下箸则伤腹，不得已往往避匿。尝语友人：‘江湖乐矣，尚有三苦，一者惠金，苦我辞也；二者置酒，苦我避也；三者投刺，苦我答也’。不日来东官，足下其无以三苦者苦之。”

又与读书之法云：“夫读书当读史，诗文实在所缓。史者古人实用，贵得其神髓，故定心忍性，死生不动，古人有之，持以自校，则德进，拨乱应变，仓卒立辨，古人有善用其法则业修……”

不久，林培之来会，乃与之再游崖山，观宋故宫处，作《崖门吊古》诗。

按：《祭林定字先生文》云：“今年夏，又同至崖门，视宋宫故处。”盖系指二次至崖门事也。

《崖门吊古》云：“君臣同日蹈沧波，宗社沦沉可奈何。潮落崖门苗黍长，月明陵庙杜鹃多。乾坤有泪伤沙漠，江海无情吊汨罗。罢说当年兴废事，白云孤岛且高歌。”

时琼崖黎族起义，有黎马屎者纠众横扫三州十邑，制府令邓道鸣将军渡海镇压，与雷廉琼崖两将，分东中西三路以进。邓任东路，独夺磜门天险，大破黎人，擒其渠魁，班师而还。先生作《邓将军平黎小传》，并诗以扬之。

《赠邓道鸣将军征黎大捷》：“将军南伐振天声，擒纵由来百巧生。戈甲自开鱼鸟阵，烽烟尽扫虺蛇营。月明碧嶂先驱马，雨过沧溟为洗兵。共说黎人终不反，珠崖应筑受降城。”（《粤草》）

秋九月初二日，林培之卒于东莞家中，年五十三，先生视殓恸哭，复致奠焉。

《祭林定宇先生文》:“维万历二十七年九月初二日，柱史定宇先生卒，方外友弟陈第视殓恸哭，七日从谭山人辈致奠，十一日将有康州之行，复用酒果造别于其灵曰………始先生在留都，朝廷督过台省，一朝而斥逐者三十余人，留都臣工宜有言而未言也，先生奋不顾身，直以死诤，幸而天子圣明，薄谪之闽也。第自丁酉冬，论交于闽之僧舍，戊戌同为罗浮西樵之游……今理舟西发，敢以所思之意告于灵右……”（按:《旧谱》排祭定宇先生事于戊戌五十八岁下，大误）。

《哭林培之》诗：“天涯长别黯消魂，泪洒西风落九原。谏草已知悬日月，典型犹在重乾坤。清秋惨淡闻邻笛，白社凄凉掩客门。五岳祇今成独往，匣中流水向谁论。”九月中旬，先生由东莞西发，再往康州（德庆）访沈刺史。

《答谭见日（即谭山人）赠别，时余往康州访沈刺史》诗：“寂寞逢君日，东官（惠州）数月游。上书追贾谊，奇策似留侯。江海孤帆夜，风霜满目秋。封康应不往，悬榻待南州。”（原注：山人，嘉靖间上《时务十事》）

是年岁暮，仍驻足康州沈刺史处。

按：先生于次年庚子孟夏《答林怀琼大尹书》云：“弟自戊戌入粤，居罗浮最久，已而又游西樵，且出海观崖门宋宫故处（按此似系指第一次游崖山，因万历二十七年己亥夏曾又游一次，见《祭林定宇文》)。己亥，游西粤苍梧、桂林诸名山，岁暮，仍驻足康州耳（盖此系指二次复往康州，在林培之死后事也）。所至不敢通刺，当路贵人，盖以出处殊途，并介异道分帷，与羽客禅僧为侣，沈刺史生平气义相期，不得不见，见为所投辖，又不得不留……”

冬，寄董应举书，并翻刻《谬言》(按是年崇相除广州府教授)。

《寄董崇相书》云：“弟自去秋居罗浮，冬又有西樵之行，今年春夏又为桂林之游，两粤名胜，已得其七八矣。游兴尚未艾也，兹有相知（指沈刺史）欲留过冬，明春复有衡山之约……《谬言》为索者多，近又翻刻于粤，能使此书信今传后，实在老丈，不识有意否也？”

万历二十八年庚子（1600），先生六十岁

暮春初旬，与邓道鸣将军同游曹溪（在今曲江县东南五十里）。孟夏末旬（四月末），复还康州，得读林怀琼大尹书，始论交焉，盖亦得之崇相之介也。

《答林怀琼大尹》:“暮春初旬，与友人为曹溪之游，孟夏末旬复还康州，始得读翰教，并诸诗歌记铭，爽然自失矣。岁在丙申，董崇相过访山房，一见莫逆，问所知交，辄称引雅谊，弟是以知足下，不谓今日亦以崇相相见知也。”

《偕邓将军游宿曹溪用韵言别》:“西来法意重经文，直指真空独此君。锡落名山惊鹤驾，杯浮古井结龙云。千年炒偈寻常在，五派傅灯不易闻。握手南华同一觉，即看长剑扫蛮氛。”

按:邓将军时似驻节惠州，先生曾有《晋康(今在广东云浮县西北康州端州之间)送邓将军之任惠州诗》,兹西来任务，似与征讨播州土司杨应龙事有关。盖此后先生有《邓元宇将军征播，余自端州送至韶阳(今曲江)赋赠二绝》云:“新剖征西伏虎符，追随千里有潜夫。平蛮倘过瞿塘下，重迭江心八阵图。”其二云:“折衡尊俎世无双，去岁平黎净海邦。此日先声乘破竹，洞蛮知缚巨魁降。”

按:《明史·神宗本纪》载:“二十八年二月，李化龙帅师分八路进讨播州(今贵州遵义),六月丁丑克海龙囤，杨应龙自缢死，播州平。”邓元宇当是八路军之一。

夏，仍在康州沈士庄刺史署中。

按:《答林怀琼大尹书》末云:“目今怯暑，散发署中，秋凉归闽，明春将采药终南、武当间矣。阳春楼，巾子山(按在浙江镇海县东北二里)姑付之神游，足下报政已久，乔转有期，同此九州，一宦一游，会有相遇日，草草谢厚意。”盖林大尹时正署新会也。

秋，先生病留康州。愈，游陆贾祠。

《庚子中秋病漫赋》:“紫薇精舍傍江村，皓月停停露满园，偶为病魔欺白鬓，不缘地主靳青尊;少年偏是欢娱甚，孤枕能无醉兴存，转忆罗浮今夜景，提壶深扣酒家门。”

《康州香山陆大夫祠》:“汉室公卿业尽闻，雍容裘带独怜君，使车频入蛮夷地，壮节能开岭海云;春到山花犹似锦，风来岩桂尽飘芬，当年更进调和策，应是安刘第一功。”(原注云:贾入粤说尉佗，过康州高山私誓曰，事成以锦裹山，后遍植杜鹃花代锦，因名锦山。)

是年，先生兄又山陈縠北上应试，作《怀家兄》诗。诗曰:“三年花鸟滞东官，匹马谁同行路难。蓟北粤南音信杳，不堪姜被夜生寒。”(按:是年先生游粤适三年矣，又《寄心集》卷五《怀又山家兄三篇》序云："戊戌余游粤，庚子家兄北上"，即此时事也。）

九月，由康州回广州会诸友，并谒林培之墓，有诗。

《羊城遇陈邦敬志喜》："芙蓉秋色粤江湄，忽漫相逢喜可知。万里离居频远讯，三旬并榻岂前期。兴来每忆王猷棹，坐隐还推谢傅棋。岁晚白云思结社，为君归治钓鱼坡。"（自注云：奕名手谈，亦名坐隐。）盖先生曾与同寓三旬也。

是年重九日，与莫元慎、董广文等游，有《九日赠莫元慎秀才》及《九日薄暮同董广文、莫李二文学过唐山人青门别业》诸诗。

又拜谒林培之墓，有序云："培之与余为方外交，览粤东名山殆尽，尝欲卜筑匡庐、衡山为终老计。去秋长逝，时谭、尹二子邀登西楼，赋诗流涕，今秋从端州谒墓下，过西楼弗忍登也。噫！九原不作，吾谁与游！"

秋末，先生别东莞诸友，冬经江西赣州，追怀林培之，有诗。

《留别东莞诸友》："三年腊屐漫登临，归去栖栖思不禁，实有绝弦今日泪，虚传挂剑古人心；秋风匹马关山远，落月孤舟雨雪深，珍重诸君怜别意，莫忘鱼雁寄遐音。"

《虔州追怀林培之》："与谁同入粤中来，一剑西归意转哀。此夜相思何处月，满江霜冷郁孤台。"（按虔州即今之赣州，盖先生游粤，由漳泉入潮州，回则由赣入闽也。）

万历二十九年辛丑（1601），先生六十一岁

先生由粤东还闽，过崇安，游武夷，经延平。春初，抵家。

《入闽关赋》："冬尽霜寒折角巾，看梅踏雪又南闽，一瓢明月三年客，万里青山五岳身；鬓发别来心共短，江湖归去梦犹频，悬知门径荒芜甚，稚子开尊候主人。"

《晓行崇安道中》："午夜发扬庄，天边月一痕，冷风翻野烧，寒雾暗桥门；树影参差路，鸡声远近村，客途多不惬，高枕忆乡园。"

按：此诗之后，先生有《咏玉女峰》诗一首，玉女峰在武夷二曲，似其经崇安时，曾便道游武夷山也。诗云："插鬓山花春自开，瑶池风雨暗飞来。娉婷独立幔亭下，不受人间玉镜台。"《过延津悼林世科，因柬游叔子》："交游四十

年，相知如一日。踪迹故参商，神情总胶漆。卜筑郊之西，怜君常促膝。雪里弄园梅，闲中颂江橘。自谓永若斯，岁寒同隐逸。岂意别离来，匆匆报君卒。雨雪剑溪头，悲思成首疾。寄语游山人，浮生那可必。谁当金石坚，会见有终毕。努力出风尘，酣歌日鼓瑟。”（按林世科、游叔子均先生幼年同学也。）

先生抵家时，大约当在春间，亦此时即着手编著《毛诗古音考》，未脱稿。

《毛诗古音考跋》：“往年读焦太史笔乘曰，古诗无叶音，此前未道语也，知言哉。岁在辛丑，尝为考证，尚未脱稿，即有建州温陵之游。”（按建州，此处当指福州；温陵，泉州也。）

暮春至嘉禾屿（今厦门）居沈有容将军幕中。四月一日与其同游普照寺（即今南普陀）。刻石纪念。其词云：“万历辛丑四月朔，三山陈第。宛陵沈有容同登兹山，骋望极天，徘徊竟日。”（此碑尚存于南普陀寺后）夜饮岩上，有诗云：“泛海游初倦，登山兴又长，径深松影合，花落荔枝香。移席侵云气，飞觞引月光，夜间看绝岛，酩酊宿禅堂。”（按：《厦门志》卷二，普照寺在城南五老山，康熙间重建，更名为南普陀。）

初秋，约沈有容将军及王锷同游福州南台，刻石纪念，并序其诗云：“万历辛丑秋，余同宛陵沈有容、温陵王锷游南台，二君下山，余独留经月，漫题。”

探奇不惮遥，五狱长为客，坐破南台云，乾坤何日夕。

按：《泉州府志》卷五十四《明文苑传》：“王锷字淑甫，号元液，晋江人，文昇子。天性孝友，藉教授弟子自给，操持极严介。平生志学，以‘居敬穷理’为务。癸巳后，潜心著述，有《四书五焚存稿》《易经七削存稿》等，学者称为‘汉冶先生’。”

秋，再游清源小云关，刻石有诗，并序云：万历甲戌春三月，余从先师俞虚江游清源。辛丑秋，再至，以铁如意击石吟曰：

“重来三十年，感叹游非昨。空余梦寐存，九原讵可作。徘徊石刻前，泪洒秋风落（原注：俞师旧有纪游石刻）。”

又谒俞大猷墓（按《泉州府志》卷十七载：都督俞大猷墓，在郡城北）。

《谒俞虚江先生坟》：“家内渺一身，微尘在高阁。风吹巧相逢，圣智何能度。相逢复相离，踪迹两寂寞。所志竟未酬，秋蓬任飘泊。壮岁处江海，都护来聘余。一言鱼水合，延致学兵书。从游抵京都，慨然投笔起。执戟捍冲边，勋庸谓此始。

榢削媚贪人，义烈夙所耻。都护返泉室，余亦归敝庐。炙絮谒荒坟，往来徒欷歔。立德本吾师，感恩兼慈父。九原深几许，会面嗟无路。曩有所遗缄，縢藏在巾箧。岁月时一展，字迹鲜不灭。”

冬十月，访沈有容将军于嘉禾（今厦门），先生示以《两粤游草》，将军为之作序，与《塞曲》合刻。

《合刻塞曲粤草序》：“往戊戌春，季立先生过余海坛，以《蓟门塞曲》示录藏之。今辛丑春，先生自粤归，复过余嘉禾，检其箧中，得《两粤游草》，余又手录，将合而梓之。先生固逊，谓《塞曲》多得自马上，《粤草》多得自舟中，音节弗类，宋人燕石也，安用市张以取笑大方。余曰：不然。夫诗犹画也，山川之形势存焉，余尝至蓟未尝至粤，今读《塞曲》，戚戚然若陟降于滦河孤竹之墟；读《粤草》栩栩然若神游于五羊八桂之境也。……先生著述颇富，其道真在《谬言》《意言》，其绪余在书札与《松轩讲义》，其土苴在《蓟门兵事》及兹二编，虽然道器匪离，有味哉庄子履狶之说也，孰谓观二篇者，不足见先生。万历辛丑十月望日，宛陵沈有容撰。”

过漳州林可玉家，留款，先生赠之以诗。按：先生二十岁时，木山公曾脱可玉于狱（参见焦竑《陈木山公小传》），故林子感之。

《赠林可玉》：“种田垂钓自江乡，四十年来意未忘。溟海惊涛辛苦地，至今回首望清漳。”

万历三十年壬寅（1602），先生六十二岁

是年，先生兄又山尚滞留京师，先生作《怀又山家兄》三篇，并序云：“戊戌，余游粤，庚子家兄北上，及余归，家兄尚留京师，一别五年，怀不能已。”

诗曰：“燕雀昔南去，鸿雁亦北翔。光阴迅流迈，居处各异乡。少小受书日，萤火共一囊。晚过林泉下，荆花对清觞。如何久离别，五载不相将。几处临流水，欲济无舟梁。春风郁怀思，涕泪沾衣裳。”（按由戊戌算至本年，适五年）

六月沈士宏改筑浯屿（今金门）水寨，备征窃据东番（即台湾）之倭。叶向高有《改建浯屿水寨碑》（见《叶向高全集》）。

十一月，访邓钟将军于海上（当时邓将军似屯浯屿一带），赠之以诗。

《海上赠邓道鸣将军》：“苦忆长安醉别离，仲冬迢递访舟师。风涛尽处申三

令，岛屿空中辨五旗。已分寻山同豹隐，忽来谈剑有龙知。匣琴流水无穷调，鼓向尊前爱子期。”

十二月初七，与沈士宏（有容）将军同往东番（即台湾）剿倭。初八晚，舟过澎湖沟，飓风大作，播荡一夜一日，勺水不得入口，舟几危者数矣，先生乃作歌以自宽（《泛海歌》序，见《五岳游草》卷二）。

《泛海歌二首》:“水亦陆兮，舟亦屋兮，与其死而弃之，何择于山之足海之腹兮。”

飓息舟定后，沈士宏具酌请复歌，先生乃发其渡海之意，复歌曰：

“学而不足，用者耻兮；用而不能，无用者鄙兮。无用而不废时用者，谁氏之子兮！”

按：先生作有《东番记》一篇，记其在台所见及高山族之风俗习惯，甚详，为最早记载高山族之一篇文献。（见沈有容辑《闽海赠言》二十四页）。今作为本专著附录其后。

明陈学伊《东番记后》:“万历壬寅之冬，沈将军剿东番邻岛之倭，一斋君实同舟往。倭既平，东番大酋德其为己除害也，率其党出谒，且献鹿馈酒焉，故一斋君得询而志。”（见沈有容辑《闽海赠言》二十七页）

《东番记》后，陈第又作《舟师客问》一篇，详言破倭及用兵之道，共六条。（见《闽海赠言》二十八至三十二页，又何乔远有《东番捕倭序》），见同书四十四页）

按:《明史》卷二百七十《沈有容传》载：“（万历）二十九年，倭掠诸寨，有容击败之，踰月，与铜山把总张万纪，败倭彭山洋。倭掳东番，有容守石湖谋尽歼之，以二十一舟出海，遇风存十四舟，过彭湖与倭遇，格杀数人，纵火沉其六舟，斩首十五级，夺还男妇三百七十余人，倭遂去东番，海上息肩者十年。捷闻，文武将吏悉叙功，有容赍白金而已。”

是年三月，李卓吾自杀于北通州狱中，年七十六（见铃木虎雄作《李卓吾年谱》，朱维之译）。

万历三十一年癸卯（1603），先生六十三岁

是年正月，先生尚读书泉州。

元夕，同温陵诸友集童将军祠，分得山字，诗云：“德星夜夜照江关，祠下相逢对玉班。满院歌声梅半落，六衢灯影月同闲。楼台莫讶非吾土，风景依然似故山。秉烛厌厌应尽兴，不愁醉尉滞人还。”

又，《元夕宿泉州洛阳桥》诗：“春风又渡洛阳桥，柳色青青伴寂寥。回首故园今夜月，满江灯火上寒潮。”

《题梅岭长春图，为陈尔聘先生称寿》：“温陵西岭梅花开，凌霜破雪环书台。台中真人绿玉杖，被襟著述垂将来。壮岁弓旌走宦海，直道匡时志不改。苍生霖雨系深恩，维扬吴楚声先在。拂衣一旦还旧山，杜门却扫花鸟间。……”（《五岳游草》卷二）

二月，刻《蓟门兵事》成，沈有容（士宏）将军为之作序。

《刻蓟门兵事序》：“季立先生在蓟，余甚习其行事。今去蓟二十年余，兵民思之一日也。闻其少时尝设皋比于漳，去漳三十年余，士子思之亦一日也。此必有所以渐之者耶！弃蓟归田，年实四十有二，遂杜门隐几，或时出游天下诸名山，当事者征之弗就、叩之弗对，故时友生招之论学，弗赴也。何今昔异操与？然一臂所交，人获其益，盖即之惟恐不即，留之惟恐不留也者。客冬与余泛海绕出蓬壶之外，浪涌风颠，舟且覆矣；则从容歌曰‘水亦陆乎，舟亦屋乎，与其死而弃之，何择于山之足海之腹乎’！帆樯既安，酾酒相劳，余问‘方舟之危，人皆色惧，而独不惧，何也’？曰：‘吾亦惧矣；不惧，且有歌乎！’闻者皆笑。酒酣，余谓‘曷不重歌以广吾志’？曰：‘海无赘歌也。漫歌之可乎！’则又歌曰：‘学而不足，用者耻耶，用而不能，无用者鄙耶，无用而不废真用者，谁氏之子（原注：音止）耶。’歌竟大笑。余味其意，似自道生平，且憬余也。兹刻其《蓟门兵事》，因系之泛海之歌。万历癸卯二月朔日，宛陵沈有容撰。”

暮春，在石湖（今之澎湖）为沈士宏校书，傅钥有《沈士宏将军复邀陈季立校书石湖走笔，寄奉兼讯士宏》一诗可证。诗云：“春暮言寻惠远游，重来钤阁对残秋，榻从今日知仍下，辖为当时悔不投；白鹤暂离飞锡地，将军真筑校书楼，相省百里云依树，尺素双缄怯遡流。”（见《闽海赠言》八十九页）。

居丰山。《沈士弘将军过访丰山赋赠》云：“丰寺山幽麋鹿群，频频过我独怜君，征歌日落犹呼酒，剪烛更深并论文；北走度辽驱虏骑，南来横海扫蛮氛，细看刀箭瘢痕满，麟阁还推第一勋。”

《暮春同陈时业、傅国毗、何稚孝游丰山，分得青字》：“读书曾自闭寒扃，载洒春深忽又经。百仞羚羊常卧石，千年鹦鹉远窥庭。云埋海岸分沙白，涛涌风雷逼汉青。不是将军能好客，德星那与集重溟。”（注云：山有石羊、石鹦鹉极肖）

夏秋之间，尚留泉州，常与何乔远诸友唱和为乐。

《何稚孝山房燕集，分得裾字》：“清源洞口结精庐，三径幽深每自锄，芳树绿滋梅雨后，斜阳红醉荔枝初；人来问字尊常满，鸟唤提壶兴不疏，懒散最宜麋鹿性，华筵空笑曳长裾。”（自注云：温陵有鸟声似提壶）

《温陵七子过访石湖，得章字》：“闭户空吟伐木章，七贤何处过江乡，携琴海外星初聚，投辖堂中夜自长；郑国诗歌俱见志，建安文采倍生光，清秋万里狼烟静，十日平原兴未央。”

按：何稚孝即何乔远，晋江人，万历十四年进士，除刑部主事，历礼部仪制郎中。神宗欲封皇长子为王，乔远力争不可，同官陈泰来等言事被谪，抗疏救之。石星主封倭，乔远力争不可（按系万历二十二年事），因进累朝驭倭故事，帝颇心动，而星坚持已说，疏竟不行。寻以事坐累，谪广西布政使经历，以事归。里居二十余年，中外交荐不起。乔远博览好著书，尝辑明十三朝遗事为《名山藏》、又纂《闽书》百五十卷行世（参《明史》二百四十二《洪文衡附传》）。

按：何乔远时正家居，故先生集中，颇多与其唱和之作。十一月初一，为又山兄生辰，先生以诗寄之。时又山公为江西德兴训导。

《癸卯十月朔日，奉寄家兄时司训德兴》：“吾兄今日正悬弧，闽楚关山万里途，苜蓿也应开客席，芹花何处进仙壶；雁来远海音书少，云入遥天梦寐徂，记得西郊栖隐地，年年称寿醉酣呼。”

由此诗可见是年十月先生当归连江家中，未远行。《旧谱》载此年游粤东，无据。

万历三十二年甲辰（1604），先生六十四岁

春游金陵，寓谢公墩山房读未见书，吟咏自乐，时出游金陵诸名胜。

《毛诗古音考跋》云：“岁在辛丑，尝为考证，尚未脱稿，即有建州、温陵之游，留滞三年，徒置旧箧。甲辰春，来金陵，稿未携也。”

《金陵怀古》云：“江南佳丽古来无，六代相沿此建都。形胜并称天下壮，园陵递作雨中芜。总于妖冶歌琼树，间有虚空慕锦珠。不为贻谋长治计，夕阳

荒草叫寒乌。”（《五岳游草》卷五）

按：先生尚有《金陵郊望》《宿灵谷寺》《宿栖霞》《怀李皞如》《雨花台》《莫愁湖》等诸作，大约均此时所作。

按：先生有《奔先兄丧出南都》句云：“苍黄别却谢公墩，凶问朝来到白门”；故知其寓谢公墩也。有《题谢墩别墅图》诸诗。

秋末，闻焦状元弱侯先生老而好学，造访，不通姓字，谈论竟日夜，即宿书楼，秉烛阅藏书几遍，误者指而正之。明日，先生笑曰：“君殆闽之季立耶！”相得益欢。自是恒往来其家，借读所未读书，《毛诗古音考》复加编辑。

《毛诗古音考跋》云：“（甲辰）秋末，造访太史（焦弱侯），谈及古音，欣然相契，假以诸韵书。故本所忆记，复加编辑；太史又为补其未备，正其音切……”

按：《明史》卷二百八十八《文苑传》：“焦弱侯名竑，江宁人。从督学御史耿定向学，复质于罗汝芳。万历十七年以殿试第一人官翰林修撰，习国朝典章。二十二年领国史事，皇长子出阁，竑为讲官，负重名，性疏直，时事有不可，辄形之言论，政府恶之，张位尤甚。二十五年主顺天乡试，举子曹蕃等九人，文多险诞语，竑被劾，谪福州同知，寻告归。竑博极群书，自经史至稗官杂说无不淹贯，善为古文，典正训雅！卓然名家。讲学以汝芳为宗，而善定向兄弟及李贽（卓吾），时颇以禅学讥之。万历四十八年卒，年八十。”

焦竑有《答季立先生十二章六句》长诗一篇赠之，其中有句云：“岁云暮矣，言息其庐，良书坐拥，林木翳如，何以寄怀，浊酒一壶，聊缀斯章，如桃报琼。……”（见《澹园续集》卷二十）

是年七月，葡萄牙番长韦麻郎驾三舰至彭湖求互市，税使高寀利其赂金，许以贡市。沈有容将军奉总兵施德政令往谕之。有容负胆智，大声论说，酋心折；其下人露刃相诘，有容无所慑，盛气与辩，酋乃悔悟，收还所赂金，止以哆啰哇、玻璃器及番刀、番酒馈，乞代奏通市，寀不敢应。而抚按严禁奸民下海，由是接济路穷。番人无所得食。十月末，扬帆去（参《明史》卷二百七十《沈有容传》及卷三百二十五《佛郎机传》）。

冬，居金陵，有《怀李皞如》诗云：

龙头有分水，各自东西流。恍似别离人，万里长悠悠。别离已五载，判袂江枫秋。兹来游白下，忆君在端州。玄阴迫岁除，雪色散平畴。岂不时梦寐，杯酒难重酬。持平切跂望，岭表暮云收。

按：李皞如名春熙，号泰阶，建宁人，万历戊戌进士。时为肇庆推官，先生在端州时曾与之游（《福建通志》总卷三十四有传）。

万历三十三年乙巳（1605），先生六十五岁

是年，董崇相官南京国子监博士。夏末，北上课绩，先生以诗送之。

《时崇相北上课绩》："去岁闽来，就君白下；我诲我仪，奕奕大雅。青阳载转，朱明兆夏；匪忍索离，敢云絷马！兹当奏绩，言别江浔；驱车既北，汛舟亦南。世途阻险，至人陆沉；相去日远，跂怀德音。蓟门鱼雁，慰我遐心。"

按：《崇相集李皞如重修黄楼记》亦云："乙巳秋道徐州"；盖过徐州时，已秋初矣。

又按：再送崇相户部课绩》有句云："岁昔在乙巳，送君入上京；乱流济扁棹，两岸多莺声。"

时庄应曙归闽，先生送之，兼柬何乔远以诗。

《送庄应曙归闽兼柬何稚孝》："分携海上两经年，白下相逢意爽然，收拾江山惟酒斝，品题今古总诗篇。苍松绕径留僧舍，嫩柳垂堤送客船，寄语清源何水部，好将佳句寄风尘"（按先生别何乔远等于泉州，至此适两年矣）。

夏末，先生由金陵溯长江，往江西德兴访兄，舟过大江遇风（参《五岳游草》卷二）。

《乙巳大江遇风纪事》："草木飕飕云漠漠，我舟夜向雷潭泊，南风忽震浪浮天，帆樯颠折铁茅落；篙师无计但呼天，满船恸哭声转恶，死生有地并有时，何惜葬身江鱼鳌；吁嗟乎！不惜葬身江鱼鳌，鬼神慎护囊中作。"（原注：时有著述未刻者，故云。铭按：当系《毛诗古音考》。诗中言及南风，当系夏间也。）

七月，抵江西德兴，见其兄。盖先生由戊戌别兄游粤，至兹已八载矣（《五岳游草》卷五）。

《初秋访家兄德兴，因忆蓟门之晤》："西兴僻在万山头，来自金陵几易舟。八载分携须尽白，他乡欢会泪还流。论文转忆青灯夜，抚景真同紫塞秋。谁谓卑栖官舍冷，俸钱沽酒足相酬。"

又，《家兄对饮》云："弟兄意气少年时，日坐芸窗百不知。献策早从边塞役，横经晚就右江师。青萍实讶功名薄，白鬓虚随岁月驰。踪迹迩来俱未定，天门尊酒慰相离”（原注：天门为德兴县山名）。

按：由金陵至江西德兴而至于几易舟者，可知其系由长江过鄱阳湖，经鄱阳乐平而至德兴也。

八月十三日，别兄东行，往安徽，拟游齐云。中秋雨，途间有诗寄兄。

《乙巳中秋前三日别家兄》：“晚岁为官洎水涯，偶来相聚五旬赊。坐当桂柏朝朝醉，别向溪滩曲曲斜。烈士壮心元不老，远游清兴可忘家。何须更恋中秋节，到处青天览月华。”（原注：德兴名洎水）

《中秋雨旅泊却寄家兄》：“别来饶水又东行，向晚云生鸠乱鸣。纵在天门山下望，亦孤今夜醉中情。片帆雨洒苍葭冷，两岸沙平白露横。村酒一杯聊自适，莫将佳节较阴晴。”（《五岳游草》卷五）

《谢叶永坚》序云：“叶永坚，景德镇布衣也。偶值饶州舟次，余举酒对月，念欲往齐云而疑其路，按问之舟人，永坚独剖决详悉，余喜呼与共酌。次日过其家，原以鸡黍相款，若熟悉然者，余生平游走所至，每削迹于达官贵人，而获爱于村民野老，往往有类永坚者。感而赋此。”

诗曰：“久说齐云似岳莲，秋风今始决行鞭，杯同小艇看明月，路入名山破紫烟；懒慢不嫌明主弃，遨游偏得野人怜，多君邂逅情无极，何日重逢话此年。”

按：齐云山在安徽休宁四十余里，产名茶，中峰有峻岩，凭梯而上，三面绝壁秀峭，峰顶广四十亩，有石室，学道者居之。

中秋后，由江西入安徽东南部，游黟县祁门之黄山百岳。

《问牛行》有句云：“羊栈岭（在黟县）前逢群牛，十百相续行不休。问牛何来复何往，来自襄阳及光州（河南）。欲往休宁市上鬻……”可知其经黟县时所见者也。

九月四日，返自齐云，舟过彭蠡（按即鄱阳湖），呼童沽酒独酌，有诗。

《乙巳九日泊舟彭蠡》云：“九月四日祁山阳（按祁山在安徽祁门县东北），已见菊花满店香。今日舟中不见菊，向晚暂泊彭蠡傍。呼童登岸买肴酒，举杯独酌看月光。佩萸登山纵未得，扣舷临水神徉徉。夜景清虚可怜绝，坐到兼葭渚满霜。”（按祁门由昌江行即抵鄱阳湖东）

冬，先生在德兴度岁，并以《毛诗古音考》就正于又山公。

先生此行似游祁门后，复由昌江下航至鄱阳湖，后复至德兴寓其兄处度岁，至明春始别归金陵。故集中始有《春日别家兄时在德兴》之诗，盖次年夏其兄即死，自无第三年之春也，详见丙午。（按：《焚毛诗古音考于先兄灵前》序云："乙巳冬，余辑《毛诗古音考》尚未脱稿，以请正于先兄，力赞余刻之"，更足证明是冬确居德兴。）

万历三十四年丙午（1606），先生六十六岁

春，在德兴陪兄又山携酒看梅。未几，即别回金陵。

《陪家兄携酒看梅》："雪消篱下自徘徊，载酒寻春远看梅，天地冰霜双鬓改，关河书剑一身回；雨侵疏幌时时急，花近寒杯故故开，却笑浮名盛底事，相将歌舞读书台。"（《五岳游草》卷五）

《春日别家兄，时在德兴》："两渡过彭蠡，青毡共岁寒。酒于衰病灭，老觉别离难。薄宦身多暇，长游兴未阑。明朝京国道，梦寐尚盘桓。"（《五岳游草》卷三）

按：此诗足可证明先生确于游祁门后，复至德兴，故有两渡彭蠡之言，盖一为去秋由金陵来访时，一为游祁门复至德兴时，第二句足可证明先生曾在其兄处共度岁寒，而春游看梅后别往南都，故有"明朝京国道"云云。

夏五月，《毛诗古音考》刻成。先生兄又山由德兴以事往饶州（今鄱阳县），卒于旅舍。先生闻讣，由金陵奔至德兴，乃以所刻书焚于灵前以奠之。

《奔先兄丧出南都》序云："先兄司训德兴，以事往饶州，竟卒旅舍。饶去德兴颇远，初病呕吐仅二日，薄暮同僚省之，谈笑自如。次早未明起坐，呼从者炊爨，及炊熟入视，先兄气已断，然犹端坐也。饶太府黄玉田公遣官治丧，诸无遗憾。兄常与余言：'死生大事，今人皆昏迷失措，非正终也。我死必端坐而逝'。余时尚不敢信。又兄做秀才时有诗云：'破砚焚六经，终归云外去'；意为晚年绝笔砚、屏诗书而归隐耳。及在德兴，丙午春，书箱中发火，五经皆烬；仲夏作字，石砚忽裂为二，心始自疑。检旧稿三复，题云：'此诗殆有谶，吾将去矣'！未几，果卒。德兴士民儿童皆传诵此二句，以为异也。噫！先兄孝友至笃，忠信不欺，晚受一官，未展其怀抱，死生之际，宜其有以异于人也。"

《焚毛诗古音考于先兄灵前》序云："………丙午夏刻成，先兄逝矣，余奔至德兴，于灵几焚之，庶不负赞成之意乎。”

《毛诗古音考焦竑序》：“诗必有韵，夫人而知之，至以今韵读古诗，有不合辄归之于叶，习而不察，所从来久矣。吴才老、杨用修著书，始一及之，犹未断然尽以为古韵也………及观《古音考》一书，取诗之同类者而胪列之为本证，已取老易太玄骚赋参同急就，古诗谣之类，胪列之为旁证………而古音可明也。噫！季立之用心可谓勤矣。若夫为今诗从今韵，以古韵读古诗，所谓各得其所耳……万历丙午夏，秣陵焦竑弱侯书于所居恬愉馆中。”

按：《毛诗古音考》一书，实絜《三百篇》中古今异读之字，而为之定音，俾后之读《诗》者得免圆凿方柄，违谐失节之苦，而收长言嗟叹之效。其中所列古音，广则贯穿驰骋，博涉老、易、太玄、骚赋、碑铭，参同急就古诗歌谣，诸凡有韵之文，精则细究字划声音，至与茧丝牛毛争其猥细，罗列确证，壁垒坚森，宛转审音，参错谐韵，醒千载叶音合韵之谜。实开清代顾炎武、江有浩、段玉裁……诸家研究古音之路，兹书之光，诚旷劫难泯者矣。

按：先生作《毛诗古音考跋》于丙午仲夏，则刻成之时当是六、七月之顷，故奔丧之事，当系是时也。葬事既毕，先生乃顺途由饶州渡彭蠡往游九江、南昌、庐山诸地；离德兴时有《留别德兴诸生余来苏（又山公得意弟子）》句云："衰白更余游兴在，五湖应拟月同看。”至饶州有《望饶州有怀先兄》句云：“云连楚水秋枫晚，舟倚鄱湖暮雨情”，盖时已秋矣。

中秋，泊舟九江，怀故乡余龙阳、游晴峰有句。

《中秋泊舟怀故乡余龙阳、游晴峰》：“浔阳江上月华鲜，回首酣歌已十年。露冷杯盘天欲晓，诗成池阁酒如泉。匡庐秋色连遥屿，彭蠡湖光接近船。万里征途今独往，不胜凄思对风烟。”

八月三十日，至南昌，游滕王阁。题为《丙午八月晦日游滕王阁》：“重向滕王阁上游，新开轩槛俯洪流，山前云气含残雨，帆外涛声落素秋；帝子繁华云冉冉，才人著作水悠悠，朝来又放西江榜，得失终归塞马愁。”（《五岳游草》卷五）

冬，居匡庐白鹿洞。

《白鹿洞追怀林培之》：“昔在罗浮日，数数谈匡庐。为言白鹿洞，洞傍地有余。拟结一精舍，与我同读书。所怀尚未遂，修文倏已徂。今我独来此，感叹

意踌躇。幽亭吞绿野，碧障影清渠。同人既已逝，谁共岁寒居。五岳兴方剧，去去仍脂车。”（《寄心集》二）

万历三十五年丁未（1607），先生六十七岁

是年，先生溯长江、汉水往游湖北武当山，由襄阳上溯至均州（今湖北均县），登太和绝顶。

按：《寄心集》卷一有《四忆》诗，为先生七十一岁（辛亥）冬刻该集时，述其生平经历之作，以之冠于篇首者。诗中第一忆系述其在漳之事，至刻集时约别四十年；第二忆系述其四十岁时在蓟门之事，至刻集时适已三十年矣；第三忆系述其游粤六十岁时之事，至辛亥适已别十年矣；第四忆即为游武当事，有句云：“别来已五年。”则由辛亥上推五年，当系本年事矣。故今以游武当事系于本年。《旧谱》系于七十三岁以下，有误；因《寄心集》系刻于七十一岁，集中忆游武当系追述其五年前之事，断无以七十三岁之事入集也明矣。《忆武当》诗云：“忆昔在武当，山中多道侣，冒雪陟危峰，携筇凌险阻，别来已五年，飘飘一羁旅，登高望汉水，潇湘迷楚墅，欲赠以金丹，叹息独延伫。”舟过武昌，冒雨登黄鹤楼；由汉口次沙阳（在嘉鱼县），经汉水沧浪亭。均有诗。

《雨登黄鹤楼》：“北风吹雨色，独上武昌楼，云暗凤凰树，波沉鹦鹉洲；李崔不可见，江汉自长流、一目穷三楚，居然跨鹤游。”

《舟次沙阳》：“两岸青山渺，茫茫极水乡，晓霜帆带白，寒色柳飘黄；已断风尘想，空为名胜忙，不闻歌凤鸟，谁谓楚人狂。”（《游草》卷三）

《秋，舟从汉口入襄阳》：“远路惟舟楫，分江溯汉河，岸容随雨暗，风叶逐帆过；酒兴吾衰减，秋悲楚客多，庞公栖隐处，寂寞满烟萝。”（《游草》卷三）

《襄阳思粤，兼忆林培之》诗云：“远入荆襄路，临流忆粤乡，三年游已遍，久别梦空长；处处离支树，家家牡蛎墙，美人况不见，独夜更堪伤”（按美人，指林培之也）（同上引）。

《襄阳舟子行》：“舟子自襄阳，渡我上均州；登岸买酒肉，自餐仍素羞。借问酒肉与何人，谓欲将归遗二亲。二亲班白渐衰老，贱子商渔长苦贫。明日过家省膝下，薄献微物聊自伸。我闻叹息乐陶陶，何身卑贱陈义高。人言孝弟动天地，当有神明祐尔曹。均州连亘多峻滩，中有石门度独难。汉江倾泻水漂渺，

悬崖千仞石崩乱。此舟履险幸不危，及抵安流牵缆断。若教缆断值滩前，舟楫破碎骨糜烂。彼固万死不一生，我亦何由生羽翰。寻思此事亦颇奇，天道分明倏可知。独叹世情转偷薄，不念父母念妻儿。”（《游草》卷二）

《咏武当龙竹杖》云：“当年竹杖化为龙，龙角于今在竹杖。暂入老夫掌握中，万仞天梯能强上。”（《游草》卷七）

《登太和山绝顶》（按太和山在湖北均县，即武当山别名，又名仙室）：“琼台金殿玉炉烟，秀拥芙蓉望渺然。数点青丘分五岳，三门紫气即诸天。云雷乍动岩崖下，雨雪常悬日月边。圣世肇禋仪独盛，古来函检更无前。”（《游草》卷五）

先生于冬间尚留武当，寻归金陵，下航汉水，时曾阻雪四日。

《汉江阻雪》：“停舟已四日，雪甚复难行。初点篷窗乱，徐飞柳絮轻。急流崩野岸，寒雾失江城。鸷鸟窥鱼下，饥鸦集树鸣。授衣增重絮，炽炭映波明。祇为寻山兴，何曾计水程。”（《游草》卷四）

归泊蕲州（今蕲春），作《泊蕲州即事》云：

“斜阳谋共泊，结舫作比邻。逆旅谁知己，联舟即故人。渔歌清夜月，剑气散风尘。来往俱经此，防虞任客身。”

万历三十六年戊申（1608），先生六十八岁

是年春，先生当系在南京，时《吴襄惠（容所）公集》刻成，先生接读有感。

《读吴襄惠公集》：“宦成大司马，留意灌园人。襟期一骧洽，契迈平生亲。春风绿野地，裘仲许作邻。宵谈漏欲尽，晨晤日西沦。雅性尟饮酒，醉狂独不嗔。时将巨斝进，兼为积醪醇。歌啸频相聚，久睽才及旬。讵知客东粤，仙游反其真。那堪属纩际，讯问犹谆谆（自注云：余游粤时公病笃，儿辈祖念问安，公不能见，遣问余何时到家，儿答不知，公云：‘不复能待之矣’，遂逝）。哲人萎何几，十见梅花新。白门读遗集，仿佛窥形神。文章既琰琬，勋业更嶙峋。三朝历显仕，足不濡权津。翻飞同凤鸟，霜雪老松筠。叹息感时事，高贤故绝伦。”

按：吴文华尚书卒于万历二十六年，至是适十年，故云“十见梅花”也。

万历三十七年己酉（1609），先生六十九岁

是年，先生仍在南京，欲出游五岳，乃作《预戒诗寄儿祖念并诸亲友》，

以示其志。

《预戒诗寄儿祖念并诸亲友》:“梁鸿终会稽，尧夫老洛阳。生卒异厥处，达人何慨慷。我本游汗漫，野鹤共翱翔。今年六十九，鬓发同秋霜。久拚厌世日，坠地为坎藏。烟云开翣旐，星月悬灯光。形骸虽坌块，神气任徉徉。慎勿泥世俗，启土携归乡。生既耽五岳，死岂恋一方。携归失我意，泉下悲惨伤。此心常耿耿，鉴之有穹苍。作诗先寄示，小子永毋忘。”(《寄心集》卷五)

按:董崇相作《陈一斋考终录序》云:“……其子修父(祖念字)以其老也，泣请归连江，终不肯许;谓余曰:‘古人入山采药，不知所终，岂必尽仙去哉!生既捉杖行走，走即蝼蚁乌鸢耳。’予曰:‘公信能然，独不哀而子耶?’则强而应我曰:‘吾七十归。’先生之胸怀磊落，不同流俗，于此可见之。”

春三月，至安徽宣城，寓沈士庄家。

《宣州清明日》:“寒食清明节，纷纷祭扫多。白杨何萧条，绿酒洒青萝。扫奠曾能几，倏复归山阿。岁岁遽登冢，坌土亦嵯峨。光阴变朝市，陵谷互平坡。新坟渐兔迹，旧坟成鼠窝。农夫稻禾黍，苗裔谁经过。念此怀悲怆，不朽当如何。”

《清明登宣州天柱阁》:“高阁巍然逼斗杓，清明晴日上岧峣。敬亭窈窕当窗立，采石微茫接海遥。傍郭乐游花阵阵，寒原荒冢草萧萧。昔年谢脁今安在，空忆闲吟伴寂寥。”(《五岳游草》卷五)

《游九华山》(山在安徽青阳县西南四十里)。《寰宇记》云:“旧名九子山，唐李白以九峰如莲花削成，改为九华山，今山中有李白书堂基址存焉。”

《登九华东崖绝顶》云:“昔从江上望，数朵远空青。今在崖头坐，奇峰并此亭。高能攀斗极，秀自泄坤灵。信宿神光洞，风尘梦已醒。”

按:先生何时游九华山，颇难断定，意其居宣城之时顺途一游欤!今姑系之于此。

夏，入浙江，游天台、雁荡诸胜，复避暑西湖。

《咏天台石梁桥》云:“苍石跨两崖，下有双溪永。涌瀑吼风雷，一泻抵千里。仰视天若浮，俯瞰涧无底。莓苔滑如脂，中通仅尺咫。过客恒逡巡，不敢措厥趾。佣夫走若飞，奚必外生死。泊者能操舟，见惯生神理。”(《游草》卷一)

《雁山瀑布歌》:“玄岩壁立何嵯峨，白虹倒挂垂天河，非烟非雾亦非雨，皎如霜雪投苍波。上摇星汉霞光之灿烂，下注幽深不测之层阿，有时忽逐狂飚起，洒落空蒙凡几里。猕猴踯躅不敢前，乌鸢帖帖堕溪址，云收日朗生风雷，何物神奇乃若此。君不见卢山瀑布古称说，秋冬枯涸流或竭，维斯喷礴万古存，金银采色交明灭；又不见剪刀峰外错危矶，矶头坐玩能忘归，抚掌欢欣发大笑，不妨霰沫烦沾衣。”（原注：瀑布下有忘归亭，中有剪刀岩）（《五岳游草》卷二）

按：此外尚有《雁山雨夜》诸作，亦系此时所作（见《游草》卷三）。

又《游雁荡》云：“矗矗奇峰列紫芝，龙湫风雨洒天池。东南信是神仙壑，白首来游悔已迟。”（《五岳游草》卷七）

秋，回宣城，拟出游嵩山、华山，以病足不果，养疴于沈士庄家，读所未见书。

按：是时沈士宏将军亦致仕在里，故先生寓其家，并呈之以诗。

《病足吟，戏呈沈士庄兄弟》：“雁荡天台号奇绝，夏中冒雨陟其巅。清秋拟到嵩华上，高歌一曲神仙仙。岂期卧病敬亭下，两足疮癣长忧煎。柱杖下床顿欲蹶，手把图经包枕眠。不中不履仍不栉，日费主人沽酒钱。六旬展转秋将尽，支离自笑还自怜。出门欲去不得去，骊歌几度犹屯邅。昔何勇健今何惫，拔剑叹息孤灯前。”（《五岳游草》卷二）

按：《世善堂藏书目录》题词云：“又在宣州沈刺史家得未曾见书，抄而读之……”盖即指此时事也。

又，《病足》二首云：“小阁经时抱病眠，见人行走是神仙。始知两足重如玉，莫踏红尘踏紫烟。”“一瓢久已离风尘，苦柏明霞岂厌贫。独恨此时游未得，关山秋月属何人。”（《五岳游草》卷七）

《夏月病足，至中秋未愈》：“夏卧西湖上，秋栖宛水阴。艰难长病足，游走负初心。短梦依孤枕，轻寒中薄衾。那堪良月夜，强起独愁吟。”（《五岳游草》卷三）

按：宛水指宛陵，今安徽宣城也。

《病思西岳》：“客中病足倍生愁，伏枕经时尚未瘳。满架图书闲白昼，半床风月度清秋。梦魂已绕华阴外，踪迹空淹宛水头。自是支离非济胜，山灵亦似妒真游。”（《游草》卷五）

《策病》：“居常无恙自闲身，何意今年病泥人。午夜奋飞空有梦，清秋寥落

转堪颦。莫言造化非儿戏，已讶神形是越秦。五岳未游终不死，干将万里出风尘。”（同上引）

冬，仍病足宣城，未出游。《病足》：“华嵩天外未能攀，病久鸡栖意亦闲。每见佛书成净土，不闻人语当深山。十旬枯坐遗冠履，一刺空存断往还。更有居停贤地主，时沾腊酒醉颓颜。”（《游草》卷五）

观此诗，可知是年冬，足尚未愈，逗留于宣城沈士宏家。居停，盖指沈氏兄弟也。

病愈，作《述怀》四十韵寄焦弱侯，自述其生平。有句云：

“………东南名胜区，十七经杖屩。一剑一短童，来往同飞鹤。今近古稀年，羸倦渐非昨。鬓发如枯蓬，犹未断龂腭。力尚耐秋风，齿得餐藜藿。三月宿春粮，雅意周关洛。讵料及宣州，疮疡灾两脚。坐卧勉支吾，履地胫力弱。淫雨侧孤衾，凉飔生轻箬。设几就低床，读书兼笑谑。夜夜饮旨酤，醉歌奚寂寞。所恨负初心，形骸转销铄。三秋倏尔徂，乍愈尤堪愕。雨雪怯北征，行行何所托……”（《寄心集》卷六）。盖此诗当系是年冬间由宣城寄往南京也。

万历三十八年庚戌（1610），先生七十岁

春，归连江；寻复游金陵。

按：《江心寺除夜》其三有句云：“庚戌离乡井”；则当可证明先生于本年复有离闽之事。由此，可以推知本年必有归闽之行。因去年先生病足宣城，至冬末始愈，则归闽之事当在春间乎！今以文献不足，姑为存疑。

秋，由金陵《寄南海邓道鸣将军》诗并序云：

“道鸣与余皆有兄也，别来十年，余兄卒于江右，道驭卒于南阳（河南），静言思之，怅然有寄”。诗云：“曲江一分手，十载秋风寒，人生如过隙，久别惊催残，昔日游秣陵，每与仲昆醉（原注：道驭为户部郎）。今我复重来，停云空下泪，逝者沉九泉，别者隔万里，犹持一杯酒，何处展忧喜，岁晚伤秋杜，思君诵隰桑，情爱元不薄，四海若同堂，琼山有飞雁，尺素无相忘”（《寄心集》卷六）。

按：先生别邓道鸣事在万历二十八年，至兹适已十年；抵金陵时，当系秋间。

又按：道驭名镳，亦邓城子，万历已丑进士，除清浦知县，为折粮法，以均田赋，濬河渠，勤课士，征入为户部主事，左迁归善知县，创天泉书院，与诸生讲学，再迁南京户部主事。先生在金陵时，常与之游，寻擢南阳知府，卒于官（参《福建通志列传明八》）。

万历三十九年辛亥（1611），先生七十一岁

是年，先生仍在金陵。

秋，由金陵渡淮往河南，游嵩山；有《留别焦弱侯先生》诗云：

“余昔曾病足，君频到床前。今君足亦病，过访复如然。余游犯瘴疠，中湿宜跹躚。君隐澹园内，著书日高眠。云胡遘兹患，闭户若逃禅……判袂已两载，玄谈慰良缘。同心既知己，同病尤相怜。嵩山忽动念，孤剑去翩翩。欲别未能别，菊花照离筵。归来瞠逸步，踏遍金陵山（音仙）。”（《寄心集》卷六）

按：先生此行当系由金陵乘舟经安徽之宿州（凤阳府属）入河南，陆行经河南之扶沟、曲梁（在密县）抵登丰，而登嵩山。

《渡淮》诗云：“侵晓呼舟楫，始登淮北程。鹰鹯突地起，鹅鹳乱流鸣。柳欲凋秋色，人犹带月行。客途多逸兴，箫爽慰吾情。”（《五岳游草》卷三）

《扶沟阻风》：“树木声如吼，肩舆不可行。草枯寒旷野，沙走混前程。鬓发星星乱，衣裘袭袭轻。荒村问沽酒，未得一壶倾。”

《曲梁乡西行，去嵩山近矣》：“名胜今将近，西行更莫徐。人居犹土窟，贸易只园蔬。引道凭斜日，停骖问草庐。寻山吾自癖，作计未全疏。”（同上）

冬初，抵嵩山看太室，观秦槐汉柏，复登天中阁观星台，游天仙祠，观祠后白松，坐而赏玩，经日不去，乃购松图自随，遍游中岳诸胜。

《五岳游草·自序》有：“七十有一，遂以金陵取道汴梁，登嵩山，坐玩秦槐汉柏。”

《看太室》：“今岁余年七十一，等闲交际倦无力。冬来忽作嵩山游，飞上峰头看太室。”（《游草》卷七）按太室，嵩山之古石室也。

《观奏槐汉柏序》云：“秦槐在少林寺前，汉柏在嵩阳宫前，相去十里许，槐大数围，柏武帝封为三将军，大者数围，其二其三递次之。”（同上）

《登嵩山天中阁》：“寻山万里兴翩翩，独立危楼弄紫烟。试把方隅分四岳，

早知旺气属中天。高台日至光无影，老柏霜深翠有年。莫讶晚来游不歇，凭栏清啸即神仙。”（注云：嵩山观星台，夏至午时不见影，以其居天之中）（《游草》卷五）

《游嵩山观星台》：“双台犹未朽，世界几迁移。农父深耕处，累累没字碑。”（《游草》卷六）

《白松咏七首》序云：“高山东北七十里为天仙祠，祠后有白松一株，直上五尺发为三干，株三人围不尽，高可二十余丈，白如傅粉，润若凝脂，以手指小括之，即流香沫，鳞甲甚薄，岁必一脱，亦类株干之白，三干鼎立并茂，高枝极古拙，其毛楸极苍翠，盖天下未有也，殆锺乾坤之灵秀欤？传者谓黄帝葬三女于其下，未必然也。古今题咏，殆遍堂壁，率不能形容其妙，余一见欣然，有契于心，坐而玩之，经日夜不能去，乃购一图自随，且以语诸同好，虽然图亦梗概而已矣。”（《寄心集》七）

先生留嵩山约四旬余，然后下山，《归途回望嵩山》诗云：

“中嵩奇峭惬游情，二室玲珑相对明。峰转尽收伊洛水，脉连遥起汴梁城。千章敝日冬尤翠，诸瀑奔雷夜更鸣。老去心期还再到，悠悠回望白云程。”

游嵩既毕，乃由原路经安徽宿州（今宿县，明属凤阳府），归途间雨雪纷飞，作诗寄兴：

《宿州阻水》：“归路何辛苦，长途潦不消。危桥斜迫水，平地骤生潮。舟子呼难至，舆夫懒自骄。黄昏询客舍，犹隔一村遥。”（《游草》卷三）

又《宿州雪行》云：“晚发睢阳驿，肩舆破雪行。梨花飞片破，柳絮点衣轻。混见马蹄迹，清闻牛铎声。杏林得沽酒，佳景慰闲情。”（《游草》卷三）

冬，归金陵，刻《寄心集》。

《寄心集自序》云：“寄心集云者，余汇萃生平四言、五言古诗合为一帙也，意有所托，身有所历，感慨乎古今，论思于视友，夫孰非心，夫孰非心之所寄，其视寻常游览赠处泛泛五七言律绝，写情景而□物者宜有稍不同，故命之曰《寄心集》也。……老将就木，付之剞劂……万历辛亥仲冬朔日，陈第题”。

按：以嵩山之游程计之，此序或作于嵩山。

金陵焦竑亦为其作序，见《澹园续集》卷九。

是年冬，董应举乞归田里（见《崇相集·辛亥考功副郎求归呈》，又《辛亥冬请假归，念里中诸胜，得偿宿游诗》)。

万历四十年壬子（1612），先生七十二岁

春初，再至浙东游会稽（今绍兴），谒禹庙，游兰亭。

《两谒会稽禹庙，手摩窆石》："曾于汉口瞻遗庙，复此稽滨对圣颜。不见当年乘四载，惟余片石闭空山。萧条古木溪容澹，零落残碑草色闲。遥想平城千古迹，一筇风雨独回还。"

按：汉口瞻禹庙事，当系六十七岁游武当时所经。

《游兰亭》："千古人修禊，兰亭独有词。风流今不见，曲水尚浮卮。"

又经括苍游南雁宕诸胜，寓永嘉之江心寺读书。

夏初，或曾由永嘉，归连江一行。按董崇相作《考终录》，谓先生于"壬子归而再出"，是则当于此年夏间一归连江乎！

《括苍逆旅》："连岁吴越游，孤踪何畔岸。一去复一来，青山见客惯。今朝雨始晴，薄雾蒙昏日。仆从同出门，途中有续断。我马抵河滨，行囊犹岭半。衾裯未得宿，旅封灯前玩。"（《游草》卷一）按此诗当是往永嘉经括苍所作。

又按：先生至永嘉瑞安，似为游南雁宕而至。

按：江心寺在永嘉永清门外江心孤屿，《浙江通志·孤屿志》载："江心寺为唐咸通中建，因在瓯江之中，故名'江心'。宋绍兴中，释青了始室中川，移创大殿于其上，即今址也。明正德十二年重建。"时董应举家居，先生常有书与其往还。

《崇相集》中共有答陈季立书三封，大约皆此时所写。第一封为应举与先生论读书方法。《答陈季立书》："承丈教我精熟五经，诚是也，若以此遂谓天下无读书人，第谓不然，夫读书者在得其意，不在字字精熟，字字精熟即好秀才耳。"

第二书系关于应举经营闽安镇城工之事，先生亦赠金五两以助其成。应举并劝其勿作五岳之游。《答陈季立（第二）书》："城工费至二千金，益以旧石，仅成三百丈，弟之出于假贷者，已七百有奇矣。……兄乃为我过计，赠金五两，弟若不受，是以世人自待于兄，犹隔一膜也……弟谓兄有五岳障者，非五岳障也，以能五岳障也。陶渊明有诗曰：'即事如已高，何必升华嵩'，世未尝病渊

明不五岳也。……弟归二年，尘冗劳并，须加白，亦欲走出，不能责兄，但欲消兄一障，且归而再出，少慰人子心，亦未伤高也。”

其第三书云：“城工未完，年又甚荒，弟粟不能至腊，又有乡里饥乏之忧矣。今岁梦兄者再，梦到南昌者八，兄之不归，欲毕五岳耳。以借书刻书不如南都之便，弟以五岳之举不毕，无甚关系，若著书愚意不如修书文，诸书中图赞为最，古音考亦有可议”；可知《伏羲图赞》已于此时刻成。

秋，由金陵往陕西游西岳华山，其行程大约由淮北乘舟至铜山（明时黄河自淮阴入淮，咸丰初黄河北徙，淮水下游始淤。盖淮水系导源于河南之桐柏山，东流入安徽，潴于洪泽湖，其下游本由江苏涟水县入海也）。然后沿今陇海路之线经商邱、开封、中牟、郑州、荥阳（须水）、洛阳、新安（孝水）、渑池、陕县（三门），过函谷关，入潼关，登太华，复西游终南后，遁原路归至浦口。

《铜山阻风》：“北风连日未曾停，拊撼沙飞昼杳冥。深夜独眠波浪里，始知踪迹是浮萍。”（《游草》卷七）

《彭城吊古》：“水曲留侯庙，山前亚父台。何须话楚汉，两处野花开。”（《游草》卷六）按彭城，即今铜山也。

《暮过归德道中》：“天阴大野昏，景色悄然变。鬼哭如可闻，惊沙重括面。借问此何方，云是睢阳甸。叱咤想许张，风尘辛苦战。雀鼠不可求，奴妾安足念。一死虽后先，寸心均百炼。江淮胥以全，邦家应再奠。凄凄阵头云，千秋犹闪见。”（《游草》卷一）按归德今河南商丘县，即古之睢阳，唐张巡、许远拒安禄山处也。

《途中阻风》云：“去岁游嵩山，四旬天俱晴。今冬往华岳，阴雨连朝生。肩舆御北风，倾侧不可行。到处轨留滞，仆夫多叹声。余心泰无事，阴晴随所更。”

《汴梁怀沈士宏》：“一别秋将尽，计程今几千。寒霜初到草，衰柳尚笼烟。客思怀人远，生涯逆旅偏。不知沧海上，何日乞归田。”（《游草》卷三）

《过中牟，鸟皆近人，不似江南之弹射者众也》：“此地民风自昔淳，岂徒三异雉能驯。至今鸦鹊依芳草，不避行人意可亲。”（《游草》卷七）

《郑州志感》：“草舍荒城车辙深，当年音乐可推寻。祇今吴浙粤闽地，争尚浮华声转淫。”（同上引）按过开封时，当是九月末也。经洛阳朝伊阙，拜关云长墓，游九龙台，遇缙绅许春元等邀饮，与之谈游。

《龙台嘉会序》云："余过洛阳，爱其形胜，停车焉，朝渡洛，览伊阙矣。暮往九龙台，台高数百级，前宫祀龙王，傍有轩亭，于时闻酣饮博奕声，余造后宫少坐，乃其饮酒者皆缙绅诸公为诗酒会，许春元酒东也，起问仆人，知余自金陵往游太华终南，绝无他事，径前邀至酒所，撤残设新，重开佳酿，主凡九人，环坐而陪，问曰'往关中乎？'曰：'然。'许春元曰：'天寒矣奈何？'曰：'有所好，有所忌，好在终南，故西而不知少寒，犹先生之赴春试，北亦不知其寒也'。诸公唯然。又问：'游已几年乎？'曰：'已二十余年，凡三五年一归省坟墓，余遇佳胜辄留连岁月'。问：'何以不思家？'曰：'始亦思家，既而知其无益，故不思也'。问：'何以独携一仆？'曰：'野鹤闲云，一仆多矣。'问：'何以独游，不更招一侣乎？'曰：'仕则同朝，商则同货，故其侣易得，今游而已，孰肯舍身家而耽山水乎？'问：'游难矣，必何如而后能游'。曰：'游有五，不怀安、不惜费、不思家、不怯死、不立我。'问：'何谓立我？'曰：'逆旅之中往往有夺炊争席之事，必机忘，然后可混然大同无复人已，欲立我得乎？'诸一发言，满座无不绝倒，中有留余久处者，谢之。又有嘱云：'回自终南幸相闻'，余亦竟未之闻也，退咏小诗自纪其事，亦不求闻之诸公也"（《游草》卷五）。

按：先生有《洛阳怀古》句云："洲前风急鸿犹渡，木末霜深菊已披"，当是九月十月之交矣。

过洛阳北邙山，作《北邙山歌》序云："北邙山古冢中多通砖，长如桌面，厚四五寸，中虚，背面雕文甚精致，土人取而贱用之，感而作歌"（歌略）。

过孝水王祥卧冰处（在新安县东），有诗云："昔贤能事母，孝水尚溪津。一卧寒侵骨，双鱼瑞跃鳞。残牌留古道，遗庙荐新苹。回首怀风木，淋淋泪满巾。"（《游草》卷三）

先生记其渑池夜遇盗云："天寒午饭，舆夫饮过醉，夜深未抵客舍，顿肩舆憩息良久，余呼舆夫曰来，有一人误听，自林中闪出，手提短棍，余心知其贼也，诘之何故在此，其词皆遁，此盖欲掠孤客耳。舆夫从诳之曰，我有同行人在后，可命之速来，竟无事，诗以记之。"（《游草》卷五）

过陕县，观黄河之三门砥柱，作《看三门》诗，并序云：

"三门在陕州，盖两岩立河中，其门有三，滩石危险，波涛汹涌，舟不得上，俗传神门鬼门人门者妄也。余迂道观之，心神特畅（《游草》卷五）。过函谷关，有句云："客到函谷关，萧条涧水上。"

又《入潼关》诗云："春初曾适越，秋末复来秦。直欲穷山水，元非畏病贫。雪消增岳色，风急动关尘。问我何为者，孤游笑此身。"（《游草》卷三）按此诗可证其春初确曾游浙东也。

至华阴，《登灏灵楼望华山》二首，其一云：

兴到寻山老未休，于今始上灏灵楼。道人指点称名处，绝爱莲花日上浮。（莲花峰名）（《游草》卷七）

《登华山远望》："华岳嵬奇绝众山，三峰云际杳难攀。星当东井锺灵气，势绕西河镇汉关。蒲坡微茫丹凤远，咸阳迢递碧鸡闲。何人万里来看汝，雨雪冬深兴未还。"（注云：三峰玉女、星明、芙蓉峰）（《游草》卷五）

《雪，上青柯坪望华山绝顶》："青柯夜上碧云深，晓望西峰尚百寻。树叶偏摇高处眼，山容何负远来心。崖悬铁锁霜全滑，坐对银屏冻不禁。须待春莺暄气满，却从绝顶步苍岑。"（同上引）

《玉泉院别华山》："久说名山特地过，奇峰如画赏心多。乘风列子还归去，缓步依依奈汝何。"（《游草》卷七）

先生既别华山，即至华州谒郭汾阳（子仪）庙（有《华州谒郭汾阳庙》诗，见《游草》卷三）。经灞陵，过临潼，遍览诸胜，登骊山观秦始皇葬处，游骊山温泉，西入长安（今西安），观蔡邕石经（有石经歌）过鄠县观杜子美故里（有《过鄠社》诗），复南折登终南，宿重阳宫，与朱道士论道，在终南中宫观老子石青牛，皆纪之以诗（均见于《五岳游草》诸卷中）。

《过灞陵》："灞陵河水冻，客路近西京。雪意山容淡，云重日色轻。川原具索寞，人马两凄清。多少英雄迹，空余怀古情。"（《游草》卷五）（按：灞陵亦作霸陵，故治在今西安东。）

《终南寄弱侯先生》云："奚童六尺伴孤游，独步终南最上头。到处关河堪适兴，满天风雪不生愁。闲将宝剑看雄断，耻把明珠向暗投。白下故人相忆否，几番回首望牵牛。"（《游草》卷五）

《归次潼关有感》："已玩终南柏，飘飘客又归。中条云忽暗，太华雪交飞。河冻饥鸦集，关长过雁稀。绨袍今欲绽，谁为缀寒衣。"（《游草》卷三）《五岳游草·自序》亦记其“七十二取道洛阳，入潼关，登太华、终南，还望太白，皆积雪如玉柱卓立”云云。

冬十一月中旬，自终南归南京。

《自终南归至浦口》：“回首望苍苍，浮江楫欲忙。心知关塞远，路走五千强。竹叶寒尤翠，梅花雪渐香。终南山色里，高遁得深藏。”（《游草》卷三）

是年冬，所作《尚书疏衍》成，将付剞劂，焦竑为之作序：

《题尚书疏衍》：“《尚书疏衍》吾友陈君季立所著者也，季立平生注意经术，易图诗韵，业有成书矣。此编又探四代之精微，衷群儒之论议，指陈得失，如别苍素，真后学之津筏，先圣之功人已。君以读经览胜为日课，行年七十有三矣。顷游华岳终南而还，此编乃出。……自今戢影金陵，忘怀息照，与余共游于无何有之乡，余之幸也，君其有许我也夫。万历壬子冬日琅琊焦竑书。”此序亦见于《澹园续集》卷九。

又，自序云：“……近因宋、元诸儒疑古文伪作，窃著辨论数篇，复取古今注疏，详悉读之，意所示者标之，意未安者微释之，句读未是者正之，其素得于深思者附著之，间又发挥之言外，以俟后世修己治人者实有取于经，而典谟训诰誓命贡征歌范皆征之行事而已矣，录成未敢自信，质之弱侯先生，乃其报书云：段段惬心，言言破的，真学者之指南，越世之卓见也。遂力付之梓，以与《古音图赞》并行。……万历壬子十一月望日闽陈第题。”

据董应举作《考终录》谓先生于壬子归而再出，颇有可疑之处。按：先生七十三岁癸丑寓江心寺诗，曾云庚戌离乡井，遨游已四年；则由七十岁离闽至七十三岁末四年中，似无回闽之事。意者应举有误记年月乎？且先生于冬间游太华终南，十一月即归金陵，三月之间往返数千里，遍历古迹名胜，以七二之高龄，余已讶其行踪之飚忽，安能于冬末再事归闽？或归闽为夏间游浙东瑞安、永嘉之后，因其地与闽交界，或于其时顺途一归（是则助应举城工金五两当在归时）。已而复出，秋游华山，亦未可知，姑为存疑。

万历四十一年癸丑（1613），先生七十三岁

本年，先生未远游。暂养疴于雁宕之阳。（见《五岳游草·自序》）。春，居浙江西湖山寺中读书。

《三月三日生辰谢席主》云："余生七十又三春，愧说悬弧是此辰。早岁雄心凌泰古，迩来浪迹遍三秦。留连山水筇犹健，扬搉诗书笔转频。何处主人能醉客，启筵花鸟越东津。"（《游草》卷五）按此处所言之席主，或即黄汝亨侍郎。

侍郎黄公汝亨过访僧舍，赠先生诗云："草庵萧萧傍玄阁，疏树挂杨透篱落。中有高人踞榻眠，青眼相看疏礼法。自言病足足甚奇，每到名山胜健儿。东游海岱西太华，插身霄汉临武夷。韩彭勋业等尘土，冥坐蒲团证千古。微妙直抉羲皇前，申公毛公何足数。尘谈所至畅玄风，令人重视希夷翁。生来仙骨非侯骨，高颧隆准双方瞳。问翁行藏何所止，到处名山容屐齿。纵身独往无穷门，不论此身死不死。今翁杖策过西湖，梅花孤屿有林逋。三月采莼六桥下，我亦归来作酒徒。"（见《寓林诗集》）

按：《旧谱》引此诗系于六十八岁之下，且云在金陵所赠，大误。因六十八、岁时先生尚未游太华，且诗中明言过访西湖，而作金陵，无乃大谬！

按：《浙江府志》引《仁和县志》云："黄汝亨字贞文，万历戊戌进士，授进贤知县，暇则与诸生论文，搜剔名胜，复竹林旧址，寻戴叔伦栖隐处，筑栖贤院为坛，自署坛石山长，以忌者，左迁久之，起南工部主事，迁礼部郎中，视学江西，力持风格，竿邮屏绝，尝以片言定诸王孙之变，进参议，备兵湖西，踰年谢病归，结庐南屏，题曰寓林，以著作自娱。持缣素碑版请者望于道，每避客六桥之阴，轻舟软舆，踪迹继至，则启窗一笑，酒茗交行，挥翰如飞，所著者有《寓林集》三十卷、诗六卷。按汝亨时年五十六。先生有《纪过诗》并序云：

"余昔在金陵题一联云：'好书、好酒、好山，三好未除还是妄；观古、观今、观物，一观既透更何求'。兹寓越东，犹然故吾；乃赋小诗以纪其事：一日难舍书，半旬难舍酒，数月不游山，抚镜形衰丑，三者本吾愆，聊以娱白首，人生一世间，岂必同枯柳，门外多纷华，落落皆乌有，视死已如归，虚名况敝帚，从容风月中，高歌拍素手"（《游草》卷一）。

又《读书》一首云："余年七十三，寓事久冰释。独有古人书，披览累日夕。或以濯我心，或以砥我节（古音即）。神志默交孚，圣贤形梦寐（古音密）。兀兀穷岁时，欣欣忘寝食。傍人屡见嘲，辛勤终何益。我实不知疲，若鼓风中翼。直待启手足，太虚同寂寂。"（《游草》卷一）夏，再游西湖上天竺：

侵晨过西湖，日出到天竺。殿宇丽且幽，冈峦森在目。鸟语下空林，荷花送轻馥。不见有嚣尘，可以群麋鹿。缁流具晨餐，筐盘堆果蔌。夏置山中醅，云沃渊明腹。从容步回廊，坐玩西方轴。忆昔春初游，贫乞多号哭。使我登眺心，转作忧恂独。今来无此辈，怡怡兼穆穆。明月上藤萝，去去犹顾复。(《游草》卷一）秋末，再往永嘉（温州），寓江心寺读书，并编辑《屈宋古音义》等书。

《重游江心寺谒文、卓二公祠》:“去岁宿高阁，中霄步月明。今来秋欲尽，拊色夕流清。四顾何茫茫，江云千里平。人生一世内，宇宙宜蜚声。贤哉文与卓，千载垂英名。嗟余好幽遁，怀古徒深情。采芝周五岳，碌碌度吾生。”(《游草》卷一）

按：此诗可证先生于去年（七十二岁时）确至永嘉，故本年之游系再至。

冬十二月，所著《屈宋古音义》成。自叙云：夫楚辞莫妙于屈宋也，屈原之作，变动无常，淜沛不滞，体既独造，文亦赴之，盖千古之绝唱也。宋玉之作，纤丽而新，悲痛而婉，体制颇沿于其师，风谏有补于其国，亦屈原之流亚也。……余独慨夫注屈、宋者，率不论其音，故声韵不谐，间有论音者，又率以叶韵概之，何其不思之甚也。夫毛诗易象之音，若日月中天，耿然不可易矣，今考之屈宋，其音往往与诗易合，其诗易所无者，又往往与周秦汉魏之歌谣诗赋合，其上世之音何疑……往年编辑《毛诗古音考》，已灾木矣，窃念少好楚辞，楚辞之中尤好屈宋，一一以古音读之，声韵颇谐，故复集此一编，公之同好，噫唯岂屈、宋，是为将以羽翼夫毛诗，使天下后世笃信古音而不疑，是区区论著之夙心也已。万历癸丑除前一日，陈第书于东瓯江心寺。

《四库全书总目提要》云：“第既撰《毛诗古音考》，复以楚辞去风人未远，亦古音之遗，乃取屈原所著《离骚》二十五篇，除其《天问》一篇得二十四篇，又取宋玉《九辨》九篇，《招魂》一篇，并以文选所载《高唐赋》《神女赋》《风赋》《登徒子好色赋》四篇得十四篇，共三十八篇，其中韵与今殊者二百三十四字，各推其本音，与《毛诗古音考》互相发明，惟每字列本证，其旁证则闻附字下，不另为条，体例小异，以前书已明故也。书本一卷，其后二卷则举三十八篇各为笺注，而音仍见诸句下，盖以参考古音，因及训诂，遂附其后，兼以音义为名，实则卷帙相连，非别为一书，故不析置集部，仍与《毛诗古音考》同入小学类焉。”

《江心寺除夜三首》，序云：“癸丑，寓江心寺守岁，余七十有三矣。自检生平所历，除夜，凡三十年在外。偶意唐人之作，若戴叔伦、崔涂佳矣，然愁颜衰鬓之嗟、羁旅飘泊之感，若不任其悲怨者，余不知其何心也。口占三首，聊以纪事”。“偶过江心寺，何期又岁除。百年俱逆旅，信宿即吾庐。岸隔遥沽酒，厨寒利煮鱼。客游随处好，鬓发任萧疏。”“忽忽当除夜，江天感兴新。五湖长作客，孤寺更无邻。檐溜残消腊，庭梅暗转春。夜深犹强饮，寂静恋佳辰。”“庚戌离乡井，遨游已四年。鸡鸣分岁月，雁断隔云天。森森渔灯远，盈盈佛地偏。从容今夜酒，何必问神仙。”

万历四十二年甲寅（1614），先生七十四岁

春，仍居江心寺，作《屈宋古音义跋》：

夫古今声音必有异也，故以今音读今，以古读古，句读不龃于唇吻，精义自绎于天衷，确乎不可易之道也。自唐以来，皆以今音读古之辞赋，一有不谐，则一曰叶，百有不谐，则百曰叶，叶之一字而尽该千百字之变，岂不至易而至简，然而古音亡矣。古音既亡，则昔人依咏谐声之义泯泯于后世，不可谓非阙事也。吴才老、杨用修有志复古，著《古音丛目》诸书，庶几卓然其不惑，然察其意，尚依违于叶音可否之间，久未尝会粹秦、汉之先，究极上古必然之韵。故其稽援虽博，终未能顿革旧习，而诗易辞赋卒不可读如故也……余……故上综往古篇籍，更相触证，久之豁然自信也，独弱侯先生论与余合、抑何其寥寥乎？近有缙绅不知古音，或告之曰，马古音姥，渠乃呼其从者曰，牵我姥来，从者愕然，座客皆笑。夫用古于今，人之笑也，则用今于古，古人之笑可知，故自叶音之说以来，贤圣之咥然于地下也久矣。余不得不力为之辩，畅吴、杨之旨，洗今古之陋，实余干鬲所拳拳矣。

万历甲寅春人日，陈第书于江心寺之浩然楼。

五月初三，由金陵出发往游山西之恒山。途间行六十八日，至七月十一日始抵北岳。

《止酒》诗序云：“万历甲寅余年七十有四，自南都往游恒山，五月初三发轫，七月十一税驾，凡六十八日，奔走五千余里，加以紫荆关外涉河渡岭，艰

难万状……”(《游草》卷五)

按：先生何时由浙东返南京颇难断定，大约在夏初四月间欤？其游恒所取路线，大约由运河北上至徐州，过留城（今江苏沛县），经山东滕县及邹县之峄山，然后取道直隶之正定、唐县（有《过箕山许由墓》诗）、易县（有《过易州》诗），然后出紫荆关渡沙河，经灵邱而抵恒山（在山西长城外）。

《五岳游草·自序》有“七十四渡海而北出紫荆关，歌啸恒山之上。”（按：渡“海”应系“河”之误。）

过正定县，作《恒山书事》云：

按：宋以真定（即正定）为边，故于此望祭北岳；我朝（明）因之，似宜改正。

诗曰：“宋朝此地属胡兀，真定何由到塞垣。不谓至今仍旧典，欲从何处问真源。天连北斗知难并，雪覆群峰见独尊。奇绝云中应第一，不妨辛苦度关门。”

《答紫荆关吏》序云：“关例盘诘出入，关吏问余行径，书此示之，笑而放出。诗云：‘四海行游独好奇，恒山今出采琼芝。关门欲问真名姓，惟有神仙洞府知’”(《游草》卷七)。

又《夏日登紫荆城楼》：“曾于蓟北阅边陬，复上畿南第一楼。边地风高将暑去，湍河雷斗夹城流。一年对影堪为侣，四海逢人不是游。更说三关雄据险，甘泉烽火独无愁。”（注云：紫荆关外更有偏头、雁门、宁武三关，为之扞蔽）(《游草》卷五)

《渡沙河》序云：“紫荆关外有河，俗名沙河，亦名拒马河，源出自广昌百里之间，回环十一曲，必脱裳乃涉，行者病之，土人又言若值龙起，洪水大发，则有旬日之阻矣。诗云：‘崎岖鸟道绕边台，一派沙河曲曲回。旦暮乱流无数折，更愁龙雨自天来。’”(《游草》卷七)

《灵邱遇雨投宿》：“昔时乘塞为兵机，万里胡霜冷铁衣。今日出关缘胜境，一身山雨扣柴扉。云霾黑水龙宫近，路入青山鸟道微。男子桑蓬应有此，百年那使壮心违。”(《游草》卷五)

《银钗岭下遇大雨》：“岭下榛芜野旷然，满□风雨路人怜。明年五岳行游毕，结屋青山抱月眠。”(《游草》卷七)

按：银钗岭在灵邱县，先生游恒山，此段路程最为艰险，详见下文恒山述。

又先生此时五岳已游其四，明年游南岳盖已决于此时。

《塞外》云：“远为寻恒岳，长驱日欲黄。人烟千里少，山色九边长。夏尽方收麦，秋初已履霜。谁怜乘障卒，半岁泣无粮。”盖是时已六月末矣。

《游恒山》（有聚仙堂，又额云“朔方第一山”）：“巍巍北岳翼神京，信宿玄都梦亦清。元气首生天乙水，山灵独擅朔方名。烽烟渺渺边城晚，树木重重翠色晴。垂白远来看胜概，振衣绝顶发歌声。”（《游草》卷五）

七月初，游毕恒山，乃循原路归，入紫荆关，有致馈者，却之。归途适水潦为灾，途经邹县之峄山，以洪水不能登，过滕县阻雨于逆旅，吟咏诵读不辍。至中元节（七月十一日），始归抵南都。

《入紫荆关，有致馈者却之、有相劳者慰之》：“驱车万〔里〕至恒山，兴尽今朝又入关。双履敢辞飞塞外，一钱元不受人间。沙河曲折忘深浅，陇坂萧条任往还。百苦千辛如过鸟，镜中偏有好容颜。”（《游草》卷五）

《下紫荆关》：“四望紫荆关，巍巍天汉间。民饥军亦困，客久仆常顽。坦履无危道，宽心有壮颜。金陵数千里，匹马独回还。”（《游草》卷三）

《望峄山，以洪水不能登》：“来往邹滕道，相看竟未过。山灵应笑我，河伯故为魔。遥爱峰峦秀，空闻寺观多。百年吾老矣，胜事恐蹉跎。”（《游草》卷三）

《滕县阻雨行》：“昨日阻水今阻雨，客途不进滞荒村。饭钱极贵蔬难食，横设短几空对门。茅房信宿敝且漏，四壁垂垂尽水痕。去时旱魃苦为虐，归来霖潦沉冈原。恒旸恒雨两相值，旅怀抑郁谁共论。间关已毕北游兴，欲向衡阳采蕙荪。”（《游草》卷二）先生雨滞逆旅数日，见其舆夫饮酒挥霍，作《哀舆夫行》云：

哀哉舆夫何太愚，馋食贪餮与人殊。衣裳破碎罔蔽肤，日趁百钱口不餬。迩来风雨未登途，三日顿食六鸡雏。饮酒且至数十壶，恣意醉饱呼乌乌。一身穷窘不自图，安顾父母及妻孥。君不见徽州富商斗量珠，旦夕盐豆食粗刍。哀哉舆夫真太愚，囊空一钱看也无。（《游草》卷二）

立秋日，途间作《南还纪事》云：

“北岳归来雨暂晴，沿途泥泞滞常程。著书敢拟文中子，览胜将无汉向平。九塞名山空故迹，一村新月又秋声。祝融更上高高顶，闭户萧然老此生。”（盖先生拟游南岳后即归隐也）（《游草》卷五）

七月十一归抵南京后，乃作《恒山述》，追记其出游经过。

端午自白下，促驾欲有之。亲朋来劝阻，老热安驱驰。余谓古北岳，云中称绝奇。今若不亟往，筋骨恐衰疲。渡江急趋程，熏风吹柳枝。于时伤亢旱，田野动愁悲。及出紫荆关，河水渐车帷。南夫怯已退，北役力相宜。一日十余渡，乱流行委蛇。更上灵邱岭，岩石何崎岖。林莽伏寇贼，杀人同枭鸱。暑雨连天来，冻若三冬时。沾湿不足道，战栗那能持。道旁闻觏者，为我双泪滋。次日舆夫病，一跌成枯尸。羁旅谁为药，咫尺难转移。余乃默叹息，天胡使至兹。少选病顿愈，进道不复疑。竟抵恒山上，览眺豁心期。归途值水潦，到处常淹迟。中元税金陵，胥庆有孑遗。生平山水游，独此最艰危。念之悲且喜，蹙额复解颐。(《游草》卷五）先生返南都后，乃止酒不饮。

《止酒》二首，序云："万历甲寅，余年七十有四，自南都往游恒山……奔走五千余里……艰难万状，及归途适洪潦作祟，平地泛舟，其艰难亦万状，余实不知其疲也。神气快畅，肢体矫健，颇似四十、五十之年，然者细揣其故！盖缘逆旅之酿不佳，一切却而不饮，又日夕蔬菜，并无膏腴，是以外虽消瘦，而内实完固耳。去年未尝出游，日处窗几中，反不及此者何也，盖理道之思过苦，而杯酌之饮过多，宜其神志散而身体羸也。余于是欲谢著述以省思虑，绝饮酒以清血脉，因作止酒二诗，实出所乐非有勉强，其后来之止与不能止，尚不可知也。"

《甲寅中秋》云："往岁中秋节，酣歌待漏深。胡当今夜月，独坐古槐阴。杯酒新持戒，宾朋乏赏音。心神翻觉爽，若抚素弦琴。"(《游草》卷三）

《甲寅九日》云："为罢杯中物，看山兴不豪。闭门读列子，亦足当登高。"(《游草》卷六）

按：直至是年冬先生皆居南京，闭户读书未尝出游。

万历四十三年乙卯（1615)，先生七十五岁

是年春，先生仍居南都，作《请死诗》云：

"尧舜去已久，孔曾不复延。自从天地来，聚散若云烟。间有不肯死，炼药求神仙。大运安能越，终向松下眠。我今七十五，兴在归黄泉。始愿实不及，世界无牵缠。何地不可瘗，何时不可捐。耳目稍如旧，齿牙幸颇坚。于斯得长逝，庶以名归全。"其二云："忆从四十后，便与人群疏。闭户奚所营，兀坐攻遗书。

晚出寻山水，忽忽二十年余。但见清兴发，何曾叹归与。醉翁不在酒，钓叟非取鱼。万事颇觉悟，胸臆常清虚。世业推来士，泉下乃吾庐。劳生幸有末，长逝喜方初。”盖先生之性情恬淡，乐天知命，尤可于此诗见之。

时董崇相与其友苏云浦书论先生云：“季立七十有五，去死不远，游遍四岳矣，且欲游南岳，每言游一岳须白反黑，足疮尽愈，以山水为医王，其劈出伏羲图，直捷圆妙，伏羲犹应点头，况潜父（云浦字）乎？潜父不知季立，蹉过一友矣……”（《崇相集》册三）。

夏初，由南京买舟溯江往游湖南之衡山（南岳）。

《小舟泳》云：“人生七十称古稀，我今七十且有五。居恒羸倦不胜衣，谈及名山随鼓舞。去年北去紫荆关，涉河陟岭良辛苦。每将乔岳荡胸怀，不识马鸣是边土。今往衡湘买小舟，小舟伸缩难自由。此身拘滞蓬窗内，心与云水同悠悠。夜凉坐玩赤壁月，霞烂起登黄鹤楼。古来达士几行乐，屈原愁把离骚作。我今稍健纵闲游，何畏旅骸委沟壑。”（《游草》卷二）

又，往游南岳《舟中》二首云：“两鬓知衰白，遥遥复远行。十年惟此兴，五岳有余情。炎暑欢边解，风霜醉里经。何如在朝市，束束度吾生。”“吴门一水接，楚塞众山连。书史同昏旦，江湖且岁年。洲回芦莽莽，樯动燕翩翩。何处为南岳，云开望杳然。”（《游草》卷三）

舟至武昌，作《登黄鹤楼歌》：两过武昌下，两登黄鹤楼。大江森森归溟海，远树苍苍夹汉洲。仙人曾此饮美酒，尘埃不到楼上头。凭栏豁风景，三楚望悠悠。东眺彭蠡渚，西盼洞庭流。指点十年经历地，已成陈迹白云浮。羁旅本萍梗，乡关亦山丘。却怪唐诗人，开口集百忧。人生天地内，达命何怨尤。大造与我元不薄，我于大造复奚求？荣华富贵露朝落，得丧盈虚月一周。飘然委运神休休，觅愁不知何处愁。（《游草》卷二）

按：所谓两过武昌者，其首次当系六十八岁游武当过此之事。五月中旬，泊舟城陵矶（按城陵矶，在岳阳之北）。

《泊舟城陵矶》：“城陵停棹月正悬，此地闻多恶少年。前月操戈杀行客，昨宵抽舶劫回船。时危官府不措意，民苦盗贼但呼冤。我今兴在衡山上，酌酒高歌且扣舷。”（《游草》卷五）

舟过岳阳，登岳阳楼，作《岳阳楼歌》：

岳阳楼上天气清，岳阳楼下烟水阔。千艘万舸随往还，飞鸟鸣禽相叫。登楼览胜动相招，浮踪泯灭声迹消。独有先忧范文正，名悬日月高岩峣。忆昔过姑苏、曾见手植柏，根干烂死枝叶枯，剪伐弗忍支以石。一时名德果绝伦，千载朽株犹爱惜。世途却似东流水，层层趋下转萧索。于今惟愿公复生，九天霖雨民安宅。(《游草》卷二)

浮洞庭，夜泊汨罗，乃买鱼沽酒，以劳舟子。

《浮洞庭》:“洞庭仲夏水渺茫，片帆飞渡自洋洋。正尔北风发江汉，忽然南去越潇湘。鄂渚晓看云已远，汨罗夜泊月为光。买鱼沽酒劳三老，更与渔父歌沧浪。”(《游草》卷五)

《洞庭歌》:“忆昔泛彭蠡，犹恨近山岑。今来泛洞庭，汪洋始称心。滔滔浩浩卷天碧，势掩星宿夺沧溟。烟雨吞吐多变幻，鱼龙出没生怪灵。时或风狂波壁立，岩崩地裂雷霆惊。又或安流浪不动，晴光敛滟如掌平。四顾何曾有孤屿，千艘来去常盆盈。坐收不见潇湘迹，泄末犹摇鄂渚城。人言观海难为水，我实生长闽海址。森茫若此豁双眸，遥对君山良可喜。世人好事并豪举，每向郊原开绿墅。堆迭数石拟冈峦，复辟清池畜虾鱮。蝼之垒岂足攀，沧江一曲空回还。安得移来五岳聚，且放洞庭于厥间。旦夕俯仰玩义画，轩然一笑披心颜。”(《游草》卷二)

《度汨罗》:“湘阴朝雨动微波，知是当年旧汨罗。天地从来知己少，勋名那得称心多。矶头水急难回棹，山外云深可结窝。却笑归田三十载，一瓢间与岁时过。”(《游草》卷五)

吊贾谊于长沙，作《长沙行》:贾谊谪长沙，肮脏赋鹏鸟。著论极幽玄，达观天宇小。洛阳意气振风雷，耿耿文光逼上台。远徙江南卑隰地，尽言天子不怜才。有道汉文恩岂薄，大器晚成功乃博。松柏苍古经岁寒，圭璋温润须磨错。忽闻宣室召，前席问鬼神。帝意雅推让，契合固无伦。岂有贤于我，不可作臣邻。醴设赴梁筵，龙见将在田。孰知王坠马，谊亦夭天年。功名有命必莫必，高妙无双怜复怜。傅说未相乘箕尾，空使治安万古传。(《游草》卷五)

先生舟至湘潭，闻人言长沙岳麓山有禹碑古迹，乃回舟观之。

《禹碑行》序云:“禹碑在长沙之岳麓，余过弗知也，及至湘潭闻缙绅之言，乃返舟而观，因此有作”。又跋云:“余按禹碑，或云在祝融，或云在岣嵝，其详不可考也。唐有道士偶见之，韩昌黎力索弗得也，宋乾道中何致游祝融，忽值樵夫引至其处，乃以故纸搨之，刻于岳麓书院，未几亦榛芜矣。至我朝嘉靖中始复得之，今天下所传皆岳麓刻也，近亦刻之祝融绝顶，其真迹久已泯没，今译读者数家，亦已意揣之云尔”（《游草》卷二）。

《游岳麓》：“岳麓回船看禹碑，晓风微雨洒江篱。肩舆蹭蹬高高顶，蜡屐徘徊处处迟。竹里亭台飞鹳鹤，山椒岩洞走狐狸。岣嵝真迹今何在，愁绝长沙楚水湄。”（《游草》卷五）

舟经湘潭渌口，抵衡山。登祝融顶，坐观日出，作《衡山行》：

我来游衡岳，直上祝融顶。坐倚观日台，遥见扶桑影。转踏仙人桥，仙人云里若可招。更践金牛迹，金牛已去惟悬石。洗衲泉生五月寒，珠帘瀑洒千崖碧。咫尺云来不见人，须臾雾散绝纤尘。自是化机多变幻，奚言默祷能通神。七十二峰森罗簇，起自回雁至岳麓。中有帝禹蝌蚪碑，时或一露终难读。高人栖遁不可寻，邺侯书屋留空林。功成未忍速飞去，却使青蝇离断金。细思宇宙独沉吟，何必勋名早称心。欲向烂柯深僻处，小筑精舍弹孤琴。（《游草》卷二）

《宿祝融峰》：“南岳群峰势欲飞，祝融中立独崔巍。罔源处处成关锁，晴雨时时有是非。东海日来先射彩，西天月落更留辉。登高一宿圆明洞，疑向星河入紫薇。”

先生游毕衡山，乃买舟归至渌口（渌水）；取道江西，经萍乡，抵泸溪（属袁州府）。时七月大暑，乃避暑山中。有诗：

《再泊渌口遂取道江右》：“渌口前时泊，扁舟此日还。山川常独往，心迹已双闲。雨后云兼黑，溪回竹尚斑。欲从东道去，歧路望江关。”（《游草》卷三）

《避暑》：“绿树阴中三伏杳，白云深处一堂虚。野人久厌纷华地，盛暑偏宜水竹居。月照石林行寂寂，僧供溪蔌淡如如。奚儿亦识恬愉趣，时对鸣蝉朗读书。”（《游草》卷五）

先生居泸溪山中病疟，僧徒有请作斋醮以祷者，却之（有《却醮》诗一首），乃遣道人于二十里外沽酒饮之，愈；遂开酒。

《山中病疟遣人二十里沽酒饮之愈》：“五月游衡山，登陟已伤暑。七月居泸溪，疟疾应秋序。寒来履严冰，衣裘迭重纻。忽又抱薪火，挥汗如霖雨。寒热虽已谢，余恙犹辛楚。羁旅可奈何，遥遥买佳醑。一举累十觞，病魔无处所。

灵药信莫加，百年吾与汝。”（《游草》卷一）

《开酒》：“自从去岁来，患疟始开酒。露白喧已澄，茅黄瘴尚有。流水响闲崖，高山对疏牖。孤桐叶渐飞，颇见稀稀柳。旦夕自举杯，劝影代朋友。昔笑陶渊明，止酒不能久。今我亦不止，细念谁之咎。事变有推移，疾病难枯守。哲哉卫武公，丁宁戒濡首。”（原注云：楚、粤人春瘴曰青草，秋瘴曰黄茅）

《命僧沽酒》：“斋素僧人意不迂，为余沽酒远提壶。奔驰山径云犹滑，归到松林日已晡。且喜开尊消瘴色，即将村酿当醍醐。居常记得渊明语，弱女非男亦胜无。”（《游草》卷五）

先生约于八月初旬离泸溪，买舟下袁水，经宜春、分宜、清江、樟树，折入赣江，过丰城，然后溯汝水，经临川、南城、黎川等地，复遵陆度杉关以归闽。

《舟过袁州》：“泛泛宜春去，苍溪曲若环。行藏惟绿水，晤对尽青山。垂老元无事，长游似不闲。逢人难与语，徒惜鬓毛斑。”（《游草》卷三）按袁州今宜春县。

《经分宜相国旧居》：“相国有子虎若狸，天下皆知父不知。一朝祸至莫措足，身委沟壑家流离。作威作福恨不多，威福已多成自罹。一似投烛小飞蛾，倏忽糜烂奈若何。达人所以归山阿，却去佩玉着渔蓑。”（《游草》卷二）按相国指严嵩，时已籍没。中秋至清江（即临江）。夜泊，沽酒赏月有作。

《乙卯中秋，泊舟临江》：“老来蓬鬓已飕飕，又看清江此夕秋。宇内有情俱玩月，天涯无客不登楼。空山鸟去林常静，落叶风飞水急流。明岁不知身在否，一杯深酌露华浮。”（《游草》卷五）

《樟树舟中》：“自论晚踪迹，一出二十年强。鬓发风沙短，江湖岁月长。远山鹰搏雨，近水鸟穿樯。已买还家棹，游情尚未忘。”（《游草》卷三）

《过丰城》：“宝剑今何在，双龙飞入闽；斗间还紫气，博物是何人。”（《游草》卷六）

按：《晋书张华传》：“华闻豫章人雷焕妙达纬象，令焕至丰城掘狱屋，入地五丈得石，石中有双剑，一曰龙泉，一曰太阿，一留与华，一留自佩。后华诛，失剑所在。焕卒，子为州从事，持剑行经延平津，剑忽跃出投水中，但见两龙各数丈。”今先生经其地，感而赋此。

《抚州夜泊舟漏》:“暮泊江桥野草芜，忽闻舟漏急相呼。未论衣簏濡曾否，先问书囊湿有无。烛短仓皇移枕簟，夜寒何处觅醍醐。从前鼓棹俱安涉，不谓今宵亦险途。”（《游草》卷五）按抚州即今临川，先生性好读书，虽舟车之中亦不辍读，故舟漏必先问书。

《建川舟次》:“盱江东去兴遍赊，两岸青山夹水斜。沙上烟光浮碧渚，岩边树色着黄花。几村小店堪沽酒，何处扁舟不是家。却笑田翁山谷里，一生荒圃种桑麻。”（《游草》卷五）按建川，即今南城。

《晚次五福》:“楚水穷今渚，闽关问晓途。晴云连玉女，山色对麻姑。木落秋风急，江寒夜月孤。远村难得酒，寂寂听归乌。”（《游草》卷三）按五福镇名，在今黎川县，先生趁舟至此，然后由陆入杉关。

《入杉关》:“昔从岭北出闽山，今向江西入此关。几处壶觞能自醉，百年身世更谁闲。洞天福地供歌啸，春月秋风伴往还。去国不愁归不喜，镜中那觉有衰颜。”（《游草》卷五）

先生大约由光泽再趁舟经邵武、南平，顺闽江下行，于是秋九月初旬抵里。《考终录遗诫》云:“吾七十五以前健如黄犊，游五岳，避暑袁州……是秋归家”。

《乙卯九日》云:“闲居海上又重阳，三径荒芜菊未黄。酣饮偶因多病废，登高那复少年强。山容澹荡临秋浦，竹翠阴森照草堂。谁道归来双鬓短，江湖清梦竟难忘。”（《游草》卷五）按海上，指连江也。

先生归连江，旋即卧病经年，然虽在病中，仍不废读也。《隐园病中读书》句云:“一卧冬春身在病，暂开书卷兴偏浓。”可见先生好读，老而弥笃。

《归自五岳抱病口占》云:“洞天福地岳唯五，收拾都归一杖中。万里风尘身独去，频年游走兴谁同。青鞋踏月山山好，白鹤横空处处通。却怪归来随卧病，柴门寂寞海陬东。”（《游草》卷五）

《五岳游草·自序》有“七十五，南浮洞庭吊贾谊、屈原于长沙汨罗，遂登岳麓，观神禹碑，乃上衡山，高卧祝融峰绝顶旬日，还至渌口，取道江右抵家，一病几死，幸五岳毕矣。”

是年冬，董应举由都门告归。

按:《崇相集》有《乙卯出都见西山山色柬同曹》及《出都行五日以阿福（崇相幼子）出疹取道张秋》（在山东为运河所经）诸作可证。

万历四十四年丙辰（1616），先生七十六岁

春初，先生卧病连江，寻愈。三月三日诞辰，兰九丈携觞过访，先生以诗谢之。《丙辰诞日，兰九丈携觞过访酌酒甚佳赋谢》："七旬无补人间世，岁月何期又六更。一病弥留几不起，暮春初度尚虚生。阶前树荫莺声集，竹外潮来野水平。爱客风流谁似汝，独携佳酝旨尤清。"

时董崇相家居经营百洞山，先生过之，作十日游。

按：《考终录》有《病中寄题虎馆》句云："去年十月宿青芝，山色江风饱所知。闻说诸奇俱吐露，主人春酒为谁携。"即指此时事。

夏末，家居曝所存书，作《世善堂藏书目》，并题词云：

吾性无他嗜，唯书是癖，虽幸承世业，颇有遗本，然不足以广吾闻也。自少至老，足迹遍天下，遇书辄买；若惟恐失，故不择善本，亦不争价值……积三四十余年，遂至万有余卷，纵未敢云汗牛充栋，然以资闻见，备采择足矣。今岁闲居西郊，伏去凉生，课儿仆辈晒晾入簏，粗为位置，以类相从，因成目录，得便查检。古人有言积书以遗子孙，子孙未必能读，吾买书盖以自娱，特未即弃耳，非积之以为子孙遗也。子孙之读不读听其自然，至于守与不能守，亦数有必至，吾虽不听之，其可得耶！万历丙辰，温麻山农志。

先生前既作《请死》诗，兹又有《谕怀》一首云：

七十浮生又六年，于今唯觉死为仙。怡然一寝终天地，莫向江湖何处边。（《游草》卷七）

又《倦游》一首云："慷慨徒怀古，疏狂直到今。经书那释手，山水雅关心。溟海浮天远，黄云出寒深。此时筋力倦，筑室想空林。"（自注云：时年七十有六）

秋九月，刻《五岳游草》成。

子祖念跋云："……一出六年，竟毕五岳而反，次年（即本年）检刻游草，命共校雠之役，家大人颇好吟诗，兴到辄矢口而咏，伸纸而笔，唯以自适其适，不屑人之工拙赞毁也。先是尝刻《蓟门塞曲》《两粤游草》及《寄心集》，金陵焦太史谓有风人之遗，其动物感时，不让杜子美、白乐天，今出是编，识者当自鉴之。……家大人尝有诗云：'醉翁不在酒，钓叟非取鱼，'则游而非游，祖

念终不及知之矣。万历丙辰季秋望日，不肖男祖念百拜书。”

《五岳游草·自序》有“七十六病少愈，乃检游中所作自泰山而后衡山，而前分为七类，曰《五岳游草》，诸所散失多矣。”

未几，先生复治装出游，拟入蜀游峨眉；行次延平，以病不果。

《病革遗草跋》云：“先生晚好游，七十五岁以前，其履历大概见于《五岳游草序》中），不具论。七十六复出游，至今春七十有七矣，以正月末返省下。”旧谱云：“七十七岁自镡州（即延平）觉有疾，正月返省下。”

万历四十五年丁巳（1617），先生七十七岁

正月末，返至福州，祖念趋侍。二十七日，觉疾不起。二十九日返连江，遂病革。

《病革遗草跋》云：“正月末返省下，不孝亟趋侍，二十七日左颊稍肿，遂谓不起之疾，命戒舆，吾得归西郊卒于正寝，吾之幸也。以二十九日归，饮食言语步履如常，至（二月）初四日，忽不食，初五不语，言在辟谷示寂耳。然自兹两颊喉舌乍肿乍消，遂成真病，乃作遗诫，而吟咏不绝，意恬如也。”

先生作《遗诫》云：吾观古人若皇甫谧、刘敞诸君，临终皆有遗诫，今吾将死，亦出一篇，俾儿祖念遵行，无有更改，以慰我于九泉之下。吾生平尚论古人所敬慕心醉者不过数子，其享年皆可知，文中子最早夭，陶渊明六十有三，程明道五十有四，范文正六十有四，白乐天七十有五，差为永矣。今吾七十有七，视乐天又过之，德不逮诸君子，而犬马之齿独高，夙心所甚赧而不能以告人者也。吾七十五以前，健如黄犊，游遍五狱，避暑袁州，其时耳目聪明，齿牙坚固，自谓得死，庶几全归，故有请死之诗，祈天之祷，不幸竟不死也。是秋归家，一病经年，目近昏，耳近聋，齿牙皆摇动不可以啖，吾日夜唯以速死为祝，今而得死，释愧心，满愿心，吾之幸也。古伟男子有死于战阵，死于盗贼，死于风涛，死于道路者，吾壮备边古北，又备援喜峰，日以死封疆为念，然而胡夷远遁，不得一当单于战。晚出远游，登罗浮，历会稽，过潼关，出紫荆，溯襄阳，上均州，渡彭蠡，浮洞庭，盗贼之所震惊，风涛之所撼荡，逆旅之所困阨，寒暑之所感伤，数万里独行，并不借驿符传送，之数者皆足以死，而卒不死，乃今死于旧隐西郊，又吾之幸也。

且吾少受父兄训，专欲以发挥五经为业，今作《伏羲图赞》《尚书疏衍》《毛诗古音考》，二载粹篡，又衍《毛诗》作《屈宋古音义》，皆有成书，独《麟经直指》，属草夫就，而病夺之耳。其余著述颇多，今至九原，得侍父兄，扬榷参订，以求终教，又吾之大幸也。故我今日之死，至足无遗憾矣！夫吾既以死为喜，汝不可以我死为悲，汝系名庠序，事遵典制，但不可哭泣于我之旁，汝妇、汝姊、汝子女，只许到灵几前一叩即归不许哭泣，使死者神魂不乐，气绝惟盥面及手足，不浴、不网角巾，行衣素履，如事生之礼……死后一月舁棺至山中坎而埋之……毋信堪舆克择之说、毋求志铭传诔之文，我得穆然毫无挂带，至恬适矣。……凡世俗常用佛事，一切却去，始死不用悦尸，既葬不用设醮，以我生平未尝佞佛也………鸣呼！吾生时举动颇与风尘世俗不同，故死自立制，不必合于中庸，惟吾志之所好而已，此非乱命，祖念字字守之，乃称吾子。高明良朋，幸成吾子之志。

又作《自挽》诗云：

早年列庠序，壮岁官边疆。晚出游四淮，万里高翱翔。五岳甫已毕，疾病旋灾殃。返真旧隐地，良友亦相将。二旬即窀穸，荒坎聊深藏。入世一何短，幽台日月长。生平寡嗜好，著述独皇皇。岂必人我知，写心固为臧。于今怡然逝，陟降上帝旁。寄言报族戚，不用泪沾裳。

时董应举闻先生病，乃贻之以诗云："平生好争论，好友辄相骂。及其疾病时，皇皇忧日夜。如割一半身，如屋崩其瓦。百物皆可求，好友难再假。久交如熏兰，乍交如佩麝。麝性岂不烈，终不如兰化。吁嗟陈一斋，使我食不暇。君作五岳游，我为一官住。我凿百洞山，君病不能步。清福岂长存，良游安可慕。奇胜善骄人，山灵择人付。吾友知我心，破家不复顾。君病若稍痊，为我移杖屦。"（《崇相集》诗卷）

先生作《病答董崇相骂友》诗云：平生有骂友，四海却无多。持论互非是，中心实匪他。登山同啸傲，对酒发悲歌。处官自职事，钓月着渔蓑。踪迹若秦越，诗书共切磋。高山思仰止，矫首在峨峨。天生有五味，剂调乃为和。岂忍效流俗，委靡随江河。忠言本逆耳，不骂欲如何？（《考终录》）

三月二十一日丙戌，先生殁。

董应举作《考终录》云："已乃病臂，又病舌，不肯服药，曰数年前已祈死，今安用药，修父以米汁强进，初犹强受之，后遂绝，至四十八日乃殁，其日三月二十一日也。殁前一日，予之宗孙伯起，倭酋送归，以语君；君取笔大书‘可语宁海厚犒之’，伯起乃宣谕，遂掷笔。卒之日，夜半喘急，问夜漏几何，修父以子夜对，即书吾俟天明，天明矣，取茶漱口而瞑。”

按：《福建忠节传》载：“董伯起，应举族子也。万历季，倭复入寇，伯起与弟贞起力战死之。”（见陈衍修《福建通志》总卷四十一）

《病革遗草跋》云：“至（三月）二十一日，甫及子时，忽问‘夜何其’？不孝以子时对。乃索笔书‘死，喘欲死，然当俟天明’。不孝泣下，则书一联云：‘达道惟五，不朽惟三，汲汲孜孜，生未逮；述经有四，游州有八，潇潇洒洒，死何求’！……复就枕至天明，令开窗；起，端坐床中。不孝为披衣，因拥坐于背，遂索饮；婢进茶，漱饮尽一杯，乃合眼耸背而逝……”

斗初《旧谱》云：“逝前一日，董伯起自倭酋归，董侍郎以语公，公大书‘可语宁海（指沈有容）厚犒之’，伯起乃往宣谕。人谓戚公破倭、沈公剿倭，公皆与有力，今将就木，此志犹未衰，生平之悲悯亦深矣。葬官岭，墓碑侍郎董公笔，墓道黄公琮、徐公亮仝立。黄公时官按察司副使，并著叙传一篇；论曰：‘陈子季立，古之所称奇男子也，才品高天下，然尝迹其生平，悲忠信不言，非中正不蹈，又近于躬行君子者，盖先生有言，豪杰而圣贤者，余交之久，知之深，故能言之。……’”

温陵何乔远亦为立传，论曰：“俞武襄，儒者也；束发从戎，历涉山海，身经百战，为东南砥柱名臣。然其生平所国士待者，汤克宽、欧阳深、邓锺与公四人而已。彼三人者以武功终始，公独以著述名其家，回视立谈抵掌，横槊蓟门时事，直作三昧游戏观矣。晚年云水翱游，脱缰于风尘之外，察其意似欲立身于无何有之乡，以第一等人自期，试问当世诸君子有超而上者谁耶！”

董崇相《祭陈一斋文》云：“呜呼！先生以生死为一贯，则我不宜为之哀，以世法为徽缠，则我不宜为之奠，然犹为此者，人各有情，不能相禁也。……兄之云亡，如割我体，呜呼痛哉！屈指朋友真无如兄其人矣。兄学穷五经，游遍五岳，其为人得易之洁净，得书之致远，得礼之节文，得诗之剀切，于伦常得春秋之断，其行事岳立山存，百物不能撼，万变不能摇，平生著述多自出己意，《伏羲图赞》尤为超绝，一笔圆成，富与太极图表里，断然千古无疑也。

余虽与兄议论间相左，至于此书，则噤口不敢应，呜呼一斋，死亦足矣。”（见《崇相集·祭文》）按《崇相集》中，此文与斗初所引者颇有异处，其中盖有遗漏也。同年，汤显祖卒，年六十八。

附录一 《连江县志·儒林传》

陈第字季文，号一斋，龙西铺人。为诸生时，博及群书，而善谈兵。嘉靖四十一年，参将戚继光征倭至连，就第谋，第为定平倭策。既而督府俞大猷召至幕中，教以兵法，因尽得韬钤方略；大猷喜曰：“子当为名将，非一书生也。”大司马谭纶荐，起家京营裨将，愿得九边最冲要地自效。

万历初，出守古北口，典互市。时叛兵导黄台吉小妻大嬖只等挟赏数哗，第购诛叛民，阴结诸部腹心，尽得其情；以恩威操纵，帖然就约。汉庄数被寇残破，屯卒纵淫杀；民夜闻犬吠，则尽室窜。时继光为总兵，荐第擢车前营游击将军，驻汉庄。延访父老疾苦，按诛悍卒，明约束，拔材武，躬导以礼让，所部化之，咸知自爱。娼家窜名军籍者，皆陈牒求去；娶娼者，皆自乞离异。奉檄采木关外，成列以出，举号笛，麾登南山；既复麾西北，以尾为首，以奇为正。驻牧豪来观，莫不心折。居蓟镇十年（一作十二年）忤巡抚吴兑，兑中以文法；第叹曰：“吾投笔从戎，鬓发尽白，思为国家定封疆大计；今不可为矣！”遂拂衣归养。

福建巡抚许孚远、金学曾等屡劝，不就；挟书游两粤、吴、浙、齐、晋、楚、宋。闻焦竑（金陵人，字弱侯）老而嗜学，裹粮之南部，离经折疑；竑自叹为弗如。乃益从竑借读所未见书，就竑谈论。阅数岁一归省墓；数月，辄复出：如是者又十余年。

逾七十，复遍登五岳，浮洞庭、彭蠡以归。万历四十八年卒，寿已七十有七。

生平储书最富，其后人所辑《世善堂书目》（按书目题辞，自署“温麻山农”，志末有歙西鲍廷博跋云：“明万历间，连江陈第手自编定，而其子若孙时时增益者也。”）多唐、五代遗书，世所未见之本（书目，附刻《知不足斋丛书》）。其说经、言易，起于一画，初未有文字也。古今诸家皆言卦、不言图，是舍本而寻末；故作《伏羲图赞》，一笔圈成，不待奇耦离析，而万一千五百二十策悉出自然。又以诗本声教，宜可咏歌；世人知文不知音，何以被管弦、奏朝庙！因作《毛诗古音考》。其论学务审时义，切日用，不为空言。尝谓言于妻子、言于仆婢，皆道也；何必聚徒！行于饮食、行于坐卧，皆道也；何必居位！又言：昔为诸生言戒惧，实未尝戒惧也。及为国家守边，百责攸萃，年未四十，发白种种，节侠气尽，危悚日深；口不言戒惧，而戒惧在兹。又言：兢业在心，所以兢业在事。今儒者曰："兢业，心体也"；但保心体，事为之末，无足介意。歧内外、判心迹，故骛虚谈，无当实事：皆切中当时讲学之弊。大宗伯钱谦益称其学通《五经》，而尤长《易》《诗》。著书十余种，详《艺文志》。子祖念详孝友，肇复详列传，孙元钟详文苑，三世皆有著述。（《通志》入儒林，今从先宪移缀）。

附录二　东番记

东番夷人不知所自始，居彭湖外洋海岛中。起魍港、加老湾，历大员、尖港、打狗屿、小淡水、双溪口、加哩林、沙巴里、大帮坑，皆其居也，断续凡千余里。种类甚蕃，别为社，社或千人，或五六百。无酋长，子女多者众雄之，听其号令。性好勇喜斗，无事昼夜习走。足跖皮厚数分，履荆刺如平地，速不后犇马，能终日不息，纵之，度可数百里。邻社有隙则兴兵，期而后战。疾力相杀伤，次日即解怨，往来如初，不相雠。所斩首，剔肉存骨，悬之门，其门悬骷髅多者，称壮士。

地暖，冬夏不衣。妇女结草裙，微蔽下体而已。无揖让拜跪礼。无历日、文字，计月圆为一月，十月为一年，久则忘之，故率不纪岁，艾耆老髦，问之弗知也。交易结绳以识。无水田，治畬种禾，山花开则耕，禾熟，拔其穗，粒米比中华稍长且甘香。采苦草，杂米酿，间有佳者，豪饮能一斗。时燕会，则置大罍，团坐，各酌以竹筒，不设肴。乐起跳舞，口亦乌乌若歌曲。

男子剪发，留数寸，披垂；女子则否。男子穿耳，女子断齿，以为饰也（女子年十五六断去唇两傍二齿）。地多竹，大数拱，长十丈。伐竹构屋，茨以茅，广长数雉。族又共屋，一区稍大，曰公廨。少壮未娶者，曹居之。议事必于公廨，调发易也。娶则视女子可室者，遣人遗玛瑙珠双，女子不受则已；受，则夜造其家，不呼门，弹口琴挑之。口琴，薄铁所制，齧而鼓之，铮铮有声。女闻，纳宿，未明径去，不见女父母。自是宵来晨去必以星，累岁月不改。迨产子女，始往婿家迎婿，如亲迎，婿始见女父母。遂家其家，养女父母终身，其本父母不得子也。故生女喜倍男，为女可继嗣，男不足著代故也。妻丧复娶，夫丧不复嫁，号为鬼残，终莫之醮。家有死者，击鼓哭，置尸于地，环福以烈火，乾，露置屋内，不棺。屋坏重建，坎屋基下，立而埋之，不封屋，又覆其上，屋不建，尸不埋。然竹楹茅茨，多可十馀稔。故终归之土，不祭。当其耕时，不言不杀，男妇杂作山野，默默如也。道路以目，少者背立，长者过，不问答，即华人侮之，不怒。禾熟复初，谓不如是，则天不祐、神不福，将凶歉，不获有年也。

女子健作；女常劳，男常逸。盗贼之禁严，有则戮于社，故夜门不闭；禾积场，不敢窃。器有床，无几案，席地坐。谷有大小豆，有胡麻，又有薏仁，食之已瘴疠；无麦。蔬有葱、有姜、有番薯、有蹲鸱，无他菜。果有椰、有毛柿、有佛手柑、有甘蔗。畜有猫、有狗、有豕、有鸡，无马、驴、牛、羊、鹅、鸭。兽有虎、有熊、有豹、有鹿。鸟有雉、有鸭、有鸠、有雀。山最宜鹿，儦儦俟俟，千百为群。人精用镖，锯竹棅铁镞，长五尺有咫，铦甚。出入携自随，试鹿鹿毙，试虎虎毙。居常禁不许私捕鹿。冬，鹿群出，则约百十人即之穷追，既及，合围衷之，镖发命中，获若丘陵，社社无不饱鹿者。取其馀肉，离而腊之；鹿舌、鹿鞭、鹿筋亦腊；鹿皮、角委积充栋。鹿子善扰驯之，与人相狎习。笃嗜鹿，剖其肠中新咽草将粪未粪者，名百草膏，旨食之，不餍，华人见，辄呕。食豕不食鸡，畜鸡任自生长，惟拔其尾饰旗；射雉，亦只拔其尾。见华人食鸡雉，辄呕。夫孰知正味乎？又恶在口有同嗜也？

居岛中，不能舟；酷畏海，捕鱼则于溪涧，故老死不与他夷相往来。永乐初，郑内监航海谕诸夷，东番独远窜，不听约，于是家贻一铜铃，使颈之，盖狗之也。至今犹传为宝。始皆聚居滨海，嘉靖末，遭倭焚掠，乃避居山。倭鸟铳长技，东番独恃镖，故弗格。居山後，始通中国，今则日盛。漳、泉之惠民、充龙、双屿诸澳，往往译其语，与贸易；以玛瑙、磁器、布、盐、铜簪环之类，易其鹿脯、皮角。间遗之故衣，喜藏之，或见华人，一著，旋复脱去。得布亦藏之。不冠不履，裸以出入，自以为易简云。

野史氏曰：异哉东番！从烈屿诸澳，乘北风航海，一昼夜至彭湖，又一昼夜至加老湾，近矣。乃有不日不月，不官不长，裸体结绳之民，不亦异乎？且其在海而不渔，杂居而不嬲，男女易位，居瘗共处。穷年捕鹿，鹿亦不竭。合其诸岛，庶几中国一县。相生相养，至今历日书契，无而不阙，抑何异也！南倭北虏，皆有文字，类鸟迹古篆，意其初有达人制之耶？而此独无，何也？然饱食嬉游，于于衎衎，又恶用达人为？其无怀、葛天之民乎？自通中国，颇有悦好，奸人又以滥恶之物欺之，彼亦渐悟，恐淳朴日散矣。万历壬寅冬，倭复据其岛，夷及商、渔交病。浯屿沈将军往剿，余适有观海之兴，与俱。倭破，收泊大员，夷目大弥勒辈率数十人叩谒，献鹿馈酒，喜为除害也。予亲睹其人与事，归语温陵陈志斋先生，谓不可无记，故掇其大略。

附录三　陈第旅行线路总图（金云铭绘制）

附录四　本著述主要参考书籍一览

1.《陈一斋全集》。

2.《五岳游草》，民国十八年林焕章石印本。

3.《戚少保年谱》。

4.《明史》。

5.《明通鉴》。

6.《明史纪事本末》。

7.《历代名人年谱》。

8.《全边略记》。

9. 何乔远:《闽书》，崇祯刊本。

10. 贺世骏修:《长乐县志》，乾隆二十八年刊本。

11. 怀荫布修:《泉州府志》，乾隆二十八年刊本。

12. 沈有容辑:《闽海赠言》，见《台湾文献丛刊》第五十六种。

13.《孤屿志》。

14. 俞大猷:《正气堂集》。

15. 林兆恩:《林子年谱》。

16. 铃木虎雄著，朱维之译:《李卓吾年谱》。

17. 董应举:《崇相集》，民国十八年林焕章石印本。

18. 焦竑:《澹园续集》,《金陵丛书》本。

19. 黄汝亨:《寓林集》。

20. 吴文华:《济美堂集》。

21.《世善堂藏书目录》,《知不足斋丛书》本。

（原书为私立福建协和大学《中国文化研究会文史丛刊》之四，1946 年 9 月版，本文 80 年代经过作者增订。）

三　诗词集

庐山诗草

1960年8月间，余得机缘，蒙工会命往庐山休养，乃与中文系主任黄之六君等六人，5日乘快车出发赴赣，经鹰潭、南昌逗留两日，始转车至九江，住南湖宾馆。9日，得乘长途汽车抵牯岭，寓庐山大厦，首五日，因连天阴雨未得出游，食睡之外，无所事事，乃与对榻黄主任唱和为乐，以消永昼。13日以后，天始放晴，得以畅观匡庐诸胜，晚间归寓，则敲诗记游，至8月23日始下山，25日抵家。此次除在途五日，南昌两日外，寓匡庐凡两周，略窥庐岳诸胜，计在途间至回家后追忆所得，成诗四十余首，今不揣谫陋，录为《庐山吟草》一卷，聊志雪泥鸿爪而已。

福州金云铭志

游庐山阻雨作

匡庐胜迹久闻名，千里迢遥此日临。雾涌深山迷绿树，云浮高阁现黄金。
蝉声断续因寒雨，峰影迷蒙为日阴。欲迟看山行不得，闭门高卧拥重衾。

前题　五古一首

人事多喧阗，入山稍息肩。行行次浔阳，暮宿南湖边。
朝发湓浦口，午登牯岭巅。白云迷远岫，树密不见天。
涧水琤琮鸣，寒蝉秋意牵。山中有城市，殿阁联云翩。
招来四方彦，避此炎暑煎。连朝风雨紧，闭户卧重毡。
鼾声邻榻吼，镇日睡如仙。何时曙色开，起看万峰妍。

白鹿升仙台怀古　二首

万壑云迷雨后开，荒烟古木鹿仙台。匡庐八百年前迹，历尽沧桑劫火来。

万籁无声日暮时，匡庐仙迹雾中祠。参天老柏狂飙起，且憩寒龛读古碑。

步原韵和之六主任睡仙　一首

人行雾里似神仙，高卧匡庐学米颠。冒雨登山寻好梦，偷闲闭户息劳肩。

探幽岂惮千峰峻，买醉为贪十日眠。摘句联吟消昼永，与君共展武陵笺。

游五老峰不果只至大月山归

朝游牯岭怯轻寒，午后登山石磴盘。日暮六人临大月，天晴五老现高峦。

汉峰耸峙攀莫及，鄱口迢遥往亦难。惆怅一声归去也，千寻直下步阑姗。

大月山望五老峰

言游五老峰，联袂出门急。山路本无雨，雾濛露点湿。

脚滑几欲缩，举步真如絷。行人指曲径，云磴莫计级。

越过大月山，始见五老揖。山高白日暗，凉风来习习。

力疲骨亦酸，远眺姑竚立。试问归来客，笑言时不及。

气馁不敢往，只有赋归什。下山免跋涉，羊肠下岌岌。

所负看山眼，付与诗收拾。

八月十七日游含鄱口遇雨归作

含鄱东望白云横，万顷湖光一镜平。阡陌纵横铺绿锦，渔舟隐约泛青萍。

晶莹温室山间见，绚烂红亭天半营。山岫轻烟来细雨，依依惜别有余情。

再访庐山植物园作

游罢三亭石磴行，林园再访趁朝晴。闲观翠柏不知远，空对奇葩未识名。

玉树苗青枝正茂，石莲花发璧同莹。红桥流水中须别，庐岳常留千载情。

观乌龙潭瀑布

黄龙潭下乌龙蟠，石壁斜悬雪练寒。水丝带雨滩声急，衣薄尤宜远处观。

黄龙寺品云雾茶

灵泉岂让虎跑多，须记龙潭煮碧螺。云雾名茶尝一勺，何曾口福逊东坡。

观黄龙寺娑罗宝树

华盖碧云姿，娑罗宝树奇。千年犹挺秀，剔藓读残碑。

戏作黄龙寺娑罗宝树歌

黄龙寺前三宝树，古名娑罗历千载。亭立龙潭根已深，直干云霄气不馁。
风雪自转诸天盖，叶映红日生光彩。虬枝怒吼势凌空，老干雄健五围腿。
金刚伟奇百丈身，俯视众林成傀儡。经东不凋绿离离，冒雪冲寒愈绚彩。
大材讵肯腐山林，孤高不作俎中醢。大器从来是晚成，名材自多隐皞隗。
正直终蒙造化扶，神物自当有期待，请诵山中招隐篇，奇姿岂容蠡测海。

观庐林大桥休养所漫兴

出户登山趁日晴，故人结伴看庐林。人工湖上烟波碧，夕照桥边坝水深。
绝壁雨过瀑布响，高楼雾罩谷云黔。堪期数月经营后，万炬通明畅客心。

访大林寺白乐天遗迹　此处据云是白居易咏桃花诗所在

花径探幽胜迹寻，大林寺里碧桃荣。前贤剩有遗篇在，犹使游人忆醉吟。

再叠之六先生前韵题仙人洞　一首

来此看云骨欲仙，上方揽胜访周颠。因探陈迹穿山径，为读遗碑耸客肩。
松影森森添响籁，泉声滴滴欲催眠。买来苦茗灵官殿，收拾新词入纸笺[①]。

---

① 洞有近人题壁甚多。

重访花径看花室所陈庐山花卉

花径映朝晖，重来赏翠微。苍松姿夭骄，翠柏态蕤葳。
盆展姚黄艳，盂栽魏紫菲。纵观嫌未足，临别尚依依。

观庐山昙花

现身一霎翠枝寒，欲赏清姿待漏残。夜月曳光摇舞地，晚风吹玉上雕栏。
几团白雪凝娇态，一阵幽香入鼻官。花压露稍如许暂，尚留倩影任人看①。

花径景白亭

司马流风尚可寻，匡庐胜境柏森森。石埋花径留青在②，泉绕松亭景白临③。
满路香迷一谷翠，全山凉植数峰金④。神驰万壑千岩外，秋意孤飚动客心。

游匡庐首五日阻雨晴登天池山有感　天池寺存有明太祖像，附近有王阳明书碑。

半月登山五日过，今朝才得豁双眸。天池洗出人间意，石塔擎来世外秋。
寺内空余明祖像，亭中剩有哲人讴。此游惭愧非常事，且对乾坤放眼收。

天池山晚眺　三首

古塔高擎晚照红，溪声澎湃入虚空。分明日照峰头翠，都在天池望眼中。
文殊台畔白烟飞，细雨随风点客衣。俯视浮云生足底，凉添深谷且言归。
闲凭圆殿坐斜薰，五级浮屠压暝氛。凝睇放怀天地外，谷风飒飒叶纷纷。

游天池山舍身崖

蟹步猿行上佛厓，天池台畔白云滋。舍身危石高千尺，俯视巉巉不可思。

---

① 指游客在此摄影，予亦购得昙花小影一帧。

② 花径二字石刻深入土中。

③ 景白亭为近人所建。

④ 山中多种黄菊。

再访大林寺观名画未得[1]

白傅风流万古传，大林遗迹忆前贤。应门古寺无僧衲，缀院山花有杜鹃。
庭树已除余翠竹，佛灯不点剩残烟。搜寻岂但亡碑版，艺苑遗篇亦就湮。

庐山看云

庐岳白云生，穿牖更入室。出门似凌虚，飞举心慄慄。
江风忽西吹，雾气转眼失。登高望群峰，崚嶒翠如昔。
远岫袅轻烟，横由山半出。其下瞰苍流，其上烁红日。
奇谲千万状，云行自徐疾。坐对欲忘机，题诗恨拙笔。

游仙人洞并访御碑亭

百尺危岩石室成，仙人洞里玉泉清。周颠遗迹千年在，赖有残碑照眼明。

游仙人洞一滴泉

琼液涓涓石罅滋，灵岩一片屋千人。神斤鬼斧惊莫及，铁马金戈实自陈。
云阙倒张翡翠幂，海天齐涌珊瑚屏。仙人洞口朝前望，看尽长江万里津。

登仙人洞品茗并望长江

久负看山眼，乃临此浩然。空濛天际合，青翠望中连。
过客尝香茗，游人品圣泉。长江帆影碎，回首白云边。

牯岭晚眺

平坡西望晚霞明，极目谾巃谷底晴。万叠云山波浪壮，千堆螺髻画图清。
槎枒绿树参差列，高下红甍掩映呈。灯火星星生夜景，匡庐牯岭见经营。

---

① 闻大林寺前存有元马远画及明人作《十八罗汉图》，其中有于抗日时期散失者。现寺地将移高地，原处改作水库，树木均已砍去，院宇亦在拆除中。

一滴泉

岩窟清泉滴似珠，蟹眼烹来味倍殊。谩斟仙洞云茶好，石长苔痕永不枯。

别庐山有感

公车既别匡庐去，犹卧浔阳一夜长。回忆穿云程路熟，犹思饮水齿牙香。
巉岩不断成天堑，深谷行看变石梁。日后有缘再税驾，满山灯火更辉煌。

自庐山归九江偶成　二首

下山回睇见崚嶒，路隔浮云几万层。回到浔阳江上望，匡庐面目已难凭。
朝辞大厦赋归程，城郭风烟转眼更。回首庐山图画里，须臾又落软红尘。

在庐两旬，拟遍览山中瀑布，以山路崎岖未往，感而赋此，聊以解嘲云耳

匡庐瀑布多且奇，思欲畅观舒郁积。溅珠喷雪萦梦寐，石门三叠声湍涛。
玉渊卧龙马尾水，桃林开先青玉峡。更有玉帘海会雄，香炉峰挂三百尺。
高者钧天泻深潭，奇者横飞双龙碧。雷鸣风吼谷回音，小者笙簧大者瑟。
正拟探奇揽胜入名山，将向寒严评甲乙。谁知路远山又崎，欲行不前奈两膝。
黄子与吾心有余，恨未一往起衰疾。只有高吟李白诗，摩挲古人在一室。
我思泉石生无始，寻幽那复计得失。宁谓茫茫禹迹间，便无奇景与此匹。
君不见迩来建设正繁兴，巉岩飞泉多分擘。神龙窟宅荆棘中，亦通坦途在瞬息。
或开或闭应有时，奇境亦赖人工辟。他日有缘能再来，描述当烦子由笔。

怀匡庐　二首

身离匡庐紫翠重，故乡又见水云容。亭因景白驰芳思，地不留黄忆旧踪[①]。
别后犹牵恋梦蝶，归来且学苦吟蛩。诗成每恨乏新意，聊寄荒芜钝笔锋。

才去还回未尽情，犹然两耳乱泉鸣。衣巾染得山岚透，夹袋携归诗束轻。

---

① 之六先生有“有亭名素白，此地可留黄”之句。

夜月白亭怀抱在，秋风陶径梦魂萦。旁人莫讶吟穷返，行止何关杜宇声。

忆九江南湖宾馆

浔阳气象此无俦，新筑巍峨宾馆幽。天地江山风月霁，汀州庐荻水烟浮。
不闻夜调琵琶诉，共赏清音鞠部讴。回忆南湖此夜宿，青衫司马思悠悠。

咏庐山云景

白衣苍狗竞呈奇，庐岳浮云百态驰。九万扶摇林际起，八千里路雨中移。
地连四极成银海，雾罩千峰失翠巇。尽有青嶂凝妙气，莫及匡山无定时。

赠黄主任之六

偶来结伴学潜修，灯下谈心夜未休。吟卷乱抛幽枕畔，客床欢与故人俦。
沉酣漫作题诗梦，买醉还成骂酒讴。尤爱登山探古迹，磨穿布袜几番游。

癸卯春偶翻庐山风景照片旧游历历对故人　感赋三绝

庐山揽胜昔曾经，迎面高峰雨后青。旧事分明如昨日，披图犹欲唤真真。
百丈游龙倒泻来，天桥瀑布昔称奇。而今应变金汤壁，拦得银河水满池[①]。
一卷旧吟纪胜游，展图印证更难忘。相逢共道庐山好，犹忆当时阮屐狂。

① 当时工人数百正在建坝蓄水，今当成为人工湖矣。

湖上吟草

自序

余从事图籍之学，人事倥偬，日无暇晷，未遑为诗也。去秋因足疾复作，乃就本市工人温泉疗养院养疴。以地近小西湖，环境宜人，休养之余，稍寄情于吟咏，使心有所属，而忘其痛耳。数月之间，积稿成帙，乃聊为编订，亦如辽东有豕生子，白头未见，河东举豕皆白，而遂自以为异而献之诗，虽不工，足以自见其性情，不忍焚弃云耳。

1963 年儿童节前一日福州金云铭志

秋日养疴湖上作

养疴湖上楼，幽居隔尘嚣。湖水漪且涟，逶迤城西遥。
大梦浮倒影，样楼带晚潮。桂树暗飞香，菊花正挺娇。
雕栏廻绿绮，画舫飞轻鹞。秋云自来去，斜阳照远桥。
试望郊原外，禾罢穊登饶。清兴转无极，倚栏思寂寥。

秋日望湖偶作

无限西湖好，波光掩映中。远山飘岚翠，夹岸见青葱。
小亭依孤屿，杰阁倚长虹。水际歌声迴，儿童斗艇雄。

湖上夜景

晴波十里黯遥空，景暮湖山碧霭笼。台榭时闻歌舞调，松涛急度管弦风。

秋依竹树声成籁，夜照诗心兴不穷。星月灯光交荡漾，令人疑在水晶宫。

开化寺赏菊

孤山别岛菊芃芃，开遍湖西一院融。三径香迷莲殿晓，满庭秋艳竹篱溶。
金风吹使霜枝健，肃气催成粉朵秾。我亦看花随众后，徐徐策杖过桥东。

湖上远眺

琉璃十里望迢迢，远近楼台眼界遥。野色苍茫残霭剩，湖光潋滟落英漂。
桥横碧水清依旧，山映青螺淡欲消。难得秋时风景好，菊花丛里避尘嚣。

野望　二首

暮烟幂幂起山阿，阵阵归鸦掠树过。一片彩霞村舍远，行人渐少牧牛多。
鼓峰苍翠扑眉来，霞散天空图画开。落日山头归去晚，有人策杖独徘徊。

晚秋湖上散步

病足事疗养，于湖散羁抱。入园秋已深，拂衣风浩浩。
俯仰天宇宽，盘空见鹰鹞。半篙碧水明，一径残照耀。
远山呈翠鬟，晚景斗妍孊。阡陌刈黄云，垄头牛犊饱。
人家罨画中，炊烟袅缥缈。我行复徘徊，低吟觅诗料。

湖上养疴漫兴　二首

金风萧瑟正秋残，客到湖西独倚栏。日暮烟迷高阁冷，月明云闭小庭寒。
吟边衹自怀三径，梦里何曾问六鸾。喜有山川供载笔，临流每欲理鱼竿。

萧萧松柏暖金牛，杰阁高临湖水头。云挂林梢闻虎啸[①]，霜青草野听鸠求。
风声激处摇白牖，岚气飞时暗绿畴。自笑年来诗骨健，回廊索句去还留。

---

① 地近动物园时闻虎豹啸声。

西湖工人疗养院赞歌

杰阁凌飞霞，高居水云曲。层阛延晴光，推窗可远瞩。
绿荫堆汗漫，黄花迎朝旭。十里湖山明，碧波浸寒玉。
港浅菱荇多，村近鹅鸭浴。赤鲤跃泼剌，翠鸟鸣断续。
稻粱香冉冉，松杉青郁郁。闲云自卷舒，轻鸥戏相逐。
我来资休养，境幽避尘躅。悦目亦赏心，宿疾瘳忽倏。

开化寺看菊有感

闻道当年十八娘[①]，开化名产人争尝。我来已过十月半，只见黄花满寺香。

君不闻此地本是闽王水晶宫，昔日繁华岂寻常，延钧横死留陈迹，金凤风流归北邙。

复道张灯成青磷，乐游曲杳泣寒蛩。转眼沧桑景物迁，独夫之乐岂能长。

又不见长堤十里柳依依，今日已成众乐场。棹歌齐唱洪湖曲，万人欢笑醉琼觞。

四月来游杜鹃开，今朝又赏东篱芳。三面红旗高飘扬，百花齐放乐未央。

登疗养院高台晚眺作

猎猎秋风侵鬓寒，楼台返照夕阳残。牛羊归牧村庄闹，雁鹜横空暮霭阑。
石鼓烟迷山色暝，鼓峰月上海潮宽。万家灯火市声远，闲倚栏杆画里看。

连日阴雨睡起偶占

连日雨潇潇，似促秋归去。闲门寂无喧，一榻容吾据。
看书引梦长，悠然淡众虑。睡起问太阳，沉山何太遽。
转瞬暝色生，灯光明若曙。吟情半已忘，只闻虫语絮。

早起喜晴作

拥被先闻鸟语欢，知应昨夜雨初阑。半窗曙色惊朝梦，一榻晴光破晓寒。

---

① 荔枝别名。

风送秋声闲里听，云含画意静中看。欲从湖上寻佳句，且起推窗放眼观。

病足吟　有序

予于七月间旧疾复作，不良于行，秋间转入西湖疗养院治疗，初试蜡疗，同舍者有福鼎李君得光，日照王君西萍等均习太极拳强身，每早皆举行气功疗法，从习之暇，则以吟咏自乐，希能早占勿药也。

伤暍谁知中足深，扶筇举步尚难禁。良医理治熔双蜡，病友调生戏五禽。
偃卧练功如入定，习蹁却虑且观心。啸歌闲作轻吟乐，转瞬能将药物摈。

湖楼野望

磐回曲径晓阴浮，放眼凭高一望收。云里诸峰堪入画，雨中无树不含幽。
数家村舍沿翠岭，千亩湖田见绿畴。流水落花堪遣兴，何须再问武陵舟。

晓望

早起凭栏远望，病友遥指眼前景色为题，命作即景吟，姑成二律以博一粲。

晨曦漠漠映岩阿，楼外青回几点螺。数片彩云双塔崎，三山景色一湖罗。
隔岸烟浮孤屿迥，远峰日出满天酡。市声阵阵催诗急，觅句多时绕室哦。

晓望即景

晓色苍茫处，遥天双塔依。湖清涵影淡，雾重觉松稀。
渐见潮曦涌，犹疑山势飞。巨观罗槛外，空醉远峰绯。

早起口占

帐影隔重重，侵晨睡转浓。不知天已曙，破梦数声钟。

参观四川李有行教授画展作

李子蜀中来，画展在西湖。我亦扶杖观，满眼惊珍瑜。
下笔开生面，折枝百态殊。更有风景画，疑对辋川图。
琳琅一百八，粉彩瑞色敷。山水数桂林，阳朔甲众区。

岧嶤高插天，玉笋扶翠虚。漓江亦清曜，峦影美且都。
澹潋吐寒光，清旷远峰迂。西昌邛海色，夕阳日欲晡。
滇南勐拉寨，绿榕隐屠苏？仿佛入殊方，傣家结茅蒩。
椰林风雨来，倾盆下须臾。勐拉河水涨，翠浪吞平芜。
昆明圆通山，园林似蓬壶。画栋盘螭龙，雕栏回绣栌。
荷花池潋滟，海棠林华腴。更见黑龙潭，激湍走磐盂。
滇池青草长，青波浴锦凫。朦胧观音山，老树盘根株。
翠湖有公园，台榭映菰芦。一泓罨绿阴，纵横系钓舻。
西山好丘壑，爽气饮醍醐。再观川中景，峨眉浮金顶。
老屋涵霞彩，晴光映云锦。北碚缙云山，霞明落照倾。
山家红树深，绿荫大竹挺。重庆九龙坡，敞屋光炯炯。
万家灯火明，画面见奇境。江景唐家沱，波光接帆影。
渔撑画里舟，童嬉水上荇。彭县山林迥，人家布翠岭。
村庄参差见，溪流横孤艇。鱼唱红蓼丛，樵歌青山永。
农舍径逶迤，冬田亦修整。灌县竹索桥，天堑联修绠。
伏龙观水急，漩涡起俄顷。浩瀚金堂江，奔腾势凶猛。
巍峨青城山，梯田辟井井。成都文殊院，杰阁焕丹炳。
郁然蓬莱宫，回廊幽且静。残碑苔藓滋，空庭露华冷。
深院春寂寂，今人发遐省。数图写康定，千峰紫翠纡。
叠嶂森相向，清溪潆舒徐。山光共徘徊，佛殿云里居。
乐山乌尤寺，长江玉带趋。舫绿摇山黛，林青抱郭郛。
回首看黄山，苍茫露台蕖。浮云缭孤屿，荒烟压古墟。
长空凝碧遥，奇树接天疏。名山不易到，姑作卧游书。
牯岭深冬景，白雪屋檐储。琼楼风飕飕，玉宇净太虚。
香山负京阙，峰势显崎岖。玉泉暮霭里，塔影现扶苏。
一幅西子湖，百顷玻璃铺。苏堤走长虹，清波生绿蒲。
钱塘渡江桥，映带似云衢。千帆飞画鹢，一塔耸山隅。
翘首望孤山，清景殊足娱。岳坟庙貌气肃穆，斜阳芳草色艳逸。
湖山任意挥，奇尔丹青笔。花卉尤迫真，含笑迎旭日。

临摹费精神，栩栩写其实。杜鹃与山茶，灵心见艺术。
朵朵报春花，丽容比丹橘。蔷薇红将半，刺梨白而密。
奇兰名荷包，君子泛芳苾。玉兰一枝馨，丹枫似火燡。
蟹爪霸王花，异卉含苞七。燕子灿紫英，鸡冠呈丽质。
月季溢清芬，海棠秋无匹。袅娜醉芙蓉，萧瑟响芦荻。
椰树碧溶溶，竹林青漆漆。野草舞风中，杂花生池侧。
六月菊花黄，三春绣球白。红花绽红蕊，茎叶带露茁。
群花耀眼明如火，使我难于判甲乙。丹青妙手羡此君，惜予拙笔难赞述。

留别王西萍同志

养疴湖上偶逢君，新旧忘年喜乐群。天与精神见幽默，人从丰采想殷勤。
水光山色同清赏，黄卷青灯共论文。明朝唱罢阳关曲，无恨离情忆夕曛。

病足将愈有感　二首

名园偌大任夷犹，恨煞蹒跚不自由。才事荔枝虚买夏，倏惊梧叶报经秋。
梳翎病鹤闲难惯，聒耳鸣蛩暑已收。转瞬新年应健步，行歌踏月作清游。

西湖景色入冬宜，懊恼偏逢足力疲。长日楼前多兀坐，片云槛外枉相窥。
久疏作问招朋忆，常愧成诗下笔迟。破闷偶然思散步，一筇扶我到花墀。

参观海防前线写生画展作

海防前线萃群英，水彩素描各效珍。十五名家挥妙笔，生面别开非等伦。
琳琅二百四十幅，眼底风云闽海滨。惊涛拍岸千堆雪，舰艇飞航破早晨。
铁翼出动号长风，银机冲天如龙麟。阵地雄姿惊小丑，民兵磨练不辞辛。
长缨在手严阵待，炮火怒吼泣鬼神。红旗招展在滩头，打击敌人无藏身。
岗位归来晚会开，新歌一曲满营春。军民同乐舞婆娑，新兵老将笑语亲。
更写公社支前组，男女老幼皆天真。同心合力事生产，海滩菜地似绿茵。
渔家女儿扛起枪，暇时补网兼采薪。斗争生活趣无穷，国画速写競推陈。
痛快淋漓显飘逸，饱我眼福见鲜新。英雄气概扫胡尘，驱除美蒋志同伸。

荷亭访林则徐读书处　六首

1962年12月22日参加政协会议闭幕后，与张立院长、黄、曾、孙、吴，徐各主任及管处长等八人同访西湖林则徐读书处，并观林氏所书《李忠定祠堂碑记》。同人戏称八仙游湖，留影纪念，乃作七绝六首亦志胜游。

残霞一抹晚风多，长短桥亭绕绿波。欲访先贤相结伴，同人笑说八仙过。
红亭突兀峙湖隅，树影参差入画图。忠定祠碑少穆迹，摩挲认读记遗模。
南海殊勋尚可闻，禁烟遗爱在湖渍。手书祠记今传诵，驻足踟蹰对暮云。
夹岸白杨水浅深，诗人遗迹尚堪寻。吟魂应恋桂斋月，添得西湖几许情。
斜日清风映碧阶，女墙深巷隐书斋。荷花亭畔留遗址，多少游人寄雅怀。
访罢荷亭趁晚霞，金鱼池畔舞蒹葭。胜游阮屐须留影，拜得仙颜已日斜。

新年颂　三首应疗养院元旦特刊征稿作

和畅逢冬腊，天寒气转舒。记将光景好，喜报新年初。
共希康健体，互祝岁华书。春风怀澹荡，仓储庆盈余。

更添全院兴，今日过岁除。无酒亦成趣，盛肴庆有余。
文娱欢晚夕，佳会乐舒徐。高楼歌舞闹，疑在广寒居。

祝君新年好，春光湖上多。翠岫含晴霭，青山映碧萝。
小园胜图画，崇构显嵯峨。境美心常乐，沉疴起刹那。

晚步湖上作　二首

平生癖山水，此地喜能兼。林深烟雾凝，湖落水痕添。
溪枫酣夕照，石笋带云尖。间行尘事息，心远忆陶潜。

乘兴临沧渚，幽寻不觉迟。霜枫丹满树，云竹翠平陂。
远岫浮残照，疏林漏半规。徘徊惬心赏，归路可无诗？

赠林康荣同志

国医治病亦多方，妙手尤称推拿工。宿疾能消摩穴道，快多好省见奇功。

参观四川美术学院冯建吴教授画展

蜀中美术人才多，前有李子兹冯君。后先辉映西湖上，水墨寄意见缤纷。
建吴尤独擅国画，山水妙笔起异军。淋漓一百三十幅，尽在先生丘壑中。
宇内山川萃西南，往返忙于点染工。既写滇南丽江景，又为阳朔画屏风[①]。
万木飕飕露山骨，上有亭台曲径通。峨眉山深多雨雾，嵯峨峰势连苍穹。
九老日出似悬珠，赤云不密玉笋红。金顶危岩高千尺，遥见石室蓬莱宫。
云漫千山压树巅，古柏参天翠倚空。山容不尽水更奇，大江来自万山丛。
浩瀚奔驰下芙蓉，潆洄缭绕势汹汹。楚江帆影接天光，巫峡滩声带雨淞。
长空映水舞雪花，鼍鼓动地若洪钟。回看洱海凝碧遥，鼓棹中流人意融。
画舫松亭相辉映，溪山容与钓鱼翁。漓江景色更宜人，涟漪倒照独秀峰。
奇峰无数沿溪行，波光荡漾摇沙艘。桃花春涨泛鸬鹚，坐看鸥群西复东。
水镜涵天景色明，饱吸山川灵秀功。诗情画意笔头生，帧帧珠贝意无穷。
羡君妙手技超伦，画苑雅望推此冯。

深夜闻动物园狮吼

夜色苍茫中宵寒，乱云如叶飞簌簌。忽闻邻园狮子声，饕风夜荡大泽覆。
蒲牢怒吼天为高，雷转空山震林木。山鸡野羊均慑慑，乳虎雏鹰咸畏服。
安得猛士人人如汝狮，金眸钢爪势骁瞩。腾骧飒爽威风集，屴崱东望台海渎。
四顾冯夷海若哭，环海无波水怪伏。

晓上城西岑

晓上城西岑，突兀见屴崱。玉宇含余清，朝暾变山色。
盘纡入幽径，四望拄藤策。黄鸟枝上鸣，野花路旁饰。

---

① 山名。

一水隔市声，双塔寄曩迹。鉴里开湖光，纵横流沟洫。
浩歌梁父吟，踟蹰岁华逼。归来追古欢，披书尘虑息。

院党委会春节联欢题林子白先生指画梅花春酒图　二首

淑气逢春节，阳和大地回。屠苏新酿熟，爆竹旧年摧。
丹桔双双荐，红梅朵朵开。岁丰堪预卜，共醉紫霞杯。

群公开春宴，诗画见宏才。桔柚辛盘献，梅花爆竹催。
醁醽斟旧酿，琼盏饮飞杯。联吟添雅趣，妙曲引欢咍。

贺张立院长得杏林春燕小砚

端人凿自碧溪层，郢匠镌成爽气凌。春燕杏林飞剪剪，雨蛙莲叶跃濒濒。
琱光泛润罗纹细，墨色均匀翠黛凝。珍重更装檀匣巧，芸窗挥洒对良朋。

冬日再访林则徐读书处

云影天光日挂梢，携筇缓渡过虹桥。荷亭一角碑犹显，桂室三椽草已凋。
百代湖山有今日[①]，一时主客总名流。寻诗不禁生观感，回首郊原黯碧霄。

张立院长作得砚图长卷命题数语，昨既各写诗词一首，但意有未尽，复成五古一首以志欢喜

立公性嗜古，尤有米颠癖。迩来得嘉砚，凿自端溪石。
磨琢成方圆，审是顾氏泽。名手龙尾镌，冰骨比坚璧。
宝气浮云章，银钩精刻画。杏林春燕飞，荷叶青蛙宅。
连漸光似鉴，着墨如点漆。彩笔饮虹霓，濡毫藻句饰。
春波欲更鲜，檀匣函丽质。静里资摩挲，奇品不易得。

---

① 林则徐曾修濬西湖。

初春游湖上作

杖藜西出横塘路，柳眼乍舒绿未饶。嫩日远烘乌石塔，春波高涨碧湖坳。
已无香火孤山寺，不断兰桡五洞桥。旗鼓回峰屏列似，喜看青黛翠螺描。

癸卯立春书感

腊尽东风散晓寒，初阳律转报冬残。楼头面对诸峰静，湖上心随片叶安。
眼底江山供啸傲，尊前宾客喜相欢。鬓丝几缕添华发，且驻春光入笔端。

睡起围亭小憩作

芳园一角傍山坡，睡起登临逸兴多。雨阵每兼花阵落，风声常挟市声过。
蜗涎盘壁古于篆，禽语嬉春清自歌。寂历圆亭无客到，绿荫如画漾婆娑。

楼头所见早景

倚栏迎晴日，春风唤客醒。桃华红入户，草色碧盈庭。
远野含朝雾，明霞落翠汀。霭烘众树绿，云截半山青。
高柳黄莺啭，平湖白鹭经。天光映水彻，花气入帘馨。
画舸渔矶系，虹桥别岛伸。徘徊频觅句，诗意在郊坰。

温泉浴

入院疗养后，医嘱作温泉浴，乃每周三次送往汤门外水疗室疗治，颇有功效，因感赋一律。

玉池泉暖燠如汤，管道流来龙脉长。温润似能医宿疾，效灵真可佐仙方。
浸来颇讶醍醐醉，浴罢微闻膏泽香。非是华清当日侈，夕阳空照旧宫荒。

飞虹桥畔看桃花

虹桥春色正芳菲，一片艳红映翠微。杨柳似垂灞水恋，桃花如接武陵归。
斜阳寂寂湖山迴，平野苍苍树影稀。风软波平澄似镜，淋漓飞瓣落晴晖。

湖上桃花　四首

湖上桃花灿不收，绿杨影里钓鱼舟。歌声唱彻三山晓，青草依然白鹭洲。
漾漾波光荡早霞，莺声处处唱桃花。红云一片成罗绮，开遍湖壖晓色奢。
千树桃花傍水隈，深红浅白一时开。探春恰似纷纷蝶，多少游人逐艳来。
桃花浪暖锦层层，湖上园林物候新。叠叠琼英晴绚彩，为怜春色且邀朋。

湖上春光

平湖如练草离离，歌舞人间正及时。满院有花都作胜，闲庭无草不知滋。
白梨带雨开争艳，黄鸟迷烟语自嬉。最是堤边杨柳色，春来依旧斗纷披。

倚楼

三月春光好，枇杷一树金。楼前绿水迴，峰顶白云深。
塔影晴烟外，风声翠竹阴。登临生雅兴，不厌作长吟。

华侨新村

杰阁岧峣倚翠微，高甍缥缈驻斜晖。故园日月开新地，祖国山河壮锦翚。
远海鸿飞原是寓，家乡燕筑始成基。萋萋芳草天涯渺，为问王孙归不归。

湖上泛舟

春流临泛画船轻，荡漾兰桡镜里行。一带柳堤垂细缕，四山云彩映澄泓。
波心依棹看峰翠，亭上凭栏待月明。最是邻舟欢唱起，天涯好会有余情。

观西湖开化寺杜鹃展览会

汀州落日淡平芜，乘兴寻芳到故湖。一院鹃开罗绮润，满庭花艳锦霞铺。
琼英绰约瑶台灿，素彩清芬古殿腴。为问春光今几许，数声啼鸟叫提壶。

再看杜鹃展览

灼灼杜鹃花，嫣然笑绮霞。白疑清露浥，红似锦云遮。

烂熳侵阶媚，离披覆槛斜。去年曾相识，今又赏春葩。

与张久来、周强、胡爽三同志再泛西湖　四月三日

闲趁斜阳泛画船，琉璃十顷任盘旋。桨分翠浪驱新棹，舟逆春风话旧传。
乘兴共期穷北渚，漫谈直欲溯陈编。湖山不管千年恨，天水长流一色妍。

观手工业名牌产品展览会

春朝开盛会，偶过结胜缘。奇技惊淫巧，手工叹色妍。
珍瑜夸百粤，罗绮列千軿。货积盈廛盛，前程更着鞭。

再咏华侨新村

西关一带南侨宅，楼阁参差似梵宫。兀岭忽看华构涌，新村原与美湖通。
千株绿树春风里，十里青山暮霭中。别有桃源能避虐，故乡归种四时菘。

郊游

清明时节草萋萋，出户看山信杖藜。野色忽迷天远近，蛙声只在水东西。
孤村日暮炊烟袅，满迳风清宿鸟栖。极目彩霞晴窈窱，恍如身在武陵溪。

越王台怀古

越王古迹有高台，闻道当年跨马来。霸业虽随东海逝，雄图还傍北山开。
石陵复整逢盛世，铁戟沉埋认劫灰。庙貌坟邱俱壮丽，故山何处不崔嵬。

闽王审知墓怀古

日上高峰江吐云，闽王遗塚气氤氲。楼船北出鄱阳道，剑玺东归威武军。
马渎潮平勋业重，甘棠港广德声闻。荒邱复壮逢新政，笑访青山战坂坟。

学习雷锋模范事迹感赋二律　为疗养院征稿作

雷锋事迹岂能忘，奕奕神州姓字芳。无我精神标榜样，利群思想耀邦光。

勤攻毛著寸阴惜，俭学陶风尺缕藏。高树红旗坚不拔，长流典范播遐方。

青年尤应学雷锋，斯是长春不老松。五好红星由苦练，一生劲节出平庸。
遗篇字字嘉言在，令德斑斑模范供。号召全民竞奋发，尚存志气永追踪。

步毛主席《长征》原韵再咏雷锋

任劳任怨不辞难，苦练勤攻未肯闲。岂让螺钉添暗锈，那容日月走流丸。
党恩屡照新生暖，友困常扶自奉寒。懿行长留人共仰，松篁岁晚见苍颜。

步毛主席《赠柳亚子先生》原韵三咏雷锋

昔日刀痕记不忘，童年生活苦连黄。春风遍拂成新士，火炬高燃改旧章。
一瞬困难安若素，全民幸福识无量。词严义正遗篇在，留得三湘焰照江。

春泛西湖

春风肃客泛湖船，杨柳堤边景物妍。大梦烟浮松柏翠，金牛日照李花鲜。
莺声隐隐矶头树，燕影翩翩洲上田。画舫漫移山色里，高歌一曲扣朱舷。

睡起倚楼有感　二首

绿绕回廊翠绕堤，楼台深隐水云西。崆峻山色窗间见，荡漾湖光槛外迷。
雁影远随霞影落，旗峰高与鼓峰齐。数声长笛疏林隔，回首斜阳忆旧题。

风飘花瓣点苍苔，庭畔玉兰翠叶堆。系客幽情长短柳，消人闲况两三杯。
半篙春雨湖新涨，一枕黄粱梦始回。闲倚栏杆缘索句，流莺恰送好音来。

士武馆长在疗养中忽寄一诗因次韵二首却寄

同道论文阅三十春，何期衰病屡侵身。长思神采修翰少，漫抚鬓丝览镜频。

虚愿桑榆惭小补[①]，不才樗栎慕芳邻！周苏香火前缘在[②]，从此唱酬亦夙因。

羡君璀璨笔生春，樗散真堪喻我身。常借蟫篇消昼永，自携尘尾拂尘频。
年光激矢催华发，时局如棋诧彼邻[③]。且喜故人诗骨健，唱酬欲结去来因。

登大梦山望小西湖

楼台高下树婆娑，旗鼓新晴霁色和。好水好山投远眼，春风春景愈吾疴。
峰峦胜处真如画，鸥鹭飞时宛在波。十里莺花看不尽，夕阳西下奈归何。

暮春即景

湖上晴岚杂雨岚，满城杨柳正毵毵。苔封曲径孤烟直，花落长廊夕照酣。
春色正当三月尾，杏英才放一枝南。浓阴绿映纱窗碧，峰影微芒尽显蓝。

忆西湖（用毛主席《送瘟神》一首原韵）

红叶青樽入梦多，西湖风景近如何。遥思翠柳围云水，近忆青山发浩歌。
十里烟花摇小艇，千峰黛色照澄河。桃源不是无寻处，茂苑楼台接绿波。

---

① 卧病经时积事甚多犹待追补。

② 周邠与东坡唱和甚夥自云与坡公有缘。

③ 国际修正主义猖獗月来常与君参加学习。

湖上词草

自序

余不谙倚声，虽有少作，亦弃之如敝屣，不复存留。去年冬间，养疴湖上，始偶一为之，于是好之日笃，闻见所触，多寄之于词，数月之间，积至百阕，汇为一集，敝帚自珍。然自知不能免于古人，“言顺律舛律协言谬”之讥，杨子云有言“雕虫篆刻，壮夫不为”，况此区区声律小技云乎哉！顾人当病苦，无聊之际，姑托吟咏以遣其有涯之生，明知所为无益，然灯唇药畔，拥鼻低吟，一缕幽思与天无际，亦自乐其真之一法耳，工与不工非所计也。

1963年5月30日福州金云铭自识

醉垂鞭　湖上泛舟

落日映晴芜，水潆洄，岸柳绿。楼台入画图，小艇系荻芦。
乘兴荡兰桡，澄澜静，泛菰蒲。鼓枻向归途，余情犹在湖。

南乡子　晚游湖上

远岫幕岚光，湖上亭台抹翠寒。垂柳夹堤连绿荫，姗姗，徐步苍苔暮霭阑。
一径蕙兰芳，花外微波月色凉。风送疏钟声欲残，曼曼，回首楼头昼已苍。

浪淘沙　湖上书感

湖上醉流霞，风皱轻波，一声渔笛起蒹葭。两岸云山明镜里，水映松萝。
狂歌野兴多，两鬓成皤，金牛山上几旬过。强半韶光闲里度，莫再蹉跎。

贺新凉（金缕曲） 元旦西湖晓望

元日楼头望。映晨曦，湖光倒影，水云微漾。夹岸松槐添新绿，远处青山叠嶂。是一色空濛情状。隐树亭台红刚见，欸乃声来去移兰舫。风过处，闻欢唱。

花开日暖情和畅。对游人晴茵十里，神怡心旷。谁在中流歌妙曲，阵阵笙箫嘹亮。看双塔千灯齐放。满眼红旗凌空插，记当时清景安能忘。凭画槛，浩怀壮。

生查子 登高怀旧

翠柏郁山岗，怪石横左右。木落野萧萧，飒飒风声吼。

策杖出林皋，登眺怀良友。远岫海云生，日暮空搔首。

渔家傲 湖上朝曦

水际风光春尚浅，波涵翠巘层层远。旭日东升红又暖，疏林显，西湖一片胭脂染。

岃崱峰头窥醉脸，彩霞恰似飘丝毯。北渚南洲岚气敛，朝曦晛，云山万叠镜中展。

渔家傲 春节联欢题林子白先生梅花春酒图

大地春回人意好，风和日暖梅开早。爆竹声喧欢幼老，丰年肇，新正互祝无烦扰。

处处街头锣鼓闹，人人共醉屠苏酒。万户赓歌温又饱，春日皎，红旗夭矫飘云表。

蝶恋花 春来湖上

湖上春来青草长。远岫浮空，一碧莹明朗。更爱夹堤桃李放，孤山深处花开爽。

无际空濛摇画桨。映日亭台，绿树阴中晃。十里风光扶杖赏，闲情偶占劳遐想。

念奴娇（大江东去） 西湖怀古

绿榕深处，夕阳照，开化旧时禅院。孤山当年，人道是，闽王水晶宫殿。复道张灯，莲舟摇曳，妙舞开清宴。玉箫金管，乐游新曲齐荐。

谁想一刹风流，凤燕埋黄土，龙潜云变。锦帐牙樯，转眼间，化作灰飞烟幻。今日湖山，人民来做主，已更颜面。花开如锦，一片春光潋滟。

阮郎归 壬寅除夕书感

镜中吟鬓更情真，明朝六十新。一生安得略知津，屠苏且自斟。

勤探讨，惜分阴，曚眬梦可醒。开天长欲作新民，红旗壮志伸。

眼儿媚 元宵春雨

丝丝斜雨湿苍苔，花信费疑猜。丁香未破，桃花初绽，绿萼才开。

檐前细滴春寒重，难得故人来。元宵时节，恼人气候，且醉新醅。

踏莎行 深夜闻西湖剧院演唱

一片鹍弦，声声画鼓，隔邻正演霓裳舞。玉笙谁与唱消魂？氍毹毡上衣冠楚。

金粉扬尘，银屏笑语，悲欢离合稽今古。夜阑人散凤箫寒，无眠听到宵将午。

十六字令 梅 三首

梅，雪骨冰魂羯鼓催。春来到，独占百花魁。

梅，绿萼华开锦绣堆。枝头遍，片片点苍苔。

梅，寒玉千枝照水隈。东风发，着意趁春栽。

绮罗香 观武汉杂技团马戏队演出

去旧呈新，百花齐放，创造新型奇术。济济群英，恰似燕穿猿突。走钢丝、顶碗高空，踏幌板、浪桥飞鹘。更惊她、绰约纤腰，翻云挠柳柔无骨。

蹬人浑似滚轴，天女高低蹴鞠，飘蓬轻拂。柗转模儿，更见愤张灵活。况有那、狮虎熊罴，还配演、训猱灵猲。最惊心、百戏横陈，满场唯咄咄。

浣溪沙 湖上散步

荡漾晴漪翠欲流，三山春暖操先稠。杖藜萧散步汀州。
远嶂斜阳看更好，西湖佳景柳丝抽。水云如练月如钩。

菩萨蛮 贺张院长得吴门顾三娘制杏林春燕砚

立翁近得吴门砚，玉人琢自端溪甸。光滑似凝脂，澄泓比素澌。
圆池能积润，散墨松烟净。妙手彩毫挥，杏林春燕飞。

玉楼春 湖上花开

春来湖上无风雨，柳色青青留客驻。飞虹桥畔小桃红，耿耿阳和天汉曙。
梨花照水浑无语，狼藉繁樱随水去。依然难挽韶光回，须记今年花发处。

点绛唇 湖楼春望

满眼韶光，西湖柳色回青浪。白梅花放，一片春和畅。
几个黄鹂，婉转枝头唱。中心贶，愿春常旺，闲立高楼望。

摊破浣溪沙 二月二十一日晓起作

半榻闲云鹤梦清，一帘红日晓窗明。石鼓浮清白雾拥，雨初晴。
两岸岚光晶镜里，平湖曲曲绕榕城。久倚栏杆看不足，有余情。

八声甘州 再访林则徐读书处

渐斜阳淡淡下西峰，树影浸澄澜。问林斋何处？荷亭叶瘦，双碣苔斑。只是红衰绿减，十笏小书龛。杳杳白杨外，显见萧寒。

寂寂蓬门深锁，蕉萃无人管，清境幽闲。女墙深巷里，一树老梅残。想诗人流风余韵，有西湖为镜照华冠。重相惜，刘郎前度，再次临观。

凤凰台上忆吹箫 寄黄之六先生作

花径香迷，白亭露冷，何年再与清游？对匡庐佳境，犹自凝眸。千里关山阻隔，云缥缈、那得勾留。诗和酒，君还记否，酣梦江州？

悠悠芳辰转眼，堪笑到而今，尽日楼头。念睡仙何许，聊寄书邮。更忆西湖胜聚，共访桂斋结仙俦。春来也，声声杜鹃，能不归休？

莺啼序　湖上怀古

西湖绿杨碧水，望波光荡漾。太康代犹是荒洲，严侯疏凿开创。那时候、莺啼蝶舞，晴烟冉冉更新样。奠山川宣蓄神工，溉田全仗。五代延钧，复道缥缈，趁龙舟锦帐。听歌采莲水中央，乐游新曲齐唱。几何时南唐铁骑，凤和燕同归泉壤。水晶宫禾黍西风，顿成幽梦。

芙蓉影里，八百年间，水乡变藕荡。别岛建古禅开化，渔唱红蓼，樵荅青山，几度川壅。莘田首倡，堂开宛在，诗人多入楼中供，道光间少穆梅花种。荷亭客访，桂斋小筑弦诗，且将钓丝轻弄。韶华满眼，燕子依然，喜东风解冻。换面貌湖山新辟，画舫摇波，院宇参差，百花竞放。长堤十里，游人如织，桃花映水浑似画，看红旗高入云霄上。赓歌声里三山，尔许雄心，老当益壮。

谒金门　喜雨作

麦苗绿，喜雨一犁初足。极目平畴清沃沃，四围峰似浴。

叶底莺声断续，如报春光急促。处处枝头花簇簇，勿令春去速。

渔歌子　案头水仙

仙子凌波不染尘，重重帘幙见天真。风乍暖，日初匀，纱窗玉蕊为谁春。

忆江南　西湖四时好　四首

西湖好，风景拟杭州。山色春阳看更美，桃花夹岸听鸣鸠，一碧水如油。

西湖好，隄外柳烟平。树色迷人澄镜里，鸥凫水上藕花清，夏看晚霞明。

西湖好，山水显清妍。远岫浮空青似染，澄澜入眼映晴天，秋赏菊花鲜。

西湖好，叶落满寒漪。漭漾山川冬更蕴，天容净处远峰奇，画舸系鱼矶。

卜算子　湖上春望

春早岸痕高，树影平湖漾。如画亭台隐翠阴，映水桃初放。

鸥泛夕阳轻，鱼唼飞花浪。无际空濛一望收，极目烟波上。

诉衷情　春游西山

杨花如霰柳如烟，扶杖过前川。西山雨后鲜妍，且上翠微巅。

莺自语，蝶联翩，听啼鹃。一双舞燕，几点桃花，满地苔钱。

画堂春　感春怀旧

晴湖春水绣桃花，垂堤嫩柳欹斜。凭窗对景听琵琶，未识谁家。

楼上画栏独倚，暗愁华发频加。临流且写浣溪沙，欲寄侯芭。

临江仙　湖上休养有感

修得金牛山下住，扶苏一院清幽。湖山佳绝绿阴稠。红亭临碧水，燕麦满平畴。

久雨初晴花欲绽，绕楼几曲汀州。纱窗睡起听鸣鸠。欲归归未得，且泛木兰舟。

沁园春　忆游庐山

云漫千峰，雾锁深潭，瀑似银鲸。念久别庐山，恍如幻境。旧游犹恋，牯岭红甍。品茗黄龙，寻芳花径，当日何曾轻负晴。仙人洞，看长江万里，大快生平。

心惊五老难登，到大月山头惜未行。忆含鄱东望，澄湖如练。山间温室，一片晶莹。更访大林，乐天遗迹，不见桃花倩影横。归来后，对匡庐胜景，梦寐常萦。

柳梢青　本意

万缕柔丝，烟斜风细，摇曳生姿。院宇深沉，苍苔映碧，燕子飞飞。

章台路暗人稀。夕阳外，婆娑乱披。素雪翻晴，杨花点点，袅上阶墀。

南歌子　将归有感

欲与湖山别，饶他裙屐迟。数月系游丝，携归诗一束。笑狂痴。

鹧鸪天　湖上看桃花作

十里平湖幽致多，南风乍起水生波。桃花无语迷芳躅，日暮湖头醉绮罗。

穿小径，舞婆娑，繁花笑我鬓成皤。为怜春色周旋久，漫步苍苔独啸歌。

忆王孙　春望

桃花时节怯寒潮，斜倚楼头眼界遥。极目湖山旧板桥，画难描，一片烟波织柳条。

采桑子（丑奴儿）　楼头即景

凭楼万景流霞艳，处处闻莺，草木滋荣，隔水万峰翠黛凝。

桃花夹岸开将遍，放出繁英。媚尽朝晴。眼底春光瑞色呈。

减字木兰花　暮登高台闲眺作

登临纵目，暮色苍然生远麓。树暗芳洲，楼影参差月一钩。

华灯初上，点点繁星湖里漾。何处笙歌，独椅栏杆野兴多。

烛影摇红　西湖携友看桃花感赋

乍暖轻寒，艳桃初放燃春昼。东风澹荡夕阳斜，水面波生皱。邀朋寻芳苑囿，赏繁花，湖滨共逗。淡红浓紫，十万琼瑶，临流竞秀。

重叠红英，武陵春色枝枝透。微风吹处不胜娇，玉脸新妆斗。笑靥迎人欲诱，应相惜，当前锦绣。春归如箭，莫待花飞，再来相就。

江城子　回廊望华侨新村

琳宫杰阁坐来看。月如盘，照雕栏。玉宇琼楼，翘首碧云间。绣幙珠帘笼远水，歌舞地，旧家山。

故园息影海南还。客心宽，梦邯郸。浮身万里，洋外有何欢。别有桃源能避虐，回祖国，乐恬安。

玉楼春　将归书感

波光遥射千山翠，桃花才放犹未炽。春风冶荡柳笼烟，微雨连朝添冷气。

啼鹃引起家园思，漫说归期已将至。梁间双燕解留人，婉转呢喃频送意。

水调歌头　春晚湖头散步

向晚湖头步，树色映斜阳。粼波遥射金翠，远岫暮烟苍。正是江南草绿，万点桃花争艳，开彻水云乡。亭榭看新筑，畎浍绕横塘。

喜雨足，麦苗秀，柳丝长。春光浩荡无极，布谷叫苞桑。渔子捕鱼溪上，网起银鲫乱跃，此景岂能忘。碟躞行阡陌，归路月如霜。

醉奴儿　再访湖上桃花

花开烂熳笼芳坞，映日林园。恰似桃源，千树围春落瓣繁。

湖山寥绝无尘染，草绿莺喧。路接台垣，前度刘郎再返辕。

捣练子　朝阳

波映日，霭浮空。树影玲珑透旭红。万叠奇峰云一片，白苹开处水流东。

惜分飞

林君秉益四十年前英华老同学也，去冬养疴湖上不期相遇，得畅话旧情，今渠转院协和，特歌一阕送之。

湖上生涯三月共，旧事真如幻梦。又惹心头涌。愿君此去须珍重。折尽垂杨千缕奉，怎抵离情万种。山色春光送，郊原回首何时拥。

满江红　三月九日参谒林祥谦烈士陵园感赋

车走雷声，共来到祥谦陵下。正满目春光明媚，绿盈郊野。微雨初晴花尽放，易寒乍暖风如射。看千人参墓拜英雄，乘休假。

当时事，堪悲诧。江岸血，非空泻。叹群枭割据，图王称霸。祠庙高临南港地，春秋长享人民社。笑权奸山倒姓名空，诸人骂。

摸鱼儿（买陂塘） 观中国铁路文工团演出歌剧《洪湖赤卫队》有感

演新声，清商细谱，歌场布景堪许。洪湖浪拍芦花岸，一片缨枪威武。惩巨恶，君不见老奸渔霸无归路。难逃众怒。只二十年间，沧桑变换，全国红旗树。

新天地，碧藕花开香雾。环湖千百渔户，回来满载鱼虾晚，遍地野凫禾黍。歌且舞，如不是党来领导民兵举，怎成乐土。现千顷洪湖，欢娱到处，膏泽遍黎庶。

虞美人 湖上见打鱼因歌此阕

具区浩荡波无极，人在层阛集。乍经雨后见清涟，只觉绿杨风散一桥烟。

喜看绕郭湖新涨，喧鸟千声唱。桃花开处隐渔舟，早送鳜鱼如雪过楼头。

桃源忆故人 春雨思归倚之以声

廉纤细雨无朝暮，恰似丝丝飞缕。滴尽柳梢处处，衣润笼残雾。

杜鹃啼彻思归去，满眼韶华难驻。寂寂回廊轻踱，梦绕长安路。

相见欢 春宵

一庭花月春宵，梦魂遥。寂寞夜凉灯映，满湖漂。

银汉转，众星见，碧云高。无那笛声数弄，隔红绡。

好事近（钓船笛） 忆旧游

仙侣忆旧游，屐裾佳晨湖上。无限云山诗意，看征鸿南向。

销魂春色叫黄鹂，东风正和畅。极目高楼烟外，想长安庾亮。

太常引 春晚

轻舠遥系夕阳斜。霁色见明霞。红照一林花，忽听得，关山暮笳。

风光如画，楼台春晚，树梢拂檐牙。闲倚数归鸦，烟霭里，牛羊返家。

一剪梅 五更闻湖上京剧团练嗓声

城月低悬露气寒。曙色微明，玉漏将残。箫声清越过墙来，脆管繁笙，弦索轻弹。

欹枕西楼兴不阑。听到珠圆，击节三叹[①]。羡伊虽小亦能勤，才唱萧韩，又学邯郸。

应天长　咏鹰

将军猛鸷如金铁。劲翮萧飔飞猎猎。冲天捷，追风霎，一击凌空惊电掣。

碧天资出没，多少野狐闲狨。月黑沙黄出穴，此时须俊鹘。

齐天乐　参观全国年画展览

琳琅满目山阴道，年年纵横盈市。藻饰华腴，图文并茂，绘出嫣红娇紫。繁花艳卉。衬金雉文鸯，玉麟锦鲤。新样丰姿，写成娇态比西子。

民间形式似海，叹丰赡多彩，堪称观止。三国红楼，西厢水浒，描得天真满纸。英雄气概。与儿女情长，一般堪喜。建设丰收，更增年画美。

鹊桥仙　午睡

日长庭院，困人天气，翠幄东风帘户。梦魂摇漾枕书眠，渐不闻花间莺语。

巫云一片，啼残怨宇，此际惊回最苦。醒来只觉舞残红，挽不住相思旧侣。

一斛珠（醉落魄）　虫声

墙阴草穴，寒蛩四起宵将结。冰弦碎响幽虫咽，细谱宫商，高下鸣差别。

尽意哀吟清夜彻，花香春暖何须说。扰人好梦真饶舌，谩诉凄凉，底事空悲切。

小重山　三月二十一夜闻雷

雨骤风驰夜半来。砰轰鳌鼓猛，是春雷。绛河倾注玉山隤。狂飙发，花木一庭摧。

客梦被惊回。东皇施怒气，显声威。胥涛夜吼白龙堆。清早起，霁色又天开。

---

① 平声。

满庭芳　观芳华越剧团演出《杨立贝》有感

照野阳光，连天海气，吹散匝地乌云。红旗高举，浩荡洗瘴氛。谁信江南好景，当年是一片悲雰。东风拂，人民做主，枯木又逢春。

应知今日福，欢娱处处，后果前因。要深思前哲，缔造艰辛。记住先时苦难，新社会幸福欢欣。勤前进，前程万里，佳境更无垠。

更漏子　湖上春阴

淡云遮，平芜暮，算是轻寒难度。春思乍，远山微，砧声何处稀。

湖水碧，梨花白，独自倚楼脉脉。凝眸处，柳如丝，阴晴无定时。

如梦令　不寐

月入疏帘如水，蟋蟀讴吟不已。彻夜梦难成，又听荒鸡侵耳。无寐，无寐，墙外车鸣人起。

清平乐　夜雨不成眠

繁声落枕，春雨难酣寝。最是恼人更漏永，长夜潇潇凛凛。

只有好梦难寻，此时苦作轻吟。自笑终宵转侧，明朝镜里霜深。

醉太平　燕子

杨枝弄腰，余寒乍消，燕见似惜花飘，尚双双舞翾。

声娇影翛，山遥水迢，半年何处游翱，却又归旧巢。

调笑令　柳影

春柳，春柳，楼前纷披翠绺，怜他飘泊清幽，梢挂月华一钩。新月，新月，照得离人愁绝。

酒泉子　梦醒

好梦难留，是幻是仙难说。在当前，旋没灭，觉温柔。

寻思依样心头记，醒来情景异。夜深沉，花影媚，院庭幽。

长相思

鹃声稀，在高枝。旭日曈曈窗半窥，帘拢客梦滋。

柳丝垂，暖风吹。院静人闲睡起迟，欲归犹未归。

西江月　湖上春晓

杨柳堤边芳草，海棠枝上黄鹂。微风细浪晓烟迷，极目青山碧水。

独倚高楼远望，浮萍绿涨前溪。一犁春雨麦苗齐，飞舞双双燕子。

河渎神　感逝

晓色入高楼，帘影飘香欲流。华年回首碧云悠，韶光尤似奔骝。

草绿天涯浑未著，谁谓王孙迟暮。大抵浮生如寓，壮心能绾春住。

破阵子　鸟语

落尽桃花万点，攀回杨柳千条。山色看从波上翠，鸟语听来叶底娇。清商鸣九韶。

巧啭芳声多样，更番远近嘲啁。沉醉吟边莺燕好，似是牵情伴客寥。频将琴瑟调。

忆秦娥　送别

离情结，茫茫春草连云湿。连云湿，垂杨漫折。归心何急。

沧波一望楚天阔，低飞柳燕无消歇。无消歇，送君千里，终须言别。

水龙吟　四月一日全院同人荡舟湖上为歌此阕

西湖十里晴漪，斜晖映水清无际。遥峰极目，垂杨飞缕，韶光明媚。草绿芳洲，杜鹃开遍，孤山禅寺。趁浪柔风细，碧波缥缈，同人共，划船戏。

画桨声喧如沸，尽轻舟随飔摇曳。湖心并进，中流击楫，红亭齐憩。棹归途，邻舟歌发，笛声幽秘。又穿桥拂柳，仙槎纵返，此人间世。

一萼红　落花

乱红飞，正江南花信，零落满晴晖。陌上溪边，繁英狼藉，空怜哀谢芳菲。挂游丝漂浮渐远，惊寂寞庭院剩残枝。日影横斜，莺声半老，一片迷离。

欲问春光几许，正朱华摇尽，翠柳纷披。啼彻杜鹃，飞残燕子，一番绿黯红稀。最负他曹腾短梦，化蝴蝶犹绕旧柴扉。忍令沾泥逐水，又送春归。

唐多令（南楼令）　蛙声

湖影澹悠悠，芭蕉露未收。落花深，莫倚高楼。阁阁蛙声千万遍，敲画鼓，贯珠喉。

何事尽清讴，年年青草柔。怅韶光逝水奔流。落了梨花黄了麦，春纵好，已难留。

苏幕遮　杨花

叶离披，花亿兆，点点高飏，卷入晴烟袅。未肯无声空坠淖。将下苍苔，又趁微飔杳。

尽飘零，还缥缈，百尺章台，长望天涯道。千里茫茫春浩淼。云护轻幡，着力东风好。

浣溪沙　学习反修正主义有感　用毛主席和柳亚子原韵

不与群魔共戴天[①]，笑他牛鬼[②]枉翩跹，同床异梦岂能圆。

明似月轮终皎洁，冷如冰雪辟喧阗，中流砥柱更居前。

十六字令　三首　依毛主席原韵作

山！领略苍茫据玉鞍。抬头望，峰上月初三。

山！万笏尖峰泛巨澜。枫林绕，红叶战霜酣。

---

① 指铁托等修正主义者的魔道

② 牛鬼指美英帝国主义者的幸灾乐祸。

山！远嶂冥迷夕照残。云烟里，黛色有无间。

如梦令　春梅　依毛主席《元旦》一首原韵作

岭上凝寒初化，山鸟频呼泥滑。春已到人间，开遍梅花高下。高下，高下，一片雪香难画。

清平乐　湖光山色　依毛主席《会昌》一首原韵作

江山春晓，院静晨曦早。百啭莺声今渐老，潋滟湖光偏好。
遥看芳莳高峰，翠凝晴色空濛。一霎风吹过雨，连天绿芜青葱。

菩萨蛮　雁阵　叠毛主席《黄鹤楼》一首原韵

塞鸿嘹唳飞南国，西风凌厉寒朔北。五岭色青苍，回汀宿暮江。
一字排空去，影淡天低处。俦侣羡滔滔，悠扬筝柱高。

前调　秋江　依毛主席《大柏地》一首原韵作

暮烟隔水余残紫，波回野渡商羊舞。飞雁趁斜阳，关河昼已苍。
江流千里急，青翠生苔壁。落叶瘦秋山，芦花向晚看。

清平乐　湖上看菊　依毛主席《六盘山》一首原韵作

秋容浓淡，霜信初传雁。恰似繁星横银汉，开遍金英十万。
阑姗缓泻层峰，枝摇老圃西风。湖上迷濛香雾，看花人若游龙。

西江月　湖上观鱼　依毛主席《井冈山》一首原韵作

云影波心漫漾，歌声树外频闻。落花流水自重重，鱼戏新荷叶动。
旅思已深湖上，游情欲倦春城。飞车合沓似雷隆，潭底金鳞惊遁。

忆秦娥　夜声　依毛主席《娄山关》一首原韵作

花芳烈，长廊静院灯如月。灯如月，渔歌细碎，洞箫轻咽。

微风过处鸣檐铁，夜砧断续声清越。声清越，幽虫絮语，杜鹃啼血。

浪淘沙　雁　依毛主席《北戴河》一首原韵作

雁阵自幽燕，飞向南天，关河黄叶满行船。嘹亮横空排锦字，风雪无边。

俦侣聚年年，云杪悬鞭，佳人目送寄瑶篇。留得欹斜残影在，落入林间。

沁园春　春耕　依毛主席《长沙》一首原韵作

绿野初晴，三场雨过，鸟语枝头。正平畦郁郁，秧针出水，茫茫十里，渠道长流。夹岸田畴，接湖沟洫，万亩溶溶润所由。春耕忙，听欢声如沸，一片歌浮。

芳洲蝶舞蜂游，看坡上青葱草木稠。喜男女青年，眼明身健，英雄老圃，壮志犹遒。闪耀银锄，勤挥铁臂，劳动热情傲彻侯。红旗树，把丰收争取，载谷盈舟。

金缕曲　学习雷锋事迹书感

拍案悲歌发！叹雷锋夭年竟夭，令名难没。无我精神高万丈，耿耿胸中热血，已化作苍松翠柏。二十二年生虽促，但遗篇日记犹蓬勃。追往迹，倍芳烈。

斯贤慷慨多奇节。志坚强，勤研毛著，为谦收益。爱物尤嫌粒委地，木屑竹头均积。争上进，流光珍惜。暗助他人非易事，作典型模范书丹册。千古传，何须说。

沁园春　游鼓山作　依毛主席《雪》一首原韵作

洄洑沙洲，映碧岗峦，绝顶杳飘。听清溪澎湃，飞泉瑟瑟，晴江缭绕，流水滔滔。岭峤纵横，川原绣错，举首偏夸为峛高。翩然上，见三山缥缈，四野妖娆。

林梢鸟语争娇，暂禅榻斜支将折腰。看春螺展黛，峰容翠滴，云裾曳白，松籁萧骚。浦溆苍茫，天风劲疾，惊起岩巅一老雕。寒燠变，恼黄昏渐进，且结良朝。

念奴娇　花朝怀旧　依毛主席《昆仑》一首原韵作

韶华弹指，又花朝时节，水光山色。尽日楼头抬望眼，只见涟漪清澈。柳未抽条，桃还乍放，寒缩湖壖鳖。春风无奈，梦魂应与谁说。

闲数历历鸣鸦，汀州极目，几处梨花雪。未觉红墙银汉远，恨被青山遮截。卷雨珠帘，凝烟螺黛，红豆思南国。流莺声里，怀人情绪犹热。

水调歌头　暮春湖上闲眺　依毛主席《游泳》一首原韵作

柳外听喧鸟，桥上赏游鱼。洲南渚北风物，客思正安舒。宿雨朝来初止，小立瑶阶池馆，庭树绿阴余。极目纵闲眺，清境庶几夫！

水粼粼，波渺渺，辋川图。画船轻泛兰桨，鼓棹向归途。无限秾红艳紫，一片晴烟飞絮，欸乃荡前湖。苗长平畴翠，美景暮春殊。

高阳台　三月十五夜对月漫兴

凉露娟娟，微风悄悄，一轮皎洁初升。云淡天高，银汉几点疏星。玲珑月魄楼头照，映波光闪烁晶莹。曲栏凭，依旧当头，分外空明。

湖山景色无边好，望荷花亭上，影乱纵横。翠护回廊，数枝绕砌琼英。满庭烟草凝寒碧，听声声络纬争鸣。动清吟，良夜心怀，聊遣幽情。

一萼红　有怀老友林尔聪

翠模糊，想藤梢垂格，万绿早凉初。叶叶分风，丛丛漏月，近日吟兴何如？问添了几茎白发，又还问撚断几茎须？园里寻芳，湖中泛棹，作底欢娱？

著得等身书就，甚眼中未见，还有奇书？梦隔前尘，客来今雨，我是病院闲居。且欲赋故园归去，算斯人何可此间问拘。一笑回头，花开浩荡西湖。

锦缠道　蝴蝶

庭院春酣，芳径暖风吹彻。睹园林，万花齐发。池塘雨歇芭蕉洁。蛱蝶寻芳，抖擞新衣捷。

看纷纷过墙，去来更迭。舞翩翩欲追香馞。奈无情罗扇将伊挞。粉痕都褪，腕底频惊霎。

潇湘夜雨　流萤

雨过闲阶，凉生池馆，流萤三两才生。粘花附竹似多情。飞渐远，高低明灭，光不定，依槛穿棂。偏奇处，星繁易见，月暗尤萤。

随缘去往，珠帘巧入，生意流尘。怕银灯高照，画烛双擎。深院里，罗巾低扑，囊小盒，寒影摇青。怜伊是，秋痕腐草，风露自销凝。

蓦山溪　雨过天青

清波淼淼，十里芳堤绕。黛色蘸湖光，尽一带汀兰岸蓼。菰芦画桨，闲里趁东风，听啼鸟。莺声老，正是春将了。

潇湘缥缈，极目烟尘杳。骤雨乍飞来，万叶颤，声喧荷沼。重溟云拥，嘘气暗楼台，狂飙啸。斜阳照，又见晴空皎。

蝶恋花　九日登高遇雨　用毛主席《赠李淑一》原韵

锁碧危亭依绿柳。故国斜阳，又喜经重九。借问村醪何处有？登临佳节须拼酒。

百丈游丝牵翠袖。一片天风，吹起银筝舞。簪到黄花秋似虎，流云薄暮来凉雨[①]。

疏影　忆湖上之游

春深水际。正碧波缥缈，小雨初霁。节近清明，燕姹莺娇，一院翠梧风细。落红满地韶光老，漾浩淼，湖平如砥。看堤边嫩柳摇丝，悄倚玉栏苔砌。

追忆题襟岭上，绿窗裁尺帛，旧梦堪纪。泛棹湖唇，寻取秋痕，絜鹭携鸥芳沚。匆匆尽作萍踪徙，尚记得玉台罗绮。看妙舞，箫鼓笙歌，都化篆烟旖旎。

满江红　送张立院长调任漳州师院作

十里榕阴，分携处，有谁留得。空怅望，疏烟远树，草青江碧。桃李春风吹不断，柳丝秋色情无极。对清尊杯酒写相思，云山隔。

---

① 末三句转麌韵于律未叶，兹从原韵。

骊歌场，愁如织。虽筵撤，欢难觅。听阳关三叠，征鞍敲月。建校漳城孚众望，树人鼓屿循天职。佐清明，化雨及时施，成嘉绩。

东风第一枝　咏梅　读毛主席诗词感作

北陆严凝，西郊料峭，东风送暖南陌。一枝冒雪芬芳，九隅传春信息。冲寒绛萼，开烂熳，清熏无匹。迥不与桃李争妍，自诩寿阳装饰。

吹画角，调高玉律。呈秀骨，不夸艳逸。嫩英渐吐琼瑶，暗香散飘绮席。殷勤庾岭，通远使，移栽新域。更休逐羌笛凋零，冷落暮山寒驿。

解珮令　读毛主席卜算子作

严霜冻迫，众芳摇落，有梅花，独占春光早。阵阵幽馨，向人间报春来到。绽南枝绛苞绮萼。

雪消日暖，暗香浮动，一枝枝看来都好。待至春浓，万花发，丛中微笑。祝东君长春不老。

望梅花　读毛主席诗词感作

一阳初起，暖力渐胜寒气。堪赏素华春挺秀，不并眩奇斗紫。阵阵幽香清莫比，岂似凡花俗卉。

风标难绘，蜂蝶岂知红蕊。直向天涯驰驿骑，递到远方国里。琼玉枝头君认取，自有芬芳旖旎。

鹧鸪天

腊雪初晴春意回，先传消息是江梅。北枝休羡南枝暖，凭仗东风次第开。

寒冰解，迅雷催，未攀已得好音来。西邻且莫吹羌笛，琼蕊红苞到处栽。

卜算子　步　毛主席《咏梅》原韵二首

朔北晓来风，万里寒云到。雪里精神破腊开，渐吐红苞俏。

绰约向南枝，先把阳和报。一任霜威漫见侵，仍对春光笑。

霁日映高梢，欢把春喧报。驿使天涯寄一枝，争向东君笑。
万木几凋零，雪意严冬到。素色清芬满树华，舒展寒芳俏。

浣溪沙　庆祝中华人民共和国成立十六周年

浩荡东风大地醒，万方跃进向光明，河山壮丽共欢腾。
磐错五洲持正义，交亲四海寄真情，红旗高矗作千城。

闽南游草

1963年9月27日至10月4日在厦开福建历史学会学术讨论会，予被邀出席。乘二十六晚火车经沙县、永安、三明、漳平、华安等地抵鹭门。会后又为福建第二师院张院长立及泉州华侨大学林校长汝楠邀请，访问该两校图书馆。由动身至回榕历时两周，计在途间及回家后追忆所得成诗三十余首，聊为录出，略志雪泥鸿爪而已。

赴厦途中车经漳平山洞作

穹窿惊禹凿，峻岭与云齐。山势盘千仞，洞周辟万梯。
沾衣岚气重，隔树夕阳低。忽听长空笛，行踪信雪泥。

车过华安作

此地仅容轨，悬岩一径通。溪流喧乱石，岭树撼高风。
车辙群山里，墟烟夕照中。禾麻欢被野，谈笑祝年丰。

沙县车中口占

才穿山洞石岩訇，又过溪桥铁轨轰。一路隆隆声聒耳，昨宵自笑未眠成。

车经三明道中

重峦叠嶂俯晴川，车辙硿隆掣电穿。开岭为梯才片土，依岩结屋自成廛。
漫山翠绿松杉树，夹道青黄稻菽田。工厂高囱林立似，三明新市不虚传。

鹭门前线纪游

鹭门重镇压前沿，联袂秋游淑景妍。万叠银涛冲曲岸，四围铁垒护严滩。
风樯画鹢连霞彩，云阵飞鸿度晓烟。对敌雄图今更固，铮鸣剑气浪滔天。

登集美南薰阁感赋

双阁翔天表，若从海上来。玲珑七宝碎，缥缈片云裁。
鹭岛随堤迴，鳌园隔水开。登临生雅兴，依槛意迟徊。

海堤望集美

云水连天天宇空，长堤接岸势何雄！参差楼阁呈金碧，身在苍茫图画中。

集美海堤次刘蕙孙韵 五首

烟水苍茫漫石堤，长空送雁海天低。鳌园一片清秋色，入画楼台在岸西。

铁石修成海上堤，苍茫无际水天低。中秋集美晴光好，高下红甍耸路西。

摩空楼阁倚长堤，一片岚光帆影低。秋色满林三岛外，高翔鸥鹭水云西。

学府巍然傍大堤，红楼映日远山低。四方才俊看云集，传得弦歌过岛西。

秋游胜侣集高堤，回首斜阳日欲低。诗思乘潮收不住，随帆飞出海门西。

游鼓浪屿口占

傍海楼台景色幽，双轮舣处客如流。中秋一片欢声里，疑在蓬壶岛上游。

水操台怀古

巍然百尺水操台，极目烟波感慨来。王气虽从石井尽，壮怀犹对鹭江开。
飙中绿树生寒籁，秋里黄花映碧苔。静听海涛喧万鼓，红旗招展沸风雷。

题郑成功纪念馆册

延平古迹练兵台，仰止英雄辟草莱。功业岂随流水去，声名犹趁海云来。
丰碑复建逢熙世，折戟沉霾感劫灰。故垒嵯峨祠馆壮，家山无处不崔巍。

日光岩

凭吊英雄几劫灰，晃岩斜日下高崃。潮声已带余光落，山色犹迎返照来。
岛外片帆随雁鹜，林端群岛过楼台。可人最是庭前菊，不待秋风已自开。

菽庄公园即景

菽庄放眼恣奇游，海上青螺十二楼。岛屿万里横翠黛，浪潮三面起银沤。
通幽岩洞依山迴，曲折石梁跨海遥。一点斜帆和雁远，薄云如絮水如油。

南普陀

禅宫缥缈翠微间，暮霭朝霞任往还。远听潮音生海上，飞来云外普陀山。

海滨观潮口占

猎猎风声疾，寒飙动海涛。千帆随水进，云破碧天高。

十月六日与张立院长、姜子润、陈增辉等同游木棉庵感赋　四首

庵为宋郑虎臣诛贾似道处，路旁有明俞大猷所立石碑三，前面有木棉亭，近人所建。

敌兵压境尚游憨，蟋蟀半闲门正酣。误国殃民谁得似，万年遗臭木棉庵。
拥立功高帝眷隆，楼台葛岭映湖红。岂知恩怨原轻结，蟋蟀荒庵泣暮风。
清歌妙舞半闲堂，富贵荣华剧一场。法部霓裳犹未歇，已来黄雀捕螳螂。
败垣荒迳草茸茸，云是权臣旧日踪。亭畔古碑书恶迹，方知人世有奸忠。

漳州南山寺观革命烈士纪念碑

南山寺里思低徊，仰止高峰倚上台。凭吊英雄龙去杳，瞻依华表鹤归来。

好音隔叶空黄鸟，古刻横阶半绿苔。千载精神长耿耿，当年佛骨久尘埃。

南山寺大石佛

南山古寺何崔巍，琳宫绀宇纷堂皇。连甍累栋势嵯峨，修从明代创开元。
石雕一佛冲天立，金身奚止丈六长。是谁镌此逞技巧，幻出躯干何昂藏。
拈花微笑摩空迟，高如宝塔撑穹苍。擎天柱地形奇崛，感此庞然宝相庄。
衣袂飘飘脚踏莲，矗然神物岂寻常。游客到此叹观止，人力巧能夺天工。

游泉州开元寺

十月八日与林汝楠、吴文良、姜子润、陈增辉诸同志同游开元寺，寺始建于唐重修于明洪武间，寺东西有宋建双石塔，寺后有桑莲古迹，殿中斗拱皆作飞天仙女，栩栩如生，为他处所未见。

双塔凌空起，禅林晓霭间。桑莲留古迹，贝叶隔尘寰。
天女舒凤翼，仙灵驾羽鸾。平生怀古意，今日幸跻攀。

观泉州回教寺及灵山圣墓

天方圣寺有遗踪，城外青山看古封。岩际藓碑留旧迹，岭头石筑显新穹。
海门客去帆樯杳，空半烟消岛屿浓。到此停骖访灵异，居人遥指玉球峰[①]。

登南安九日山感作

峻岭层层草径回，巉岩兀律倚山开。禅林遭火空陈迹，石柱朝天久劫灰。
古刻纵横添赤墨，旧题漫漶长青苔。江山兴废闲云在，对景难禁感慨来。

清源山老君岩　二首

依岩雕琢老君成，形像端然笑口生。组绶影随风木动，须眉色借岭霞明。
尚余仙迹遗丹灶，长捧祥云拱古城。伫立清源凝望久，数行归鸟暮天晴。

---

① 山有风动石，上刻“碧玉球”三字。

一自函关去不还，五千道德授人寰。于今默坐长松下，终日参玄夕照边。
漫说无为成妙悟，只缘清净驻欢颜。何须金谷烧丹药，因有罗天在世间。

华侨大学看潮

潮来万顷接长天，楼上遥看阡陌连。夕照红收青草外，远山黛抹白鸥边。
渔人一棹帆樯远，贾客千年岁月迁。无尾桥横看咫尺，乘流思欲访前川。

登九日山望泉州城

登高极目望平芜，谁染泉城作画图？千亩稻田掀翠浪，万竿蔗秆泛青蒲。
江流绕郭平沙阔，岚气吞林晚野腴。无限怀思今古事，不随烟景共模糊。

与林汝楠校长等同登华侨大学高台远眺作

高台华厦俯层楼，远瞰泉南景物幽。城阙万家烟火盛，波涛一角海天浮。
木棉送影明秋水，禾稻吹花暗绿畴，满地桑麻欢大有，弦歌声里话丰收。

过洛阳桥

泉城犹在望，跨海石梁横。云起山将合，潮来岸未平。
丰碑堪订古，利涉便行人。一瞬车驰捷，诗成过几程。

莆田道中

轻烟斜日过枫亭，磔格乡音未可听。看尽荔枝溪上绿，不知风里几回青。

涵江所见

罗裙绣屧踏滩沙，欲采黄花插鬓斜。携手矶头砧杵伴，涵江落日好回家。

峡兜渡江

闽江二港合流处，轮渡人喧过激湾。遥向铁栏杆外望，螺州直接虎头山。

由闽南回榕有怀立哉院长兼以代简

曾经樽酒共中秋，犹忆鹭江续胜游。绕迳松篁温旧梦，登盘鲈脍谢珍馐。

漳城约友蒙嘉谊，黉舍留宾愧少谋[①]。他日过榕逢盛会，院庭路熟好停骖。

① 与图书馆同志计划如何整理典籍珍本。

覆瓿余草

1958年10月15日夜观转炉炼钢有感

金风凉露夜深沉，圆月当头倍有情。田野歌声人若醉，满山灯影灶如林。
冲天火树惊斗牛，坠地银花泣鬼神。捷报频传咸振奋，明朝喜告大功成。

和刘蕙孙先生炉边漫兴

炼钢炼人日，土炉彻地红。铁花成巨浪，钢水借长风。
巾帼咸称俊，须眉岂让雄。师生齐努力，赤帜展高空。

1959年冬赴大连开科学院图书馆会议顺途至京感赋

一别京尘又两年，重来城郭已情迁。会堂新筑夸崇构，大道平铺涌丽軿。
远出西郊皆闹市，高标华表欲擎天。首都旧是繁荣地，入眼繁荣更倍前。

10月27日晚邓衍林夫妇邀宴翠华楼

六年四度京华道，今日重过赴大连。为访遗书尘仆仆，忝叨清宴意拳拳。
寓公住恋长安惯，作客忘行旅邸便。款款故人情益重，相期尺素共传笺。

大连车中漫兴

车尘滚滚御风行，一路溪山照眼明。瑞雪琼林饶客趣，白云红叶助诗情。
枫江日落停桡晚，槲树霜高坠实轻。领略闾阎欢乐意，竹篱茅舍庆丰盈。

陈健行秉乾先生七十寿辰纪念（1963年）

昔君南海壖，造士勤不辍。春风坐化雨，牛刀试小切。
东渡复西游，理化探奥诀。惜遭时世乖，浮沉姑存拙。
卷怀哀时屯，七夕惊啼鸯。寇氛来海上，神州尽浴血。
却彼豺虎邀，素志砺廉洁。错节见盘根，劲草风安折。
避地入泸川，聊以寄宦辙。冠息归故园，树人心复热。
菁莪宏乐育，桃李森陈列。桑海几变迁，雪霜侵鬓彻。
熙养乐余年，欢见红旗揭。不倦事译述，读书慕前哲。
岩壑日徜徉，瑶草堪采撷。值兹古稀岁，诗思尤奋茁。
妙笔走诗筒，慷慨为击节。俚句聊赓和，祝君寿耄耋。

清明扫墓有感

清明来扫墓，先垄草离离。剪棘宜今日，封阡待岁时。
寸肠随转毂，双鬓已成丝。独立斜阳久，苍茫无限思。

看闽剧《钗头凤》有感

锦字凄凉会面稀，齐纨萧瑟寸衷违。伤心一曲钗头凤，绝似东南孔雀飞。

1961年夏与张立院长等四十人同游鼓山十八洞纪事

大车校内来，盘旋上高岭。瞬息若惊飙，直抵招提境。
入门老僧迎，热情瀹苦茗。共发探幽兴，古洞劳指引。
摄衣快先登，一览穷奇景。俯视大江流，曲折入罂瞑。
伏虎与降龙，达摩天地永。蟠桃高百尺，前瞻见帆影。
鸟道行复行，万籁俱寂静。微闻钟磬声，悠悠发深省。
置身恐太高，何感临绝顶。不闻城市喧，何觉云霄迥。
稍憩复穿岩，扳萝得其径。晗岈中若开，低头侧身进。
松籁引幽探，风泉满清听。扶策沿磴东，一线天开镜。
曲折下通幽，翛然闻清磬。久耳古月名，香火此最胜。
白云洞更奇，灵境名实称。万窍透玲珑，诸佛态掩映。

状诡莫能名，碑石不可认。巉岩怯危临，归途有余劲。
路经半山亭，香泉一清醒。习静听蝉吟，聊以悦情性。
石阶复登攀，返寺餐芳饤。题此纪胜时，留作斯游证。

游鼓山十八洞

扶筇缘石磴，古洞共寻踪。曲折行幽径，蹒跚转老松。
岭日开云坞，山风响寺钟。禅栖聊小憩，茶话且从容。

访白云洞

精庐深结白云乡，怪石嵯峨夹径旁。濯垢宜寻罗汉水，避嚣欲借上人房。
岩颠凝碧苔钱老，屋角垂红山果香。古洞探幽烦指引，望中烟树正苍苍。

探鼓山蟠桃石

因探奇境走危峰，草径纡回积翠中。风便有时传梵磬，云深无处觅禅宫。
蟠桃百仞松根绕，叠嶂千重鸟道通。遥瞩江光山外渺，烟波万顷气氤氲。

省政协统战部鼓山招待素筵

憩罢山亭兴未阑，云阶漫踏落红残。僧厨已备伊蒲馔，素席堪夸松菊餐。
历历溪山犹在抱，深深岩洞未全攀。羽觞飞递频行酒，芦笋菰羹味胜兰。

1962 年春与谢国桢先生同游鼓山　二首

轻车直上最高层，曲径通幽挈伴登。寺远犹闻数响磬，苔深宜拄一枝藤。
潺潺流水迷寒雾，历历摩崖满石塍。喜共玄晖寻雅趣，却留青眼话山僧。

盘空峻岭上崔嵬，一径斜迂折百回。削壁天成云外立，危崖路绝石中开。
日移树影知峰转，风挟溪声似雨来。最爱灵源泉水好，老僧苦茗胜新醅。

鼓山望闽江

磴道浓遮万绿稠，半空回首见榕洲。风帆历历随潮水，钟韵悠悠出寺楼。
树密荫添群壑暝，松深凉袭一溪秋。摩崖古刻留连久，游趣翛然百虑休。

鼓山漫兴

石鼓穷高处，崔巍在眼前。天低云幕寺，峰峻石规巅。
宇宙何寥郭，沧桑迭变迁。无心林里鸟，时把好音传。

与谢老访白云洞未得

偶登石鼓寄游踪，共喜名山豁此胸。饱领烟霞忘笠屐，间扳磴道仗藤筇。
寻碑每恋崖前刻，访洞时追云外钟。白发喜逢千里友，谢公行迹白云封。

1963元旦西湖疗养院夜望双塔

浮屠七级自玲珑，添上灯光彻夜红。树影参差摇碧浪，城头明灭接长虹。
峥嵘两塔云中矗，缥缈万花月下笼。天与诗人助清兴，一钩斜挂柳梢东。

秋日养病湖上

平湖秋色净蒹葭，城郭风烟日已斜。北望松杉犹历历，南飞乌鹊尽呀呀。
传声有调翻渔谱，度曲无人唱藕花。新水满川间纵棹，市喧应不过篱笆。

秋夜湖上作

层冈一阁枕烟霞，日夕悠然玩物华。树外山青云影乱，庭前月白柳丝斜。
歌声落枕闲情远，松籁穿廉诗兴赊。自是西湖堪久恋，水云隔断市喧哗。

寅卯春日游琯江次能坚原韵　二首

暇日出行游，登高兼吊古。杰阁俯晴川，远帆见天宇。
两岸树如烟，倏来黄梅雨。泛泛江上舟，悠悠见苍昊。

对景且自贻，欣然豁幽抱。春风吹微波，淡云缀晴杲。
逝水似奔骧，青山入笔妙。山水信奇绝，思共烟霞老。

1963年中国共产党成立四十二周年纪念为应福州市古典诗词研究会征稿作　三首

七一光芒日月同，南针四十二年中。欣从种播星星火，喜共旗翻处处红。

万里征程春有脚，千端功绩笔难穷。中流砥柱居前列，薄海同钦领导功。

遵循马列立神州，修正何期竞露头。尽力中流成砥柱，岂容大树撼蜉蝣。
乘风逆浪破千叠，通电严词斥众俦。四十二年程猛进，辉煌成绩世谁侔。

万类昭苏瞻治绩，百花齐放庆更新。斗争鼓舞亚非族，革命追随马列尘。
誓扫凶锋摧纸虎，匡扶正道刈荆榛。辉煌建设真民主，幸福前途岂有垠。

福州市古典诗歌研究会成立书感

鬓影华颠一刹那，匆匆六十似飞梭。书城坐对浮生老，秃笔题来俚句多。
癖爱山川欢探访，喜联社友乐吟哦。承平盛举逢斯会，权学尧民击壤歌。

送立哉院长调任漳州福建第二师范学院院长　四首

交游数载忽分携，把袂临歧倍系思。煦物春风披四座，待人化雨有余晖。
雍容卓立群伦表，弩下亲承德教姿。珍重前途暂小别，鸡鸣如晦送君时。

十载闽中德意滋，三山交谊系怀思。满庭化雨沾瑶圃，绕座春风佛绛帷。
身教动关多士鹄，勤施常迪友生规。瓣香差幸同袍泽，忽讶骊驹赋别诗。

骊歌一曲写华笺，弹指偏分去住缘。送别销魂惟折柳，引人离绪是鸣蝉。
泉烹绿茗茶当酒，瓜剖青门果作筵。犹恋同心与同调，楼头惆怅献俚篇。

榕阴十里柳垂丝，极目南天此暂辞。建校漳城纾众望，树人鼓屿佐明时。
相将绿酒浮大白，且对清尊献小诗。后会尚期如曩昔，他年还听玉骢嘶。

八月二十五日与民政厅诸同志登乌山石塔有感

石塔凌空四望收，崔巍矗立冶城陬。峰萦旗鼓夸形势，人倚风云豁远眸。
千载浮屠呈气象，一攀绝顶吊王侯。回看闽峤层峦好，含笑相迎欲点头。

覆瓿续草

福州金云铭初草

十四周年国庆颂歌

卿云烂漫玉交柯，国庆今年好事多。击壤庚歌逢盛世，传筒题句颂休和。
江山璀璨天初曙，河水澄清海不波。翘首东方红日上，升平景象乐婆娑。

浩荡乾坤气象春，红旗三面映朝暾。百花齐放争鸣盛，万类昭苏秉化均。
阶级斗争除旧制，工农革命树新人。东风万里吹前进，灯塔辉煌转巨轮。

大地河山欣改貌，关心弱小亦翻身。归功领袖昭回力，造福人群寄远情。
跃进坚持师马列，整风惟冀刈荆榛。中流砥柱排修正，向日葵倾亿兆民。

答郭虚中主任赠诗

郭展怀主任精研史学，尝以绳头细楷，集注《史通》，尤擅诗词，兼工书法，昨蒙赠诗，谨次韵奉酬。

黼躁群英作世师，羡君养士坐皋比。罗将山海胸中富，写出烟云腕下奇。
眼底骊黄评史考[①]，手间硃墨注名疑[②]。况兼珠玉能骚雅，纸贵争传乐府诗。

---

① 福建历史学会学术讨论会君曾提出《郑樵史学考》一文。

② 《史通》篇名。

甲辰元旦登于山平远台

层阛突兀见楼台，曲径盘旋踏碧苔。十里车尘人迹闹，三山城郭晓烟开。
风声遥挟市声至，日影高飏旗影来。共展戚公祠宇胜，摩崖细读傍墙隈。

和郭虚中（展怀）主任 1964 年元旦原韵　二首

纪岁新邦年复年，宏模远业欲擎天。百家学术齐鸣盛，六合工农尽望前。
撼树蚍蜉妄着力[①]，逆流砥柱必持坚。万方跃进红旗矗，七亿投艰共举鞭。

八埏朝气喜新年，旭日东升赤县天。旧制尽除人向上，新猷大展史超前。
工农持挈邦基固，马列遵循主义坚。领袖英明寰宇仰，斗争指引猛挥鞭。

读毛主席诗词十首感作　三首　一月七日

雄师百万奠神州，志士如云资运筹。三座大山亡转瞬，百年远计定从头。
党纲持正良箴导，文轨图新庶政修。不懈斗争程猛进，前途璀璨孰能俦？

百废维新建国初，提高生产计非疏。人才鹊起资陶冶，邪说鸱张赖扫除。
自古更生凭己力，为民谋福在中枢。师承马列遵原则，真理终教谬论输。

经纶岳岳墨飞驰，昨日报章又见诗。郅治匡时勤部署，雄文反帝作纲维。
持平新政求民隐，革命佳辞写色丝。笔伐口诛惊小丑，东风展帜曙光曦。

步毛主席和郭沫若同志看《孙悟空三打白骨精》原韵

魅氛忽起半空雷，一变摇身笑脸堆。幻相虽遮枯骨丑，金睛已辨恶魔灾。
当头棒喝除妖孽，全面围剿扫怪埃。牛鬼蛇神都灭尽，乾坤扭转见如来。

步毛主席冬云原韵

一度严霜万木飞，园林萧索足音稀。隆水凝冻天容变，旭日熹微晓角吹。

---

① 指修正主义者。

大地雾开惊虎豹，千山云解泣熊罴。梅花最耐冬寒劲，满树红苞分外奇。

读毛主席卜算子　咏梅

隆冬万木凋，罡风吹料峭。造化何不仁，刍狗视万物。
玄冥气方骄，勾芒已回辙。阳春忽以至，煦日暖南陌。

破寒梅先绽，四野发光泽。数枝绛萼开，偃蹇斗冰雪。
皎然六合间，春讯动阊阖。及兹散凛威，吾与众俱乐。

既乐亦不骄，俯仰呈劲骨。殷勤托驿骑，琼瑶寄异域。
灼灼桃李花，青青杨柳色。众卉俱缤纷，丛中自怡悦。

读毛主席满江红感作

玉轸抛残乱改弦①，反华亲美弃同船。合污愚似绳钻纸，投敌丑如蚁赴羶。
冷眼不堪驽恋栈，痴心枉自木求鲜②。横流滚滚池鱼患，微禹其谁导百川。

参观尚干傅筑乡阶级斗争展感赋

群山环拱近江门，瓦屋鱼鳞别有村。沃野平铺耕殖好，丰收终荷解悬恩，
耘籽事业资提倡，阶级敌人赖扫翻。衮衮忧贫成底用，神州龙马欲飞奔。

奉和刘蕙孙同志关于巴拿马反美斗争诗　三首

蕞尔巴拿马，雷声遍五洲。直教迷梦醒，迫使野心收。
奋起地中蜇，促成院后仇。为丛驱雀去，棒喝必当头。

豺虎凶何异，乌鸦黑总同。贪天功可耻，换日技无穷。
怨已冲霄汉，屠奚择叟童。滔滔伸义愤，敌忾片言中。

---

① 谓赫鲁晓夫。

② 谓修正主义者乞求和平也。

雀巢鸠久占，怒气起疲癃。倏涌排空势。翻成倒海雄。
燎原腾烈火，动地撞丧钟。共挽泥牛倒，戳穿纸虎胸。

1964年春节颂

新正喜气乐洋洋，第一花开梅蕊香。水仙绰约夸闽峤，报岁兰馨赛丽妆。
声声爆竹欢除旧，红旗满眼光辉煌。大地春回升旭日，太平景象岁丰穰。

击壤歌声盈四野，万民怡怡乐徜徉。椒花献颂屠苏熟，九州欢欣有余祥。
雄伟山川夸锦绣，国运昌盛日富强。形势大好世钦仰，柔远睦邻同颂扬。

人民公社大跃进，工农携手商梯航。中流砥柱反修正，坚持原则遏猖狂。
亚非拉美团结紧，东风浩荡扫欃枪。不懈斗争互支援，终看胜利共腾骧。

繁荣建设真民主，必须反帝作津梁。人类大同欢可待，革命功成日月长。
璀璨前途凭努力，南针指引锦帆张。今日举世瞻灯塔，霓颂领袖寿无疆。

市政协春节联欢歌唱新时代诗会

吟坛春节萃群英，唱和珠玑咳唾成。旧侣满堂赓雅韵，耆年一室颂新声。
讴歌共庆昇平乐，劝酒频添主客情。胜会难逢诗热烈，皤皤白发亦嘤鸣。

六十诞辰书感

霜髭满颔雪盈颠，岁月惊心去若翩。事业岂能争鼠雀，利名久已息蹄筌。
向人肝胆犹余热，伴我图书未肯蠲。六十华年虚掷过，相期努力快扬鞭。

忆庐山之游寄黄之六先生（用毛主席《登庐山》原韵）

旧游犹忆白云边，五老苍茫一望旋。惜未遍观穷大瀑，思仍结伴共长天。

匡庐风景应如昔，牯岭楼台尚带烟。安得与君重载酒，桃花丛里诵归田[①]。

读黄荫亭先生大作赋赠

荫亭先生喜表彰乡贤著述，写有书跋多篇，昨又获读其近作二章，欢而赋此聊博一粲。

激扬佳作重邦乡，片羽阐幽颂吉光。华国文章工史传，考槃笔墨表贤良。
况耽风雅能余事，只恐评量负所望。谠论真堪惊侪辈，鸿篇读罢一浮觞。

代柬寄之六

迩来黄处士，久未寄双鱼。身体知弥健，精神想自如。
诗能追鲁直？梦否见华胥？余事今休问，相期读子书。

叠前韵再寄荫亭

常怀香草楚累乡，浩瀚文章韫玉光。翰墨能追欧赵美，史才岂让马班良。
诗坛笔阵惊风采，绛帐生徒颂雅望。万卷缥缃窥道力，宜将幽思寄瑶觞。

登白塔远眺

白塔嵯峨百仞高，俯临城郭与亭皋。翠屏叠叠三山晓，苍霭重重万井嘈。
风涌江流奔白犬，地盘峰势起金鳌。前王遗迹雄闽峤，直上层巅我觉劳。

垂杨　蕙孙先生锦帆风词有“垂杨生肘”句，因用其集美海堤韵成二截句嘲赫秃修正主义者也

漠漠寒烟绿拍堤，韶光老尽乱莺低。垂杨最是趋风气，摇曳春条又向西。
风卷杨枝浪压堤，白云极目远天低。春光已逐飞花尽，暮霭沉沉日欲西。

四月二十六日中国新闻社邀游鼓山途中作

轻车出郭若追风，野色迷茫大道通。傍厂烟囱高百尺，沿途桉树耸千丛。

---

① 白居易有《归田》诗三首。

云开鼓岭山容壮，雾罩旗峰晓霭重。结伴登临无限趣，同游喜有睡仙翁[1]。

喝水岩　二首

卓锡从兹始，禅宫云际开。名由神晏得，僧自雪峰来。
松露沾衣湿，泉声激石豗。萧然绝尘虑，远眺共徘徊。

四围森翠嶂，一径郁春阴。但见云烟秀，不知山谷深。
古碑扪藓读，奇石共朋寻。幽趣探无尽，低徊作苦吟。

涌泉寺即景　三首

望里涌泉寺，檐牙一带横。出云双阁缈，漏日半峰明。
暂向禅堂憩，还攀石磴行。老僧能肃客，瀹茗笑相迎。

山寺花初放，欣然豁素襟。鸟声娱远客，云气出深林。
迢递三春色，奔腾四海心。凭高一俯仰，珍重此登临。

山深云气湿，曲径映岚光。潭影开清沥，钟声催夕阳。
雨峰石竹秀，岩壑玉兰香。领略幽间趣，吟成乐徜徉。

听水斋

彳亍下岩巇，泉声落翠微。老松萦薜络，古磴满苔衣。
听水人何处，看云意欲迟。摩挲一片石，幽赏竟忘归。

次郭沫若先生鼓山明月楼题句　三首

为有登临兴，扶筇到涌泉。风声来梵磬，岚气幂山川。
细雨含幽竹，苍苔点杜鹃。老僧猿鹤伴，相对意怡然。

---

① 是日之六亦侍母同游。

山色春逾碧，溪流万斛泉。壑云微带雨，野雾欲横川。
林密鸣鸠妇，花开听杜鹃。疏钟灵境迥，回首思悠然。

四山云气重，春意满灵泉。碧树遮深谷，山岚障远川。
卷帘观乳燕，沿路听鸣鹃。明月楼中憩，联吟乐湛然。

明月楼斋筵

游罢灵源兴未赊，月楼同上踏莎芽。僧期客至清樽待，人喜筵开笑语哗。
山鸟啼残红杜宇，院庭栽遍碧桃花。主宾共享雕胡饭，玉糁香厨别样夸。

步刘蕙孙 1964 年立夏中国新闻社福建分社约游鼓山原韵　五首

日暗峰阴昼觉寒，压檐凉翠竹斓斑。钩辀鸟语娱游客，踯躅花开红满山。
和吟即席似联珠，佳句题来愧不如。砭我诗怀无俗韵，巨鳌原欲钓西湖。
蔚蓝已到七重天，夹涧乱峰响涌泉。松柏苍苍沉古寺，分明境界近神仙。
珍重华笺写丽春，天涯文字寄乡心。与君同约谈风土，愧我原非击筑人。
春游石鼓共群仙，同上招提踏藓钱。杰阁烟岚迷树杪，灵源今古出云边。

七月二十五日与林素圆郑乃珖二先生及图书馆同仁游鼓山作

远眺豁吟眸，共登屴崱游。有山皆枕郭，无树不鸣蜩。
绝顶留云住，闽江带日流。海门东望渺，隐约见渔舟。

涌泉寺

涌泉梵宇俨翚飞，四望群峰耸翠微。风日双清诗境豁，江山一览画屏围。
徘徊云影天光灿，远近蝉声古木稀。胜地最宜朋辈聚，高吟长忆谢玄晖。

灵源洞即景

参天万木翠亭亭，喝水岩中泉味清。夹道老松消暑气，满庭幽竹作秋声。
迎人山鸟间关语，恼客林蝉呜咽鸣。策杖且行苔径仄，峰头时见白云横。

山行即事

欲结名山欢喜缘，寻幽直上翠微巅。同行旧友邀新友，多谢少年扶老年。
幸与书家谈泼墨[①]，雅从画史品流泉[②]。爱将清境探无尽，古洞追踪夕照边。

游十八洞

石磴通幽绕古松，千崖万壑郁青葱。鸟飞不到疑无路，云与齐高欲接空。
树色半山遮日影，风声隔岸杂江淙。壮怀白首腰身健，策杖攀跻有老翁。

赠林素园先生

山行共喜着先鞭，快意无分老少年。对影俯看飞鸟背，挥筇低拂倦云边。
涛声寒涌闽江水，峰色晴高岁崩天。七五素翁觇气概，耄临洞壑亦因缘。

七月三十日与师院同事四十余人再游鼓山

今年三度叩禅关，昨日才回又入山。草径已迷前度迹，苔痕犹认旧时斑。
泥鸿留爪踪原幻，驽马加鞭力未殚。风送天香携满袖，恍疑身在碧霄间。

灵源洞即景

灵源洞古绿烟寒，来享浮生半日闲。不尽摩崖供认读，篇诗聊写好溪山。
竹杖芒芒几度攀，游人日日看山还。虽然未尽松间路，耳目风烟总不闲。

禅堂睡起口占

午天清旷万缘虚，暂憩禅堂作宰予。梦觉风凉归去晚，满空飞翠扑轻车。

次刘蕙孙喝水岩原韵　二首

云根晴瀹雨前茶，香火因缘生有涯。到此方知灵境净，大千世界笑空花。
屡过灵源品绿茶，青霄云路净无涯。千崖生态随藤杖，一道寒泉起白花。

---

① 谓素园。

② 谓乃珖。

罗汉台道中

新开大道历千盘，兰若遥临碧汉间。老眼欲穷千里外，题诗屴崱倚高寒。

罗汉台即景　叠四月二十六日原韵

罗汉台边迎晚风，俯临磴道路旁通。仓山离合双江口，鼓岭浮沉万树丛。
负郭禾麻云叠叠，满城烟井霭重重。江山如此多娇美，石上题诗笑老翁。

再叠前韵奉和林素园老丈游鼓山诗

乘兴游山强自鞭，腰身颇觉逊中年。盘旋曲径幽岩里，攀倚乔松夕照边。
万顷波光摇石壁，半空钟韵落江天。诗人老矣沧桑换，却有重来一日缘。

三叠前韵奉和林素园先生

高扳石鼓共挥鞭，一枕黄粱记昔年。幽思暗沉清磬外，吟眸爱向绿洲边。
川原西接无诸郭，青翠东连屴崱天。沧海白云诗兴渺，洞岩深处且随缘。

次韵奉和林素园老丈游磨溪诗

季鹰鲈鲙早归南，假日胜游过磨溪。逸兴直成山水癖，高怀不为利名耽。
溪声长挟松声远，竹韵遥酬泉韵涵。安得诗魂时共语，清风皓月一庭参。

再叠前韵奉和林素园先生游磨溪诗

昔常联辔过溪南，二十稔不曾到此溪。脚底涛声萦故梦，眼中山色记前耽。
渔樵旧见村边往，磨碓犹闻瀑外涵。久欲攀跻应未暇，苍苔满径静中参。

三叠前韵奉和林素园老丈游磨溪诗

魁岐村外鼓山南，野水潺潺下翠溪。溪涨碧流频在感，岩欹古树倍生耽。
云晴喜见峰巅露，涧响疑闻瀑布涵。独恨石头山路滑，不教绝顶一朝参。

八月二十五日院统战部招待游怡山禅寺

联变来游宝刹间，梵王宫殿护怡山。隔林烟磬闻昏寺，前院风铃下晚班[①]。
法相庄严尘不到，金身寂静昼常关。卌年鸿爪依稀认，杖屦重临鬓已斑。

参加省第三届第一次政协会议书感

衮衮群英聚彩虹，层阛高会驻青骢。谈心萍水如知己，命世襟期尽献聪。
茂苑楼台浮喜气，珠帘画栋拂薰风。维新庶政狂澜挽，黔首同讴领导功。

华侨大厦晓望

凌云华夏拂东风，有客凭栏对碧空。比屋万家皆近市，好山一带尽当窗。
花迎旭日全园盛，树染朝阳半郭红。晓色诗囊装不尽，翠微遥望意无穷。

华侨大厦晚眺

倚郭楼台近水湄，满城无处不歌吹。翠微重叠莲峰现[②]，树木参差竹屿[③]迤。
村外柳丝垂绿荫，庭前花影溜红姿。凭高眺远闽山紫，霞乱斜阳天际驰。

中华人名共和国成立十五周年国庆颂歌　三首

解放于今十五春，八埏大地动欢尘。山林雾净无藏豹，湖海波深少涸鳞。
千载颓风皆革故，百年弊政总维新。持平郅治求民隐，遍使群黎尽饮醇。

躬逢圣世乐婆娑，赖有中枢政不颇。手可攀天回盛运，身为砥柱挽颓波。
研经负耒闲人少，戴笠携锄廉吏多。百废俱兴功炳耀，春风一路递讴歌。

自力更生不告疲，红旗三面树雄姿。驱除害马能消弊，抚辑飞鸣渐解痍。
建设邦基劳硕划，提高生产仗宏规。万方跃进民更始，幸际阳和披佛时。

---

① 地近福州大学。

② 莲花峰在福州北岭。

③ 村名，在福州市东门外。

次韵奉和泉州张仰薇先生七九感怀

寿符椿树八千龄，家学渊源仰老成。栗里朝餐三径菊，甘泉夜饵九芝英。
孤星高映光门第，奎璧联辉曜弟兄。兰芷人歌新乐府，耄年硕德一方荣。

岁寒松柏见青苍，兰桂清芬倍显光。定有文章堪寿世，不踰矩矱欲凌霜。
莼羹辄醒华胥梦，菊径常开陶令荒。晚景桑榆当益壮，吟声漱石播遐方。

齿德功归养气宜，八旬欣见太平时。巍然特峙灵光殿，逌尔勤编乐府辞。
阙里葩经桃李盛，商山芝草露华滋。鹿鸣探杏成陈迹，泮水重游鬓已丝。

珠霏玉屑句如兰，涵咏诗章李杜坛。柯烂讵知沧海变，粱炊早挂仕途冠。
介眉人献南山颂，绿鬓君曾上国观。岩徽鸿泥留旧迹，潜真抱朴酒杯宽。

忆游律集

自序

余性好游观，每过佳山碧水辄留连忘返。1934 年春，以服务六年期满，有半年休假之便，奉当局命考察各省市图书馆。乃于是年二月束装就道，经九省十六城市，参观国内图书馆六十余所。足迹所至，凡山川风物胜景古绩，悉备记之。迨抗日期间协大内迁邵武，携眷居樵川者七年，虽在生活困难之中，亦不废山水游眺。抗战胜利后，复随校回榕，人事鞅掌，无暇出游，至 1948 年得机赴美进修，始得睹大洋名城诸胜。解放后回国，十余年间，赴京者四，顺途游杭者三，复于 1960 年由工会送往庐山休养，揽大瀑层峦之奇景，云烟缥缈之变幻，似觉心腑澄清，满眼皆诗，于是乃与同游之黄之六主任，互相唱和为乐，亦可谓予作诗之始，成《庐山吟草》一卷。自是之后，每一登高吊古，均记以诗，五年之间成《湖上吟草》《湖上词草》《覆瓿余草》《闽南游草》《覆瓿续草》各一卷。去年秋间，复取曩年日记读之，凡所经历闻见如在目前。乃将三十年来亲历，成忆游七言律诗一百二十首，以摅其历落之清兴，亦藉此以见余之生平焉。至于工拙与否，非所计也。

1965 年夏福州金云铭宁斋自序，时年六十二。

述怀

三十年略览江山胜，经眼烟云似饮河。庐岳独收仙境返，京华屡见客星过。

湖壖景物行程遍，海上风光履迹多。我愧江郎才思浅，聊将锦瑟发清歌。

上海兆丰公园

1934年春北游过沪，居愚园路友人家，公园近在咫尺，暇辄入园憩息，园之西为华界，棚户杂居，形成对照，回想当时情景，如在目前。

百载名园辟沪西，平林曲沼草萋萋。蛮花斗艳町畦满，异服生香履綦齐。

触目楼台多国耻，惊心棚户尽贫黎。三十年回首成陈迹，今正扬眉吐气时。

苏州

由沪赴苏，寓青年会宿舍，曾一访虎丘、拙政园、狮子林、寒山寺、罗汉堂、东吴大学诸胜。

春水才深碧草柔，吴门访古一淹留。馆娃宫废余荒树，响屟廊空剩劫丘。

盘郁金阊朝野港，参差仙观隐红楼。芳菲花市无冬夏，赢得闲人几许游。

虎丘

虎丘积翠草蒙茸，岩上银钩铁划浓。高衲长留顽弟子，真娘艳说鬼阿侬。

千人石上青难拾，五士墓前绿自钟。古剑潭空余碧藓，寒山钟韵落江枫。

拙政园

园始创于明嘉靖间，清初曾一度为吴三桂婿王氏所据，后改道署，复成民居，颇饶池馆台榭之胜。

苏州风景聚名园，拙政阴森绿正繁。翡翠池连芳草地，杜鹃血衬海棠魂。

数峰叠石通幽径，一壑层峦傍小轩。更立香州舒望眼，四围烟树绕吴门。

狮子林

在苏城东北隅，中多奇石，状若狻猊，石洞盘旋，人游其中迷于反往复，元倪云林曾绘为图。

狮子林园迥不同，旧时叠石尚玲珑。小亭水榭无人到，幽壑烟云有路通。

萝径隔林穿九曲，月楼隐树占三弓。临风想见名家画，妙手真能夺化工。

初访西湖

1934年春过杭州作十日游，遍历西湖诸胜。

每向天涯记旧踪，西湖回首感飞鸿。雷峰觅塔余颓瓦，曲院观荷见乱丛。
十里苏堤杨柳绿，一泓花港鲫鱼红。六桥三竺勾留遍，更漾晴光上短篷。

访孤山苏曼殊墓

一抔净土白杨间，遗碣摩挲碧藓斑。洗钵上池龙已杳，飞灰寒食燕初还。
断鸿零雁归何许，恨海情天怅异邦。身世终能圆正果，朅来凭吊在孤山。

平湖秋月夜泛

平湖秋月，亭三面环水，景最幽绝，为湖流最空阔处，若湖心月上，微波涟漪，凭栏吟眺，真觉神骨俱清也。

春光湖上木兰舠，亭外斜阳游兴豪。山水有情波面绿，烟霞无际月轮高。
绕船潋满生诗梦，隔港风来和棹歌。摇断吴娘双弱腕，丁东臂钏桨亲操。

飞来峰

飞来峰，一名灵鹫峰，在灵隐寺前，高不踰十丈，而苍翠玉立，奇石玲珑。元僧杨琏真伽因其体势，镌为佛像数百，又雕己像其中，骑马执戟，后人恶而刨之，久已模糊莫辨矣。

天外飞来灵鹫峰，嵌空万朵碧芙蓉。连云禅院参差见，镌石佛龛簇拥重。
莲柱年深存刻划，经幢风化满尘封。独嗤杨秃真多事，斧凿横施肖己容。

岳庙

俎豆馨香湖水滨，嵯峨庙貌尚如新。狱经媒孽成三字，碑颂精忠仰万民。
侍座银瓶传孝女，跪坟铁像铸奸臣。祠前一树鏖风柏，南向青枝七百春。

葛岭

葛岭风来万籁号，初阳台上听松涛。凝眸已觉西湖小，放眼犹余俶塔高。
云影过时浓碧水，夕阳照处闪金波。最宜烟雨微茫外，其奈楼台碍目何。

六和塔

塔为木构，共十三层，始建于北宋开宝间，其地旧有六和寺，故名。今改开化寺，而塔名仍旧。其前即为杭江铁桥，左为之江大学。

木塔凌空古寺西，凭高俯仰万峰低。湖山树隐寒云乱，江水帆迟落照迷。
漠漠远天沧海合，森森翠嶂晚鸦啼。登临此际浑忘返，犹倚画栏笔漫题。

孤山放鹤亭

春来湖上听啼鸪，中有亭标处士庐。鹤放年深归几度，梅开日暖忆千株。
笛吹曲尽孤山冷，柳拂花明十里苏。绝胜西泠桥畔迹，二堤烟雨翠蘼芜。

莫愁湖

在南京三山门外，予于 1934 年春过此一游。

三十年幻梦旅尘游，忆上莫愁湖上楼。金粉未应销霸气，烽烟曾使折良俦。
春风人在三山外，往事心悬六代悠。珍重堤边杨柳色，几从回望寄吟眸。

胜棋楼

楼在莫愁湖边，相传为明朱元璋与徐达赌棋处，后湖归徐氏，今遗有醉醒石在湖西一小学内。

凭栏俯瞰郁金堂，小阁兀临十亩塘。列土前朝夸盛事，谈棋并代藐雄皇。
抵今淮榭停歌板，无复湖壖荐玉觞。代谢江山兴替速，空余醉石卧西厢。

秦淮河

钟阜依稀记昔游，兴亡空感秣林秋。板桥碧水销金粉，画阁香风散绮楼。
红袖遥看青舫动，赤栏倒漾绿波流。行人却恨秦淮梦，柳拂河边送别舟。

玄武湖

1934 年谐友游此，湖为南京胜地，分为五区，名五洲公园。

龙蟠虎踞石头城，十里湖堤踏草行。附郭千家鱼稻美，采莲一曲棹歌轻。
板桥烟月春将老，客路风光鸟弄晴。毕竟江南形胜地，连云雉堞见飞甍。

燕子矶

在南京观音山，有巨岩形如燕子，突出江中，矶前有乾隆题句，颇雄伟。

突兀危矶翔燕子，长空帆急翦浮云。嵯峨石骨含秋色，浩荡江声逝夕曛。
漠漠荒烟连野嶂，层层高树露山村。低吟碧藓残碑句，犹觉沧桑感劫痕。

雨花台

解鞍放步陟层峦，春色迢迢眼界宽。十里江流钟阜外，万家烟井石城端。
风摇木叶高低影，泉漱溪磐大小团。梵磬不闻花雨歇，余腥碧血未全干。

明孝陵

钟山郁秀足游观，宝气销磨旧冢残。石兽蓬蒿林雀噪，玉函蓁莽野狐蟠。
百年古木浓阴密，十里清邱落日寒。一代规模追镐洛，到头依样吊荒峦。

中山陵

中山陵寝茂松杉，郁郁高邱迥不凡。一代规模雄叠石，千层杰构峙崇岩。
穹碑华表灵长护，啼鸟落花景自函。气象庄严宜万载，孝陵久已付长镵。

趵突泉

1934年春由南京至济南，逗留三日，除参观济南各大图书馆外，并游趵突泉、大明湖诸胜。

春风笠屐快登车，齐鲁停骖访古都。历下亭环流水曲，会波楼绕远山嵎。
横飞玉练生繁蕊，倒喷白花起泡虚。试向大明湖上望，毵毵柳色倍堪娱。

大明湖

旧事风流记济南，大明湖上柳毵毵。尚无菡萏舒红萼，渐有菰蒲映碧潭。
鸥鸟游人多契阔，鲫鱼名士比何堪。孤亭一角蘼芜绿，古匾留题亦不惭。

天津

1934年春由济南抵天津，逗留五日，参观八里台南开大学及市内各大图书馆。

一剑春风百感生，天津前路又孤征。莺啼高树情如旧，柳佛斜飏舞更轻。
泥上半旬留爪印，江南四月卖花声。他山攻错驰驱遽，犹忆城东学府行。

北海公园

予首次至北京寓燕京大学招待所约一月，每日参观各大学及公立图书馆，尝抽暇游览北京诸名胜古迹，兹将回忆所得写成小诗十首。

海子琼华倒影淹，天风高处仰重檐。方壶旋傍蓬瀛址，舍利长浮窣堵尖。
映水朱霞添潋滟，鼓波翠桨自嬉恬。金鳌桥上人如蚁，尤恨当时禁地严。

琼岛春阴

琼岛回环嫩柳垂，楼台名迹最清奇。振芳亭外春阴琐，交翠轩边绿草滋。
地似蓬壶仙景聚，桥依玉宇月华迟。银虹百丈雕栏倚，游罢归来觅小诗。

颐和园

层楼积翠与云齐，吐纳湖光阆苑迷。仁寿殿前棠满树，佛香阁外柳成蹊。
三春调护花无恙，半晌勾留日欲西。山色清明如画里，幽禽不断向人啼。

长廊

草琐长廊屐齿齐，楼台金碧界东西。画檐路与花丛隔，镜槛人如燕子迷。
千步朱栏移曲曲，两行翠柳拂低低。春光最惹游人恋，卍字间扶听鸟啼。

北京公园看牡丹

诸园如锦赛新妆，富贵芳馨斗艳阳。篱落自成迎客态，殿庭微度醉魂香。
佳名分榜黄金带，倩影幽浮白玉盘。因惜春光随逝水，当年曾记为花忙。

圆明园故址

眼中宫阙泣铜驼，访故西郊感慨多。琼苑已空余败瓦，瑶台何在认荒坡，
田禾如绣迷幽径，野柳无情卧浅河。遥想虏骑焚劫日，圆明遗迹叹销磨。

北京西郊大钟寺

1934春偕林一等同登钟阁，钟铸于明永乐间，口径丈余，重三万余斤云。

庞然神物费良工，一响蒲牢百八雄。岁月犹存明祖代，声音能应洛京钟。经文锈绿尘沙满，木塔苍凉蛛网封。大扣愿教人醒悟，楼头欲破梦惺忪。

什刹海

湖堤曲曲抱城闉，渚柳汀蒲尚未匀。流浅正宜孤艇下，春浓已见数荷伸。如屏山色添葱蒨，临水人家显朴淳。曾是当年浴马地，一池寒碧漾青苹。

陶然亭

临漪亭榭水溁溁，万本青荷绕画艭。赏夏曾供钓鱼港，纳凉常傍系船樁。一双鸥戏穿花闪，几点蜓飞带叶摐。吟得芙蓉千朵句，陶然洒瀚忆清江，

中山公园看芍药

芳韶隙驷去无停，又见葳蕤展暗馨。濯雨乍疑沾蝶粉，禁风浑欲舞鸾翎。笼云疏锦濛濛影，浥露含芳细细埕。今觉春光于我厚，前期曾看牡丹醒。

过郑州黄河铁桥

1934年5月南归取道郑州过黄河铁桥，时因年久失修岌岌可危，路局用芦薪护桥。解放后桥工始加固，现已畅通无阻矣。

铁桥横卧作襟喉，轧轧轮声碾未休。望里郑州连野阔，意中星宿接天流。负图沉璧徒陈迹，斫竹填薪有隐忧。回首当年今利涉，飞车安稳任经由。

次郑州参加友人婚礼

告别燕都才一日，停车郑邑已初更。朅来颇遂豪游志，归去将夸壮岁行。共喜他乡逢故友，权留此地证鸯盟。座中有客欹孤枕，击柝严城梦未成。

开封

访龙亭宋宫旧址，亦明之周王府所在，为全城最高处，宫殿久毁，后人盖一

神庙其上，前有雕龙方石一座，道人传为宋帝龙座云。

花石飘零艮岳灰，兴亡千古剧堪哀。连云宫阙余龙础，映日楼台剩草莱。
土坝岩岩过屋脊，黄流滚滚走风雷。春明好取临高意，翠染汴城照眼回。

相国寺

相国寺历史悠久，范围广大。1927 年冯氏主汴时废寺毁像，改为中山市场。1934 年初夏，余来开封，曾一游其地，仅见中央八角殿中，一千手观音尚存，高约二丈，两庑百工列肆，至为嘈杂。

禅林历劫未榛荆，楹庑丛开百货棚。古佛无灵多断缺，观音有像尚峥嵘。
残铃锈绿风吹响，旧扁昏金日照明。偌大招提尚隆替，沧桑何必问人情。

访开封铁塔

铁塔建于宋代，八角形十三层，用琉璃砖砌成，色深棕似铁，故名。抗日时期，曾遭日炮击损，但尚屹立，闻现已修复如新云。

垒甓真疑积铁成，绿莎砖缝各争荣。摩空巨矢多灵气，映日细纹见琇莹。
历劫千年犹屹立，函虚八面自通明。汴城古塔回看处，阅尽兴衰兵燹情。

武昌黄鹤楼故址

回经武汉，游黄鹤楼故址，楼久毁于火，兹为张之洞所改建，名警钟楼。

临风一散远游情，黄鹤思归客里旌。纵目低吟崔颢句，举头恣览楚江城。
楼前景物看飞棹，眼底风云问去程。遥睇岷湘波浩瀚，洲连鹦鹉夕阳明。

自南京过镇江舟中

烟波无际雾冥冥，翻喜涛声倚槛听。刺耳半嵩闻欸乃，顺流百里趁苍溟。
江间白浪千花溅，天外平芜一线青。舢板急摇喧岸次，瓜洲灯火两三星。

舟过维扬望金焦二山

长江浩浩送归舲，山到金焦分外青。旧梦思寻瘗鹤去，片云欲共倦禽停。
风飘钟韵生虚籁，石激涛声起怒霆。远树拥峰遥见塔，寺铃吹彻带潮听。

南归途中重游沪滨有忆

曾记壮游此处过，洋场三十里醉笙歌。新装竞艳章台柳，明月常圆金叵罗。
短夜市喧驰车马，今朝人喜去妖魔。怅然三十年前景，遍地豺狼奈尔何。

乌龙江遇风

1935初夏与协大同人作环行仓前山岛之游，上午风平江静，下午舟过乌龙江，暴风大作，船几覆者屡，幸舶峡南，至风定始驶回，至今思之，犹有余悸焉。

三十年前事记犹牢，曾阨乌龙江上涛。岸拍惊湍风浩浩，船冲逆浪水滔滔。
篙师惶遽教师惑，舟子狂呼稚子号。性命斯须如薄纸，至今余悸尚慅慅。

青芝寺

1936年春季旅行，与协大同仁及学生多人游百洞山，遍历诸洞。

芝岩含蕴孕灵精，翠岫玲珑万象呈。仙掌春擎云朵重，佛头晓映日华明。
星窝形讶天机巧，蝠洞功凭帝力成。未识蓬瀛无恙否，近来添得几峥嵘。

罗星塔

1937年春假旅行，与图书同仁游罗星塔，塔建于明代，中法马江之役，南洋舰艇多沉于此，后为外国商轮锭泊之所，时日寇正积极谋我。

罗星一塔郁崔巍，触目浮图感慨来。百载鲸鲵犹跋浪，十年楼橹尽遭灾。
贾船归港供标识，船厂依山没草莱。遥望海东云隐隐，安澜谁是出群才。

南平明翠阁

1938年协大内迁邵武，39年夏乃回榕移眷，路经南平，曾一登此阁。

剑津山水郁清华，寇警声中过客车。回首乡关空怅望，避兵异地且移家。
赏心罨画登幽阁，入目柔波闪白沙。如此风光谁管领，聊从物外看烟霞。

邵武诗话楼

1939年避寇邵武，曾一登诗话楼。楼在南门城上，清初周亮工所建，以祀宋诗人严羽者。

城头诗话危楼在，偶忆当年乘兴临。田野烟生古戍暮，一溪日落翠峰阴。
樵川逝水留残梦，沧浪遗篇感旧吟。千载高风人共仰。犹余孤阁傲山林。

邵武熙春山

1940年公余无聊，常携友登西门熙春山游览。山有天然石，刻宋张纮、张徽唱和诗，旧有沧浪阁六虚亭诸胜，颇饶幽趣。

熙春台上柳条青，来读宋人石上铭。疏密松林筛日碎，依稀泉籁咽云冷。
烟横杉岭青蛾黛，雨过溪山碧玉屏。骚客坛空余旧迹，六虚亭废膝荒厅。

建阳考亭

1941冬，太平洋战事紧急，由邵回榕运书，路经建阳，曾一游考亭，参观朱子遗迹。

考亭遗泽偏闽关，南渡宗风莫可攀。理学阐明尊鹿洞，真传授受自龟山。
天光云影诗犹诵，竹坞桃蹊迹未删。半亩方塘能见性，源头活水尚潺湲。

建溪黯淡滩遇险

冬回榕运书，由建瓯乘小轮下驶，舟触滩石几沉，幸离岸甚近，急攀石而登，换乘汽车至南平。

百里建溪碧似绫，危滩峭壁露崚嶒。涛飞险濑潭如巇，岩卧旋涡礁有稜。
冬月移书乘艇下，轻轮触礌学猿登。舟中名利纷纷客，幸得攀援上石塍。

登邵武丹台山

丹台山在邵武南门外，亦樵川名胜之一。1943年秋日结伴游此。

好凭晴日上丹台，纵步烟霞面面开。共向岩边寻石刻，还来山半卧莓苔。
峰横野色连天迥，水卷溪声入座来。怅望乡关何处是，寒汀落叶思低回。

舟泊洋口

1945年冬抗日胜利后，携眷属回榕，全家买舟由邵经顺昌洋口南平闽清水口等地抵家，舟行共三日。

晚霞催我卸征篷，望里云山画里同。翠柏阴遮溪涧碧，枯藤廋络屋檐红。
全家人载团栾月，一叶帆吹美满风。明发乘流过水口，故园聚首乐融融。

闽清口夜泊

千里归帆日落收，闽江寒月泊轻舟。波澄沙渚心同霁，风猎蒲丛景最幽。
奋翮樊笼情切切，系怀故里夜悠悠。七年羇旅今归省，举室深宵未阖眸。

舟泊马尼拉未登岸

1948 年，予由协大保送赴美进修，船过马尼拉停泊一天，遥见海中沉舰甚多，仅露桅杆，码头炸毁，尚未修复，想见当年战争之烈。

名城横峙浪花高，纵未登临也自豪。残迹码头余铁骨，苍波军舰露桅篙。
花旗遥矗三竿日，战魄空随五夜涛。回想当年飞炮处，劫灰销尽扶桑艘。

横渡太平洋

是年八月舟过太平洋，因予不觉晕船之苦，故常至舵楼看海，行十九日始抵旧金山，

碧海苍茫寄一桴，扶桑东去接方壶。舟随雪浪高还下，岛见青天有若无。
万壑鱼龙朝旅客，九天星斗傍云衢。乾坤不碍身如叶，屹立舵楼意自娱。

病滞旧金山

舟过檀香山，忽患急性盲肠炎，幸船上有医院设备，经割治后三日抵岸，乃入旧金山华侨医院休养，留滞约一星期始赴纽约上学。

西风相送海之涯，万里欢登去国槎。舟稳不知波浪阔，夜阑犹看斗牛斜。
突来腹疾生魔障，幸有刀圭却病邪。遥望乡关挥涕泪，金山留滞苦思家。

登纽约港自由神像

是年秋游纽约港口，登自由神铜像，入其帽内望海。

海港东游驾电船，自由神像谒铜仙。波冲鼍鼓涛头壮，浪击蛟门日影连。
昂戴华冠临绿岛，高擎火炬接青天。登攀铁级帽檐上，万里乡关落照边。

纽约戏院观水上歌舞

水上素娥曳雪臂，霓裳妙曲奏金匏。平添姹女三分艳，错认胡妃一样姣。
飞趁蝶裙金粉湿，舞乘雪屐玉尘抛。风光容易成流水，春色由来寻幻泡。

纽约圣诞节

1948年冬在纽约过圣诞节，曾至太晤士广场一赏夜景。

离家万里已经年，壮志其如岁聿迁。异国风光佳节闹，殊方俗例市廛妍。
六街油壁香车捷，一曲檀槽玉管圆。画栋联云回首处，明灯闪电大罗天。

参观华盛顿国会图书馆

是年冬与友人同至美京参观图书馆。东方部多藏中国善本，盖由掠夺而来者。

忆昔曾为沧海航，美京黉舍驻行藏。研磨考献专门业，饱看风光百戏场。
万国文林收一宇，百家学海聚千方。多端掠夺夷人技，金匮玉函落此疆。

登华盛顿纪念塔

1949年春乘假期与友同访美京，登华盛顿纪念塔一览全城风景。

千尺楼台跨六鳌，花旗空半舞星旄。海门东望洪涛缈，山势西来叠巘高。
脚底烟云蔗市厦，眼中车辆走牛毛。梯登绝顶地天窄，耳际但闻风怒号。

纽则赛城观舞

1949年春，同友人由纽约乘地下电车过河，至纽则赛市观歌舞。盖即所谓大腿戏也。

绣幕台前出玉妃，色身渐现看依稀。细腰辗转芙蕖漾，粉臂联翩蛱蝶飞。
浴后太真波潋滟，望中甄后影霏微。骚骚舞罢珠玑璨，胡帝胡天见庶几。

纽约观天鹅湖芭蕾舞

是年春偕同学友四人至百老汇剧场观《天鹅湖》芭蕾舞，至夜深始乘地下电车回宿舍。

排云楼阁演芭蕾，老汇宵明挚友陪。万幻舞台惊电炬，千奇幕景现蓬莱。

忙忙魔海纷歌唱，扰扰虫天共去来。观罢夜深归意急，车声地下走如雷。

长岛海滨观浴

1949年夏，与友人乘地下铁道车作长岛之游，见游人如蚎，粉白黛绿卧于沙滩者数千人，尽一夕之欢而归。

长岛沙滩暑气微，海光山色映晴晖。清辉似照杨妃艳，秀色能医曼倩饥。
倦泳当风匀白粉，浅妆闪日借绯衣。琼肌肥瘦偷窥足，兴尽游人各散归。

过洛杉矶逢旧友

归途经洛杉矶市，为陈锡恩先生邀请至家晚餐。席上逢陈则湍老友，盖为二十年前协大同学也。餐后乘汽车环洛杉矶市一周，并参观好莱坞等地。

故国依依桑梓怀，洛杉矶市喜相偕。半生我愧鬓眉老，二十载君能学养佳。
九十韶光刚及半，万千事业浩无涯。王孙何必他邦滞，绿遍江南好自排。

旧金山唐人街

旧金山华人称为三藩市，有华人区约住侨民四万人，全街均为华侨，所开商店多菜馆及骨董铺。区内有自办医院、学校、报馆、电报局等。亦有庙宇，建筑多中西合参。

层楼高阁入云霄，缥缈凌蓝四望饶。玉管含情生客思，金樽对月话良宵。
不因异国留村俗，犹恋家山记旧朝。回首三藩旅梦冷，王孙芳草故乡遥。

游旧金山金门大桥

桥跨海而挂于二铁索上，桥上可平行汽车六辆，巨轮进出均须经此桥，仰望之似在空中。余于桥上曾摄影留念。

悬穹巨绠架飞桥，大道平铺跨海遥。万派涛声天马骋，半空潮势浪花飘。
远峰叠翠连云冷，近岸层楼隔水迢。舟过金门频俯仰，长虹疑是在青霄。

船上望横滨港

1949年秋由美回国，舟泊横滨一日，卸货后始驶向香港，滞留香港三月，始得买舟归里。

湿气蒸云失碧山，晨曦如线渐开颜。潮来礁石腾高浪，天入帆樯接远湾。

秋意已随人迹到，客心先共鸟飞还。试看两岸清苍色，恰似修眉衬晓鬟。

香港

枰棋浪掷成英土，游士来居海上山。咫尺涛声闻枕畔，万家灯火照波间。

莼鲈倍觉生风味，朋辈相逢喜旧颜。安得飞帆三百里，乘桴一夕入乡关。

山顶道望海

1949 年冬港闽交通断绝，暂居该地，时与同行诸友做港九之游。足迹遍岛上。尝乘登山缆车至山顶道俯瞰全岛，并摄影留念。

山头伫立瞰苍茫，插汉层楼障大洋。浩浩涛声吞岸白，濛濛海气湿云黄。

帆樯远近通蕃舶，岭峤高低望故乡。极目风烟来眼底，当年遗恨弃边防。

归经厦门与承亢内兄同登日光岩

1949 年 12 月初由香港附搭货轮回国，舟抵厦港为金门驻军所觉，派机扫射，幸未伤人。然已饱受虚惊矣。登岸后访承亢内兄于海关，翌日与其同游郑成功水操台故垒。

虚惊饱受幸相逢，客里登高兴更浓。仰止前贤寻古迹，揭来故垒话英雄。

莫将成败评功罪，别展经纶振镝锋。凭吊不胜沧海感，水操台上且从容。

过筹岭

1955 年 4 月，与师院同志十五人赴沪参观苏联展览馆，时铁路未通，往来均乘长途汽车，途径建瓯筹岭，为公路所经之最高处，海拔约一千三百公尺，停车一观山中景物。

万壑回旋一道通，穿林盘岭入晴空。白云挂岫松阴翳，赤日行天树影蒙。

草色嫩含新雨绿，鸟声清唱野花红。飞车尽日群山里，倦倚前窗看晚虹。

过仙霞风水岭

闽赣东西一岭分，长车坐倦似微醺。山前青蹙闽关岫，雾外阴连浙境云。
路陡冈连登复降，溪回流急泫还沄。劳尘暂息依村店，半宿催行晓漏闻。

忆赴沪参观苏联展览馆旅邸晓发

壮游常忆似星驰，回首还追旅邸时。夜半人喧知早起，月斜树影恨更迟。
微风待晓情何亟，朝旭明霞景亦奇。三唱邻鸡晨气肃，当年底事不知疲。

杭州灵隐寺

1955年参观苏联展览馆后，顺途游杭州，遍历滨湖诸胜，逗留二日回榕。

丛绿参天挺万松，禅关深入路重重。石磨屐齿高防折，草绣裙腰翠自钟。
青嶂四围三宝地，高峰双插一声钟。尘缘堪笑劳生者，头白再来兴转浓。

夜泛西子湖上

时值月夜乃约同行十余人同游湖上，至三潭印月并游湖心亭诸胜。

涟漪宕漾暮天低，昔日曾游路不迷。芳草月明苏小墓，春风人唱白公堤。
竹枝袅袅声初歇，柳叶菲菲绿未齐。为爱青山湖上好，荡舟还过石潭西。

苏小小墓

镜里波光色欲飞，西泠桥畔夕阳迟。一坟妄夺湖山秀，绝代疑空锦绣图。
白舫题襟名士恋，红亭留句美人依。藐姑仙子原游戏，枉惹伦夫吊与讥。

秋瑾女侠墓

侠骨忠魂绕两湖，亭边抔土片云孤。成仁生就肝肠热，取义拼教斧钺诛。
七字冤沉寒浙水，一心光复反胡奴。丹青遗集今犹炳，秋雨秋风血不枯。

白堤

一路波光万绿奇，断桥亭上柳丝丝。田田荷叶全湖碧，艳艳莲花满目怡。
夕照尚迟曲径外，凉飔来自绉漪湄。笑呼兰桨迎风去，载得萍踪过白堤。

虎跑泉

传唐释性空居此无水，有二虎刨地出泉故名。

虎去千年迹未终，清泉尽逝响琤琮。冷冷却道寒于雪，汩汩犹疑啸有风。
石鼎听潮茶正沸，经幢移影日初融。山僧语客迷离甚，记事徒闻说性空。

钱王祠

武肃王祠在清波门外，有苏轼书表忠观碑当完好。附近为柳浪闻莺西湖十景之一。

丹艧巍然庙貌隆，清波祠宇仰英风。开门不失纯臣节，纳士终成保越功。
百丈石堤明德远，三千铁弩大王雄。灵旌长飏湖山胜，不愧丰碑榜表忠。

花港观鱼

西山亭榭倚清渠，聚散浮沉集万鱼。金鲫龙睛穿藕闪，珠麟狮首隔萍嘘。
三春逐浪愁花瓣，五月飘香看露蕖。碧草如茵随意绿，文章水面月来初。

武夷道中

1956 年春 5 月奉命前往京沪访购遗书，充实馆藏。乘长途汽车赴上饶，转乘火车，途径武夷九曲，惜未能下车一观溪山胜境。去年赴沪参观，亦两经此地，均未停留。

屡过武夷未下车，三三六六望中舒。巃嵸山势晴还霤，屈曲溪流霁更徐。
远岫青烟笼薛嶂，野田寒日见茶畬。何时得结渔樵伴，竹枝芒鞋步太虚。

车过泰安望泰山

遥瞻泰岱俯齐州，未许登临纪壮游。山远犹看层巘秀，云遮隐见众峦幽。
衔峰晓日胭脂淡，傍岭寒林翡翠稠。民物丰熙天气好，推窗间眺豁吟眸。

琉璃厂访书

予于 1934 年来游燕京，中经战乱沧桑屡易，忽忽二十有二年，解放后首次重临，京都面貌已焕然一新，旧友重逢，均不胜今昔之感。

俯仰都门景一新，二十年屡系转篷身。前游遥忆浑如梦，旧友重逢更觉亲。
广厦宏开夸盛事，遗书勤访话来因。琉璃厂肆经常到，铁网珊瑚冀得珍。

万寿山昆明湖

访书之暇，顺途游览北京风景名胜，此不过其中之一而已。

昆明湖上柳如丝，倒影楼台万象奇。秀蔟方壶瞻眺远，波深太液泳游宜。
清光百顷尘无染，碧潋一泓玉不缁。试倚罗桥吟望处，荷花香里彩舠移。

古田阻水

1956年夏由北京返闽，至古田县城遇暴雨，汽车不能过溪，乃在村店住宿一宵。时古田正在建设水库，旧城在折迁中。

潺潺暴雨涨诸溪，六月山城暑气低。狭涧束流涛激响，小桥漫水路难驰。
坏墙虫语砧声急，古木鸦翻暮色迷。村店幸容吾辈宿，卧听窗外叫荒鸡。

北京中山公园

在天安门西，为前清社稷坛故址，予于1956年冬11月与陈明鉴、林发桐参加教育部召开全国图书馆会议后，曾到此作半日游。

烟缕四四蘸绿波，宫槐掩映衬幽莎。园林台榭迷金粉，酒肆茶寮傍玉珂。
社稷有坛遗迹在，江山无恙劫灰多。林莺似喜故人至，犹效当年楚雀歌。

天坛

在永定门左近，为明清两代祈年之殿，周围圆壁可以传音，会后予与明鉴发桐同游此地，并合摄一影留念。

圆殿重游二十载强，沧桑感逝鬓将霜。登台顿觉尘氛净，环宇遥看冰雪茫。
云外乱山浮罨霭，坛前翠柏见青苍。石栏小立留三影，莫负风光客里忙。

明十三陵

在昌平县周末，教育部特备长途汽车参观长陵及定陵，时地下宫殿尚未开启，十三陵水库亦未动工。

群峦起伏势巉巉，云物惊瞻气象严。百二关山雄殿阙，十三陵寝郁松杉。
宝城终启金冠出，画栋犹完碧瓦嵌。不是铜驼掩荆棘，昌平坝水正帆帆。

浦口轮渡过江

轧轧轮声过客踪，隆隆喷出火云浓。玉銮华轼联翩锁，汽艇舢舻大小从。
滚滚黄流南北限，茫茫白浪水天溶。铜琶高唱江东去，情景于今迥不同。

北京道中

1958年春4月，第四度赴京沪杭各地访书。快车于清晨五时抵站，时首都人尚未起，街尘不惊，一车辚辚，到招待所时，门尚未启，呼门甚久，始得入内。

晓风残月到天津，为访异书往返频。隐约晨光明槛外，稀微余霭漫郊堙。
心随转轴徐成奏，梦破卧茵屡骇神。长笛一声天际远，丰台过去又京尘。

三访西湖

在京访书勾留一月回沪，于是年六月中旬过杭至浙大访李絜非不遇，顺途游黄龙洞诸胜。

西湖十景屡经过，况复春余风物多。画里看山齐展笑，湖心鼓棹慨而歌。
一湾流水鱼鳞浪，两岸垂杨燕子梭。他日重来寻旧约，桃花人面竟如何。

黄龙洞

青嶂翠岩曲径斜，山坳危倚拥烟霞。流泉龙吐垂银练，出谷莺飞蹴白花。
幽境有亭千竹绕，绿天无缝万松遮。凭栏闲眺情何极，今日重来兴不赊。

岳墓

山河碧血映湖光，三字狱成万古伤。岂意北庭才报捷，堪讥南渡已张皇。
和金志欲徽钦死，铸铁冤由桧卨偿。独对斜阳吊忠骨，长留大节照苍黄。

玉泉观鱼

在杭州青涟寺，余三过此地，均未来观鱼品茗，此地处幽胜，使人心旷神怡也。

半亩方塘碧水粼，锦鳞群戏玉波深。泉听石濑琴声响，柳拂雕栏塔影侵。
风过樨香生静院，雨余竹翠落清涔。临池人与鱼同乐，忘却寺前日欲沉。

苏堤春晓

西湖西子两相俦，湖面偏宜点翠洲。鱼鸟幽闲林下梦，山川绮丽镜中游。
六桥柳色归诗卷，十里荷香入茗瓯。毕竟苏堤风景好，天涯踪迹漫勾留。

西湖冯小青墓

在孤山放鹤亭附近，相传为清初杭州冯生姬人，能诗善音律，为大妇不容，忧郁而死，年仅十八。然旧日名胜多用香冢点缀，供人凭吊，未足信也。

烟树苍苍短碣新，梨花谁奠一杯春。荒坟哪有长年骨，过客空思绝代颦。
虎阜真娘传艳迹，湖边苏小是乡亲。从来好色几成例，装点溪山必美人。

城门乡刈稻

1958 年 7 月与院领导及各系教师到城门乡割稻积肥送土，居乡数日，并参加丰收庆典。

无际黄云垅上稠，我来助获共朋俦。垂垂早稻飘香远，攘攘农民干劲遒。
刈穗芸禾趋畎亩，积肥送粪上田畴。欢声动地年丰稔，锣鼓频敲庆夏收。

观梅兰芳演贵妃醉酒

1958 年冬，在公共体育场观梅畹华先生来榕慰问前线战士，演出《贵妃醉酒》《霸王别姬》等剧。

自度新声阆苑仙，行年六十未华颠。醉浓梅额妆仍艳，笑晕梨涡色尚妍。
罗袖翩跹歌正软，湘裙潇洒舞初圆。蓬莱那有长生药，惜取艺人岁月延。

赴京访书与群英会诸君同车北上

1959 年 10 月，应中国科学院图书馆会议邀请，赴大连开会，顺途至京购书，时值全国先进工作者群英会开幕，本省入京预会者百余人，余幸与同车，是会岩儿（编者注：指先生长子金章岩，时任福建师范学院化学系教师）亦得附骥尾，与余隔厢而居，有以励之。

铁网珊瑚入海收，同车喜有众鸿俦。人才蔚起兹为盛，俊彦搜罗美必求。

先进评量符月旦，群英声价羡风流。祖鞭莫负上游志，骥尾宜争第一筹。

月夜游天安门

1959年10月23日抵京，时人民大会堂落成，天安门气象一新，乃乘月一游，夜深始归教育部招待所。

崇构会堂入远瞻，高楼壮丽仰雕檐。天安门外穹碑伟，博物馆前石陛严。

七宝装成猜玉斧，千灯辉映耀珠帘。迷离瓦雨沉金雀，迢递霄风照彩蟾。

车过山海关

住京十日，颇有收获，乃于11月1日晚离京赴大连，途经山海关、沈阳、鞍山各地，2日晚抵大连市，归途取道渤海回沪。

重岗复嶂势崔巍，铁路萦纡关塞开。深谷难田沙滚滚，乱山无树雪皑皑。

长城古堞连云起，朔漠寒风过岭来。高卧不知行旅苦，归途更溯海湾回。

大连道中车过鞍山望雪

2日下午经鞍山，时正大雪纷飞，一望皆白，炼钢高炉离站不远，望见高囱林立。

漫天白絮扑飞车，晚过鞍山路不赊。河浅渐凝冰作路，树枯添兴雪为花。

寒风钻隙侵茸帽，野色穿窗透碧纱。遥望年来钢产地，长烟起处万人家。

由大连赴旅顺途中

11月3日起开会，翌日碧泓女儿亦由哈市赶到，得预盛会。至八日开会，乃顺途到旅顺一游。

十里松涛路自弯，轻车飞过白沙湾。青浮岛屿云帆外，雪拥边城阛阓间。

欲傍海滨寻曩迹，试沿岸曲认苍颜。而今休问前时事，大好江山任往还。

由大连泛海赴沪

会后于11月8日由大连携泓儿乘民生轮赴沪，十日抵汇山码头，同船舱者有中国科学院上海分院图书馆主任孙宝林等畅谈竟日，颇不岑寂，十二日抵家，计泓儿离榕已八年于兹矣。

辽东买棹不蹉跎，渤海蓬莱取次过。云水苍茫欢击楫，风涛起伏助狂歌。
良朋喜共同舱卧，馆事闲谈对榻磋。携得娇儿归故里，元龙豪气未消磨。

庐山含鄱口

1960年8月与黄寿祺、张其昕等五同志，由工会派往庐山休养，在山及途间约经一月，已有《庐山吟草》一卷，兹回忆昔游，复得五首。

鄱口三亭一望开，雕栏八面任徘徊。匡庐面目千峰现，彭蠡波澜万顷来。
虬缦白云时变幻，嶙峋奇石势崔嵬。欢游回首真如昨，拟倩龙眠作画裁。

仙人洞

仙人洞近牯岭，巨岩如屋，中有周颠像。洞内有一滴泉，四壁镌近人题咏甚多，前瞰长江，风景绝胜。

鸟道迂回上石台，洞门一望大江开。云流万壑泉如玉，翠满千峰锦是苔。
指顾山川供客眼，凭临星斗照仙杯。留连不觉迟归路，林谷空濛带月回。

九江望长江

下庐山归经九江，曾与之六览琵琶亭旧址，未得，乃沿江岸间行，一赏长江景色。

凭栏一望暮天空，浩浩长江气自雄。喧耳怒涛飞断岸，惊心逝水去飘蓬。
遥吞巫峡三千里，近压吴山百万丛。自笑徘徊留恋久，爱他帆影夕阳红。

南昌百花洲

小坐芸窗纪旧游，登临曾访百花洲。回看梅岭横云嶂，重忆赣江带月流。
陈迹嗟如鸿踏雪，新诗追记鹭盟鸥。何时再过南昌郡，杨柳青青碧草幽。

滕王阁故址

阁已久毁，惟存旧匾一方，藏一小学办公室内，摩挲久之。

旧时踪迹到洪州，万象纷纶眼底收。九派涛飞鄱口外，千帆朝泊赣江头。

珠帘画栋成尘土，瓦砾蓬蒿感劫丘。昔日文衡高北斗，临风凭吊记清游。

统战部邀游鼓山

1961年夏8月，省统战部与院领导等招待游鼓山涌泉寺，同游者有各系主任教师等计四十余人。

不到兹山已十年，重携藤杖白云边。钟声缥缈禅关味，树影参差碧海烟。

香积琼筵欢设醴，灵源古洞喜烹泉。摩崖细辩前人迹，旧刻苔深费究研。

洪塘金山寺

1962年与图书馆同人初夏旅行，再至洪塘金山寺。回忆1932年与协大同仁作环岛之游，亦曾到此一观，时间忽忽，已三十年矣。

三十年重到金山寺，俯瞰澄潭照鬓苍。愧对青山如画壁，惊看逝水似奔骧。

闽江练影归空淼，鼓岭晴云漫卷藏。千载洪塘佳话在，儿童犹唱月光光。

西湖疗养院屋顶晚眺

1962年秋11月，余以旧疾复发，入本市西湖疗养院养疴至翌年五月初始行出院。在院半年多以吟咏消遣，成《湖上吟草》《湖上词草》各一卷。

山绕楼台水绕城，空中游目剧分明。万家月影兼灯影，一片风声杂市声。

寂寂闲阶花自落，萧萧深院竹争鸣。何人解此登临意，湖上清吟忆旧情。

再登鼓浪屿郑成功水操台

1963年9月，应福建历史学会邀请往厦门开会，10月1日与林汝楠、陈增辉同志同游鼓浪屿水操台故址，会后又历游漳泉各地，成《闽南游草》一卷。

置身旧垒见威仪，眼界恢然彻四维。绿树千株风浩荡，洪涛万顷海漫弥。

日斜蓬岛渔帆渺，云护诸山螺髻低。赢得晃岩登眺地，长留遗迹系人思。

漳州木棉庵

10月6日与张立院长等十余人曾一游此地，成绝句四首，见《闽南游草》。

老树荒庵黯夕阳，一碑遗迹矗南漳。繁歌葛岭归销歇，真帖兰亭已散亡。
妄构蜈蚣三字狱[①]，终抛蟋蟀半闲堂[②]。奸雄末路常如此，差胜燃脐委路旁。

登乌山石塔

1964年端午节曾携友人再登石塔，一览榕城风物。

榕城双塔此崔嵬，屴崱遥峰入望微。江暖银龙掀浪斗，天清铁鸟刺云飞。
千山接峙盘云出，二水平分夹岸低。去岁登临题句忆，白头吟客思依依。

忆石鼓之游

1964年曾三登石鼓，成诗三十余首，六一、六三两年亦均有诗纪游，俱见《覆瓿余草》。

重重翠岫拥禅宫，上有盘旋大道通。历尽松林才见寺，遥闻钟韵却因风。
瀑飞峭壁千岩冷，月印清池万象空。几度登临名胜地，诗缘都付白云封。

---

① 谓似道谮逐吴潜事。

② 指董卓事。

覆瓿剩稿

1965年元旦祝辞

大地晴明已送寒，迎春爆竹杂声欢。丰年景象民康乐，莫作寻常饯岁看。

春节颂

春讯动闾阖，风光又一年。欢声歌大有，日月换新天。

学术齐鸣盛，工农尽望前。万方同跃进，争取着先鞭。

寄刘蕙孙参加四清建瓯　二首 3月29日

书生襆被住农家，日午停车入社阇[①]。荞麦成畦看韭叶，柏林垂子误梨花。

一犁春水秧针长，半岭寒风雨脚斜。学稼人由千里至，宜从老圃习烧畬。

芝城有约去匆匆，车走雷声一日通。阶级斗争甦井邑，工农教育集宾鸿，

民风共挽敦新俗，社事待清仗至公。贫下望君勤访问，好将所学启群蒙。

望江南　山区好　十首

山区好，男女各争先。自力更生奔大道，移山倒海劲冲天，骏马快加鞭。

山区好，老圃正烧畬。户户积肥供畎亩，人人下地种桑麻，民主共当家。

山区好，春麦正丰收。苦难已随流水去，繁荣将逐好风投，跃进莫淹留。

---

① 里门也。

山区好，五月插秧忙。万臂齐挥开水库，千家合作辟山场，种树应经常。
山区好，建设正繁兴。架线张灯更面貌，通车开路斩榛荆，众志共成城。
山区好，宜雨又宜晴。蔬果桑麻多种植，农林渔牧共经营，永远不忧贫。
山区好，万宝在山区。地大物饶须发掘，人多粮足有盈余，副业不宜疏。
山区好，慷慨唱新歌。老少齐赓公社好，工农共庆积粮多，幸福正滔滔。
山区好，三面展红旗。战胜旱灾夸集体，持高生产仗宏规①，到处笑声驰。
山区好，今后更繁荣。足食足衣尤足用，人心坚似铁长城，赖有党英明。

望江南　山居好　十二首

1965年4月，儿辈在建瓯山区参加四清运动，来书言山中景物，因作《山居好》十二首以记事。

山居好，春色满平芜。嫩绿新芽添碧玉，深红淡紫露珊瑚，真景笔难摹。
山居好，螺黛恰当门。一片苍茫云出岫，万枝挺秀竹成原，风过雨声喧。
山居好，雨润碧松舒。汰旧生新涵万象，堆金积翠见千株，到处长杉榆。
山居好，妙境在山家。欹枕清晨闻鸟语，喧村日午闹蜂衙，傍晚又鸣蛙。
山居好，坐对一溪烟。暮霭朝霞看不厌，风灯雨榻倦还眠，吟啸自陶然。
山居好，慷慨唱山歌。缓步川原凭俯仰，闲观峰色见嵯峨，独立听松涛。
山居好，曲径晓烟浮。云里诸峰堪入画，雨中无树不含幽，都在望中收。
山居好，农事趁朝阳。饭热黄粱烹野菜，菰烧紫笋杂椒姜，春韭亦堪尝。
山居好，何必羡多资。砍竹樵薪烧午饭，采薇觅蕨佐晨炊，饥食冷添衣。
山居好，社事固宏基。生产斗争须实践，两条道路必坚持，贫下乐熙熙。
山居好，狐蜮尽皆擒。耕垄人同黄犊健，看山无比白鸥闲，且喜大功成。

咏洪塘金山寺次笠山梦湘韵　二首

水榭云廊塔影长，金山掩映似维扬。莓苔庭砌渔矶静，榕荫楼台僧寺凉。
垂柳遮多莺语乱，飞花衔入燕泥忙。凭栏闲眺洪江景，绿满郊原桑柘场，

① 宏规指“二十三条”。

洪塘江上乱流长，岸拍涛声自激扬。竹簟宜寻烟雨梦，榕阴容借幄云凉。
寺横江渚渔歌杳，岸断灯船佛火忙[①]。风味村中传远近，贴沙鱼脍擅商场[②]。

中华人民共和国成立十六周年祝词

埏垓喜气庆芳辰，丽日熏风雨露均。原子弹成寒敌胆，高空机坠警凶人。
沐猴早失驽骀策[③]，纸虎徒存帝国形。革命斗争程猛进，前途幸福美无伦。

师院民兵师检阅现场会议祝词

革命健儿列虎貔，将军校战似星驰。演兵场上枪林动，阅士台前旌旆飞。
讲武修文当圣代，保家卫国仗民师。东风浩荡西风息，奋发图强永不疲。

挽舅嫂郑荔卿女士并啫觉兄诗巫　十首

今年三月萎金萱，噩耗传来记弗谖。从此音容成永诀，小姑尤觉泪浪浪。
遗照飞来附悼亡，徽音拜读更神伤。歌残楚些余哀见，况是离鸾在异乡。
共苦同甘五十年，回头往事总成烟。情天难补娲皇石，幸有儿孙满眼前。
不能委蜕转中原，此恨绵绵孰与言。莫怪安仁肠欲断，悼亡四绝当招魂。
珠山墓上草青青，我读兄诗涕泪零。逝者如斯今古慨，淋漓墨迹表芳型。
死归碧落散文鸳，遗魄何年转故园。回首三山云水阔，乡关庭院典型存。
一生懿范堪为鉴，半纪良缘痛鼓盆。万古情天虽未足，幽兰丛桂子孙蕃。
人生七十本来稀，得近稀年亦乐归。太上忘情希旷达，金躯长保悟天机。
当年和靖最风流，万树梅花卧并头。预祝他生圆好梦，杜鹃声里诉离愁。
异邦寄迹感升沉，三十载分离岁载骎。综理田园交后裔，何妨收拾故乡心。

次心觉舅兄见寄原韵

云树迷离万里情，家山处处庆丰盈。华年锦瑟催人老，逝水韶光不再呈。

---

① 旧时洪塘普度甚盛今已停止。

② 地产贴沙鱼脍炙人口洪山菜馆擅长此味。

③ 谓赫鲁晓夫等修正主义者之失策。

百叠乡心逐雁飞，钓游旧地忆依稀。只今遥接天涯影，当作片帆故国归。

1966年春节即席题林子白先生画《葵梅合幅》

蜀葵花色耀深浓，偏称寒梅傍短丛。锦萼有心倾晓日，绛苞无限向东风。
舒开九夏金轮秀，压倒三春凡卉秾。还似群英临黼座，曈曈朝旭映颜红。

寄觉兄诗巫

碌碌吾生只自嗤，评疵责善亦何辞。移山聊尽愚公力，衔石翻嗔精卫非。
海外风尘怀旧雨，暮年事业剩书痴。云烟远隔无多语，怅望归舟未有期。
憔悴潘郎鬓已丝，闲愁待遣且哦诗。落花心事多伤感，芳草天涯有梦思。
收拾春光忘日暮，推敲险韵听更迟。只图碟躞寻佳句，撚断吟髭自笑痴。

读心觉舅兄前后来书感赋十六韵　并序

觉兄于六七年底及今春来书云：其邻境坤甸山口洋一带达雅客人凶性大发，集体屠杀华人数万，难民生活悲惨，病重家长无法谋生，乃以每公斤星币三元计算卖去儿女，诗巫附近群雄并起，赋税繁兴，生计日坏，好勇斗狠者，流啸聚盗劫，时有所闻，渠以多病之身闭门却扫，徒唤奈何云云。因有感其言成绝句十六韵以纪之。

未寄新诗隔岁年，故乡云树自如前。归心莫逐回头雁，且话风涛海外天。
人海波澜首漫搔，纷争棋局起群豪。英雄辈出朝朝变，绾住春光在我曹。
深山大泽起龙蛇，竭尽膏脂痛病羸。劫海茫茫伤远客，年华世事两迷离。
论斤儿女亦奇闻，华裔何辜罹劫焚。乱舞群魔堪动魄，太平不意见蛮氛。
白头厌看世情新，况对纷纷战马尘。满眼疮痍无限感，乘车戴笠共忧贫①。
江河日下俗浇漓，欲卜归期未有期。感触欢场多忍泪，海风吹老鬓边丝。
白发萧骚几卷书，孤吟兀坐正愁余。升平何日弦歌起，父老无忧花下居。
荔香小筑路新开，花木扶疏手自栽。海外常怀多病体，闲门莫扫叶盈堆。

---

① 兄自言年来商业凋零生计日促，厌看世情。

几树红丹压枒开，水桃番荔嫂亲栽。儿童都爱炎方果，争向枝头试味来[①]。
淹留海国滞归期，头白鸳鸯失伴飞。幸有诸孙常绕膝，羡多佳妇又佳儿。
海上音书常匝月，刀圭寄赠感情深。云烟聚散浑闲事，万里婵娟一夜心。
儿时旧事记犹鲜，兄妹随肩坐月圆。白首怀思生怅惘，乡心触动半宵眠[②]。
七二衰翁鬓有霜，钓游旧地忆难忘。伤时未醒朦胧眼，又看人间梦几场[③]。
且把愁怀付逝波，闲门长日掩松萝。年高望重稀疏出，遣闷宜添花事多。
来书絮语似君还，梦里怀人泪暗潸。自古乡愁催旅鬓，劝君珍重且偷闲。
诗巫光景似榕城，人事乡音两未更。庐墓已成犹旧国，登临奚窒故园情[④]。

补白　二首

万里谈心且用诗，愁看双鬓改青丝。去年景在今年眼，惊说明年隔片时。
春愁难遣强欢颜，往事惊心泪欲潸。童冠代更伤老大，长吟报膝且消闲。

戊申春日杂咏寄诗巫觉兄

往事何堪泪湿襟，聊将诗卷遣光阴。与君共话沧桑变，万里素心付越吟。
故山迢递雁书迟，极目风涛有所思。怕向天涯舒望眼，年年乡梦阻归期。
故人消息阻关山，春草年年意自闲。弹指光阴相隔易，称心人月并圆难。
怀古伤春百感生，家家门巷作清明。孤吟白媚阶前草，鼙鼓声中且听莺。
济胜惭无腰脚健，叶洋庐墓近如何。泉声岚影时萦梦，寒食重违一拜过。
犹寒欲雨暮春天，处处秧歌竞种田。偶倚明窗一凝睇，水光山色为谁妍。
又过江南三月天，春云黯黯雨帘纤。子规本是消魂鸟，无那撩人夜不眠。
沉阴郁郁何多日，夜籁无声见数星。斗室中宵吾独起，万家酣梦几人醒。
五洲无地不嚣尘，难觅名山老此身。欲向武陵寻好梦，桃花零落不成春。
棋局长安尚未收，半空明月夜悠悠。倚栏搔首无聊赖，万事当前一笑休。

---

① 来书云嫂氏所植红毛丹、木桃等树均结实数百斤，为历年所未有。

② 来书忆及儿时于月明之夜携妹坐德生堂祖店檐下事。

③ 兄来书有云数十年旅居生活如梦游十八层地狱。

④ 年来兄因多病闭门却扫甚少外出。

送郭鹤青连襟还新加波 1968 年 5 月 23 日

四载今相见，重为万里行。商游贤达事，离别故人情。
车笠心仍合，萍蓬意自诚。斯须分手去，梦绕绿榕城。

怀觉兄诗巫

万里心期凭寸简，天涯相忆梦偏频。忽惊啼鴂三春去，迟暮徒悲失路人。
春阴漠漠总生愁，独倚楼头诗思幽。遥望海天人不见，强为歌啸不成讴。
南云暖暖树重重，遥指关山数远峰。自笑壮心浑减尽，一蓑烟雨梦惺忪
未晓中原鹿死谁，风云海岳起蛟螭。杞忧惟有书生泪，目送飞鸿独去迟。
万千心事乱如麻，独立苍茫听晚鸦。惆怅有人当此际，一庭新月半园花。

阅“从太空看地球图”感赋

乾坤万里一浮沤，悬此太空黍米悠，岂但桑田能变海，升沉世事水中鸥。

阅觉兄来书及所寄从太空看地球图因录其意次为二十韵

大地一圆卵，太空浩无垠。悬彼宇宙间，旋转如飞轮。
人类若蝼蚁，栖息同埃尘。日月行何穷，过尽亿万春。
人生占几许，百岁犹比晨。不求相互助，造福纾困民。
而乃事侵略，但欲伸利名。或乃事诈愚，欺世以自神。
或乃事掠夺，择肥天理泯。笑彼富贵者[①]，死后同鹌鹑。
安有不死药，成为千古人。巍峨阿房宫，一朝成废窀。
铜雀与隋苑，劫后亦榛荆。哀哉彼名城[②]，一霎化清磷。
堪讥杞忧辈，月球谋栖身[③]。不思皮不存，其毛将焉凭。
但愿远世纲，一效陶渊明[④]。三径事耕耘，田园避嬴秦，
看月开蓬户，沽酒煮银鳞。来去无猜嫌，只与猿鹤亲。

---

① 谓尼克松、赫鲁晓夫之辈。

② 指长崎广岛之事。

③ 讥美国有盗卖月球地皮。

④ 兄有避世之感，此处八句皆其来书之意。

附：《芝城杂咏》

南雅樵歌　六九年冬下放南雅之作

高峰媚初日，出雾见嵯峨。结伴采樵去，负薪向远萝。
分云寻山径，缓步陟岩阿。行行登翠岭，林海听波涛。
睠彼繁树枝，捡拾厌其多。枒杈无意取，所至在大柯。
归来日已午，寒泉照鬓皤。南雅乐行役，慷慨唱山歌。

雾海

南雅冬天早雾弥漫，伸手几不见指。但一登山顶，则一片日光，雾气仅及半山，远近山峰露出，如海中岛屿，叹为奇观。

盘旋曲径晓岚浮，雾海凭高一望收。滚滚浪涛堪入画，重重岛屿尽含幽。
千层石磴依翠岭，万顷烟波蔽绿畴，更上危岑舒远眼，此身疑在九重霄。

茅棚烧汤即事

兀坐茅棚且息机，炉烟深处冷侵肌。寒泉一道供汤沐，榾柮千斤化炭丝[1]。
老圃肩挑柴担返，儿童犊叱夕阳归，冬云莫作明朝雨，欲入深山学采薇。

山行

逶迤取路入深山，石磴千层亦等闲。松径盘旋风谡谡，茅丛交错水潺潺。

---

① 南雅山多杂木采做燃料，日耗千斤。

谷间树杪孤烟起，天外云中一鸟还。更到上方回首望，浑疑身在九霄间。

建瓯小桥庚戌元日有感

万感此交集，春光又一年。丰收传好景，人事换新天。
除夕山乡度，新正客里迁。负薪同努力，屡上翠微巅。

富井采樵

樵采过富井，桑麻别一区。村墟团族聚，岩谷应声呼。
土屋编篱筚，山泉透竹枦。北风吹雨至，那复计泥涂。

溪滩听水

漫步溪旁野径开，遥看峰色绕崔巍。急风声动松枝落，朝旭寒催树影来。
绿野春光云共卧，碧溪雨涨水潆洄。莫嫌寂寞山乡静，坐听滩头水势豗。

竹鸡

树隐山间日，天低岭峤云。人烟村舍远，樵语隔溪闻。
山鸟知春讯，竹鸡叫夕曛。物华看不尽，自笑乏劳筋，

山村杂咏　七首

石瘦溪寒轻雾霏，遥峰历历隐斜晖。山风起处行人歇，坐看鹰鹯天外飞。
凭坡斜辟水田成，我欲从农学稼耕。闲上高岑舒望眼，四围烟树绕芝城。
崚嶒无数石盘陀，鸟语花香春意多。缓步川原频俯仰，几家村舍画烟萝。
春到菑田试火耕，风吹野烧隔溪明。雾迷村舍嗥寒犬，烟涌山坳起冻鹰。
高隼负风宿雾消，云光峰色望中迢。舟横春水溪桥外，门枕青山带碧苕。
目断白云远近天，陌头青犊卧怡然。春光野色同烂漫，村舍依山起午烟。
无那春阴湿气偏，潮蒸床榻更缠绵。重衾如础能生润，雨骤深宵客梦连。

山村即景　二首

群峰罗列郁崔嵬，中有人家隐草莱。一径黄泥山路滑，半溪春水野田徊。

云低欲作千山雨，风过如闻万壑雷。为报春来农事始，耦耕与尔永忘猜。

云湿千峰草欲肥，乡村寂寞客来稀。舟浮野水随溪路，风送残枝舞夕晖。
紫笋红菰村里卖，苍松翠竹屋前围。小桥公社春游处，回首榕城隔翠微。

好景在山家

乔木生清影，疏篁带野花。春光明晓色，江沫拥滩沙。
旭日荒荒白，溪流脉脉斜。市人多未解，好景在山家。

雨后

连朝积雨忽晴曦，恰是春头耕耨时。桁晒家家悬菜甲，门开处处见茅茨。
饭炊村舍多烧竹，雨过梯田尽整菑。我被青山留恋久，林皋佳趣可无诗？

晓出

扶筇清晓出，村树尚朦胧。翠绿茶林见，崎岖竹径过。
岚烟山半白，旭日岭初红。一副晨曦景，添余入画中。

尾声集

参观乌龙江大桥作

乌龙天堑架飞桥，大路平铺跨峡遥。万派涛声喧断岸，千层浪势逆来潮。
虎山耸翠联云迥，星塔迎风隔水迢。结伴登临频俯仰，长虹恰似在青霄。

千里羊肠百折旋，攀藤扶杖到岩边。危楼高耸疑无地，片石长生别有天。
方竹迎春争出土，老松挺秀上凌烟。凭坡远眺寺前景，翠染层岗绿满田。

古木阴森曲涧边，招提深隐路迴旋。珠帘水落浑疑雨，方竹丛高不见天。
傍岭长松喧细浪，依山村舍起炊烟。何须海上求蓬岛，此处桃源可种田。

七二年春游方广岩

方岩洞古绿烟寒，来享浮生平日闲。不尽摩崖供认识，篇诗聊写好溪山。
巍巍古寺倚云边，石笋乳钟洞里旋。风送松声归远壑，日移竹影拂长天。
瀑飞涯上疑春雨，藤挂詹间带紫烟。更上危巅舒望眼，岚光峰色绿平田。
群峰如削水回旋，石刻苔深不计年。绿树故从岩下长，碧萝常在洞前悬。
长松风过翻青浪，凸涧春来响沸泉。方竹丛中沉古寺，分明境界近神仙。

辛亥革命七十周年纪念

中原坂荡燃眉祸，草野人怀报国同。闽粤健儿戈指日，江淮志士剑如虹。
力争武汉为先着，光复神州第一功。七十年来留浩气，海天万古吊英雄。

题艺术系俞梦彦先生画郑板桥赏竹图

数竿老竹抱虚心，丝独何曾羡上林。唯有板桥旧庭院，四时风雨赏清音。

1979 年 11 月往鼓浪屿省干部疗养所寓观海别墅望海作

晨登观海台前望，眼界无穷天地宽。岸拍惊涛声似吼，林遮晓日觉微寒。
远山迢递攒青叠，顽石高低涌急湍。清峭关心惜归去，江村潮长水漫漫。
潮来浩荡景萧然，无数帆樯走钓船。远海浪高鸥鸟疾，近山树密夕阳潜。
风波尽日依崖转，星汉通霄映水悬。零落梅花过残腊，故园归去又新年。

观海别墅漫兴　二首

漫步闲庭逐夜凉，清歌一曲月如霜。潮声涨落冯夷啸，遥望烟波忆故乡。
渔舟点点江村远，泱泱潮声处处闻。风动枝头疑是雨，孤帆一片出斜曛。

观海别墅即景

苍茫云水映朝晖，岛屿星罗接翠微。波上货轮停海舶，滩边童稚拾螺丝。
数丛沙草群鸥戏，万顷烟波一鹭飞。别墅楼高看不足，曙霞红照绿涟漪。

题立哉同志言志集二律　1980 年 3 月 30 日

两卷新诗纪岁华，如君言志更堪夸。光芒各有千秋在，题品还矜一字加。
苦为呕心存粒黍，不教历劫委尘沙。济时才具能文武，何必纷芸读八家。

屈指论交将三十年，故人难得又回鞭。勤搜箧衍珍藏富，历劫杏林古砚研。
愧我疏慵成拙守，喜君怀旧有新篇。前尘如梦惊风雨，万感交骈此集传。

寄叶明昌同学马尼拉

明昌学兄于 1975 年回国观光，七年之后复偕夫人黄查玲女士特由菲岛乘参观万里长城之便，特驻足榕城一会旧友，聊以小诗二首以贺其玉婚之喜，并望于金钢钻婚之时再临一叙。

七载长为别，重临故国情。玉婚偕伉俪，万里看长城。

旧地重来岂偶然，相逢一笑已华颠。羡君伉俪双康乐，满眼儿孙庆瑞年。

题文潜先生咏史诸作及十美咏

胸罗全史更旁搜，轶事零星腋集裘。一代兴亡归律绝，知君皮里有春秋。
煌煌金鉴照千秋，黄绢词成碎锦里。君作史官具双眼，闲持一卷发清讴。
孝先腹笥本便便，倒峡词源泻涌泉。落笔纵横连楚阔，合笺上下数千年。

悼学友张玉昆　四首　10 月 11 日

棱棱风格总超群，落落情怀是此君。清泊一壶刍一束，难从地上觅孤坟。
生前已自有千秋，死后还余越麓呕。遗蜕还留遗稿在，会编国史采风收。
骑鲸人去几时还，仿佛神归海上山。小坠尘寰文字好，难伸壮志三十年间。
超尘本是不群才，生也应知有自来。偏使迍邅在心境，终风阴曀拨难开。

浪淘沙　悼张玉昆学友

人世等虚舟，万事尘浮，蘧蘧蝴蝶悟庄周。梦里哪知身是客，况是悲秋。
时命正悠悠，倦倚危楼，三十年株守酒消优。留得遗诗依甕写，说与闲鸥。

庆祝国庆二十四周年

百废维新二十四年，宏谟远业欲擎天。功参造化东风劲，力挽狂澜砥柱坚。
万里河山多壮丽，五洲形势尽争先。工农跃进红旗竖，八亿同心共举鞭。

烟台山即景

1974 年 5 月 27 日餐后偕王穆和、刘秉伦、黄逵、郑德榜诸老同登烟台山公园领略榕城景色作。

绿榕城郭画图开，纵目登临亦快哉。地脉三山通北岭，人烟万井瞰南台。
苍茫西指谈防海[①]，慷慨东征想渡莱[②]。岳望鼓旗分两翼，如屏峰势隔江回。

① 时西贡政权欲夺西南沙群岛。

② 台湾古称蓬莱。

满江红　庆祝 1975 年春节

红旗招展，又播送新春消息。且回顾一年好景，辉煌奇迹。叱咤风云陵谷变，翻腾山海英雄出。更全民丰收喜空前，家家给。

开“四大”，宏图辟。传喜讯，雄心立。看百尺竿头，扶摇振翼。路线分明无不胜，军民团结谁能敌。有雄文四卷丽中天，光八极。

水调歌头　悼念伟大的周总理　1976 年 12 月 18 日

四海倾天柱，总理别人间。雨露普沾宇内，八亿尽哀颜。幸有雄才继起，砸烂四凶篡逆，喜色溢眉端。革命浪潮滚，共锻此心丹。

马恩列，同典范，照尘寰。绝代丰功伟绩，史册耀斑斓。二十纪风云叱咤，赢得五洲崇仰，创业本良艰。立誓承遗志，万马奋征鞍。

欢度 1978 年春节感怀　调寄满江红

红梅香溢，又播送新春消息。且回顾一年好景，辉煌奇迹。叱咤风云陵谷变，翻腾江海英雄出。更八闽丰收喜空前，家家给。

除四害，追遗孽。雄心立，宏图辟。向高峰万仞，扶摇振翼。路线分明无不胜，军民团结谁能敌。有英明领导，举先鞭，争朝夕。

七律一首　读折枝吟烟台一唱感作　寄朱奇瑞表弟　1977 年秋

香山叟与洛中英，朱厝堂前共盍簪。欲纪胜游须好句，自怜宿疾废高吟。
喜看戛玉敲金韵，如见裁云镂月人。留得烟台百唱在，雷霆冰雪各精神。

满江红　欢呼党的十一届三次全国代表大会胜利召开

雨覆云翻，又今日大张正气。全扫净妖氛万丈，奠将国是。跄济一堂弘抒论，欢腾八表高擎帜。看狂潮激荡沸中华，开新世。

追大庆，关长计，赶大寨，空前例，更勤宣文教，昌扬科技。路线对头功用著，干群通力时堪济。仰抓纲治国展雄图，符民意。

师大校刊复刊题辞

校报复刊喜讯来，十年历劫雨风摧，逆帮暂日横当道，老宿于今又上台。
新政八弦昭郅治，明时万众起贤才。五全盛会河山焕，薄海欢歌春意回。

祝黄修仁老丈八秩大庆

折枝黄老见琼瑰，韵事还教击钵催。桃李满园留美荫，菊松三径羡高才。
吟同楚客添诗稿，爵晋麻姑介寿杯。白雪阳春惭作和，月明近水望楼台。

岳降欣逢大耄年，新诗三百唱鸿篇。风流张绪仍当日，归去陶潜任乐天。
兰畹吟成芳独寄，菊杯饮罢俗难牵。名山留得千秋业，安识沧桑海变田。

纪念丘英三医师　1981 年 6 月

舍我救人莫与俦，拼将躯壳付寒湫。直看赤县无容地，除却沧波尽浊流。
具此热肠安可死，堪称侠烈应褒扬，当年谁挽狂澜局，慷慨难忘已溺忧。

叶沉流转寻常事，似此殉身大可哀。历劫从来俱有死，救胞自溺竟无回。
英姿想像应犹昔，毅魄销沉岂化灰。浩气讵随遗蜕尽，人情终古惜通才。

昔日神州叹陆沉，内忧外侮迭侵寻，济时仁术医宗托，视死如归志士心。
但卜福音能救世，哪知精卫误投深。英魂讵逐江涛去，化作长虹万古钦。

清明日怀周总理

碧血丹心为国酬，功名不朽贯千秋。若非深植人心爱，安得万民尚泪流。
叱咤风雷浩气扬，一生为国见锋芒。丰功伟绩多遗爱，宇宙长留日月光。
清明时节倍思量，四化宏图未就章。遗志遗言当继武，同心九亿愿能偿。
万众悲歌哀思稠，丰碑永树志嘉猷。英明万古长虹贯，伟绩千秋浩气留。
大业未成身竟逝，奇勋虽就志难酬。不留遗骨人间世，化作江河入海流。

附 录

金云铭年谱简编

金云铭，号宁斋，福建近代著名图书馆学家、文献学家、历史学家和社会活动家。其先祖从十九世纪初开始由闽侯新洲乡搬迁至福建福州仓前山的对湖村，此后金家世代就是在这片贫瘠的土地上开垦，靠种植蔬菜和茉莉花维持生计。后来由于外国列强势力的入侵，他们首先选择在仓前山一带建立领事馆和学校。因此原来当地居民赖以生存的大片土地被外国人占领了，大家不得不重新寻找新的生计。金云铭的父亲和四叔就联合起来，利用一间小店面，一爿开锡箔店，专卖给死人用的"钱"；一爿开钱票店，经营通兑钱币的业务，还兼做一些木材及农产品的出口生意，勉强维持生计。

1904 年 2 月 23 日（农历正月初八），先生出生于福州仓前山对湖村。

1907 年，先生父亲金振声不幸去世，母亲李五姐守寡终身，家庭依靠祖父和没有分家的叔叔们种植茉莉花接济度日。

1911 年，先生入岭后村私塾识字读书。

1918 年，先生入福州鹤龄英华书院初中部学习。

1921 年，与对门富户陈尚坦女儿陈畹华（农历 1903 年五月初七即公历 1903 年 6 月 2 日出生）结婚。岳父陈尚坦、岳母阮金莲，育有二子一女：陈心觉、陈承亢、陈畹华。

1924 年 7 月，福州鹤龄英华书院高中部毕业。

1924 年秋，入福建协和大学社会学系就读（妻子及岳父母给予经济支持）

课余担任学校图书馆管理员，从此开始长达六十余年的图书馆人生涯。

1924年12月3日（农历十一月初七日），长子金章岩出生。

1927年10月26日（农历十月初二日），长女金碧漪出生。

1928年6月，经过两年的努力，先生编成《中国图书分类法》并油印第一版，此法后被福建师大图书馆采用达半世纪之久（直至1974年），至今该法仍作为福建师大图书馆古籍分类的基本办法。

同年，先生从福建协和大学社会学系毕业，被正式聘用为福建协和大学图书馆馆员，成为该校图书馆历史上第一个中国籍的正式馆员。

1930年8月26日（农历七月初三日），先生次子金章旭出生。

1930至1937年，先生参与组建并领导福建文化研究会工作，出版三十多期《福建文化》期刊和五种福建文化丛刊单行本。

1932年，先生得知陈宝琛后代有意转让家藏图书，多方奔走，得珍贵图书三万余册，特立陈氏书库保存，并亲自为其撰文《协和大学书库记》（该刻石抗战期间被毁）。

同年，先生在《协大学术》第二期上发表《中国图书著者符号编列法之又一商榷》一文。

同年11月29日（农历十一月初二），先生次女金碧泓出生。

1934年3月至4月，先生受校方派遣遍访京、津、沪、苏、鲁、豫、鄂等九省市各类图书馆六十多所，考察各馆管理模式与经验，并在《协大周刊》发表《考察国内图书馆报告》一文，向同仁介绍此行所见所闻。

3月，先生三女金碧玲出生，十三岁时（1946年）因病夭折。

同年，先生被任命为福建协和大学图书馆主任（馆长）。

同年，先生将祖屋拆除改建成二层小洋楼并亲自命名为“宁庐”，书屋名“宁斋”。

同年，先生在《协大文化》第二期上发表《朱子著述考》一文。

1935年，先生在《协大学术》第二期发表《本校陈氏书库福建人集部著述解题》一文。

1936年，先生三子金章秀出生，七岁（1942年）因肠炎不治夭折。

1937年7月7日，抗日战争爆发。

1937年，先生在《福建文化》五卷（第三十六期）发表《郑和七次下西洋年月考证》。

1938 年，因日寇占领福州，协和大学迁往邵武，先生负责组织协大图书馆图书搬迁至邵武。

1939 年，在邵武先生负责主持筹建两层的图书馆大楼，并命名为“高智楼”，该楼成为协和大学校园标志性建筑。

夏季，战争日益紧张，先生回福州将妻儿接到邵武，只留一老母亲守护新屋。

同年，先生在《福建文化》上发表译著《禁烟考》。

同年，先生在协大周刊上发表译著《论中国抗战》《论中国抗战之第三阶段》《油桐——美国南部的现金收货》《工合救国－新工业合作可供持久抗战及战后复兴之经济基础》等。

1940 年 7 月 12 日（农历六月初八），先生四子金章嵚出生。

1941 年，福州沦陷。12 月 7 日，日军偷袭珍珠港，太平洋战争爆发，美国对日宣战。先生再次奔赴福州，组织搬迁馆藏剩余图书，冒生命危险为协和大学保存下大量珍贵图书和文献。

同年，先生在《福建文化季刊》第一期发表《福建协和大学陈氏书库所藏清代禁书述略》一文。

同年，先生在《福建文化季刊》第二期发表《邵武协和大学校地南宋古墓发掘研究报告》一文。

1944 年 9 月，福州第二次沦陷。福州协大原址遭四邻乡民抢掠，原图书馆所在地文学院大楼被焚。

同年，先生在《福建文化》第二卷第二期上发表译著《十八世纪以前游闽西人考》。

1945 年 8 月 15 日，日本无条件投降，协大师生与邵武市民彻夜狂欢。

11 月，先生组织协大图书馆回迁福州，经清点馆藏图书虽历经战争劫难未造成重大损失。战乱中文学院大楼被焚，回迁图书只得寄存理学院。

1946 年，以《福建协和大学中国文化研究会文史丛刊之四》之名刊印先生著作《陈一斋先生年谱》（又名《陈第年谱》）。

1947 年，经过两年整理，馆藏书刊全部上架就绪，图书馆终具规模。

1948 年，先生获哈佛大学燕京学社奖学金，五月赴美国哥伦比亚大学图书馆学院攻读图书馆学硕士研究生，并完成硕士论文《美国纽约城大学图书馆考察报告》。

1949 年 10 月 1 日，中华人民共和国成立，祖国大陆解放。

12 月 5 日，先生放弃美国优厚的条件，历经千辛万苦，终于回到福州。

1950 年回国后，先生继续担任福建协和大学图书馆主任。

1952 年全国高等院校调整，在福建协和大学基础上成立福州大学，不久又更名为福建师范学院，先生初任该校图书馆采编科科长，后任福建师院图书馆副馆长（馆长由时任华南女子文理学院院长的王世静担任，实际由先生主持馆务）。

1955 年 4 月，由学校组织，先生赴上海参观苏联展览馆。

1955 年，先生开始主持收集古今名人字画和金石拓片，为学校艺术系科学研究和教学提供资料服务。

1956 年至 1959 年，先生五次奉学校派遣赴京沪访购古籍及珍贵书刊，使馆藏图书增至二十万册，并成为全国收集福建地方志及地方资料最多的馆。

1956 年，先生负责筹建并设计长安山图书馆大楼，该大楼至今依旧屹立在长安山脚下。

1956 年 11 月，先生赴北京参加全国图书馆工作会议。

1959 年 11 月，先生赴大连参加中国科学院图书馆工作会议。

1960 年 3 月，福建省政府正式任命先生为福建师院图书馆馆长。

1960 年 8 月，先生与黄寿祺、张其昕等六人由校工会送江西庐山休养。

1961 年秋，先生腿疾复发，入福州市西湖工人疗养院疗养治疗。

1962 年 6 月，先生主编《福建地方文献及闽人著述书目》一书油印供参考。

9 月，先生陪同郭沫若参观福建师院图书馆。

12 月　先生参加福建省政协二届二次会议。

1963 年 9 月，先生赴厦门参加福建历史学会学术讨论会，并应张立院长等之邀请，顺道访问福建第二师范学院及泉州华侨大学。

1964 年 9 月，先生当选福建省第三届政协委员。

1966 年 5 月，“文化大革命”爆发。

1969 年，先生被下放建瓯小桥参加劳动，1970 年初回到福州。

1972 年 7 月，先生主编辑成《台湾、琉球资料联合目录》。

1974 年 2 月，先生主编辑成《西沙群岛、南沙群岛自古以来就是中国的领土（资料选编）》。

1973—1987 年，先生继续担任福建师大图书馆馆长。

1977 年 5 月，先生参加福建师范大学鲁迅《古籍译文序跋集》注释审稿会。

12 月，先生当选为第四届福建省政协委员。

1978 年 9 月 29 日，福建师范大学正式发文《关于为金云铭同志平反的决定》，推翻“文化大革命”强加在先生头上的一切不实之词，彻底平反，恢复名誉。

1979 年 7 月，先生当选中国图书馆学会第一届理事会理事。

11 月，先生当选福建省图书馆学会第一届理事会理事长。

1981 年，先生为福建师大历史系图书馆学专业开设《图书分类法》和《中国书籍发展史》教程。

1982 年 1 月 23 日，与先生相依为命六十余年的爱妻陈畹华不幸去世。

8 月，先生参加福建省高校图书馆第一期业务培训班授课。

1983 年 4 月，先生当选为第五届福建省政协委员。

7 月，先生为福建师大图书馆工作人员讲授绘画和古书画鉴别课程。

9 月，先生当选中国图书馆学会第二届理事会名誉理事。

1984 年 2 月 25 日，福建师大图书馆隆重举行“庆祝馆长金云铭教授八十寿辰暨从事图书馆工作六十周年大会暨首届学术讨论会”。

1985 年，先生接受《福建画报》记者采访，刊成《一代师表启后昆》图文，载 1986 年 9 月号。

1987 年 8 月 14 日，先生不幸病逝于福州。

后 记

《金云铭文集》终于编成付梓了。它的出版了却了金云铭后嗣多年的心愿，对金云铭学术思想研究者更是一件堪称欣慰的大事。

先父金云铭，终身从事图书馆工作，平平凡凡，他却将其视为自己生命的一部分，倾注了毕生的心血和精力，直至晚年也无怨无悔。父亲自幼生活在穷苦的农民家庭，靠着勤奋和不懈的努力，以优异的成绩毕业于鹤龄英华中学，旋即考取福建私立协和大学社会学系，入学不久即在校图书馆打工。毕业后被学校聘为第一位中国籍的正式馆员。从此，他以馆为家，徜徉在书的海洋，构建着自己图书王国的梦。20 世纪 40 年代末，他出洋攻读图书馆学硕士，深入考察了国内外图书馆事业的差距。归国后，以其丰厚的知识积淀，服务于福建师大图书馆，使之成为全国知名的大学图书馆。

父亲爱祖国爱家乡。抗战期间协和大学西迁邵武，他不顾新落成的“宁庐”小洋楼，也不顾个人的安危，毅然投身全民抗战的洪流，冒着生命危险几次往返于交通十分落后的福州、邵武之间，成功组织了全馆图书的西迁。抗战胜利后，他又一次组织员工回迁图书家具，在最短的时间内，协助修复被战火焚毁的“文学院”大楼，让学校图书馆恢复正常使用。1949 年，父亲在美国纽约哥伦比亚大学获硕士学位，正准备攻读博士学位，闻悉新中国成立，立刻婉拒了哥伦比亚大学中文系主任的挽留，决然回到百废待兴的祖国。其实，父亲的学术著述，不论是著于 20 世纪 30 年代的《郑和七次下西洋年月考》《陈第年谱》，还是“文革”中应国务院要求编撰的《台湾、琉球资料联合目录》《西沙群岛、南沙群岛自古以来就是中国的领土（资料选编）》，甚至《福建地方文献及闽人著述书目》，无不透析出他强烈的爱国爱乡情怀。内中没有生硬的说教，没有空洞的理论，而是通过丰富历史资料和严密无懈的逻辑推演阐述论题。故前二种历史论述至今仍被史学工作者所经常引用，后者所列举的东海南海资料更是我国岛屿权属不容置疑的铁证，当年撰成上报曾获国务院嘉奖。

生活中的细节，也许最能显露一个人人格的本质。有两则关于父亲的轶事也流传很广。1957年，对中国知识分子是个灾难之年，福建师院中文系有个学生叫彭一万，当时也打成“右派”没能毕业，被罚在图书馆“劳教”，天天打扫卫生。他每天与书接触，却无法看书，内心非常孤独与痛苦。一天他抱着试试看的态度找到时任馆长的父亲，试探能否让他借三五本书消磨时间。父亲当即特批了一张借书证给他，每次可借50本，借期半年。还亲自对他讲授有关版本学、目录学、文献学的知识。20世纪80年代，彭一万当上了厦门市文化局局长、旅游局副局长，每回忆起这段往事，他总是满怀深情地感念父亲当年没有把他编入另册，而是以“长者之风，菩萨心肠”，对待他这个在学校里没少受白眼的“右派”学生。

还有一件事发生在1966年8月。“文化大革命”破“四旧”，抄家之风扫荡大地。图书馆的“革命群众”，自然不放过作为“牛鬼蛇神”的父亲和一些有“历史问题”的职工。果然，在一职工家中抄出“监守自盗”的公家图书几百本。到我家中，自然更是不放过任何角落，最后竟然没有发现一本书是未经过登记私自拿回家的。经历过此事的人们都在私下议论，对父亲的清廉自律无不佩服有加。

作为父亲，金云铭堪称慈父。他从来没有打骂甚至大声呵斥过子女。在家庭教育中，他充分尊重子女的个性发展和自由选择。从选择读书专业到婚姻对象，都尊重子女的自主决定，从不横加干涉。他以自身对事业的执着、终身无悔的追求，以实现自身的价值，也为我们后辈树立了典范。从小到大，我们始终在很宽松的家庭氛围里成长。五个子女也都事业有成，大都成为对国家卓有贡献的高级知识分子或专业人才。日常生活中，他事事以身作则，廉洁奉公，清苦朴素；平易近人，和蔼可亲；乐于助人，诲人不倦。

提到家庭，让我们难以忘怀的是母亲陈畹华。她，一个普通的家庭妇女，也未受过高等教育，一生默默无闻，任劳任怨，却深明大义，用全身心的爱辅佐父亲的事业，同甘共苦，无私无悔，宽容大度，以多病瘦弱的身躯分担压在父亲肩上的重担。可以说母亲陈畹华是父亲真正的另一半，正是她为我们的家庭撑起一片蓝天，让我们无忧无虑地生活在阳光下，快乐、幸福而和谐地成长。借此，纪念父亲尤觉得应该留下一笔，以纪念我们亲爱的母亲陈畹华。

2014 年是先父金云铭诞辰一百一十周年。福建师范大学领导十分重视，授权图书馆筹备纪念活动。方宝川馆长亲自主编并促成本书的出版。林林、陈旭东馆员也为本书的出版付出了大量的时间和心血。还有多位同仁为此付出辛勤的劳动，在此我们全体家属一并表示诚挚的谢意。

金云铭长子金章岩

次子金章旭

三子金章嵚

长女金碧漪

次婿周正

于 2014 年 2 月